허먼 멜빌(1819~1891) 초상

▲요나를 토해내는 고래
"하느님께서 물고기에 대해서 말씀하셨다. 춥고 어두운 바다에서 햇빛의 따스함과 대기의 황홀함을 찾아 고래가 떠올랐다. 그리고 육지에다 요나를 토해냈다." 멜빌

◀포경선 선장
선장은 고래의 이동이나 번식 지역에 대한 정보를 바탕으로 항해 계획을 세운다.

▶다음 쪽 위 〈고래 사냥의 절정〉 벤자민 러셀. 1841. '뉴베드퍼드 파노라마' 중 하나.
아래 〈향유고래의 최후〉 루이 가르네레 그림.
포경의 절정이 표현되어 있다.

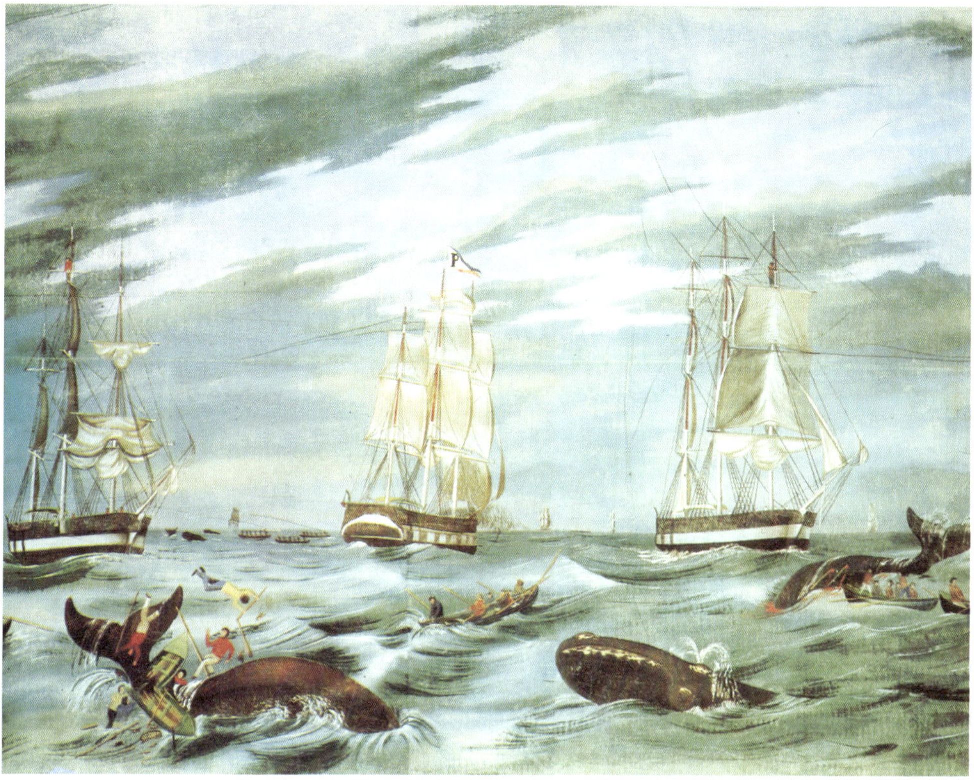

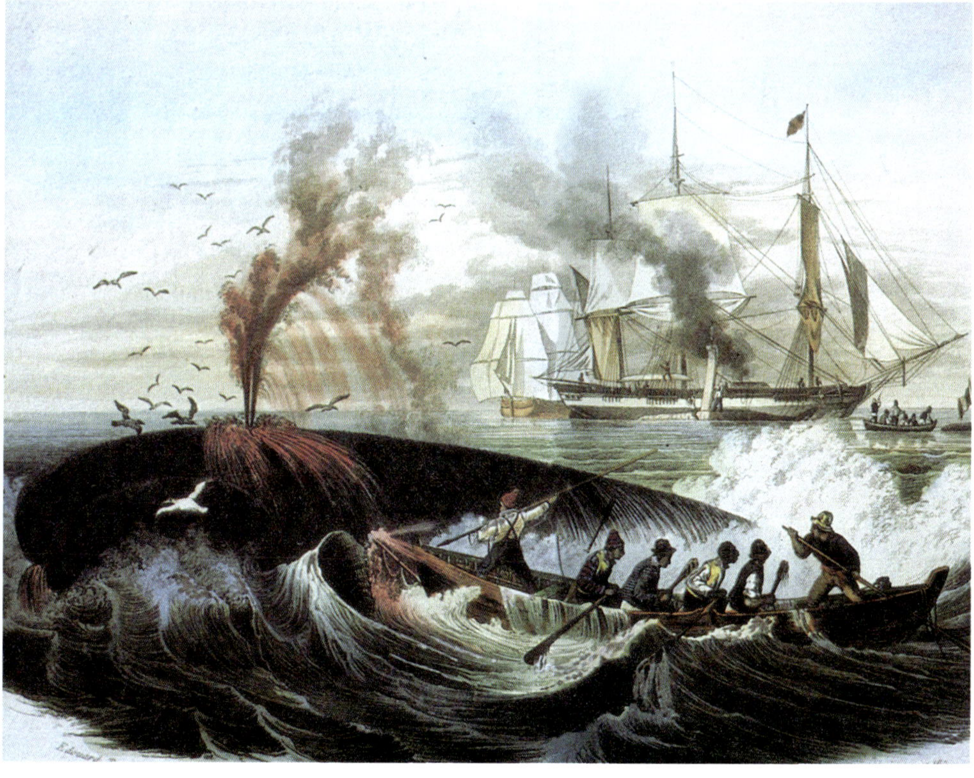

뉴베드퍼드 선단의 보배인 방랑자호 이 배는 범선으로 된 마지막 포경선이었다. 여러 해 동안 주어진 임무를 완수해낸 끝에 1924년 8월 26일 항구로부터 20km쯤 떨어진 곳에서 파선되었다.

포경 보트와 포경선(범선) 앞의 포경 보트는 6인승. 포경선 선수 부분의 갑판 아래는 어부들의 침실. 뉴베드퍼드 포경기념박물관

바닷속 향유고래

포획된 향유고래 턱과 이빨을 보라.

〈모비딕〉 나단 클레어

영화 〈모비딕〉 존 휴스턴 감독, 그레고리 펙(에이합 선장 역)·리처드 베이스하트(이스마엘 역) 주연. 1956.

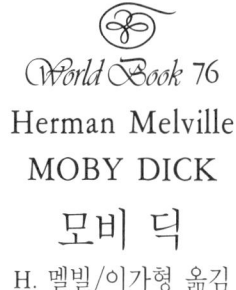

World Book 76
Herman Melville
MOBY DICK
모비 딕
H. 멜빌/이가형 옮김

동서문화사

디자인 : 동서랑 미술팀/표지그림 : Lllustrations by Rockwell Kent
By permission of the Plattsburgh State Art Museum, Plattsburgh College Foundation, Rockwell Kent Gallery ane Collection, Plattsburgh, New York, USA, bequest of Sally Kent Gorton.

너대니엘 호손
그의 천재에 대한 나의 찬양의 뜻으로서 이 책을 바친다.

모비 딕
차례

어원 … 19
문헌 … 21

제1장　환상 … 36
제2장　여행가방 … 42
제3장　물보라 여인숙 … 48
제4장　이불 … 64
제5장　아침식사 … 69
제6장　거리에서 … 72
제7장　교회 … 75
제8장　설교단 … 79
제9장　설교 … 82
제10장　친구 … 93
제11장　잠옷 … 97
제12장　성장과정 … 100
제13장　외바퀴 수레 … 103
제14장　낸터킷 … 108
제15장　차우더 … 111
제16장　배 … 115
제17장　라마단 … 130
제18장　서명 … 137
제19장　예언자 … 141
제20장　출항준비 … 145
제21장　배에 오르다 … 148
제22장　메리 크리스마스 … 152
제23장　바람 부는 해안 … 157

제24장 변호 … 159
제25장 덧붙이는 말 … 164
제26장 기사와 종자 (1) … 165
제27장 기사와 종자 (2) … 170
제28장 에이허브 … 175
제29장 에이허브, 이어서 스텁 등장 … 179
제30장 파이프 … 184
제31장 꿈의 여신 … 186
제32장 고래학 … 189
제33장 작살잡이장 … 202
제34장 선장실의 식탁 … 205
제35장 돛대 꼭대기 … 211
제36장 뒷갑판 … 218
제37장 해질녘 … 227
제38장 황혼 … 230
제39장 최초의 불침번 … 232
제40장 한밤의 앞갑판 … 234
제41장 모비 딕 … 244
제42장 희디흰고래 … 255
제43장 들어라! … 265
제44장 해도 … 266
제45장 선서 구술서 … 271
제46장 억측(憶測) … 280
제47장 거적만들기 … 284
제48장 최초의 추적 … 287
제49장 하이에나 … 298
제50장 에이허브의 보트와 그 선원 페들러 … 301
제51장 이상한 물보라 … 304
제52장 앨버트로스 호 … 308
제53장 갬 … 310

제54장 타운호 호의 이야기 … 315
제55장 괴상한 고래 그림에 대해서 … 336
제56장 가장 오류가 적은 고래 그림과 고래잡이 그림 … 341
제57장 그림, 고래이빨, 나무, 철판, 돌, 산, 별에 나타난 고래에 대하여 … 346
제58장 새끼정어리 … 349
제59장 대왕오징어 … 352
제60장 포경 밧줄 … 355
제61장 스텁, 고래를 죽여라 … 359
제62장 투창 … 365
제63장 가닥기둥 … 367
제64장 스텁의 저녁식사 … 369
제65장 고래 요리 … 378
제66장 상어 대학살 … 381
제67장 고래 자르기 … 383
제68장 모포조각 … 386
제69장 장례 … 390
제70장 스핑크스 … 391
제71장 제로보암 호의 이야기 … 394
제72장 원숭이 밧줄 … 400
제73장 스텁과 플래스크가 참고래를 잡고 그에 대해 이야기하다 … 405
제74장 향유고래의 머리—비교론 … 411
제75장 참고래의 머리—비교론 … 415
제76장 큰 망치 … 418
제77장 하이델베르크의 큰 술통 … 422
제78장 저장통과 양동이 … 424
제79장 대초원 … 429
제80장 뇌 … 432
제81장 피쿼드 호 버진 호와 만나다 … 435
제82장 포경의 명예와 영광 … 447
제83장 요나에 대한 역사적 고찰 … 452

제84장　창던지기 … 455
제85장　샘 … 458
제86장　꼬리 … 464
제87장　대연합 돛대 … 469
제88장　학교와 교사 … 482
제89장　잡힌 고래, 놓친 고래 … 486
제90장　머리냐 꼬리냐 … 491
제91장　피쿼드 호, 로즈 버드 호를 만나다 … 495
제92장　용연향 … 592
제93장　바다에 떠돌아다니는 자 … 505
제94장　손으로 쥐어짜다 … 510
제95장　법의 … 514
제96장　기름솥 … 516
제97장　등불 … 521
제98장　수납과 청소 … 522
제99장　스페인의 금화 … 525
제100장　다리와 팔, 낸터킷 피쿼드 호, 런던 새뮤엘 엔더비 호와 만나다 … 533
제101장　술병 … 541
제102장　아서사이데즈 섬 나무그늘 … 547
제103장　고래뼈의 측량 … 552
제104장　화석 고래 … 555
제105장　고래는 축소되어 가는가, 그들은 절멸할 것인가 … 559
제106장　에이허브의 다리 … 565
제107장　목수 … 569
제108장　에이허브와 배 목수 … 573
제109장　선장실의 에이허브와 스타벅 … 578
제110장　관 속의 퀴퀘그 … 582
제111장　태평양 … 589
제112장　대장장이 … 591
제113장　풀무 … 595

제114장　도금사 … 599
제115장　피쿼드 호, 배철러 호를 만나다 … 602
제116장　죽어가는 고래 … 605
제117장　고래 불침번 … 609
제118장　천문 관측기 사분의 … 610
제119장　초 … 613
제120장　첫 불침번이 끝날 무렵의 갑판 … 621
제121장　깊은 밤 — 앞갑판의 방파벽 … 622
제122장　한밤중의 돛대 머리 — 천둥과 번개 … 624
제123장　머스킷 소총 … 625
제124장　나침반의 바늘 … 631
제125장　측정기와 측정선 … 635
제126장　구명부표 … 640
제127장　갑판 … 644
제128장　피쿼드 호, 레이첼 호를 만나다 … 647
제129장　선장실 … 651
제130장　모자 … 653
제131장　피쿼드 호, 환희 호와 만나다 … 659
제132장　교향곡 … 661
제133장　추적 — 그 첫날 … 667
제134장　추적 — 그 둘째 날 … 678
제135장　추적 — 그 셋째 날 … 692
에필로그 … 673

멜빌의 생애와 작품들 … 704
바다 고래 인간 집념 … 714
멜빌 연보 … 734

뉴잉글랜드

피쿼드 호의 항적

— 피쿼드 호의 항적
----- 이슈멜의 항해에 이르기까지의 여정

세일럼
보스턴
매사추세츠만
플리머스
뉴베드퍼드
페어헤이븐
케이프코드
코드곶
마서즈빈야드
낸터킷
낸터킷

뉴펀들랜드
그린란드
아이슬란드
북해
발트해
카디스
버뮤다제도
세틀랜드제도
아조레스제도
카나리아제도
베르데곶제도
기니만해안
세인트헬레나섬
크로제제도
희망봉

앤틸제도
포르토프랭스
카라카스
포르트에스파냐
포토시
리마
산티아고
발파라이소
후안페르난데스제도
갈라파고스제도
칠레바다어장
콩코트강

나카테브제도
세이셸어장
마다가스카르
모잠비크해협
베링간
잔지바르
나폴레(델아브브라)
옴바에
홍해
홍해
북해
북해
지중해
페르시아만
바베리해안
메로시아만

쿠츠람트
수마트라
자바
보르네오
뉴기니
뉴메오
솔로몬군도
일본만해어장
샌드위치(하와이)군도
핀낭섬
마케사스제도
피지제도
뉴헤브리디즈제도
타히티섬
뉴질랜드
킹스밀제도
시드니

태평양
대서양
인도양

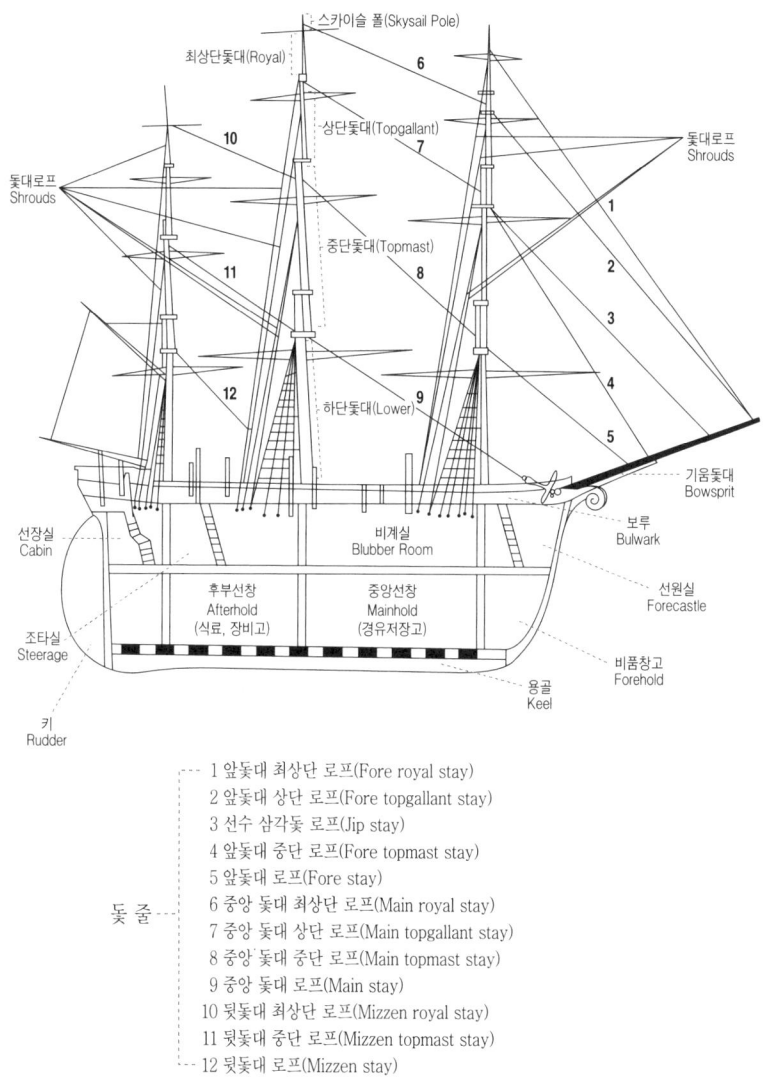

포경선의 선체와 돛 줄

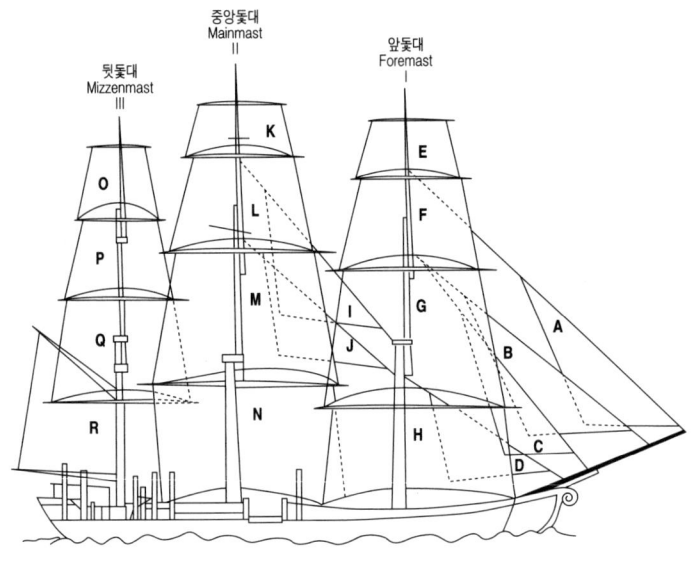

돛대
- I 앞돛대 (Foremast)
- II 중앙 돛대 (Mainmast)
- III 뒷돛대 (Mizzenmast)

돛
- A 앞돛대 상단 삼각돛(Fore stay sail)
- B 선수 삼각돛(Jip)
- C 앞돛대 중단 삼각돛(Fore topmast stay sail)
- D 앞돛대 삼각돛(Fore stay sail)
- E 앞돛대 최상단 세로돛(Fore royal)
- F 앞돛대 상단 세로돛(Fore topgallant sail)
- G 앞돛대 중단 세로돛(Fore top sail)
- H 앞돛대 하단 세로돛(Fore course)
- I 중앙 돛대 중단 삼각돛(Main topmast stay sail)
- J 중앙 돛대 삼각돛(Main stay sail)
- K 중앙 돛대 최상단 세로돛(Main royal)
- L 중앙 돛대 상단 세로돛(Main topgallant sail)
- M 중앙 돛대 중단 세로돛(Main top sail)
- N 중앙 돛대 하단 세로돛(Main course)
- O 뒷돛대 최상단 세로돛(Mizzen royal)
- P 뒷돛대 상단 세로돛(Mizzen topgallant sail)
- Q 뒷돛대 중단 세로돛(Mizzen top sail)
- R 뒷돛대 보조돛(spanker)

포경선의 돛

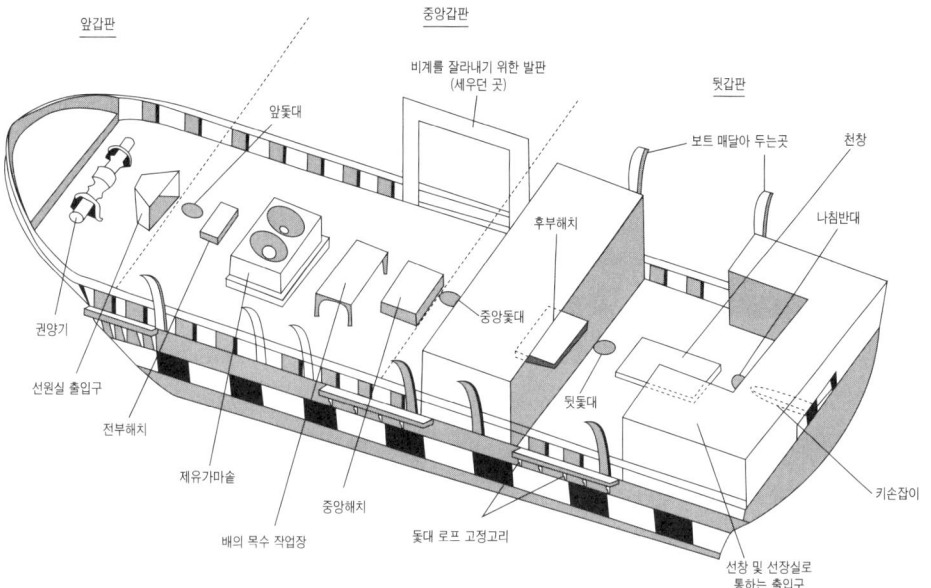

포경선의 갑판

※ 권양기에는 수평으로 설치된 회전 차축을 회전시켜 밧줄을 감아올리는 윈들러스와, 수직으로 설치된 손잡이로 권동(捲胴)을 회전시켜 밧줄을 감아올리는 캡스턴 2종류가 있다. 이 그림은 윈들러스.

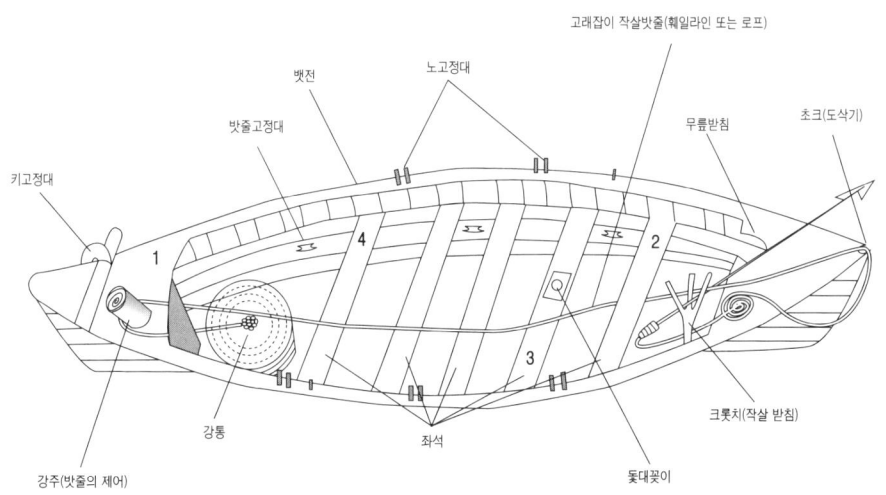

좌석 1. 반장(항해사) 2. 조타수(작살던짐) 3. 앞의 노젓는 사람 4. 뒤의 노젓는 사람

포경보트

주요인물

이스마엘 이 작품을 이야기해 나가는 젊은이. 육지 생활에 권태를 느끼고 포경선 피쿼드 호를 탄다.

퀴퀘그 남해의 어느 섬의 대추장의 맏아들로 태어났으나 그리스도 교국의 문명을 동경하여 미국으로 건너와 피쿼드 호의 작살잡이가 된다.

매플 목사 뉴베드포드의 포경자 교회의 목사.

필레그 선장
필대드 선장 ⎬ 피쿼드 호의 선주

에이허브 선장 피쿼드 호의 선장. 이 작품 중심 인물. 〈모비 딕〉 흰고래에게 한쪽 다리를 잘리고 나서부터는 복수귀(復讐鬼)가 되어 흰고래를 쫓아 미친 듯이 세계의 바다를 헤맨다.

스타벅 피쿼드 호의 1등 항해사. 낸터킷 출신인 퀘이커 교도인데 침착하고 냉정한 성격.

스텁 2등 항해사. 그날그날을 태평하게 사는 성격.

플래스크 3등 항해사. 고래를 불구대천 원수로 알고 있는 늠름한 젊은이.

태슈테고 스텁의 보트의 작살잡이. 순수한 인디언.

대구 플래스크에게 딸린 작살잡이. 아프리카 출신의 흑인.

페들러 에이허브가 몰래 태운 작살잡이. 동양인이며 배화교도(拜火敎徒).

어원
폐결핵으로 죽은 어느 중학교 조교사가 제공한 것이다.

창백한 조교사——의복도 마음도 몸도 그리고 두뇌도 너덜너덜했던 그가 지금도 내 눈에 선하다. 언제나 기묘한 손수건으로 낡은 사전이나 문법책의 먼지를 털곤 했는데, 거기에는 우스꽝스럽게도 전 세계 모든 나라의 화려한 깃발이 그려져 있었다. 그가 즐겨하던 낡은 문법책의 먼지를 털어내는 일은 어쩐지 자신의 죽음을 아련히 떠올려 주었던 것 같다.

어원
"당신이 다른 사람을 교육하는 일을 시작한 뒤 우리말로 고래라는 물고기를 뭐라고 부르는지를 가르치려고 할 때, 무지로 말미암아 이 말의 뜻을 전하는 데에 가장 중요한 H자를 빼버린다면 당신은 허위를 전달하는 것이 된다."

해클루트

"WHALE은 스웨덴어 및 덴마크어로 hval. 덴마크어의 hvalt가 아치형 또는 둥근 천장의 모양을 가리키는 것으로 미루어, 이 동물은 몸체가 둥글고 구르는 데서 그런 이름이 붙었음."

「웹스터 사전」

"WHALE은 보다 직접적으로는 네덜란드어와 독일어의 Wallen에서 옴. 앵글로색슨어의 Walw-ian은 구르다, 뒹굴다의 뜻임."

「리처드슨 사전」

תנ	헤브라이어
χητος	그리스어
CETUS	라틴어
WHÆL	앵글로 색슨어
HVAL	덴마크어
WAL	네덜란드어
HWAL	스웨덴어
HVALUR	아이슬란드어
WHALE	영어
BALEINE	프랑스어
BALLENA	스페인어
PEKEE-NUEE-NUEE	피지어
PEHEE-NUEE-NUEE	에로망고아어

문헌
(어느 사서(司書) 조수가 제공한 것이다)

   여기에 인용되어 있는 글들은 그 가련한 도서관 사서의 '조수'가 세계의 대도서관에서부터 노점에 이르기까지 서고란 서고는 모조리 뒤져 성속귀천(聖俗貴賤)을 막론하고 책이란 책에서 조금이라도 고래에 관련된 것이라면 뭐든지 수집한 듯하다. 따라서 독자들은 이 인용문이 아무리 명확하다고 해도 이 잡다한 고래 문헌을 고래학의 진실된 복음으로 믿어서는 안 된다. 그것과는 아주 거리가 멀다.
   다만 여기에 등장하는 고대 작가 또는 시인에 대해서 말하자면, 이 인용문들은 지난 여러 시대를 거쳐 오늘날에 이르기까지 여러 나라들에서 이 거대한 바다 동물 레비아단(Leviathan : 홉스의 저작은 「리바이어던」으로 알려져 있으며, 성경에서는 레비아단, 또는 리워야단으로 불린다. 대단한 위력을 가진 바다 동물)을 두고 마음대로 이야기하고, 생각하고, 상상하고, 노래한 것들을 보여주는 조감도로서의 가치와 흥미밖에는 없지 않을까.
   그러니 가련한 사서의 조수여, 잘 가게. 나는 그대를 논평하겠다. 그대처럼 가망도 없고 혈기도 없는 부류의 사람들을 따뜻하게 덥혀 줄 포도주는 이 세상에 없으며, 맑은 셰리주조차도 장미빛이 짙은만큼 너무 독할 것이다. 그러나 가끔 그대들과 같이 자리를 마련하고 지독한 애련(哀憐)의 정을 느끼며, 눈물을 나누며 가까워져, 그렇게 허물없이 이야기를 나누다 보면, 이윽고 눈은 눈물로 넘치고 술잔은 비어 반드시 불유쾌한 것만도 아닌 슬픔 속에 내던져질 것을. 체념하게, 조수여! 사실 그대들이 있는 힘을 다하여 세상을 기쁘게 하려고 애쓰면 애쓸수록 그대들은 세상에서 무시당하게 될 것이다! 나는 그대들을 위해서 햄프턴 궁전이나 튈르리의 궁전을 비워주고 싶을 정도이다! 그러나 눈물을 삼키고 기운을 내어 최상단의 로열 마스트로 높이 뛰어올라라. 그대들보다 한 걸음 앞서 간 사람들이 7층의 천계(天界)를 청소하면서, 오랫동안 거기서 배불리 지내던 가브리엘, 미카엘, 라파엘 천사를 몰아내고 그대들이 오기를 기다리고 있다. 이 지상에서 그대들은 산산이 부서진 심장을 끌어 모아서 맞추는 일이겠지만, 저 세상에선 부서지지 않는 술잔을 부딪쳐 건배할 수도 있다네!

문헌

"이리하여 하느님은 거대한 고래를 창조하셨다."
〈창세기〉 1 : 21

"레비아단, 내가 지나가면 그 자취가 번쩍번쩍 빛을 내니, 깊은 바다가 백발을 휘날리는 것처럼 보인다."
〈욥기〉 41 : 32

"주님께서는 큰 물고기 한 마리를 마련하여 두셨다가, 요나를 삼키게 하셨다."
〈요나서〉 1 : 17

"물 위로는 배들이 오가며, 주님이 지으신 레비아단도 그 속에서 놉니다."
〈시편〉 104 : 26

"그 날 주님께서는 단단한 큰 칼을 빼어들어 도망가는 레비아단, 꿈틀거리는 레비아단을 쫓아가 그 바다 괴물을 찔러 죽이시리라."
〈이사야서 27-1〉

"또한 그 밖에 무엇이건 이 괴물의 혼돈된 입으로 들어오는 것은 짐승이건 배이건 바위이건 그 더럽고도 거대한 목구멍 속으로 즉시 빨려 들어가 바닥을 알 수 없는 뱃속의 심연 속에서 사멸할 것이다."
네덜란드의 「풀루타르코스 교훈서」(1603년)

"인도양에는 세상에서 가장 큰 물고기들이 산다. 그 중에서 발레네라고 불리는 고래 또는 소용돌이 물고기는 길이가 약 4에이커, 또는 4아르펜이나 된다고 한다."
네덜란드의 플리니우스 「박물지」(1604년)

"바다 위를 달린 지 약 이틀째가 되는 날 해뜰 무렵, 엄청나게 많은 고래들과 바다의 괴물들이 나타났다. 그중의 고래 한 마리는 참으로 놀랄 만큼 거대한 몸집을 하고 있었다……그 고래는 배에 접근해서 입을 벌리고 사방에 파도를 일으키며 바다를 세게 때려 거품을 일게 했다."
투크(1744~1820)가 번역한 루키아노스(117~180무렵)의 「진짜 이야기」(1820년)

"그가 이 나라를 찾아온 것은 역시 말고래라는 것을 잡을 생각에서였으며, 그 이빨은 굉장히 귀중한 뼈대라 하여 그 중 몇 개를 왕에게 바쳤다. 가장 좋은 고래는 그의 고국에서 잡혔는데, 그 중 어떤 것은 48피트 또 어떤 것은 50피트였다. 그는 이틀 동안 예순 마리를 죽인 여섯 명 중 한 사람이라고 말했다."
890년 알프레드 대왕에 의해서 구전된 것을 오더 또는 옥서라는 사람이 구술한 것임

"짐승이건 배이건 다른 어떤 것이건 이 괴물(즉 고래)의 무시무시한 심연에 뛰어드는 것은 즉시 삼켜져서 사멸하게 되는데, 바다 모샘치만은 그곳을 더할 수 없이 좋은 피난처로 알고 잠든다고 한다."
몽테뉴 「레몽 세봉을 위한 변명」(「에세」 제2권 제12장, 1572-1580, 1588)

"달아나자, 달아나자! 이놈이 고귀한 예언자 모세가 인내심 많은 욥의 이야기에서 말한 레비아단이 아니라면, 악마가 나를 데려가도 좋다."
라블레 「가르강튀아와 팡타그뤼엘」 제4의 서 제33장, 1552년

"이 고래의 간(肝)은 짐마차 두 대분이었다."
스토 「연대기」

"커다란 레비아단은 바다를 펄펄 끓는 냄비처럼 뒤끓게 했다."
베이컨 역 〈시편〉(104 : 26, 1625년)

"그 고래 곧 범고래의 거대한 몸집을 건드려 보아도 아무런 확실한 것을 알지 못한다. 고래는 점점 몸집이 불어나고, 고래 한 마리에서는 상상하기

어려울 만큼의 많은 기름이 채취된다."

베이컨 역 「시편」(1638년)의 '생사(生死)의 역사'

"몸속의 상처에 가장 효과가 좋은 것은 경뇌유(鯨腦油 : 고해의 머리에서 짜낸 기름)이다."

셰익스피어 「헨리 4세」(1·1·3·57-58)

"참으로 고래와 꼭 같구나."   셰익스피어 「햄릿」(3·2·382)

"그것을 고치는 데는 어떠한 의술도 소용없었다.
다만 한 가지 길이 있다면
사랑의 화살로 그의 가슴을 옴패고,
끊임없는 고통을 준 그 사람에게로
바다를 질주해서 상처난 고래와 같이
바닷가로 되돌아가는 것뿐."

스펜서 「요정의 여왕」(6·10·31, 1596년)

"고래와 같이 어마어마한 힘으로, 그 거대한 몸체의 움직임은 평화롭고 잔잔한 대양을 뒤끓게 했다."

윌리엄 대버넌트 경 「곤디버트」(1651년) 서문

"향유고래라니 무엇인가 하고 사람들이 의아해하는 것도 당연하다. 그 박학한 호프마누스도 30년 노작(勞作) 속에서 분명하게 '그것이 무엇인지를 알지 못한다'고 말하고 있다."

T. 브라운 경 「말향 및 향유고래에 대해서」(1646년)의 〈미신론〉

"쇠도리깨를 든 스펜서의 탈루스처럼 그 강한 꼬리로 모든 것을 부순다. 그 옆구리엔 도리깨의 창을 숲처럼 만들어 달고, 그 등에는 무수한 갈고리를 매단다."

월러 「여름 섬의 싸움」(1664년)

"공화국 또는 국가(라틴어로 Civitas) 라고 일컬어지는 거대한 레비아단(리바이어던)이 인위적으로 창설되는데, 그것은 단지 한 인공적인 인물에 지나지 않는다."

홉스의 「리바이어던」(1651년) 첫머리

"어리석은 맨소울은 마치 고래 입속의 작은 정어리처럼 씹지도 않고 그것을 삼켜 버렸다."

존 버니언 「성전(聖戰)」(1682년)

"……그 바다의 짐승
레비아단──신께서 창조하신 것 가운데
가장 거대한 것이 대양을 헤엄쳐 다닌다."

밀턴 「실락원」(1·200~202, 1667년)

"……레비아단이야말로
창조물 가운데 가장 큰 것, 깊은 바다에서 곶〔岬〕처럼 길게 뻗어 잠자면서 헤엄치고, 마치 흔들리는 대지 같다. 그 아가미로 큰 바다를 들이마시고 그 숨으로 큰 바다를 토해 낸다."

밀턴 「실락원」(7·412~416)

"넓은 바다에 떠돌며, 몸속에 넓은 기름 바다를 간직한 위대한 고래."

풀러 「속국(俗國)과 성국(聖國)」(1642년)

"어딘가 후미진 곳 가까이에 거대한 레비아단이 누워 먹이를 기다려
기회도 주지 않고 먹이를 삼키는데,
그들 길을 잘못 들어 쩍 벌린 입으로 들어가다."

드라이든 「경이(驚異)의 해」(1667년)

"배 고물께 고래가 떠 오르는 동안 그 머리를 잘라서 보트와 더불어 될 수 있는 대로 해안 가까이 끌어온다. 그러나 수심 12피트 내지 13피트 되는

곳에서 바닥에 걸리고 만다."

　　　　　　토머스 에지 〈스피츠베르겐으로 떠난 10 항해〉「퍼케스」(1625년) 수록

"항해 도중 그들은 수많은 고래가 바다 물결에 장난치고, 또 조물주가 그 어깨에 만들어 놓은 관(管)과 공기 구멍에서 물을 뿜어 올리며 장난하는 것을 목격하였다."
　　T. 허버트 경(1606~1682)「아시아·아프리카 기행」(1638년), 해리스(1666~1719)편(編)「항해기 집성」

"거기서 그들은 고래의 대군을 만났는데, 그 고래의 어깨에 배가 얹혀지지 않도록 세심한 주의를 하며 항해하지 않을 수 없었다."

　　　　　　　　　　스호우텐「여섯 번째 세계주항(周航)」

"엘베 강 하구에서 출범. 북동풍. 배 이름은 〈고래 뱃속의 요나〉 ……
고래는 입을 열지 않는다는 사람도 있었지만 그것은 꾸며낸 이야기였다……
선원들은 고래가 보이나 하고 돛대에 기어 올라갔는데 제일 먼저 발견한 자에게는 그 수고의 대가로 금화 한 닢이 주어졌다……
나는 히트랜드에 잡혀온 고래 이야기를 들었는데, 그 뱃속에는 청어가 1배럴 이상 들어 있었다고 한다……
배의 한 작살잡이가 나에게 말하기를, 언젠가 스피츠베르겐에서 온몸이 하얀 고래를 잡았다고 했다."

　　　　　　　　　　해리스 콜「1671년 그린란드 항해」

"고래 떼가 이 해안(파이프)에 온 일이 여러 번 있다. 1652년에 뼈 길이가 80피트나 되는 고래가 왔는데(내가 듣기로는) 극히 다량의 고래 기름 외에 고래수염 500관을 얻었다 한다. 그 턱뼈는 피트퍼렌의 정원 문에 서 있다."

　　　　　　　　　　시볼드「파이프 주와 킨로스 주」(1710년)

"향유고래란 놈은 흉포하고 빨라서 사람의 재주로는 죽인 적이 없다는 말을 듣고서, 나는 그놈을 정복하여 죽일 수 있을지 어떨지를 시험해 보기로 약속했다."
리처드 스트래퍼드 「버뮤다에서 온 편지」 (1668년) 〈왕립협회회보〉에서

"바다의 고래까지도 신의 말씀을 듣는다."
뉴잉글랜드 「초급 독본」

"우리는 큰 고래를 수없이 많이 보았다. 생각건대 이 남해에는 북쪽 바다에 비하면 백 배 가량이나 더 많이 있었다."
1729년 카울리 선장 「지구 항해기」 (1683~1686)

"……그리고 고래의 입김이야말로 머리가 돌 지경으로 견딜 수 없는 악취를 풍기는 일이 종종 있다."
울로아 「남아메리카 항해」 (1758년)

"세상에 이름 난 쉰 명의 아름다운 소녀들아,
중요한 속옷일랑 잊지를 마라
뻣뻣한 버팀대로 받치고 고래 뼈로 단단히 버텨도
일곱 겹 울타리로도 막기 어렵다 하니"
포프 「머리타래의 강탈」 (1714년)

"만일 지상의 동물을 그 크기에서 깊은 바다에 사는 동물과 비교한다면 정말 부끄러워 문제 삼을 수도 없다는 것을 알게 된다. 분명히 고래는 창조물 중에서 가장 큰 생물이다."
골드스미스 「생물지」 (1774년)

"작은 물고기들을 위한 우화를 쓰시려면 그것들을 고래처럼 말하게 하셔야 합니다."
골드스미스로부터 존슨에게 (「존슨전」, 1791년)

"오후에 바위처럼 보이는 것을 보았다. 그러나 그것은 고래의 시체였고, 아시아 사람들이 죽여서 해안으로 끌고 가고 있었다. 그들은 우리에게 보이지 않으려고 고래의 뒤에 숨으려고 했다."

쿡「항해기」(1784년)

"더 큰 고래를 그들은 거의 공격하는 일이 없다. 선원 중의 어떤 자는 그들을 몹시 무서워하고 바다 위에 나가면 그 이름을 말하기조차 삼가며, 그들을 놀래게 해서 접근하지 못하게끔 배에 분뇨, 황(黃), 노간주나무, 그 밖에 이와 비슷한 물건들을 싣는다."
뱅크스와 솔랜더의 1772년 아이슬란드 항해에 관한 유노 폰 트로일의 편지들(1780년)

"낸터킷 섬 사람들이 발견한 향유고래는 활발하고 용맹스러운 짐승이므로, 어부들은 월등히 숙련된 솜씨와 용기가 필요하다."
토머스 제퍼슨이 1788년에 프랑스 공사에게 보낸 프랑스의 고래기름 수입금지조치에 항의하는 각서

"오, 의원 여러분, 이와 견줄 만한 것이 이 세상에 또 있겠습니까?"

낸터킷 고래잡이에 관한 에드먼드 버크의 의회 발언(1775년 3월 22일)

"스페인——그것은 유럽 바닷가에 떠밀려 올려진 커다란 고래다."

에드먼드 버크, 영국하원에서의 연설(1780년)

"국왕의 통상세입(通常歲入)의 열 번째 항목은 해적과 해상 강도로부터 바다를 지킨다는 것을 명목으로 고래, 철갑상어 등의 귀한 어류를 포획하는 권리를 주장하는 것이다. 그것들은 해안에 떠밀려 오든 바다에서 잡히든 간에 왕의 재산이 된다."

블랙스턴「영국법 주석」(1765년)

"선원들은 이윽고 죽음의 경기로 나아가고
로드몬드는 머리 위에 미늘 창을 단단히 비껴들고

호시탐탐 주위를 살핀다."

펄코너 「난파」

"지붕과 돔과 첨탑은 찬란히 빛나고
봉화는 절로 불타올라
둥근 하늘에
잠시 불꽃으로 매달린다.
그리하여 불을 물에 비유하면
대양은 상계(上界)를 휘감고
막을 수 없는 환희의 물결에
고래는 솟아 올라 물을 높이 뿜었다."

쿠퍼 「여왕의 런던 행차」(1789년)

"심장에 일격을 가했을 때 놀라운 기세로 10내지 15갤런의 피가 쏟아져 나왔다."

존 헌터가 고래(크기가 작은)의 해부에 관해 쓴 글(1787년)

"고래의 대동맥은 그 구경(口徑)이 런던 다리의 수도관보다도 크며, 그 관 속을 요란한 소리를 내며 달리는 물의 힘도 고래의 심장에서 내뿜는 피에 비하면 세기와 속력이 모두 뒤떨어진다."

페일리 「자연신학」(1802년)

"고래는 뒷발이 없는 젖먹이 짐승이다."

퀴비에 남작 「동물계」(1827년) 제4권 〈포유류〉

"남위 40도에서 향유고래의 떼를 보았으나 5월 1일까지는 한 마리도 잡지 못했다. 해면이 고래 떼로 가득히 덮여 있었기 때문이었다."

콜네트 「향유고래 포획업 확장을 위한 항해」(1798년)

"내가 서 있는 아래 혼돈이 떠도는 곳에

자꾸만 움직이고, 뛰어들고, 장난치고, 쫓고, 싸우는 것은
온갖 빛깔과 모양과 종류의 어족.
그것은 말로도 다할 수 없고 선원들도
본 적이 없는, 무서운 레비아단에서
물결에 떼 지은 수많은 잔물고기에 이르기까지
신비로운 본능에 이끌려
버려지고 길도 없는 땅을 지나서
사면에서 탐욕스러운 적에게 습격 받으면서도
커다랗게 무리지어 몰려와 섬처럼 떠 있다.
고래들, 상어들, 괴상한 고기들, 저마다
칼, 톱, 나선형(螺旋形)의 뿔, 갈고리 달린 이로
앞턱을 무장하고서."

몽고메리 「대홍수 이전의 세상」(1827년)

"아아, 찬양하라, 아아, 노래하라
지느러미 어족의 왕을 위해.
광막한 대서양에도
그토록 힘센 고래는 없고,
북극의 얼음 바다에도
이보다 큰 고래는 없었다."

찰스 램 「고래의 승리」(1812년)

"1690년의 일이었다. 서너 사람이 높은 언덕 위에 서서, 물을 뿜으며 서로 장난치는 고래들을 바라보고 있었다. 그때 한 사람이 그 바다를 가리키며 외쳤다──저기에 우리 아들의 손자들이 빵을 얻기 위해 나아갈 푸른 목장이 있다라고."

오비드 메이시 「낸터킷사(史)」(1835년)

"나는 수잔과 나를 위해 오두막을 짓고, 고래의 턱뼈를 짜맞추어 고딕 아치형의 문을 만들었다."

호손 「두 번 말한 이야기」 (1842년)

"그녀는 40년도 더 전에 태평양에서 고래에게 죽은 첫사랑을 위해서 묘비를 주문하러 왔다."

호손 「두 번 말한 이야기」

"'아니, 참고래야'라고 톰은 대답했다. '난 그놈이 물을 내뿜는 걸 봤거든. 하느님의 약속처럼 아름다운 무지개를 두 줄 뿜어 올렸지. 그놈은 기름이 가득 차 있었어.'"

쿠퍼 「뱃길 안내인」 (1823년)

"서너 종류의 신문을 가져왔는데, 우리는 고래가 무대의 구경거리가 되었다는 것을 〈베를린 가제트〉지에서 읽었다."

에케르만의 「괴테와의 대화」 (1839년)

"'저런! 체이스 군, 이게 대체 어찌된 일이냐?' 나는 대답했다. '고래에 부딪친 겁니다.'"

태평양에서 큰 향유고래에게 공격을 받아 결국에는 파선된, 낸터킷의 포경선 에섹스 호의 난파에 대한 기록. 이 배의 1등 항해사 낸터킷의 오언 체이스가 썼다. 뉴욕 1821년 기록.

"어느 날 밤 이슥하여 돛대 밧줄에 선원은 기대고
바람은 무심하게 소리 내어 불고
창백한 달빛은 환히 빛났다 흐려지네.
고래는 물결에 장난치며 뛰놀고
지나간 자리엔 인광(燐光)이 번쩍거리네."

엘리자베스 오크스 스미스 (1845년)

"이 고래 한 마리를 잡기 위해 여러 배에서 던져진 밧줄의 양은 모두 합해서 10,440야드 즉 약 6마일이나 됐다……."

이따금 고래가 그 거대한 꼬리를 공중에 휘두르면 그것은 회초리처럼 윙윙거리며 3, 4 마일 거리까지 울려 퍼졌다."

스코어스비

"새로운 공격에서 받은 고통에 몸부림치며 격분한 향유고래는 마구 뒹굴었다. 그 엄청나게 큰 머리를 쳐들고 크게 벌린 턱으로 주위 모든 것을 닥치는 대로 물었다. 머리로 배를 향해 돌격했다. 배들은 그 서슬에 황급하게 배를 몰다가 때로는 완전히 박살나기도 했다.
……정말 놀라운 일이다. 이토록 흥미진진하고, 또한 상업적 견지에서도 이토록 중요한 동물(향유고래 등)에 대한 고찰이 완전히 등한시되고 일반 대중은커녕 유능한 연구자들――고래의 습성에 관해 최근에 가장 풍부하고 가장 편리한 기회가 종종 주어졌음에도 불구하고――까지도 거의 관심을 갖지 않았다는 것은 참으로 기이한 일이다."

토머스 빌「향유고래의 역사」(1839년)

"향유고래(말향고래)는 몸의 양 끝에 무시무시한 무기를 지니고 있는 점에서 참고래(그린란드 고래)보다도 더 강력할 뿐 아니라 그것들을 공격에 빈번하게 이용한다. 더욱이 그것들을 교묘하고 교활하게 사용함으로써 오늘날 알려진 고래의 족속 중에서 가장 위함한 공격력을 지닌 것으로 여겨지게 되었다."

프레데릭 데벨 베네트「세계 일주 포경기」(1840년)

"10월 13일, '고래가 물을 뿜는다'하는 소리가 돛대 꼭대기에서 울려 퍼졌다.
'어느 방향인가?' 선장이 물었다.
'바람이 불어가는 쪽 뱃머리 45도선 3포인트 밖입니다.'
'키를 잡고 추적하라.'
'알았습니다.'
'여봐! 망보는 친구! 지금 고래가 보이는가!'
'네네, 향유고래 떼요. 저기, 물을 뿜는다. 어, 펄쩍 뛴다.'

'외쳐라, 고래가 나올 때마다!'
'네, 알겠습니다. 저기, 또 뿜는다. 또, 또, 또 뿜는다, 뱃머리를——.'
'거리는?'
'2마일 반입니다.'
'뭐라고, 제기랄! 그렇게 가깝단 말이냐. 전원 집합!"

J. 로스 브라운 「포경 항해의 소묘」(1846년)

"이제부터 이야기하려는 것은 낸터킷 섬에 선적(船籍)을 가지고 있었던 포경선 글로브 호의 갑판에서 벌어진 참극이다."

생존자 레이와 허시가 쓴 「글로브 반란기」(1828년)

"전에 그가 상처를 입혔던 일이 있는 고래에게 추격을 당했을 때 그는 창을 들고 얼마간 공격을 받아냈다. 그러나 괴물들은 격분해서 날뛰며 마침내 배를 향해 돌격해왔다. 그와 다른 선원들은 이 습격을 피할 수 없음을 깨닫고 물로 뛰어 들어감으로써 간신히 생명을 건질 수 있었다."

타이어먼과 베네트 「전도일지(傳道日誌)」(1832년)

"웹스터 씨는 '낸터킷은 그 자체가 국익에 중요하고도 특이하게 한몫을 하고 있다. 인구는 팔구천 명 가량이고 그들은 여기를 본거지로 하여 바다에서 살며 그 대담하고 근면한 생업으로 해마다 국가의 부에 막대한 기여를 하고 있다'고 말했다."

1828년 낸터킷에 방파제 축조를 청원할 때 대니얼 웹스터 씨가 미국 상원에서 한 연설(1828년)

"고래는 곧장 그에게 덮쳤으므로 아마 순식간에 그를 죽이고 말았을 것이다."
헨리 T. 치버 목사 「고래와 그 포획자, 또는 포경자의 모험과 고래의 생애」(1849년) 〈프레블 제독의 귀항(歸航)〉에 수록

"'조금이라도 떠들어 대면 지옥으로 보내고 말 테다' 새뮤얼은 대답했다."

포경선 글로브 호에 대한 다른 이야기. 동생 윌리엄 콤스톡이 쓴 「반란자 새뮤얼 콤스톡의 생애」(1845년)

"북쪽 바다로, 될 수만 있으면 인도로 가는 길을 열려고 했던 네덜란드와 영국 사람들의 항해는, 그 주목적은 실패했지만 뜻밖에도 고래 떼의 집합지를 세상에 밝혔던 것이다."

맥컬로치 「상업 사전」(1832년)

"이러한 일은 상호적이다. 공은 튕겨져도 다시 튀어 돌아오고 또 튀어나간다. 그러므로 고래 어장을 개척할 의도를 안고 포경업자는 신비적인 북서 항로를 간접적으로 개척한 것으로 보인다."

발표되지 않은 '어느 문헌'에서

"바다 위에서 포경선을 만나 가까이 가보면 놀라지 않을 수 없다. 배는 돛을 줄인 채로 앞으로 나가고, 돛대 꼭대기에 망보는 이가 서서 사방의 망막한 해면을 뚫어지게 바라보는 그 모습은 보통 항해선과는 전혀 색다른 광경이다."

「해류와 포경」(1844년)

"런던의 근교를 산책한 사람들은 구부러진 커다란 뼈가 현관문으로서 또는 정원 문으로서 땅위에 곤추세워져 있는 것을 본 일이 있을 것이다. 그리고 아마도 그것은 고래 늑골이라는 설명을 들은 적이 있을 것이다."

「어느 포경자의 북극해 항해 이야기」(1826년)

"고래 떼를 추적한 후 본선으로 돌아온 백인들은 비로소 배가 이미 선원으로 고용한 야만인들의 수중에 들어 갔음을 알았다."

포경선 호보먹 호의 약탈 및 탈환에 관한 신문 기사에서

"일반적으로 알려져 있는 사실인데 포경선(미국의)을 타고 나간 사람가운데 출범 때의 본선을 타고 귀국하는 사람은 흔하지 않다."

「포경선 항해기」(1848년)

"갑자기 산 같은 것이 물속에서 솟아올라 수직으로 공중에 튀어올랐다."
「미리엄 코핀, 또는 고래잡이 사나이」(1834년)

"그야 물론 고래는 작살을 가지고 찌를 수 있겠지요. 그러나 생각해 보세요. 억세고 기운찬 망아지를, 꼬리 끝을 붙들어 매는 정도로 다룰 수가 있을까요."
「늑골과 용두」에서 '포경'에 관한 장(章)

"한번은 아마도 암컷과 수컷이었을 괴수(고래) 두 마리가 앞뒤로 나란히 너도밤나무의 나뭇가지들이 늘어진 해변가(테라 델 푸에고)에서 돌을 던지면 맞을 만큼 가까운 거리를 헤엄치고 있는 것을 보았다."
다윈 「박물학도의 항해」(1839년)

"'후퇴!' 1등 항해사가 외쳤다. 머리를 돌려 보았을 때 거대한 향유고래가 아가리를 벌리고 순식간에 배를 파괴해 버릴 듯한 기세로 뱃머리로 다가오고 있었다. '후퇴! 필사적으로!'"
「포경자 위튼」(1848년)

"용감한 작살잡이가 고래를 한 방 먹일 때는, 제군들아, 기운차게 모두 소리 질러라."
「낸터킷의 노래」

"희귀한 늙은 고래여! 그대의 나라는 끝도 없이 비바람이 세차게 불어대는 큰 바다. 힘이 바로 정의인 그곳에 힘의 거인, 끝없는 바다의 왕이여."
「고래의 노래」

제1장
환상

내 이름은 이스마엘(추방자,방랑자라는 뜻)이라 부른다. 몇 해 전——정확하게 언제였는지는 묻지 말아 주기 바란다——내 주머니는 거의 텅 비고, 육지에는 흥미를 끌만한 것이 아무것도 없었으므로 잠시 배라도 타고 바다의 세계를 다녀오리라 생각했다. 우울한 마음을 털어버리고, 혈액 순환을 조절하고 싶을 때면 이 방법을 택한다. 마음이 울적해질 때, 촉촉하게 11월의 가랑비가 내릴 때, 나 자신도 모르게 장례 행렬 뒤를 번번이 뒤따르는 그런 때, 특히 우울증이 나를 짓눌러 웬만큼 자제심을 발휘하지 않으면 일부러 거리로 뛰쳐나가 남의 모자를 계획적으로 벗겨 버리고 싶은 충동을 느낄 때——그런 때에는 되도록 빨리 바다로 떠나야 할 때가 되었다는 생각이 든다. 이것이 내게는 권총과 총알의 대용물이다. 카토(케사르에 항거하여 자결한 로마 정치가)는 철학적인 미사여구를 늘어놓고 검 위에 몸을 엎드려 절했다. 그러나 나는 조용히 바다로 나간다. 이건 조금도 놀랄 일이 아니다. 바다에 대해서 조금이라도 알고 있다면 거의 모든 인간은 정도의 차이는 있을망정 언젠가는 나와 꼭 같은 감정을 바다에 대해 품지 않을까.

그런데 여기, 산호초로 둘러싸인 인디안 섬들처럼, 섬 도시 맨하토(맨해튼)는 부두에 둘러싸여 있다. 교역의 물결이 밀려든다. 오른쪽으로 가나 왼쪽으로 가나 길은 해변과 이어져 있다. 중심가가 끝나는 곳에 이르면 배터리 포루(옛 영국군 포대가 있던 자리)가 있고, 그곳의 훌륭한 방파제는 파도에 씻기고 미풍에 서늘해진다. 불과 한두 시간 전까지만 해도 육지에서 보이지 않던 곳이다. 그곳에 서서 바다를 바라보는 사람들 무리를 보라.

안식일 오후에 잠시 꿈에 잠기는 이 도시를 돌아다녀 보라. 콜리어스 곶(串)에서 코엔티스의 선창까지, 다시 거기서 화이트홀 옆을 북쪽으로 걸어 보라. 거기서 무얼 보는가. 이 마을의 곳곳에 묵묵히 서 있는 보초병처럼 수

 천 명의 살아있는 인간들이 바다의 명상에 잠겨 꼼짝도 하지 않고 서 있다. 말뚝에 기대선 사람, 부두 끝에 앉아 있는 사람, 중국에서 온 배의 현장(舷牆) 너머로 바라보고 있는 사람, 바다를 좀더 잘 보고 싶어선지 돛대 위에 올라가 있는 사람, 그러나 그들은 모두 육지에 사는 사람들이다. 평일에는 차양과 벽에 갇히고, 계산대에 묶이고, 의자 위에 못 박히고, 책상에 붙들려 있는 사람들이다. 그렇다면 대체 이것은 어찌된 일인가? 푸른 들판을 잃었다는 것인가? 그들은 여기서 무얼 하고 있는 것일까?

 그러나 보라! 더 많은 무리들이 걸어온다. 바다를 향해 뛰어들기라도 하려는 듯 곧장 몰려온다. 이상한 일이다. 육지의 막다른 끝 외에는 그들을 만족시키는 것이 아무것도 없다. 저기 창고의 바람이 통하지 않는 그늘 밑을 어정거리는 것으론 만족스럽지 않을 것이다. 물에 빠지지 않는 한은 될 수 있으면 물에 가까이 다가가고 싶은 것이다. 그래서 그들은 거기 몇 마일, 몇십 마일인지도 모르게 긴 열을 짓고 늘어선다. 모두가 육지 사람들이다. 골목길에서, 뒷골목에서, 거리에서, 큰 길에서, 동서남북에서 모여든 것이다. 더욱이 여기에선 모두가 하나가 된다. 저 모든 배들의 나침반 바늘의 자력이 그들을 이곳으로 끌어당기기라도 한 것일까?

 하나만 더 말하리라. 당신이 교외에, 호수가 많은 산지에 있다고 하자. 당신이 끌리는 대로 오솔길을 따라 걷기 시작하면, 십중팔구 골짜기로 향하게 되어 냇물이 흐르는 웅덩이에 이르게 될 것이다. 바로 거기에 마력이 있다. 멍하니 걷는 사람을 가장 깊은 명상에 잠기게 하고, 또 그를 일으켜 발걸음을 옮기게 해보라. 그 지방에 물이 있는 한 그는 반드시 그대를 물가로 인도할 것이다. 만일 당신이 아메리카 대사막을 포장마차로 진행 중에 갈증을 느끼고 그 일행 중 철학 교수가 있다면 이 실험을 해보면 알 것이다. 누구나 다 알고 있는 것이지만, 명상과 물은 영원히 결부되어 있는 것이다.

또 여기에 화가가 한 명 있다고 하자. 사코 계곡 가운데서도 가장 로맨틱한 풍경 가운데서도 그윽하고, 고요하며 매혹적인 풍경을 그리려고 한다. 그가 가장 중요하게 여기는 것은 무엇인가? 나무들은 마치 은자(隱者)와 십자가가 그 속에 숨어 있는 것처럼 속이 빈 줄기로 서 있고, 여기 초원이 잠들어 있고, 저쪽에는 가축의 무리가 잠자고, 또 저 너머 오두막에서는 연기가 한가로이 피어 오르고 있다. 저 먼 숲으로 나 있는 구불구불한 오솔길이 산허리의 푸른빛에 젖은 봉우리를 향해 사라진다. 그러나 이 정경에 제아무리 황홀한 기분이 넘치고 소나무가 양치기의 머리 위로 잎처럼 한숨을 떨군다 해도, 이 양치기의 시선이 앞에 놓인 마력적인 물 흐름에 빼앗겨 있지 않다면 모든 건 허사이다. 또한, 6월의 대초원을 찾아가 보라. 몇 십 마일인지도 모르게 참나리 꽃에 무릎까지 빠져서 걸어갈 때 어떤 한 가지 매혹이 모자라지는 않는지? 물! 그곳엔 한 방울의 물도 없는 것이다. 만일 나이아가라가 모래로 된 폭포였다면 당신은 그걸 보러 몇 천 마일이나 여행을 하겠는가?

저 가난한 테네시의 시인이 우연히도 두 줌 가량의 은화를 얻었을 때, 그가 애처롭게도 필요로 했던 코트를 살까, 로커웨이 해변으로 도보 여행을 떠날까 고민했던 것은 무슨 까닭일까? 강건한 육체와 강건한 마음을 지닌 소년이라면 거의 모두가 한때는 바다로 나갈 것을 갈망하는 건 무슨 까닭일까? 당신이 맨 처음 선객으로 항해 길을 나서서 이제 배에서 육지가 보이지 않는 곳까지 왔다는 것을 처음 알았을 때 신비스런 가슴의 울렁거림을 느끼는 것은 무엇 때문일까? 고대 페르샤 사람들이 바다를 성스럽다고 한 것은 무엇 때문일까? 그리스 사람들이 바다를 하나의 신으로 삼고 제우스의 형제라고 한 것은 무엇 때문일까? 이 모든 것은 무의미한 것이 아니다. 아니, 샘물에 비치는 온화한 그림자를 붙잡을 수 없는 고통에 거기에 뛰어들어 빠져 죽었다는 나르시스의 이야기에는 좀더 깊은 의미가 있다. 그와 똑같은 영상을 우리도 강에서 바다에서 본다. 그것은 붙잡을 수 없는 수많은 생명의 환영이다. 그것은 우리 삶의 모든 것에 대한 열쇠다.

그런데 눈이 몽롱해지고 폐(肺)를 지나치게 강하게 의식하기 시작할 때 나는 바다로 가는 습관이 있다고 했지만, 그렇다고 해서 승객으로서 가는 거라고 생각해서는 안 된다. 승객으로 가는 데는 돈지갑이 필요할 테지만 돈지갑은 그 속에 무언가가 들어 있지 않으면 천 조각이나 다를 것이 없다. 게다가 승객은 뱃멀미를 하기도 하고 싸움을 하기도 하고 밤에 잠을 못 이루기도 하여 바다의 기쁨을 맛볼 수 없다. 그러므로 나는 결코 승객은 되지 않는다. 또 선원 비슷하기는 하지만 제독이나 선장이나 요리사 따위로도 가지 않는다. 그러한 직위의 영예와 존귀는 그런 것을 좋아하는 사람에게 맡겨 둔다. 나는 고상하고 존귀한 수고나 노고, 신경을 쓰는 일 따위는 도무지 싫다. 상선이나 화물 운반선, 횡범선(橫帆船)이나 종범선(縱帆船) 따위에 신경을 쓰지 않더라도 자신의 일만으로도 벅찬 것이다. 그리고 요리사인데——요리사란 배에서는 일종의 장교 같은 것으로 그 직책에 상당한 명예가 없는 것은 아니나——어찌된 일인지 나는 아직 새고기를 굽는 일을 상상해 본 적이 없다. 하기는 잘 구워서 보기 좋게 버터를 발라 알맞게 소금과 후추를 뿌렸다고 한다면, 나 이상으로 새고기 구운 것에 대해 공손하다고까지는 할 수 없어도 경의의 뜻을 담아 말하는 사람도 없을 것이다. 요즈음 따오기나 하마의 미라를 피라미드의 거대한 조리실 안에서 발견하는데, 그것은 고대 이집트 사람들이 구운 따오기나 구운 하마에 대해 가졌던 미신적인 애착의 정도를 나타내는 것이다.

  이리하여 바다에 나갈 때 나는 언제나 선원으로 나간다. 그래서 돛대 바로 앞이나 앞 갑판의 바로 아래 또는 제일 높은 마스트의 꼭대기에 머무른다. 물론 무슨 일이든지 명령을 받아야 하는 신세이니 5월 초원의 메뚜기처럼 이 마스트에서 저 마스트로 뛰어다녀야만 한다. 이것은 확실히 불쾌한 일이다. 특히 육지의 옛 명문 출신인 밴 렌슬러 집안, 랜돌프 집안, 하디커누트 집안 출신이라면 몹시 자존심이 상할 것이다. 그 중에도 만일 배타는 일에 발을 담그기 직전까지 어느 시골 학교의 교사로 큰소리 치며 몸집이 큰 학생을 쩔쩔매게 한 일이 있었다면 특히 그럴 것이다. 교사에서 선원으로의 전환은 참으로 참혹한 것이므로 세네카나 스토아 학파 식의 인내가 없다면 적당히 코웃음 치며 참는다는 것은 불가능한 일이라고 나는 경고하련다. 그러나 이런 일도 시간이 지나면 잊게 된다.

시골뜨기 늙은 선장이 내게 비를 들고 갑판을 청소하라고 명령했다 해서 그것이 대수겠는가? 신약성서의 가르침에 비추어 볼 때 이 굴욕이 어느 정도나 된단 말인가? 그때 내가 늙은 선장에게 공손히 따를 뜻을 나타냈다 해서 천사장(天使長) 가브리엘이 조금이라도 나를 멸시할거라고 생각하는가? 노예 아닌 사람이 누가 있겠는가. 있다면 말해달라. 아무리 늙은 선장이 혹사하고 나를 괴롭힌다 해도 그것으로 족한 것이다. 다른 사람들도 모두 육체적 또는 정신적 의미에서는 노예라고 생각하면서 나는 만족한다. 그리하여 전 세계는 서로 주먹질을 하며 사람들은 다른 사람과 서로 어깨를 부딪친다고 생각하며 만족하는 것이다.

다시 한번 말하지만, 나는 언제나 일반 선원으로 바다에 나간다. 노고에 대해 돈을 치러 주기 때문이다. 승객에게 단돈 한 푼이라도 돈을 치른다는 말은 아직 듣지 못했다. 그 반대로 승객은 자기편에서 돈을 치른다. 돈을 치르는 것과 돈을 받는다는 것은 얼마나 큰 차이인가? 돈을 치른다는 것은 저 낙원의 두 사과 도둑이 우리에게 남기고 간 세상의 괴로움 중 가장 큰 것이다. 그러나 돈을 받는다는 것은 무엇에 비길 수 있을까? 돈은 지상의 온갖 악의 근원이므로 돈을 가진 사람은 절대로 천국에는 들어가지 못한다고 우리가 굳게 믿고 있는 것을 생각하면 사람이 돈을 받기 위해 하는 갸륵한 노력이야말로 참으로 놀라운 일이 아니겠는가? 아아, 얼마나 즐겁게 우리는 그 파멸에 몸을 맡기고 있단 말인가?

마지막으로 말하건대, 나는 언제나 선원으로서 바다로 나간다. 앞 갑판에는 건전한 근육노동과 깨끗한 대기가 있기 때문이다. 이 세상에서처럼(만약 피타고라스의 교훈을 어기지 않는다면) 역풍이 순풍보다 훨씬 좋다. 그러니까 뒤 갑판에 있는 제독은 거의 언제나 앞 갑판의 선원이 마시고 난 공기를 마시고 있는 셈이다. 그 자신은 새로운 공기를 마시는 줄 알겠지만 그것은 잘못 생각한 것이다. 실제로 이와 거의 똑같은 방식으로 여러가지 일에서 민중이 앞서지만 지도자들은 그 사실을 의심조차 하지 않을 때가 많다. 그러나 여러 번 상선 선원으로 바다 냄새를 마신 후에 지금 나는 포경선을 타려고 한다. 이것은 눈에 보이지 않는 운명의 경찰관, 늘 나를 감시하고 남모르게 나를 괴롭히고 설명하기 어려운 힘으로 나를 조종하고 있는 그가 누구보다 그 이유를 잘 알고 있을 것이다. 확실히 이번에 내가 고래잡이 항해를 떠난다는 것은 아득한 옛날에 예정된 위대한 섭리의 일부이다. 웅장한 연주 사이에 짧은 간주곡이나 독주로서 삽입된 것임에 틀림없다. 전단에는 이런 내용이 적혀 있어야 할 것이다.

미합중국 대통령 대 선거전
이스마엘이란 자의 포경 항해
아프가니스탄에서의 피비린내 나는 전쟁

 다른 사람들은 장엄한 비극의 주역을 맡거나 우아한 희극의 짧고 편한 역을 맡거나 익살스런 역을 맡는데 운명이란 무대 감독은 왜 하필 내게 고래잡이 같은 형편없는 역할을 맡기는지 도무지 알 수 없다. 그러나 지금 와서 그 당시의 상황을 회상해 볼 때, 교활하게 여러 모습으로 위장하고 나타나서 그 역을 맡도록 유도하고, 그것이 나의 선택이었다고 착각하게 만든 그런 동기들에 대해 조금쯤 알게 된 것 같다.

 이 많은 동기 중에서도 중요한 동기는 거대한 고래 그 자체에 대한 저항할 수 없는 경탄의 마음이다. 저 놀랍고 신비한 괴물이 나의 호기심을 사로잡아 버렸다. 이어서, 섬처럼 거대한 고래의 몸이 뒹구는 아득하고 거친 바다, 말로 표현할 수 없을 만큼 무시무시한 고래의 위험성, 그리고 이에 수반되는 놀랍도록 장대한 파타고니아의 광경과 소리들이 나를 열망으로 내몰았다. 아마도 다른 사람은 이런 것에 유혹되지 않았겠지만, 나는 미지의 먼 세계를 갈망하는 끝나지 않을 고통을 앓고 있다. 나는 금단의 바다를 항해하고 원시 해안에 상륙하기를 좋아한다. 또 착하고 아름다운 것에 눈이 어둡지도 않다. 그리고 공포에도 민감하며 할 수만 있다면 그것과 사귀어 보고도 싶다. 사람이 그가 사는 곳에 존재하는 모든 사물과 친해진다는 것은 좋은 일이 아니겠는가?

 이런 이유에서 고래잡이 항해는 내가 반길 만한 것이었다. 경이의 세계의 큰 관문은 활짝 열렸고 반길 만한 목적지로 나를 몰아넣는 격렬한 환상 속에서 내 영혼의 깊숙한 곳으로 끝없이 늘어선 고래 떼가 두 마리씩 짝지어 떠올라왔다. 고래들 가운데 눈(雪)으로 뒤덮인 높은 산처럼 거대한 관(冠)을 쓴 환영(幻影)이 있었다.

제2장
여행가방

한두 벌의 셔츠를 집어넣은 낡아빠진 여행가방을 옆구리에 낀 채 나는 케이프 혼과 태평양을 향하여 출발했다. 정든 도시 맨하토를 떠나서 무사히 뉴베드포드(아메리카 포경선의 집결지)에 도착한 것은 12월의 어느 토요일 밤이었다. 그러나 낸터킷(케이프 코드의 남쪽 30마일 지점에 있는 섬)으로 가는 조그만 우편선은 벌써 떠난 뒤라 다음 월요일까지 그곳에 갈 수 없다는 말을 듣고는 낙담하지 않을 수 없었다.

고래잡이의 고난과 형극의 길을 동경하는 젊은이들은 대개 이 뉴베드포드에 머물렀다가 배를 타고 바다로 나갔다. 그러나 나는 개인적으로 전혀 다른 생각을 품고 있었다. 나는 낸터킷의 배 이외에는 절대로 타지 않겠다고 결심했다. 그 유명하고 역사가 오랜 섬에 관련된 모든 것에 따라다니는 말할 수 없을 만큼 멋지고 거친 그 무엇인가가 나를 기쁘게 해주기 때문이었다. 게다가 최근에 뉴베드포드가 차츰 포경업을 독점하여 포경업의 역사가 오랜 낸터킷은 오늘날 딱하게도 훨씬 기세를 잃고 말았지만, 낸터킷이야말로 본원지로서──카르타고에 대한 티르(고대 페니키아의 항구 도시)──아메리카에서 맨 처음으로 죽은 고래가 끌어올려진 곳이다. 낸터킷이 아닌 다른 어디에서 북아메리카 인디언 고래잡이들이 통나무배를 타고 최초로 거대한 레비아단을 쫓아갔겠는가? 낸터킷이 아닌 다른 어디에서──전하는 바에 의하면──최초의 용감한 단장 범선(單檣帆船)이 고래에 던질 수입한 옥돌을 얼마쯤 싣고 떠나서 사장(斜檣)에서 작살을 던질 알맞은 기회를 노렸겠는가?

그런데 하룻밤, 그리고 하루 낮, 다시 하룻밤의 시간을 목적지인 항구로 건너가기 전에 뉴베드포드에서 기다려야 하는 나로서는 그동안 어디서 식사를 하고 잠을 잘 것인가가 문제였다. 불안하다고 하기보다는 을씨년스런 어두운 밤, 살을 에는 듯이 춥고 쓸쓸한 밤이었다. 이 고장에 아는 사람이라곤 없었다. 초조한 나머지 갈고리 닻으로 주머니 속을 뒤져 보니 겨우 은화 몇

개가 걸렸을 뿐이었다. 여행 가방을 짊어지고 황량한 거리 한복판에 선 나는 북쪽을 보나 남쪽을 보나 음산하게 엄습해 오는 어둠을 둘러보면서 혼잣말을 했다. 이봐 이스마엘, 어디를 가든, 너의 지혜의 인도로 어디서 하룻밤의 잠자리를 얻든, 우선 숙박료를 물어봐야 한다. 까다롭게 굴어선 안 돼, 친애하는 이스마엘.

멈칫거리며 거리를 걸어가면서 '십자성 작살'이라는 간판 앞을 지나갔다. 그 집은 너무 비싸고 화려하다고 생각되었다. 조금 더 앞으로 나아가자 '검어(劍魚) 여인숙'이라는 집이 있었다. 환하게 밝은 창문을 통해 흘러나오는 강렬한 불빛은 그 집 앞에 얼어붙은 눈과 얼음을 녹일 정도로 보였다. 단단한 아스팔드 보도에는 어디를 가나 서리가 10인치나 얼어붙어서, 울퉁불퉁한 땅을 밟을 때마다 마구 신어 너덜너덜해진 구두 밑창 때문에 나는 피로를 느꼈다. 잠깐 걸음을 멈추고 집안의 환한 불빛을 바라보고 술잔 부딪치는 소리를 들으면서 여기도 너무 떠들썩하다고 또 한번 생각했다. 마침내 나는 말했다——자, 어서 가자, 이스마엘. 내 말이 안 들리나. 남의 집 입구에서 우물거리는 게 아냐. 너의 다 떨어진 구두에 붙들려선 안 돼. 그래서 다시 걸었다. 이번엔 육감으로 바다 쪽을 향해 걸어갔다. 어쩐지 그쪽에는 그다지 좋지는 않더라도 아주 싼 집이 있을 것 같았다.

말할 수 없이 쓸쓸한 거리! 양쪽에 늘어선 것은 집이 아니라 검은 돌덩어리다. 여기 저기 묘지에서 흔들리는 촛불처럼 희미한 불빛이 비친다. 토요일 밤의 이런 시각인데도 이 근처의 마을은 폐허와 같다. 그러나 나는 곧 낮게 찌부러진 것 같은 집에서 흐르는 어렴풋한 불빛 있는 데에 이르렀다. 그 문은 마치 사람을 부르는 듯이 열려 있었다. 마치 공공 장소처럼 무신경한 외관을 갖고 있었다. 그 집으로 들어가다가 가장 먼저 현관에서 재통에 걸려 넘어졌다. 사방으로 날리는 재에 숨이 막힐 것 같아, 하하! 이것은 멸망한 도시 고모라의 재인가 하고 중얼거렸다. 아까 보았던 것이 '십자성 작살'에다 '검어 여인숙'이라면, 이 집은 분명 옥호가 '함정'쯤 될 것이다. 그런 건 아무래도 좋다. 나는 몸을 일으켜 실내의 시끄러운 목소리를 들으면서 바깥 문을 밀고 들어가 안쪽 문을 열었다.

도벳(고대 셈족이 살아있는 아이들을 태워서 마신(魔神) 몰로크에게 바쳤다는 곳)에서 검은 의회가 열리는 것같은 광경이었다. 수백의 까만 얼굴들이 열을 지어 나를 돌아다보았다. 저쪽에서는 지옥의 검

44 모비 딕

은 천사가 제단에서 경전을 두드리고 있었다. 흑인들의 교회였다. 목사의 설교는 어둠의 검기에 대해 그리고 눈물과 통곡과 이를 가는 데 대해서였다. 나는 뒷걸음질치면서 중얼거렸다. 이봐, 이스마엘, '함정'이라는 간판에 끌려 들어와 심한 대접을 받았군그래.

계속 걸어가자 드디어 선거(船渠)에서 그리 멀지 않은 곳에 희미한 불빛이 보였다. 구슬프게 삐걱거리는 소리가 들려 고개를 돌리자 문 위에 하얀 칠을 한 간판이 흔들거리는 것이 보였다. 그 간판에는 고래가 뿜어내는 안개 같은 물보라가 치솟는 그림이 희미하게 그려져 있고, 그 밑에 '물보라 여인숙—피터 코핀'이라고 쓰여 있었다.

코핀[棺]? ——물보라라고? ——이렇게 붙여놓으면 약간 불길한데. 그러나 코핀은 낸터킷에서 아주 흔한 성씨(姓氏)라니까 이 피터란 사나이도 거기서 건너온 사람일 것이라고 생각했다. 등불은 아주 희미하고, 집안은 몹시 조용했다. 이 헐어빠진 목조 건물은 불난 자리에서 이곳으로 끌고 온 것 같았고, 흔들리는 간판은 가난에 쪼들린 듯한 소리를 내며 삐걱거리고 있었다. 이곳이야말로 틀림없는 싸구려 여인숙으로 가장 좋은 커피를 얻어 마실 수 있는 곳이라고 생각했다.

이상한 집이었다. 박공식(牔栱式)으로 지은 이 낡은 집은 한쪽이 마비된 것처럼 흉하게 기울어져 있었다. 그것은 살을 에일 듯이 춥고 쓸쓸한 거리 모퉁이에 서서 저 흉포한 유로클리돈(지중해의 동부를 휩쓰는 북동질풍)이 사도 바울의 배를 정신없이 뒤흔들던 때보다도 더욱 미친 듯한 포효에 몸을 내맡기고 있었다. 그러나 유로클리돈도 집안에서 침대에 들어가기 전에 벽난로 옆에서 조용히 발을 녹이고 있는 사람들에게는 제법 기분 좋은 미풍이 되어 주었다. 어느 고서——단 하나 남은 사본은 내가 갖고 있다——의 작가는 '유로클리돈'이라고 불리는 폭풍에 대해서 결론 내리기를, 그대가 유리창 안에서 밖에 가득한 서리를 내다볼 때와 안팎으로 서리가 얼어붙고 유리를 끼워넣어 줄 사람이라고는 죽음의 신밖에 없는 그런 유리없는 창에서 밖을 내다볼 때와는 그 폭풍이 전혀 달리 보인다'라고 말하였다. 이 구절이 머리에 떠올랐을 때 오래된 블랙 활자여, 너는 참으로 훌륭한 말을 하는구나, 하고 나는 중얼거렸다. 그렇다. 이 눈은 창문이요, 나의 이 육체는 집이다. 이런 틈은 모조리 메워 버리고 여기저기에 조그마한 솜이라도 틀어막지 않았다니 참으로 유감스런 일이다. 그러나 이미 지금에 와 다시 고친다는 것은 늦은 일이다. 우주는 완성되었고 갓돌은 세워졌고 그 부스러기들은 이미 백만 년 전에 다 실어가 버렸다. 불쌍한 나사로, 베개 대신 가장자리 돌을 베고 누워 이를 딱딱 마주치고 벌벌 떨면서 누더기를 뜯어 두 귀를 틀어막고 옥수수 속대로 입을 막아 보았자 이 흉포한 유로클리돈을 막을 수는 없을 것이다. 부자 노인 다이비즈는 붉은 비단옷에 싸여(나중에는 더욱 빨간 옷에 싸이지만) 말할 것이다. 유로클리돈이라고? 그게 어쨌단 말인가? 얼마나 상쾌하게 서리 덮인 밤인가? 오리온 성좌는 반짝거리고 북극광은 빛나고 있지 않은가? 영원한 온실이라든가 하는 동양의 여름에 대해 지껄이고 싶은 놈이 있다면, 마음대로 지껄이게 내버려두라. 나는 내 석탄으로 나의 여름을 만들 특권이 있으면 그것으로 족하다.

그러나 나사로는 어떻게 생각할까? 그가 그 새파랗게 언 손을 북극광에 쪼였다 해서 따뜻해질까? 나사로는 이런 곳보다는 수마트라에 있었던 편이 좋지 않을까? 적도선을 따라서 길게 누워 있는 편이 훨씬 좋지 않았을까? 아니 신이여, 이 서리를 막으려면 지옥의 불가마 속까지 내려가야 할까요?

그런데 나사로가 다이비즈 네 문간의 돌 위에 떠밀려 오는 것은 빙산이 몰루카스 군도(동인도제도중의 하나)의 어느 하나에 표착(漂着)하는 것보다도 놀라운 일이다. 그러나 다이비즈는 민중의 얼어붙은 한숨으로 만들어진 얼음 궁전에서 러시아의 차르 황제처럼 살고 금주 협회의 회장이기도 하면서 고아들의 뜨뜨미지근한 눈물만을 마시고 있는 것이다.

이제 이 이상의 서글픈 이야기는 하지 않기로 하겠다. 이제부터 고래잡이를 나갈 것이다. 앞으로 많은 일이 닥칠 것이다. 서리에 언 발의 얼음을 긁어내고 이 '물보라 여인숙'이 어떤 곳인가를 살피기로 하자.

제3장

물보라 여인숙

박공 건물인 '물보라 여인숙'에 들어가니 천장이 낮고 덜컹거리는 넓은 현관이 있고, 그 구식 벽판은 폐기 처분된 노후선의 뱃전을 연상케 했다. 한쪽 벽에는 아주 큰 유화 한 점이 걸려 있었는데, 형편없이 그을려서 아주 더러워져 있었고, 또 사방에서 비치는 불빛이 고르지 않아 아주 골똘히 연구하거나, 차분하게 관찰하거나, 아니면 곁에 있는 사람들에게 주의 깊게 묻기라도 하지 않는다면 무엇을 그리려고 한 것인지 전혀 알 수 없을 정도였다. 아무것도 분간할 수 없는 어둠과 그림자의 혼합이었다. 처음에는 뉴잉글랜드의 마녀사냥 시대에 야심에 찬 어느 청년 화가가 넋이 나간 세상의 혼돈을 그림에 나타내려고 했나 보다고 생각하게 된다. 더욱이 여러 번 감상하고 곰곰이 생각하면서, 특히 현관 뒤쪽의 작은 창문을 열어젖히면 그런 허황된 생각조차도 전혀 당치 않은 것만은 아니라고 결론을 내리게 된다.

그렇다고 해도 무엇보다도 사람을 혼돈시키고 어리둥절하게 하는 것은, 그 그림 한가운데에 뭐라 형용할 수 없는 거품 속에 떠 있는 세 줄기 선, 파랗고 희미하고 수직으로 뻗은 그 선들 위에 떠돌고 있는 길게 휘어지고 불길한 느낌을 주는 거대한 검은 덩어리다. 신경이 약한 사람이라면 심한 정서 불안에 빠질 정도로 축축하고 음습하고 매캐한 그림이다. 더욱이 거기에는 일종의 막연하고 반밖에 이루어지지 않은 듯한 표현하기 어려운 숭고함도 있어서, 사람의 마음을 거기에 못 박아 놓고 끝내 이 기이함이 무엇을 의미하는지를 반드시 밝히고야 말겠다고 자기도 모르게 맹세하게 되는 것이었다. 언뜻 어떤 생각이 머리에 번쩍할 때도 있지만, 아아, 그것은 터무니없는 생각일 뿐이다——강풍이 몰아치는 한밤중의 흑해, 우주를 구성하는 4원소의 불가사의한 투쟁. 말라붙은 황야, 북극의 겨울 경치, 얼어붙은 시간의 흐름이 녹는 것. 그러나 끝내 그러한 모든 공상은 그림 중심에 있는 이상한 형

체의 것에 다다르면 깨져 버리고 만다. 일단 그것만 알게 되면 그 나머지는 명백해진다. 그러나 잠깐, 무언가 커다란 물고기를 닮지 않았을까? 그보단 거대한 레비아단을 닮지 않았을까?

사실 많은 노인들에게 물어보고 여러 가지 의견을 참고로 하여 도달한 결론, 곧 화가의 의도는 다음과 같은 것이었다. 이 그림은 케이프혼을 회항하는 배가 태풍을 만난 그림이었다. 절반쯤 침몰해 버린 그 배는 돛이 갈가리 찢겨진 돛대 세 개만을 해상에 드러낸 채 몸부림치고 있고, 미친 듯 날뛰는 고래는 배 위를 훌쩍 뛰어넘으려고 자칫 잘못하면 그 몸을 돛대 세 개에 꿰게 될지도 모르는 아슬아슬한 순간의 그림이었다.

현관 반대쪽 벽에는 야만적인 이교도들의 괴상한 곤봉과 창이 가득 걸려 있다. 어떤 것은 상아를 베는 톱과 비슷하게 생긴 반짝거리는 이가 잔뜩 박혀 있고 또 어떤 것은 사람의 머리카락을 술로 달고 있다. 낫처럼 생긴 것도 있는데 그것에는 풀 베는 기계가 막 베어 놓은 풀처럼 활 모양을 한, 기다랗게 구부러진 손잡이가 붙어 있다. 그것을 바라보는 사람은 전율을 느끼고, 야만적인 식인종들이 그처럼 무시무시한 기구로 살육을 했던가 하고 놀랄 것이다. 이것들과 함께 엉망으로 망그러지고 녹슬어 버린 고래잡이용 창이며 작살도 같이 놓여 있다. 전설적인 무기도 몇 개 있다. 지금은 몹시 구부러진 이 긴 창으로 네이션 스웨인은 50년 전 하루 해가 지는 사이에 고래 열다섯 마리를 잡았다고 한다. 그리고 지금은 코르크 마개 뽑기처럼 보이는 저 작살은 자바 해에서 던져져 그대로 고래 등에 꽂힌 채 끌려갔는데, 그 고래가 몇 해 후에 블랑코 곶(사하라 사막의 서쪽 끝)에서 결국 죽었다고 했다. 그 쇠작살은 맨처음에는 꼬리 가까이에 꽂혔는데 사람의 몸에 들어가 끊임없이 돌아다니는 바늘처럼 40피트나 몸속을 돌아다니다가 그 고래가 발견되었을 때는 등에 박혀 있었다고 한다.

어두운 현관을 지나자 천장이 낮은 아치형의 복도가 있고——그곳은 옛날에는 난로에 연결된 커다란 굴뚝이 있던 자리임에 틀림없다——거기를 빠져나가면 홀로 들어서게 된다. 홀은 복도보다 더 어두운데 낮고 거대한 대들보가 머리 위쪽에 있고 낡아서 더할 나위 없이 울퉁불퉁한 마룻바닥이 발밑에 있어, 폭풍우가 몰아치는 밤 한쪽 구석에 정박한 낡은 배가 무섭게 흔들릴 때 마치 낡아 빠진 배의 밑바닥을 걷는 상상에 빠지게 될 것이다. 한쪽에는 선반 비슷하게 길고 나지막한 테이블이 있어 이 세상의 구석구석을 뒤져 모은 먼지투성이의 골동품이 가득가득 들어 있는 금이 간 유리 상자들이 쭉 늘어서 있다. 방의 저편 구석에 삐죽 튀어나와 있는 음침한 소굴 같은 것은 바인데——조잡하게도 고래의 머리를 모방하려 했던 모양이다. 아무튼 고래의 턱뼈가 커다랗게 아치형으로 입을 벌리고 있어 마차가 그 밑을 지나갈 수 있을 정도다. 그 턱 속에 초라한 선반이 있어 낡은 포도주병, 물병, 플라스크가 죽 놓여 있는데, 순식간에 으스러뜨릴 것 같은 날카로운 턱뼈 속에서 저주받은 요나(사람들에게 그런 이름으로 불리었다)처럼 쭈그러지고 몸집이 작은 노인이 바쁘게 돌아다니면서 술을 비싼 값에 팔고 있었다.

그가 독을 부어 넣는 큰 텀블러 컵이야말로 밉살스럽지 않은가? 바깥쪽은 원통형을 이루고 있지만, 사악하게 녹색으로 희번덕거리는 유리는 바닥으로 갈수록 점점 폭이 좁아지고, 컵 깊이만큼 충분히 내려가지고 않는다. 이 날강도와 같은 술잔의 유리에는 자오선이 평행으로 조잡하게 빙 둘러 새겨져 있다. 그래서 이 금까지 따르면 값은 1페니밖에 안 되지, 이 금까지면 1페니 더, 또 1페니어치 더, 하는 식으로 하나 가득 따르면——케이프 혼 계량법으로 단숨에 쭉 들이키는 것은 1실링이 된다.

내가 홀에 들어섰을 때 젊은 선원 몇 사람이 테이블 주위에 모여 희미한 불빛 아래서 고래 이빨의 여러 가지 표본들을 살펴보고 있었다. 나는 주인을 찾아가 방을 달라고 했으나 만원이어서 침대가 하나도 비어 있지 않다는 대답을 들었다. "그렇지만 잠깐 기다려요" 그는 이마를 가볍게 두드리면서 덧붙였다. "작살잡이하고 한 담요에서 자는 건 싫지 않겠죠? 당신도 고래잡이를 떠날 것 같은데 그런 것에 익숙해지는 것도 나쁘지 않을 거요."

나는 한 침대에서 둘이 자는 것을 좋아하지 않는다, 그러나 아무래도 그렇게 자야 한다면 그 작살잡이가 어떤 사나이인가 하는 게 문제다, 이 집안에서 잘 곳이라곤 거기밖에 없고 작살잡이도 그다지 언짢은 사나이가 아니라면 이 추운 밤에 낯선 거리를 이 이상 헤매는 것도 어리석은 일이니 점잖은 사람이라면 담요를 나누어 쓰는 것도 나쁘진 않을 거다, 하고 대답했다.

"그렇소, 옳은 말이오. 자, 앉으시오. 저녁 식사는? 식사를 하고 싶은가요? 곧 되고말고요."

배터리 포루에 있는 벤치처럼 여기저기에 갖가지 자국이 잔뜩 새겨진 긴 의자에 나는 걸터앉았다. 지금도 무뚝뚝한 선원이 몸을 구부리고 양쪽 무릎 사이로 의자를 끼고 한쪽 끝 부분에 조그만 칼로 열심히 무언가를 새기고 있었다. 돛을 팽팽히 달고 나가는 배를 새기려는 모양인데 그렇게 잘 되지 않는 모양이군, 하고 생각했다.

이윽고 네댓 사람과 함께 옆방의 식탁에 불려갔다. 아이슬란드처럼 추운, 불기라고는 조금도 없는 방이었지만 자기로서는 어쩔 수 없다고 주인은 말했다. 침울한 촛불 두 개가 마치 수의(壽衣)에 둘러싸인 것처럼 타고 있을 뿐이다. 우리는 선원 재킷의 단추를 목까지 채우고, 추위로 곱은 손가락으로 따끈한 차를 입으로 가져가는 수밖에 없었다. 그래도 식사만은 푸짐하였다. 고기와 감자뿐 아니라 찐 경단까지 나왔다. 세상에, 저녁 식사에 찐 경단이라니. 녹색의 두꺼운 모직 외투를 입은 젊은 선원은 이 찐 경단을 끔찍한 것이라도 되는 듯 먹기 시작했다.

"젊은이, 오늘 밤엔 꿈자리가 사나울 거요." 주인이 말했다.

"주인 영감, 저 사람이 작살잡이는 아니겠죠?" 나는 귓속말로 말했다.

"아니오" 주인은 악마같은 장난기를 얼굴에 내보이며 대답했다. "작살잡이는 살빛이 검어요. 찐 경단 같은 걸 먹는 일이 없어요. 스테이크만 먹죠.

그것도 설익은 것으로 말요."

"대단한 사나이군요. 그 작살잡이란 사람은 어디에 있죠? 여기에 있나요?" 내가 말했다.

"곧 올 거요." 그의 대답이었다.

이제 와서 어쩔 수도 없는 일이지만 나는 그 '얼굴이 검은' 작살잡이라는 사람이 의심스러워졌다. 아무튼 함께 자야만 하는 거라면 그 사나이가 먼저 옷을 벗고 침대에 들어가도록 해야 한다고 마음속으로 결심했다.

저녁 식사가 끝나자 모두 바로 되돌아갔지만 나는 할 일 없이 무료한지라 남은 밤 시간을 방관자로서 지내기로 작정했다.

별안간 밖에서 떠들썩한 소리가 들렸다. 주인이 일어서며 외쳤다. "그램퍼스 호 놈들이군. 오늘 아침에 앞바다에 들어왔다는 소식을 들었지. 4년 만에 만선으로 돌아온 거야. 환영이야. 이보게들, 피지 제도의 최근 소식도 들을 수 있을 거요."

선원용 장화의 발자국 소리가 현관에 울리고 문이 활짝 열리자 난폭한 한 무리의 선원이 우르르 밀려들었다. 보풀이 인 당직용 외투로 몸을 감싸고, 다 떨어진 양털 목도리를 머리에 두르고, 수염을 고드름 막대기처럼 뻣뻣이 기른 그들의 모습은 래브라도 반도(허드슨 만의 동쪽에 있음)에서 뛰쳐나온 곰 무리와 흡사했다. 육지로 막 올라와서 들른 첫 집이 여기였다. 그러고 보면 그들이 곧장 고래 입이라 할 이 곳으로 밀어닥친 것도 놀랄 일은 아니었다. 그 늙어빠지고 왜소한 요나가, 얼른 술잔에 가득히 술을 채워 모두에게 죽 돌렸다. 한 사람이 머리가 지끈지끈하고 오한이 난다고 하자 요나는 진과 당밀주를 섞어 만든 시커먼 술을 건네면서, 이놈이 감기라면 코감기든 오래 된 감기든, 래브라도 해안에서 걸린 감기든 날씨 고약한 빙산에서 걸린 감기든, 모든 감기에 잘 듣는 특효약이라고 큰소리쳤다.

바다에서 막 상륙한 지독한 술고래라 할지라도 그런 술에는 곧 취하게 마련이다. 이내 그의 머리 꼭대기까지 술이 오르고 그들은 큰 소리로 부르짖고 떠들어 대기 시작했다.

그러나 그 중 한 사람이 무리에서 약간 떨어져 있는 것을 나는 보았다. 취하지 않은 제 얼굴 때문에 다른 동료들의 쾌활한 기분을 상하게 해서는 안 된다고 생각하는 것 같았지만 대체로 다른 사람들처럼 떠들기를 삼가고 있는 것 같았다. 이 사나이가 곧 내 흥미를 끌었는데, 얼마 후에 해신(海神)의 인도로 그와 나는 친구(이 이야기 속에서는 단순히 잠자리 친구였다는 것뿐이었지만)가 되었으므로 여기서 그에 관해서 잠깐 이야기해도 괜찮을 것 같다. 6피트가 넘는 키에 어깨가 떡 벌어지고 가슴이 댐처럼 넓은 사나이였다. 이렇게 근육이 단단한 사나이를 본적이 없었다. 얼굴은 햇볕에 타서 암갈색이었고 흰 이가 그와 대조적으로 반짝반짝 빛났다. 그러나 그 눈동자에는 짙은 그림자가 서려 있어 그에게 기쁨을 줄 수 없는 어떤 기억을 말하고 있는 것 같았다. 말씨로 남부 사람이라는 것을 금새 알아차릴 수 있었고, 훌륭한 체격으로 미루어 버지니아의 앨러게니 산맥 근처의 산간 지방에 사는 키가 큰 주민일 거라고 생각되었다. 동료들의 소란이 최고조에 달했을 때 이 사나이는 살그머니 빠져나갔는데, 그 뒤로는 배 위에서 만날 때까지 그와 다시 보지 못했다. 그러나 어떤 이유에서인지 인기가 있었던 모양으로 몇 분 후에 동료들이 그가 없어진 것을 알아차리자 모두가 함께 "벌킹턴, 벌킹턴! 벌킹턴은 어디 갔나?" 하고 외치며 그를 찾으러 뛰쳐나갔다.

  시간은 이제 9시에 가까웠고, 방은 술에 만취되어 법석을 떨어 댄 후의 야릇한 정적에 싸였다. 나는 선원들이 들어오기 직전에 떠올렸던 묘안을 자축하기 시작했다.

  누구나 둘이 한 잠자리에 들기를 좋아하는 사람은 없을 것이다. 사실 같은 핏줄을 타고 난 형제라 해도 함께 자고 싶지는 않을 것이다. 어떤 이유인지 모르지만 잠잘 때 사람은 혼자 있고 싶어 하는 법이다. 게다가 낯선 사나이와 낯선 마을의 낯선 여인숙에서, 더욱이 그 낯선 사나이가 작살잡이라는 데 꺼려할 이유가 한없이 늘어나게 된다. 게다가 내가 선원이라고 해서 둘이 함께 자야만 한다는 이유는 조금도 없다. 바다 위의 선원이라 해도 바다에 나가면 육지에 있는 독신자 제왕과 마찬가지로 둘이서 잠자리를 나누지 않는다. 그 선원들은 모두 한방에서 자기는 하되, 자기만의 해먹이 있고 자기 몸을 감쌀 담요도 있으므로, 다시 말해 자기 피부에 폭 싸여서 자는 것이다.

  그 작살잡이의 생각을 하면 할수록 그와 함께 자기가 싫어졌다. 작살잡이라 하니 그 사나이의 내의나 옷이 리넨이건 모직이건 깨끗할 리도 없겠고 더구나 품질이 좋을리도 없는 것이다. 나는 온몸이 근질근질해졌다. 이제는 시간도 꽤 늦었다. 점잖은 작살잡이라면 돌아와서 잠자리에 들어야 할 때다.

그런데 그가 밤중에 내게로 굴러들어왔다고 생각해 보라. 어떤 불결한 마굴(魔窟)에서 돌아왔는지도 모르지 않는가?

"주인 영감, 마음이 변했소. 작살잡이와 자는 걸 그만두겠소. 이 긴 의자에서 자겠소."

"좋도록 하구려. 그렇지만 테이블보를 침대덮개로 쓰는 건 안 되겠소. 이 판자는 지독히도 울퉁불퉁하지만 말이요." 주인은 판자의 마디며 칼자국을 쓸어 보면서 말했다. "잠깐 기다려 보오, 스크림샌더(고래 이빨 표본), 바에 목수의 대패가 있소. 그것으로 아주 기분 좋도록 해드리지." 그는 대패를 가지고 와서 낡아빠진 비단 손수건으로 먼저 의자의 먼지를 턴 후, 원숭이처럼 씩 웃으면서 내 침대에 난폭하게 대패질을 하기 시작했다. 대팻밥이 사방으로 날았다. 그러다가 대팻날이 견고한 마디에 딱하고 부딪혔다. 주인은 하마터면 손목을 뻴 뻔했다.

나는, 제발 그만두시오, 이 침대는 내게 더할 나위 없이 부드럽소, 온 세상의 대패를 다 가져와도 이 소나무 널빤지가 비둘기의 깃털이 되는 건 아니지 않소, 하고 말했다. 그러자 주인은 다시 한 번 씩 웃으며 대팻밥을 긁어모아서 방 한가운데에 놓인 큰 난로에 집어넣은 후 자기 일을 보러 갔다. 나는 또다시 덧없는 생각에 잠겼다.

긴 의자의 치수를 재어보니 1피트 가량 짧았다. 그러나 그것은 다른 의자로 보충할 수도 있었다. 그리고 그 의자는 폭이 1피트 가량 좁았다. 이 방에 있는 또 하나의 긴 의자는 대패질을 한 긴 의자보다도 4인치 가량 높았다. 그렇다면 잇대어 놓을 수도 없다. 먼저의 벤치를 단 한군데 비어 있는 벽 쪽에 붙여놓고 약간 간격을 두어 등을 거기에 올려놓도록 해보았다. 그러나 창문틀 아래 틈새로 너무도 싸늘한 바람이 불어 들어오는 것을 곧 깨달았다. 게다가 덜컹거리는 문에서 들어오는 바람이 그 창문으로 들어오는 바람과 맞부딪쳐 합류하여 바로 내가 하룻밤을 지내려고 생각했던 그 근처에서 끊임없이 작은 회오리바람을 일으키고 있어서, 그 시도도 수포로 돌아갔다.

작살잡이 놈 귀신에게 잡아먹혀라, 하고 나는 생각했다. 그러나 잠깐만, 이쪽에서 선수를 쳐서 그놈의 침대에 들어가 안에서 문을 잠그고 아무리 심하게 문을 두드려도 깨어나지 않는 방법은 어떨까? 나쁘지 않은 생각같았다. 그러나 나는 체념했다. 다음날 아침 내가 방에서 목을 내밀기가 무섭게 문 앞에 작살잡이가 버티고 서 있다가 당장 나를 때려눕히지 않는다는 보증을 누가 할 수 있을 것인가?

아무리 주위를 둘러보아도 누군가의 잠자리로 들어가지 않고는 하룻밤을 무사히 지낼 방도가 없음을 알았을 때, 나는 이 낯선 작살잡이에 대해 부당한 편견을 품고 있는 것이나 아닐까 하고 생각하게 되었다. 잠시 기다려 보자, 머지않아 곧 돌아오겠지, 그때 자세히 그 사나이를 보기로 하자, 다정한 잠자리 친구가 되지 않으리란 법도 없지, 나는 중얼거렸다.

그러나 다른 숙박객들은 하나씩 둘씩 돌아와 잠자리로 들어가는데 나의 작살잡이는 그림자도 보이지 않았다.

"주인 영감, 어떤 사나인가요? 언제나 늦게 돌아옵니까?" 벌써 12시가 가까웠다.

주인은 또 다시 궁상스럽게 낄낄 웃었다. 무언가 내가 알지 못하는 일로 매우 즐거워하고 있는 것 같았다. "아뇨, 언제나 빠르죠. 일찍 자고 일찍 일어나요. 일찍 일어나는 새가 벌레를 잡을 수 있다고 생각하는 작자요. 그런데 오늘 저녁에는 행상을 나갔답니다. 어째서 이렇게 늦는지는 알 수 없지만, 아마 자기 머리가 잘 팔리지 않는가 보오."

"머리가 안 팔리다뇨? 그런 엉터리 같은 이야기를 하면 어떡합니까?" 화가 치밀어 올랐다. "주인 영감, 그 작살잡이가 이 축복받은 토요일 밤에, 일요일 아침인지도 모르지만, 하필이면 자기 머리를 거리에 팔러 다닌다는 겁니까?"

"아뇨, 바로 그대로라오" 주인 영감이 말했다. "그래서 여기서는 팔리지 않을 거라고 했는데, 시장에 물건이 너무 많거든요."

"무슨 물건 말이죠?" 나는 소리쳤다.

"머리죠. 이 세상에 머리가 너무 많단 말요."

"주인 영감, 분명히 말해 두겠는데," 나는 아주 침착하게 말했다. "그런 옛날이야기 같은 말은 그만 풀어놓는 게 좋을 거요. 나는 어린아이가 아니니까요."

"그럴지도 모르겠군요." 그는 나뭇조각을 주워 조그만 칼로 이쑤시개를 만들면서 말했다. "그렇지만 당신이 그의 머리에 대해서 욕을 하는 것이 들통나면 단단히 혼날 거요."

"그런 머린 내가 부숴놓겠소." 나는 주인이 이상한 태도로 말하는 터무니없는 말에 또다시 화가 치밀었다.

"벌써 깨졌는걸요." 그가 말했다.

"깨지다니? 정말 깨졌다는 말인가요?"

"그렇다니까요. 그러니까 팔아 치우질 못하는 거요. 틀림없어요."

"주인 영감" 나는 눈보라 속에 우뚝 서 있는 헤클라 산(아이슬란드에 있는 화산)처럼 냉랭하게 다가앉으면서 말했다. "이쑤시개는 그만 좀 깎으시오. 툭 터놓고 이야기 합시다. 그것도 당장 말이오. 나는 이 집에 와서 방을 달라고 했소. 당신은 침대가 절반밖에 없다고 했소. 나머지 반은 어떤 작살잡이의 것이라 했고 말이요. 그런데 난 그 작살잡이가 아직 어떤 사나인지도 모르는데 당신은 화나는 이상한 말만 하는군요. 그러니 잠자리 친구가 될 그 사나이에 대해서 나는 점점 더 불안해지지 않겠소? 잠자리 친구란 세상에서 더없이 친하고 속을 털어놓아도 좋은 사이란 말요. 지금 부탁을 하겠는데 그 작살잡이가 어떤 사나이며 하룻밤을 함께 자도 위험이 전혀 없는지 말해 주구려. 무엇보다 그 사나이가 머리를 팔러 다닌다는 그런 꺼림칙한 말은 취소해 주었으면 하오. 만일 그것이 정말이라면 작살잡이는 완전히 미친 사람이라고 볼 수밖에 없지 않겠소. 나는 미친 사람과 같이 잘 생각은 없소. 여보, 주인 영감. 당신이 알고 있으면서 그런 일을 당하게 하려고 한다면 형벌을 받을 짓을 하고 있는 거요."

"딴은 그렇군요" 주인은 길게 숨을 내쉬었다. "가끔 좀 거칠기는 하지만, 애송이 치곤 꽤 긴 설교로군. 그렇지만 그렇게 덤비진 마오. 안심해요. 내가 말한 작살잡이는 말요, 남양에서 막 도착한 사람인데 뉴질랜드의 향(香)이 스민 머리를 잔뜩 가지고 왔단 말요. 대단히 진귀한 것이오. 그런데 팔다가 하나 남아서 오늘밤 팔아 치우려고 하는 거요. 내일은 일요일이어서 모두가 교회에 가는데 길거리에서 사람의 두개골을 팔 순 없으니까요. 전번 일요일에도 팔러 나가려고 마치 양파처럼 끈에 매달아서 네 개 가량 들고 문을 뛰쳐나가려는 걸 내가 말렸소."

이것으로 의혹은 풀렸고, 주인도 결국 나를 놀릴 생각이 없었다는 것을 알았다. 그렇다 해도, 토요일 밤부터 성스러운 주일날 아침까지 나돌아 다니면서 우상 숭배자들의 두개골을 판다는 그런 식인종 같은 장사에 여념이 없는 작살잡이를 난 어떻게 생각해야 할까?

"어떻든 주인 영감, 위험한 사람이군그래."

"돈은 틀림없이 내는 사람이지." 주인의 대답이었다. "그러나 너무 늦었으니 잠자리에 들어가는 게 좋겠소. 아주 좋은 침대라오. 내 아내와 내가 부부가 되던 날 밤에 그 침대에서 잤거든. 둘이 뛰어 돌아다녀도 넉넉해. 아주 큰 거니까. 우리가 쓰지 않게 되기까지 아내는 우리 샘과 꼬마 조니를 발치에 재웠을 정도요. 그런데 한번은 내가 꿈을 꾸면서 몸부림을 쳤는데 그때 샘이 굴러 떨어져 팔이 부러질 뻔했거든. 그 다음부턴 아내가 그걸로는 안 되겠다고 했지. 자, 곧 촛불을 올려다 줄 테니." 그렇게 말하면서 그는 초에 불을 붙여 내 쪽으로 높이 올려 주면서 안내하겠다고 했다. 그러나 나는 망설이며 서 있었다. 그가 구석에 걸린 시계를 바라보면서 소리쳤다. "저런 벌써 일요일이오. 오늘 밤 작살잡이는 돌아오지 않는가보오. 어디 딴 곳에 닻을 내렸나보오. 그러니 이리 오시오. 오라니까. 오지 않겠소?"

나는 잠시 생각해 보았으나 결국은 그를 따라 계단을 올라갔다. 안내된 방은 작고 냉기가 도는 가구가 딸린 방이었는데 어머어마하게 커다란, 작살잡이 네 사람이 나란히 누워서 잘 수도 있을 것 같은 침대가 놓여 있었다.

주인은 세면대와 테이블을 겸해서 쓰는 덜컹거리는 낡은 궤짝 위에 촛불을 올려놓았다. "자, 푹 쉬시오, 그럼 이만." 내가 침대에서 눈을 떼었을 때엔 이미 그의 모습은 사라지고 없었다.

시트를 걷어 올리고 침대를 들여다보았다. 최고급이라곤 할 수 없지만, 그런대로 꽤 좋은 것이었다. 방안을 둘러보니 침대와 테이블 외에 가구로 조잡한 선반, 사면의 벽, 그리고 고래를 공격하는 사나이를 그린 종이로 만든 난로 덮개밖에 없었다. 원래 이 방에 없던 것으로 보이는 물건으로는, 묶여서 한편 구석에 내던져진 해먹과 육지에서 쓰는 가방 대신 작살잡이의 옷가지들을 집어넣은 커다란 선원용 자루가 있었다. 그리고 난로 위의 선반에는 원시적인 나라의 물건 같아 보이는 골제(骨制) 낚싯바늘 꾸러미가 있고 침대머리맡에는 작살이 높이 세워져 있었다.

그런데 궤짝 위에 놓여 있는 이건 무엇일까? 나는 그것을 들어 불빛에 비추고 만져보기도 하고 냄새를 맡아보기도 하면서 이것이 무엇인지 만족한 결론에 도달할 때까지 생각해 보았다. 억지로 견주어 본다면 인디언의 모커

신(바닥이 가죽으로 된 신)에다 물들인 호저(豪猪)의 바늘 털을 붙인 것처럼, 쩔렁쩔렁 울리는 작은 술을 가장자리에 단 커다란 흙을 터는 매트라고나 할까? 그 매트 한복판에는 구멍 또는 틈이라 할 만한 것이 남아메리카 토착민들의 판초처럼 뚫려 있었다. 그러나 작살잡이가 그 매트를 뒤집어쓰고서 그런 꼴로 그리스도 교도들의 거리를 누비고 다닌다는 것은 과연 제 정신으로 하는 짓이라고 할 수 있을까? 나는 그것을 시험 삼아 입어 보았는데 말할 수 없이 털이 거칠고 두꺼워서 짓눌리는 듯했으며, 그 이상한 작살잡이가 비올 때 입고 다녔는지 약간 축축하기까지 했다. 그것을 입은 채 벽에 걸려 있는 작은 거울 앞으로 가 보았더니, 생전 그런 기묘한 꼴은 본 적이 없었다. 허둥지둥 잡아 찢듯이 그것을 벗으면서 목이 비틀어질 뻔했다.

나는 침대 한쪽 끝에 걸터앉아서 이 두개골 장사꾼인 작살잡이와 그 매트에 대해서 생각하기 시작했다. 침대 곁에서 잠시 생각하고 나서 일어나 재킷을 벗고 방 한가운데 서서 생각했다. 그리고 코트를 벗고 다시 한동안 셔츠 바람으로 생각했다. 그러나 옷을 벗으니 춥기도 하고 작살잡이는 오늘 밤에 돌아오지 않을 거라는 주인의 말도 생각났으며 또 밤이 이슥했기 때문에 더 이상 신경을 쓰지 않고 바지와 장화를 벗고 불을 불어 끈 뒤에 침대에 굴러 들어가서 그 뒷일은 하늘의 뜻에 맡기기로 했다.

매트리스에 옥수수 속대가 들었는지 사금파리가 들었는지 잘 알 수 없었지만 침대 위에서 한동안 뒤척여도 좀처럼 잠들 것 같지 않았다. 이윽고 선잠이 들기 시작해서 잠의 나라 앞바다까지 다가갔을 때 복도에 묵직한 발자국 소리가 들리고 문 밑에서 불빛이 언뜻 들이 비치는 것이 보였다.

아아, 신이시여. 이야말로 작살잡이, 무시무시한 두개골 장사꾼임에 틀림없을 거라고 생각했다. 그러나 꼼짝도 하지 않고 누운 채 말을 걸어 올 때까지는 한마디도 하지 않으리라고 결심했다. 한 손에는 불을 들고 다른 손에는 뉴질랜드 두개골을 들고 그 사람은 방으로 들어와서 침대 쪽을 쳐다보지도 않고는, 나와는 한참 떨어진 바닥 한구석에 촛불을 놓고 조금 전에 내가 말했던 큰 자루의 끈을 풀기 시작했다. 나는 그의 얼굴이 보고 싶어 견딜 수 없었지만 자루의 끈을 풀 때까지 그는 계속 얼굴을 돌리고 있었다. 그러나 그 일이 끝나자 그는 돌아보았다. 신이시여! 이게 도대체 무슨 광경이람! 그런 얼굴이라니! 시커멓고 자줏빛이 돌며 누렇고 군데군데 크고 검은 네모

딱지가 붙어 있었다. 생각했던 대로 무시무시한 잠자리 친구였다. 싸움을 하고 심한 부상을 입어 치료를 받고 방금 돌아온 참인 것이다. 그러나 그 순간 갑자기 그가 얼굴을 불빛쪽으로 돌렸을 때 그 뺨의 검은 네모딱지들은 반창고 같은 게 전혀 아니라는 사실을 확실히 알았다. 무언지 모르는 것으로 마구 칠한 것이다. 처음에 나는 그것이 어떻게 된 연유인지 알 수 없었다. 그러나 곧 진상을 어렴풋이 알아차리게 되었다. 백인 고래잡이가 식인종에게 붙들려 문신을 새겼다는 이야기가 생각났다. 이 작살잡이도 먼 바다 어딘가에서 비슷한 일을 당했을 것이다. 그러나 결국 그게 뭐란 말인가? 외관뿐이지 않나? 어떤 가죽을 뒤집어썼건 정직한 사람은 있는 법이다. 그러나 사각형의 문신과는 전혀 관계없는 주위의 다른 부분마저도 이 세상의 것이라고 볼 수 없는 그 모습은 어떻게 해석하면 좋단 말인가? 틀림없이 그것은 열대지방의 햇볕에 탄 최상의 피부색이라고 할 수도 있을 것이다. 그러나 아무리 뜨거운 햇볕이라도 백인의 피부를 자색을 띤 누런빛으로 태운다는 말은 들어본 적이 없다. 그렇지만 나는 남양에 가본 적이 없다. 어쩌면 그곳의 태양은 피부를 그처럼 괴상하게 변화시킬는지도 모른다. 이런 생각들이 번개처럼 뇌리를 스쳐 지나가고 있었음에도 그 작살잡이는 전혀 나를 의식하지 못하고 있었다. 그러나 힘들여 자루를 연 후 그 속을 더듬어서 인디언 도끼와 털 달린 바다표범 가죽으로 만든 조그만 주머니를 꺼냈다. 그것을 방 한복판에 있는 낡은 궤짝 위에 놓고 뉴질랜드의, 얼핏 보기에도 소름끼치는 두개골을 집어서 자루에 쑤셔 넣었다. 그리고 나서 해리(海狸) 가죽으로 만든 새 모자를 벗었다. 그때 너무나 놀라서 하마터면 외마디 소리를 지를 뻔했다. 머리에는 머리카락이 한 가닥도 없었다. 적어도 털이라고 할만한 건 없었다. 앞머리 부분에 작은 머릿단이 말려 올려져 있을 뿐이었다. 그 자색으로 빛나는 대머리를 이 세상의 물건에 비유한다면 흰곰팡이 투성이인 해골이라 할 수 있었다. 이 이상한 사람이 나와 문 사이를 가로막고 서 있지 않았다면 나는 음식을 씹지도 않고 단숨에 꿀꺽 삼켜 버리는 것보다도 더욱 빠르게 방을 뛰쳐나가 버렸을 것이다.

이런 상황이었지만 창문으로 빠져 나갈 방법을 생각해 보았다. 그러나 여기는 2층 후면이었다. 나는 겁쟁이가 아니었지만, 이 두개골 상인인 자색 괴한이 어떤 사람인가 하는 것은 생각할 수가 없었다. 무지는 공포의 아버지다. 고백하건대, 나는 이 사나이에 대해 완전히 질려서 죽은 듯이 고요한 한밤중에 내 방을 침입한 악마와도 같이 두려워했다. 정말 벌벌 떨릴 만큼 무서워 그때 그에게 말을 걸어 너의 정체는 무엇이냐고 물을 용기는 내지 못했다.

그러는 사이에 그는 옷을 벗자 마침내 가슴과 팔을 드러내었다. 놀랍게도 옷 밑에 감추어진 피부도 역시 얼굴과 마찬가지로 사각형 무늬로 채색되어 있었다. 그의 등에도 온통 똑같은 검은 사각형 무늬가 덮여 있었다. 30년전쟁에 참가했다가 반창고 셔츠를 입고 방금 도망쳐 온 것 같았다. 아니, 그의 다리까지도 어린 야자수 줄기에 암녹색 개구리 한 떼가 기어오르고 있는 듯한 무늬투성이었다. 이제 그가 남양에서 포경선에 실려 이 그리스도교 나라에 상륙한 야만적인 원주민임이 확실해졌다. 그런 생각이 들자 몸이 부르르 떨렸다. 더욱이 두개골 장사꾼——아마도 그것은 같은 동포의 것인지도 모른다. 내 머리를 탐낼지도 모른다. 보라, 저 도끼를!

그러나 덜덜 떨고만 있을 때가 아니었다. 그가 이제부터 하기 시작한 일은 완전히 나의 주의를 빼앗았고 그가 사교도(邪敎徒)임에 틀림없다는 확신을 갖게 했다. 그는 조금 전 의자에 던진 묵직한 외투가 있는 곳으로 가서 그 주머니를 뒤졌다. 이윽고 조그마한 등에 혹이 달리고, 정확히 태어난 지 사흘째 된 콩고 토인의 갓난아기의 살빛과 같은 색깔을 띤, 이상하고 일그러진 형상의 조상(彫像) 하나를 꺼냈다. 향유를 뿌린 두개골과 함께 생각하니 이 검은 인형 또한 비슷한 방법으로 저장한 진짜 갓난아기가 아닐까 하는 생각이 들었다. 그러나 조금도 부드러워 보이지는 않았고 마치 잘 닦아 놓은 흑단 같은 광택을 지니고 있었으므로 나무로 만든 우상임에 틀림없다고 결론지었는데, 그 추측이 옳았다는 건 나중에 증명되었다. 이제 그 야만인은 불이 없는 벽난로 앞으로 가서 종이로 된 벽난로 가리개를 치우고 그 작은 꼽추 우상을 벽난로 안의 장작 받침 쇠 사이에 십주희(十柱戱 : 10개의 나무핀을 세우고 볼을 굴려 넘어뜨리는 게임)의 나무핀처럼 세워놓았다. 굴뚝의 옆기둥도 그 속의 벽돌도 모두 그을어서 시커멓기 때문에 그 콩고 우상에는 그야말로 알맞은 신전이나 사원 같다고 느꼈다.

나는 반은 모습이 감춰진 우상에 다음엔 무슨 일이 일어날지를 보려고 불안한 마음으로 눈을 가늘게 뜨고 지켜보았다. 그는 먼저 외투 주머니에서 두

줌 가량의 대팻밥을 꺼내어 조심스럽게 우상 앞에 놓고는 배에서 먹는 비스킷을 위에 놓았다. 그런 후 램프의 불을 가져다 대팻밥에 붙여서 희생의 불꽃을 태워 올렸다. 몇 번이고 급하게 불 속에 손가락을 집어넣었다가 급히 꺼내고(몹시 화상을 입은 것 같았다) 하더니 드디어 비스킷을 빼내는 데 성공했다. 그리고 나서 열기와 재를 조금 불어내더니 정중하게 그 비스킷을 검은 갓난아기에게 바쳤다. 그러나 조그마한 악마는 그런 메마른 물건을 좋아하지 않는 듯 입술도 움직이지 않는 것 같았다. 이 이상한 우상 숭배자는 이런 모든 괴기한 행동을 하면서 연신 괴상한 목소리를 내고 있었다. 그는 노래라도 부르듯이 기도를 하고 있는 것일까? 또는 무슨 이교도의 찬송가라도 부르고 있는 것인지 안면이 기괴하게 비틀렸다. 드디어 불을 끄자 몹시 불손하게 우상을 움켜쥐고는 죽은 도요새를 주머니에 넣는 사냥꾼처럼 아무렇게나 외투 주머니에 쑤셔 넣었다.

이와 같은 이상한 행동은 나의 불안을 더 크게 할 뿐이었다. 그리고 지금 그가 그 일을 끝냈음이 확실하고 더욱이 이 침대에 뛰어들려고 하는 것을 보자 불이 꺼지기 전에 오랫동안 나에게 걸려 있었던 주문을 지금이야말로 깨뜨려 버리지 않으면 큰 일이라 생각했다.

그러나 무슨 말을 할까 하고 생각하던 잠깐 동안의 시간이 치명적이었다. 그는 테이블 위의 도끼를 집어 잠깐 그 끝을 살펴보고 나서는 그것을 촛불에 갖다 대고 그 자루를 입에 물자 뻐끔뻐끔 담배 연기를 내뿜었다. 다음 순간 불은 꺼지고 도끼를 이 사이에 문 흉악한 야만인은 나의 침대에 뛰어들었다. 나는 더 이상 견딜 수 없어서 비명을 질렀다. 그러자 그도 놀라서 갑자기 으르렁거리면서 내 몸을 더듬기 시작했다.

무슨 말을 했는지 잊었지만, 뭐라고 중얼거리면서 나는 벽 쪽으로 몸을 굴려 그에게서 달아난 뒤에 그를 향하여 어디 사는 누군지는 모르지만 제발 조용히 해주고 내가 일어나 불을 켜게 해달라고 애원했다. 그러나 그의 걸걸한 목소리로 미루어 볼 때 내 뜻을 오해했음이 분명했다.

"어디 사는 놈이야" 그가 드디어 말했다. "말을 하지 않으면 죽인다!" 그는 불을 붙인 도끼 파이프를 어둠 속에서 휘둘러 댔다.

"여보쇼! 주인! 피터 코핀!" 나는 외쳤다. "여봐요! 주인! 코핀! 오, 천사들이어! 살려줘!"

"이봐, 말해! 어떤 놈이야, 말하지 않으면 죽인다!" 식인종이 으르렁거리면서 무섭게 휘둘러 대는 도끼 파이프에서 식지 않은 담뱃재가 내 주위에 마구 흩어져서, 나는 내 리넨 내의가 타지 않을까 생각했다.

그러자 고맙게도 이때 주인 영감이 등불을 들고 방으로 들어왔으므로 나는 침대에서 뛰쳐나와 그에게 달려갔다.

"무서울 것 없어요" 그는 다시 한번 씩 웃으며 말했다. "퀴퀘그는 당신의 머리카락 한 올도 건드리지 않을 거요."

"그렇게 웃지 말아요" 나는 외쳤다. "어째서 이 악마 같은 작살잡이 놈이 식인종이라는 걸 가르쳐 주지 않았소?"

"당신이 알고 있는 줄 알았소. 머리를 팔러 거리로 돌아다닌다고 하지 않았소? 괜찮으니 다시 잠자리에 들어가 주무시오. 퀴퀘그, 너는 나를 알아, 나도 너를 알아. 이 사람, 너하고 같이 잔다. 너 알지?"

"나 잘 알아." 퀴퀘그는 으르렁거리듯 파이프를 빨며 침대에 앉았다.

"너 들어와." 그는 도끼 파이프를 흔들어 오라는 표시를 한 뒤 이불을 한쪽으로 집어던졌다. 그 거동은 얌전했을 뿐 아니라 친절하고 애정이 넘쳐 보이기까지 했다. 나는 선 채로 잠깐 그를 유심히 보았다. 몸에 문신을 했지만 전체적으로 청결하고 용모가 괜찮은 원시인이었다. 나의 그 소란스러운 행동은 도대체 뭔가? 이 사나이도 나와 똑같은 인간이다. 내가 무서워했듯이 이 사나이 역시 내가 무서웠을 것이라고 나는 속으로 생각했다. 술이 잔뜩 취한 기독교인과 자는 것보다는 정신이 또렷한 식인종과 자는 편이 더 낫다.

"주인 영감" 나는 불렀다. "이 도끼 아니 파이프인지 뭔지를 버리라고 말해 줘요. 담배를 그만 피우라고 말해 주구려. 그러면 함께 자겠소. 한 잠자리에서 담배를 피우는 사람은 곤란해요. 그건 위험하오. 게다가 나는 보험에 들지도 않았소."

이 말이 그에게 전해지자 퀴퀘그는 곧 응낙하고 다시 상냥하게 나를 침대로 불렀다. 당신의 발도 건드리지 않겠다고 말하듯 한쪽으로 몸을 굴렸다.

"잘 자시오. 주인 영감. 이젠 가도 좋소" 나는 말했다.

나는 침대에 들어갔다. 그날 밤처럼 기분 좋게 잔적은 일찍이 없었다.

제4장
이불

　이튿날 아침, 동이 틀 무렵 깨어나 보니 퀴퀘그의 한쪽 팔이 더없이 다정하게 내 몸 위에 뻗쳐 있었다. 마치 내가 그의 아내나 된 것처럼 생각될 정도였다. 이불은 네모 또는 세모 모양의 형형색색 작은 헝겊 조각을 이은 것이었고, 그는 팔에 끝날 것 같지 않은 크레타섬의 미로와도 같은 무늬로 문신을 하고 있었는데 그 어느 부분도 정확히 같은 색이 아니었다. 해상에서 햇볕과 그늘을 가리지 않고 팔을 내놓고 셔츠의 소매를 아무 때나 걷어 올렸다 내렸다 했기 때문이겠지만, 사실 그 팔이야말로 조각조각 이어 만든 퀼트와 조금도 다르지 않는 무늬와 색깔이었다. 처음 눈을 떴을 때 그 이불 위에 나와 있던 그의 팔이 이불과 너무나 흡사한 빛깔이어서 구별할 수가 없을 정도였다. 퀴퀘그가 나를 껴안고 있다는 것을 알게 한 것은 그 팔의 무게와 압력이었다.
　이상야릇한 기분이었지만, 어떻든 그것을 설명해 보련다. 어렸을 때 이와 좀 비슷한 기분이 들었던 기억이 있는데 현실이었는지 꿈이었는지는 확실치 않다. 그건 이런 일이었다. 어떤 장난에 정신이 팔려 있었을 때, 아마도 며칠 전에 봐 둔 굴뚝 청소부의 흉내를 그대로 내어 굴뚝에 기어올랐을 때 계모에게 들켰다. 계모는 늘 나를 때리거나 저녁밥도 주지 않고 잠자리로 쫓아내곤 했는데, 그날은 내 발을 붙잡아 굴뚝에서 끌어내리더니 북반구에서는 가장 해가 긴 6월 21일, 오후 2시에 잠자리 속에 밀어 넣고 말았다. 끔찍했다. 하지만 달아날 방법이 없었다. 3층의 조그만 방으로 올라가서 시간을 보내기 위해 될 수 있는 대로 느릿느릿하게 옷을 벗고 슬픈 한숨을 쉬면서 이불 속으로 기어들어갔다.
　그곳에 참담한 마음으로 누워 다시 부활할 16시간 뒤를 헤아렸다. 침대에서 열여섯 시간! 생각만 해도 등뼈까지 쑤셨다. 게다가 너무나 밝았다. 해

는 창가에서 빛나고 거리에는 마차가 오가는 소리, 온 집안에는 명랑한 속삭임이 가득했으나 내 마음은 점점 슬퍼질 뿐이었다. 드디어 일어나 옷을 입고 양말만 신은 채 아래로 가만히 내려가 새어머니를 찾아냈다. 그 발밑에 몸을 내던지고, 제발 부탁이니 슬리퍼로 때리거나 무슨 벌이라도 주세요, 다만 이렇게 견딜 수 없을 만큼 오랫동안 잠자리에 들어가 있는 벌만은 거둬 주세요, 하고 빌었다. 그러나 그 분은 철저하고 최고로 고지식한 계모였기 때문에 역시 잠자리로 되돌아가야만 했다. 몇 시간은 눈을 말똥말똥 뜨고 누워 있었는데 그때의 괴로움은 그 뒤에 겪었던 어떤 재난보다도 훨씬 심한 것이었다. 드디어 꾸벅꾸벅 졸음이 오기 시작했는지 괴로운 악몽에 시달렸는데, 간신히 꿈에서 깨어나기 시작해 반쯤은 꿈속의 상태에서 눈을 떠보니 그렇게 환하던 방도 어느 틈엔지 바깥의 어둠에 싸여 있었다. 그러자 갑자기 한 줄기 전율이 몸을 뚫고 지나갔다. 아무것도 보이지 않았고 아무것도 들리지 않았다. 사람 손이 아닌 것이 내 손에 놓여 있는 것 같았다. 내 팔은 침대덮개 위에 놓여 있었는데 뭐라 꼭 집어 말할 수 없는 이상한 도깨비 같은 물체가 내 침대 옆에 바싹 손을 얹어 놓고 있었다. 몇 백 년 동안이나 지났다고 생각될 만큼 아주 오랜 동안을 공포에 질려서 손을 빼낼 엄두조차 내지 못하고 누워 있었다. 조금이라도 손을 움직일 수 있다면 이 끔찍한 악마의 저주

제4장 이불 65

에서 벗어날 수 있다고 생각하면서도 어떻게 할 수가 없었다. 어떻게 그런 무시무시한 상태에서 벗어나게 되었는지 모르겠다. 다만 아침이 되어 눈을 뜨자 몸서리 치면서 그 자초지종을 생각해 내고 그리고 몇 날이고 몇 주일이고 몇 달이고 그 괴이함을 설명하려고 무진 애를 써볼 뿐이었다. 아니, 지금도 가끔 그 일로 시달린다.

그런데 그 공포감을 제외하면 그런 악마의 손에 눌려 있던 때의 야릇한 느낌이야말로 바로 지금 눈을 떴을 때 경험했던, 사교도인 퀴퀘그의 팔에 감겨 있던 때의 그것과 매우 흡사했다. 그러나 이윽고 제정신으로 돌아와서 어젯밤부터 일어난 일을 하나하나 짚어가며 회상해 보니 다만 그것은 희극적인 사태에 지나지 않는다고 생각하게 되었다. 그래서 나는 그 팔을 치우고 이 새신랑의 포옹에서 빠져나오려고 해보았으나 그는 잠든 채 죽음만이 둘을 떼어 놓을 수 있다는 듯이 더욱더 세게 껴안았다. 나는 그를 깨우려고 하였다. "퀴퀘그!" 그러나 그의 대답은 코고는 소리뿐이었다. 그래서 돌아누우니 목은 말의 가슴걸이에 죄어져 있는 것 같이 느껴졌고, 순간 무엇엔가 긁힌 것 같은 느낌이 들었다. 홑이불을 들춰 보니 야만인의 옆구리에는 예의 그 도끼가 얼굴이 야위고 뾰족한 갓난아이처럼 뒹굴고 있었다. 이 무슨 망측한 꼴인가?

이 이상한 여인숙에서 야만인과 도끼와 한낮에 동침을 하고 있다니! "퀴퀘그, 제발! 퀴퀘그! 일어나 주게!" 버둥거리면서 부부처럼 이렇게 남자가 남자를 끌어안고 있는 것은 이상하다고 혓바닥이 깔깔해지도록 타이른 끝에 상대에게서 반응을 끌어낼 수 있었다. 그는 얼른 팔을 잡아당기고 물에서 막 빠져 나온 뉴펀들랜드 개처럼 온몸을 부르르 흔들고 나더니 창대처럼 몸을 빳빳하게 침대 위에 세우고 앉아서 눈을 비비면서 나를 물끄러미 바라보았는데 어떻게 해서 내가 여기에 있는지 도무지 알 수 없다는 표정이었다. 그러나 곧 나의 존재에 대한 의식이 차차 희미하게 떠올라오는 것 같았다. 나는 그동안 누운 채 조용히 이 사나이를 바라보고 있었는데 어느덧 불안감도 사라져서 이 기이한 인물을 찬찬히 관찰할 수 있었다. 간신히 그는 이 잠자리 친구가 누구였던가 하는 것을 기억해내고 이 사태를 납득하는 것 같았다. 그는 마루로 뛰어내려 손짓발짓해 가면서 만약 괜찮다면 내가 먼저 옷을 갈아 입을 테니 너는 이 방을 다 쓰면서 천천히 갈아입으라고 알렸다. 나는 생각하였다. 퀴퀘그여, 이 자리에서 자네는 정말 문명인답게 행동하였네. 실제로 이런 야만인은 남들은 뭐라 하던 내면에 세심한 마음씨를 갖고 있는 것이다. 그들이 본질적으로 얼마나 예의바른가하면 놀라울 정도이다. 이러한 예찬을 특히 퀴퀘그에게 바치는 것은 내가 그토록 무례했음에도 불구하고 그가 어디까지나 정중하고 친절하게 대해주었기 때문이다. 침대 안에서 몸차림을 하는 그 모습을 바라보면서 나는 예의도 잊고 호기심에 불탔다. 그렇지만 퀴퀘그 같은 사람을 매일 볼 수 있는 것은 아닐 터인즉 그와 그의 행동은 특별히 지켜볼 가치가 있지 않겠는가?

그는 먼저 머리부터 가꾸기를 시작하여 굉장히 운두가 높은 해리(海狸) 가죽 모자를 썼다. 그리고 나서 속바지바람으로 장화를 끌어당겼다. 도대체 무엇 때문에 그런 짓을 했는지는 도무지 알 수 없지만 다음 동작은 장화를 손에 들고 모자를 머리에 쓰고 침대 밑으로 온몸을 밀어 넣는 것이었다. 팔다리를 버둥대고 헐떡이며 몸부림치는 것으로 미루어 보아 장화를 신으려 하는 거라고 짐작했지만, 그렇더라도 어떤 예법에도 장화를 신을 때는 남에게 보여서는 안 된다는 말이 있다는 것을 나는 들어본 적이 없다. 그러나 퀴퀘그는 현재 곤충으로 치면, 유충도 성충도 아닌 허물을 벗는 과도기에 있다고 할 수 있다. 다시 말해서 기묘하기 짝이 없는 태도로 이국풍을 내보일 만큼 문명화되었다. 그가 받은 교육은 미완성이며 아직도 학생 수준에 머물러 있었다. 만일 조금도 개화되어 있지 않았다면 애당초 장화 같은 것에 구애될 필요는 없었을 것이다. 만일 벌써 야만의 영역을 벗어나 있었다면 장화를 신으려고 침대 밑으로 기어들어가는 일은 꿈에도 생각하지 않았을 것이다. 이윽고 찌그러진 모자를 눈 위까지 깊숙이 덮어쓰고 기어 나와 온 방안을 쿵쾅거리며 뛰어다녔는데, 아마도 그 장화에 익숙지 못해서가 아니라 기성품인 듯한 그 소가죽 장화가 축축하고 구겨져서 이 추운 아침에 걸으려니까 발이 죄어 아팠기 때문일 것이다.

이제 보니 창문에는 커튼도 없었고 길도 매우 좁아 맞은편 집에서 이 방은 손에 잡힐 듯 잘 보였다. 그런데 퀴퀘그는 모자를 쓰고 장화를 신은 것을 빼고는 거의 벌거벗은 상태로 방안을 뛰어 돌아다니는 형편없는 꼴이었다. 나는 온갖 말을 다 동원하여 아침 몸차림을 빨리 하라고, 특히 바지를 어서 입어 달라고 부탁했다. 그는 그것을 승낙하고 이번에는 세수를 하기 시작했다.

제4장 이불 67

아침 이 시간에는 기독교인이라면 누구나 얼굴을 먼저 씻는 법이다. 그러나 놀랍게도 퀴퀘그는 다만 가슴과 팔과 손을 씻는 것만으로 만족하고 있었다. 그리고 나서 조끼를 입고 복판의 세면대를 겸한 테이블 위에서 딱딱한 비누 조각을 물에 담그고는 얼굴에 비누 거품을 온통 칠하기 시작했다. 어디에 면도칼을 두었을까 하고 지켜보노라니 침대 한쪽 구석에 세워 놓은 작살을 움켜쥐고 긴 나무 자루를 떼어 내었다. 작살의 날을 뽑아 장화에 갈았는가 싶더니 벽에 걸려 있는 거울 앞으로 가서 위세 좋게 밀기 시작했다. 밀었다기보다는 차라리 얼굴에 작살질을 했다. 나는 퀴퀘그가 로저스제(製)의 가장 좋은 칼을 아무렇게나 혹사하는 게 아닌가, 하고 생각했다. 그러나 후에 작살의 날은 아주 날카롭고 단단한 강철로 만들어지고 그 길고 곧은 날은 언제나 날카롭게 갈아져 있다는 것을 알게 되었을 때 퀴퀘그의 그 면도법을 조금 납득할 수 있었다.

  나머지 몸차림은 곧 끝났다. 그는 커다란 선원 재킷을 입고 작살을 사령관의 지휘봉처럼 휘두르면서 의기양양하게 방을 걸어 나갔다.

제5장

아침식사

나도 서둘러 옷을 입고 아래층으로 내려가 히죽이 웃는 주인에게 기분 좋게 인사를 했다. 그에게 더는 악의를 품고 있지 않았지만 그는 사실 잠자리 친구에 대해서는 나에게 적지않이 장난을 친 것이다.

실컷 웃는다는 것은 매우 좋은 일이지만, 그리 흔하지 못한 일이기도 하다. 그러니까 어떤 한 사람이 다른 사람에게 기분 좋은 농담거리가 될 만한 것을 지니고 있다면 겸연쩍어 하지말고 즐겁게 그 사실을 받아들이고 그렇게 행동하는 편이 좋다. 그가 풍부한 웃음거리를 지니고 있다는 것은 우리가 상상하는 것 이상으로 더 많은 것이 그에게 있다는 증거이다.

바는 낯선 숙박객으로 가득했는데 이 사람들도 어젯밤 여기 들어온 모양이다. 거의 모두가 포경선에 탔던 사람들로 1등 항해사, 2등 항해사, 3등 항해사, 배 목수들, 배 통 수선인들, 배 대장장이들, 작살잡이들, 배 파수꾼들 등 면도도 하지 않고 구질구질한 행색이었지만, 털이 북슬북슬하고 볕에 그을어 건강해 보였고, 전부 선원 재킷을 입고 있었다.

이들이 상륙한 지 며칠이 되었는지는 쉽게 알아낼 수 있었다. 이쪽 젊은이의 싱싱한 뺨은 햇빛에 무르익은 배〔梨〕빛이었고 사향 냄새를 뿜어내고 있는 듯했다. 인도 항해에서 상륙한 지 사흘도 되지 않았을 것이다. 그 옆의 저 사나이는 약간 혈색이 엷어서 인도의 마호가니와 같은 촉감이 있을 듯했다. 셋째 번 사나이의 안색에는 열대 지방의 햇볕에 그을은 흔적이 아직 남아 있지만 꽤 많이 벗겨진 느낌이었다. 틀림없이 몇 주일간 육지에서 빈들거리고 있었던 것 같았다. 그러나 퀴케그의 뺨에 견줄 만한 것이 있었겠는가? 그 형형색색의 얼룩무늬는 안데스 산의 서쪽 비탈처럼 열대에서부터 한대까지 한눈에 바라보도록 죽 늘어놓은 듯했다.

"자아! 식사요!" 주인이 외치면서 문을 활짝 열자 우리는 아침식사를 하

러 들어갔다.

　세상을 두루 돌아다닌 사람은 동작에도 여유가 생겨서 사람들과 어울려도 침착한 법이라고 한다. 그러나 모두가 그렇지는 않다. 뉴잉글랜드의 대여행가인 레드야드나 스코틀랜드의 망고 파크는 객실에 들어가면 조금도 침착하지 못했다. 아마도 레드야드처럼 개가 끄는 썰매로 시베리아를 횡단한 것이 또는 망고처럼 배를 곯아 가며 흑인이 사는 아프리카 깊숙한 땅을 혼자서 걸은 것이, 높은 수준의 사교적인 세련을 얻는 가장 좋은 수단은 되지 못한 모양이다. 게다가 그러한 세련은 대부분 다른 어디서나 얻을 수 있는 것이다.

　모두가 식탁에 앉은 뒤에 내가 고래잡이에 대한 재미있는 이야기라도 들을 수 있겠다고 생각하던 때에 이런 생각이 떠올랐다. 정말로 놀랍게도 거의 모든 사나이가 깊은 침묵에 잠겨 있었던 것이다. 아니 그뿐 아니라 부끄러워하기까지 했다. 그렇다. 이들은 모두 바다표범들로 대양에서 큰고래를 배에 실어 올릴 때는 절대로 부끄러워하지 않았다. 정말로 첫 대면하는 고래와 눈 하나 깜짝하지 않고 결투하여 잡았다. 그런데 지금 사교적인 아침 식사의 테이블에 앉으니 모두 같은 직업인데다 취미도 서로 비슷한데도 불구하고 마치 그린마운틴(캐나다 버몬트 주의 산맥) 깊숙한 목장에서 멀리 나가 본 적이 없는 양처럼 서로를 겁먹은 듯이 바라보고 있을 뿐이었다. 이 부끄러움 타는 곰들, 겁먹은 고래잡이의 투사들, 이 얼마나 이상한 광경인가?

그런데 퀴퀘그는 어떤가? 마침 그는 식탁의 상석에 앉아 있었는데 마치 고드름처럼 냉랭했다. 확실히 그 예법에 대해서는 그다지 칭찬할 수가 없다. 그의 열렬한 숭배자라 해도 작살을 아침 식탁에 들고 들어와서 함부로 휘둘러 모든 사람들의 머리를 쭈뼛거리게 하면서 그것을 들고 식탁 위에 손을 뻗으며 스테이크를 끌어당기는 모습을 진심으로 옳다고 생각할 수 없을 것이다. 그러나 그 모든 동작을 매우 냉정하게 했다는 점이 중요하다. 많은 사람들도 평가하듯 어떤 일이든 냉정히 한다는 것은 신사적으로 한다는 게 아닌가?

여기서 퀴퀘그가 어떻게 커피와 갓 구운 빵은 거들떠보지도 않고 설익힌 스테이크에만 시선을 고정시키고 있었는가 하는 특이한 버릇에 대한 묘사는 그만두겠다. 다만 아침 식사가 끝나자 모두와 함께 물러 나와서 도끼 파이프에 불을 붙이고, 내가 산책하러 나갈 때까지 모자를 쓴 채 앉아서 조용히 소화를 시키며 담배를 피우고 있었다고 하면 충분할 것이다.

제6장
거리에서

 퀴퀘그 같은 이상한 사람이 문명 도시의 점잖은 사회에 섞여 들어와 있는 모습을 처음으로 보았을 때 내가 몹시 놀란 것은 사실이었다. 그러나 아침 햇살을 받으며 뉴베드포드 거리를 산책하기 시작했을 때 그 놀라움은 곧 내게서 사라져버렸다.
 큰 항구라면 어디나 부두 가까운 네거리에서 외국에서 흘러들어 온, 말로 표현할 수 없이 기이한 것을 보는 것도 드문 일은 아니다. 브로드웨이나 체스트넛(필라델피아의 번화가) 거리에서도 지중해에서 건너온 선원들이 숙녀와 부딪혀 기겁을 하게 하는 수도 있다. 리전트 거리(런던의 번화가)에도 인도 선원이나 말레이 선원의 모습은 알려져 있지 않다. 봄베이의 아폴로 그린에서는 순수한 양키들이 원주민들을 겁내게 하는 일도 있다. 그러나 뉴베드포드는 워터(리버풀의 번화가) 거리나 와핑(런던의 번화가) 거리와 같은 세상의 내노라하는 번화가들을 압도한다. 그런 곳에서는 선원들만을 볼 뿐이다. 그러나 이 뉴베드포드에서는 거리 모퉁이에 진짜 식인종이 서서 마구 지껄여 대고 있다. 틀림없는 야만인인데, 그들의 뼈에는 신성하지 않은 인육(人肉)이 붙어 있을 것이다. 그것은 나그네의 시선을 붙든다.
 그러나 피지 사람, 통가타부아 섬사람, 에로망고아 사람, 파난지어 사람, 브리기아 사람(모두 폴리네시아 지방) 외에도 이 거리를 제멋대로 방황하는 포경선의 야만인들뿐만 아니라 호기심을 끄는 어쩌면 희극적이라 해야 더 어울릴 법한 진기한 광경도 볼 수 있다. 매주 시정 물정에 어두운 많은 사람들이 버몬트나 뉴햄프셔의 산골에서 처음으로 올라와 어업의 수익과 영광을 동경해서 이 도시로 들어온다. 그들 대부분은 숲에서 나무를 베던, 체격이 좋은 젊은 이들인데, 도끼를 버리고 고래작살을 들려고 하는 것이다. 대부분은 고향의 그린마운틴처럼 새파란 풋내기들이다. 어느 점에서는 낳은 지 몇 시간밖에

안 됐다고 하고 싶을 만큼 풋내기로 보인다. 보라, 저 모퉁이를 걷고 있는 젊은이를! 해리(海狸) 모자를 쓰고 연미복을 입고 선원용 띠를 두르고 칼집에 든 칼을 옆구리에 끼고 있다. 저런! 이번에는 방수 모자를 쓰고 봄버진 천으로 만든 윗옷을 입은 사람이 온다.

도시의 멋쟁이와 시골의 멋쟁이를 도저히 비교할 수는 없다. 순수한 시골의 멋쟁이란 그 손이 햇볕에 타는 게 두려워 삼복더위에도 사슴 가죽의 장갑을 끼고 풀을 벤다. 그런데 그러한 시골의 멋쟁이가 남다른 명성을 얻고자 고래잡이 대 항해에 참가하려고 항구에 도착하면 우스운 일들이 벌어지게 된다. 항해복을 주문할라치면 벨 모양의 단추를 조끼에 달기도 하고 바지에 가죽 끈을 달기도 한다. 촌뜨기 농사꾼이여! 태풍이 몰아치기 시작해서 그런 단추나 가죽 끈이 온통 그 폭풍우의 아가리 속에 내던져져 보라! 단번에 그런 가죽 끈은 끊어지고 말리라.

그렇다고 해서 이 이름난 거리에서 볼 것이라곤 작살잡이와 식인종과 시골 사람들뿐이라고 생각해선 안 된다. 천만에, 뉴베드포드는 그런 평범한 곳이 아니다. 고래잡이가 없었다면 이 도시의 나날은 래브라도의 해안과도 흡사하게 황량했을 것이다. 실제로 그 배후 일대의 땅은 사람을 놀라게 하기에 족할 만큼 앙상하게 메말라 있다. 그런데도 그 도시 자체는 뉴잉글랜드 중에서도 가장 살기 좋은 주택지이다. 성지(聖地) 가나안이라고 할 수는 없지만 참말로 기름진 땅이자 옥수수와 술의 고장이다. 길에 우유가 흐르고 봄날에 신선한 달걀이 굴러다니는 것은 아니지만, 전 아메리카를 두루 뒤져 봐도 이 뉴베드포드만큼 저택같은 집들이 늘어서 있고 공원과 정원이 호사스러운 고장은 없다. 이런 것들이 어떻게 어디서 와서 예전에는 울퉁불퉁 돌멩이 투성이던 이 땅에 심어졌을까?

저 높아 솟은 저택 주위에 상징적으로 둘러쳐진 쇠작살을 보라. 그것으로 그러한 의문은 모두 풀릴 것이다. 즉 이 당당한 집들과 꽃이 만발한 정원에 있는 것들은 모두 태평양, 대서양, 인도양에서 온 것이다. 닥치는 대로 모조리 작살로 찍어 바다 밑에서 여기까지 끌고 온 것이다. 알렉산더 선생 (19세기 중엽 뉴욕에 / 나타난 독일인 마술사)일지라도 그런 위업은 남길 수 없을 것이다.

이 뉴베드포드에서는 아버지가 딸들의 결혼 비용으로 고래를 나누어 주고 조카들에게는 각각 돌고래를 두서너 마리씩 준다고 한다. 화려한 결혼식을 보고 싶으면 뉴베드포드로 가라고 한 것은 집집마다 기름 저장 탱크가 넘치고 밤마다 아까운 줄 모르고 고래 기름으로 만든 초를 계속 태우기 때문이다.

여름철에 이 마을은 정말로 아름다워, 우뚝 솟은 단풍나무는 하늘을 찌르고 긴 가로(街路)는 녹색과 황금색으로 빛난다. 8월이 되면 마로니에의 나무가 아름답게 자라 하늘에 한없이 가지를 뻗고 곧고 뾰족한 솔방울 모양의 꽃송이들이 길 가는 사람들의 눈을 즐겁게 해준다. 위대한 예술이 아니겠는가. 천지 창조의 마지막 날에 뉴베드포드의 곳곳에 쓰레기처럼 버려진 돌투성이의 이 메마른 땅이 꽃으로 가득한 발코니로 꾸며졌다는 것은.

또한 뉴베드포드의 여자들은 붉은 장미처럼 꽃핀다. 아니 장미는 여름에 꽃필 뿐이지만 이곳 여자들의 뺨의 홍조는 제7천국(신의 천사가 산다고 / 하는 가장 높은 하늘)의 햇살처럼 영원히 사라지지 않는다. 세일럼 마을(보스턴에서 가까운 항구로 / 한때 매우 번영했음)에서는 처녀들의 숨결이 향기로워 그 연인인 선원들은 청교도의 땅으로 가면서도 향기로운 몰루카 제도에 다가간 듯 몇 마일 떨어진 바다에서도 그 향기를 맡을 수 있다고 하지만 그 외에 뉴베드포드 여자들의 꽃 같은 아름다움에 견줄 만한 것은 어디에서도 찾을 수 없다.

제7장
교회

뉴베드포드에는 '포경자 교회'가 있는데 인도양이나 태평양으로 출발하기 직전에 착잡한 심정의 어부들이 일요일의 예배 시간에 맞추어 그곳을 찾는다. 물론 나도 예외는 아니었다.

첫날의 아침 산책에서 돌아오자 다시 이 특별 사명을 위해서 나갔다. 추웠어도 맑게 갠 날씨였는데, 진눈깨비가 내리고 안개가 끼기 시작했다. 털이 덥수룩한 천으로 만들어 곰가죽이라 불리는 재킷으로 몸을 감싸고 거칠고 사나운 폭풍과 맞서 걸어 나갔다. 교회에 들어가자 선원 몇 명과 그 아내들, 과부들이 드문드문 흩어져 있었다. 짓눌린 것 같은 침묵을 가끔 폭풍의 울부짖음이 깨뜨리고 있었다. 참례자들은 자기의 소리 없는 비애는 외로운 섬과도 같은 것이어서 서로 교류할 수 없는 것이라 생각하고 있는 것일까? 그들은 일부러 그런 것처럼 서로 완고하게 떨어져 앉아 있다. 전속 목사는 아직 와 있지 않았기 때문에 이들 침묵의 외딴 섬들은 가만히 앉은 채 교단 양쪽 벽에 끼워진 검은 테를 두른 몇 개의 대리석 비명(碑銘)을 보고 있었다.

그 중 세 개는 다음과 비슷한 내용인데 정확하다고 할 수는 없다.

> 성스러운
> 존 탤보트를 추도하며
> 그는 18세의 나이에 데솔레이션 섬 가까운
> 파타고니아 바다에서 물에 빠져 숨졌다.
> 1836년 11월 1일
> 이 비명은 그를 추도하기 위하여
> 고인의 누이가 세웠다.

> 성스러운
> 로버트 롱, 윌리스 엘러리, 네이선 콜먼
> 월터 캐니, 세스 메이시, 새뮤얼 글리그를 추도하며
> 포경선 **엘리자** 호의 승무원으로서 태평양 그라운드 해안에서
> 고래에게 끌려간 채 행방불명되었다.
> *1839년 12월 31일*
> 이 석비는 생존한 동료들에 의하여 여기 세워졌다.

> 신성한
> 고 이제키엘 하디 선장을 추도하며
> 일본 연안에서 향유고래의 습격을 받아
> 포경선 이물에서 숨졌다.
> *1833년 8월 3일*
> 이 비명은 그의 미망인이 그를 추도하여 세웠다.

　얼어붙은 모자와 재킷의 진눈깨비를 털고 입구 가까운 자리에 앉아서 옆을 돌아보았을 때 바로 옆에 퀴퀘그가 있는 것을 보곤 어이가 없었다. 이곳의 엄숙한 광경에 감동했는지, 좀처럼 믿기지 않는다는 듯 호기심으로 바라보고 있는 그의 얼굴에는 경탄하는 빛이 떠올라 있었다. 그 야만인만이 내가 들어오는 것을 보았다. 이 교회 안에서 단 한 사람의 문맹자였던 그는 벽면의 을씨년스런 비명을 읽고 있지 않았기 때문이었다. 거기 죽 이름이 적힌 선원들의 가족이 지금 이 사람들 중에 있는지는 모른다. 하지만 슬픔의 검은 장식을 달고 있지는 않아도 여기 있는 몇몇 부인들의 그 표정으로 짐작하건데, 그 검은 비명들이 지금 내 앞에 모인 사람들의 아물 수 없는 가슴에 분명 새로운 피를 흘리게 했을 것이다.
　아아, 가버린 사람을 파란 잔디 밑에 묻어버린 사람들이여, 꽃 속에 서서 여기 나의 사랑하는 사람이 자고 있다고 말하는 사람들이여, 당신들은 이 사

람들의 가슴속에 뿌리 내린 황량한 마음을 헤아릴 수는 없으리. 유골 한 점도 땅에 간직하지 않은, 이 검은 테두리를 한 대리석의 공허한 잔혹함! 움직일 수 없는 이 비명에 적힌 글씨의 절망감! 온갖 신앙심을 좀먹어 버리고 무덤도 없이 어디선지도 모르게 죽은 사람들의 부활을 거부하는 것처럼 보이는 이 글에 담긴 끔찍한 허무와 절로 생기는 불신감! 이들 비명은 엘레판타(인도의 동굴 사원)에 있어도 좋다.

　인구 조사를 할 때에 죽어 버린 사람들이 포함된 일이 있는가? 널리 알려진 속담에, 죽은 사람은 굿윈의 모래톱(영국 켄트 주에 있음)보다 더 많은 비밀을 지니면서도 말이 없다는 것은 무슨 의미인가? 바로 어제 저 세상으로 떠난 사람들에게는 의미 깊은 말을 해 주지만, 이 살아 있는 세상에서 가장 먼 인도 끝까지 나가는 사람에게는 그런 말을 해 주지 않음은 무엇 때문인가? 생명 보험 회사는 어째서 죽음의 형벌을 죽지 않은 사람들에게도 주는 것일까? 혹시 60세기 전에 죽은 아담은 지금도 풀리지 않는 영원한 마비의 세계 속에서 극심한 절망의 나락에 빠져 누워 있는 것은 아닐까? 이루 말할 수 없이 행복한 천국 속에 있다고 주장하면서도 그 사람들 일로 우리가 위로받지 못함은 무슨 까닭인가? 산 사람이 죽은 사람을 열심히 침묵시키려 하는 것은 무슨 까닭인가? 무덤에서 노크하는 소리가 들렸다는 소문을 듣기만 해도 온 도시가 공포에 사로잡히는 것은 무슨 까닭인가? 이러한 모든 일이 전혀 의미 없는 것은 아니다.

그러나 신앙은 승냥이처럼 무덤에서 먹을 것을 얻고 이런 죽음의 모든 회의 가운데서도 가장 생명에 찬 희망의 먹이를 찾는다.

내가 낸터킷으로 떠나기 전날 어떤 감정으로 이들 대리석의 비명을 바라보고 저 어둡고 음울한 대낮에 희미한 불빛에 의지하여 나보다 앞서 떠난 고래잡이들의 운명을 읽었는지는 말할 필요도 없으리라. 여보게, 이스마엘, 자네도 똑같은 운명인지 모르네. 그러나 어찌된 일인지 나는 다시 쾌활해진다. 즉 이것은 마음껏 배를 타라는 것일 게다. 출세하는 데 더없이 좋은 기회란 말이다. 그렇다, 보트에 구멍이 뚫리면 불멸의 영혼으로까지 명예롭게 승급할 것이다. 그야말로 이 고래잡이의 일에는 죽음이 도사리고 있다. 느닷없이 눈 깜짝할 사이에 사람을 혼돈에 빠지게 하여 영원의 세계로 쓸어 넣겠지. 그러나 그게 어쨌다는 건가? 우리는 이 삶과 죽음의 문제에 대해 굉장한 오해를 하고 있는지도 모른다. 이 땅에서 이른바 그림자라 부르는 것이야말로 나의 진실한 실체인지도 모른다. 우리가 영적인 것을 바라보는 것은, 마치 굴 조개가 바다 밑에서 태양을 쳐다보며 두터운 물을 맑고 투명한 공기라 생각하고 있는 것 같은 그런 것인지도 모른다. 내 육체란 더 나은 나의 찌꺼기에 지나지 않는지도 모른다. 사실 육체는 누구든 훔쳐가도 좋단 말이다. 훔쳐가라, 그것은 내가 아니니까. 그런고로 낸터킷이여, 만세, 만세, 만세! 산산이 부서진 보트건, 산산이 부서진 육체건 올 테면 와라. 제우스조차도 내 영혼을 뚫을 수는 없을 테니까.

제8장
설교단

그곳에 앉아 있은지 얼마 되지 않았을 때에 건장하고 덕망있어 보이는 노인 한 사람이 들어왔다. 이 사람이 안으로 들어오자마자 비바람이 후려치던 문은 다시 쾅하고 닫혔다. 모인 사람들의 눈이 전부 그에게 쏠리는 것을 보니 이 당당한 노인이 이 교회 목사임이 분명했다. 그렇다. 이 사람이 고래잡이들에게 인기있는 유명한 매플 목사다. 젊었을 때엔 선원 노릇도 하고 작살잡이도 했지만 오래 전부터 성직에 몸을 바치고 있다. 지금 이야기하고 있는 매플 목사는 그 당시 춥고 고된 겨울날을 이겨내는 건강한 노년, 즉 다시 한번 화려한 청춘으로 되돌아가던 무렵의 나이였다. 숱하게 많은 주름의 틈마다 다시금 싹트기 시작한 어떤 희미한 빛이 2월의 눈〔雪〕밑에서 고개를 들기 시작한 푸른 봄풀을 연상케 했다. 그의 생애에 대해 들은 일이 있는 사람이라면 처음으로 매플 목사를 보았다 해도 깊은 호기심을 품지 않을 수 없을 것이다. 모험 가득한 바다의 삶 때문일까, 이 사람을 보고 있노라면 무언가 다른 것과 접붙인 것 같은 독특한 느낌의 목사라는 생각이 든다. 그가 들어왔을 때 우산을 쓰지 않았음을 알아챘는데, 방수 모자가 녹기 시작한 진눈깨비로 무겁게 축 늘어지고 커다란 선원용 재킷이 비에 젖은 무게로 그의 몸을 마룻바닥까지 끌어내리려 하는 것처럼 보이는 점으로 미루어 마차도 타지 않았음을 알 수 있었다. 어쨌든 모자와 윗옷과 덧신을 하나씩 벗어 한쪽 구석의 좁은 공간에 건 후 점잖은 차림이 되자 조용히 설교단으로 다가갔다.

　대부분 구식 설교단과 마찬가지로 이 설교단 또한 매우 높았는데, 만일 거기까지 보통 계단을 만들었다면 마루와 긴 각도를 이루게 되어 그렇지 않아도 몹시 좁은 이 교회를 더 좁게 만들었을 것이다. 아마도 건축가는 매플 목사의 조언에 따라 바다에서 보트를 타다가 본선으로 올라가는 것처럼 계단 대신 수직 사다리를 놓아 설교단을 완성한 것 같다. 어떤 포경선의 선장 부인이 붉은 색으로 물들인 양모 밧줄 두 개를 이 사다리에 기증했는데, 이것으로 꼭대기를 보기 좋게 장식하고 마호가니 색으로 칠을 해 전체적으로 완성된 그 모양은 이 교회의 성격을 생각해 볼 때 정말 훌륭한 구조라고 하지 않을 수 없었다. 사다리 밑에서 잠깐 걸음을 멈추고 두 손으로 밧줄의 장식 매듭을 잡더니 매플 목사는 흘긋 위를 올려본 다음 경건함을 잃지 않은 채 선원다운 능숙한 솜씨로 번갈아 잡으며 배의 망루에 오르듯 올라갔다.

이 사다리의 수직으로 된 양옆은 그네 사다리처럼 밧줄이 천으로 싸여 있었고 발디딤판만이 나무였으므로 그 한 단마다 매듭이 지어져 있었다. 내가 맨 처음 설교단을 보았을 때에는 그 매듭이 배에선 편리하겠지만 이 경우는 불필요하다는 생각을 피할 수 없었다. 매플 목사가 그 끝까지 올라가서 천천히 몸을 돌리고 설교단 아래를 굽어보며 사다리가 전부 설교단 속에 들어갈 때까지 한 단씩 정성들여 끌어 올리리라고는 생각하지 못했기 때문이다. 그의 모습은 난공불락의 퀘벡 요새에 서 있는 것 같이 보였다.

잠시 동안 그 이유를 생각해 보았으나 충분히 이해되지 않았다. 매플 목사라 하면 이미 그 성실하고 경건한 덕망이 널리 알려져 있는 사람이므로 새삼스레 속임수 같은 무대 효과 따위로 헛된 이름을 사려 한다고 의심할 일은 아니다. 아니 이것은 무언가 엄숙한 의미를 지니고 있을 것이다. 무언가 보이지 않는 어떤 것을 상징하고 있었음에 틀림없다. 그렇다면 그의 몸을 고립된 위치에 놓음으로 해서 잠시 그 영혼은 외부 세계의 속박과 인연에서부터 단절된다는 것을 의미하고 있는 것일까? 그렇다, 말씀의 고기와 술로 충족된 신의 아들, 신의 종인 사람에게 이 설교단은 만족스러운 요새이고, 불멸의 샘물을 그 성벽 안에 가득 채운 숭고한 에렌브라이트슈타인 성(독일 라인 강변의 코블렌츠 기슭에 있음)인 것이다.

그러나 사다리만이 목사의 선원 생활에서 비롯한 명물은 아니다. 설교단 뒤쪽, 대리석 비명들 사이 벽면에는 큰 그림 한 장이 걸려 있는데, 거친 폭풍을 헤치며 검은 바위와 하얗게 부서지는 파도가 이는 해안으로 나아가는 씩씩한 배를 그린 그림이었다. 그러나 공중으로 흩어지는 물보라와 소용돌이치는 시커먼 구름 위로 작은 햇빛의 섬이 떠돌고 그 아래로 천사의 얼굴이 찬연히 엿보이는데, 그 빛나는 얼굴은 마치 '빅토리 호'위의 넬슨이 쓰러졌던 판자에 끼워진 은판처럼 흔들리는 갑판에 한 점 빛을 비추고 있었다. 천

사는 이렇게 말했을 것이다. "아아, 훌륭한 배여! 달려라, 달려. 늠름하게 키를 다루어라. 보라, 태양은 구름 사이를 뚫고 나왔다. 구름은 소용돌이치면서 물러간다. 더없이 조용하고 맑은 날씨가 다가오고 있다."

　게다가 설교단 자체에서도 사다리와 그림에 나타난 것과 같은 바다 취향의 흔적을 엿볼 수 있었다. 판자를 댄 설교단 전면은 배의 편편한 이물과 흡사했고, 성서는 바이올린 모양의 뱃머리석으로 만든 소용돌이꼴 장식위에 놓여 있었다.

　무엇이 이보다 의미심장할 수 있을까? 다시 말해 설교단은 영원히 이 세상의 이물이고 다른 모든 것은 이를 따르는 것이다. 설교단이 세상을 이끌어간다. 거기서 신의 성급한 분노의 징조를 맨 처음 발견하고, 무엇보다도 재빨리 신의 노여움을 느껴야만 한다. 또 거기서 비로소 신의 순풍이건 역풍이건 구원의 바람을 기원해야 한다. 틀림없이 세계는 뱃길을 나선 배이며 결코 그 항해는 끝나지 않을 것이다. 그리고 설교단은 그 이물이다.

제9장
설교

 매플 목사는 일어서서 거만하지 않으면서도 위엄 있는 조용한 목소리로 제각기 떨어져 앉은 사람들에게 가운데로 모여 앉도록 명령했다. "자아, 우현(右舷)에 있는 분들은 좌현으로! 좌현에 있는 분들은 우현으로! 중앙 갑판으로! 중앙!"
 의자 사이로 선원들의 무거운 장화가 덜거덕거리며 내는 낮은 소리와 여자들의 질질 발을 끄는 듯한 가벼운 구두소리가 뒤섞여 난 뒤 주위는 다시 조용해지고 사람들의 눈길은 전부 설교자에게로 쏠렸다.
 그는 잠시 꼼짝도 하지 않다가 이윽고 설교단의 이물에 무릎을 꿇고 커다란 갈색 손을 가슴에 댄 채 감은 눈을 들고 기도를 드렸는데 그 모습은 마치 바다 밑에 꿇어앉아서 기도하고 있는 것이라 생각될 정도로 거룩했다.
 그러고 나서는 여운을 남기는 장중한 어조로 안개 낀 바다에서 침몰하는 배가 끊임없이 울려 대는 조종처럼 다음의 찬송가를 읽기 시작했는데, 마지막 소절이 가까워짐에 따라 환희에 가득 찬 우렁찬 소리가 터져 나왔다.

 고래의 휘인 몸 무서운 갈비뼈는
 나를 덮었네, 황천의 어둠으로,
 성스러운 햇빛 받고 파도 이는데
 나를 떨어뜨리네, 나락의 구렁으로.

 나는 보았네, 지옥의 턱이 열리고
 무한한 고통과 슬픔이 다가옴을,
 이것은 느끼는 자 아니면 알 수 없는
 오, 나는 절망 속으로 떨어지네.

어둠 속 절망에서 주님의 이름 외치네.
주님을 의심할 때도
나의 탄식에 주님은 귀를 기울이네
이리하여 벗어났네, 고래의 저주에서.

주님은 날아와 나를 구하시네.
빛처럼 날쌘 돌고래를 타신 듯,
경외롭도다, 찬란하도다, 번개처럼 빛나도다,
나의 구원자이신 주님의 얼굴은.

영원토록 나는 노래 부르리
그 두려움 기쁨의 날을.
영광 있으라 나의 주님께
자비도 힘도 모두 주님의 것일세.

 거의 전부가 이 찬송가를 소리 맞춰 불렀으므로 그 목소리는 점점 높아져서 폭풍의 울부짖는 소리를 지워 버렸다. 잠시 침묵이 흐른 뒤에 설교자는 천천히 성서의 책장을 넘기더니 이윽고 한 책장에 이르러서 손을 얹고 말했다. "사랑하는 선원 여러분!「요나서」제1장의 마지막 절을 펴시오. 여호와는 이미 큰 고기를 준비해 요나를 삼키게 하셨느니라."
 "여러분, 이 책은 단 네 장(章)――네 가지 이야기――밖에 없으니까 성서라는 큰 닻줄 가운데서 가장 작은 가닥입니다. 그러나 이 요나의 깊은 바다 이야기는 영혼의 깊이를 어쩌면 이렇게 잘 나타냈는지요! 이 예언서는 더할 나위 없이 충만한 교훈을 담고 있습니다! 고기 뱃속에서 부른 노래란 얼마나 숭고한 것입니까! 어쩌면 그다지도 거친 파도 같으며 남자답고 훌륭합니까! 우리는 파도가 도도하게 우리 몸 위를 덮쳐오는 것처럼 느끼고, 해초 찌꺼기 투성이인 바다 밑으로 그와 함께 끌려 들어가 해초며 그 밖의 미끈한 것들에 온몸이 감겨 드는 듯합니다. 그렇다면 이「요나서」가 주는 교훈은 무엇이겠습니까? 선원 여러분, 교훈은 두 가지가 있습니다. 하나는 죄인인 우리 모두에게 주는 교훈이고, 또 하나는 살아 있는 신의 뱃길 안내자인 나에 대한 교훈입니다. 곧 그것은 죄인인 우리 모두에게 주는 교훈으로서 굳어 버린 마음, 갑자기 눈뜬 공포, 급히 찾아오는 천벌과 회한, 기도, 이윽고 요나의 구원과 기쁨에 대한 이야기입니다. 모든 죄 많은 사람들처럼, 이 아미타이 아들의 죄는 하느님의 명령에 복종하지 않고 완강히 거부한 데 있습니다. 그 명령이 어떤 것이고 어떻게 전해졌는가는 들을 것도 없습니다. 아무튼 요나는 그 명령이 지나치다고 생각했습니다. 그러나 하느님께서 우리에게 하라고 말씀하시는 것은 모두 하기 힘든 것입니다. 이것을 마음속에 새겨 두십시오. 그렇기 때문에 하느님께선 우리에게 타이르려 하시기보다는 명령하시는 일이 더 자주 있습니다. 그래서 우리가 하느님을 따르자면 우리 자신을 이겨야하고, 우리 자신을 이겨야 한다는 것에 하느님 명령의 어려움이 있는 것입니다."

"하느님께 복종하지 않은 죄를 범한 데다 요나는 하느님에게서 달아나려고 온갖 조롱의 말까지 했습니다. 인간이 만든 배로, 신의 힘이 미치지 않고 인간의 지도자만이 다스리는 나라에 갈 수 있으리라고 생각했습니다. 요빠(이스라엘의 자파)의 부둣가를 몰래 다니면서 다르싯으로 가는 배를 찾았습니다. 아마도 여기에 이제까지 깨닫지 못했던 의미가 있을 겁니다. 아무리 생각해 보아도, 그 다르싯은 오늘날의 카디스 시(市)일 거라는 것이 학자들의 의견입니다. 여러분, 카디스란 어디에 있습니까? 카디스는 스페인에 있습니다. 다시 말해서 그같이 아득한 옛날에 아직 대서양이 알려져 있지도 않았던 시절에는 요나가 요빠에서 건너갈 수 있었던 가장 먼 고장이 카디스였습니다. 여러분, 요빠, 즉 오늘날의 자파는 지중해의 동쪽 끝인 시리아에 있고 다르싯, 즉 카디스는 거기서 서쪽으로 2천마일 이상이나 떨어진 지브롤터 해협 끝 가까이에 있습니다. 그렇다면 선원 여러분, 요나는 신의 손에서 세상 끝까지라도 달아나려고 한 게 되지 않습니까? 불쌍한 자여! 오오, 세상에서 가장 비열한, 경멸할 사나이입니다. 모자를 푹 눌러 쓰고 죄지은 눈초리로 신으로부터 숨어서 바다를 서둘러 건너려는 못된 도둑과도 같이 선창가를 서성거리고 있었던 것입니다. 이성을 잃어버리고, 양심의 가책을 받은 표정을 하고 있었을 테니 당시에 순경이 있었다면, 금방 수상한 사람이라 의심을 받아 배에 오르기도 전에 체포되고 말았을 겁니다. 어느 모로 보나 탈주자입니다. 짐도 모자 상자도 없고, 손가방도 여행 가방도 없습니다. 배웅을 하려고 배까지 따라온 친구도 없습니다. 여기저기 찾아다닌 끝에 간신히 다르싯으로 가는 배가 마지막 짐을 싣는 것을 발견하고는 올라가서 선장실을 찾았습니다. 그때 선원들은 모두 이 묘한 사나이의 불길한 눈빛을 보고 짐을 싣던 손도 잠시 멈췄습니다. 요나는 이것을 모르는 체하고 침착한 태도를 가지려고 했지만 비굴하게 웃는 표정으로도 허사였습니다. 선원들은 인간의 강한 본능에 의해서 이놈은 뒤가 켕기는 꺼림칙한 놈임에 틀림없다고 생각하고 말았습니다. 그러면서 농담 섞인 진지한 어조로 서로 속삭였습니다. '잭, 놈은 과부를 건드렸어.' '조, 자네 알아챘나? 그 녀석은 마누라가 둘이야.' '여보게 해리, 저 놈은 간통을 하고 고모라의 감옥에서 탈출한 모양이군. 아니면 소돔에서 빠져 나온 살인자인지도 몰라.' 또 다른 선원들은 이 배를 매어 놓은 부두의 말뚝 옆에 붙여 놓은 포고문 쪽으로 달려가 부모를 죽인 자를 붙잡은 사람에게 금화 500닢을 주겠다는 글과 범인의 인상을 기술해 놓은 것을 읽기도 했습니다. 그러고 나서 요나와 포고문을 번갈아 보았습니다. 그러자 같은 생각이 든 선원들은 요나를 에워싸고 당장에 그의 어깨에 손을 대려고 했습니다. 당황한 요나는 떨면서도 될 수 있는 대로 대담무쌍한 얼굴을 하려고 했지만, 더욱더 겁먹은 사람처럼 보일 뿐이었습니다. 의심을 받고 있다고는 자신도 생각하고 싶지 않지만, 그것이 오히려 점점 더 강한 혐의를 받게 했습니다. 아무튼 버티고 있는 동안에 선원들은 이 사나이는 포고문에 있는 사람이 아니라는 것을 알고 요나를 지나가게 해 주었기 때문에 선실로 들어갔습니다."

"'누구야?' 바쁘게 책상에 앉아 세관에 낼 서류를 작성하던 선장이 큰 소리로 외쳤습니다. '누구야?' 오오, 이 아무런 사심도 없는 질문이 얼마나 요나의 마음을 쥐어뜯었겠습니까? 한동안은 다시 뛰어서 달아나고 싶을 정도였습니다. 그러나 다시 용기를 냈습니다. '이 배로 다르싯까지 건너가고 싶습니다만, 선장님, 언제쯤 떠납니까?' 선장은 여태껏 바빴기 때문에 얼굴을 들고 앞에 서 있는 요나를 보지도 않았는데 그 텅 빈 듯한 목소리가 들리자마자 캐어묻는 듯한 눈길로 유심히 쳐다보기 시작했습니다. '이번 밀물 때엔 떠날 거요' 선장은 여전히 시선을 붙박은 채 마침내 느리게 대답했습니다. '좀 더 빨리 못 떠납니까, 선장님?' '정직한 승객에게라면 결코 늦은 때가 아니지요' 그것 보십시오. 요나는 또 한번 욕을 당했습니다. 그러나 얼른 선장의 의심을 얼버무리려고 말했습니다. '이 배에 태워 주십시오. 돈은 얼마를 드리면 되겠습니까? 지금 지불하겠습니다.' 여러분, 이 이야기 속에 그냥 보아 넘겨서는 안 되는 게 있는데 그것은 배가 떠나기도 전에 '그 뱃삯을 주었다'고 씌어 있는 점입니다. 앞뒤의 경위로 보아 여기에 중대한 의미가 있는 것입니다."

"그런데 여러분, 요나가 탄 배의 선장은 죄인이라면 몇 사람이라도 단박에 찾아내는 날카로운 눈이 있었는데, 다만 가난한 사람의 경우에만 그것을 폭로하는 욕심쟁이였습니다. 여러분, 이 세상에서는 돈이 있으면 죄인도 여권을 갖지 않고 마음대로 여행할 수 있고, 그와 반대로 덕 있는 사람도 돈이 없으면 곳곳의 국경에서 제지당합니다. 그래서 요나의 선장도 분명히 요나를 판단하기 전에 그 돈지갑의 무게를 알아보려고 보통 뱃삯의 세 배를 내라고 했는데 요나는 그것을 승낙했습니다. 그래서 선장은 이 사나이가 죄를 짓고 도망가는 사람인 줄 알면서도 돈을 마구 뿌리는 바람에 도망자를 구해 주려고 결심했습니다. 요나가 정직하게 돈지갑을 꺼내보여도 선장은 여전히 미심쩍은 마음을 떨쳐버리지 못했습니다. 금화를 한 닢 한 닢 올려보고 가짜가 아닌가 모두 조사해 보고는 어쨌든 가짜 돈을 쓰는 사람은 아닌 것 같군, 하고 중얼거린 후, 그제야 요나를 항해에 끼워 주었습니다. '특등실을 안내해 주십시오, 선장님' 이번에는 요나가 말했습니다. '나는 여행하느라 지쳤기 때문에 푸욱 좀 자야겠습니다.' 선장은 대답했습니다. '과연 그런 것 같구려, 당신 방은 저기요.' 요나는 선실로 들어가서 문을 잠그려 했지만 그 자물쇠에는 열쇠가 없었습니다. 선장은 요나가 어물어물 손으로 더듬고 있는 소리를 듣고는 작은 소리로 혼자 웃으면서 죄수의 방은 안으로 잠글 수 없게 되어 있다네, 하고 중얼거렸습니다. 요나가 먼지투성이의 여행복을 입은 채 잠자리에 몸을 던지고 보니 조그마한 선실의 천장은 거의 이마와 닿을 듯 말 듯하였습니다. 갑갑한 요나는 가쁜 숨을 내쉽니다. 배의 흘수선(吃水線) 밑으로 가라앉은 좁은 구멍에서 요나는 장차 고래 창자의 가장 작은 구멍 속으로 삼켜져 버렸을 때의 숨막힐 듯한 답답함을 예고 하는 듯한 기분이 느껴졌습니다.

"벽에 축(軸)을 박고 매단 램프는 요나의 방에서 덜컹거립니다. 마지막 짐을 실은 무게 때문에 배가 부둣가로 기울어서 흔들리고, 램프 불은 타면서 조금씩 움직이기는 하지만, 방을 비스듬히 비추고 있습니다. 사실은 언제나 똑바로 있는 것인데, 그것을 매단 각도가 늘 달라지기 때문입니다. 요나는 등불에 놀라서 잠자리에 누워 있으면서도 괴로운 시선으로 온 방안을 둘러보고는, 여기까지 용케 도망쳐 왔지만 막상 눈길을 쉴 만한 곳도 없음을 깨닫게 됩니다. 어쨌든 램프가 비스듬히 기우는 데 점점 더 기분이 나빠집니다. 마루도 천장도 벽도 모두 비뚤어져 보입니다. '아아, 내 양심도 이런 상태일 것이다. 똑바로 서서 타고 있는데도 나의 영혼의 방들이 전부 비뚤어져 버린 거다' 요나는 신음했습니다."

"밤새도록 술에 곤드레가 된 방탕한 사나이가 비틀거리며 잠자리를 서둘러 찾으면서도 양심에 마음을 찔리는 것처럼, 양심은 로마의 경주마가 발길질을 받아서 맹렬히 돌진하듯이 그에게 달려들었습니다. 그 비참한 상태에서 몸부림치면서도, 이 광증이 사라질 때까지 죽음을 주옵소서, 하고 하느님께 빌었습니다. 마침내 비탄의 소용돌이 속에서 피를 쏟고 죽을 때와 같은 깊은 실신 상태에 빠집니다. 왜냐하면 양심은 상처이고 그 출혈을 멎게 하는 것은 세상엔 없기 때문입니다. 이렇게 해서 요나는 잠자리에서 쓰라리게 몸부림친 후에 너무도 답답하고 비참한 마음을 이기지 못해 잠 속으로 빠져 들어 갑니다."

"이윽고 밀물 때가 되어서 배는 붙잡아맨 닻줄을 풀었습니다. 배웅하는 사람의 고함소리도 없는 쓸쓸한 부둣가에서 다르싯을 향하여, 배는 기울어진 채 바다로 미끄러져 나갔습니다. 여러분, 이 배야말로 이 세상에 기록된 최초의 밀수선이었습니다. 요나가 곧 금제품(禁制品)이었습니다. 그러나 바다가 이런 옳지 못한 짐을 짊어지지 않겠다고 반기를 들었습니다. 무시무시한 폭풍이 닥쳐와서 배는 금방이라도 산산조각이 날 것 같았습니다. 그러자 선장은 배를 가볍게 하라고 선원들에게 외쳤습니다. 상자며 짐이며 병이 소리를 내며 바다로 내던져지고, 바람은 울부짖고 선원들은 큰 소리로 외치고 요나의 머리 바로 위의 판자는 갈팡질팡하는 발소리로 요란하게 울리고 있었습니다. 이 미친 듯한 소란 속에서도 요나는 죄 많은 잠에 떨어져 있었던 것입니다. 시커먼 하늘도, 미친 듯이 날뛰는 바다도 보지 않고, 배의 늑재가 흔들리고 기우는 것도 느끼지 못했으며 더구나 그를 쫓아서 거친 바다를 헤쳐 큰 입을 벌리며 시시각각 돌진해 오는 산 같은 고래의 울음소리도 듣지 못했습니다. 그렇습니다, 여러분, 요나는 배의 밑창에서 바로 내가 지금 말한 선실의 침상에서 잠에 곯아떨어져 있었던 것입니다. 그런데 선장이 허둥지둥 뛰어 들어와서는 그의 귀에다 대고 외쳤습니다. '뭘 하고 있는 거야! 자는 건가? 일어나라!' 이 무시무시한 고함소리에 깜짝 놀라서 요나는 펄쩍 뛰어 일어나 비틀거리면서 갑판까지 기어 올라가, 돛대의 밧줄을 붙들고 바다를 보았습니다. 그 순간, 뱃전을 뛰어넘어온 표범 같은 파도가 그를 덮쳤습니다. 그렇게 파도는 계속해서 배 안으로 밀려들어와 여기저기서 울부짖는 선원들은 빠져나갈 곳이 없어 배 안에 있으면서도 거의 빠져 죽게 될 지경에 이르렀습니다. 칠흑 같은 어둠속에서 새하얗게 질린 달이 그 모습을 드러냈을 때 두려움에 질린 요나는 이물 앞으로 뻗은 첫째 돛대가 머리를 쳐들고 하늘을 가리켰다가 이내 바다의 성난파도 속으로 머리를 돌리며 몸부림치는 것을 보았습니다."

"마음속에서는 두려움이 요란한 음성으로 부르짖었습니다. 이렇게 무서워서 움츠린 꼴은 보기만 해도 하느님에게서 도망친 놈이라는 걸 한눈에 알 수 있었습니다. 선원들은 그것을 알아차리고 요나에게 점점 더 혐의를 두면서도 이것은 모두 하느님의 노여움 때문이니 도대체 어떤 놈 때문에 이 태풍이 덮쳐 온 것인지 주사위를 던져 정하기로 했습니다. 요나가 뽑히자 선원들은 무서운 기세로 그를 에워싸고 질문공세를 폈습니다. '직업은 뭐냐? 어디서 왔느냐? 어느 나라 사람이냐? 무슨 인종이냐?' 그러나 여러분, 요나의 불쌍한 행동을 보십시오. 선원들이 끈덕지게 어디 사는 누구냐고 물었을 때 그는 그 질문뿐 아니라 묻지 않은 일까지도 대답했습니다. 그것은 신의 위엄으로 인해 저절로 요나에게서 튀어나온 대답이었습니다."

"'나는 히브리 사람입니다' 그는 외쳤습니다. '나는 바다를 만들고 땅을 만드신 전능하신 하느님이 두렵습니다' 하느님을 두려워한단 말인가? 요나여, 아아, 새삼스레 하느님이 두렵다는 건가? 아무튼 요나가 처음부터 끝까지 참회하기 시작하자 선원들은 점점 더 겁이 나서 온몸에 털이 곤두서는 것 같았으나 그래도 그를 불쌍히 여겼습니다. 그것은 요나가 자신의 죄가 깊은 것을 진심으로 깨닫게 되어 하느님께 차마 용서를 빌지도 못하고 둘레에 서 있는 선원들을 향하여, 나를 붙잡아 바다에 던져 넣어 주시오, 이 폭풍은 다름 아닌 나 때문에 일어난 일이요, 하고 외쳤기 때문입니다. 선원들은 불쌍하게 생각하여 얼굴을 돌리고 다른 방법으로 배를 구제할 방법은 없을까 생각해 보았습니다. 그러나 그것도 헛된 일이었습니다. 성난 폭풍은 한층 더 심해지기만 할 뿐이었습니다. 이때 한 팔은 신께 탄원하는 것처럼 높이 들고 또 한 손으로는 마음내켜하지 않으면서 억지로 요나를 움켜잡은 사람이 있었습니다."

"마치 닻처럼 치켜올려졌다가 바다에 내던져진 요나를 보십시오. 금방 동쪽으로부터 잔잔한 파도가 퍼져 와서 바다는 조용해졌습니다. 폭풍이 요나를 바다 밑으로 실어가자 수면은 고요해졌습니다. 분간할 수 없는 광란의 소용돌이 한복판에 떨어진 요나가 커다랗게 벌린 입 속으로 삼켜진 것도 깨닫지 못한 새에 고래는 새하얀 빗장과도 같이 수를 헤아릴 수 없는 상아빛 이를 번뜩이면서 그 감옥 문을 닫아 버렸습니다. 그래서 요나는 이 큰 고기의 뱃속에서 하느님께 기도를 드리는 도리밖에 없었습니다. 그렇지만 그의 기도에서 커다란 교훈을 배웁시다. 왜냐하면 그는 죄 많은 인간이면서도 울거나 울부짖거나 하면서 무턱대고 하느님의 구원을 빌지는 않았습니다. 이 무서운 형벌이 당연하다고 느끼고 있었습니다. 구원에 대해서는 모든 것을 하느님께 맡기고 다만 이런 고통 속에서도 하느님의 성스러운 천당을 우러러보면서 마음속으로 만족했습니다. 그야말로 여기에 진실로 깊은 신앙의 참회가 있는 것입니다. 용서를 애걸하지 않고 형벌을 감사하게 생각하는 바로 그것에 말입니다. 하느님께서도 이 요나의 행동이 얼마나 마음에 들었는가 하는 것은 요나가 바다와 고래로부터 구출되었다는 것에 나타나 있지 않습니까? 여러분, 나는 요나의 죄를 흉내내라고 요나를 여러분 앞에 내놓은 것은 아닙니다. 죄를 범해서는 안 되지만 만약 범했다면 요나처럼 참회하도록 하십시오."

매플 목사가 이 같은 말을 했을 때 교회 밖에서 포효하며 몸부림치는 폭풍은 이 설교자에게 한층 더 힘을 주는 듯이 생각되었는데 요나의 폭풍 이야기를 할 때의 그는 그 자신도 폭풍에 흔들리고 있는 듯했다. 그의 가슴 속은 일렁이는 큰 파도처럼 들먹거리고, 휘두르는 양팔은 거친 폭풍우와 같았고, 거무스름한 이마에는 천둥이 우르르 울렸으며 눈빛은 번갯불처럼 번쩍였는데, 그런 설교자를 우러러보는 단순한 사람들의 마음에는 이상한 두려움이 엄습해왔다.

목사가 다시 말없이 성서의 책장을 넘길 때 그의 얼굴은 잠든 아기처럼 평온해졌는데, 눈을 감은 채로 가만히 서 있는 모습은 잠시 신과의 교감에 빠져 있는 것 같았다.

그러나 곧 사람들 쪽으로 몸을 내밀고는 아주 공손하고 남자다운 겸양의 표정을 띠면서 낮게 고개를 숙이고 말을 계속했다.

"선원 여러분, 하느님께선 오직 한 손만을 여러분 위에 놓으시고 두 손으로 나를 누르고 계십니다. 저는 지금까지 어렴풋이나마 요나가 죄인에게 주는 교훈을 읽어 드렸습니다. 그것은 여러분에게라기보다는 나 자신에게 준 것이었습니다. 왜냐하면 나야말로 훨씬 죄 많은 사람이기 때문입니다. 그러니까 내가 만일 지금 이 돛대 꼭대기에서 내려가서 여러분과 함께 그곳 창구(艙口)에 앉아 이야기를 듣고, 여러분 중의 누군가가 살아 계신 하느님의 뱃길 안내자가 되어 더욱더 경외심을 일으키는 또 하나의 요나의 교훈을 설교해 주신다면 얼마나 좋겠습니까? 기름부음을 받은 요나는 예언의 길잡이, 즉 진실한 이야기를 하는 사람으로 선택되어 사악한 니네베 사람들의 귀에 환영받지 못할 진리의 말씀을 전할 것을 신에게서 명령받았습니다. 그러나 그는 자기가 일으키게 될 적의를 두려워하여 그 사명에서 달아나 자신의 의무와 하느님에게서 도피하고자 요빠에서 배를 탔던 것입니다. 그러나 하느님은 어디에나 계시므로 그는 다르싯에 도착할 수 없었습니다. 말씀드렸듯이 하느님은 고래의 모습으로 요나를 덮쳐서는 삼켜 버렸습니다. 요나는 생지옥이라 할 고래 뱃속 한복판에 내던져졌는데, 그곳의 소용돌이치는 물은 천 길 바다 밑으로 그를 끌고 들어가 해초로 그의 머리를 휘감고 비애의 바닷물로 그를 넘어뜨렸습니다. 그러나 지옥의 뱃속, 어떤 연추(鉛錘)도 닿지 않는 바다 밑바닥에까지 고래가 가라앉은 때조차도 하느님은 갇혀서 참회하는 예언자의 외침을 들으셨습니다. 그리하여 고래에게 명령하시니, 그 명령을 받은 고래는 부르르 몸을 떨며 차갑고 어두운 바다 밑에서 따뜻하고 밝은 햇볕이 비치고 대지의 기쁨이 넘실거리는 곳까지 올라와 '요나를 마른 땅 위에 토해 놓고' 갔던 것입니다. 그리고 나서 다시 하느님의 말씀이 내렸습니다. 요나는 상처입고 지쳤으며 조가비처럼 된 두 귀에는 바다의 온갖 웅얼거림이 들려오고 있었지만 전능하신 하느님의 명령에 따랐습니다. 선원 여러분! 그것은 무엇이었겠습니까? 허위에 대항하면서 진실을 설파하는 것, 바로 그것이었습니다."

"여러분, 이것이 또 하나의 교훈입니다. 이를 가벼이 여기는 자는 살아계신 하느님의 뱃길 인도자라 해도 화를 입을 것입니다. 또한 이 세상의 즐거움에 미혹되어 복음의 계율을 잊은 사람도 화를 입을 것입니다. 또한 신께서 폭풍을 일으키신 바다에 기름을 붓는 사람도 화를 입을 것입니다. 사람이 경외심을 갖기보다 쾌락을 더 생각하는 것도 화가 될 것입니다. 또한 선보다도 명성을 더 바라는 자에게도 화를 내릴 것입니다. 또한 옳지 못함이 구원이 된다 하더라도 진실을 말하지 않는 자도 화를 입을 것입니다. 그렇습니다. 위대한 사도 바울께서도 말씀하셨듯이 다른 사람을 가르치고도 자신은 떠도는 표류자에 지나지 않은 사람도 화를 당할 것입니다!"

목사는 머리를 숙이고 잠시 자신을 잊어버리고 있는 것 같았으나, 이윽고 다시 청중을 향해 얼굴을 들었을 땐 눈에는 깊은 환희의 빛을 담고 목소리에는 천상의 열정을 간직한 채 이렇게 외치기 시작했다. "그러나, 오오! 선원 여러분, 온갖 슬픔의 우현(右舷)에는 커다란 기쁨이 있습니다. 그리고 그 기쁨이야말로 슬픔의 깊이보다도 훨씬 높이 솟아 있습니다. 큰 돛대 꼭대기의 높이는 용골의 바닥 깊이보다도 더 높지 않습니까? 교만한 이 세상의 우상들이며 제독(提督)들에게 대항하면서 자신의 완고한 자아(自我)를 밀고 나가는 사나이에게 그야말로 기쁨은 있는 것입니다. 높고도 높은, 그리고 깊은 내면의 기쁨이 있는 것입니다. 이런 비열하고 거짓이 많은 현세의 배가 자꾸자꾸 가라앉아도 자기의 늠름한 두 팔에 스스로를 버티고 있는 자에야말로 기쁨은 있는 것입니다. 비록 원로(元老)나 대법관의 옷자락 그늘에서 죄를 끌어낼지라도 그것을 죽이고 태워 버리고 깨뜨려 버리고, 진리를 위해서는 어떤 용서도 하지 않는 인간에게야말로 기쁨은 있는 것입니다. 주 하느님 외에는 어떠한 계율도 신도 인정하지 않고, 다만 하늘에 충성하는 자에게야말로 참된 기쁨이, 우뚝 솟은 돛대와도 같은 기쁨이 있는 것입니다. 광란하는 군중의 바다에 거친 물결이 소용돌이친다 하더라도 단단한 용골의 세월에 흔들림 없는 자에게야 말로 기쁨은 있는 것입니다. 또한 임종의 순간에 마지막 숨결과 함께, 오오! 아버지 하느님이시여! 나는 당신을 다만 회초리로만 알았습니다, 영원한 삶을 살거나 필멸의 죽음을 맞거나 간에 나는 이제 죽습니다, 나는 이 세상의 것이나 나 자신이 되기보다 당신의 것이 되려고 노력하여 왔습니다, 그러나 이 세상은 아무것도 아닙니다, 영원한 삶을 당신에게 맡깁니다, 왜냐하면 신보다 오래 산다면 이미 인간이 아니니까 말입니다, 하고 말할 수 있는 사람에게야말로 영원한 기쁨과 즐거움이 있을 것입니다."

목사는 그렇게 말하고 입을 다물었다. 그리고 천천히 손을 흔들며 축복을 내린 후 두 손으로 얼굴을 가리고는 사람들이 모두 흩어져 그 혼자 남겨질 때까지 그대로 가만히 무릎을 꿇고 앉아 있었다.

제10장
친구

교회에서 '물보라 여인숙'으로 되돌아와 보니 퀴퀘그는 혼자 있었다. 축복이 내려지기 조금 전에 교회를 빠져나왔던 것이다. 벽난로 앞 나무의자에 걸터앉아 두 다리를 벽난로 바닥에 내려놓고 한 손에 예의 검둥이 인형을 얼굴에 바싹대고는 물끄러미 그 얼굴을 들여다보며 잭나이프로 그 코를 정성들여 깎으면서 이교도적인 야릇한 곡조를 콧노래로 흥얼거리고 있었다.

그러나 내가 들어가자 그 우상을 치우고 잽싸게 테이블로 가서 그 위에 놓여 있던 큰 책을 집어 들더니 그것을 무릎에 놓고 책장을 또박또박 정성들여 넘기기 시작했다. 그는 50페이지마다 잠깐 멈추어서 멍하니 주위를 둘러보고는 목구멍을 그렁거리며 경탄의 소리를 길게 내었다. 그리고 또다시 다음 50페이지를 세기 시작하였다. 그때마다 1부터 시작하는 모양으로 미루어 이 사나이는 50이상을 셀 능력이 없어 보였다. 그래서 50이라는 수를 여러 번 거듭하자 페이지의 많음에 놀라움이 고조되는 것 같았다.

그런 그에게 흥미가 생겨 아예 앉은 채 그를 지켜보았다. 확실히 야만인이고 얼굴은 끔찍한 상처투성이였지만 적어도 나의 안목으로는 그 용모에 절대로 불쾌하다고 말할 수 없는 무언가가 있었다. 정신은 외면에 나타나는 법이다. 이 세상의 것이라곤 생각되지 않는 문신의 이면에 단순하고 고결한 마음의 그림자가 보이는 것같이 생각되고, 커다랗게 움푹 들어가서 거칠게 타고 있는 검은 눈에는 수많은 악귀와도 싸우겠다는 씩씩한 기상이 번득이고 있었다. 그뿐 아니라 이 이교도의 태도에는 그 이상야릇한 모습으로도 지워 버릴 수 없는 고매함마저 감돌고 있었다. 일찍이 남에게 아첨한 일도 없었고 빚쟁이에게 시달려 본 일도 없는 생김새였다. 머리를 빡빡 깎았기 때문에 그 이마가 한층 더 대담하고 시원스럽게 드러나 보이고 한층 더 넓어 보인다고 잘라 말할 수는 없지만 아무튼 그의 머리는 우수한 골상(骨相)을 갖추었다고 하지 않을 수 없었다. 우스꽝스럽다고 생각될지도 모르지만, 내게 그것은 세상에 널리 알려져 있는 워싱턴 장군의 흉상(胸像)을 연상시켰다. 이마는 눈썹위에서부터 기다랗게 규칙적인 계단을 이루듯 뒤로 경사지면서 몹시 돌출해 있는 모양이었고, 두 눈썹은 꼭대기가 밀림으로 덮여 있는 기다랗게 뻗은 두 개의 곶과 흡사했다. 퀴퀘그는 식인종으로 화한 조지 워싱턴이었다.

이렇게 내가 창밖의 폭풍을 내다보는 체하면서 세심하게 관찰을 하는 동안 그는 나의 존재는 신경도 쓰지 않고 단 한 번의 돌아봄도 없이 그 경이로운 책의 페이지를 세는 일에 골똘해 있었다. 전날 밤 얼마나 사이좋게 잠자리를 함께 했고, 특히 아침에 깨어났을 때 얼마나 다정하게 팔을 내게 올려놓고 있었는가를 생각해 보니 그의 무관심한 태도가 정말 이상하게 여겨졌다. 그러나 야만인은 이상한 존재다. 때로는 정확한 해석을 붙일 수 없는 존재이다. 처음 볼 때는 위협적이지만 조용하고 단순하게 자기 집중을 하는 모습은 소크라테스적인 지혜를 느끼게도 했다. 나는 퀴퀘그가 이 여인숙의 다른 선원들과는 거의 전적으로라고 해도 좋을 만큼 어울리지 않는 것을 알아챘다. 자기가 먼저 다가서는 일은 절대 없었고 아는 사람의 범위를 넓히려 하는 생각도 갖고 있지 않은 것 같았다. 그것은 참말 이상한 일이라 느껴졌지만 다시 생각해 보니 바로 그 점에 뛰어난 무언가가 있었다. 그는 케이프 혼——그가 이곳에 이를 수 있는 유일한 길——을 거쳐 고향에서 약 2만 마일이나 떨어져 있는 이곳에 왔는데, 목성에 내던져졌나 생각될 만큼 이상야릇한 사람들의 무리에 섞였음에도 조금도 침착성을 잃지 않고 지극히 평화로움을 유지하면서 제 자신만을 벗 삼아 변함없이 자신을 지키고 있었다. 확실히 그는 위대한 철학적 정신을 지니고 있다. 더구나 그는 그 같은 정신이 존재한다는 것조차 모른다. 그러니 참다운 철학가가 되기 위해 우리 인간들은 아마도 그렇게 살고 그렇게 노력해야겠다는 자의식을 버리지 않으면 안 될 것이다. 그래서 나는 어디에 사는 어떤 사람이 철학자를 자처하고 있다는 말을 들을 때마다, 소화불량에 걸린 할머니처럼 위장을 버린 사람이군 그래, 하고 단정해 버린다.

이처럼 나는 그 쓸쓸한 방에 앉아 있었다. 난로의 불은 한때 활활 타서 방 안의 공기를 따뜻하게 데운 후 그저 눈에 보일 정도로 부드럽고 낮게 불꽃을 올리고 있었다. 창문가에는 황혼의 그림자가 밀려와서 감돌고, 말도 없이 우두커니 앉아 있는 두 사람을 들여다보고 있었다. 바깥의 폭풍은 더욱 성난 기세로 몰아치기 시작했다. 나는 이상한 감정이 솟구치는 것을 느꼈다. 온몸이 녹아들어가는 듯한 기분이었다. 찢겨진 심장과 노한 두 팔로 탐욕스러운 세상과 싸울 마음도 없어졌다. 바로 이 온화한 야만인이 나를 구원해 주었다. 앉아 있는 그의 담담한 모습에서는 문명의 위선과 간특한 허위의 그림자가 전혀 깃들지 않은 천성이 빛났다. 확실히 야만적인 사나이였고 보는 사람의 눈을 휘둥그렇게 만들었지만 나는 신비로운 힘에 의해서 그에게 끌려가기 시작했다. 오히려 다른 사람들이 몸서리치며 꺼려하는 것들이 나를 끄는 자력이 되었다. 기독교적인 우애란 허울뿐인 예외에 지나지 않았으니 이교도와 한번 우정을 맺어 보자, 하고 나는 생각했다. 나무의자를 가까이 당겨놓고, 친절한 몸짓으로 열심히 말을 걸려고 했다. 처음에 그는 이렇게 말을 붙여도 거의 돌아보지도 않았는데 내가 어젯밤의 친절이 매우 고마웠다고 하자 대번에 오늘 밤에도 함께 자겠느냐고 무거운 입을 열었다. 그렇다고 대답하자 그의 얼굴은 기뻐하는 듯 보였으며, 다소 우쭐한 기분이 든 듯도 했다.

  그러고 나서 둘이 함께 책장을 넘기고 나는 인쇄라는 것과 거기에 있는 삽화 몇 장의 뜻을 설명하려고 했다. 이리하여 곧 그의 관심을 사로잡게 되어 그때부터 이 유명한 도시에서 구경할 만한 명소같은 것에 대해 여러 가지 이야기를 주고받았다. 담배를 나누어 피우자고 제안하자 담배쌈지와 도끼 파이프를 꺼내 조용히 한 모금 피울 것을 권해 왔다. 그래서 우리는 그 기괴한 파이프를 교대로, 그것도 규칙적으로 주고받으며 빨았다.

  설사 이 이교도의 가슴속에 나에 대한 냉담함의 얼음이 한 덩어리라도 남아 있었다 해도 이 즐겁고 기분 좋은 담배는 그것을 깨끗하게 녹여 버려서 우리 두 사람은 매우 사이좋은 친구가 되었다. 퀴퀘그도 나처럼 자연스레 친밀감을 느낀 듯했다. 담배를 다 피우고 나자 그는 이마를 나의 이마에 맞대고 허리를 안으면서 이제 둘이 결혼을 하자고 했는데 그것은 그의 고향 말로 하면 두 사람은 마음을 나누는 친구가 되고 무슨 일이 생기면 기꺼이 나를 위해서 죽겠다는 뜻이었다. 이 나라 사람들에게는 이렇게 급작스런 우정의 불꽃이 너무나도 경솔하게 보여 신뢰할 수 없다고 하겠지만 이 단순하고 소박한 야만인에게 그 같은 케케묵은 이유는 성립되지 않았다.

  저녁식사가 끝나자 다시 한번 대화를 나누고 담배를 주고받고 나서 함께 방으로 들어갔다. 그는 다시 큰 담뱃갑을 꺼내어 담뱃잎 밑을 뒤지더니 은화 30달러가량을 꺼내서 그것을 테이블 위에 올려 놓고는 기계적으로 둘로 갈라 그 한쪽을 내게로 밀어 놓으며 이것은 네 것이라고 말했다. 나는 뭔가 말하려고 했지만 그는 말도 하지 못하게 내 바지 주머니에 그 돈을 쓸어 넣어 버렸다. 나는 받아 두기로 했다. 그러고 나서 그는 저녁 기도를 시작하게 되어, 예의 우상을 꺼내 종이로 만든 난로 뚜껑을 들어냈다. 그때의 몸짓으로 보아 나도 똑같이 하기를 희망하고 있다고 생각되었으나, 그 다음에 어떤 일이 일어나는가를 잘 알고 있는지라 나는 잠시 망설이며 권유를 받게 되면 응할까 거부할까를 궁리했다.

원래 나는 정통의 장로교 품에서 태어나 자라난 순수한 크리스찬이다. 그러니 어떻게 이 야만적인 우상 숭배자와 함께 한 조각의 나뭇조각을 숭배할 수 있을 것인가? 숭배한다는 것은 무엇인가 하고 나는 생각해 보았다. 이스마엘이여, 그대는 저 관대하신 천지의 신께서——이교도까지 모두 포함해서——이런 하찮은 그을은 나뭇조각에 질투하는 일이 있다고 생각하는가? 있을 수 없다. 그러면 숭배한다는 것은 무엇인가? 신의 뜻에 따르는 것? 그것이 숭배하는 것이다. 그러면 신의 뜻이란 무엇인가? 이웃 사람에게 그가 나에게 해주었으면 하는 것을 그에게 해주는 것, 그것이 바로 신의 뜻이다. 그런데 퀴퀘그는 나의 이웃 사람이다. 그러면 나는 퀴퀘그가 나에게 어떻게 해주기를 원하는가? 물론 나와 같이 장로교인의 형식으로 예배하기를 바란다. 이런 연유로 나는 우상 숭배자가 되어야 했다. 그래서 나는 대팻밥을 태우고, 함께 순결한 작은 우상을 세우고, 퀴퀘그와 함께 구운 비스킷을 바친 후 오른손을 이마에 대고 두서너 번 절을 하곤 무릎을 꿇고 그 코에 키스했다. 그것이 끝난 후 우리는 옷을 벗고 자신의 양심에 대해서도 또한 온 세상에 대해서도 조금도 꺼림칙함을 느끼지 않으며 잠자리에 파고들었다. 그리고는 또 한 차례 잡담을 나눈 뒤에야 잠들었다.

어째서 그렇게 되는지는 모르지만 아무튼 친구 사이에 마음을 털어놓고 이야기하기에는 잠자리만큼 알맞은 곳은 없다. 흔히 남편과 아내는 그 속에서 서로의 영혼을 밑바닥까지 다 열어 놓으며, 늙은 부부는 자리에 누운 채 옛날이야기에 빠져서 밤을 새울 정도라고들 한다. 나와 퀴퀘그도 다정하고 사랑에 찬 연인처럼 잠자리에 누워 마음의 신혼 여행을 떠났다.

제11장
잠옷

이렇게 우리는 잠자리에 누워서 지껄이다간 자고 자다간 지껄였다. 퀴퀘그는 이따금 그 문신투성이의 검은 다리를 다정하게 내 다리 위에 올려놓았다가 다시 내려놓곤 했다. 참으로 사이좋고 자유롭고 마음이 편했다. 끝내는 이 잡담 덕분에 약간의 졸음 같은 것은 어디론가 날아가 버려 아직 날이 밝으려면 상당한 시간이 남았음에도 불구하고, 벌써부터 일어나고 싶을 정도였다.

사실 정신이 몹시 말똥말똥해졌다. 그런 만큼 둘이 다 누워 있는 자세가 지루해져 어느 틈엔가 조금씩 일어나서 앉은 자세가 되었다. 이불을 잔뜩 몸에 감고, 무릎 네 개를 단단히 맞대면서 침대 머리맡 판자에 기대앉아 무릎이 몸을 덮어주는 탕파라도 피는 듯이 코 둘을 무릎에 대고 있었다. 창문 밖은 몹시 추운데다 방에 불기운도 없었기 때문에 이불을 젖히면 매우 추울 거라고 생각하니 더욱 즐겁고 편안했다. 더욱이라고 한 이유는 이렇다. 곧, 체온의 따뜻함을 즐기기 위해서는 어딘가 추운 부분이 있어야 하는데 그것은 이 세상엔 상대적인 비교를 하지 않고서 그 성질을 나타내는 것은 없기 때문이다. 혼자 존재하는 것은 아무것도 없다. 벌써 오랫동안 안락하게 지냈다고 자만하는 사람이 있다면 그는 이미 안락하지 않은 것이다. 그러나 만일 이 침대 속의 퀴퀘그와 나처럼 코끝이라든가 머리 정수리가 약간 차갑다고 느낀다면, 그로 말미암아 몸 전체는 오히려 훨씬 즐겁고 따뜻하게 느껴진다. 그러니까 침실에는 난로를 놓을 필요가 없다. 그 난로는 돈 많은 사람들의 불쾌한 사치에 지나지 않는다. 따뜻하고 아늑한 쾌감의 극치를 맛보려면 당신들이 누리는 따뜻함과 바깥 공기의 차가움과의 사이에 모포만 있으면 된다. 그러면 얼어붙은 북극의 한복판에서도 온기를 품은 불꽃처럼 잠들 수 있다.

얼마 동안 그렇게 웅크린 채로 있다가 나는 갑자기 눈을 떠야겠다고 생각

했다. 도대체 나는 낮이나 밤이나, 자고 있거나 깨어 있거나 간에 이불 속에 들어가 있기만 하면 그 기분 좋은 쾌감을 음미하려고 언제까지나 눈을 감는 버릇이 있었다. 어떠한 사람이라도 눈을 감지 않으면 자기 자신의 본질을 제대로 느낄 수 없을 것이다. 광명은 진흙으로 돌아갈 육체의 반려이지만 어둠이야말로 우리들 본질 중의 본질을 이루고 있는 것이 아니겠는가? 나는 눈을 뜨고 스스로가 이룩한 즐거운 어둠 속에서 나와 자정이 넘은 불 꺼진 한밤중의 어둠 속으로 나갔다가 속이 뒤집힐 것 같은 기분 나쁜 감정을 맛보았다. 그래서 퀴퀘그가 두 사람이 다 잠이 달아나 눈을 말똥말똥 뜨고 있으니 불을 켜는 편이 좋지 않느냐고 하는 데에 조금도 반대하지 않았다. 그는 예의 '도끼 파이프'로 사뭇 담배를 피우고 싶어 했다. 어젯밤 그가 자리 속에서 뻐끔뻐끔 담배를 피웠을 때는 사실 몹시 불쾌했었다. 그러나 일단 애정이 작용하기 시작하면 우리들의 그 완고한 편견이란 것도 사실은 얼마나 융통성이 많은 것인가를 알게 될 것이다. 지금은 퀴퀘그가 내 옆에서 담배를, 그것도 침대에서 피우는 데도 그것만큼 내게 즐거운 일은 없다고 느껴졌는데, 그건 그가 온화한 분위기의 가정적인 즐거움으로 가득 차 있는 것 같았기 때문이다. 나는 어느새 여인숙 주인이 이 사람을 보증한다는 사실 여부에는 그다지 개의치 않게 되었다. 다만 이제는 이 참다운 친구와 친밀히 서로 가슴을 열어 놓고 파이프와 담요를 서로 같이 나누는 기쁨에 넘쳐 있을 뿐이었다. 털 재킷을 어깨에 함께 걸치고 서로 '도끼 파이프'를 주거니 받거니 하는 동안 두 사람의 머리 위로는 담배 연기가 새로 밝힌 램프 불빛을 받아 느릿하게 파란 휘장을 드리워 갔다.

이 물결이 이는 휘장이 야만인의 마음을 아득한 나라로 가게 했는지는 모르지만 그때 그는 자신의 고향인 섬에 대해서 이야기했다. 나는 이 친구의 자라온 이야기에 빠져서 계속 들려달라고 졸라댔다. 그도 기꺼이 응했다. 처음에는 그의 말을 이해하지 못한 점이 적지 않았지만 차츰 그의 기괴한 말투에도 익숙해졌다. 그에게서 들은 이야기를 종합하여 이제부터 말하려는 것은 그 골자에 지나지 않을지 모르지만 지금까지 살아 온 그의 생애를 대충 훑어 볼 수 있게 해줄 것이다.

제12장
성장과정

 퀴퀘그는 아득히 먼 서남쪽의 섬 코코보코에서 태어났다. 이 섬은 어떤 지도에도 나타나 있지 않다. 좋은 고장은 언제나 나타나지 않는 법이다.
 갓 태어난 야만인이 풀로 만든 옷을 입고 고향의 숲 속을 멋대로 마구 뛰어다녔을 때 풀을 뜯던 산양의 무리는 그가 녹색의 어린나무인 줄 알고 그의 뒤를 쫓아다녔다. 그때 이미 퀴퀘그의 야망에 찬 영혼은 이따금 나타나는 포경선 정도에는 만족하지 않고 그리스도교 국가에 대해 더 많이 알려고 하는 강한 열망을 품고 있었다. 아버지는 대추장, 다시 말해서 왕이었고 숙부는 대제관(大祭官)이었다. 외가 쪽으로는 숙모들이 한번도 패배한 적 없는 용감한 전사들의 아내라는 사실을 자랑할 수 있었다. 그의 핏줄 속에는 우수한 혈통――야생적인 청년기에 습득된 야만적인 성향 때문에 유감스럽게도 흐려졌을지도 모르지만――바로 왕자의 그것이 흐르고 있었다.
 새그 항(뉴욕 롱아일랜드의 항구)의 배가 아버지가 다스리는 만(灣) 안으로 들어왔을 때 퀴퀘그는 그리스도교 국가로 건너갈 길을 찾아보았다. 그러나 배는 선원이 부족하지 않았기 때문에 그의 청을 물리쳤다. 왕인 아버지의 세력으로도 어떻게 할 수 없었다. 그러나 퀴퀘그는 굳게 맹세를 한 뒤 혼자 통나무배를 타고 먼 해협으로 저어 나갔다. 큰 배가 섬을 떠났다면 반드시 그곳을 통과할 게 틀림없다고 생각한 것이다. 그곳의 한쪽에는 산호초가 이어져 있었고 또 한쪽에는 물속까지 무성한 홍수림(紅樹林)에 덮인 얕은 곶(串)이 있었다. 물 위에 떠도는 통나무배를 그 숲에 감추고 이물을 반대로 향하게 한 채 자기는 이물에 앉아 노를 나지막이 움켜쥐었다. 배가 가까운 곳으로 미끄러져 왔을 때 그는 번개처럼 돌진해 큰 배의 뱃전을 붙잡는 한편 다리로 통나무배를 힘껏 뒤로 차 뒤집어 가라앉혀 버렸다. 그리곤 쇠사슬을 기어올라 갑판에 몸을 던지고는 쭉 뻗고 누워 고리 달린 볼트를 붙잡은 채 몸이 산산조

각으로 잘려도 손을 놓지 않겠다고 외쳤다.
　선장이 바다에 던지겠다고 위협을 하고, 단검을 손목 위에 휘둘러댔지만 소용없었다. 퀴퀘그는 왕의 아들이었다. 퀴퀘그는 기세가 꺾이지 않았다. 그의 목숨을 건 담력과 그리스도교 국가를 방문하려는 열망에 감동돼 드디어 선장도 마음을 풀고 배에 태워 주겠다고 했다. 그러나 이 기품 있는 야만족 청년——바다의 '웨일스 왕자'는 결코 선장실로 안내되지는 않았다. 선원들 틈에서 고래잡이가 돼 버리고 말았다. 그러나 이국 도시의 조선소에서 노역하기를 마다하지 않았던 표트르 대제(大帝)처럼, 퀴퀘그도 치욕 같은 것쯤 아랑곳하지 않고 무지몽매한 제 고향 사람들을 개화시키는 힘을 거기서 얻을 수만 있으면 족하리라고 생각했다. 사실 그가 내게 한 말로 미루어 보면 그의 마음을 움직이고 있던 것은 그리스도교 국가에서 여러 가지를 많이 배움으로써 자기의 백성들을 지금보다도 더욱 행복하게, 아니 더욱 높게 끌어올리려는 갈망이었다. 아! 그러나 고래잡이 일에 익숙해지는 동안에 그는 그리스도교 신자들도 비참하고 사악할 수 있다는 것을, 부왕의 이교도들보다 한층 더 그럴 수 있다는 것을 깨달았다. 이윽고 새그 항에 도착하여 그곳 선원들의 행동을 목격하고 그 후 낸터킷으로 가는 도중 그들이 그 급료를 어디다 어떻게 쓰는가를 보았을 때 가엾은 퀴퀘그는 절망의 구렁으로 굴러 떨

어졌다. 어디를 가나 세상은 악하다고 그는 느꼈다. 그는 이교도로서 죽겠다고 생각했다.

그리하여 마음속은 옛날 그대로의 우상 숭배자였지만 여전히 그리스도교도들 속에서 생활하고 있었으므로 그 의복을 입기도 하고 그 되어먹지 않은 말을 흉내 내려고도 했다. 이미 고향을 떠나 많은 세월이 흘렀다고는 하나, 어느새 기묘한 습관이 몸에 배어 버린 셈이었다.

나는 넌지시 그에게 고향으로 돌아가 왕위를 이을 생각은 없는가, 또 부왕도 이미 연로해 약해졌을 텐데 이미 돌아가시진 않았겠냐고 물었다. 그는 아직 그렇지는 않다고 대답하고 자신은 이미 신을 두려워 하는 그리스도교, 아니 그리스도교 신자가 되었으므로 30명의 선왕을 이어서 그 순결무구한 왕위에 오를 자격이 없다고 생각한다고 덧붙였다. 하지만 자기의 몸이 다시 정화되었다는 자신이 생기면 언제든 돌아갈 것이라고 했다. 그러나 현재로는 선원 생활을 계속해서 4대양을 두루 돌아다니며 한바탕 즐기겠다고 말했다. 작살잡이가 된 이상 저 갈고리 모양의 쇠붙이가 지금은 왕의 홀(笏) 대신이라고 말했다.

그렇다면 앞으로는 어떻게 할 작정이냐고 물었다. 그는 바다로 나가 하던 일을 다시 하겠다고 대답했다. 그 말에 나도 고래잡이를 나갈 계획이며, 낸터킷에서 출범할 생각이란 것을 알렸다. 뭐니 뭐니 해도 그곳은 모험적인 고래잡이가 출범하기에는 가장 바람직한 항구 같지 않느냐고 말했다. 대뜸 그도 그 섬에 함께 가서 같은 배를 타자, 같이 당번을 서고 같은 보트에 타고, 같은 테이블에서 식사를 하자, 한 마디로, 나와 운명을 같이하자, 그 운명 속에 용감하게 뛰어들자고 내 손을 단단히 쥐면서 말했다. 나는 그의 말에 기꺼이 찬성했다. 그것은 다만 퀴퀘그에 대해 느끼기 시작한 애정 때문만은 아니었다. 바다에 대해서라면 나 같은 상선의 선원도 상당히 알고 있지만, 고래잡이의 신비함에 대해서는 전혀 알지 못하므로 이런 숙련된 작살잡이는 더없이 크게 도움을 줄 것이라고 생각했다.

그의 이야기도 파이프의 마지막 연기가 꺼지는 것과 동시에 끝났다. 퀴퀘그가 나를 끌어안으며 이마를 맞대고서 불을 끄자 우리는 이리저리 뒹굴다가 곧 잠들어 버렸다.

제13장
외바퀴 수레

이튿날 아침인 월요일, 향을 뿌린 두개골을 가발 받침대로 이발소에 팔아 버린 후 나는 나 자신과 친구의 숙박비를 친구가 준 돈으로 계산했다. 히죽히죽 웃던 여인숙 주인도, 숙박객들도, 나와 퀴퀘그 사이에 생겨난 갑작스러운 우정을 보고 놀라움을 금치 못하면서도 재미있어 하는 듯했다. 여인숙 주인의 황당무계한 이야기로 매우 혼이 났던 내가 바로 그 당사자와 다정해졌으니 놀라는 것도 무리는 아니었다.

우리는 바퀴가 하나 달린 손수레를 빌려 나의 초라한 여행가방과 퀴퀘그의 헝겊으로 만든 자루와 해먹, 그리고 그 밖의 짐을 싣고 부둣가에 정박하고 있는 '모스 호(號)'라는 낸터킷행 정기 종범선 쪽으로 걸어갔다. 우리가 함께 걸어가노라니 사람들이 흘끔흘끔 쳐다보았는데 그것은 퀴퀘그를 보는 게 아니었다. 이 거리 사람들은 퀴퀘그와 같은 식인종엔 익숙했다. 그와 내가 이렇게 친하게 걷고 있는 것이 신기했던 것이다. 그러나 우리는 그 사람들을 아랑곳 않고 번갈아 수레를 밀고 갔다. 퀴퀘그는 가끔 걸음을 멈추고 작살의 갈고리집을 바로잡곤 했다. 나는 어째서 그런 귀찮은 물건을 육지에 들고 왔느냐, 포경선이라면 모두 작살이 비치되어 있는 것 아니냐고 물었다. 이 말에 그는 대강 이렇게 대답했다. 나의 말도 지당하지만 자기는 이 작살에 특별한 애정이 있다, 그것은 이것이 생사를 건 맹렬한 싸움에서 몇 번이고 시험됐고 많은 고래의 심장 깊숙이 박혔던 일도 있어서 믿을 수 있다는 것이었다. 다시 말해 농사꾼이나 풀을 베는 남자들이——그런 짓은 하지 않아도 될 텐데도——농장주의 목장에 제 소유의 낫을 들고 가는 것과 마찬가지로 퀴퀘그도 제 나름의 이유에서 자신의 작살을 좋아했던 것이다.

이 손에서 저 손으로 수레를 번갈아 밀고 가면서 그는 그가 처음 외바퀴 수레를 보았을 때의 우스운 이야기를 해주었다. 새그 항에서의 일이었는데

 선주가 그의 무거운 상자를 여관으로 운반하는 데 쓰라고 그것을 빌려 주었던 모양이다. 그러나 그 용도를 모르는 것처럼 보이지 않으려고──사실은 어떻게 그 수레를 다루어야 할지 전혀 모르고 있었지만──퀴퀘그는 상자를 수레에 실은 다음 단단히 비끄러매고 수레째 어깨에 멘 채, 부두를 걷기 시작했다. "저런, 퀴퀘그, 그렇게까지 자네가 모르리라곤 아무도 생각지 않았을 거야, 모두가 웃지 않던가?" 내가 말했다.

 그러자 그는 또 다른 이야기를 했다. 그의 고향인 코코보코 섬사람들은 혼례를 치를 때 어린 야자열매의 향기로운 즙을 짜서 펀치 그릇 같은 색을 칠한 큰 호리병박에 붓는데 이 그릇은 식을 올리는 매트 한복판에 가장 멋진 장식으로 놓이게 된다. 그런데 한번은 어떤 커다란 상선이 코코보코에 기항했다. 그 선장──어느 모로 보나 참으로 당당하고, 선장치고는 꽤 예절을 차리는 신사였다──이 퀴퀘그의 누이동생, 곧 이제 열 살을 갓 넘은 꽃다운 공주의 혼례 잔치에 초대를 받았다. 그런데 결혼식에 참석한 손님들이 모두 신부의 대나무 오두막집에 모였을 때, 이 선장도 안으로 들어가, 대제관과 퀴퀘그의 아버지인 왕 사이에 놓인 펀치 그릇 앞 귀빈의 자리에 앉게 되었다. 그 섬의 사람들도 우리와 같이 식사 전에 기도를 하는데 퀴퀘그가 이야기한 바로는, 그때 고개를 숙이고 접시를 내려다보는 우리들과는 달리, 그들은 반대로 오리처럼 위를 올려다보며 모든 향연을 베풀어 주신 위대한 신을 우러러본다고 했다. 기도가 끝나면 대제관은 아득한 태고적부터 섬에 전해 내려온 의식에 따라 잔치를 베푼다. 다시 말하면 그 성스러운 손가락을 그릇에 집어넣고 난 후 이 귀한 음료를 돌려 마신다는 것이다. 선장은 자기가 대제관 옆에 앉혀졌고 또 적어도 한 배의 선장이므로 대수롭지 않은 외로운 섬의 왕보다는——특히 그 집의 손님이기도 하므로——분명히 한층 위라고 생각하곤 의식을 흉내 내서 침착하게 그 그릇에 손을 넣어 씻기 시작했다. 아마도 큼직한 손 씻는 그릇으로 생각한 모양이었다. "그래, 자넨 어떻게 생각하나? 우리가 웃지 않았겠나?" 퀴퀘그는 말하였다.

드디어 뱃삯을 내고 짐을 맡긴 우리는 정기선에 올랐다. 배는 돛을 올리고 아크슈네트 강을 내려갔다. 한쪽으로는 뉴베드포드의 거리가 층층이 솟아 있고 얼음에 덮인 나무들이 맑게 갠 차가운 하늘에 반짝이고 있었다. 부두에는 수많은 통들이 산더미처럼 쌓여 있고, 온 세계를 두루 돌아다니던 포경선의 무리는 미동도 않고 나란히 쉬고 있었다. 그러나 한쪽에서는 목수며 통장이의 요란한 소리가 역청을 녹이는 불과 풍구 소리에 뒤섞여 새로운 항해가 시작되려는 것을 알리고 있었다. 더없이 위험한 원양 항해가 한 번 끝나면 두 번째 항해가 시작되고, 두 번째가 끝나면 세 번째, 그것은 그렇게 영원히 계속된다. 이것이 끝도 없는, 아니 참을 수 없는 이 세상의 일상이다.

좀더 멀리 나가자 바닷바람이 상쾌하게 불어오고 작은 모스 호는 콧김 거친 망아지처럼 이물에 세찬 물거품을 일으켰다. 나는 코를 벌름거리며 이 거친 바다 공기를 얼마나 마음껏 들이켰던가! 돈을 내고 통행을 하는 저 육지의 땅이 얼마나 모멸스러운가! 비굴한 발뒤꿈치와 발굽으로 상처투성이가 된 평범한 통행로. 그런 자취를 허용치 않는 이 광대무변한 바다를 찬양하기 위해 눈길을 돌리기로 하자.

이 물거품 이는 바다에서 퀴퀘그 또한 바다 공기를 마구 들이마시고 취한 듯했다. 그 시커먼 콧구멍이 옆으로 벌어지고 뾰족하게 늘어선 이가 드러나 있었다. 우리는 나는 듯이 앞바다를 향해 달렸고, 모스 호는 술탄 앞에 엎드린 노예처럼 뱃머리를 물 속에 넣었다 뺐다 하며 질풍 앞에 경의를 표했다. 배가 기울면 우리 두 사람도 뒹굴었다. 밧줄은 모두 철사 줄처럼 울어대고 두 개의 높은 돛대는 폭풍을 맞고 서 있는 인디언 장승처럼 휘었다. 두 사람은 파도를 뒤집어쓰고 있는 기움 돛대 가까이에 서서 이 어지러운 광경에 완전히 취해 있었기 때문에, 잠시 동안은 풋내기 선원들의 집합 같은 다른 승객들의 조소에 찬 눈길을 깨닫지 못하고 있었다. 그들은 아무리 외양이 깨끗한 흑인이라도 백인보다 존귀하지 못하다고 생각했는지 우리가 이토록 다정한 데 놀라고 있었다. 그 가운데는 들판에서 일하다 온 듯한 멍텅구리 같은 풋내기 촌놈들도 얼마간 섞여 있었다. 퀴퀘그는 등 뒤에서 놀리고 있던 그 풋내기들 중 하나를 붙잡았다. 저 촌놈이 이제 죽었구나 하고 나는 생각했다. 작살을 내려놓자 힘센 야만인은 그 젊은이의 팔을 움켜쥐더니 그야말로 불가사의한 민첩함과 힘으로 그를 공중으로 높이 집어던졌다. 그러자 그는 공중에서 한 바퀴 돌면서 엉덩이를 후려 맞고는 숨이 거의 끊길 듯이 헐떡이며 간신히 내려섰다. 그 사이 퀴퀘그는 그에게서 등을 돌리고 도끼 파이프에 불을 붙이더니 내게 한 모금 빨기를 권하였다.

"선장님! 선장님!" 촌놈이 달려가며 외쳤다. "악마가 있습니다!"

"이봐, 여보게." 갈빗대처럼 비쩍 마른 선장이 성큼성큼 퀴퀘그 쪽으로 걸어왔다. "도대체 어쩔 작정으로 그런 짓을 하는 거야? 저 젊은이를 죽일 뻔했잖아? 그걸 모르나?"

"뭐라는 건가?" 퀴퀘그는 조용히 내게로 돌아섰다.

"자네가 저 사나이를 죽일 뻔했다는 거야." 나는 아직도 벌벌 떨고 있는 풋내기를 가리켰다.

"죽인다고!" 퀴퀘그는 그 문신투성이인 얼굴을 찌푸려 더없이 경멸하는 표정을 나타냈다. "하하핫, 저놈은 작은 물고기야. 퀴퀘그는 작은 물고기는 죽이지 않아. 퀴퀘그는 큰 고래를 죽인다."

"이봐." 선장이 고함을 쳤다. "이 식인종 놈, 만약 이 배 위에서 다시 그런 짓을 했다간 죽여 버릴 테야. 조심해."

그런데 마침 그때 선장이 조심해야 할 일이 생겼다. 큰 돛이 무서운 힘으로 팽팽히 당겨지더니 찢어지고 거대한 돛대 가름대가 건들건들 흔들리기 시작하더니 뒷갑판 전부를 휩쓸고 만 것이다. 그 바람에 퀴퀘그에게 호된 꼴을 당한 그 사나이는 바다에 떨어졌다. 선원들은 모두 놀라 어쩔 줄 몰라 했지만, 가름대를 붙잡아 멈추게 하는 것은 미친 짓에 지나지 않았다. 그것은 눈 깜짝할 새에 오른쪽 왼쪽으로 날아갔다가 되돌아오곤 해서 금방이라도 산산이 부서질 것 같았다. 아무도 손을 쓰지 못했고, 손을 쓸 수도 없어 보였다. 갑판 위의 사람은 모두 이물로 뛰어가 미친 듯 날뛰는 고래의 아래턱과 같은 이 가름대를 그저 멍하니 바라볼 뿐이었다. 이렇듯 한참 넋이 빠져 있을 때 퀴퀘그가 능숙하게 무릎 꿇고 아래 가름대와 통로 밑을 기어 가는가 싶더니 곧 밧줄을 붙잡아 그 한 끝을 뱃전에 잡아매고 또 한 끝은 목동이 올가미를 마소에게 던지듯이 휘둘러 그의 머리 위로 날아오는 가름대에 걸자 다음 순간 가름대는 단단히 붙잡혀서 모두 무사할 수 있었다. 배가 순조롭게 바람을 안고 항해하게 되자 선원들은 고물의 보트를 벗겨 내리려고 했다. 이때 퀴퀘그가 웃통을 벗어부치고 그 옆에서 멋지게 포물선을 그리며 뛰어내렸다. 그는 3분여쯤 긴 팔을 똑바로 뻗치고 탄탄한 양 어깨를 번갈아 차가운 물거품 속에서 드러내며 개처럼 헤엄쳤다. 그러나 이 당당한 영광의 사나이를 지켜보는 동안에도 구조되어야 할 사나이는 보이지 않았다. 이 풋내기는 가라앉은 것이다. 퀴퀘그는 물에서 똑바로 튀어올라 한순간 주위를 둘러보고 그 상황을 판단하자마자 물속으로 잠수하여 모습을 감추었다. 그 후 이삼 분이 지나자 그는 다시 떠올랐는데 한쪽 팔로는 여전히 헤엄을 치면서 다른 쪽 팔에는 생명이 끊어진 듯한 사람을 안고 있었다. 보트는 곧 두 사람을 끌어올렸다. 그 가엾은 촌놈은 구조된 것이다. 선원들은 입을 모아 퀴퀘그를 칭찬하고 선장은 자기 잘못을 사과했다. 그때부터 줄곧 나는 마치 배 밑바닥에 달라붙은 조개처럼 퀴퀘그를 따랐다. 그랬다. 사랑하는 퀴퀘그가 마지막으로 잠수해서 다시는 못 떠오르게 된 그 순간까지.

저토록 태연할 수가 있을까? 그는 인도박애협회(人道博愛協會)의 상패를 받을 만한 일을 했다곤 조금도 생각지 않는 듯한 태도였다. 소금기를 씻을 테니 물을, 맑은 물을 달라고 했을 뿐이었다. 그러고 나서 마른 옷을 입자 파이프에 불을 붙여 물고 뱃전에 기대어 조용히 주위 사람들을 바라보며 혼잣말처럼 중얼거렸다. "세계는 서로 기대고 돕고 사는 거야. 우리 식인종들도 그리스도교 사람들을 도와야 해."

제14장
낸터킷

그 후로 특별히 언급할 만한 일은 생기지 않았다. 기분 좋은 항해 끝에 우리는 무사히 낸터킷에 도착했다.

낸터킷! 지도를 꺼내 찾아보라. 어쩌면 그렇게도 세계의 외진 구석을 차지하고 또 얼마나 육지에서 멀리 떨어져, 에디스턴 등대(영국 콘월 주의 남단 바위 위에 있음)보다도 더 쓸쓸하게 서 있는가. 보라, 저것이다——흙더미에 지나지 않은 작은 언덕과 굽이진 모래밭뿐이다. 배경도 없는 해안이다. 압지(押紙) 대신으로 쓰면 20년 안에 다 쓸 수도 없을 만큼의 모래다. 익살스런 사람들은 저 섬에 대해 이렇게 말할 것이다. 곧, 저곳에는 잡초라도 키워야 할 거야, 저절로는 나지 않을 테니까. 캐나다에서 엉겅퀴를 수입해 오지. 기름통의 공기 구멍을 틀어막을 마개까지도 바다 건너에서 사 와야 할 거야, 낸터킷에선 나무를 그리스도가 못박힌 로마 시대의 십자가처럼 짊어지고 다닌다네. 그곳 사람들은 여름철의 햇빛을 막기 위해 집 앞에 독버섯을 심는다네. 풀잎이 한 잎 있으면 오아시스이고 하루 걸어서 잎이 셋 보이면 대초원이지. 모두 라플란더의 눈신[雪靴] 같은 모래신을 신고 있네. 한마디로 커다란 바다에 에워싸여 어디를 둘러보더라도 망망한 철저히 외떨어진 섬이지. 때로 집안의 의자며 테이블에 조그마한 대합조개가 바다거북의 등에 올라탄 것처럼 붙어 있기도 하지. 그러나 이런 허황된 이야기들은 결국 낸터킷이 일리노이 주에 속하지 않은 섬이라는 것을 알려줄 뿐이다.

이 섬이 어떻게 인디언에 의해 개척되었나 하는 놀라운 이야기를 들어 보라. 전설은 이렇다. 옛날 독수리 한 마리가 뉴잉글랜드의 바닷가에 내려와 어떤 인디언의 갓난아기를 발톱으로 채어 달아났다. 부모는 울부짖으면서 그 아이가 바다 저쪽의 아득한 곳으로 사라져가는 것을 보았다. 그들은 그 방향으로 쫓아가기로 결심했다. 통나무배를 타고 위험한 항해를 한 끝에 그들의 섬을 발견했는데 거기에 상아로 만든 빈 상자 하나가 있었다. 그런데 알고 보니 그것은 불쌍한 인디언 아기의 해골이었다.

그러고 보면 이들 바닷가에서 태어난 낸터킷 주민들이 생활을 위해 바다로 나가는 것도 무리는 아니다. 처음엔 모래 속에서 게나 대합을 파냈다. 약간 대담해지자 더 멀리까지 가서 고등어 그물을 쳤다. 조금 더 요령이 생기자 보트를 타고 나가 대구를 잡았다. 결국에는 군함처럼 큰 배를 띄워 바다 세계를 쉴새 없이 떠돌아다니며 탐험했다. 베링 해협에도 갔다. 지구의 모든 대양에서는 사계절 내내 저 산더미처럼 엄청나게 큰 것, 곧 대홍수 때 살아남은 생물 중에서 가장 강대한 것과의 싸움이 시작되었다! 저 불가사의한 힘이 잠재해 있는, 히말라야 산과 같은 바다의 거대한 코끼리, 그 대담하고 흉포한 공격보다도 놀라서 어쩔 줄 모르는 그 순간의 표정이 더욱 무섭다는 괴물과!

이리하여 바다의 은둔자인 벌거벗은 낸터킷 주민들은 누구할 것 없이 이 바닷속의 개밋 둑에서 기어 나와 저마다 알렉산더 대왕이 되어 바다의 세계를 유린하고 정복했다. 마치 그 해적 같은 세 강대국이 폴란드를 분할했듯이 대서양, 태평양, 인도양, 세 대양을 서로 나누어 가졌다. 아메리카는 그 텍사스 주에 멕시코를 더하고 캐나다엔 쿠바를 쌓아 올리렴. 영국은 인도를 정복하여 그 인도의 태양 아래서 화려한 영국 국기를 나부끼게 하는 것도 좋다――그러나 이 지구의 3분의 2는 낸터킷 사람의 것이다. 그렇다, 바다는 그들의 것이다. 황제가 제국을 갖듯 그들은 바다를 갖고 있는 것이다. 다른 항해자는 다만 그곳을 지나가도록 허용될 뿐이다. 상선은 다리의 연장이고, 군함은 물에 떠 있는 성체에 지나지 않는다. 해적선이나 약탈선이 노상강도처럼 바다를 어지럽히며 돌아다닌다 하더라도, 바닥을 헤아릴 수 없는 바다 그 자체에서 생활의 양식을 구하지 않고 다른 배나 자기들과 같은 육지의 파편을 약탈하는 것일 뿐이었다. 낸터킷 사람들만이 바다에서 살고 바다에서 쉬며, 그들만이 성서의 말씀처럼 '배를 타고 바다에 떠돌며 일을 하고'(「시편」107장), 그곳을 그들의 밭으로 삼아 여기저기를 경작한다. 거기에 그들의 집이 있고 거기에 그들의 사업이 있으며, 비록 노아의 대홍수가 중국의 수억이나 되는 민중을 모조리 휩쓸어 버린다 해도 그 사업을 방해할 수는 없을 것이다. 들꿩이 초원에서 살 듯 낸터킷 사람들은 바다에서 산다. 그들은 파도 사이에 숨고, 영양(羚羊) 사냥꾼들이 알프스를 오르듯 물결을 탄다. 몇 년간이나 육지를 모르다가 돌아와 보면 지구에 사는 사람이 달나라에 간 것처럼 낯선 세계로 다가온다. 육지를 잊은 갈매기가 해질녘에 날개를 접고 큰 파도 사이에 숨어서 잠들듯, 낸터킷 사람도 육지가 보이지 않는 망망한 바다에서 밤이 오면 돛을 감아올리고 휴식을 취한다. 그 베개 밑에서 해상(海象)과 고래의 무리가 왔다 갔다 하는 동안에.

제15장
차우더

밤이 꽤 이슥해서야 작은 모스 호는 무사히 항구에 정박했다. 퀴케그와 나는 뭍에 내렸다. 그날 해야 할 일이란 그저 저녁 식사와 잠자리를 찾는 일밖에 없었다. '물보라 여인숙'의 주인은 자기 사촌인 호지어 허시가 경영하는 '트라이포트'로 가 보라고 했다. 그 집은 낸터킷의 일류 여관 중의 하나이고 게다가 사촌 호지어는——'물보라 여인숙'의 주인은 그를 그렇게 불렀는데——차우더 솜씨로 이름이 나 있다고 했다. 한 마디로 '트라이포트'에서 맛보지 않고는 차우더에 대해선 도저히 말할 수 없다는 것이다. 그런데 '물보라 여인숙' 주인이 알려준 방향으로는 우현의 누런 창고를 보고 걸어가서 하얀 교회가 좌현에 보이면 그것을 좌현으로 잡고 꺾어 걸어간다. 그리고 나서 우현을 향하여 곶 세 개가 있는 곳까지 가서 거기서 맨 처음 만나는 사람에게 물으면 누구라도 안다는 것이었다. 이 구불구불한 방향때문에 몹시 헷갈렸다. 특히 처음에 출발할 때는, 퀴케그가 우선 출발점인 누런 창고를 좌현에서 보아야 한다고 주장했고, 나는 반대로 피터 코핀은 우현이라고 했다고 우겼기 때문에 더욱 그랬다. 그러나 어둠 속을 다소 방황하며 헤매기도 하고 이따금 고요한 집 대문을 두드려 길을 물어보기도 하면서 우리는 가까스로 아마도 거기가 확실한 듯한 장소에 다다랐다.

검정 칠을 한 엄청나게 큰 나무냄비 두개가 낡아빠진 문 앞에 세워진 낡은 중간돛대 꼭대기의 가름대에 걸려 있었다. 이 가름대의 갈라진 곳의 한쪽 끝이 잘려 있었는데, 그래서 그런지 이 낡은 중간돛대는 사뭇 교수대를 닮아 보였다. 아마도 틀림없이 그때 신경이 곤두서 있었기 때문에 그런 인상을 받았겠지만 이 교수대를 지켜보고 있는 동안 어떤 막연한 불안감에 쫓기지 않을 수가 없었다. 두 갈래로 갈라져 있는 나무——더욱이 두 개가 세워져 있는 것을 보니 퀴케그의 것과 나의 것이 아닐까 하는 생각이 들어 바라보는 동안 등골이 오싹해졌다. 불길한데, 나는 생각했다. 내가 처음 포경 항구에 상륙해서 든 여관의 주인은 '코핀(棺)'이라는 사람이었다. 고래잡이들의 교회당에 들어갔더니 비석이 나를 노려보았다.

그런데 이번에는 교수대다. 게다가 괴물처럼 시커먼 냄비가 두 개. 이것이야말로 지옥을 넌지시 암시하고 있는 것이 아닐까?

이런 생각에서 퍼뜩 깨어나니 노란 겉옷에 노란 머리를 한 주근깨가 있는 여자가 눈에 들어왔다. 그녀는 여관 현관의, 마치 충혈된 눈 같아 보이는 붉은 빛의 침침한 등불이 흔들리는 아래에 서서 자색 양모 셔츠를 입은 사나이를 향해 마구 소리를 지르고 있었다.

"빨리 사라져 버려." 그녀는 사나이에게 말했다. "우물거리면 쓸어내 버릴 꺼야!"

"이봐, 퀴퀘그" 나는 소곤거렸다. "괜찮네. 허시의 마누랄세."

사정은 이랬다. 허시 씨는 외출 중이었지만 부인이 모든 일을 잘 처리해 가고 있었다. 저녁식사와 잠자리를 마련해 달라고 부탁하자 부인은 고함지르는 것을 잠시 멈추고 우릴 조그마한 방으로 안내하더니, 조금 전 사람들이 먹다 남긴 것을 치우지도 않은 테이블에 앉으라고 했다. 그러고는 우리들 쪽을 돌아보면서 "대합인가요? 대구인가요?" 하고 물었다.

"대구란 게 뭐죠, 아주머니?" 나는 매우 예의바르게 물어보았다.

"대합으로 하시겠어요? 대구로 하시겠어요?" 그 여인은 되풀이했다.

"저녁 식사로 대합을요?, 차가운 대합을 말하는 건가요, 아주머니?" 나는 말했다. "이런 겨울철엔 너무 차고 눅눅하지 않을까요, 아주머니?" 그러나 현관 입구에서 아직도 기다리고 있는 자색 셔츠의 남자를 다시 한번 야단치고 싶어서 안달이 난 부인은 '대합'이라는 말밖에는 못 들은 척, 얼른 부엌으로 통하는 열린 문 앞으로 가더니 "대합 둘" 하고 고함을 치고 사라져 버렸다.

"퀴퀘그, 대합 하나씩으로 우리 저녁 식사가 될까?"

그러나 부엌에서 흘러나오는 따끈하고 구수한 김이, 우리들의 앞길은 아무래도 암담하리라는 예측을 뒤엎는 작용을 했다. 그리고 김이 무럭무럭 나는 차우더 요리가 나왔을 때 수수께끼는 훌륭하게 해결되었다. 아아, 여러분, 들어 보시라. 그것은 개암 열매보다도 크지 않은, 즙이 많은 작은 대합으로 만들어졌는데, 잘게 부순 비스킷과 잘게 썬 절인 돼지고기를 섞고 버터 맛을 충분히 들인 후 후추와 소금으로 충분히 간을 맞춘 것이었다. 추위에 떨며 배를 탄 탓으로 몹시 시장했는데, 특히 퀴퀘그는 아주 좋아하는 생선요리를 받아놓은 데다가, 이 차우더는 더할 나위 없이 훌륭한 것이었으므로 우리는 굶주린 사람처럼 눈 깜짝할 사이에 먹어 치우고 말았다. 그러고 나서 잠시 몸을 펴면서 허시 부인이 "대합인가요? 대군가요?" 라고 한 것을 생각해 보니 조금 더 위장을 시험해 보고 싶어졌다. 나는 부엌문까지 걸어가서 목소리에 단단히 힘을 주어 "대구"하고 외치고 자리로 돌아왔다. 곧 다시 맛있는 김이 솟고 전의 것과 좀 다른 냄새가 나는가 싶더니 잠시 후에 훌륭한 '대구 차우더'가 앞에 놓여졌다.

우리는 다시 먹어대기 시작했다. 나는 수저로 그릇을 휘젓다가 이것이 머리에 어떤 효과가 있을지가 궁금해졌다. 바보 같은 사람을 차우더 대가리라고도 하던데 그건 무슨 바보 같은 말일까? 하고 생각했다. "이봐 퀴퀘그, 조심하게, 그릇 밑에 산 뱀장어라도 있을지 모르잖나? 작살을 잊진 않았겠지?"

아무리 비린내가 난다지만 이 '트라이포트'만큼 비린내 나는 집도 없을 것이다. 여관 이름에 걸맞게 차우더의 김이 솟고 있지 않은 냄비가 없었다. 아침에도 차우더, 점심에도 차우더, 저녁에도 차우더, 나중에는 옷 속에서도 생선뼈가 나오지 않을까 생각될 정도였다. 집 앞의 공터는 대합 껍데기로 깔려 있었다. 허시 부인은 대구 등뼈 목걸이를 걸고 주인은 최고급의 상어 가죽으로 싼 장부를 갖고 있었다. 우유에서까지 생선 냄새가 풍겼다. 이 점만은 나도 알 수가 없었는데, 어느 날 아침 해안의 어선 사이를 산책할 때, 허시네 얼룩소가 생선 부스러기를 먹으면서 어슬렁어슬렁 대구 대가리를 밟고 모래밭을 걷고 있는 것을 보고 수수께끼가 풀렸다.

저녁 식사가 끝나자 램프를 건네주며 부인은 잠자리로 가는 길을 가르쳐 주었다. 퀴퀘그가 앞장서서 사다리를 올라가려 할 때, 부인은 팔을 뻗치더니 작살을 이리 주세요, 이 집에서는 작살을 방에 들고 들어갈 수 없어요, 라고 말했다. "왜요? 진짜 고래잡이라면 작살을 안고 자는 것이 당연하잖아요——그런데 왜 안 되죠?" 내가 말했다. "위험하니까요." 그녀가 말했다. "스틱스란 젊은이가 4년 반이나 걸려 고래 기름 세 통도 채 못 되는 보잘 것 없는 고래잡이를 하고 돌아와서는 뒤쪽 아래층 방에서 자다가 작살에 옆구리를 찔려 그날 밤 죽어 버린 뒤론 말예요. 우리 집에선 그런 위험한 도구를 갖고 방에 들어가는 건 일절 거절해 왔어요. 그러니까 퀴퀘그(그녀는 벌써 이름을 기억했던 것이다) 씨도 그 쇠붙이는 이리 내놓으세요. 내일 아침까지 맡아두겠어요. 그런데 당신들 내일 아침 식사는 대합으로 하겠어요, 대구로 하겠어요?"

"양쪽 다요." 내가 대답했다. "그리고 따로 구운 청어도 부탁하겠소."

제16장
배

잠자리에서 우리는 내일의 계획을 세웠다. 그러나 나는 퀴퀘그가 한 다음 과 같은 말에 놀라고 또한 적잖이 염려가 되었다. 그가 요조——이것이 그 의 조그마한 검둥이 신의 이름이었다——와 열심히 의논한 바에 따르면, 요 조는 두 번 세 번이나 거듭해 무슨 일이 있어도 둘이서 함께 항구에 있는 포 경선을 찾아다니며 의논해서 배를 결정하려 들면 안 된다고 강력히 주장했 다는데, 특히 요조가 바라는 것은, 그것도 우리 두 사람의 일을 걱정해서 하 는 말이지만, 오로지 나 혼자서 배를 선택하라는 것이었다. 그리고 신의 뜻 에 의해 이미 배는 결정되어 있을 터이지만, 만일 나, 그러니까 이 이스마엘 에게 맡겨 두면 우연히 무언가에 부딪치듯 틀림없이 그 배를 만나게 된다고 했다. 그러니 나는 당분간 퀴퀘그의 생각을 하지 말고 그 배에 올라타야만 한다는 것이었다.

미처 말하는 것을 잊었지만, 퀴퀘그는 어떤 일에 대해서도 요조의 판단과 놀라운 예언력이 영험을 나타낸다고 강하게 믿고 있었다. 그는 모든 경우에 그 자비로운 뜻을 이루지는 못하지만 삼라만상에 선의를 펼치고자 하는 일 종의 신에게인 듯 상당한 존경심을 품고 요조를 대하고 있었다.

그런데 배의 선택에 관한 퀴퀘그의, 아니 그의 계획이라기보다 오히려 요 조의 계획이라는 그것이 나는 영 마음에 들지 않았다. 나는 전부터 퀴퀘그의 분별이야말로 우리 두 사람의 운명을 맡기는데 가장 적당한 포경선을 찾아 내 줄 것이라고 적잖이 믿고 있었다. 그러나 아무리 항의해 보아도 퀴퀘그는 꿈쩍도 하지 않았기 때문에 하는 수 없이 승낙하기로 했다. 그래서 그런 사 소한 문제는 재빨리 해치워야 한다는 생각에서 앞뒤 가리지 않고 용기를 내 서 이 일에 임할 각오를 했다. 이튿날 아침 일찍 좁고 답답한 방에 퀴퀘그와 요조를 남겨두고——왜냐하면 그날은 퀴퀘그와 요조에겐 사순절이나 라마단의 단식일과 같은 날, 즉 단식과 참회와 기도를 드리는 날인 듯 생각되었기 때문이다. 그렇지만 어째서 그런지는 몇 번이나 연구를 해보았지만 그의 기도서와 39장으로 된 경문(經文)에 환하게 통달할 수 없었던 나로서는 알아낼 수 없었다——아무튼 도끼 파이프 외에는 아무것도 입에 대지 않고 있는 퀴퀘그와 희생의 대팻밥 불을 쬐고 있는 요조를 그대로 두고, 나는 선창가로 나갔다. 한동안 헤매고 몇 번이고 닥치는 대로 물어보고 다닌 끝에 배 세 척이 3년간의 항해를 하려 한다는 것을 알았다. 곧 데블 담호, 티트비트 호, 피쿼드 호가 그것이었다. 데블 담이라는 이름의 내력은 잘 모른다. 티트비트란 뻔하다. 피쿼드는 독자들도 알겠지만 고대의 메데스(서남아시아에 있던 옛 왕국) 종족처럼 지금은 멸종해 버린, 매사추세츠 인디언 중의 유명한 한 종족 이름이다. 나는 데블 담 호를 들여다보며 살피고 나서 티트비트 호로 달려가 살펴보고 마지막에 피쿼드 호의 갑판에 올라가 한동안 둘러보고는 이거야말로 우리가 탈 배라고 결정했다.

    독자들도 젊었을 때에는 이상하게 생긴 배를 본 적이 있을 것이다. 이를테면 배 밑이 네모진 돛배, 거대한 일본의 정크, 버터 상자 같은 갤리선 외에도 다양한 종류의 배가 있다. 그러나 단언해도 좋지만, 피쿼드 호만큼 보기 드물게 낡아빠진 배를 본 사람은 없을 것이다. 이 배는 조그마한 구식 배로서 새우발 같은 기묘한 모양을 하고 있었다. 4대양의 거센 태풍과 잔잔한 물결에 시달리고 단련되어 낡은 선체의 빛깔은 이집트와 시베리아를 돌아다니면서 싸운 프랑스의 척탄병(擲彈兵 : 나폴레옹의 정예 부대를 말함) 얼굴처럼 거무스름했다. 이 물은 흰 수염이 난 노인처럼 공경심이 일게 했다. 돛대는 처음 것이 폭풍에 부러져 바다 속에 떨어져 버린 뒤에 일본 해안 어딘가에서 벌채해 왔다던가 하는데 고대 쾰른(독일 라인 지방에 있음)의 세 임금(동방의 세 현자라고 알려진 임금)의 등뼈처럼 우뚝 서 있었다. 갑판은 숭배하러 오는 순례자들로 닳고 울퉁불퉁해진 캔터베리 사원의 토마스 베케트 대주교가 살해된 포석(鋪石)과도 흡사했다. 그러나 이 고색창연한 외관에 생소하면서도 기묘한 분위기가 감돌고 있었는데, 그것은 이 배가 반 세기가 넘도록 종사한 억척스런 사업에서 연유되었다. 필레그(〈창세기〉 참조) 노선장이라고 하면 이 배의 1등항해사로 오래 근무했고 그 후에는 제 소유의 다른 배를 지휘하다가 지금은 은퇴하여 이 피쿼드 호의 선주 중 중요한 일원이 된 사람인데, 이 필레그란 사람이 1등항해사 시절에 특이한 재료와 장식을 써서 지금과 같은 괴이한 분위기를 만들어 냈는데, 그 기괴함은 옛날의 해적왕 소킬 헤이크(11세기 아이슬란드의 전설적인 영웅)의 둥근 방패나 침대에 새겨진 조각 말고는 견줄 데가 없을 정도였다. 그 배는 목에 상아를 갈아 만든 장식품을 주렁주렁 늘어뜨린 야만적인 이디오피아 왕의 꾸밈새라고나 할 수 있었다. 참으로 박물관에나 놓일 만한 물건이었다. 적의 뼈로 위장하고 적을 뒤쫓는 식인종의 배 같았다. 판자를 대지 않고 확 트인 뱃전은 마치 긴 턱처럼 향유고래의 길고 날카로운 이로 장식되었고 이것은 배의 낡은 삼베 밧줄을 동여매기 위해 핀 대신으로 쓰이고 있었다. 이 밧줄은 육지의 목재로 만든 활차가 아니라, 바다의 상아로 만든 활차 위를 교묘하게 움직이고 있었다. 배의 신성한 조타 장치에도 회전축 같은 것을 우습게 여겨 구식의 손잡이를 붙여 놓았는데 그 손잡이는 숙원의 적인 고래의 길고 좁다란 아래턱에서 잘라낸 기괴한 물건이었다. 키잡이가 폭풍 속에서 그 키 손잡이를 쥐고 조종할 때는 미친 듯이 날뛰는 말의 턱을 붙잡고 제어하는 타타르 사람이 된 것 같은 기분이 들곤 했다. 품위 있는 배, 그러나 어쩐지 음울하기 이를 데 없는 배! 품위가 있는 것에는 언제나 약간의 음울한 기분이 감돌게 마련이다.

나는 뒤의 갑판을 둘러보면서 항해에 데리고 가 주었으면 좋겠다는 말을 하려고 책임자 같은 사람을 찾아보았으나, 한동안 아무도 발견할 수 없었다. 그러나 큰 돛대 뒤에 세워진, 텐트라기보다는 토인의 오두막 같은 기묘한 것이 눈에 띄었다. 항구에 들어왔을 때 임시로 세운 것 같았다. 높이가 10피트 가량 되고 원추형으로 생겼는데, 큰 참고래의 턱 중앙의 가장 높은 부위에서 떼어낸 검고 잘 휘어지는 큰 뼈를 판자로 하여 만들어졌다. 그 판자들의 넓은 쪽에 면한 끝부분을 갑판에 박고 둥근 원 모양을 이루게 한 뒤에 서로 포개지게끔 기울였으며, 꼭대기에 이르러서는 술이 달린 첨탑 모양을 이루며 듬성듬성 난 술이 포토워타미 족(아메리칸 인디언의 일족) 노추장의 머리 위 깃털 장식처럼 이리저리 흔들리고 있었다. 세모진 입구가 배의 이물 쪽을 향해서 열려 있었으므로 안에 있는 사람은 전면의 광경을 한눈에 볼 수 있었다.

마침내 나는 그 기묘한 거처에서 몸을 반쯤 숨기고 있던 책임자인 듯한 사람을 발견했다. 정오였기 때문에 배의 일이 잠시 중단되어 일손을 놓고 휴식을 즐기고 있었다. 그는 옛날 풍의 떡갈나무 의자에 걸터앉아 있었는데, 이 상야릇한 조각이 더덕더덕 새겨져 있었다. 그리고 그 바닥은 천막에 쓴 것과 같은 탄력 있는 뼈를 단단히 엮어 만들었다.

　내가 본 그 노인의 풍모에는 특별히 짚어 말할 정도의 색다른 점은 없었다. 대부분의 선원들답게 햇볕에 그을어 근육과 뼈대가 늠름하고 퀘이커교도 식으로 만들어진 푸른색 선원복을 칭칭 두르고 있었다. 다만 눈 주위에 미세한 거미줄처럼 가느다란 주름이 얽혀 있었는데 그것은 그가 항상 폭풍 속을 항해하면서 끊임없이 바람이 불어오는 쪽을 응시하고 있었기 때문일 것이다──그렇게 쳐다보려면 눈가의 근육을 팽팽하게 잡아당겨야 하기 때문이다. 이런 눈의 주름은 얼굴을 찌푸릴 때에는 매우 유리하다.

　"피쿼드 호의 선장이십니까?" 나는 천막 입구로 다가가면서 말했다.

　"피쿼드 호 선장이라면, 당신 무언가 볼일이라도 있소?" 그가 되물었다.

　"배를 태워 주셨으면 합니다."

　"뭐? 배를 타고 싶다고? 당신 낸터킷 사람이 아닌 것 같은데──다 망그러진 배를 타본 일이 있소?"

　"아뇨, 아직 없습니다."

　"고래잡이에 대해선 아무것도 모를 것 같은데……그렇지?"

　"네, 아무것도. 그렇지만 금방 익힐 수 있으리라 생각하고 있습니다. 상선이라면 여러 번 타보았으니까요. 그래서 나는……."

　"상선 따윈 말도 꺼내지 말게. 그런 말도 안 되는 소린 그만두시지. 다리를 조심하라구…… 상선이 어떻다고 다시 지껄여댄다면 엉덩이에서 그 다리를 하나 뽑아 버릴 테니까. 상선에 탔었단 말이지! 허 참! 상선에서 일했다고 무척 우쭐하는 모양이군그래. 그런데 뭐라고? 고래잡이가 되고 싶다고, 응? ……좀 수상하잖은가……해적질이라도 한 거 아닌가? 선장의 물건을 훔치고 도망쳐 온 게 아니냐 말야……바다에 나가면 고급 선원이라도 죽일 생각이 있는 건 아닌가?"

　그것은 전혀 터무니없는 말이라고 나는 반박했다. 그러는 가운데 나는 이 노선원도, 퀘이커교도같이 근엄한 여느 낸터킷 사람들처럼, 반쯤 농담을 섞은 빈정거리는 말투를 핑계 삼아 섬사람들의 근성을 내보이고 또 케이프코드나 바인야드에서 온 사람 외에는 전혀 신용하지 않음을 알았다.

　"그럼 뭣 때문에 고래를 쫓아가고 싶어졌다는 건가? 배에 태우느냐 안 태우느냐 하기 전에 그걸 알고 싶단 말야."

"그야 고래잡이가 어떤 것인지 알고 싶어서입니다. 그리고 세계를 알고 싶어졌습니다."

"고래잡이를 알고 싶다고? 자넨 에이허브(비참한 전사를 한 포악한 이스라엘 왕의 이름) 선장을 본 적이 있나?"

"에이허브 선장이라뇨?"

"거봐, 그럴 줄 알았어. 에이허브 선장이란 바로 이 배의 선장이야."

"실례했습니다. 난 선장과 이야기하고 있나 했습니다."

"자넨 필레그 선장과 이야기하고 있는 거야——필레그가 자네의 상대란 말일세. 알겠나? 피쿼드의 항해 준비는 되었는지, 선원들은 모였는지, 이런 것을 빌대드(욥의 불행에 대해 욥과 논한 세 친구 중의 한 사람. 그는 신이 욥을 처벌한 것이 옳다고 주장했음) 선장과 둘이 보살피고 있어. 우리는 이 배의 공동 소유자이자 공동 관리인이지. 아까 하던 이야기로 되돌아가세. 조금 전에 자넨 고래잡이의 맛을 알고 싶다고 했는데 고래잡이가 되면 다시 물러날 수 없도록 그게 어떤 것인지 보여 주겠네. 자네 에이허브 선장을 보게나. 다리가 하나밖에 없다네."

"무슨 말입니까? 그럼 한쪽 다리를 고래에게라도 뺏겼나요?"

"고래에게 뺏겼느냐고? 젊은이, 좀더 이쪽으로 와. 보트를 가루로 만들어 버린 그 괴물같은 향유고래가 선장의 다리를 꿀떡 삼키고 씹어서 짓이겨 버렸단 말야. 아아!"

상대의 격렬함에 약간 겁을 먹고 또 그 마지막 외침에 담긴 침통함에 다소 움찔하긴 했으나 나는 될 수 있는 대로 태연히 말했다. "하시는 말씀은 틀림없이 정말이라고 생각합니다만, 그 이야기를 들은 것만으로는 그렇게 어떤 한 마리만이 유난히 사납다는 것이 납득이 안 가는데요."

"이봐 젊은이, 자네의 숨통은 좀 부드럽군그래. 자네의 말은 조금도 거칠지 않군. 배를 탄 일이 있다는 건 정말인가?"

"선장님, 이미 말씀드렸다시피……네 번이나 상……."

"집어치워. 그런 상선이니 뭐니 하는 말은 내 귀에 들리지 않게 하라고 하지 않던가. 내 분통을 터뜨리지 말아. 서로 터놓고 이야기 해보지. 고래잡이란 게 어떤 건지 잠시 가르쳐 주었다고 생각하는데 그래도 좋아질 것 같은가?"

"그렇습니다."

"좋아, 좋아. 자넨 산 고래의 목덜미에 작살을 찌르고 그놈에게 올라탈 수가 있겠나? 즉시 대답해."

"무슨 일이 있어도 그래야 한다면, 그 밖에 어쩔 도리가 없다면 하겠습니다만, 그런 일은 없겠지요."

"됐어, 됐어. 그리고 자네는 고래잡이의 맛을 톡톡히 알고 싶어 배를 타겠다는 것뿐 아니라 세상도 알고 싶다고 했겠다. 그러면 말야, 잠깐 이물로 뛰어가서 바람이 불어오는 쪽을 들여다보게나. 그리고 나서 돌아와 무엇이 보였는지 말해 보게."

잠시 동안은 이 명령을 농담으로 받아들여야 할지 진지하게 들어야 할지 판단하기 어려워서 나는 적잖이 당황했다. 그러나 필레그 선장은 온통 까마귀 발자국 같은 눈꼬리의 주름을 모아 얼굴을 잔뜩 찌푸리고 나를 몰아세웠다.

바람이 불어오는 쪽의 이물로 가서 둘러보니 배는 밀물에 닻을 내리고 흔들리면서 비스듬히 기울어진 채 넓은 바다 쪽으로 이물을 돌리려 하고 있었다. 눈앞에 망망대해가 펼쳐졌지만, 매우 단조롭고 섬뜩하여 무엇 하나 눈을 즐겁게 하는 것은 없었다.

"그래, 어떻든가?" 돌아오자 필레그가 물었다. "무엇이 보였는가?"

"별로 아무것도." 나는 대답했다. "바닷물뿐이었습니다. 그러나 수평선이 매우 넓게 보였습니다. 어쩐지 질풍이 몰아칠 듯합니다."

"좋아, 그래, 세계 구경이란 것에 대해서 어떻게 생각하지? 케이프 혼을 돌면 좀더 무언가가 보이리라고 생각하나? 어때? 지금 있는 데서 세상이 보이지 않느냐 말야."

나는 약간 머뭇거렸다. 그러나 고래잡이는 나가야 한다, 나가고 싶다, 게다가 '피쿼드'는 꽤 좋은 배, 아니 가장 훌륭한 배라고 생각한다는 등등의 말을 필레그 앞에서 되풀이했다. 나의 결심이 굳은 것을 보자 그는 나를 태워 주겠다고 했다.

"그러면 자네는 즉시 서류에 이름을 써넣는 게 좋겠군" 그가 덧붙여 말했다. 그리고 나서 "이쪽으로 와" 하면서 갑판 아래의 선실로 안내했다.

고물의 가름대에 깜짝 놀랄 정도로 이상하게 생긴 사람이 걸터앉아 있었다. 이 사람이 필레그 선장과 함께 이 배의 대주주인 빌대드 선장이었다. 그 밖의 주는 이런 항구에서 흔히 보게 되는 늙은 연금 수령자, 과부, 아버지 없는 아이들 또는 보호자가 달려 있는 미성년자 등에게 분산되어 있는데, 그 몫은 저마다 재목 끝부분이나 판자 조각 한두 개나 배 못 정도의 값에 해당할 만큼 미미하였다. 낸터킷 사람들은 육지 사람들이 높은 이자를 받을 수 있는 주(州)의 채권에 투자하는 것과 마찬가지로 포경선에 투자한다.

그런데 빌대드도 필레그나 대부분의 낸터킷 사람과 마찬가지로 퀘이커교도였다. 이 섬에 원래 뿌리내린 교파가 퀘이커파인지라 이 섬의 주민들은 대체로 오늘날까지도 퀘이커파의 특색을 독특한 방식으로 지니고 있는데, 그것은 이질적인 요소들에 의해 다양하고 변칙적인 형태로 변화해 왔다. 그래서 이들 퀘이커교도들 중에서 아주 잔인한 선원이나 고래잡이들이 더러 나온다. 곧, 그들은 전투적인 퀘이커이자 복수심에 불타는 퀘이커다.

그렇기 때문에 그들 가운데는 이런 사나이들도 나온다. 그들은 이 섬의 두드러진 습관으로서 성서 속 인물의 이름이 붙여졌으며 어린 시절에는 퀘이커교식으로 엄숙하고 극적인 '그대(thee)'같은 말을 자연스레 흡수했고, 유년기가 끝나면 계속되는 대담하고 모험적인 생활 때문에 어렸을 때부터의 특성에 덧붙여 스칸다나비아 해적왕이나 설화적인 이교도 로마 사람에 못지않은 난폭하고 성급한 성격이 되어 버리는 것이다. 그리고 이러한 자질이 뛰어난 능력을 지닌 사람 속에서 원만한 지성, 사려 깊은 감성과 더불어 조화를 이룬다면, 또한 그들이 절해(絶海)의 기나긴 밤 동안 이 북쪽에서는 보이지도 않는 별자리 아래 불침번을 서면서 그 고요와 단절 속에서 인습의 굴레를 벗어나 홀로 사색하는 정신을 기른다면, 또 그 순수한 처녀의 가슴으로 대자연의 온갖 화평한 인상과 거친 인상을 받아들이고, 우연의 도움을 받아 거짓을 모르는 그 가슴으로 대담하고 고결한 언어를 익히게 된다면, 그들은 ──이런 사람은 전 국민 가운데 한 사람 나올까 말까 하는데──결국에는 위대한 인물이 되고 숭고한 비극의 주인공이 된다. 또한 그가, 태어난 천성에 의해서인지 또는 환경에 의해서인지, 그 본성의 밑바닥에 약간 고집스럽고 오만한 병적 자질을 갖고 있다 하더라도 연극적으로 이것을 고찰한다면 그를 비난할 수 없다. 비극적으로 위대한 인물이란 모두 일종의 병적인 기질을 통해 만들어지기 때문이다. 젊고 큰 뜻을 품은 사람들이여! 인간의 위대함이란 병에 지나지 않음을 기억해 두라. 그러나 아직 그런 인물을 이 이야기 속에서는 만나지 못하고 있다. 지금까지는 참으로 독특하기는 하지만 퀘이커교도의 일면이 처한 환경에 따라 다소 변화된 그런 특유함박에 만나지 못했다.

필레그 선장과 같이 빌대드 선장도 은퇴한 유복한 고래잡이다. 그러나 필레그 선장이 이른바 심각한 문제 같은 것은 돌보지도 않고 그런 문제 따위만큼 바보 같은 것은 없다고 생각하고 있는데 비해, 빌대드 선장은 낸터킷 퀘이커의 엄격한 가르침을 받은 데다 오랫동안 계속된 바다 생활로 인해 케이프 혼 저쪽 섬들의 벌거숭이들의 모습에도 전혀 마음의 동요를 일으키지 않았고 조끼의 주름 하나 흐트러지지 않았다. 그토록 흔들림 없는 사람이라 해도 빌대르 선장에게는 일관성 같은 것이 부족했다. 그 자신의 양심에 따라 육지에서는 침략자에 대해서조차 무기 잡기를 거부할 정도였지만 바다라면 대서양이건 태평양이건 가리지 않고 침략했다. 또 피를 흘리는 일에는 맹세코 반대하면서도 그 딱딱한 옷차림으로 산 같은 고래에게서 짜낸 피의 양은 엄청났다. 이 경건한 빌대드는 날마다 저녁나절이면 깊은 회상에 잠기는데 그러한 차이를 어떻게 융화시키는지 나로서는 알 수 없었다. 그러나 그것이 그다지 마음에 걸리지 않았던 것은 사실인 듯했고 오래 전부터 인간의 종교와 세상일은 별개의 것이라는 현명하고 분별 있는 결론에 도달해 있었던 것 같다. 이 세상은 배당을 지불하는 곳이다. 이루 말할 수 없이 칙칙한 색의 짧은 옷을 입던 선실 급사로 출발하여 모닝코트와 비슷한 조끼를 입은 작살잡이가 되고, 그 후로 보트장(長), 1등항해사, 선장을 거쳐 선주가 된 빌대드는, 앞에서도 잠깐 말했듯이, 예순이란 나이에 현역에서 완전히 물러나 모험으로 가득 찬 경력에 종지부를 찍고 이제 그동안 벌어들인 돈을 갖고 조용히 여생을 즐기고 있었다.

이렇게 말하는 것은 미안한 일이지만 빌대드는 어쩔 수 없는 고집불통 늙은이이고, 배에서는 몰인정하고 잔혹한 우두머리였다는 평판이 나 있었다. 나는 낸터킷에서 그에 관한 묘한 이야기를 들었는데, 그가 카테가트 해협(덴마크와 스웨덴 사이에 있음)으로 가는 포경선을 인솔하고 있을 때의 일이었다. 항구로 돌아왔을 때 선원들은 거의 한 사람도 남기지 않고 육지의 병원에 기진맥진하여 옮겨졌다는 것이다. 신심이 깊은 사람으로서는, 특히 퀘이커 교도로서는 아무리 너그럽게 생각한다고 해도 혹독한 사람이었다고 하지 않을 수 없었다. 그래도 아랫사람에게 욕을 한 적은 없었지만 사정없이 혹사시켜 일하도록 만드는 능력은 대단했다. 빌대드가 1등항해사이던 시절, 그 옅은 갈색의 눈빛으로 가만히 주시하는 것을 보면 몹시 초조해져서 망치건 쇠꼬챙이건 무엇이든 닥치는 대로 움켜쥐고 미친듯이 일에 덤벼들지 않고는 배길 수 없었다고 한다. 빈들거리거나 게으른 근성 따위는 그의 앞에서는 모두 사라져버렸다. 그의 육체 자체가 그 공리 정신의 정확한 표상이었다. 키가 크고 깡마른 몸에는 필요 이상의 군살은 조금도 없었으며 필요 이상의 것이라곤 수염 하나도 없었다. 굳이 있다고 한다면, 그의 챙 넓은 헌 모자의 보푸라기처럼 부드러운 수염이 턱에 나 있는 정도였다.

내가 필레그 선장에게 이끌려 선장실로 내려갈 때, 가름대에 앉아 있던 사람은 바로 이런 인물이었다. 갑판과 갑판 사이의 공간은 좁았다. 그런데 바로 거기에 늙은 빌대드가 꼿꼿이 앉아 있었다. 절대로 기대앉지 않고 언제나 그런 자세로 앉는 것은 코트 자락이 구겨지지 않도록 하기 위함이었다. 차양이 넓은 모자는 옆에 놓여 있었고, 다리는 굳어 버린 것처럼 포개고, 색이 바랜 옷을 단정하게 턱 밑까지 단추를 채우고, 코에 안경을 걸치고 큼직한 책을 읽는 데 열중하고 있었다.

"빌대드." 필레그 선장이 그를 불렀다. "또 책을 읽는군, 응? 빌대드, 내 눈이 잘못되지 않았다면 자넨 30년 동안이나 성서를 연구하고 있네. 어디까지 읽었나, 빌대드?"

빌대드는 오랜 항해 친구에게서 이처럼 신을 모독하는 말을 듣는 것에 익숙해져 있었는지 그의 불경스런 태도에는 아랑곳없이 조용히 눈을 들었다가 나를 보자 다시 필레그에게로 미심쩍은 듯 눈길을 돌렸다.

"써달라는 거야, 빌대드" 필레그가 말했다. "배를 타고 싶다는군."

"그런가?" 빌대드는 나를 돌아보며 텅 빈 소리로 말했다.

"그러합니다." 나도 무의식적으로 이 퀘이커교도의 말투로 대답했다.

"빌대드, 이 사람을 자넨 어떻게 생각하나?" 필레그가 물었다.

"괜찮겠구먼." 나를 훑어보며 그렇게 말하고는, 들릴 만하게 중얼거리며 다시 책을 읽기 시작했다.

오랜 선원 시절부터의 친구인, 이 말 많은 필레그를 상대하는 태도가 이렇다면, 빌대드는 천하에 다시없는 괴팍한 퀘이커겠구나 하는 생각이 들었다.

그러나 입 밖에는 내지 않고 조심스럽게 주위를 둘러보았다. 이때 필레그가 우악스럽게 상자를 열고 배의 서류를 꺼내어 펜과 잉크를 내 앞에 놓고 나서 조그마한 테이블에 앉았다. 어떤 조건으로 이 항해에 가담할 것인지 이제는 결심을 해야 할 때가 왔다고 생각했다. 포경업에서는 급료를 주지 않는다는 것은 미리부터 알고 있었다. 선원들은 물론, 선장까지 포함해서 이익의 몇 분의 1인가를 배당받는데 그 배당은 배의 선원들 각자가 맡은 일의 중요도에 비례했다. 고래잡이에서는 풋내기에 지나지 않는 처지이고 보면, 나의 배당이 클 리가 없다고 각오는 했다. 그래도 바다엔 익숙했고, 배를 조종할 수도 있었고, 밧줄 잇는 일이건 무엇이건 할 수 있음을 생각하면, 여러 가지 들은 것들로 미루어 적어도 275번 배당——다시 말해서 항해의 순이익이 얼마 가량이 되건 그 275분의 1은 받아야만 했다. 275번 배당이라고 하면 세상 사람들은 '작은 배당'이라 하겠지만 그러나 없는 것보다는 낫지 않은가? 게다가 만일 운이 좋으면 3년간 한 푼도 내지 않고 배를 타며 쇠고기가 빠지지 않는 식사를 할 수 있는 데다 그동안 포경 작업으로 닳아버리게 될 옷값 정도는 어떻게든 벌 수 있을지도 모른다.

이런 방법으로 거만(巨萬)의 재물을 벌기는 어려울 것이다——그랬다, 진실로 열악한 방법이었다. 그러나 나는 원래 거만의 재물 따위에 대해선 조금도 관심이 없는 사람이니 이 현세라는 '뇌운(雷雲)'의 무시무시한 간판이 걸린 집에 묵고 있어도 먹고 자게만 해준다면 충분히 만족할 터였다. 아무튼 내가 생각하는 바로는 275번이라면 공평하다고 할 만했다. 그러나 어깨도 딱 벌어진 나니까 200번이라고 해도 놀랄 일은 없을 것이다.

그러나 이익 배당을 받을 수 있을지 어떨지에 대해서는 다소 불안했다. 다음과 같은 일 때문이었다. 육지에서 필레그 선장과 그 정체를 알 수 없는 오랜 친구인 빌대드 선장에 대해서 듣기로는, 이 두 사람은 '피쿼드 호' 제일의 소유주이고 다른 소주주들은 이 배의 사무 관리를 모두 그들에게 맡겨 버렸다고 했다. 그리고 저 인색한 빌대드 노인이 선원을 고용하는 일에 대해 어떻게 나올지 모른다는 것은 지금 그가 마치 자기 집 난롯가에라도 앉아 있는 것 같이 '피쿼드'의 선장실에 앉아서 성서를 읽고 있는 것만 보아도 알 수 있었다. 필레그가 몇 번이나 주머니칼로 펜을 고치려고 헛수고를 하고 있던 그때도 빌대드 노인은 이 일에는 적지 않게 관계가 있는 사람이면서도 어이없게도 "재물을 땅에 쌓아두지 마라. 땅에서는 좀먹거나……"(마태복음 제6장 참조) 하면서 성서 속의 문구만 혼자 중얼거리고 있었다.

"여보게 빌대드 선장." 필레그가 가로막았다. "어떤가? 이 젊은이의 배당을 어느 정도로 할까?"

"좋도록 하게나." 음침한 목소리로 말했다. "777번이라면 너무 많을 것도 없겠지. '좀먹거나 녹이 슬어 못쓰게 되며……'"

배당, 그게 배당이란 말인가! 777번이라니! 저 빌대드 영감! 나에게 이 땅에 재물을 쌓지 말라, 이곳에서는 좀먹고 녹이 슬어 못쓰게 된다고 하는 거였군. 하기야 777이라면 꽤 엄청난 숫자니까, 육지 사람이라면 슬쩍 속일 수도 있을지 모르지만, 조금이라도 생각해 보면, 777이 아무리 큰 숫자라 해도 거기에 '번째'자를 붙이면 스페인 금화 777개와 영국의 옛 동전 1파딩(영국의 최소 단위의 청동전으로서 일 페니의 1/4임)의 777분의 1과 어느 쪽이 크냐는 계산으로 속이려 드는 것과 무엇이 다른가? 당시에 나는 이런 생각에 잠겨 있었다.

"아무리 뭐라 해도 너무 심해, 빌대드" 필레그가 소리 질렀다. "자넨 이 젊은이를 속이려는 속셈은 아니겠지? 좀더 주어야 해."

"777번" 빌대드는 눈을 쳐들지도 않고 되풀이 해 말하고, 계속 중얼거렸다. "너희의 재물이 있는 곳에 너희의 마음도 있다."

"나는 300번으로 결정하려고 하는데." 필레그가 말했다. "이봐, 빌대드, 300번 말일세?"

빌대드는 성서를 놓고 엄숙하게 필레그 쪽을 보았다. "필레그 선장, 자네의 마음은 너그럽네만 이 배의 다른 선주들에 대한 의무라는 것도 생각해 주어야 하네. 과부나 고아 같은 많은 사람들을 말일세. 만약 이 젊은이의 배당을 분별없이 너무 많이 주면 그 과부나 고아 빵을 빼앗는 게 되네. 필레그 선장, 777번이야!"

"이봐, 빌대드!" 필레그는 고함을 치고 벌떡 일어나 선실 내부를 삐걱거리며 걸어다녔다. "빌대드, 웬만큼 해 두게! 이런 일에 자네가 하는 말을 들어 왔더라면 지금쯤 내 양심은 케이프 혼을 회항하는 어떤 큰 배라도 가라앉혀 버릴 만큼 무겁게 내리눌려졌을 걸세."

"필레그 선장." 빌대드는 매우 차분했다. "자네의 양심이 한 길정도로 깊은지 열 길 정도 깊은지 나는 모르네. 그러나 자네는 아직 회개하지 않은 몸이니까, 그 양심은 물이 새는 게 아닌가 하고 걱정이 돼서 견딜 수 없네. 마지막에는 몸까지도 가라앉아서 불꽃 튀는 지옥으로 떨어지지나 않을까 하고 말일세, 필레그 선장."

"불타는 지옥! 불타는 지옥이라고! 이봐, 자네 나를 모욕할 셈이군. 이젠 정말 참을 수 없어. 너무 무시하지 말란 말야. 남을 지옥으로 떨어지라니! 그야말로 지옥감이군 그래. 제기랄, 괘씸하군! 빌대드, 어디 다시 한번 내게 말해 보게. 분통이 터지는군——나는, 나는 그래 산양을 털도, 뿔도 뽑지 않고 통째로 삼켜 버리겠어. 신앙있는 체하는 우중충한 얼굴의 쓸모없는 놈, 나가 버려! 냉큼 나가버리란 말야!"

필레그가 이렇게 고함을 치면서 빌대드에게 덤벼들자 이때 빌대드는 놀라 우리만큼 민첩하게 몸을 비켜서 미끄러지듯 달아나 버렸다.

나는 배의 대표 책임자들 사이에 벌어진 무시무시한 싸움에 기겁하여 이런 괴상한 선주와 엉성한 통솔자의 배에 타고자 하는 생각이 반쯤 없어졌다. 그래서 필레그의 분노에서 벗어나려고 하는 빌대드에게 도망갈 길을 터 주고자 문 옆으로 비켜섰다. 그런데 놀랍게도 빌대드는 다시 가름대에 아주 조용히 걸터앉았는데, 달아나려는 생각은 조금도 없는 눈치였다. 회개하지 않는 필레그와 그의 행동에 익숙해 있었던 모양이다. 한편 필레그는 노여움을 토해 버리자, 이제 아무것도 남아 있지 않다는 표정으로 어린 양처럼 앉아서 다만 가느다란 떨림 속에 흥분의 여운을 간직하고 있을 뿐이었다. "휴!" 잠시 후 필레그가 휘파람을 불었다. "아마 질풍은 바람부는 쪽으로 방향을 잡은 모양이군. 빌대드, 자네는 창을 뾰족하게 가는 데 명수 였지? 어디 펜을 고쳐 주지 않겠나? 내 칼을 숫돌에 갈아야겠는걸. 빌대드, 고맙네. 그런데 젊은이, 이스마엘이라 했던가? 그런데 말일세. 이스마엘, 자넨 300번 배당으로 배를 타는 게 좋겠어."

"필레그 선장님." 나는 말했다. "또 한 사람 배를 타고 싶어 하는 친구가 있습니다만, 내일 데리고 와도 괜찮겠습니까?"

"그래, 그래." 필레그가 말했다. "데리고 오면 만나 보세나."

"그 사람의 배당은 어떻게 할 셈인가?" 빌대드는 열심히 읽던 성서에서 눈을 떼면서 불만스럽게 말했다.

"그런 것은 걱정할 것 없네, 빌대드." 필레그는 그렇게 말하고 나를 쳐다보았다. "고래를 잡아 본 사람인가?"

"수없이 많이 잡아 본 사람입니다. 필레그 선장."

"좋아, 그렇다면 데리고 오게."

이리하여 나는 서류에다 서명한 후 배에서 내렸다. 오늘 아침의 일은 잘 되었을 뿐 아니라, 이 피쿼드 호야말로 퀴퀘그와 나를 저 멀리 케이프 혼으로 데려가기 위해서 요조가 마련한 배임에 틀림없는 확신이 들었다.

그러나 얼마쯤 가다가 이번 항해의 선장을 아직 보지 않았구나 하는 생각이 퍼뜩 들었다. 물론 대부분의 경우 포경선이란 완전히 준비를 갖추고 선원들을 태운 뒤에야 선장이 비로소 나타나서 지휘를 하는 모양이다. 왜냐하면 이러한 항해는 장기간에 걸치는 일이 많고 고국에 상륙하는 기간은 아주 짧으므로 선장에게 가족이 있다든가 그밖에 마음을 쓸 일이 있다든가 할 때에는 정박 중인 배에 대해 그다지 상관하지 않고 완전히 출범할 준비가 될 때까지는 선주들에게 일임한다. 그러나 그렇다 해도 돌이킬 수 없게 되기 전에 몸을 맡길 상대를 보아두는 편이 더 좋겠다는 생각이 들었다. 나는 되돌아와서 필레그 선장에게 다가가 에이허브 선장은 어디에 있느냐고 물었다.

"뭣 때문에 자넨 에이허브 선장을 만나고 싶어 하는 건가? 괜찮네. 자넨 이 배에 타는 거니까."

"그야 그렇지만 만나 뵙고 싶습니다."

"그러나 지금은 안 될 걸세. 어쩐 일인지 나도 잘 모르네만 집안에 꼭 박혀 있다네. 앓는 것 같지도 않지만 글쎄 그런 건지도 모르지, 아니 정말은 병이 아니야. 그러나 정상이라고 할 수도 없지. 아무튼 젊은이, 그 사람은 나조차도 그다지 만나려 들지 않으니까 자네는 더욱 만나지 않을 걸세. 에이허브 선장을 괴상한 사람이라고 하는 사람도 있지만 좋은 사람이지. 자네도 아주 좋아할 걸세. 걱정 없네, 걱정 없어. 신을 두려워하지 않는 훌륭하고도 숭고한 사람이야. 말은 적지만 말을 하기 시작하면 귀를 기울이게 하는 사람이지. 이봐, 자네도 알아두는 게 좋을 걸세만 그 사람은 보통 사람이 아니야. 식인종들 속에도 들어갔고 대학교에도 다닌 일이 있었던 사람이지. 바다의 신비보다도 더 깊은 것을 알고 있고, 고래보다 더 강하고 무서운 적을 향해서도 불같은 창을 휘둘러 왔어. 그 사람의 창! 우리 섬에서도 그토록 세고 확실한 창은 없을걸. 아니, 아니 빌대드 선장 따위와는 다르단 말이야.

아니 필레그 선장과도 달라. 그야말로 '에이허브'지. 옛날의 에이허브는 임금이었다는 것을 알고 있겠지?"
 "아주 나쁜 임금이었어요. 그 나쁜 임금 (「열왕기 상」제22장)이 살해되었을 때 개조차 그 피를 핥지 않았지요?"
 "이봐, 이리 잠깐만 오게, 이리로." 필레그 눈에 심상치 않은 빛이 보여서 나는 깜짝 놀랐다. "이봐, 이봐, 피쿼드 위에서 그런 말을 하는 게 아니야. 어디에서도 말하지 말게. 에이허브 선장 스스로가 그 이름을 붙인 게 아니야. 미친 사람 같던 과부 어머니가 어리석고 무식하여 멋대로 붙인 거라네. 그가 만 한 살이 되었을 때 세상을 떠났지. 게이 헤드에 사는 티스티그라는 인디언 노파가 한 말에 의하면 그 이름은 예언이 되어 있었다는 거야. 아니, 노파 같은 말을 하는 바보 친구들이 더 있는 모양이야. 그러나 자네에게 말해 두겠네만 그런 말은 모두 거짓말일세. 나는 훨씬 옛날에 항해사로서 함께 배를 탄 일이 있어 에이허브 선장을 잘 아네만, 어떤 사람이냐 하면 훌륭한 사람이지. 빌대드같이 신심이 깊은 사람은 아니고, 나처럼 신심이 없는 말을 마구 하지만 착한 사람이지. 그러나 우리보다는 훨씬 큰 인물이야. 그래 그래, 언제나 우울한 얼굴이라는 것도, 이번에 돌아올 때 잠시 정신이 돌아버렸다는 것도 사실이지만 그렇게 된 것도 피를 뿜어내는 다리의 절단한 곳이 몹시 아팠기 때문이라는 것은 누구나 다 알고 있어. 지난번 항해에서 저 죽일 놈의 고래에게 다리를 잃고 난 뒤로는 화를 잘 내게 되었지. 미친 것처럼 화를 내고 난폭하게 구는 것도 사실이지만 그것도 언젠가는 없어지겠지. 그래서 꼭 한번만 자네에게 말해 두겠네만, 화를 잘 내는 훌륭한 선장을 따르는 편이 벙글벙글 웃는 시원찮은 선장을 택하는 것보다 더 좋은 일일세. 잘 가게, 젊은이. 이름이 나쁘다고 에이허브 선장의 욕은 하지 말게나. 그리고 그에겐 아내가 있다네. 결혼하고 항해에 나간 건 세 번밖에 안 돼. 귀엽고, 체념할 줄 아는 처녀 같은 여자지. 생각해 보게나, 그 귀여운 처녀가 그 나이 많은 사람의 아이를 낳았단 말일세. 그리고 보면 에이허브에게는 무서워서 어쩔 도리가 없다고 할 정도의 일은 조금도 없다는 것을 알 걸세. 아니, 아니, 벼락을 맞을 정도로 신을 두려워 않는다 해도 에이허브에게도 인정은 있다네."
 걸어가면서 나는 생각에 잠겼다. 뜻밖에도 에이허브에 대해 알게 되어 그를 생각하니 어떤 막연하고 격렬한 고통에 가슴이 죄어 왔다. 그리고 그에게 동정과 연민을 느꼈는데, 무참하게 다리를 잃은 것 때문이라는 것은 알지만 그 밖에도 무슨 이유가 있는지는 알지 못했다. 한편으로는 그에 대해서 이상한 두려움을 느꼈다. 그러나 그 같은 감정은 도저히 말로 설명할 수도 없고 두려움이라고 잘라 말할 수도 없는, 다시 말해서 이름붙이기도 어려운 것이었다. 아무튼 그런 감정을 느끼면서도 또 한편으로는 비밀에 싸인 듯한 에이허브에 대해 더 많이 알고 싶어서 안달이 났다. 그러나 결국 생각을 다른 방향으로 돌림으로써 에이허브의 어두운 그림자는 마음에서 사라졌다.

제17장
라마단

 퀴퀘그의 '라마단', 다시 말해서 단식과 참회 의식은 종일 계속되었으므로 나는 밤이 될 때까지 그를 방해하지 않기로 했다. 나는 남들의 종교적 의식이 아무리 우스꽝스럽더라도 최대의 존경심을 품기로 하고 있었기에, 설사 독버섯을 숭배하는 개미의 무리가 있다 해도 경멸하지 않을 것이다. 또 이 지상의 어느 곳에서 어떤 사람들이, 다른 혹성에서는 전례가 없는 노예근성으로, 죽은 지주가 아직 그 이름으로 막대한 땅을 빌려주고 있다는 이유만으로 그 흉상 앞에 무릎을 꿇고 절하고 있다 해도 비겁하다고 생각하지 않을 터였다.
 선량한 우리 장로교인들은 이러한 문제들에 관대해야 하며, 이런 대상물에 반쯤은 미친 듯한 자부심을 갖고 있다고 해서 이교도 같은 사람들에 비해 우리 자신들이 월등하게 우수하다고 생각해서는 안 된다. 지금 여기에 있는 퀴퀘그란 사람이 요조와 라마단에 대해서 아주 기괴한 신앙을 지니고 있는 것은 사실이다. 그러나 그게 어쨌다는 건가? 퀴퀘그는 자기의 신앙에 통달해 있다고 생각하는 모양이었다. 만족하고 있는 듯하니 그대로 내버려 두면 되지 않겠는가? 그와 종교에 대해 토론을 한다 한들 무슨 소용이 있겠는가? 내버려두기로 하자. 신이여, 장로교파이건 이교도이건 묻지 말고 우리에게 모든 자애로움을 내려 주옵소서. 우리는 모두 머리가 어떻게 된 모양이니 절실히 고칠 필요가 있나이다.
 해질 무렵 그의 수행 예배도 모두 끝났으리라고 생각되었기 때문에 방으로 가서 문을 두드려 보았다. 대답이 없었다. 열어 보려 했으나 안으로 잠겨 있었다. "퀴퀘그" 하고 조용히 열쇠 구멍으로 불러 보았다. 잠잠하였다. "이봐, 퀴퀘그! 왜 잠자코 있는 거야? 나야, 이스마엘일세." 그러나 여전히 아무런 소리도 없었다. 나는 불안해졌다. 무척 오래 내버려 두었기 때문에 그 동안에 졸도라도 한 것이 아닐까? 열쇠 구멍으로 들여다보았으나 문은

방 한쪽 구석 모퉁이를 향하여 있었으므로 그 구멍으로는 왼편의 사물들이 약간 뒤틀려 보일 뿐이었다. 침대의 발판 일부분과 벽의 가는 줄뿐 그밖에 아무것도 없었다. 놀랍게도 그 벽에 퀴퀘그의 작살자루가 세워져 있는 것이 보였는데 이것은 분명히 어젯밤 우리가 방으로 들어오기 전에 부인이 뺏어서 맡아둔 물건이었다. 이상했다. 그러나 아무튼 작살은 거기에 세워져 있고 그는 그것을 갖지 않고 외출하는 일은 전혀 없으니까 그가 방안에 있음은 분명했다.

"퀴퀘그, 퀴퀘그!" 그래도 여전히 조용했다. 무슨 일이 일어났음에 틀림없었다. 졸도일까! 나는 문을 부수려 했지만 그 문은 꿈쩍하지도 않았다. 계단을 뛰어 내려가 가장 먼저 눈에 띈 하녀에게 재빨리 이 의심적은 상황을 말했다.

"어머나, 저런." 하녀는 외쳤다. "저도 어쩐지 이상하다고 생각했어요. 아침식사가 끝나고 침대를 치우려고 갔더니 문에 자물쇠가 잠겨 있고 쥐새끼 소리조차도 들리지 않더군요. 그러고 나선 줄곧 이렇게 조용했어요. 그렇지만 두 분이 나가시면서 짐을 안전하게 보관하려고 그랬는지 모른다고 생각했어요. 어마, 어마, 하느님! 아주머니! 사람이 죽었네! 허시 아주머니! 졸도예요!" 하녀는 이렇게 외치면서 부엌으로 뛰어 들어갔고 나도 그 뒤를 쫓아갔다.

곧 허시 부인이 부엌에서 하던 일을 팽개치고 또 흑인 급사를 꾸짖던 일도 멈추고 한 손에 겨자 단지를, 또 한 손에 식초병을 든 채로 총총히 달려다.

"헛간은 어디지!" 나는 외쳤다. "어디요? 부탁이오! 문을 부수고 열어야겠소. 도끼! 도끼! 졸도야, 틀림없이 졸도야!" 이렇게 소리치면서 분별력도 잃고 빈손으로 계단을 뛰어 올라가는데 허시 부인이 겨자 단지와 식초병을 들고 해리 같은 표정을 지으며 가로 막았다.

"도대체 무슨 일이에요, 젊은 양반!"

"도끼를 부탁해요! 제발 부탁이니 누가 의사를 불러 주어요. 그 사이에 문을 부숴서 열 테니까."

"뭐예요, 도대체?" 부인은 한 손을 자유롭게 하려고 급히 식초병을 내려놓으면서 말했다. "뭐예요? 당신은 우리 문을 부수겠다는 건가요?" 하고 내 팔을 움켜쥐었다. "왜 이래요? 무슨 일인가요? 선원 양반?"

나는 될 수 있는 대로 침착하게 그러나 재빨리 자초지종을 알렸다. 그녀는 무의식적으로 식초병을 코 한쪽에 비벼대면서 잠시 생각에 잠겨 있더니 대뜸 소리를 질렀다. "그렇군! 거기에 놓은 뒤론 보지 못했어요." 그녀는 계단 층계참 밑의 조그마한 벽장으로 달려가서 그 속을 들여다보더니 퀴퀘그의 작살이 보이지 않는다고 했다. "자살한 거야." 그녀는 외쳤다. "불운의 스틱스에게 생긴 일이 또 벌어진 거야――또 홑이불이 한 장 못쓰게 됐구나. 죽은 사람의 어머니에게 자비를 내리소서, 하느님. 나는 또 망했구나. 그 불쌍한 남자에게 누이동생이 있을까? 어디에 살지? 자아 베티, 페인트공 스널즈에게 가서 간판을 써달라고 해라. '이 집에서 자살하면 안 됨. 객실에서 담배피우지 말 것'이라고 말야. 돌 한 개로 새 두 마리를 잡는 게 낫지. 자살했다고? 그 사나이의 영혼에 자비를 베풀어 주옵소서, 하느님. 아니, 저 소리는 뭐죠? 이봐요, 기다려요!"

그녀는 내 뒤를 따라 달려 올라와서 무리하게 문을 열려는 나를 붙잡았다.

"그러면 안 돼요. 우리 집을 부서지게 하는 것을 가만 놔둘 줄 알아? 열쇠 집에 갔다 와요. 1마일쯤 가면 있어요. 잠깐!" 그녀는 옆 주머니에 손을 집어넣었다. "이 열쇠가 맞을지도 몰라요, 자아." 부인은 그 열쇠를 집어넣고 돌렸지만 퀴퀘그가 건 빗장은 안에서 꿈쩍도 하지 않았다.

"부숴야겠어요." 나는 그렇게 말하고 문 쪽으로 조금 뛰어가 그 여세로 밀려고 하자 부인은 내 몸을 붙잡고 집을 부수게 하지 않겠다고 악을 썼다. 나는 그녀를 밀쳐 내고 온몸을 문에 쾅 하고 부딪쳤다.

굉장한 소리를 내면서 문이 열리자, 손잡이가 벽에 부딪치면서 회반죽이 천장으로 날아올라갔다. 맙소사! 퀴퀘그는 방안에 있었다. 요조를 머리 위에 올려놓고 침착하고 냉정하게 방 한가운데에서 쪼그리고 앉아 있었다. 전혀 눈길을 돌리지 않고 생명이 없는 조각처럼 앉아 있었다.

"퀴퀘그." 그에게 가까이 다가 가면서 나는 불렀다. "퀴퀘그, 무슨 일이 있나?"

"설마 하루 종일 이렇게 하고 앉아 있었던 건 아닐 테지요?" 부인이 말했다.

그러나 모두가 뭐라고 떠들어도 그에게서 한 마디 말도 끌어낼 수는 없었다. 그의 몸을 밀어서 자세를 바꿔 주고 싶다는 생각까지 들었다. 참으로 괴롭고 거북한 모양새였고 아무리 생각해도 벌써 여덟 시간이나 열 시간동안 한 끼 식사도 하지 않고 그렇게 앉아 있었다는 것은 도저히 참아낼 수 없는 일이라고 생각했기 때문이었다.

"허시 부인." 나는 말했다. "아무튼 살아 있었군요. 그러니까 부디 나가 주십시오. 이 묘한 사건은 제가 처리할 테니까요."

부인을 내보내고 문을 닫자 퀴퀘그에게 의자에 앉으라고 말해 보았다. 그러나 허사였다. 그냥 거기에 앉아 있을 뿐이었다. 내가 온갖 방법으로 달래어 보았으나 꼼짝도 하지 않고 한마디도 하지 않았으며 나를 돌아보지도 않았다. 내 존재도 알아채지 못한 것 같았다.

만일 이것이 그의 라마단의 일부를 이루고 있는 것이라면 그 본고장인 섬에서도 이렇게 웅크리고 앉아 단식을 할지도 모르겠구나, 하고 나는 생각했다. 그럴 것이다. 이것이 그의 신조일 것이다. 그렇다면 이대로 내버려 두자. 언젠가는 일어나겠지. 영원히 계속될 것도 아니다. 하느님을 찬양할지어다. 그의 라마단은 1년에 한 번뿐이고, 게다가 시기가 정해져 있는 것도 아니리라고 생각되었다.

제17장 라마단

나는 저녁 식사를 하러 내려갔다. 시간이 흐르는 것도 잊고 '플럼 푸딩 항해'(적도 이북의 대서양 근해에서만 스쿠너나 쌍돛배로 고래잡이를 하는 것)라는 것에서 막 돌아온 몇몇 선원들에게서 긴 이야기를 듣고 있는 사이에 벌써 11시가 가까워져 있었다. 지금쯤은 퀴퀘그도 이미 라마단을 끝냈을 게 틀림없다고 생각하면서 2층으로 자러 올라갔다. 그런데 아니었다. 여전히 그는 내가 방을 나올 때 앉아 있던 자리에서 조금도 움직이지 않고 있었다. 차차 참을 수 없는 놈이라고 생각되기 시작했다. 하루 내내 줄곧 추운 방에 웅크리고 앉아서 나뭇조각을 머리 위에 받들고 있다니, 참으로 바보 같은 미친 짓이라고밖에 생각할 수 없었다.

"제발 부탁이야, 퀴퀘그. 일어나 움직이게나. 일어나서 저녁 식사를 하면 어떻겠나? 배가 고파서 죽어버릴 거야." 그러나 한마디의 대답도 없었다.

모든 것을 단념해 버리고 나는 잠자리에 들기로 했다. 그러면 틀림없이 그도 곧 내 말을 따를 것이다. 그러나 잠자리에 들어가기 전 나는 곰가죽 재킷을 벗어 그에게 덮어 주었다. 밤기운은 점점 내려갈 낌새였고, 그는 여느 때의 짧은 재킷 바람이었기 때문이었다. 그러나 아무리 애를 써보아도 한동안은 조금도 잠을 잘 수가 없었다. 촛불은 꺼버렸으나, 불과 4피트도 떨어지지 않은 곳에 퀴퀘그가 추위와 어둠 속에 혼자서 불편한 자세로 앉아 있다고 생각하니 정말 견딜 수 없는 마음이 되었다. 생각해 보라. 완전히 깨어 있는 정신으로 웅크리고 앉아 이 음울하고 기괴한 라마단을 하고 있는 이교도와 한방에서 자는 것을 말이다.

그러다가 깜박 잠이 든 모양으로 그 후부턴 아무 기억도 없는데 새벽에 침대 옆을 내려다보니 그곳에 퀴퀘그가 마룻바닥에 못 박아 놓은 것처럼 웅크리고 앉아 있었다. 그러나 창문에서 햇살이 비쳐들자마자 퀴퀘그는 온몸의 마디마디가 쑤시고 아플텐데도 얼굴에는 명랑한 빛을 띠고 일어나더니 누워 있는 내 곁으로 뛰어와 내 이마에 얼굴을 비비면서 라마단이 끝났다고 말했다.

전에도 말했듯이 누가 어떤 종교를 받들고 있든 자기와 신앙이 같지 않다고 해서 죽이거나 모욕하거나 하지 않는 한 나는 반대할 아무 이유가 없다고 생각한다. 그러나 어떤 사람의 종교가 정말 광기를 띠어 역력히 그 몸을 해칠 때, 다시 말해서 그 종교가 우리들의 세계를 머물고 싶지 않은 불편한 여인숙으로 만들 때에는 그 사람을 가까이 불러 논쟁할 때라고 생각했다.

그래서 퀴퀘그에게도 마찬가지로 그렇게 했다. "퀴퀘그, 자아, 침대에 들어와 누워서 내가 하는 말을 듣게." 나는 우선 원시 종교의 발생과 진보에서부터 현대의 여러 종교에 이르기까지 설명하기 시작했다. 그 사이 사이 퀴퀘그에게 사순제니 단식제니 혹은 황량하게 추운 방에서 오래 웅크리고 앉아 있는 것 등은 절대로 무의미한 일이고, 건강에도 해롭고 영혼에도 무익한 만큼 결국 상식적인 건강 법칙에 위배되는 것이라고 설득했다. 또 자네는 다른 일에는 참으로 보기 드문 분별과 지혜를 가진 야만인인데 이 우스꽝스러운 단식제만큼은 어떻게 그리 어리석은가 싶어 참으로 견딜 수가 없다, 라고 했다. 또 단식은 몸을 여위게 하니까 정신도 여위게 할 거고 따라서 단식에서 생기는 어떤 사상도 틀림없이 영양 부족일 거다, 그러니까 소화불량에 걸린 대부분의 종교인들이 내세에 대하여 참으로 우울한 관념을 품는 것은 그 때문이라고 말했다. 나는 다소 산만하게, 한마디로 말이야, 퀴퀘그, 지옥이란 찐 사과를 먹고도 소화불량에 걸린 자들에게서 처음으로 생겨난 관념이었고, 그것은 단식제가 만들어 낸 위장병 환자에 의해 대대로 계승된 것이라네, 하고 말했다.

그리고 퀴퀘그가 잘 알아듣도록 그 관념을 쉽게 표현하기 위해 자네는 배를 앓아 본 일은 없나, 하고 물었다. 그랬더니 지금도 잊혀지지 않는 단 한 번 외에는 없다고 그는 대답했다. 그 한 번이란 그의 부왕이 큰 전쟁에 이겨서 오후 2시께까지 50명의 적을 죽이고 그날 밤 즉석에서 모두 요리해 먹고 난 큰 잔치 뒤의 일이었다.

"그만 됐네, 퀴퀘그." 나는 떨면서 말했다. "그 정도면 됐어." 그 이상 듣지 않아도 모든 것을 알 수 있었다. 그 섬을 찾아간 일이 있는 한 선원을 나는 만난 적이 있었는데, 그 사나이의 말로 그 섬에서는 싸움에 이긴 뒤의 관례로 승자의 광장이나 정원에서 죽은 사람을 모조리 통째로 구워서 하나씩 커다란 나무 쟁반에 담아 필라프처럼 빵나무의 열매나 야자열매를 사이에 곁들이고 그 입속에 파슬리 잎을 넣어 승자의 인사말을 곁들이면서 마치 이 선물이 크리스마스의 칠면조나 되듯이 친구들에게 나누어준다는 것이었다.

결국 나의 종교론이 퀴퀘그에게 깊은 인상을 주었다고 생각되지는 않는다. 왜냐하면 첫째로, 그는 종교란 중대한 문제에 관해서는 제 의견 이외에는 듣기 좋아하지 않는 것 같았다. 둘째로 아무리 나의 관념을 쉽게 풀어 말한다 해도 그는 3분의 1도 이해하지 못했다. 셋째로, 그는, 참다운 종교라는 것에 대해 나보다 잘 알고 있다는 확신을 갖고 있는 듯 했다. 일종의 연민의 정을 담고 나를 바라보며, 이런 영리한 젊은이가 이단적인 복음의 신앙에 빠져있다니 얼마나 한심한 일인가 생각하고 있는 모양이었다.

이윽고 우리는 일어나서 옷을 입었다. 퀴퀘그는 아침 식사로 온갖 종류의 차우더를 정신없이 먹어 치웠다. 그렇기는 해도 주인 여자는 그의 단식으로 말미암아 크게 이익을 보지는 못했을 것이다. 우리는 밖으로 나와 넙치의 가시로 이를 쑤셔대면서 피쿼드 호 쪽으로 어슬렁어슬렁 걸어갔다.

제18장
서명

작살을 짊어진 퀴퀘그와 내가 배 쪽을 향해 부둣가 끝으로 걸어가고 있을 때 배의 천막에서 필레그 선장이 거친 목소리로, 뭐야, 자네 친구가 식인종이라고는 생각하지 못했어, 라고 소리치며 이 배에는 미리 서류를 제출하지 않은 식인종은 태울 수 없다고 했다.

"필레그 선장, 그건 무슨 뜻인가요?" 나는 부둣가에 세워 놓은 채 뱃전으로 뛰어올라가며 그에게 물었다.

"서류를 내놓으란 말일세" 필레그가 대답했다.

" 그러니까." 빌대드 선장이 쉰 목소리로 필레그의 천막 뒤에서 얼굴을 내밀며 말했다. "개종한 증거가 필요해." 그러고 나서 퀴퀘그 쪽을 돌아보며 덧붙였다. "어둠의 자식 같으니라고, 현재 어떤 그리스도 교회에 속해 있나?"

"그야 '제일 조합 교회'의 일원이죠" 내가 나섰다. 여기서 말해 두겠는데 낸터킷의 배를 타는 문신한 야만인들은 대부분 결국은 교회에 들어가서 개종한 사람들이다.

"뭐라고! 제일 조합 교회라고! 듀터로노미 콜먼 집사의 교회 신도란 말인가?" 빌대드는 외치면서 안경을 꺼내어 크고 누렇게 날염된 손수건으로 소중한 듯 닦아 쓴 후, 천막 밖으로 나와 뱃전에 뻣뻣이 몸을 기대고 한참동안 유심히 퀴퀘그를 지켜보았다.

"언제부터 일원이 되었나?" 그러고 나서 내쪽으로 몸을 돌리며 말했다. "이봐, 그다지 오래지는 않았을 테지?"

"그럴 거야." 필레그도 말했다. "정식 세례는 받지 않았을 거야. 세례를 받았다면 그 악마 같은 검은 얼굴빛이 다소 씻겨졌을 게 아닌가."

"이봐, 말해 봐." 빌대드는 외쳤다. "이 이교도가 듀터로노미 집사의 정식

회원이라고? 난 주일마다 그 앞을 지나는데 한 번도 그 근처에서 본 적이 없는걸."

"난 듀터로노미 씨니 그 예배니 하는 것은 모릅니다." 나는 말했다. "내가 아는 건 이 퀴퀘그가 날 때부터 '제일 조합 교회' 회원이었다는 사실입니다. 이 퀴퀘그야말로 집사입니다."

"이봐, 젊은이." 빌대드는 엄하게 나무랐다. "자네는 나를 속일 생각이군 그래. 말해, 어느 교회인지 말하라구."

궁지에 몰린 나는 대답했다. "말씀드리죠. 빌대드 선정님도 나도, 필레그 선장님도 이 퀴퀘그도, 우리 모두, 그리고 우리 어머니들의 모든 자식들과 그 영혼이 속해 있는 태고 이래의 전통 교회입니다. 신을 숭배하는 온 세상 사람들이 만들어낸 영원하고 위대한 조합입니다. 우리들은 모두 그 조합원입니다. 다만 일부 사람들이 요즘 그 훌륭한 신앙을 이상하게 곡해해 버린 겁니다. 우리가 모두 손을 잡는 것이 그 훌륭한 신앙입니다."

"손을 잡는다, 손을 잡는다는 말인가." 필레그가 외치며 다가왔다. "이봐 젊은이, 선원이 되는 것보다도 배의 목사가 되는 편이 좋겠군. 이런 훌륭한 설교는 들은 일이 없는걸. 듀터로노미 집사, 아니 매플 목사 같은 사람이라도 못 당하겠는걸. 자아, 타게나, 타라구, 서류 걱정은 하지 말게. 이봐, 거기 있는 퀴호그——뭐라 했더라? 그 퀴호그도 올라오라고 하게. 이거 굉장한 작살을 갖고 있군 그래! 상당한 물건인 모양인데, 게다가 솜씨도 나쁘지 않겠는걸. 이봐, 퀴호그인지 뭔지 하는 놈, 고래잡이 보트 뱃머리에 서 본 일이 있나? 고래를 콱 찔러 본 일은 있나?"

퀴퀘그는 한 마디도 하지 않은 채 거친 태도로 뱃전에 뛰어올라 배 옆에 매달린 포경 보트의 뱃머리로 뛰어 올라타더니 왼쪽 무릎으로 버티고 작살을 겨누면서 이렇게 고함을 질렀다.

"선장님, 저기 저 물에 조그만 타르의 방울이 보이죠? 보이죠? 됐어, 저게 고래의 한쪽 눈이야, 좋아, 자앗!" 그가 작살을 정확하게 겨누어 빌대드의 차양 넓은 모자 위로 휙 던지자, 작살은 갑판 위를 깨끗하게 가르고 지나가 저 멀리 반짝이는 타르 방울에 부딪쳤다.

"보라고." 조용히 밧줄을 잡아당기면서 퀴퀘그가 말했다. "저게 고래 눈이다. 저 고래는 죽었다."

"빌대드, 빨리 해." 필레그가 제 머리 위로 아슬아슬하게 날아간 작살에 기겁을 해서 선실 입구 쪽으로 물어나 있던 빌대드 선장에게 말했다. "이봐 빌대드, 빨리 하라니까, 서류를 서둘러. 저 헤지호그(고슴도치), 아니 쿼호그(대합)란 놈, 우리 보트에 태워야 해. 이봐 쿼호그, 90번 배당이야. 이 낸터킷에서 작살잡이에게 그런 배당을 한 적은 없어."

이렇게 하여 우리는 선실로 내려갔다. 퀴케그가 그곳에서 바로 같은 배의 선원으로 편입된 것은 커다란 기쁨이었다.

드디어 필레그는 서명에 필요한 모든 준비를 마치고 나서 나를 보고 말했다. "쿼호그는 글을 쓰지 못할 테지. 이봐 쿼호그, 넌 이름을 쓸 텐가? 표시를 할 텐가?"

퀴케그는 지금까지 두서너 번 이런 의식에 접한 일이 있었던 모양으로 그 말을 들어도 조금도 당황하지 않고 건네주는 펜을 잡더니, 지면 적당한 곳에 그의 팔에 있는 기괴하고 둥근 모양의 문신과 꼭 같은 것을 그렸다. 그래서 그 서명은 필레그가 고집스럽게 잘못 부른 쿼호그란 이름과 더불어 대략 다음과 같은 것이 되었다.

his Quohog ∞ mark

그동안 빌대드 선장은 유심히 퀴케그를 지켜보고 있더니 이윽고 엄숙한 표정을 지으며 일어나서 옷자락이 넓은 윗도리의 큰 호주머니를 뒤져서 한 뭉치의 책자를 꺼내 그중에서 '종말의 날은 다가온다. 시간이 얼마 남지 않았다'라는 제목이 붙은 것을 퀴케그에게 건네준 다음, 그 손과 책을 함께 붙잡고 퀴케그를 진지하게 응시하며 말했다.

"어둠의 자식이여, 나는 그대에 대한 의무를 다하겠다. 나는 이 배의 공동 선주이므로 선원 모두의 영혼에 대해서 소홀히 할 수 없다. 그대가 만일 아직도 그 사교(邪敎)에서 개종하지 않았다면…… 슬프게도 그럴 거라고 짐작하는데, 간곡히 부탁한다. 언제까지나 악마의 종노릇을 하는 것은 그만두어 달라고, 우상의 마신(魔神), 소름끼치는 악의 용을 쫓아내고 다가올 신의 노여움에서 달아나라고, 자신의 눈을 조심하라고 말이다. 오오, 자비로운 신이시여! 불타는 지옥에서 키를 돌려라…….”
　빌대드 노인의 말속엔 바다의 짠내가 아직 남아 성서의 말과 일상생활에서 쓰는 말이 뒤섞여 있었다.
　“그만, 그만해, 빌대드. 우리 작살잡이가 형편없어지겠군.” 필레그가 외쳤다. “믿음이 깊은 작살잡이가 훌륭한 항해를 한 적은 없지. 상어 같은 날카로움이 사라져 버리거든. 상어 같은 맛이 없는 작살잡이는 한푼의 가치도 없지, 옛날에 냇 스웨인이라던 젊은 놈이 있었지 않은가? 낸터킷에서 비니야드까지를 통틀어 가장 용감한 작살잡이였는데, 교회에 나가나 했더니 못쓰게 되어 버렸다네. 자신의 죄짓는 영혼을 몹시 두려워하여 고래만 보면 몸을 움츠리고 피하기만 했다네. 그 고래를 쫓다가 바다 속에 떨어지면 바다의 악령에게 붙잡혀 버릴거라고 하면서 말야.”
　“필레그! 필레그.” 빌대드는 눈을 치뜨고 두 손을 쳐들었다. “자네도 나도 위험은 한없이 겪어 왔으니까 죽음의 공포가 어떤 것인가를 모를 리가 없는데, 어쩌자고 또 그런 신을 두려워하지 않을 말을 하는 건가? 필레그, 자네는 자기의 마음을 속이고 있네. 생각해 보게나, 다름 아닌 바로 이 피쿼드 호가 일본 섬 가까이에서 태풍에 돛대가 셋이나 부러졌을 때 자네도 에이허브 선장과 함께 탔을 터인즉, 그때 죽음과 심판에 대해서 생각하지 않았나?”
　“이것 참 우스운데.” 필레그는 두 손을 주머니에 깊숙이 찔러 넣으면서 선실을 가로질러 걸었다. “허, 괴상한 소리 다 들어 보겠군. 도대체 무슨 말을 하는 건가? 당장에라도 배가 가라앉으려 하는 판에 죽음과 심판이 어쨌다는 건가? 돛대 세 개가 쉴 새 없이 뱃전에 천둥 같은 소리를 내며 부딪치고 앞에서도, 뒤에서도 파도가 머리 위로 덤벼들려고 하는 판에 죽음과 심판을 생각하란 말인가? 아니, 그럴 겨를은 없었는걸. 목숨에 대해서만은 에이허브도 나도 생각했지. 어떻게 하면 모두 살아나겠나, 어떻게 하면 임시 돛대를 세워서 가장 가까운 항구로 들어갈 수 있겠나, 하고 말일세. 그것만은 나도 생각했다네.”
　빌대드가 한마디도 대꾸하지 않고 단추를 채우고 갑판으로 걸어가자 우리도 그를 따라 나갔다. 그러자 빌대드는 중앙 갑판에서 횡범을 수리하고 있는 한 선박 수리공을 조용히 바라보면서 이따금 몸을 굽혀 헝겊 조각이라든가 타르를 칠한 끈 실이 못쓰게 되지 않도록 줍고 있었다.

제19장
예언자

"자네들, 저 배를 타는 건가?"

퀴퀘그와 내가 피쿼드 호를 나와 잠시 제 나름의 생각에 잠긴 채 바닷가에서 한참 떨어진 곳을 거닐고 있을 때 낯선 사나이가 말을 걸었다. 그는 앞에 막아서서 굵은 집게손가락으로 그 배를 가리키고 있었다. 색이 바랜 재킷과 누덕누덕 기운 바지를 입은 초라한 옷차림으로 목에는 누더기 같은 검은 손수건을 감고 있었다. 곰보자국이 온 얼굴에 무늬를 그려, 흐르던 물이 빠져서 말라버린 강의 패이고 갈라진 바닥처럼 되어 있었다.

"저 배로 결정한 건가?" 그 사람은 되풀이했다.

"피쿼드 호를 말하는 게로군." 나는 똑똑히 그 얼굴을 바라볼 기회를 찾으면서 말했다.

"그래 피쿼드, 저기 있는 배 말야." 그는 한 팔을 뒤로 보냈다가 앞으로 밀어내면서 목표물을 겨누고 있는 총검처럼 손가락으로 그 배를 가리켰다.

"응, 조금 전에 계약했네."

"거기서 자네 영혼의 이야기는 나오지 않았나?"

"무슨 이야기?"

"딴은 그렇겠군. 자네들은 갖고 있지 않을 테지." 그가 지체없이 말했다. "그래도 상관없지. 영혼을 갖지 않은 놈들도 많긴 해. 그들에게 행운을 빌어줄 수밖에. 그편이 좋을지도 모르지. 영혼이란 마차의 다섯 번째 바퀴 같은 것이니까."

"이봐 도대체 무슨 말을 지껄이는 건가?" 내가 말했다.

"그래도 그 사람이 다른 사람에게 없는 것을 보충할 만큼 충분히 갖고 있긴 하지." 그는 입을 씰룩거리며 그 사람이라는 말을 묘하게 세게 발음하면서 불쑥 그렇게 말했다.

"퀴퀘그." 나는 중얼거렸다. "가세. 이 친군 어디선가 도망쳐 나온 모양이야. 우리가 모르는 사람에 대해 지껄이고 있는 걸세."

"잠깐만!" 그 사나이는 외쳤다. "딴은 그렇군. 자네들은 아직 천둥영감을 본 적이 없나 보군."

"천둥영감이 누군가?" 그 미친 듯이 진지한 태도에 이끌려서 내가 물었다.

"에이허브 선장 말일세."

"뭐라구? 우리 피쿼드 호의 선장 말인가?"

"그렇다네. 우리 같은 낡은 뱃군들 사이에선 그 이름으로 통한다네. 아직 만나지 않았을 테지?"

"아직 못 만났네. 앓고 있다는데 점점 좋아지는 모양이니까 곧 낫겠지."

"곧 나을 거라고!" 그 사나이는 비웃는 듯한 웃음을 크게 웃었다. "이보라구. 에이허브 선장이 낫는다면 그땐 내 이 왼팔도 나을 걸세."

"그 사람에 대해서 알고 있나?"

"그자들은 뭐라고 가르쳐 주던가? 알고 싶군그래!"

"별로 가르쳐 주지 않았네. 다만 고래잡이의 명수이며 훌륭한 선장이라고 하더군."

"그렇지, 바로 그대로일세. 두 가지 다 틀림이 없어. 그렇지만 말일세, 명령을 받을 때는 펄쩍 뛰어오르고 싶을걸세. 나와서는 짖어대고, 짖고는 들어가지. 그것이 에이허브 선장이니까 말일세. 그러나 꽤 오래 전에 그 사람이 케이프 혼 근처에서 호된 꼴을 당하고 사흘 밤낮을 죽은 사람처럼 누워 있었던 일이며 산타(페루의 향구)의 제단 앞에서 스페인 사람과 결사적인 싸움을 했다는 말은 못 들었나? 못 들었나 보군. 은으로 만든 호리병에 침을 뱉은 이야기도, 전번 항해에선 예언대로 다리를 하나 잃었다는 전설적인 이야기도 못 들었나? 그런 이야기며 다른 이야기 같은 건 조금도 못 들었나? 음, 그럴 거라고 생각은 했지만 무리도 아닐세. 아는 사람이 누구겠나. 낸터킷 사람이라고 모두 다 알고 있지는 않을 거야. 그러나 다리에 대한 것쯤은, 어떻게 다리를 잃었는가 하는 것쯤은 자네들이 모를 리도 없는데, 그것만은 누구나 다 알고 있다네. 그 사람은 다리가 하나밖에 없는데, 향유고래가 다리 하나를 가져가 버렸기 때문이지."

"이봐, 친구." 나는 말했다. "자네가 지껄이는 말은 잘 알 수 없지만 상관없네. 자넨 머리가 좀 어떻게 된 모양이니까. 그렇지만, 저 피쿼드 호의 에이허브 선장의 일이라면 그 사람이 한쪽 다리를 잃은 얘기는 모조리 알고 있네."

"모조리라고? 정말인가? 모조리 안다고?"

"그렇다고 할 수 있지."

피쿼드 호를 가리키면서 그 쪽으로 시선을 보낸 채 이 걸인 같은 사나이는 괴로운 환상에 시달리는 듯 잠시 우뚝 서 있다가, 곧 몸을 돌려서 말했다. "자네들은 타기로 한 거겠지. 종이에 이름을 썼군그래. 그런가? 그래. 쓴 건 쓴 거고, 일어날 일은 일어날 테지. 그리고 또 어쩌면 아무 일도 일어나지 않을지도 모르지. 아무튼 이제는 다 결정된 일이니 말이야. 어느 선원이 되었건 그 사람을 따라가야겠지. 누군가 가지 않으면 다른 누군가가 가야 하는 거야. 잘 가게, 자네들, 잘 가게나, 신성한 하느님의 은총이 내리시길 빌겠네. 걸음을 멈추게 해서 미안하이."

"이봐, 친구." 나는 말했다. "뭔가 중요한 걸 가르쳐 주고 싶다면 더 말하게나. 그렇지만 우리를 놀릴 작정이라면 상대를 잘못 골랐네. 그것만 말해두겠네."

"허, 아주 멋있는 말을 하는군 그래. 난 그런 식으로 말하는 걸 참 좋아하거든. 바로 자네가 그런 사람이군. 잘 가게. 자네들 잘 가라구. 배를 타거든 모두에게 나는 함께 가는 걸 그만두었다고 전해주게."

"이봐, 그렇게 놀리지 말게. 그러기엔 상대가 다르네. 뭔지 굉장한 비밀을 알고 있기라도 한 듯한 얼굴은 누구라도 지을 수 있다네."

"잘 가게……안녕히."

"잘 가게나." 나는 말했다. "자아, 퀴퀘그, 이런 미치광이는 내버려두세. 헌데 이봐, 자네 이름이 뭔가?"

"일라이저 (구약성서의 예언자 엘리야에서 따온 이름. 엘리야는 에이허브의 적임)."

일라이저! 나는 약간 뜨끔했다. 우리는 그 자리를 떠나 제각기 멋대로 이 누더기를 걸친 늙은 선원에 대해서 이야기했으나, 결국 그 사람은 사람을 놀라게 하려는 엉터리 사기꾼일 따름이라는 데에 의견이 일치했다. 그러나 백 미터도 채 못 가서 모퉁이를 돌 때에 뒤돌아보았더니, 일라이저가 상당한 거리를 두긴 했지만 우리의 뒤를 밟고 있지 않은가? 어쩐 일인지 그 모습이 기분 나쁜 느낌을 주었기 때문에 나는 퀴퀘그에게는 그런 말을 한마디도 하지 않았다. 계속 걸어가면서 둘이서 모퉁이를 돌 때 그 사나이도 우리와 똑같은 길로 돌아드는지 신경을 곤두세웠다. 그도 역시 같은 길로 접어 들었다. 우리를 미행하고 있음은 분명했지만 무슨 생각으로 그렇게 하는지는 전혀 짐작도 할 수 없었다. 이런 일을 당하고 보니 그 사나이의 수수께끼 같던 말, 애매하면서도 반쯤은 암시를 주고 반쯤은 진실을 폭로하던 안개에 휩싸인 듯한 말이 떠올라서 피쿼드 호에 대해 막연한 놀라움과 불안감이 생겼다. 그리고 에이허브 선장에 대해서, 그의 잃어버린 다리에 대해서, 케이프 혼에서의 발작에 대해서, 은으로 만든 호리병에 대해서, 어제 배를 떠날 때 필레그 선장이 가르쳐 준 일에 대해서, 인디언 여자 티스티그의 점(占)에 대해서, 우리가 해야 할 항해에 대해서, 그 밖에 여러 가지 불분명한 일들에 대해서도 그러했다.

나는 저 누더기를 걸친 일라이저가 정말로 미행하고 있는지 어떤지를 확인해야 한다고 결심하고, 그럴 생각으로 퀴퀘그를 끌고 길을 가로질러 오던 길로 되돌아갔다. 그러나 일라이저는 우리를 깨닫지 못했는지 그냥 지나쳐 갔다. 나는 마음을 놓았다. 그래서 나는 일라이저의 정체에 대해서 결정적으로, 저놈은 사기꾼이라고 마음속으로 단정했다.

제20장
출항준비

하루 이틀이 지나면서 피쿼드 호의 갑판은 아주 혼잡해 졌다. 낡은 돛이 수선되었을 뿐 아니라 새로운 돛이 운반되고 그 밖에 범포(帆布)나 삭구(索具) 등이 하나 둘 갖추어졌다. 이 배의 준비가 서둘러 마무리 되고 있다는 의미였다. 필레그 선장은 절대 뭍으로 올라가지 않고 천막 안에 앉은 채 선원들을 엄하게 감시하고 있었다. 빌대드는 가게에서 물자를 사들이고 있었다. 선창 일이나 삭구 일을 하는 사람은 밤 늦게까지 열을 올리고 있었다.

퀴퀘그가 서명한 다음 날에 선원들이 묵고 있던 여관마다 통지가 돌았는데 출범은 언제가 될지 모르니 밤이 되기 전에 짐을 실어 놓으라는 것이었다. 그래서 퀴퀘그와 나는 짐을 배에 실었으나 잠은 마지막 날까지 육지에서 자기로 했다. 그러나 이런 경우에는 어지간히 여유를 두고 통고하는 모양이어서 실제로 배가 떠난 것은 며칠 후였다. 그것도 무리는 아니었다. 피쿼드의 출범 준비가 완료될 때까지 해야 할 일은 많았고 마음을 써야 할 일도 수없이 많았다.

한 집의 살림에는 침대, 소스 냄비, 나이프와 포크, 삽과 부젓가락, 냅킨, 호두 까는 집게, 그 밖에도 잡다한 물건이 필요하다는 것은 누구나 다 알고 있다. 고래잡이의 경우도 마찬가지여서 식료품 가게, 행상인, 의사, 빵집, 은행 등은 물론이거니와 멀리 떨어진 바다 한가운데서 버텨낼 3년간의 살림이 필요했다. 물론 상선의 경우도 마찬가지라 할 수 있겠지만, 그것은 포경선에 댈 것이 못 된다. 포경 항해는 매우 장기간의 일이고, 또 고래를 잡는 데에 쓸 특수한 도구가 많이 필요한데, 이것들을 기항하게 되는 먼 항구에서는 교체할 수가 없다. 게다가 포경선은 다른 어떤 배보다도 위험이 많이 따르며, 특히 항해를 성공적으로 이끄는 데에 필수적인 자재가 파손되거나 없어지거나 하는 일을 당하기 쉽다. 그러니까 예비 보트, 예비 목재, 예비 밧

줄과 작살, 예비 무엇무엇까지 다 준비하되 다만 똑같은 배 한 척과 선장만 예비로 준비하지 못할 뿐이다.

우리가 섬에 왔을 때는 이미 쇠고기, 빵, 물, 연료, 쇠고리와 쇠막대 등 가장 무거운 짐은 대부분 실려 있었다. 그러나 앞에서도 잠깐 말했듯, 얼마 동안은 계속해서 크고 작은 종류의 온갖 잡다한 물건들이 배에 실렸다.

이 물건들의 구입과 운반을 주로 맡고 있는 사람은 빌대드 선장의 누이동생인 깡마른 노부인인데 기승스럽고 기력이 좋은, 그러면서도 친절한 사람이어서 피쿼드 호가 일단 바다로 나간 뒤에는 무엇이든지 없다는 말은 나오지 않게 해야 한다고 단단히 결심하고 있었다. 식료품 저장실에 피클을 담은 병을 들여오는가 하면, 1등항해사가 항해 일지를 쓰는 책상 위에 깃털 펜대 다발을 가지고 오고, 또 한번은 누군가의 등이나 허리에 생길 류머티즘을 위해서 플란넬 한 뭉치를 가져왔다. 그 누구도 이 이름에 걸맞는 사람은 없을 것이다. 채러티('자선'이라는 뜻) 아주머니, 사람들은 모두 그녀를 채러티 아주머니라고 불렀다. 자선 단체에서 활동하는 사람처럼 마음이 넓은 이 '채러티 아주머니'는 이 배, 즉 사랑하는 빌대드 오라버니와 관계가 있고 자기도 애써 모은 수십 달러를 투자하고 있는 이 배의 선원 전체의 안전과 쾌적함과 위안을 위해서 손도 마음도 조금도 아까울 게 없는 듯이 여기저기 뛰어다니고 있었다.

그러나 마지막 날에 이 훌륭한 마음씨의 퀘이커 부인이 한 손에 기다란 고래 기름 국자를, 또 한 손에 더욱 기다란 고래잡이 창을 들고 배 위에 나타났을 때는 깜짝 놀라지 않을 수 없었다. 또 빌대드도 필레그 선장도 부인에 못지않았다. 빌대드는 필요한 품목을 적은 긴 종이를 들고 뛰어다니면서 물건이 도착할 때마다 종이 위에 표시를 했다. 그러면 가끔 필레그가 그 고래뼈의 굴, 곧 천막에서 어슬렁어슬렁 나와 아래쪽 뱃간 입구에 있는 사람들에게 고래고래 소리를 지르고, 또 위쪽 돛대 꼭대기의 밧줄에서 일하는 사람들에게도 소리를 지르고, 그러고 나서는 자기 천막 안으로 소리를 지르며 들어갔다.

  이 준비 기간 중에 퀴퀘그와 나는 종종 배를 찾아갔고, 그때마다 에이허브 선장의 용태는 어떤지 또 언제쯤 그가 배를 타게 되는지를 물었다. 그러면 사람들은 선장은 점점 좋아져가니까 오늘 내일이라도 배를 타게 되겠지만 그때까지는 필레그와 빌대드 두 선장이 항해 준비에 필요한 만사를 돌보게 되어 있다고 대답하였다. 만일 내가 스스로에 대해 솔직하게 말한다면, 이 긴 항해에 출항하자마자 절대적인 독재자가 될 사람을 한 번도 보지 않은 채 반쯤은 공상에 빠져서 이 항해에 운명을 걸고 있었음을 뚜렷하게 깨달았어야 했다. 그러나 사람이 어떤 꺼림칙한 것을 눈치 챈 경우 만일 자기가 이미 거기에 끌려들어가 있다면 은연중에 자기 자신에게 조차 그 의혹을 감추려 하게 마련이다. 나의 경우도 그랬다. 나는 아무 말도 하지 않고 또 아무 생각도 하지 않으려 했다.

  드디어 다음날 어느 시간에 틀림없이 배가 출범한다는 통지를 받았다. 다음날 아침 퀴퀘그와 나는 서둘러 출발했다.

제21장
배에 오르다

우리가 부둣가에 도착하자 그때가 6시였는데 잿빛 안개에 싸인 희미한 새벽이었다.
"저 앞쪽으로 선원 몇 명이 뛰어간 것 같아." 나는 퀴퀘그에게 말했다. "그림자는 아닌 것 같아. 배는 해가 뜨기 전에 떠날 모양이야. 서두르자."
"잠깐만!" 이런 목소리가 들렸다. 그 목소리의 주인공은 금방 우리 뒤에 다가와서 어깨에 손을 얹고 둘 사이에 끼어들어와 조금 앞으로 몸을 구부리며 희미한 새벽 어둠 속에서 기분 나쁘게 퀴퀘그와 나를 번갈아 쳐다보았다. 일라이저였다.
"탈 텐가?"
"손을 놓게나." 내가 말했다.
"이봐!" 퀴퀘그도 손을 뿌리치면서 말했다. "저리 가!"
"그럼 타지 않는 거지?"
"아니, 타고말고." 내가 말했다. "그런데 그게 어쨌다는 건가? 일라이저라고 했지? 자네가 지금 치근덕거리고 있다고 생각되는군."
"아니, 아니, 그건 몰랐는걸." 일라이저는 뭐라고 표현할 수 없는 이상한 눈빛으로 천천히 나와 퀴퀘그를 번갈아 보았다.
"일라이저." 나는 불렀다. "부탁하겠네, 나와 이 사나이에게서 떨어져 주지 않겠나? 우린 인도양, 태평양으로 나가는 걸세. 붙잡히는 걸 원하지 않아."
"그런가? 아침 식사 때까지 돌아오지 못할까?"
"이자가 돌았군, 퀴퀘그, 가세" 나는 말했다.
"어이, 어이!" 우리가 몇 걸음 걸었을 때 가만히 서 있던 일라이저가 외쳤다.

"내버려둬! 퀴퀘그, 자아 가세." 나는 말했다.

그러나 그 사나이는 다시금 살그머니 다가와서 갑자기 내 어깨를 두드리며 말했다. "자네, 조금 전에 사람 같은 물체가 저 배 쪽으로 가는 걸 보지 않았나?"

또 뻔히 아는 것을 묻는구나 하는 생각에 나는 이렇게 대답했다. "그래, 네댓 사람 본 것 같네. 그렇지만 어두워서 확실치 않았네."

"어두워, 어두워." 일라이저가 말했다. "잘 가게."

우리는 그에게서 떨어졌다. 그러나 또 한번 그는 조용히 뒤를 따라와 다시 내 어깨에 손을 얹었다. "지금 그것이 눈에 보이는지 한번 보게."

"누구를 보란 말인가?"

"잘 가게, 잘 가게나." 다시 물러서며 그는 말했다. "그래, 나는 자네들에게 충고하려고 했는데……그걸 말이야……그러나 괜찮네, 괜찮아……마찬가지야 마찬가지라니까……안개가 짙은 아침이군. 잘 가게. 당분간 못 만나겠군. '심판'이 있기 전까지는 말이야." 이 미치광이 같은 말과 함께 그는 이번에는 정말로 떠나갔는데, 나는 한동안 제 정신이 있는 사람의 짓이라고 생각할 수 없는 그 주제넘은 짓에 아연할 뿐이었다.

드디어 피쿼드 호의 갑판에 올라갔다. 거기는 다만 깊은 고요에 휩싸여서 사람 그림자 하나 움직이지 않았다. 선장실 문은 안에서 닫혀져 있었고 갑판 입구에는 뚜껑이 덮여 있었으며 감아 놓은 밧줄로 막혀 있었다. 앞갑판에 가 보니 승강구의 문이 열려 있었다. 불빛을 따라 아래로 내려가보니 다 떨어진 선원용 모직 재킷을 두른 늙은 삭구 담당자가 혼자 궤짝 두 개를 나란히 놓은 위에 몸을 길게 엎드리고 머리를 팔로 감싸 안은 채 깊은 잠을 자고 있었다.

"퀴퀘그, 아까 본 사람들은 도대체 어디 갔을까?" 나는 잠든 사나이를 미심쩍게 바라보면서 중얼거렸다. 그런데 부둣가에서 내가 본 사람의 그림자 같은 것을 퀴퀘그는 조금도 알아채지 못한 모양이었다. 일라이저가 말한 것은 분명 내가 본 그 사람의 그림자를 두고 하는 말 같았는데, 만약 그 말을 듣지 않았더라면 나는 헛것을 보았다고 생각할 수밖에 없었을 것이다. 그러나 그런 것은 잊어버리기로 했다. 나는 다시 잠든 사나이에게 눈길을 돌려, 이 시체와 밤샘이라도 하세, 자네도 그럴 생각으로 앉게나, 하고 퀴퀘그에게 농담을 했다. 퀴퀘그는 잠든 사내의 궁둥이를, 부드러운가 어떤가를 확인하는 것처럼 쓰다듬고 나서, 별 어려움 없이 조용히 그 위에 걸터앉았다.

"저런! 퀴퀘그, 거기 앉지 말게."

"오오, 훌륭한 의자야! 우리나라에서는 이렇게 하지. 얼굴은 다치지 않아." 퀴퀘그가 말했다.

"얼굴이라고? 그걸 얼굴이라 부른단 말인가? 몹시 마음이 좋은 얼굴이군 그래. 그러나 숨이 막혀 몸부림을 치는군. 퀴퀘그, 비켜 주게. 자넨 너무 무거워. 이 사람의 얼굴이 찌그러져 버리겠어. 비켜, 퀴퀘그! 자네 당장 떨어지고 말걸세. 일어날지도 모르잖나."

퀴퀘그는 그 사나이의 머리 저쪽으로 옮겨 앉더니 예의 도끼 파이프에 불을 붙였다. 나는 발치에 앉았다. 우리는 사나이의 몸 위로 파이프를 서로 주거니 받거니 했다. 내가 방금 본 그의 행동에 대해 묻자 퀴퀘그는 어눌한 어조로 이렇게 설명하였다. 그의 고향에는 긴 의자나 안락의자란 것이 없어서 왕이나 추장, 그 밖에 상류계급 사람들은 의자 대신에 천민들을 사서 사용한다는 것이었다. 집을 편리하게 꾸미고 싶으면 여덟 명이나 열 명 가량 게으른 사람들을 사들여 창문 사이의 벽 앞이나 방의 우묵한 곳에 뿌려 놓으면 된다. 그뿐 아니라 외출할 때도 매우 편리하다. 지팡이로도 쓸수도 있고 정원 의자보다도 훨씬 좋다. 필요할 때에 주인은 종들을 불러 나무 그늘이라든가 또는 축축한 늪에서 긴 의자가 되라고 명령하면 된다.

이런 이야기를 하면서 퀴퀘그는 내게서 도끼 파이프를 받아들 때마다 그 도끼날 쪽을 잠든 사나이의 머리 위로 치켜들었다.

"왜 그래, 퀴퀘그?"

"금방 죽일 수 있어. 간단해."

퀴퀘그가 적의 골통을 부수는 일과 자신의 영혼을 달래는 두 가지 용도를 가진 이 도끼 파이프에 대한 무시무시한 추억을 더듬고 있을 때 나의 시선은 잠들어 있는 삭구 담당자에게 쏠려 있었다. 비좁은 방에 가득히 들어 찬 강렬한 담배연기가 바야흐로 작용하기 시작한 것이다. 몹시 괴로운 듯 호흡을 하다가 코가 거북해졌는지 한두 번 꿈틀대고는 드디어 일어나 앉아서 눈을 비볐다. "야!" 그가 숨을 내쉬며 말했다. "담배를 피우는 게 누구야?"

"배를 탈 사람들이오. 언제 떠납니까?" 나는 말했다.

"그런가, 자네들이 배를 탄단 말이지? 오늘일세. 선장이 어젯밤 탔으니까."

"선장이라니? 에이허브 선장 말이오?"

"뻔한 일 아니겠나?"

좀더 에이허브에 대해 물어보려 했을 때, 갑판에서 사람들의 소리가 났다. "저보게! 스타벅이 일어났군." 삭구 담당자가 말했다. "활발한 1등항해사야. 좋은 사람이야. 믿음도 깊지. 모두 일어났으니까 나도 일해야지." 그러면서 그는 갑판으로 나갔다. 우리도 그 뒤를 따랐다.

이제 맑은 아침이었다. 선원들은 두 사람 세 사람씩 배에 올라탔다. 삭구 담당자는 일을 하기 시작했고 항해사들도 바쁜 것 같았다. 육지 사람들도 몇몇 마지막으로 실을 물건을 운반하고 있었다. 그러는 사이에도 에이허브 선장은 제 선실에 틀어박힌 채 모습을 보이지 않았다.

제22장
메리 크리스마스

 드디어 정오쯤 해서 배의 삭구 담당자들도 내려가고, 사려깊은 채러티 아주머니가 보트로 마지막 선물——시동생인 2등항해사 스텁에게는 침실 모자, 선실 급사에게는 예비용 성서——을 싣고 왔다가 돌아가자, 한 마디로 모든 것이 끝난 후 피쿼드 호가 부두에서 떨어져나가고 필레그와 빌대드 두 선장이 선장실에서 나왔다. 필레그가 1등항해사를 보고 말했다.
 "자아, 스타벅, 만사가 다 잘 되었다고 자신하나? 에이허브 선장은 이제 완전히 준비가 끝났어. 지금 이야기하다 왔네. 이제 육지에선 아무것도 필요한 게 없나? 됐어, 모두들 불러 주게, 여기 고물로 모이도록 해. 자아, 제기랄······."
 "아무리 바빠도 그런 더러운 말은 조심하게나, 필레그" 빌대드가 말했다. "그러나 스타벅, 냉큼 명령을 이행하라구."
 이것이 어찌된 일인가! 지금 막 이 배가 항해를 시작하려는 순간에 필레그와 빌대드가 뒷갑판에 거만하게 서서 지휘를 하고 있는 것이다. 정박 중에 그렇게 행동했던 건 그렇다 치더라도 바다 위에서도 합동 지휘관인 듯 행동하고 있었다. 더욱이 에이허브 선장은 아직 그림자도 나타내지 않고 선실에 틀어박혀 있다. 그러나 배를 출발시키고 바다를 향해 나아가는 데에 반드시 그가 나타날 필요는 없다고 생각했다. 그것은 선장이 해야 할 일이 아니라 뱃길 안내자가 할 일이고 게다가 아직——사람들이 말하듯——완전히 회복되어 있지 않기 때문에 에이허브 선장은 틀어박혀 있는 것이다. 그런 점에서 아무런 이상이 없을 것 같았다. 특히 상선에서는 닻을 올리고 나서 상당한 시간이 지나도 선장은 갑판에 나타나지 않고 선장실 테이블에 앉아 육지의 친구들이 뱃길 안내자와 함께 배에서 내릴 때까지 환송연을 벌이는 것은 별로 신기할 게 없는 것이다.

그러나 그런 것을 이것저것 생각할 겨를도 없었다. 필레그 선장이 온통 설쳐 대며 빌대드를 젖혀놓고 고래고래 고함을 치며 명령을 하고 있었기 때문이었다.

"이 후레자식들아! 고물 갑판으로 모여라. 스타벅, 쫓아내버려." 그는 주범(主帆) 주위에 떼 지어 있는 선원들에게 고함을 쳤다.

"천막을 부숴라!" 그는 다음 명령을 내렸다. 앞서도 말했지만 이 고래뼈 천막은 정박 중에만 세우는 것이다. 그래서 30년 동안 피쿼드 호에서는 이 천막을 벗기라는 명령이 닻을 올리라는 명령 다음으로 익숙한 것이었다.

"캡스턴(닻 따위를 감아올리는 기계)으로! 이 망할 놈아! 뛰어가!" 다음 명령이 뒤따랐다. 선원들은 나무 지렛대에 덤벼들었다.

출항할 때 뱃길 안내인은 대개 배의 앞머리 일을 관장했다. 그런데 빌대드는 필레그와 함께 그의 직무 외에도 이 항구의 뱃길 안내 면허를 갖고 있었는데——낸터킷에서 자신이 관계하는 모든 배의 뱃길 안내비를 절약할 목적으로 면허를 땄을 거라는 말을 듣고 있었다——지금 뱃머리 너머로 올라오는 닻을 골똘히 응시하며 이따금 캡스턴에 들러붙어 일하는 사람들을 흥겹게 해주려고 일종의 음울한 곡조의 찬미가를 노래하고 있었다. 캡스턴에 들러붙어서 일하는 사람들은 명랑하고 기운차게 부블 뒷골목(영국 리버풀의 마을)의 여자들을 노래한 유행가를 소리 맞춰 함께 불렀다. 빌대드가 그들을 향해 피쿼드 호 위에서는, 특히 출범할 때는 절대로 그런 저속한 노래를 해서는 안 된다고 말했을 뿐 아니라 '채러티 아주머니'가 선원들의 침대 하나하나마다 훌륭한 '와츠'(아이작 와츠, 1674~1748. 영국 비국교파 목사로 찬송가의 작사가)의 찬송가집을 나누어 주고 난지 아직 사흘도 채 되지 않는데도 이 모양이었다.

한편 필레그 선장은 배의 다른 방면을 감독하면서 고물에서 무섭게 욕지거리를 퍼붓고 있었다. 닻을 들어올리기도 전에 배가 저주를 받아 가라앉아 버릴지도 모르겠다고 생각했을 정도였다. 이런 악마 같은 사나이를 뱃길 안내인으로 하고 출범하는 것이므로 앞으로 어떤 무서운 변을 당할지도 모른다고 생각하면서 나도 모르게 나무 지렛대를 움직이던 손을 멈추고 퀴퀘그에게도 조금 쉬라고 권했다. 그러나 다시 생각하면 777번 배당 같은 말을 하는 작자이긴 하지만 아무튼 저 빌대드의 신앙심 덕분에 구원도 받을 수 있을 거라고 스스로 위로도 해보았다. 그때 갑자기 궁둥이를 호되게 찌르는 것이 있어 돌아본 나는, 바로 옆에 방금 나를 걷어 찬 다리를 거두고 있는 필레그 선장의 귀신같은 모습이 보여 소스라쳤다. 이것이 수없이 걷어차일 내 고래잡이 생활의 신호탄이었다.

"그게 상선에서 닻 올리는 방식인가! 천치야, 움직여, 등뼈가 부러지도록 움직이라고. 왜 가만히 섰는 거야. 이봐, 모두들……안 움직일 텐가! 퀴호그, 이봐 붉은 수염, 안 움직일 텐가! 저 스코틀랜드 모자, 움직이라니까! 그 초록색 바지도 움직이라고. 모두 눈알이 튀어나오도록 움직여!" 그는 이렇게 소리지르면서 캡스턴 주변 여기저기를 닥치는대로 쿵쿵 울리며 걸었다. 한편 빌대드는 침착하게 찬송가 가락을 계속 부르고 있었다. 필레그 선장은 오늘 뭔가를 마신 게로구나, 나는 생각했다.

드디어 닻이 올려지고 돛이 달리자 우리는 바다를 향해 나아갔다. 해가 짧고 추운 크리스마스 무렵이었다. 짧은 북극의 해가 밤과 뒤섞일 무렵에 배가 어느 틈에 넓은 겨울 바다로 나오자 그 차디찬 물보라가 배를 얼어붙게 하여 번쩍이는 갑옷을 입은 듯이 보였다. 뱃전에 늘어놓은 고래 이빨은 달빛 아래 빛났고 이물에 매달린 크고 휘어진 고드름은 거대한 코끼리 이빨처럼 교교했다.

깡마른 빌대드가 첫 당직을 지휘했다. 그리고 이 낡은 배가 푸른 파도 깊숙이 머리를 틀어박아 선체에 내린 서리를 흩날릴 때 바람이 울부짖고 밧줄이 비명을 질러대도 그의 노랫소리는 흐트러지지 않았다.

거센 물결 소용돌이치는 저편에
아름다운 푸른 들판은 펼쳐지나니
요르단의 물결 술렁거리는데
그리운 가나안도 저 멀리 펼쳐지네.

이 아름다운 구절이 그때만큼 아름답게 들린 적은 없었다. 그것은 희망과 기쁨에 넘친 노래였다. 사나운 바람이 휘몰아치는 대서양의 얼어붙는 밤이긴 했으나, 또한 내 발도 자켓도 흠뻑 젖긴 했으나, 내 앞에 기쁨을 줄 무수한 항구가 기다리고 있는 듯하였다. 들도 골짜기도 영원히 봄기운에 휩싸여 봄에 싹튼 풀은 짓밟히지도 시들지도 않으며 모습도 변하지 않은 채 한여름까지 그대로 있으리라고 느껴졌다.

꽤 멀리 바다 가운데로 나갔기 때문에 두 뱃길 안내자의 할 일도 없어졌다. 우리와 함께 온 튼튼한 보트가 우리 배와 나란히 섰다.

이때 필레그와 빌대드, 특히 빌대드가 심란해지는 것을 보는 것이 뜻밖이었는데 결코 불쾌하지는 않았다. 그들은 아직도 떠나지 못하고 있었다. 케이프 혼과 희망봉을 지나가야 하는 길고 위험한 항해를 떠나는 배, 고생하여 번 수천 달러가 투자되어 있는 배, 옛 동료이면서 자신과 거의 동년배인 사람을 선장으로 삼아 냉혹한 고래 턱의 공포를 향하여 또다시 떠나는 배, 자신과 유대를 맺지 않은 것이 하나도 없을 만큼 친근한 이 배에 지금 딱 잘라 이별을 고하고 떠날 수가 없어 빌대드는 한참 서성대면서 쿵쾅거리는 발걸음으로 갑판 위를 돌아다녔다. 그러고 나서 또 한번 이별의 말을 고하러 선실로 뛰어 들어갔다가 다시 갑판으로 나와 바람이 불어오는 저 멀리 넓고 넓은 끝도 없이 아득한 동쪽 대륙까지 펼쳐지는 바다를 바라보고, 또 육지를 바라보고, 또 위를, 왼쪽을, 오른쪽을 바라보고, 눈은 목적도 없이 사방을 이리저리 주시했다. 그러더니 그는 무의식적으로 밧줄을 막대기에 감고 발작을 일으킬 때처럼 손으로 필레그의 강건한 팔을 움켜잡더니 등잔불을 들어올려 잠시 그를 장렬하게 응시하였다. 마치 "염려 말게. 필레그, 나는 견딜 수 있네. 암, 견딜 수 있고말고!" 하고 마음속으로 다짐하듯이.

필레그는 좀더 의연하게 철학자처럼 행동하고 있었다. 그러나 그 불요불굴의 정신을 배신하는 것처럼 바짝 끌어 댄 등잔불의 불빛에 눈물이 어려 있는 것이 보였다. 그리고 그도 또한 자주 선장실과 갑판 사이를 뛰어다니며 선장과 한마디, 그리고 1등항해사 스타벅과 한마디 주고받곤 했다.

그러나 결국에는 결연한 표정이 되어서 친구 쪽을 돌아다보았다. "빌대드 선장. 자아, 옛 친구, 우린 내리세. 큰 돛대 뒤에! 보트를 뱃전에 단단히 대어라! 조심하게, 조심해서…… 자아, 빌대드, 잘 가라고 하게. 스타벅, 잘 다녀오게. 스텁, 잘 다녀오게. 플래스크, 잘 가게. 잘들 가게나. 모두 몸 성히 다녀오게. 3년 후의 오늘은 이 낸터킷에서 뜨끈한 저녁 식사를 마련해 놓고 기다리겠네. 만세! 자, 가세!"

"하느님, 은혜를 베푸소서. 자네들을 모두 보호하여 주실 걸세" 빌대드는 헛소리처럼 중얼거렸다. "날씨가 좋으면 좋겠는데. 그러면 에이허브 선장도

제22장 메리 크리스마스 155

나올 거야——그분은 햇볕이 필요해——남양까지만 가면 햇볕은 얼마든지 쬘 수 있을 걸세. 조심해서 고래를 쫓도록 해. 작살잡이는 쓸데없는 일에 보트를 망가뜨리지 마라. 품질 좋은 노송나무 판자는 올해 3퍼센트나 값이 올랐단 말야. 기도하는 걸 잊지 마라. 스타벅, 통장이가 예비 통을 함부로 쓰지 않도록 하게. 아 참, 돛 바늘은 파란 벽장 안에 있네. 주일날에는 너무 고래를 많이 잡지 말게. 그렇지만 좋은 기회가 있으면 놓쳐선 안 되네. 신께서 주시는 것을 받지 않는다는 것은 안 좋은 일이니까. 스텁, 당밀통이 조금 새는 것 같으니 조심해서 다루게. 플래스크, 섬에 들르거나 했을 때 간음해선 안 되네. 그러면 잘들 가게. 스타벅, 치즈는 너무 오래 넣어두면 상하네. 버터는 소중히 다루게……1파운드에 20센트나 했으니까. 알겠나? 그렇지 않으면……."

"여보게, 빌대드 선장, 설교는 그쯤 해두고 그만 가세!" 필레그는 그렇게 말하고 배 옆쪽으로 갔다. 이윽고 두 사람은 보트로 뛰어내렸다.

배와 보트가 갈라서자 그 사이로 차고 축축한 밤바람이 불어대고 갈매기는 요란스럽게 머리 위를 울면서 날았다. 두 선체가 크게 흔들렸다. 우리는 무거운 마음으로 만세를 세 번 외치고, 운명처럼 맹목적으로 아득히 먼 대서양으로 돌진했다.

제23장
바람 부는 해안

　앞에서 뉴베드포드 여관에서 만났던 키가 크고 육지에 갓 상륙한 벌킹턴이란 선원에 대해 이야기했었다.
　매서운 추위 속의 겨울 밤, 피쿼드 호가 복수에 불타는 뱃머리를 성난 바다로 향했을 때 키 옆에 서 있던 사람이 벌킹턴이었다! 한 겨울에 위험에 찬 4년간의 항해를 끝냈다고 생각할 겨를도 없이 한숨 돌리지도 못하고 다시 광포한 항해에 뛰어든 이 사나이를 나는 측은함과 두려움이 섞인 눈길로 바라보았다. 그의 발은 육지의 타는 듯한 열기를 견딜 수 없는 듯했다. 가장 놀라운 일은 오히려 말로 할 수가 없다. 깊은 추억은 묘비명에도 새겨지지 않는다. 이 짧은 장(章)은 벌킹턴의 비석 없는 무덤이다. 단지 이렇게 말할 수밖에 없다. 그의 경우는 폭풍에 휘말려서 해안에 밀려 표류하는 배와 같다고. 항구는 기꺼이 구원의 손길을 뻗친다. 항구는 인정이 많다. 항구에는 안정과 휴식과 난로와 만찬과 따뜻한 모포와 친구들과 살아 있는 자들에게 다정한 모든 것이 있다. 그러나 그 폭풍 속의 배는 항구와 육지가 위험으로 다가온다. 환대하는 손을 뿌리치고 달아나야만 한다. 육지에 조금이라도 닿기만 하면 용골을 살짝 스치는데 지나지 않는다 해도 배의 온몸은 완전히 전율한다. 돛을 있는 대로 달고 항구 밖으로 달려 나가려 하고, 고향으로 보내주려는 바람과 싸우며 발버둥치고, 땅이라곤 보이지 않고 거센 파도만 몸부림치는 바다로 나가기를 동경하고, 세상에서 달아나려고 절망적으로 위험한 바다로 뛰어든다. 유일한 친구가 가장 무서운 원수가 되는 것이다.
　알겠나, 벌킹턴? 저 도저히 거역할 수 없는 진리를 어렴풋이나마 알겠는가. 그 깊고 진지한 사상이란 온갖 사나운 바람이 자신을 허위와 비굴의 해안으로 밀어붙이려 해도 광막한 바다의 독립을 지키기 위해 혼신의 노력을 기울이는 것이다.

그러나 육지를 떠나서만 신처럼 무한한 진리의 극치가 있다. 바람이 불어가는 곳이 설사 안전한 곳이라 할지라도 거기에 내던져지는 불명예를 짊어지는 것보다는 사납게 몸부림치는 넓고 넓은 바다에서 멸망하는 게 낫지 않은가? 육지에 기어오르는 것은 벌레 같은 게 아니겠는가? 이 무시무시한 폭력, 이 고민, 그것은 모두 헛된 것인가? 기운을 내라, 벌킹턴. 굳세게 견디어내라. 반신반인(半神半人)이여, 그대는 자신이 멸망한 바다의 물거품에서 똑바로 신이 되어 솟아오르리!

제24장
변호

 이리하여 퀴퀘그와 나는 이 포경 항해의 사람들 속에 확실히 끼어들게 되었는데, 이 포경이란 육지 사람들 사이에서는 무언가 낭만적이지 못하고 신통찮은 일처럼 보여지고 있는 형편이므로, 여기에서 나는 육지 사람들이 내리는 우리 고래잡이에 대한 부당한 평에 강력하게 반론을 펴지 않을 수 없다.
 우선 일반 사람에게 포경은 고상한 직업으로 인정되지 않는다는 사실이다. 이것은 새삼스레 말할 필요조차 없는 이야기이다. 만약 온갖 사람들이 모인 대도시의 사교계에 어떤 남자가 처음으로 나타나서, 가령 작살잡이입니다, 하고 소개되었다면, 사람들의 눈에 그가 가치있게 보이지는 않을 것이다. 또 만일 해군 사관과 경쟁할 작정으로 명함에 S.W.F.——향유고래 포획업이라는 직함을 써 넣었다고 하면 그것은 분수를 모르는 우스꽝스러운 일이라고 생각될 것이다.
 세상이 우리 포경인에게 명예를 주지 않으려는 가장 큰 이유는 의심할 여지도 없이 다음과 같은 것이다. 즉 그런 일은 백정이 하는 일과 다를 바 없으며 일하는 현장은 온갖 더러움 투성이라고 생각하기 때문이다. 우리가 백정과 다름없다는 건 사실이다. 그러나 백정들 중에서도 가장 극악한 백정을 세상은 언제나 위대한 무인이라고 찬미하지 않던가. 그리고 우리가 하는 일이 참으로 더럽다는 평판에 대해 말한다면 여러분은 지금까지 그다지 세상에 알려져 있지 않은 몇 가지 사실을 곧 알게 될 것이지만, 이 향유고래 포경선이야말로 이 깨끗한 지구상에서는 적어도 가장 깨끗한 것 중의 하나라고 말할 수 있다. 그러나 한 걸음 양보하여 이 더럽다는 비난을 달게 받는다 해도 포경선이 아무리 난잡하고 미끄러워도 숙녀들의 환호 속에 축배를 들고 있는 개선 용사들이 지금 막 돌아온 싸움터의 그 형용할 수 없는 썩은 시체더미와는 비교도 할 수 없다. 그리고 만일 위험하다는 것 때문에 병사들이

하는 일이 세상 사람들에게 높이 찬미되는 거라면 나는 이렇게 말하고 싶다. 포루(砲壘)를 향하여 태연하게 돌진한 역전의 용사들이라 해도 눈앞에 향유고래의 거대한 꼬리가 나타난다면 금방 몸을 움츠리고 말 것이라고. 인간 세상에서 겪을 수 있는 공포 따위는 저 두려움과 놀라움이 뒤섞인 신의 세계의 그것에 비할 바가 아닌 것이다.

그런데 세상은 우리 고래잡이들을 경멸하고 있으면서도 실은 충심에서 우러나오는 찬양을 보내고 있다는 것을 알지 못한다. 참으로 커다란 찬양을! 온 지구에서 불타오르는 등불과 촛불은 수많은 신전에 바쳐져서 불타고 있음과 동시에 또한 우리에게 바쳐진 것이기도 하다!

그러나 다른 관점에서 이것을 보기로 하자. 모든 기준에 비추어 보아 우리 고래잡이가 어떤 사람들이고 또 예전에 어떤 사람들이었나를 알아보자.

드 위트(17세기 네덜란드의 정치가) 시대의 네덜란드 사람이 포경선대(隊)에 제독을 둔 것은 무엇 때문이겠는가? 프랑스의 루이 16세가 자비로 됭케르크에 포경선이 항해할 수 있도록 준비를 갖추게 하고, 예를 다하여 우리의 낸터킷섬에서 이십 명쯤 되는 두 가족을 초대한 것은 무엇 때문이겠는가? 1750년과 1788년 사이에 영국이 백만 파운드가 넘는 장려금을 포경업자에게 준 것은 무엇 때문인가? 마지막으로 오늘의 미국 포경업자의 수가 세계의 다른 나라들의 포경업자 전부를 합한 수보다 더 많고, 700척 이상의 배에 만 8천 명을 태운 군함 보내어 1년에 4백만 달러를 소비하며, 항해 중의 배의 값은 2천만 달러에 달하며, 매년 7백만 달러나 되는 수확을 항구마다 가지고 돌아온다는 것은 무엇때문이겠는가? 포경에 어떤 위대한 것이 존재하지 않는다면 어떻게 이런 일이 생길 것인가?

그러나 아직 말하려는 사실의 반도 이야기하지 못했다. 다시 살펴보자.

감히 주장하건대, 이 고상하고 웅대한 포경업 이상으로 최근 60년 동안 전 세계에 걸쳐 평화의 빛을 힘 있게 비춘 것을, 세계주의 사상가는 한평생을 허비해도 다른 곳에서 발견할 수는 없을 것이다. 여러 면에서 포경업이 한 일은 그 자체가 경탄할 만한 일이고, 더욱이 그 결과로서 일어난 일들은 시간이 지남에 따라 크나큰 것이 되어가는 것이어서 이것은 저절로 수태된 어린아이를 낳았다는 이집트의 어머니에 비유하더라도 아무 이상할 것도 없다. 그런 사실을 일일이 적으려면 한이 없기 때문에 그저 이 몇 가지로 참아

주기 바란다. 여러 해에 걸쳐 포경선은 이 세상의 가장 먼 미지의 지역으로 들어간 선구자였다. 쿠크나 밴쿠버와 같은 이름난 항해가들도 항해한 적이 없고 또 해도(海圖)에도 적혀 있지 않은 바다와 군도를 탐험했다. 아메리카 군함이건 유럽 군함이건 만일 예전에 야만인의 섬이었던 곳에서 지금 편히 항해할 수 있다면, 최초로 그 길을 열고 또 최초로 그 야만인들의 말을 알아들은 포경선의 명예와 영광을 위해서 예포를 발사해야 할 것이다. 군함들이 탐험 원정의 영웅으로 쿠크나 크루젠슈테른(러시아의 항해자)을 예찬하지만 나는 이 낸터킷에서 출범한 무명의 선장들 가운데는 쿠크나 크루젠슈테른보다도 우수하면 우수했지 결코 못하지 않 사람이 얼마든지 있다고 말하겠다. 아무도 돕는 사람 없이 맨손으로 상어 떼만이 우글거리는 이교(異敎)의 바다에서, 또 지도에 나와 있지 않은 미지의 섬 해안에서 빗발치듯 쏟아지는 창을 맞으며, 그들은 육전대(陸戰隊)와 총포를 가진 쿠크도 차마 도전하지 못한 원시의 경이와 두려움과 정면으로 맞섰기 때문이다. 남양 항해로 세상 사람들의 입에 오르내렸던 모든 일들이 우리 용맹스러운 낸터킷 사람에겐 일상적인 평범한 일에 지나지 않았다. 밴쿠버가 3장(章)에 걸쳐 쓴 그러한 모험도 그들에게는 배에서 일상적으로 쓰는 항해 일지에 써둘 만한 가치도 없는 것으로 생각되었다. 아아, 이것이 세상이다!

  포경선이 케이프 혼을 돌기 이전에는 유럽과 태평양 연안에 길게 뻗은 부유한 스페인 식민지 사이에 식민을 목적으로 하는 것 이외의 상업이나 왕래는 없었다. 이 식민지들을 강압적으로 다스리는 스페인 왕실의 정책을 처음으로 깨뜨린 것이 포경선이다. 만약 지면만 허락한다면 이 포경선들에 의해 옛 스페인의 속박에서부터 페루, 칠레, 볼리비아의 해방이 성취되고, 그 지역에 영원한 민주 제도가 확립된 경위를 명확하게 설명할 수도 있다.

  지구 저쪽의 대아메리카라고 할 만한 오스트레일리아에도 포경선에 의해서 문명이 전파되었다. 네덜란드 사람이 맨 처음 우연히 발견한 뒤에 오랫동안 온갖 배들이 그 해안을 전염병의 야만지라 하여 돌아보지도 않았지만 포경선만은 그곳에 들렀다. 현대의 위대한 식민지를 낳은 어머니는 포경선이다. 그뿐만 아니라 오스트레일리아 식민지에 정착했던 초창기 이민자들의 기아를 종종 구한 것은 운 좋게도 그 해안에 닻을 내린 포경선의 비스킷이었다. 셀 수 없이 많은 폴리네시아의 섬들도 그 같은 사실을 고백하여, 그곳으로 가는 선교사와 상인들의 길을 열고 선교사를 그의 첫 전도지로 보낸 포경선에 통상상(通商上)의 예의를 바친다. 만일 빗장을 겹으로 닫아건 나라인 일본이 외국인을 맞아들일 수 있다면 그 영예를 누려할 것은 포경선밖에 없다. 아니, 이미 그 문턱에 다가가 있다.

그러나 이 같은 사실을 안 뒤에도 사람들이 포경에 대해 심미적으로 고상한 연상을 하지 못한다고 한다면, 나는 그런 자들에게 수십 번이라도 창을 겨누어 말에서 떨어뜨려 투구를 반으로 갈라버릴 준비가 되어 있다.

고래에 대해서 쓴 유명한 작가도 없고 포경을 기록한 유명한 연대기 작자도 없다고들 말한다.

'고래를 소재로 쓴 유명한 작가도 없고, 포경을 기록한 유명한 연대기 작자도 없다'라고? 우리 레비아단의 최초의 기록은 누구에 의한 것인가? 위대한 욥(^(욥기)_{제41장 참조}), 그 사람이 아닌가? 최초의 포경 항해의 기록은 누가 남겼는가? 그것은 다름 아닌 알프레드 대왕으로서 대왕은 노르웨이의 고래잡이 오더의 말을 친히 적어 남겼다. 또 의사당에서 우리들의 빛나는 공적을 이야기한 사람은 누구였던가? 에드먼드 버크(^{영국의 정치가,}_{웅변가}), 바로 그 사람이 아니었던가?

참 그렇군. 그러나 고래잡이 자신들은 하찮은 놈들이야. 훌륭한 집 자식이 아니지.

'혈통이 좋지 못한 놈들'이라고? 그러나 그들에게는 왕가의 피보다도 월등한 피가 흐르고 있는 것이다. 벤자민 프랭클린의 할머니인 매리 모렐, 결혼하여 그 후 매리 폴저가 된 그녀는 오랜 낸터킷 이주민의 한 사람이며, 오늘날도 세계의 이 끝 저 끝을 누비며 갈고리 창을 던지는, 연면히 이어져 온 작살잡이 폴저 집안의 선조가 된다. 그들은 바로 기품 있는 벤자민의 친척들이다.

과연 그렇군. 그래도 역시 모두가 고래잡이는 고상하지 않다고 하는걸.

'고래잡이는 고상하지 못하다'고? 고래잡이는 제왕적이다. 옛 영국의 법률에 의하면 고래는 제왕어(帝王魚)라고 되어 있다(이 사항에 대해서는 뒤에서 다시 말할 것이다).

아니 그것은 이름뿐이다. 고래 자신은 당당하고 존엄한 위관을 보인 일이 없었다.

'고래는 당당하고 존엄한 몸이 아니다'라고? 로마의 어느 장군이 큰 개선의 영예를 안고 로마로 들어왔을 때 멀리 시리아의 해안에서 운반되어 온 고래뼈가 심벌 소리도 드높은 그 행렬 중에서 가장 훌륭한 구경거리였다(이것도 뒤에서 다시 말하겠다).

그대가 그렇게 말하니까 정말이라고 하자. 그러나 뭐라고 하든 고래잡이에겐 진정한 위엄이란 없다.

'고래잡이에겐 위엄이 없다'고? 우리 직업의 존엄성은 신께서도 증명하시는 바이다. 고래좌는 남쪽 하늘에 빛나고 있다. 이제 그만하자! 러시아의 차르 대제 앞에선 모자를 깊이 쓰더라도 퀴퀘그 앞에선 벗어라! 그만 두자! 내가 아는 사람 중에서 평생 고래 350마리를 잡았다는 사람이 있는데 나는 그 사람이야말로 성도(城都) 350개를 빼앗았다고 자랑하는 고대의 대장군보다도 훨씬 명예로운 자라고 믿는다.

나에 관해서 말한다면 만일 나의 속에 아직 개발되지 않은 장점이 무언가 있다면, 또 내가 정상적으로 야망을 품고 있는, 작기는 하지만 고귀하고 고요한 세계에서 어떤 진가를 발휘하는 일이 있다면, 또 대체로 하지 않은 채로 그냥 내버려 두기보다는 누군가가 해버리는 편이 훨씬 나을 어떤 일을 내가 해낸다면, 또 임종할 때 유언집행인, 아니 채무자가 내 책상 속에서 무언가 귀중한 원고를 발견하는 일이 있다면, 지금 여기서 나는 미리 그 영광은 모두 고래잡이에 힘입은 것임을 분명히 해두리라. 포경선은 나의 예일 대학이자 하버드 대학이다.

제25장
덧붙이는 말

 나는 포경의 존엄성을 옹호하기 위하여 확실한 사실 이외의 것을 가지고 이야기를 진행시키고 싶지는 않다. 그러나 그 사실의 논쟁을 편다고 해서 그 주장의 뒷받침이 될 만한 무리 없는 추측을 덧붙일 것을 완전히 삼간다면 그것은 변호인으로서 태만하다는 비난을 받게 되지 않을까?
 왕이나 여왕의 대관식의 경우, 그것이 근대로 접어든 뒤에도 아직 그 의식에 만전을 기하기 위해 일종의 신기한 절차가 있음을 누구나가 다 알고 있을 것이다. 이를테면 왕실에 소금 그릇이 있고, 그 소금을 뿌리는 사람이 있다. 소금을 어떻게 정확히 사용하는가, 그것을 분명하게 알고 있는 사람은 없다. 그러나 대관식 때 왕의 머리에 마치 샐러드 위에다 뿌리는 것처럼 엄숙하게 기름을 바르는 것을 나는 잘 알고 있다. 그것은 기계에 기름을 칠하듯 그 내부의 운전을 원활하게 하기 위해서일까? 옛날부터 내려오는 이 제왕의 관행의 본질적 위엄에 대해서는 여기서 충분히 고려해야 할 일이다. 왜냐하면 우리들의 일상생활에서는 머리에 기름을 바르고 냄새를 마구 풍기는 사나이를 경멸하지 않는가? 분명히 약으로 치료할 목적 이외에 머리에 기름을 바르는 사나이는 어딘지 모자라는 점이 있음에 틀림없다. 대체로 그런 사나이의 가치란 하잘것없는 것이다.
 그러나 여기서 고려되어야 할 유일한 문제는 대관식에서는 어떤 종류의 기름을 바르느냐 하는 것이다. 올리브유일 리는 없을 것이다. 하물며 마카사르유(油), 피마자유, 곰의 기름, 고래 기름, 대구 간유 등일 리는 더욱 없다. 모든 기름 중에서도 가장 향기로운 기름으로 꼽히는, 향유고래의 가공되지 않은 순수한 기름이 아니고 무엇이겠는가?
 충성된 영국 국민이여! 당신들의 왕과 여왕의 대관식에 기름을 공급하는 사람이 바로 우리 고래잡이들이다!

제26장
기사와 종자(1)

　피쿼드 호의 1등항해사는 스타벅으로 낸터킷 출신이고 대대로 내려온 퀘이커 교도였다. 키가 크고 진지한 인물로 한랭한 해안에서 자랐음에도 불구하고 살갗은 두 번 구운 비스킷처럼 단단하고 열대에도 적합한 사람으로 보였다. 인도 제국에 보내더라도 그 발랄한 피는 병에 담긴 맥주같이 썩는 일이 없을 것이다. 아마도 큰 가뭄이나 큰 기근이 있었을 때나 그렇지 않으면 그 고향에서 이름난 단식제(斷食祭)가 있을 때에 태어났을 게 틀림없다. 무미건조하게 서른 번의 여름을 나면서 육체의 군살은 말라빠져 버렸다. 그러나 이 말라빠진 몸은 결코 병마 때문도, 근심 걱정 때문도 아닌 것 같았다. 응축이라고 해야 할 것이었다. 절대 추해 보이지 않았다. 오히려 그 반대였다. 맑고 탄탄한 피부는 훌륭한 옷처럼 그의 몸을 단단히 감싸고, 또 되살아난 이집트 사람처럼 내면의 건강과 힘의 향유를 뿌린듯하며, 스타벅은 앞으로도 오래도록 변함없이 특허받은 초정밀 시계처럼 그것이 극지의 눈과 열대의 태양이라 해도 견뎌낼 것이며, 그 내면의 활력은 어떤 기후에서도 그의 우수함을 알리는 보증서가 되어줄 것이다. 그의 눈을 유심히 들여다본 사람은 그가 여태까지 침착하게 맞서 온 헤아릴 수 없는 위난의 그림자가 아직도 그곳에 어리어 있다는 것을 느낄 것이다. 차분하고 확고한 이 사람의 대부분의 생애는 행동의 판토마임으로 드러날 뿐 길들여진 낱말들이 아니었다. 그러나 그토록 강인한 불굴의 정신 어딘가에는 다정다감한 자질도 있어서 어떤 때는 다른 모든 성질을 뒤엎어 버릴 수도 있을 것 같았다. 선원으로서는 드물게 양심적이고 자연에 대한 깊은 외경감을 품고 있는 그는 황량하고 고독한 해상 생활 때문에 미신에 몹시 기울어져 있었다. 그러나 그러한 미신은 어떤 특수한 심성을 지닌 사람들의 경우에는 어떤 이유에서인지 무지한 데서 생긴다기보다는 오히려 뛰어난 지혜에서 생겨나는 것처럼 보인다. 외계

의 징조와 내부의 예감을 그는 지니고 있었다. 이러한 것이 때로는 잘 단련된 강철 같은 정신을 굽히게 하는 일도 있었다. 그러나 그것보다도 아득히 멀어져 버린 케이프의 아내와 자식과 더불어 즐겁게 지내던 추억이 훨씬 더 그의 타고난 거침을 누그러뜨리고 그의 마음을 더욱더 잠재된 여러 가지 힘에 내맡기게 한다. 그리하여 그 힘은 그와 같은 정직한 사람이 고래를 잡는 아슬아슬한 순간에 다른 사람들이 간혹 내보이는 무모한 만용을 내지 못하게끔 억누른다. 스타벅은 "고래를 두려워하지 않는 놈은 내 배에 태우지 않는다"고 말한다. 그 의미는 아마도 가장 신용할 만하고 유용한 용기란 직면한 위험을 공정하게 판단하는 데서 생겨난다고 하는 것 외에도 조금도 두려움을 모르는 인간이란 겁쟁이보다도 위태롭다는 뜻일 것이다.

"정말, 스타벅처럼 조심성 많은 남자가 고래잡이들 중에 또 있겠나" 2등 항해사인 스텁이 말했다. 그러나 조심성 있다는 말이 스텁, 아니 모든 고래잡이들의 입에서 나올 때는 어떤 뜻으로 사용되는지 머지않아 알게 될 것이다.

스타벅은 위험을 쫓는 열광자는 아니었다. 그의 경우, 용기란 감정이 아니라 다만 무언가 소용되는 도구이며, 어떻게 할 방도가 없는 현실의 위급에 처할 때 언제나 수중에 있어야 하는 것이다. 게다가 그의 생각에 따르면, 이 고래 잡는 일에서 용기란 배의 쇠고기나 빵과 같은 소중한 장비의 하나이니까 함부로 낭비해서는 안 되었다. 그렇기 때문에 해가 진 뒤에는 고래를 쫓으러 보트를 내릴 생각을 하지 않았고 또 너무 격렬하게 저항해 오는 고래는 오래 쫓지 않았다. 왜냐하면 스타벅은 자신의 생활을 위해 이 위험한 바다 한복판에서 고래를 죽이고 있는 것이고, 고래의 생활을 위해 자기가 죽을 이유는 없다고 생각하기 때문이었다. 몇 백 명이라는 사나이가 그렇게 죽어갔음을 스타벅은 잘 알고 있었다. 다름 아닌 바로 그의 아버지의 최후는 어떠하였는가? 한없이 깊은 바다 어디에서 형의 갈가리 찢긴 사지(四肢)를 찾아낼 수가 있겠는가?

그런 기억과, 앞에서 말했던, 어떤 미신 같은 것에도 불구하고, 스타벅의 용기는 여전히 불꽃처럼 타올랐고 참으로 극단의 지점에까지 이르렀을 것이다. 그러나 그렇게 끔찍한 체험과 추억을 지닌 인간이 그토록 침착할 수 있다는 것은 그다지 상식적인 일이 아니지만, 그런 일들이 그의 마음에 어떤 요소를 슬그머니 심어 놓아서 적당한 상황에 이르기만 하면 머리를 내밀어 폭발함으로써 그 용기를 태워 버리고 말리라는 것은 당연히 생각할 수 있다. 따라서 그는 용감한 사람이긴 해도 그의 용기는, 어떤 담대한 부류의 사람들에게서 볼 수 있듯이, 바다라든가 바람이라든가 고래라든가 또는 이 세상에서 흔히 부딪치는 까닭모를 공포와 싸울 때에는 몸속에 굳게 뿌리박고 있지만 정신적인 공포, 이를테면 격노한 위인의 긴장된 이마에서 발하는 위협 같은 것에는 흔들릴 수밖에 없는 것이다.

그러나 뒤에 나오는 이야기에서 저 불쌍한 스타벅의 용기가 완전히 사라지는 것이 보인다해도 나로선 될 수 있는 대로 쓰고 싶지 않은 심정이다. 왜냐하면 영혼의 용기가 멸망하는 것을 폭로하는 것처럼 슬프고 무서운 것은 없으니까. 주식회사나 국가에는 악당도 있을 것이고 백치나 살인자도 있어서 인간의 면모는 참으로 비루하고 빈약하게 보일 수도 있을 것이다. 그러나 이상으로서의 인간은 참으로 숭고하고 현란 장대하고 찬연하여서 만일 거기에 한 점이라도 명예롭지 못한 오점이 있을 경우에 그 동포는 자기의 가장 소중한 옷이라도 아낌없이 던져서 감춰 주어야 한다. 우리의 내면에 존재하는 때문지 않은 남자다움, 그것이 내면에 머무르는 한은 아무리 외부의 성격이 허물어져도 흔들림이 없지만 용기가 꺾인 인간의 적나라한 천성을 보게 될 때에는 피를 토하는 듯한 통렬한 아픔을 겪게 된다. 또 어떤 순수한 신앙심도 이 무참한 광경에 접하면 이것을 허용한 별들을 비난하는 소리를 막을 수 없어진다. 그러나 여기에서 말하는 커다란 존엄이란 왕후의 옷에 쌓인 그

것을 가리키는 것이 아니라 몸에 비단을 두르지 않고도 가득 차 있는 그러한 것을 가리킨다. 여러분들은 그것이 곡괭이를 휘두르고 못을 박는 사람들 속에 빛나고 있는 것을 볼 것이다. 사방에 꽉 차 있는 이 민주적 존엄성은 신에게서부터 끝없이 방사되는 것이다. 광원(光源)은 위대한 신에게서! 모든 민주주의의 중심과 주변이여! 신의 전지전능이며 우리들의 신성한 평등이여!

그러므로 나는 지금부터 최하급의 선원, 무뢰한, 방랑자들을 모호하긴 하지만 고귀한 천성을 지닌 사람으로 취급하겠다. 그러나 내가 그들을 비장하게 꾸며 말한다 하더라도, 또 그들 중에서 가장 슬픈 사람이나 비천한 사람이 때로는 거룩한 사람으로 올라섰다 하더라도, 또한 내가 노동자들의 팔을 천상의 빛으로 어루만진다 하더라도, 또한 그들의 무참한 운명에 일곱 빛깔 무지개를 펼쳐 준다 하더라도——외로운 평등의 영(靈)이여, 우리들의 동포에게 단 한 벌의 고귀한 인간성의 옷을 입혀줄 영이여, 세상의 온갖 비난으로부터 나를 지켜 주십시오. 나를 견디게 하여 주십시오. 민중의 편인 위대한 신이여! 당신은 검은 영혼의 죄인 존 버니언에게 투명한 시(詩)의 진주를 내리기를 거절하지 않으셨고, 초라한 세르반테스의 마비된 팔을 정교하기 이를 데 없는 금박으로 장식하셨으며, 앤드루 잭슨(미국 제7대 대통령)을 돌무더기 속에서 주워 올려 군마 위에 태우고 옥좌보다도 높이 치켜 올리셨나이다. 당신이 지상에서 우리를 돌아보시며 용기있는 사람들 속에서 승자를 가려내실 때, 신이여, 나를 지켜 주시옵소서.

제27장
기사와 종자(2)

　스텁은 2등항해사이다. 케이프 코드 태생이니까, 그 지방의 호칭으로 한다면 '케이프 코드 사나이'였다. 겁쟁이도 용사도 아닌, 그날그날 살아가는 태평가였다. 위험이 닥치면 닥치는 대로 아무렇지도 않게 부딪쳐나가고 고래를 쫓는 위기일발의 위험 속에 있으면서도 1년 걸리는 일을 하는 목수처럼 조용히 차분하게 일했다. 명랑하고, 싹싹하고, 태평스런 그는 자신의 보트를 지휘하고 있을 때에도 마치 그 무시무시한 격투가 잔치이고 선원은 모두 초대 손님에 지나지 않는 것처럼 굴었다. 보트의 자기 자리가 앉기에 편안하지 않으면 견디지 못했다. 생사를 건 투쟁 속에서 고래에게 접근했을 때에도 살기띤 창을 태연히 아무렇게나 마구 휘둘러대는 꼴은 휘파람을 불며 망치를 휘두르는 땜장이 같았다. 극도의 분노로 미친 듯 날뛰는 바다의 괴물과 뱃전에서 서로 스쳐가면서도 언제나 어렴풋이 기억하는 콧노래를 흥얼거리고 있었다. 오랫동안 익숙해 있어서 스텁에게는 죽음의 턱 속도 안락의자일 뿐이다. 그가 죽음 그 자체를 어떻게 생각하고 있는지 아무도 몰랐다. 그런 것을 생각해 본 일이 있는지 없는지조차 의문스러울 정도였다. 그러나 즐거운 만찬이 끝난 뒤 문득 그런 것을 생각해 보았다 해도 틀림없이 훌륭한 선원답게 갑판으로 뛰어올라가 당직하라는 명령 정도로밖에 받아들이지 않았을 것이다. 어떤 일인지 명령에 따라 하고 있는 동안에 알게 되겠지, 그때까지는 모르는 거라고 생각하며.
　세상 사람들이 생의 무거운 짐에 허리를 구부리고 괴로운 표정으로 헐떡거리며 걸어가는데도 스텁은 그 짐을 지고도 이렇게 태평스럽고 대담한 태도로 명랑하게 걸어갈 수 있는 까닭은, 또 신을 두려워하지 않는 그 태평스러움을 간직하고 있는 까닭은, 다른 것도 있겠지만 분명 그의 담배 파이프때문일 것이다. 그 짧고 검고 조그마한 파이프는 코처럼 그의 얼굴의 일부가

되어 있었다. 그는 아마 잠자리에서 코를 떼어놓고 뛰어나오는 일은 있어도 파이프를 떼어 놓을 때는 없을 것이다. 침실에는 손을 뻗치면 언제나 잡을 수 있도록 담배를 담은 파이프가 선반에 줄지어 놓여 있었다. 방에 들어서면 언제나 하나씩 불을 붙여가며 연속적으로 한 줄을 다 피우고 또 언제라도 피울 수 있도록 담배를 다시 재워두었다. 스텁은 일어나서 옷을 입을 때도 바지에 다리를 집어넣기 전에 우선 입에 파이프를 집어넣었다.

이밖에도 무언가가 있을지 모르지만, 이렇게 쉴 새 없이 피워대는 담배야말로 적어도 스텁의 이상한 기질의 한 원인이라고 생각한다. 왜냐하면 누구나 알고 있듯이 육지건 바다 위건 이 지구상의 공기는 숨을 내쉬면서 죽은 무수한 인간의 형언할 수 없는 고통에 물들어 버렸기 때문이다. 그래서 콜레라가 퍼질 때 어떤 사람들이 나프탈린이 들어 있는 손수건을 입에 대고 걷듯이 스텁의 담배는 일종의 전염을 방지하는 도구로서 숙명의 종족 인류의 비참함을 물리치는 구실을 하고 있었던 것인지도 모른다.

3등항해사는 마서스 비니어드(미국 매사추세츠 주 동남 해안 앞바다의 섬)의 티스베리 출신인 플래스크였다. 작달막하고 늠름하며 얼굴이 붉은 젊은이인데 고래를 보기만 하면 미

제27장 기사와 종자(2) 171

친 듯이 덤벼들었다. 저 큰 고래들은 자신의 원수이며 또한 대대로 내려온 원수이기 때문에 만나기만 하면 죽여 버리는 것이 자신의 영예라고 생각하는 모양이었다. 그는 고래의 거대한 몸체와 신비한 천성이 빚어내는 수많은 경이에 전혀 외경심을 품지 않았고, 또 고래들과의 투쟁에 따르는 위험의 가능성에 대해서도 아주 무감각했다. 그런 탓에 그의 어리석은 머릿속에서는 저 경탄할 만한 큰 고래도 일종의 생쥐의 우두머리나 기껏해야 물쥐 정도로밖에 여겨지지 않아, 그것을 죽여서 삶는 데는 약간의 계략이 필요하고 시간과 수고를 끼칠 뿐이라는 정도로만 생각하고 있었다. 이 무지몽매한 대담성 때문에 그는 고래 문제에 있어서는 다소 장난스러웠다. 고래를 쫓는 것은 대수롭지 않은 장난이고 케이프 혼을 돌아 4년간 항해를 한다는 것도 그 장난에 그만큼의 시간이 걸렸다는 것 정도로밖에 생각하지 않았다. 목수들이 쓰는 못이, 때려서 만든 못과 그냥 잘라 만든 못으로 구분되는 것처럼 사람도 그렇게 나눌 수 있다면 자그마한 플래스크는 때려서 만든 못이라 할 수 있다. 피쿼드 호의 모든 사람들은 그를 왕대공이라고 불렀다. 그것은 그의 몸매가 북극양의 포경선에서 왕대공이라 불리는 장방형의 짧은 선재와 닮았기 때문인데, 그 선재는 그 속에 끼운 버팀목들과 함께 배를 단단히 죄어 거친 바다에서 얼음의 충격을 막아 낸다.

　이들――스타벅, 스텁, 플래스크――세 항해사는 중요한 인물이었다. 사람들에게 추대되어 피쿼드 호의 세 보트를 지휘하는 것은 바로 이 사람들이었다. 에이허브 선장이 고래를 공격하라고 그 부하들을 내보내는 대격투에서 세 사람은 각 조의 장(長)이 된다. 혹은 그 길고 예리한 고래창으로 무장한 삼창사(三槍士)라고 말할 수 있었고 작살잡이는 그들의 투창병이 되는 셈이었다.

　이 유명한 포경업에서 항해사나 보트장은, 옛날 고트족의 기사처럼 저마다 언제나 키잡이 또는 작살잡이를 데리고 있었는데, 그들은 보트장이 고래를 찌르다가 창이 몹시 휘어버리거나 또는 놓쳤을 경우 새로운 창을 건네주었다. 그리고 이 두 사람 사이에는 실로 긴밀한 우정이 존재하는 것이 보통이었다. 그러니까 여기에 피쿼드의 작살잡이의 이름을 기록하고 또한 그 한 사람 한 사람이 어느 보트장에게 속하고 있었는지를 기록하는 것은 타당한 일일 것이다.

우선 첫째로 퀴퀘그. 1등항해사 스타벅은 퀴퀘그를 그의 종자로서 택했다. 퀴퀘그에 대해서는 여러분이 이미 다 알고 있다.

그 다음이 태슈테고, 마서스비니어드섬 서쪽에 돌출한 곳 게이헤드에서 온 순수 혈통의 인디언이었다. 거기에는 오랫동안 가까운 낸터킷 섬에 용맹스러운 작살잡이를 많이 공급한 북미 인디언의 마을이 아직 명맥을 유지하고 있었다. 그들은 고래잡이 동료들 간에는 '게이헤드 사람'이라는 통칭으로 불린다. 태슈테고의 길고 가는 새카만 머리카락, 높게 두드러진 광대뼈, 그 검고 둥근 눈——인디언치고는 너무 커서 동양적인, 그러나 번쩍이는 표정을 봐서는 남극적인 그 눈——이 분명히 말해 주는 것은 태슈테고야말로 일찍이 뉴잉글랜드의 큰사슴을 쫓으며 한 손에 활을 들고 광대한 대륙의 원시림을 배회하던 그 자랑스럽고 용맹스러운 사냥꾼 족속의 피를 순수하게 계승했다는 점이다. 그러나 지금은 숲 속 야수들의 발자취를 냄새 맡는 일은 그만두고 바다의 큰고래 뒤를 쫓으면서, 육지 짐승을 쏘는 백발백중의 화살 대신에 실수를 모르는 작살을 갖고 있었다. 그의 유연하고 갈색으로 빛나는 몸의 근육을 본 사람은 초기 청교도들의 미신을 연상하여 이 야성의 인디언이야말로 하늘의 모든 신의 힘을 가진 왕의 아들이 아닌가 하고 생각할지도 몰랐다. 태슈테고가 2등항해사 스텁의 종자였다.

작살잡이 중 셋째 번은 대구라는 흑인으로 체격이 크고 살빛이 아주 검고 사자와 같은 걸음걸이로 걷는데, 마치 아하수에로 왕$(^{페르시아\ 왕}_{크세르크로스\ 1세})$과 같았다. 그의 귀에는 황금 고리 두 개가 달려 있었는데, 그 크기가 너무 컸으므로 선원들은 그것을 '고리 달린 나사못'이라 부르고 중간 돛대에 다는 횡범용 밧줄을 갖다 줄까, 하고 농담을 하곤 했다. 젊었을 무렵 대구는 고향 해안의 외로운 만(灣)에 훌쩍 들어와 있던 포경선이 좋아져 자진해서 배에 탔다. 여태까지 보아 온 세계라곤 아프리카, 낸터킷, 그리고 포경선이 왔다갔다 하는 이교도의 섬들이고, 이 수년 동안은 어떤 종류의 사람을 태울지 몹시 까다롭게 구는 선주들의 배에서 대담한 고래잡이 생활을 계속했다. 대구는 야만적인 천성을 여전히 조금도 잃지 않고 기린처럼 곧추 서서 2미터의 거구를 자랑하며 양말바람으로 갑판 위를 성큼성큼 걸어다녔다. 이 사람을 보면 육체적으로 위축되지 않을 수가 없었고, 그 앞에서 백인은 마치 성채에 휴전을 애걸하러 온 백기(白旗)로밖에 보이지 않았다. 그런데 기묘하게도 이 당당한 흑인 아하수에로 대구는, 그 옆에 서면 장기(將棋)의 말 정도로밖에 보이지 않는 플래스크의 종자였다. 이제 남아 있는 피쿼드 호의 선원들에 대해서는 이렇게 말하면 좋을 것이다——오늘날 아메리카 포경업에서 고급 선원들을 제외한다면 수많은 하급 선원들 중 두 사람 중의 한 사람도 아메리카 태생은 없다고. 이 점에서 아메리카 포경업은 아메리카 육군, 해군, 상선 또는 운하며 철도 건설에 종사하는 인부의 집단과 다름이 없었다. 다름이 없다는 건 이 방면에서 순수한 아메리카 사람은 사실상 두뇌를 제공하고 다른 세계에서 온 사람들은 근육을 제공하는 그런 형편이 되어 있다는 뜻이다. 이 포경 선원중 적잖은 수가 아조레스 섬(대서양의 포르투갈령) 출신인데, 그것은 낸터킷에서 출항하는 배가 가끔 그곳에 들러 그 바위투성이인 해안에서 억센 농부들을 채용하여 선원들을 보급하기 때문이었다. 마찬가지로 헐(영국 북쪽 해안의 항구)이나 런던 항구에서 나와서 그린란드로 향하는 포경선은 셰틀랜드 섬에 들러서 그 선원들을 보충한다. 돌아오는 길에는 다시 그 사람들을 거기에 떨어뜨리고 간다. 어떤 이유인지는 모르지만 섬에서 자란 사람들은 훌륭한 포경 선원이 되는 것 같았다. 이 피쿼드 호의 경우에도 거의 모두가 섬에서 자란 사람들, 아니 고도(孤島)라고나 해야 할 곳에서 자란 사람들로서 인류의 대륙을 알지 못하고 제각기의 고도가 하나의 자기 대륙이라고 생각하고 절연된 생활을 하던 사람들 이었다. 그런데 이 하나의 선체 속에 내던져진 그들은 과연 어떤 사람들인가! 아나카시스 클루츠(프랑스 혁명에 가담한 독일의 귀족)와 같은 무리들이 대서양의 온갖 섬들, 지구의 온갖 구석구석에서 모여들어 피쿼드 호의 에이허브 선장을 따르며 이 세상의 원한을, 숱한 사람들이 갔다가 돌아오는 일도 없는 저 법정 앞에 풀어 놓으려 한다. 검둥이 소년 핍이여——그대는 돌아오지 않았다——그대는 먼저 가버리고 말았다. 불쌍한 앨라배마의 소년, 음침한 피쿼드의 선원실에서 탬버린을 치는 그 모습을 사람들은 머지않아 볼 것이다. 이윽고 하늘의 대선원실로 불려 나와 천사와 함께 탬버린을 찬란하게 울리는 그 영원한 시간을 예지하는 것처럼 탬버린을 치는 그대여. 이 세상에서는 비겁자라 불려도 저 세상에서는 영웅이라고 찬양받을 그대여!

제28장
에이허브

    낸터킷을 떠난 후 며칠 동안 에이허브 선장은 갑판 위에 그림자도 보이지 않았다. 언제나 항해사들은 서로 번갈아가며 당번을 섰다. 아무리 생각해도 이 사람들이 배를 지휘하고 있는 사람처럼 보였다. 다만 이따금 선장실에 들어갔다가 나오면 느닷없이 호된 명령을 내리기 때문에 그제서야 그들이 어떤 사람 대신 지휘하고 있음을 알 수 있었다. 아무튼 그 신성한 은신처인 선장실에 들어가는 게 허용되지 않은 사람들은 도저히 볼 수 없었지만 거기에 최고의 수령이고 독재자인 사람이 있음은 분명했다.
    당직을 마치고 나서 갑판으로 올라갈 때마다 나도 모르게 고물에 눈길을 보내면서 새로운 얼굴이 보이지나 않을까 하고 둘러보았다. 그것은 세상과 동떨어진 이 바다 위에서 모습을 보이지 않는 선장에 대한 막연한 불안감이 극도로 커져 거의 미칠 듯한 지경에 이르렀기 때문이었다. 게다가 그 누더기 옷을 걸친 일라이저의 저주 같은 농담이 미처 느끼지 못했던 기묘한 힘을 발휘하여 바라지도 않건만 때때로 생각나서 마음을 온통 어수선하게 했다. 다른 때 같으면 그 부둣가의 이상한 예언자가 꾸며댄 우울하고 기괴한 말을 그저 웃어넘길 수도 있었겠지만, 지금은 거의 그에 반항할 힘도 없을 만큼 되었다. 그러나 내가 느낀 기우나 불안이라는 것이 본래 어떤 감정이었건 배 안을 둘러볼 때마다 그런 감정을 품는 것은 아무 근거도 없는 것이라고 나는 다시 생각했다. 왜냐하면 저 작살잡이들이나 선원의 대부분이 일찍이 나의 상선 항해의 경험으로 알게 된 얌전한 사람들에 비하면 몹시 야만적이고 이단이고 난잡하긴 했지만, 그것도 역시 내가 자포자기적인 심정으로 뛰어든 거친 고래잡이 일의 특수성에서 비롯된 것이라고 생각되었다. 게다가 이 배의 고급선원들, 즉 세 항해사의 모습을 보면 그런 근거 없는 근심도 가라앉고 이 항해의 장래에 신뢰와 명랑감을 더하지 않을 수 없게 된다. 세 사람은 제각기 다른 사고방식을 갖고 있지만 고급선원으로서 그들 이상으로 훌륭하고, 또한 인간으로서 어엿한 사람들은 찾아볼 수 없을 것이다. 더욱이 세 사람 다 미국사람인데, 그 출신지는 각각 낸터킷, 비니어드 케이프이다. 배가 항구를 떠난 것은 크리스마스 날이었고 한동안은 살을 에는 혹한이 계속되었으나 이제는 서서히 남쪽을 향해 달리고 있었다. 그리고 위도를 조금씩 이동해가며 달리는 동안 그 심한 추위와 무시무시한 기후도 점차 잦아들었다. 아직 음산하고 잿빛에 덮인 어느 날 아침 순풍을 탄 배는 복수심에 불타는 듯 뛰어오르다간 다시 근심에 잠긴 듯 달리며 물살을 가르고 있었는데, 마침 오전 당직이던 내가 갑판에 올라가 고물의 난간 쪽을 본 순간 어떤 예감에 몸이 떨렸다. 그러나 미처 인식하기 전에 현실이 눈앞에 펼쳐졌다. 에이허브 선장이 뒷갑판에 서 있었던 것이다.

남들이 말하듯이 앓은 것처럼 보이지도 않았고, 또 회복된 몸인 것 같지도 않았다. 그는 화형(火刑)의 기둥에서 풀어 내렸으나 그 사지가 불길로 완전히 타버리지는 않았고 강건한 노령의 근골에서 한 부분도 없어지지 않은 채 심한 화상만을 입은 사람처럼 보였다. 키가 크고 옆으로 벌어진 그의 체구는 벤베누토 첼리니가 주조한 페르세우스 상(像)처럼 순 청동으로 주조틀 속에서 어떤 변형도 없이 만들어진 것 같았다. 하나의 가느다란 납막대 같은 희끄무레한 상처 자국이 그 잿빛 머리 밑에서부터 검게 탄 얼굴과 목으로 흘러내려 드디어 옷 속으로 자취를 감추고 있었다. 그의 흉터는, 하늘을 찌를 듯이 우뚝 솟은 거목의 꼭대기서부터 벼락이 내리쳤는데도 부러진 나뭇가지, 벗겨진 껍질, 파인 홈 하나 없이 푸른빛을 잃지 않은 채 위에서부터 흙바닥까지 수직으로 떨어져 내린 균열을 닮아 있었다. 그 흉터가 태어날 때부터의 것인지 아니면 어떤 사투의 흔적을 말하는 것인지는 아무도 분명히 모를 것이다. 묵계에 의해서 항해 중에는 아무도, 특히 항해사들은 거기에 대해 거의 아무 말도 하지 않았다. 그러나 단 한 번 태슈테고의 선배인 게이헤드 출신의 늙은 인디언이, 저 에이허브는 만 40이 될 때까지 저런 흉터는 갖고 있지 않았는데 그 무렵 사람과 싸워서가 아니라 바다의 대 폭풍 때문에 저렇게 된 것이라고 미신 같은 말을 했다. 그러나 맨 섬(잉글랜드와 아일랜드 사이에 있는 작은 섬)에서 자란 음산한 묘지 같은 잿빛의 사나이가 지금까지 한번도 낸터킷 밖으로 항해해 본 일도 없고 에이허브를 본 일도 없는 주제에 그 인디언의 말에 반대하고 나서는 바람에 부인되고 말았다. 오랜 선원들의 기질이라고 할까. 쉽게 믿어버리려는 예부터의 기질 때문에 모두들 이 맨 섬 태생인 노인에게 초자연적인 판단력이라도 있는 것처럼 생각하고 있었다. 그래서 이 남자가, 만일 에이허브 선장이 관 속에 눕게 될 때가 온다면——물론 그런 때는 좀처럼 오지 않을 테지만——그 시체를 거두는 일을 하는 사람은 그의 머리 위에서 발뒤꿈치까지 날 때부터 있었던 반점을 보게 될 거라고 중얼거렸을 때 백인 선원들은 한 사람도 정면으로 반대하는 사람이 없었다.

나는 에이허브의 냉혹한 얼굴과 그 얼굴에 줄처럼 새겨진 검푸른 흉터를 보고 경악하여 한동안은 그의 주위를 감도는 소름끼치도록 무시무시한 분위기가 그의 몸을 의지하고 있는 하얗고 기괴한 다리 때문이라는 것을 알아차리지 못하였다. 그러나 이 상아빛의 한쪽 다리는 항해 중에 향유고래의 턱뼈를 갈아서 만든 것이라는 이야기를 이미 듣고 있었다. 게이헤드의 늙은 인디언은 언젠가 말했다. "그 분은 일본 해상에서 다리병신이 되었지. 망가진 그의 배처럼 그는 그 자리에서 다른 다리를 해달아서 항구로 돌아가기 전에 돛대를 다시 고쳐 세운 셈이야. 그런 다리를 화살 통에 잔뜩 갖고 있어."

그가 서 있는 기괴한 자세도 나를 놀라게 했다. 피쿼드의 뒷갑판 양쪽에는 뒷돛대의 밧줄 가까이에 송곳으로 뚫은 지름 반 인치 가량의 구멍이 판자 위에 뚫려 있었다. 그는 뼈다리를 거기에 꽂고, 한 팔을 쳐들어 돛줄을 잡고 똑바로 서서, 끊임없이 기우는 뱃머리 너머로 먼 곳을 똑바로 보고 있었다. 앞쪽으로 향한 그 단호하고 두려움을 모르는 눈길엔 한없이 공고하고 굳센 정신, 굽히기 어려운 강한 고집이 담겨 있었다. 그는 한마디도 하지 않았고 선원들도 또한 그에게 아무 말도 하지 않았다. 다만 그들의 미세한 거동과 표정을 보면 미친 두목의 눈빛 아래서 몸부림치고 있다고 할 정도는 아니라 해도 불안감에 사로잡혀 있는 것만은 분명했다. 그들 앞에 서 있는 음울한 에이허브는 책형을 받고 있는 듯한 괴로운 표정을 띠고 있었는데, 어떤 크나큰 비통을 품고 있는 모습에는 제왕과도 같은 광포한 위엄이 서려 있었다.

처음으로 갑판에 나타난 그는 곧 선장실로 들어갔다. 그러나 그 아침 이후 그는 매일 선원들 앞에 나타나서 나사 구멍에 서 있거나, 고래이빨 의자에 앉아 있거나, 혹은 갑판 위를 느릿느릿 걷거나 했다. 암담했던 하늘이 차차 밝아지고, 조금씩 쾌적해짐에 따라 그가 안에 틀어박히는 일은 점점 적어졌다. 이 배가 항구를 출발한 뒤에 그를 틀어박혀 있게 한 것은 음울한 겨울의 황량한 바다가 아니었을까 생각되었다. 그러는 동안 그는 거의 스물 네 시간을 줄곧 밖에 나와 있게 되었는데, 어쨌든 지금은 밝게 햇볕이 드는 갑판위에서 그가 무슨 말을 하건 무슨 짓을 하건 필요 이상의 돛대처럼 불필요한 존재로밖에 보이지 않았다.

피쿼드는 지금 그저 해상을 달리고 있을 뿐, 진짜 일을 하고 있는 건 아니었다. 감독이 필요한 포경 준비에 대해서는 항해사들의 솜씨로 충분했기 때문에 굳이 에이허브를 괴롭히거나 걱정하게 만드는 일은 거의 없었다. 그렇게 때문에 당분간은 높이 솟은 산꼭대기에 겹겹이 쌓인 구름처럼 그의 이마에 몇 겹이나 감돌고 있는 그림자를 쫓아낼 기회도 없었다.

그러나 곧 찾아온, 따뜻하고 마음을 들뜨게 하는 화창한 날씨에 끌렸음인지 그의 우울함도 차차 사라져갔다. 겨울의 비애 가득 찬 숲에서 뺨을 빨갛게 물들이며 춤추는 처녀인 4월과 5월이 찾아올 때에는 아무리 울퉁불퉁하게 뇌우(雷雨)를 맞은 벌거벗은 늙은 떡갈나무라도 그 명랑한 손님을 맞아 뾰족뾰족 푸른 싹이 움틀 것이다. 그처럼 에이허브도 이윽고 그 처녀 같은 날씨의 화려한 유혹에 조금씩 반응을 보이기 시작했다. 몇 번인가 희미하게나마 얼굴을 편 적이 있었는데 보통사람 같았으면 이내 활짝 미소를 지었을 것이다.

제29장
에이허브, 이어서 스텁 등장

　며칠이 지나자 피쿼드 호는 얼음과 빙산을 모두 뒤로 하고 여름만 계속되는 열대 해상으로 들어가려면 반드시 거쳐야 하는 '키토'(남아메리카에 있는 에콰도르의 수도)의 빛나는 봄빛 속을 계속 달리고 있었다. 울려 퍼지는 소리, 향긋한 물내음과 따스하면서 선선하고 풍족한 나날은 장미수(薔薇水)의 눈을 뿌린 페르시아 빙과(氷菓)를 가득 쌓아 담은 수정잔처럼 찬란하게 빛났다. 화려한 별하늘은 보석이 박힌 벨벳 옷을 입은 교만한 귀부인같이 고독한 긍지를 품고 잠시 자리를 비운 정복자들, 즉 황금 갑옷을 입은 태양들의 추억에 잠겼다. 이처럼 즐거운 낮과 매혹적인 밤 중에서 어느 때에 잠들어야 할지 알 수 없을 정도였다. 더욱이 이렇게 계속되는 날씨의 마력은 다만 외계의 유혹과 신비력에 눈을 돌리게 하는 것뿐만이 아니었다. 영혼의 내부를 향해서도 소곤거리고, 특히 조용하고 온화하게 저녁이 내릴 무렵이면 기억의 결정체가 투명한 황혼의 얼음으로 소리도 없이 부서진다. 이러한 미묘한 감응력은 점점 더 에이허브의 전신에도 작용하기 시작했다.
　노인이란 잠이 적은 법이다. 오래 살게 될수록 죽음을 생각게 하는 무엇과도 관계를 갖고 싶지 않은 탓일까? 바다의 지휘자들 가운데에서도 늙은 사람들은 종종 아직도 잠자리에서 일어나 밤의 어둠에 싸인 갑판으로 나간다. 에이허브도 그러했다. 아니 요즘은 밖에서만 살았기 때문에 선장실에서 갑판으로 나왔다기보다는 갑판에서 선실을 찾아갔다고 하는 편이 더 맞겠다. "나 같은 늙은 선장이 이 답답한 구멍으로 기어들어가서 무덤 속 같은 잠자리로 가는 건 마치 죽으러 가는 것 같군." 그는 혼자 중얼거리곤 했다.
　그래서 매일 야간 불침번이 아래서 자는 동료들을 위해 망을 보고 있을 때, 앞갑판에서 밧줄을 끌어당기는 선원들이 동료들의 잠을 방해하지 않도록 낮과 같이 난폭하게 던지지 않고 살그머니 떨어뜨릴 때, 이런 침중한 고

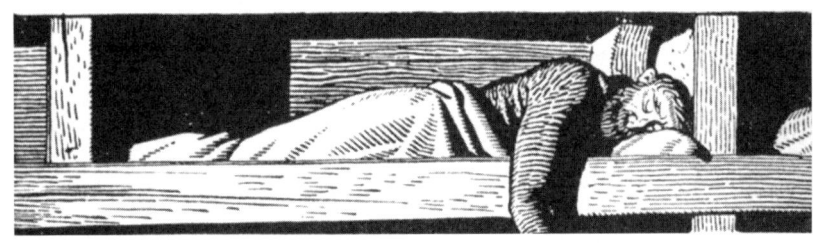

요가 온누리를 차지할 때 키잡이는 언제나 묵묵히 선장실의 승강구를 지켜보는 것이다. 그러면 곧 쇠난간을 붙잡고 절름거리는 다리를 조심스레 디디며 그 노인이 나타난다. 그럴 때의 그는 인간적인 이해심을 보여 주었는데, 곧 뒷갑판을 순시하는 일이 적었기 때문이었다. 그것도 무리는 아니었다. 피로한 항해사들이 쉬려 하는데 6인치 가까이 되는 이 고래뼈의 발뒤꿈치가 접근했다면 다리의 뼈가 덜컹거리며 울리는 소리 때문에 그들의 꿈은 상어의 이빨에 으스러지는 것이 될 터였다. 그러나 한 번은 그가 그런 배려도 할 수 없을 만큼 감정이 격해져 고물 난간에서 큰 돛대까지 육중한 재목을 굴리듯 걸어가자, 2등항해사 스텁은 밑에서 올라와 겁을 먹어 적잖이 놀라면서도 나무라는 듯한 어조로 농담을 섞어 말했다. "에이허브 선장님께서 갑판을 걷고 싶으시다면 그야 누구라도 싫다고는 하지 않습니다만 어떻게 그 소리를 줄일 방법이 없을까요?" 그는 넌지시 말을 돌려 머뭇거리면서 덧붙였다. "밧줄을 둥글게 감아 그 속에라도 발을 집어넣으시는 것이 어떨까요?" 아아 스텁, 그대는 그 당시 에이허브가 어떤 사람인지를 몰랐었다.

"나를 그런 꼴로 만들려 하다니 내가 대포알인 줄 아나? 가게! 용서해주지. 밤의 무덤 속으로 기어들어가게. 수의(壽衣) 입는 연습이라도 하게나──개새끼야! 개집으로 내려가!" 에이허브는 외쳤다.

갑자기 분통을 터뜨린 노인의 이 생각지도 못한 욕설에 한동안은 어리둥절하여 스텁은 말도 할 수 없었으나 마침내 목소리를 높여 말했다. "선장님, 나는 그런 말에 익숙하지 않습니다. 썩 유쾌하지 않은데요."

"닥쳐!" 에이허브는 이를 갈았다. 그리고 광포한 발작을 누르는 것처럼 걸어가려 했다.

"아니, 기다려 주십시오. 선장님, 나도 개새끼라고는 불리고 싶진 않습니다." 스텁은 조금 대담해져서 말했다.

"뭐라고? 원한다면 열 번이라도 당나귀니 노새니 하고 불러 주마, 가라! 그렇지 않으면 때려죽일 테다!"

이렇게 외치며 에이허브가 무시무시한 모습이 되어 다가왔을 때 스텁은 자기도 모르게 뒤로 물러섰다.

"지금까지 저런 말을 하는 놈을 그냥 두진 않았었는데." 스텁은 선실 승강구를 내려가면서 중얼거렸다. "이건 참 이상한데. 잠깐만, 스텁, 되돌아가 한 대 먹여 주고 싶은 생각도 들고……아니 이건 또 무슨 마음이야. 무릎을 꿇고 그 사람을 위해서 기도하고 싶은 마음도 생기니. 그래, 확실히 지금 그런 마음이 들었단 말야. 내가 기도를 한다면 내 생전 최초의 기도가 될 거야. 이상하다, 이상해. 한데 그 사람도 이상하군. 아무리 생각해도 그런 묘한 자와 이 스텁이 한배에 탄 적은 없었어. 대체 뭣 때문에 나한테 눈을 번득이는 건가! 눈이 화약 접시 같던걸. 미쳤나. 갑판 소리가 신경을 거슬리면 그 위에 뭔가가 돌아다닌다는 말이지만, 그 사람의 머릿속에도 뭔가가 돌아다니나 보군. 지금도 아마 자지 않을 거야. 하루 세 시간도 채 자지 않고, 잠을 잘 때도 눈은 뜨고 있으니까. 급사 녀석이 말했겠다. 아침에 선장한테 가보면 해먹의 담요는 형편없이 구겨졌고 시트는 발치에 몰려있고 이불은 새끼처럼 꼬여 있으며 베개는 구운 벽돌처럼 몹시 뜨겁다고 말야. 불타는 늙은이군그래. 그런데 그 늙은이, 육지에서 사는 놈들이 말하는 양심이라든가 하는 걸 갖고 있는지 모르겠군. 그건 안면 신경통 같은 것이어서 충치보다도 더 아프다는데, 난 모르는 일이야. 그런 것에 걸리지 않도록 제발. 아무튼 수수께끼 같은 늙은이야. 그 녀석 말로는 무슨 일인지 매일 밤 뒤쪽 선창(船艙) 속으로 기어들어간다던데 무엇 때문인지 알고 싶은걸. 거기서 누구하고 만날 약속이라도 한 것일까? 이상하잖나? 모르긴 하지만 말야. 말할 필요도 없어……결국은 그거야, 잠자러 가는 거야. 푸욱 잠잘 수 있는 것만도 이 세상에 태어난 만큼의 가치가 있는 거야. 생각해 보면, 갓난아기가 최초에 하는 일이 바로 그 일인데. 그것 또한 묘하군. 제기랄, 생각해 보면 모두 다 기묘하군. 그러나 생각하는 것은 내 신조가 아니지. 나의 생활신조 제11계(戒)는, 생각하지 말아라. 잘 때 자라는 게 제12계…… 아니, 또 생각했구나. 그러나 뭐랬지? 개라고 했나? 나더러 그랬지? 제기랄! 열 번이라도 노새라고 하겠다고? 게다가 어리석다고? 아예 나를 차주었더라면 좋았겠어.

아니, 나를 찾는지도 모르지. 그 이마를 보고 너무 놀랐기 때문에 그걸 깨닫지 못했을지 몰라. 이마가 표백한 뼈다귀처럼 빛났지. 도대체 이건 어떻게 된 거야. 다리가 곧게 서있지 않군. 그 늙은이하고 싸우는 바람에 장이 뒤집혀 버렸나? 하느님, 꿈을 꾼 모양이군…… 그러나 어째서 그렇지? 어떻게 된 거야? 그런 건 잊어버리는 게 상책이야. 자, 해먹으로 돌아가자. 아침이 되면 이 어지러운 생각이 태양 빛 속에서 어떻게 되어 있겠지."

제30장
파이프

 스텁이 가버린 뒤 에이허브는 한동안 뱃전에 기대어 있었는데, 요즈음 생긴 습관대로 당직 선원을 불러 고래뼈 의자와 파이프를 가져오도록 했다. 나침함 램프에 붙은 불로 파이프에 불을 붙이고 갑판의 바람이 불어오는 쪽에 의자를 놓고 앉아서 담배를 피웠다.
 북구(北歐) 민족이 한창 성했을 때 바다를 사랑한 데인 족(덴마크) 왕들의 옥좌는 일각고래의 송곳니로 만들었다는 전설이 있다. 지금 고래뼈 삼각의자에 앉은 에이허브를 보는 사람이라면 그것이 상징하는 왕의 위엄을 연상하지 않을 수 있겠는가? 에이허브야말로 갑판의 황제, 바다의 왕, 레비아단의 패자가 아닌가.
 한동안 계속해서 그는 담배를 피우며 입으로 바삐 담배 연기를 내뿜었는

데 그 연기는 도로 그의 얼굴로 날아갔다. "어떻게 된 거야?" 파이프를 입에서 떼며 혼잣말을 했다. "이 담배 연기도 위로해 주지 않는군. 나의 파이프여, 너의 매혹마저 없어졌다면 나의 나날도 힘들어지겠구나. 지금도 나는 즐겁기는커녕 생각도 없이 어리석게 줄곧 바람 따라 담배를 피우고 있구나. 바람이 불어오는 쪽을 향해 마치 단말마의 고래처럼 그렇게 초조한 연기를 뿜더니. 내가 마지막으로 뿜어 낸 담배 연기야말로 가장 크고 심각한 괴로움이라는 걸까? 이런 파이프가 무슨 소용이 있는가? 이런 건 조용함을 맛보며 순하고 흰 연기를 부드러운 흰 머리카락에나 날리는 도구이지, 나처럼 마구 헝클어진 검은 잿빛 머리카락에 날려 보내는 게 아니야. 이젠 담배를 그만두자……."

그는 아직 불이 남은 파이프를 바다에 던졌다. 불은 파도 사이에서 슈웃 하며 소리를 냈다. 그 순간 가라앉는 파이프의 거품을 스치면서 배는 앞으로 나갔다. 모자를 깊게 눌러 쓴 에이허브는 비틀거리면서 갑판을 걸었다.

제31장
꿈의 여신

　이튿날 아침 스텁은 플래스크에게 말을 걸었다.
　"이봐 왕대공, 이런 묘한 꿈을 꾼 건 처음일세. 저 늙은이의 뼈다리 말이네, 나는 그걸로 걷어 차인 꿈을 꾸었어. 나도 다시 차주려고 했더니 여보게, 어떻게 놀라지 않을 수 있었겠나? 내 다리도 보기 좋게 빠져 버렸단 말일세. 그리고 말야! 에이허브는 피라미드처럼 떡 버티고 앉았고 나는 바보처럼 계속 그에게 덤벼들고 있었단 말일세. 그런데 말야, 플래스크, 꿈이란 기묘하기 마련이지만, 그렇더라도 더 이상한 건 말야……나는 그때 말할 수 없이 화가 났었는데도, 뭐 에이허브에게 이렇게 걷어차였다고 해서 그걸 모욕이라 할 것까진 없지 않나, 하고 자신에게 타이르는 것이었어. '그렇게 떠들 건 없어, 이건 의족이고 진짜 다리로 차인 건 아니니까' 하고 말일세. 산 다리로 얻어 맞은 것과 죽은 다리로 얻어맞은 것과는 큰 차이가 있다, 이거지. 다시 말해서 플래스크 자네 손에 맞는 게 지팡이로 맞은 것보다 몇 십 배 더 화가 나는 것이란 말일세. 살아있는 모욕이란 살아있는 몸에서 오는 걸세. 아닌가?
　여보게, 결국은 말일세, 나는 얼빠진 발을 그 저주할 피라미드에 부딪치고 있는 동안 내내 앞뒤가 안 맞게 들릴지 모르나 계속 이런 걸 생각했다네. '저 늙은이의 다리는 결국 지팡이가 아닌가? 고래뼈로 만든 지팡이가 아니냐 말야, 그러니까 말하자면, 결국 장난으로 부딪친 거야. 고래뼈를 건드려 본 거지. 찼다는 건 실례된 일이 아니었단 말야' 라거나 '좀 보라구, 그 뾰족한 발끝으로 말야, 무척 귀여운 발끝이 아닌가? 커다란 농사꾼의 발에 걷어차였다면 확실히 큰 모욕이 되었겠지만 이런 모욕은 털끝만큼도 대수롭지 않단 말야' 하고 말일세. 그러나 플래스크, 이제부터가 그 꿈의 익살스런 장면일세. 내가 열심히 피라미드를 향해서 덤벼들고 있으려니 오소리처럼 털이 난 꼽추 도깨비가 내 양어깨를 움켜쥐고 홱 돌리면서 '넌 뭘하는 거야?' 하더란 말야. 굉장히 무섭더군. 뭐라 말할 수 없는 낯빛이더란 말일세. 그래도 간신히 무서운 걸 누르고 '내가 뭘 하느냐구? 그게 너와 무슨 관계가 있다는 거냐, 꼽추? 너도 걷어차이고 싶어?' 하고 쏴주었다네. 그런데 플래스크, 어떻게 된 걸까? 내가 그 말을 끝낼까 말까 했을 때 그놈이 궁둥이를 내게 돌리고 너덜너덜한 옷 같은 해초를 줄줄 끌면서 주저앉더란 말야. 그런데 글쎄, 들어 보게나, 내가 무얼 보았나 하면……놀랍지 않은가? 궁둥이에 가득히 쇠침(같은 밧줄을 푸는 뾰족한 쇠바늘)이 거꾸로 꽂혔더란 말일세. 그래서 나는 다시 생각을 고쳐 '너를 차는 건 그만 두겠다'라고 했다네. 그러자 그놈이 '과연 스텁이로군, 현명한데' 하고 마치 굴뚝에서 빠져나온 마귀할멈처럼 잇몸을 질근질근 씹듯이 계속 중얼거리더란 말일세. 좀처럼 '스텁 현명해, 스텁 현명해'하는 걸 그만둘 것 같지 않기에 나는 숫제 다시 피라미드를 찰까 하는 생각까지 했다네. 한데 다리를 들어올리기도 전에 그놈이 '차지 마!' 고함을 치더군. '아니 자네 어떻게 되었나?' 말했지. 그랬더니 그놈이 이렇게 말하더란 말야.

'이봐, 모욕이란 걸 좀 생각해 보세. 즉 에이허브 선장이 스텁 자네를 찼단 말이지?' 나는 대답했네. '그렇고말구. 여보게, 바로 여길세.' 그러자 그놈이 '좋아, 좋아. 그런데 그 뼈다리로 찬 거겠지?' 말하더란 말야. 나는 '그래' 하고 대답했네. 그러자 '그래서 말야, 현명한 스텁, 뭐가 화가 난단 말인가? 악의로 한 게 아니라고 생각하지 않나? 송진투성이의 싸구려 소나무 의족으로 찬 게 아니야. 아니지, 스텁, 자넨 높은 양반한테 깨끗한 뼈다리로 차인 걸세. 명예롭지. 나는 명예라고 생각해. 스텁, 들으라구. 옛날 영국에선 제후들이 여왕에게 칼등으로 맞고 기사 작위를 받는 걸 명예로 생각했지. 그러니 스텁, 에이허브에게 걷어차여서 어엿한 사람 취급을 받았으니 그걸 자랑으로 아는 게 어때? 잘 기억해 두라구. 이 사람에게 차이다니, 한 번 차이면 하나의 명예가 되는 걸세. 그걸 되차 주다니. 어쩔 수 없는 일일세, 스텁. 자아, 저 피라미드를 보라구.' 그렇게 말하는가 싶더니 갑자기 묘하게 하늘로 날아올라가 버리더군. 나는 코를 골면서 돌아누웠네. 그때 나는 해먹 속에 있었다네. 이봐, 플래스크, 이 꿈을 어떻게 생각하나?"

"모르겠는걸. 하지만 좀 어이없군그래."

"그럴지도 모르지. 그러나 플래스크, 난 그것으로 배운 게 있네. 보게나, 저기 에이허브가 서서 곁눈질로 이물 앞쪽을 보고 있네. 플래스크, 우린 무얼 하면 좋은가 하면 말일세. 저 늙은이를 혼자 있게 하는 걸세. 뭐라고 하든 말대답 따위를 하는 게 아닐세. 자, 보게! 뭔지 고함을 치고 있네, 들어 보게나."

"어이! 돛대 꼭대기에서 망보는 자들! 조심해라! 고래가 나왔어! 흰 놈이 보이거든 가슴이 터지도록 소리를 질러라."

"플래스크, 도대체 어떻게 생각하나? 조금 이상한 데가 있지 않나? 흰고래라잖아. 들었겠지? 응? 무언가 심상치 않은 일이 일어날 것 같네. 플래스크, 조심해. 에이허브의 머릿속엔 피비린내 나는 바람이 불고 있네. 그러나 쉿! 이리로 오고 있네."

제32장

고래학

　우리는 이미 대담하게도 큰 바다로 나와 있었다. 머지않아 해안도 보이지 않고 항구도 없는 그 망망한 바다 속에 자취를 감추게 될 것이다. 그러나 그 전에, 선체가 해초로 덮인 피쿼드 호가 조개껍질이 달라붙은 커다란 고래의 몸통과 함께 몸부림치기 전에, 우선 서막으로 고래에 관한 온갖 특수한 사실과 문헌을 환하게 아는 것이 무엇보다도 필요한 일일 것이다.

　지금 나는 고래 종류에 대해 체계적으로 설명을 하고자 한다. 이 일은 그렇게 쉬운 일이 아니다. 여기서 시도하는 것은 이른바 혼돈의 구성요소를 분석하려는 것과 비슷한 일이다. 우선 최근의 고래 권위자들이 말하는 바를 들어 보라.

　"동물학의 여러 분야 중 고래학이라 명명되는 것만큼 복잡하고 갈래가 많은 것은 없다." 스코스비 선장은 1820년에 말했다.

　"가령 나에게 힘이 있다 해도 고래를 그 종류와 속(屬)으로 나누는 올바른 분류법을 깊이 연구하고 싶지는 않다. 이 동물(향유고래)의 연구가들 사이에는 한없는 혼란이 있을 뿐이다." 빌 선의(船醫)는 1939년에 말했다.

　"측량할 수 없는 깊은 바다를 향하여 연구를 진행하기란 불편하다." "고래에 관한 우리의 지식은 뚫을 수 없는 막으로 끝난다." "가시덤불에 차 있는 분야." "이 불완전하기 짝이 없는 여러 설(說)은 쓸데없이 우리 박물학자를 괴롭힐 뿐."

　위대한 큐비에와 존 헌터, 레슨 등의 동물학 및 해부학의 권위자들이 고래에 대해 한 말들이다. 그러나 정확한 지식이란 실로 빈약하지만 문헌은 상당한 수에 이르고 '고래학', 곧 고래에 관한 학문도 조금은 존재한다. 옛날부터 최근에 이르기까지 대가(大家)든 소가(小家)든 고대인이든 현대인이든 또는 육지 사람이든 바다 사람이든 고래에 관해 말한 사람은 내용과 분량에는 차이가 있지만 참으로 많았다. 그 중 몇 사람을 들면——성서의 여러 저자, 아리스토텔레스, 플리니, 알드로반디, 토마스 브라운 경, 게스너, 레이, 린네, 론델레티우스, 윌러비, 그린, 아르테디, 시발드, 브리슨, 마텐, 라세페드, 보나테르, 데마레, 큐비에 남작, 프레데릭 큐비에, 존 헌터, 오웬, 스코스비, 빌, 베네트, J. 로스브라운, 「미리엄 코핀」의 저자, 올름스테드, 치버 신부 등이다. 그러나 이들 모든 사람들이 쓴 것에서 끌어낼 수 있는 결론은 결국 앞에서 인용한 문구에서 말한 그대로이다.

  이 고래에 관한 저자들 중, 오웬 이후의 사람들만이 산 고래를 보았고, 작살을 손에 들고 고래잡이를 천직으로 삼은 사람은 스코스비 선장(영국 북빙양 항해자) 단 한 사람이었다. 그는 특히 그린란드 고래, 다시 말해서 참고래에 대해서는 현존하는 최고 권위자이다. 그러나 스코스비는 향유고래——그린란드 고래는 향유고래에 비하면 아무것도 아니다——에 대해서는 아무것도 모르며 아무 말도 하지 않았다. 특히 여기서 말해 두고 싶은 것은 그린란드 고래는 해양의 옥좌를 찬탈한 자에 지나지 않는다는 것이다. 그는 가장 큰 고래도 아니다. 그런데도 예부터 줄곧 그린란드 고래에 대한 그의 주장이 우세했고, 또 향유고래는 70년 전까지만 해도 전혀 세상에 알려지지 않은데다 요즘에도 소수의 학술분야나 고래 항구에서만 알려져 있기 때문에 그 찬탈은 훌륭한 성과를 거두었다. 지난 날의 대시인들이 고래를 묘사한 것을 보아도 그린란드 고래가 완전히 그 밖의 고래를 누르고 해양의 왕자가 되어 있음을 알 수 있다. 그러나 마침내 새로운 왕권이 선포되는 날이 왔다. 이것은 채링크로스에 의해 이루어졌다. 사람들이여, 모두 들으라. 그린란드 고래는 퇴위하고 이제 위대한 향유고래가 세상을 다스리게 된 것이다!

  지금까지 단 두 권의 책만이 살아있는 향유고래에 대하여 소개하려는 노력을 조금이나마 했고 동시에 어느 정도 성과도 있었다. 그것은 빌과 베네트의 책이다. 둘 다 당시의 영국 남양 포경선의 선의였는데 정확하고 믿을 만한 사람들이었다. 그들의 책에서 향유고래를 기술한 독자적인 부분은 당연히 적을 뿐만아니라 시종일관 과학적인 측면에서 기술되긴 했어도 매우 뛰어나다. 그러나 오늘날까지도 과학에서건 시에서건 향유고래는 문헌 속의 덧없는 그림자에 불과하다. 이제껏 잡힌 다른 고래의 무리와는 그 종류가 달라 그의 전설은 아직 씌어지지 않았던 것이다.

지금으로서는 객관적으로 밖에 말할 수 없겠지만, 여러 가지 고래에 대해서 일반 사람들에게 알기 쉬운 분류를 할 필요가 있다. 그 자세한 점은 후세 사람들의 노력으로 채워질 것이다. 이 문제를 다룬 지식인이 아직 나오지 않았으므로 나 자신이 이제부터 빈약하나마 시도해 보기로 한다. 완벽한 것을 약속할 수는 없다. 인간이 하는 것을 완전하다고 상상했다면 그 상상의 이유만으로도 그것은 필연적으로 불완전하다. 여기서는 여러 종류의 고래에 대해 세밀한 해부학적 기술도, 또 그 밖의 어떠한 기술도 하지 않겠다. 다만 고래학의 계통도를 제시하고자 한다. 나는 설계자일 뿐 건축가는 아니다.

그렇다 해도 이것은 방대한 일이다. 우체국의 편지 분류계의 일도 이에 비할 바 아니다. 고래를 쫓아서 바닷 속까지 기어들어가 손을 뻗쳐 세계의 골격, 늑골, 골반(骨盤)이라 할 만한 것을 손으로 만지는 것, 이것은 무서운 일이 아니겠는가? 이 거대한 바다 괴물의 코를 잡으려고 시도하는 나라는 이는 도대체 어떤 사람일까? 〈욥기〉에서의 엄한 질책이야말로 실로 나를 두렵게 하기 위한 것이 아닌가? '그(고래)가 그대와 계약을 하려는가? 보라, 그 희망은 허사다.' 그러나 나는 도서실을 헤매고 다녔고 대양을 항해한 일도 있다. 이 두 손으로 고래를 대했어야 했다. 열성을 갖고 일에 임하자. 먼저 무엇을 할 것인가를 결정할 필요가 있다.

첫째, 이 '고래학'의 불확실성, 미결정성은 이미 그 입문(入門)에 있어서 다음 사실, 다시 말해서 어느 방면에서는 아직도 고래가 물고기인지 아닌지가 논의의 초점이 되어 있다는 것으로도 분명하다. 린네는 1776년의 「자연계」에서 '이런 이유로 고래를 물고기족에서 제외한다'라고 주장한다. 그러나 나 자신이 아는 바로는 1850년에 이르기까지 린네의 단호한 선언에도 불구하고 상어나 청어, 대구들도 여전히 고래와 같은 바닷속에서 태어나 살고 있다.

고래를 어족에서부터 추방하고 싶은 이유로서 린네가 말하는 것은 다음과 같은 것이다. 온혈(溫血), 이판심장(二瓣心臟), 폐장, 움직일 수 있는 눈꺼풀, 구멍이 뚫린 귀, 유방을 갖고 젖을 먹이는 암컷을 찌르는 페니스(penis), 그래서 결국은 자연의 올바른 법칙에 의하여 당연히 그렇게 단정한다고 했다. 나는 낸터킷의 시메온 메이시와 찰리 코핀에게 물어보았는데, 나와 함께 항해했던 일이 있는 이 두 사람은 모두 거기에서 말한 이유들로는 불충분하다는 의견을 말했다. 찰리는 무례하게도 그것은 모두 엉터리라고까지 했다.
 아무튼 논쟁은 뒤로 미루고 나는 고래가 물고기라는 옛날부터의 입장이며 요나의 뒷받침이 필요한 사람이라는 것을 알아주기 바란다. 이 근본적인 문제가 해결된 뒤에 결정해야 할 문제는 고래가 내장의 어떤 특징때문에 다른 어족과 다른가 하는 점이다. 린네는 위와 같은 항목을 들었다. 그것은 결국 다른 어류는 폐가 없고 냉혈인데 비해서 고래는 폐가 있고 온혈이라는 것이다.
 둘째, 우리가 고래의 외형적인 특징을 근거로 해서 후세에 이르기까지 잘못이 없는 정의를 내리려면 어떻게 하면 좋겠는가? 간결하게 말한다면 고래란 '수평의 꼬리를 지니고, 물을 뿜어대는 물고기이다.' 이것이 정의다. 너무 간단한 것처럼 보이지만 그것은 방대한 사색의 결과이다. 해마(海馬)의 물뿜기는 고래의 그것과 매우 흡사하지만 해마는 바다와 육지 양쪽에서 살기 때문에 물고기가 아니다. 그러나 그 정의에서 전자는 후자와 짝이 되어 더욱 유력한 것이 된다. 누구나 다 알아차렸겠지만 육지 사람들의 눈에 친숙한 모든 물고기는 수평의 꼬리를 갖지 않고 반드시 수직, 다시 말해서 상하로 선 꼬리를 갖고 있다. 그런데 물을 뿜는 물고기류에서는 꼬리의 모양은 엇비슷한데 항상 그것이 수평이 되어 있다.
 바로 앞서 든 고래의 정의에 입각하여 나는 낸터킷의 쟁쟁한 박식가들이 고래로 규정한 어떤 바다 생물을 레비아단의 동족으로 넣으려고 한다면 결코 배제하지 않을 것이며, 또 최근까지 학계에서 고래와 다른 종의 물고기라고 한 것을 고래와 관련시키지도 않겠다. 따라서 작더라도 물을 뿜고 수평인 꼬리를 가진 물고기는 이 고래학의 구조에 들어가는 셈이다.* 그러면 이제부터 고래족 전체에 대한 대분류를 시작한다
 첫째, 나는 고래를 그 크기에 따라 세 개의 기본적인 권(卷, book)으로 나누고 그것은 또 장(章, chapter)으로 세분했다. 그에 따라 고래를 가장 작은 것에서부터 가장 큰 것까지 총망라하게 된다.

---

* 오늘날까지 라망탱 또는 듀공이라고 불리는 물고기(낸터킷의 편에 의하면 돈어(豚魚, Pig-fish와 코검어(劍魚, Sow-fish))가 대부분의 박물학자에 의해 고래의 일종으로 여겨지는 것은 사실이다. 그러나 듀공은 매우 거칠고 보잘것 없는 것들로 강어귀 등지에 숨어서 해초를 먹으며 살아가며, 물을 뿜을 줄도 모른다. 나는 그들에게서 고래의 자격을 박탈하고 고래 왕국을 떠나는 여권을 건넬 수밖에 없다.

Ⅰ. 2절판 고래. Ⅱ. 8절판 고래. Ⅲ. 12절판 고래.

그 세 권의 전형적인 고래로서 2절판에는 향유고래, 8절판에는 범고래, 12절판에는 참돌고래가 있다.

2절판에 속한 고래들을 여러 장으로 분류할 수 있는데, 1. 향유고래, 2. 큰고래, 3. 등지느러미가 큰 멸치고래, 4. 곱사등이고래, 5. 긴수염고래, 6. 유황고래가 그것이다.

제1권(2절판) 제1장(향유고래)

옛날 영국에서는 트럼파 고래, 피시터 고래, 또는 모루머리고래 등으로 막연히 알려져 있었다. 오늘날 프랑스어로 까샬로라 하는 것이고, 독일어로는 포트피시이며, 어려운 말로는 매크로세펄러스이다. 틀림없이 지구상에서 가장 큰 주민이고, 고래 중에서 가장 무시무시하며, 외관이 가장 장려하고, 그리고 저 귀중한 경뇌유(鯨腦油)를 얻을 수 있다는 점에서 상품 가치가 가장 높은 고래로 꼽힌다. 그 고래의 여러 가지 특성은 앞으로 설명하게 될 것이다. 지금 여기서 쓰고 싶은 것은 그 명칭에 관한 것이다. 언어학적으로 말하면 이것은 엉터리이다. 수세기 전까지 이 향유고래는 그 실체가 거의 알려지지 않았고 이 기름은 우연히 해안에 밀려 올라온 것에서 얻어지는 형편이었는데, 일반적으로 그 시대에 이 경뇌유는 당시의 영국에서 그린란드고래 또는 큰고래라고 불렸던 것에서 믿어졌던 모양이다. 더욱 이 기름은 경뇌유(spermaceti)란 어휘의 첫음절(sperm:정액)이 나타내듯이 그린란드고래의 정액으로 생각되었다. 또 당시는 이 기름이 참으로 귀중해서 등불용으로는 쓰지 않고 페인트용 또는 약용으로 썼었다. 여러분들이 오늘날 1온스의 대황(大黃)을 사듯 약종상(藥種商)에서 구입했던 것이다. 시간이 흐르면서 이 경뇌유의 본질을 알게 된 후에도 원래의 이름이 상거래에서 그대로 쓰였는데, 내 생각에 이는 그 고래가 희귀하다는 생각을 심어 줌으로써 그 가치를 올리려고 한 것임에 틀림없다. 그러다가 끝내는 이 경뇌유를 실제로 얻을 수 있는 고래에게 그 호칭이 붙여지게 된 것임에 틀림없다.

제1권(2절판) 제2장(큰고래)

인간에게 최초로 쉴 새 없이 쫓기던 이 고래는 어떤 의미에서는 가장 유서 깊은 고래라고 해야 할 것이다. 이 고래는 고래수염과 특히 '고래 기름'이라는 하급 기름을 산출한다. 어부들 사이에서는 '고래' '그린란드고래' '검은고래' '왕고래' '참고래' '큰고래' 따위의 여러 이름으로 불린다. 이렇게 무수한 호칭을 갖는 종(種)이 동일한 것인지 아닌지는 매우 애매하다. 그러면 내가 이 제2장에 넣은 고래란 어떤 것인가? 즉 영국의 박물학자가 말하는 '그레이트 미스티세터스', 영국의 포경업자가 말하는 '그린란드고래', 프랑스 고래잡이가 말하는 '발레느 오디네르', 스웨덴인이 말하는 '그롤란드 윌피쉬'이다. 이것은 2세기가 넘는 오랜 세월 동안 네덜란드인과 영국인이 북빙양에서 쫓고 미국 어부가 인도양과 브라질, 북서 해안 지방 및 기타 '큰고래 유영지(遊泳地)'라고 이름 붙인 세계의 여러 바다에서 쫓던 것이다.

어떤 사람들은 영국 사람의 그린란드고래와 미국 사람의 큰고래 사이에는 차이가 있다고 말하고 싶어 한다. 그러나 그 거대한 모습에 관한 것은 거의 일치하며 현저하게 차이가 나는 결정적인 사항은 아직 하나도 발견되지 않고 있다. 박물학 방면이 못마땅할 정도로 복잡해진 것은 언제나 참으로 애매한 차이를 바탕으로 하여 끝도 없는 세목(細目)으로 나누어 말하기 때문이다. 이 큰고래에 대해서는 뒤에서 향유고래를 밝히는 기회에 좀더 자세히 설명할 것이다.

제1권(2절판) 제3장(멸치고래)

여기서는 '등지느러미' '높은 물뿜기' '롱존'등으로 불리는 엄청나게 큰 고래를 다루는데, 이것은 어느 바다에나 거의 나타난다. 뉴욕 항에서 취항하여 대서양을 건너는 선객들이 가끔 멀리서 물 뿜는 것을 보게 되는데 그것이 바로 멸치고래다. 이 고래는 길이가 길고 수염은 큰 고래와 비슷하지만 몸통 둘레가 덜 굵으며, 빛깔도 더 옅어서 올리브색에 가깝다. 복잡한 큰 주름살에 접힌 그 커다란 입술은 닻줄같이 보인다. '등지느러미고래'라는 이름까지 붙게 한 지느러미는 장대하고 독특한 모양이어서 특히 눈길을 끈다. 이 지느러미는 길이가 삼사 피트로서 등의 뒷부분에서 뿔처럼 곧게 서서, 그 끝이 극히 날카롭게 뾰족하다. 이 고래의 다른 부분이 조금도 보이지 않는 경우에도 이따금 이 지느러미만은 수면에 뾰족하게 돌출해 있는 것을 분명히 볼 수 있다. 바다가 잔잔하고, 잔물결이 희미하게 둥근 무늬를 그리며 일고 있을 때, 해시계의 바늘처럼 이 지느러미가 솟아 잔물결 위에 그림자를 드리우고 있는 것을 보면 소용돌이치는 물의 동그라미는 날짜를 가리키는 바늘과 시간의 선이 새겨진 해시계의 글자판처럼 보인다. 이 아하즈(기원전 8세기 유대왕. 해시계를 만들었음)의

해시계에서는 이따금 그림자가 거꾸로 돌기도 한다. 이 고래는 떼를 지어 살지 않는다. 사람들과 어울리는 것을 싫어하는 사람도 있듯 이 고래도 고래가 싫은 모양이다. 매우 수줍어해서 언제나 혼자 헤엄친다. 저 멀리 떨어진 어두운 수면 위로 느닷없이 떠오르기도 한다. 꼿꼿이 서서 높이 뿜어 올리는 한 줄기 바닷물은 사람을 싫어해서 거친 들에 꽂혀 있는 창과도 같다. 또한 그것은 인간으로부터의 모든 추격을 비웃을 정도로 놀라운 힘과 속도로 헤엄을 친다. 이것은 다루기 힘든 추방당한 카인과 같은 고래다. 그 증거로서 등에 해시계의 바늘을 지게 된 것이 아닐까? 입속에 고래 수염을 갖고 있어서 이 고래는 종종 큰고래와 함께 이론상 '수염고래', 다시 말해 고래수염을 가진 같은 족으로 취급되기도 한다. 이 수염고래 가운데는 여러 종류가 있을 것으로 생각되는데 대부분은 거의 알려져 있지 않다. '코 넓은 고래' '주둥이고래' '꼬치고기머리고래' '혹고래' '아래턱고래' '칼끝고래' 등이 어부들이 붙인 이름이다.

　이 '수염고래'의 호칭에 대해서는 꼭 말하고 넘어가야 할 중요한 사실이 있다. 이러한 명명법은 어떤 종류의 고래에 대해 언급할 때는 매우 편리하지만 애당초 고래수염이니 혹이니, 지느러미니, 이빨이니 하는 식으로 고래를 분류하려는 것은, 설사 고래 몸통을 나누어 분류하는 방식보다는 고래학의 규칙에 더 잘 들어맞는다 하더라도 결국은 소용없는 헛일이 된다. 왜냐하면 고래수염, 혹, 등지느러미, 이빨 등과 같은 특징은 보다 본질적인 구조적 특징을 고려하지 않는다면 모든 고래들 사이에 뒤섞여 나타나기 때문이다. 이를테면, 향유고래와 혹고래는 모두 혹은 있지만 유사점이라곤 그것뿐이다. 그런데 이 혹고래와 그린란드고래는 똑같이 고래수염을 가지고 있지만 여기에도 유사점은 없다. 또 그 밖의 특징에 대해서도 마찬가지다. 고래의 구조는 이렇듯 여러 종에 있어서 불규칙적이다. 그 종류 하나하나를 들어 말하면 이렇게 불규칙하게 고립되어 있으므로 이와 같은 근거에 의해 총체적인 계통을 세우려는 노력을 비웃는 것 같다. 이 암초에 걸려서 모든 고래학자들은 난파해 버리고 만다.

　그러나 고래의 내부를 해부하면 올바른 분류에 도달할 수 있으리라고 생각하는 사람도 있을 것이다. 하지만 그렇지는 않다. 이를테면, 그린란드고래를 해부해도 그 고래수염 이상으로 현저한 점은 아무것도 발견되지 않는다.

제32장 고래학　195

그러나 앞서도 보았듯 고래수염만을 갖고는 결코 그린란드고래를 바르게 분류할 수는 없다. 가령 여러분들이 갖가지 고래의 창자 속으로 내려가 몸소 들여다본다 해도 이전부터 분류의 기준으로 꼽았던 외부 특징의 50분의 1만큼도 좋은 것을 발견할 수는 없다. 그러면 어떻게 하면 좋은가? 고래의 몸을 있는 그대로 붙잡아서 용감하게 구분해 가는 수밖에 없다. 그러니까 여기서도 서지학적 방법을 채택한 것인데, 아무튼 이것은 실용적이므로 유일하게 성공할 방법이 아닌가 생각한다.

제1권(2절판) 제4장(곱사등이고래)

이것은 북미 해안에 가끔 나타난다. 그 근처에서 곧잘 잡혀 항구로 끌려온다. 장사꾼처럼 커다란 짐을 짊어지고 있는 형태이다. 또한 '코끼리고래'라거나 '성(城)고래'라고 불러도 좋다. 아무튼 흔히 불리는 '곱사등이고래'라는 이름은 그것을 다른 고래와 구별시키는 데에 충분하지 않다. 왜냐하면 향유고래도 훨씬 작긴 하지만 혹을 갖고 있기 때문이다. 이 고래의 기름은 그다지 고급이 아니다. 고래수염은 있다. 고래 중에서도 가장 놀기 좋아하고 쾌활해서 대체로 다른 고래보다도 명랑하게 물거품을 일으키며 논다.

제1권(2절판) 제5장(긴 수염고래)

이 고래에 대해서는 이름 이외엔 거의 알지 못한다. 나는 케이프 혼의 항구 밖 멀리에서 이것을 본 적이 있다. 수줍어하는 성질이어서 어부나 학자들을 피하는 버릇이 있다. 겁쟁이는 아니지만 길고 날카로운 산마루터기처럼 우뚝 솟은 잔등 외에는 결코 보이지 않는다. 나는 그것에 대해 이 이상 알지 못하고, 그누구도 마찬가지일 것이니 이 정도로 해두어야겠다.

제1권(2절판) 제6장(유황고래)

이것도 은둔자이다. 유황이 배에 붙어 있는데 아마도 깊이 들어갔을 때 지옥의 점토층에 문질러댔기 때문이리라. 흔히 잘 나타나지 않는다. 나는 먼 남해에서 밖에는 본 적이 없지만, 그때도 멀리 떨어져 있었기 때문에, 그 풍모를 자세히 보는 것은 불가능했다. 추적당하는 일도 없었다. 마치 줄타기를 하는 것처럼 달려서 달아나 버린다. 여러 가지 기괴한 평판이 나 있다. 잘 가라, 유황 고래여! 나는 너에 대해 그 이상의 진실을 말할 수가 없다. 아마도 가장 오래 산 낸터킷의 노인도 그럴 것이다.

제1권(2절판)은 여기서 끝난다. 이어서 제2권(8절판).

8절판.* 이것들은 중간 크기의 고래들로서, 1. 범고래, 2. 검은고래, 3. 코고래(일각고개), 4. 살인고래, 5. 환도 상어고래가 있다.

제2권(8절판) 제1장 (범고래)

이 고래의 요란한 호흡, 아니 울부짖음은 육지의 사람들에게도 이야깃거리가 될 정도로 깊은 바다의 주민으로서 그 이름이 유명한데, 보통은 이것을 고래 속에 넣지 않는 것 같다. 그러나 고래로서의 특성은 모두 갖추고 있으며 많은 박물학자들도 그것을 인정한다. 보통 8절판의 크기이며, 길이는 50피트에서부터 25피트 가량, 몸통 둘레도 그와 알맞게 균형이 잡혀 있고 떼를 지어 다닌다. 상당히 다량의 기름이 있고 등불용으로서 나쁘지 않지만 그다지 많이 잡히지는 않는다. 고래잡이들은 그것이 나타나는 것을 향유고래가 올 전조로 여기기도 한다.

제2권(8절판) 제2장(검은고래)

나는 고래들을 어부들이 부르는 이름으로 부르는데, 대개 그것이 가장 적절한 이름이기 때문이다. 애매하고 적절하지 않은 이름인 경우는 그 뜻을 밝히고 다른 이름을 제시하겠다. 이 검은고래의 경우가 그러하다. 왜냐하면 거의 모든 고래는 검기 때문이다. 그런즉 그것을 하이에나고래라고 부르면 어떻겠는가? 그것이 먹을 것을 탐내는 꼴은 유명하며 그 입술의 안쪽이 위로 굽어 항상 그 안면에 메피스토펠레스의 쓴웃음을 띠고 있다. 지구상의 이 고래는 평균 16피트에서 18피트의 길이다. 거의 모든 지역에 있다. 헤엄칠 때 갈고리 모양의 등지느러미를 보이는 이상한 버릇이 있는데, 이 지느러미는 로마인의 코처럼 보인다. 향유고래잡이 일이 그다지 잘 되지 않을 때 이 하이에나 고래를 잡아서 가사용(家事用)의 싼 기름을 공급할 때도 있다. 검약가들은 사람이 오지 않고 혼자 있을 때, 향기로운 기름을 아끼고 이 냄새 나는 초를 태우기도 한다. 그 지방층은 아주 얇지만 이 고래 중에 어떤 것은 30갤런 이상의 기름을 주기도 한다.

제2권(8절판) 제3장(코고래 또는 일각고래)

이것 또한 기묘한 이름인데 그 특이한 뿔이 본디는 뾰족한 코로 잘못 알려

---

* 이 판(判)의 고래를 4절판이라고 이름붙이지 않는 이유는 명백하다. 이 고래는 2절판의 고래보다도 작긴 하지만, 그 형체면에서 볼 때는 크기와 비례가 2절판과 비슷하다. 그런데 제책소의 4절판은 2절판을 축소하면 그 모양이 달라진다. 그러나 8절판은 2절판과 같은 모양이다.

진 까닭이라고 생각한다. 몸의 길이가 16피트 가량 되고 그 뿔은 보통 5피트 가량인데 때로 10피트, 15피트에 이르는 것도 있다. 엄밀하게 말하면 이 뿔은 송곳니가 발달한 것이고 턱에서 약간 수평보다 낮게 뻗어 있다. 그러나 그것은 항상 왼쪽에만 있으므로 기분 나쁜 몰골을 나타내고, 서투른 왼손잡이 사나이 같은 외모를 하고 있다. 이 뿔이나 창이라고도 할 만한 송곳니가 어떤 목적을 지니고 있는가를 정확하게 말하기는 어렵다. 어떤 선원들이 말하는 바로는 코고래는 먹이를 찾을 때 이것을 갈퀴 대신으로 하여 바다 밑을 파헤친다고 하지만 그것이 황새치나 동갈치의 칼날 같은 작용을 한다고 생각되지는 않는다. 찰리 코핀은 이것으로 얼음에 구멍을 판다고 말한다. 왜냐하면 이 코고래가 극지 바다의 표면에 떠오르려 할 때 얼음이 덮여 있는 것을 알면 그 뿔을 내밀고 얼음을 깨뜨리기 때문이다. 다만 이 같은 추측이 올바른지 어떤지는 보증할 수 없다. 내 의견으로는 이 코고래가 한편에 붙은 하나의 뿔을 무엇에 쓰든 또 그 뿔이 본디 무엇이든 그 뿔은 팜플렛같은 것을 읽을 때의 종이 끼우개로 안성맞춤이라고 생각하고 있다.

코고래가 '송곳니고래' '뿔고래' '일각고래' 등으로 불리는 것도 들은 일이 있다. 아무튼 동물계의 모든 영역에서 보게 되는 일각류(一角類)의 신기한 예이다. 은둔자였던 어떤 학자의 견해에 의거해서 말한다면, 이 바다의 외뿔짐승의 뿔은 옛날에는 해독제라고 생각되었으므로 그것을 조제하여 막대한 부(富)를 얻었다고 한다. 또 수사슴의 뿔을 정제하여 녹각정을 만들 듯이 그 고래의 뿔을 증류시켜 휘발성 염류로 만들어서 부인들이 기절했을 때 약으로 썼다고 한다. 아무튼 그 자체가 옛날에는 매우 진기하게 여겨졌던 것이다. 고문서에 의하면 베스 여왕이 그리니치 궁전의 창문으로 미소를 지으며 보석으로 장식된 손을 흔들면서 마틴 프로비셔(1535~1594. 엘리자베스 시대의 항해사, 선장)의 용감한 배가 템즈강으로 내려가는 것을 전송했는데, 그 배가 '이윽고 그 항해에서 돌아왔을 때, 마틴 프로비셔는 여왕 전하에게 크고 위대한 코고래의 뿔을 바쳤고 그것은 오랫동안 윈저 성(城)에 걸려 있었다'고 기록되어 있다. 아일랜드의 책에 의하면, 레스터 백작(1532~1588. 엘리자베스 시대의 정치가)도 무릎을 꿇고 여왕 전하에게 육지에 사는 외뿔짐승의 뿔을 바쳤다고 한다.

코고래는 표범과도 닮아서 풍모가 화려하며, 젖빛의 흰 살에는 원이나 타원형의 검은 얼룩이 빛나고 있다. 그 기름은 투명하고 질이 좋은데 양이 적고 또 거의 잡히지 않는다. 보통은 극지 부근의 바다에서 발견된다.

　제2권(8절판) 제4장(살인고래)

　이에 대해서는 낸터킷 사람조차도 정확한 것을 거의 알지 못하고 유명한 박물학자도 전혀 알지 못한다. 내가 먼 곳에서 확인한 바로는 범고래의 크기만 한 것 같다. 흉포하기 짝이 없으며, 이른바 식인종 같은 물고기이다. 때로는 거대한 2절판 고래를 입으로 물고 거머리처럼 매달려 뜯어먹고 끝내는 몸부림쳐 죽게 한다. 이것을 잡은 사람은 없고 어떤 기름을 가지고 있는가를 들은 적도 없다. 이 고래의 이름도 애매한 이유로 지어졌다고 말할 수 있을 것이다. 왜냐하면 보나파르트(나폴레옹)나 상어를 포함해서 우리는 모두 육지에서나 바다에서나 살인자이기 때문이다.

　제2권(8절판) 제5장(환도 상어고래)

　이 신사는 그 꼬리로 유명한데, 그것으로 채찍을 내려치듯이 적을 후려친다. 2절판 고래의 등에 올라타고 철썩 때리면서 헤엄쳐 가도록 한다. 그것은 인간 세상에서 학교 교사의 처세술과 흡사하다. 이 고래는 살인고래보다도 덜 알려져 있다. 둘 다 법이 없는 바다의 무법자들이다.

　제2권(8절판) 끝남. 이어 제3권(12절판).

　12절판. 이것에는 크기가 작은 고래들이 속하는데, 1. 만세돌고래, 2. 해적돌고래, 3. 가루돌고래가 그것이다.

　이 고래에 대해서는 특별히 연구할 기회를 가진 사람들이 아니면 대개 사오 피트도 못되는 물고기가 고래류에 속하는 것을 미심쩍어할지도 모른다. 고래란 누가 생각해도 거대한 뜻을 가진 말이 아니겠는가? 그러나 나의 관점에서, 다시 말해서 수평의 꼬리를 갖고 물을 뿜는 물고기라는 점에서 보면 12절판으로 여기에 든 것들도 틀림없이 고래다.

　제3권(12절판) 제1장(만세돌고래)

　지구의 거의 전 표면에서 볼 수 있는 흔한 돌고래다. 이 명명은 내가 한 것이다. 돌고래에는 여러 종류가 있어서 그 구별이 필요했기 때문이다. 이 이름을 붙인 이유는 언제나 위세 좋게 떼를 지어 다니고 넓은 바다 위에 마치 독립기념일 때의 군중들의 모자처럼 튀어 오르기 때문이다. 그들의 출현은 언제나 선원들에게 환영받는다. 정말 위세 좋고 언제나 바람이 불어오는 쪽의 상쾌한 물결을 타고 온다. 바람 속에 장난치는 어린아이 같다. 길조(吉

兆)로 여겨진다. 여러분들이 이런 강대한 물고기를 보고도 만세를 부르기를 꺼린다면 어지간히 성질이 고약한 사람이다. 천진한 쾌활함이 마음에 결여되어 있다는 증거다. 영양이 좋은 통통한 만세돌고래에서는 고급 기름 1갤런쯤은 넉넉히 얻을 수 있다. 그러나 그 턱에서 짜내는 순량 정밀한 액체는 더욱 희귀한 것이어서 보석상이나 시계 직공들이 탐내는 기름이다. 선원들은 그 기름을 숫돌에 바른다. 알다시피 그 고기도 좋다. 그러나 돌고래가 물을 뿜는 줄은 모를 것이다. 사실 매우 작은 물이므로 얼른 보면 물처럼 보이지는 않는다. 다음에 이 고래를 주의 깊게 보면 이것이 대 향유고래의 축소판임을 알 수 있을 것이다.

제3권(12절판) 제2장(해적돌고래)

해적. 매우 야만적이다. 내가 아는 바로는 태평양에서만 나타난다. 만세돌고래보다 다소 대형이지만 몸체는 아주 닮았다. 화가 나면 상어에게도 덤벼든다. 나도 몇 번이나 보트를 내려 쫓아갔지만 잡은 것을 본 적은 없다.

제3권(12절판) 제3장(가루돌고래)

가장 커다란 돌고래. 지금까지 알려진 바로는 태평양에서만 발견된다. 오늘날까지 갖고 있는 영어 이름은 단 하나, 어부들이 부르는 '큰돌고래'라는 이름이다. 그것은 주로 2절판 고래의 주위에서 발견되는 데서 연유한다. 모습은 만세돌고래와 약간 달라 그것처럼 통통하고 발랄한 몸체가 아니다. 참으로 산뜻한 신사다. 등에 지느러미도 없고(대개의 돌고래에는 있지만) 늘씬한 꼬리가 있고 인디언의 눈 같은 감상적인 눈은 엷은 갈색이다. 그런데 가루로 덮인 것 같은 입 때문에 전체 외관을 망치고 있다. 등 한쪽에서부터 옆구리의 지느러미에 이르기까지 짙고 검은 담비 빛인데 선체(船體)의 선처럼 뚜렷한 '광택(光澤) 허리'라고 불리는 선이 앞에서부터 꼬리까지 죽 그어져서 위는 검고 아래는 흰 두 가지 색으로 나누어져 있다. 머리의 일부와 입 전체도 흰 빛이어서 방금 먹을 것을 훔쳐갖고 도망쳐 온 것 같은 얼굴을 하고 있다. 아주 흥하게 가루로 뒤덮인 외관이다. 그 기름은 일반적인 돌고래의 그것과 큰 차이가 없다.

12절판 이상은 이 분류법에 적용되지 않는다. 따라서 돌고래가 가장 작은 고래가 된다. 이것으로 이름 있는 고래는 남김없이 수록한 셈이다. 그러나 이밖에도 정체불명의 반전설적인 어중이떠중이가 있지만 미국의 고래잡이인 나는 이야기로만 들었을 뿐 실제로 보지는 못했다. 나는 선원들끼리 부르는 이름으로 열거하려고 한다. 앞으로 내가 막 착수한 일을 완성해 줄 연구가에게도 이 목록은 도움이 될 것이다. 만일 앞으로 다음에 말하는 것 같은 고래가 잡히고 조사된다면 그것은 2절판, 8절판, 12절판의 크기에 따라서 이 분류 계통에 넣어질 것이다. 곧, 병코고래, 정크고래, 푸딩고래, 케이프고래, 선도고래, 대포고래, 여윈고래, 동(銅)고래, 코끼리고래, 빙산고래, 대합고래, 청고래 등등이다. 아이슬란드, 네덜란드, 옛 영국의 박학자들로부터는 별의별 황당한 이름을 가진 정체가 확실치 않은 고래가 인용될 것이다. 그러나 나는 그것들을 쓰지 않는 언어로서 제외시킨다. 레비아단 족으로서의 당당한 울림은 갖고 있겠지만 실상은 아무런 의미가 없다고 생각한다.

　마지막으로——처음에 말했듯이 고래의 분류가 단숨에 완전한 것이 되리라 기대한 것은 아니다. 내 말이 거짓이 아니었다는 것은 보는 바와 같다. 나는, 마치 콜로뉴의 대성당이 완성되지 않은 탑 위에 기중기를 세워 놓은 채 남아 있듯이 나의 고래학의 체계를 미완성인 채로 남겨 둔다. 작은 건조물은 최초의 건축가의 손으로 완성될지도 모르지만, 장대하고 참다운 것은 최후의 마무리를 후세에 맡긴다. 신이여, 내가 아무것도 완성해버리지 않도록 보살펴 주소서. 이 책도 초안(草案), 아니, 초안의 초안에 지나지 않는다. 아아, 시간과 힘과 돈과 인내를!

제33장
작살잡이장

포경선의 고급 선원에 대한 이야기를 하는 김에 여기서 잠시 이 배의 내부 사정에 대해서 짚고 넘어가는 것도 좋을 듯하다. 포경선에선 다른 상선에서는 볼 수 없는 일로서 작살잡이가 고급 선원 계급을 이루고 있다.

작살잡이란 직책이 얼마나 중요하게 여겨졌었는지는 대략 2세기 가량 전까지 네덜란드 어업에서는 포경선의 지휘권이 오늘날 선장이라고 불리는 사람에게만 주어지지 않고 선장과 '작살잡이장'이라고 불리는 고급 선원이 공유하고 있었다는 사실로 미루어 알 수 있다. '작살잡이장'의 원래 뜻은 '기름을 베는 사람'이라는 것인데 관습에 의하여 어느 틈엔지 작살잡이 중의 우두머리라는 뜻이 되었다. 그 당시 선장의 권한은 항해와 배의 잡무에 한정되어 있었고 포경과 그에 부수되는 모든 것은 '기름 베는 사람' 혹은 '작살잡이장'이 맡아 처리했다. 지금도 영국의 그린란드 어업에서 옛 네덜란드식 직명은 '고래 지방치기'라는 격하된 이름으로 남아 있지만 옛날의 권위는 형편없이 깎이고 말았다. 오늘날에는 다만 수석 작살잡이라는 것 외에는 선장의 부하로서 낮은 지위에 놓이고 말았다. 그러나 포경 항해의 성공 여부는 작살잡이의 솜씨에 달려 있고, 또 아메리카 어업에서 그는 보트 작업 때 중요한 역할을 할 뿐 아니라(고래 어장에서의 불침번 등) 어떤 경우에도 갑판과 지휘가 그의 손에 돌아가기 때문에, 해상 정치의 원칙으로서 그는 명의상 활동 구역이 평선원과 다르며 그들보다도 직급이 높은 자로 구별되는 것이 당연하게 받아들여진다. 그러나 사실상 선원들에게 동료 취급을 받고 있는 것이 보통이다.

그런데 고급 선원과 평선원이 크게 구별되는 점은 전자가 고물 쪽에 살고 후자가 이물 쪽에 산다는 점이다. 따라서 포경선에서도, 상선에서도 고급 선원들은 선장과 같은 장소에서 지내기 때문에 대부분의 아메리카 포경선에서는 작살잡이들도 배의 고물에 자리를 차지한다. 결국 그들은 선장실에서 식사를 하고 밤에는 벽을 사이에 두고 연락할 수 있는 곳에서 잔다.

물론 남양 포경 항해는 인간으로서 하는 항해 중에서 가장 길며, 특수한 위험이 따르고, 그들 특유의 이익 사회에서는 계급 여하를 막론하고 그 수익이 고정된 급료가 아니라 공통의 행운, 긴장, 대담성과 노고에 따라 결정된다. 그렇기 때문에 때로 상선에 비해 그 규율을 늦추는 경향이 없지도 않다. 그러나 이렇게 고래잡이들이 그 원시적 환경에 있어서 마치 옛날 메소포타미아의 가족들처럼 한데 뒤섞여 살고 있다곤 하지만, 적어도 뒷갑판의 규율의 엄격함이 실제로 늦춰지는 일은 없고 더구나 소멸되어 버리는 일도 없다. 사실 낸터킷의 배를 찾아가는 대부분의 사람은 그 선장이 해군보다 나으면 나았지 절대로 뒤떨어지지 않는 당당한 위용으로 뒷갑판을 활보하면서 너덜너덜한 모직 옷이 아니라 제왕의 심홍색 옷을 입은 것처럼 선원들에게 충성을 강요하고 있는 것을 볼 것이다.

그런데 이 피쿼드 호의 음울한 선장은 그런 천박한 허세를 부리는 사람과는 아주 달랐다. 그가 절대적이고 즉각적인 복종이라는 형태로 자신에 대한 존경을 강요했고, 뒷갑판에 들어올 때 그 누구도 신을 벗어서는 안 된다고 명령하기도 했으며, 후에 말하게 될 어떤 사건과 관련된 특수한 사정 때문에 유별난 방식으로——일부러 자기를 낮춘 것인지 혼을 내주기 위한 건지 알 수는 없지만——문제들을 다룬 때가 있긴 하지만 에이허브 선장은 바다의 엄숙한 예의와 관습을 결코 가볍게 여기지 않았다.

아니, 그가 이러한 예의와 관습의 그늘에 숨어서 이른바 가면을 쓰고 있었다고 생각되는 점도 머지않아 명백해질 것이다. 될 수 있으면 이 예의와 관습을 그 본래의 뜻과는 다른 개인적인 방향으로 이용하려는 듯도 했다. 그의 마음속에 깃든 폭군성은 다른 경우에는 꽤 잘 숨겨져 있었으나, 예의와 관습의 옷을 입을 때만은 절대적으로 난폭한 위세를 떨치는 독재의 화신이 되어 나타났다. 다시 말해서 어떤 인간의 두뇌가 아무리 우월하다 해도 그것은 다소 천하고 비열한 어떤 기교의 도움이 없이는 다른 사람 위에 실제로 효력 있는 권위를 떨칠 수는 없는 게 아니겠는가? 그렇기 때문에 신의 왕국의 참다운 왕자들은 이 세상의 단상(壇上)을 떠들썩하게 만들거나 하지는 않는다. 따라서 이 세상이 주는 최고의 영광을 받은 사람들이란 대다수의 평범한 사람들보다 우월해서라기보다, 성스러운 무위(無爲)를 지고의 것으로 삼은 소수의 선택받은 숨은 자들에 비해 너무나 열등했기에 오히려 유명했던 사람들이다.

이렇게 비소(卑小)한 자들이라도 극단적인 정치적 미신이 그들을 감싸고 있을 때는 커다란 덕을 담고 있는 것처럼 보이는 법이므로 왕자의 경우에는 심지어 어리석음에도 권위가 붙게 된다. 더욱이 러시아 황제 니콜라이(니콜라이 1세)의 경우처럼 그 머리에 대제국의 관(冠)을 씌우면 대중은 그 기막히게 큰 권력 집중 앞에 자기를 낮추어 무릎을 꿇는다. 그러나 무섭고도 절대적인 통치 하에서도 멈추지 않는 인간의 불굴의 의지를 묘사한 비극 작가라면 그 기교에서 지금 언급하려는 것만큼 중요한 암시를 잊지 않았을 것이다.

그러나 지금 내 앞을 걷고 있는 사람은 낸터킷식의 우울함에 싸인, 털북숭이 모습의 에이허브 선장이다. 왕자들의 일로 붓을 달렸지만 지금 나의 상대는 이 늙고 초라해진 고래잡이라는 것을 잊어서는 안 된다. 그러니까 당당한 외관을 지닌 위용 같은 것은 여기서는 없다. 에이허브여! 당신을 위대하게 하는 것은 공중에서 잡아오는 것, 바다 속에 들어가 잡는 것, 형태 없는 허공 속에 그려내는 것이어야 한다.

제34장
선장실의 식탁

정오다. 주방의 소년은 퍼렇게 부푼 빵같은 얼굴을 선장실의 창문에서 내밀고 주인나리께 식사하시라고 말하고 있다. 선장은 바람이 불어가는 쪽 고물의 보트 안에 앉아서 태양을 계속 관측하고 있었는데 지금은 그 고래뼈 다리의 윗부분에 평소에 사용하기 위해서 붙여놓은 맨들맨들한 메달 모양의 도표에 의거하여 묵묵히 위도를 조사하고 있었다. 부르는 소리에 조금도 응하지 않는 것을 보면 그 하인의 목소리는 이 우울한 에이허브의 귀에는 들어가지 않았던 것일까, 하고 생각할 겨를도 없이 그는 천천히 뒷돛대의 밧줄을 붙잡고 갑판으로 뛰어내리더니 태연하고 무뚝뚝한 목소리로 "스타벅, 식사다" 하고는 선실로 사라졌다.

대왕발소리의 마지막 울림도 사라지고 제1도독(都督) 스타벅이 이미 식탁에 앉았을 거라고 여겨질 때 스타벅은 몸을 움직여서 갑판을 조금 걷다가 주의 깊게 나침반을 들여다본 뒤 "스텁, 식사야" 짐짓 명랑하게 말하자 승강구를 내려갔다. 제2도독은 삭구 근처를 한동안 왔다 갔다 하다가 큰 돛의 활대를 약간 흔들어 보며 이 소중한 밧줄에 이상은 없는가 조사하고는 그도 역시 똑같이 "플래스크, 점심 식사야" 소리치고 두 사람의 뒤를 따랐다.

그러나 제3도독은 뒷갑판에 자기 혼자만이 남아 있음을 알자 어쩐지 기묘한 구속에서 빠져나온 것 같은 생각이 들었는지, 여기저기에 무턱대고 내보란 듯한 표정으로 곁눈질을 하고 나서 구두를 차올려 벗고는 대왕의 바로 머리 위께에서 격렬하게, 그러나 소리가 나지 않도록 춤을 추기 시작했다. 그러고 나서 훌륭하고 재빠른 솜씨로 뒷돛대 다락에다 모자를 집어던져 놓고서——갑판에서 보이는 한도 내에서——여전히 흥겹게 춤을 추며 내려갔는데 그것은 모든 행렬의 관습과는 반대로 악대가 맨 끝에 서게 되는 그러한 형상이었다. 그러나 아래 선장실 문을 들어서기 전에 이 자유분방하고 쾌활한 플래스크는 우선 걸음을 멈추고 표정을 싹 바꾼 다음 에이허브 대왕의 어전으로 노예처럼 걸어 나갔다.

갑판 위에서 선원들이 화를 내고 윗사람을 향하여 대담한 태도를 보인다는 것은 극히 인위적인 해상 풍습의 산물로서 그다지 신기할 것은 없다. 그러나 그 장본인이 다음 순간에 여느 때처럼 식사를 하러 선장이 상석으로 있는 식탁에 가면, 십중팔구 참으로 온순한 태도가 되는 것을 볼 수 있다. 실로 놀라운 일, 아니, 우스꽝스러운 일이다. 어쩌면 이렇게 돌변한단 말인가? 이상하다. 아니, 이상할 것도 없다. 여러분이 바빌론 왕 벨샤자르(바빌론 최후의 왕)가 되었다고 생각해 보라. 오만하게 굴지 않는 공손하고 겸손한 벨샤자르가 되었다고 생각해 보면 그것만으로도 얼마 정도는 현세의 호화로움을 맛볼 수 있으리라. 당당하고 재치 있는 방법으로 손님들을 식탁에 초대하여 주인 노릇을 해보시라. 그때야말로 자신의 권세와 권위를 따를 것은 없다는 생각이 들 것이다. 그때 그의 위풍은 벨샤자르의 그것보다 몇 배나 더하다. 왜냐하면 벨샤자르가 최고의 왕은 아니기 때문이다. 한번이라도 친구들을 식탁에 초대한 사람은 황제라는 것의 맛을 안 자이다. 이 사교적인 황제 기분에는 불가항력적인 마력이 있다. 이런 점과 아울러 제 직위에 대해 갖는 우월감을 감안해 본다면 지금 말한 해상 생활의 이상한 관습이 어떻게 생겨나게 되었는지를 추측할 수 있을 것이다.

고래뼈를 박은 식탁을 주재하는 에이허브의 모습은 백산호(白珊瑚)가 깔린 해안에 묵묵히 갈기 머리를 바람에 날리고 있는 강치가, 사납지만 그래도 예의바르게 순종하는 새끼들에게 둘러싸여 있는 것 같은 광경이다. 고급 선원들은 제각기 자기의 접시가 돌아올 차례를 기다리고 있다. 에이허브 앞에서는 그들은 어린아이 같다. 그런데도 에이허브에게는 오만함이 조금도 있는 것 같지가 않다. 고급 선원들은 한 마음이 된 것처럼 웃어른의 앞에 놓인 큰 접시의 고기를 자르는 나이프를 열심히 응시하고 있다. 그때의 그들은 설사 날씨에 관한 이야기처럼 아무런 지장도 없을 것 같은 말이라 할지라도 입 밖에 내어 이 분위기를 흐트러뜨릴 마음은 갖지 않는다. 아니, 에이허브가 나이프와 포크로 고기 토막을 집어 내밀며 스타벅에게 접시로 받으라고 몸짓을 할 때 이 1등 항해사는 마치 자선을 받는 사람처럼, 고기를 받아 조용히 자르며 까딱 부주의해서 나이프가 접시에 스치는 소리라도 날 경우에는 깜작 놀라 소리도 내지 않고 입을 우물거리며 참으로 조심스럽게 씹어 삼킨다. 참으로 이 선장실의 식사는 프랑크푸르트의 대관식(신성 로마 제국의 대관식) 향연에서 황제가 선거후(選擧候: 독일 황제 선거권을 가진 일곱 사람) 일곱 명과 삼엄한 식사를 하는 것과 흡사해서 엄숙한 침묵과 엄숙한 기운이 넘쳐흐른다. 물론 이 식탁에서 에이허브가 입을 여는 것을 금지한 것은 아니었다. 입을 열지 않으려는 사람은 그 혼자였다. 그러나 쥐가 갑자기 아래의 선창에서 요란하게 떠들어 댔을 때 목이 막혔던 스텁은 얼마나 후련했는지 모른다. 그런데 저 플래스크——이 음울한 가족들이 모인 단란한 식탁의 막내둥이 소년. 그가 그의 접시에 받은 것은 소금에 절인 쇠고기의 다리뼈였다. 북치는 채가 아니었던 것은 그래도 다행이었다. 그런데 그 플래스크에게는 자기 마음대로 음식을 집어먹는다는 것은 더없이 무거운 절도죄와 같이 생각되고, 그런 짓을 하면 세상 사람들 앞에 얼굴을 내놓을 수도 없다고 생각됐다. 에이허브가 금했던 것도 아니고 또한 플래스크가 구태여 그렇게 했다 하더라도 에이허브는 아마 깨닫지도 못했을 텐데도 그렇게 굳게 믿고 있었으니 이상한 일이었다. 그중에서도 특히 플래스크는 버터에 손을 내밀지 않았다. 배의 선주들이 너의 밝은 혈색을 흐리게 할 테니 먹지 않는 편이 좋을 거라고 금하고 있다고 생각했는지, 그렇지 않으면 시장도 없는 바다의 긴 항해에서 버터는 각별히 귀중품이니만큼 아랫사람의 입에는 넣을 것이 못 된다고 생각했는지, 하여간 이 불쌍한 플래스크는 버터를 먹지 않았다. 그뿐만이 아니다. 식탁에 오는 것이 가장 늦고 일어서는 것이 가장 빠른 사람도 플래스크였다. 생각해 보라. 그는 빠른 시간 안에 음식을 집어 먹어야 할 운명이었기 때문이다. 스타벅과 스텁은 플래스크보다 먼저 먹기 시작하여 그보다 늦게 끝냈다. 만일 그보다 겨우 한 계급 위인 스텁에게 식욕이 그다지 없을 때가 있어 식사를 빨리 끝마칠 기색이라도 보이면, 플래스크는 얼른 일어나야만 했고 이리하여 하루에 세 숟갈도 먹을 수 없을 때도 있었다. 신성한 관례로 스텁이 플래스크보다 먼저 갑판에 나가는 일이 있어선 안 되기 때문이었다. 한번은 플래스크가 살짝 털어놓은 적이 있었는데 고급 선원으로 승진되고 나서부터는 어느 정도 시장기를 느끼지 않은 날이란 없었다고 했다. 그의 입으로 들어간 것은 시장기를 없애주었다기 보다 시장기를 영속시켰다고 하는 편이 맞겠다. 평화와 만족감은 영원히 나의 위 속에서 떠나 버렸다고 플래스크는 생각했다. 나는 고급 선원이다. 그러나 평선원들과 섞여 있었던 옛날처럼 오래된 쇠고기라도 좋으니까 움켜쥐었으면 좋겠구나. 이것이 승진의 고마움이라는 건가? 영광은 허무한 것이며 인생은 미치는 것인가! 또 만일 피쿼드 호의 보통 선원이 고급 선원의 직책에 있는 이 플래스크에게 뭔가 원한을 품고 있어서 그 울분을 터뜨리고 싶다면 점심식사 때 잠깐 고물 쪽으로 가서 선장실 들창으로 무서운 에이허브 앞에 바보처럼 잠자코 앉아 있는 그 플래스크를 들여다보기만 하면 충분할 것이다.

에이허브와 그의 세 항해사는 피쿼드 호의 선장실에서 제1식탁이라 할 만한 식탁에 앉게 되는데, 그들이 들어올 때와는 반대의 순서로 나가고 나면 얼굴이 창백한 급사가 와서 식탁 위를 치운다. 치운다기보다는 식탁 위의 음식들을 허둥지둥 고쳐 놓는다. 그러면 나머지 유산을 물려받는 세 사람의 작살잡이가 식탁에 앉는다. 그러면 이 고상하고도 엄숙한 방은 잠시 동안 아랫사람들의 방으로 변해 버린다.

이들 미친 작살잡이들의 태평스러운 안이함과 거의 미친 짓이라고나 할 만한 이 민주적인 분위기는, 선장의 식탁에서 본 그 숨막히는 거북스러움과 형용할 수 없는 압박감과는 묘한 대조를 이루었다. 그들의 윗사람인 항해사들은 자기의 턱 놀리는 소리에도 놀라는 데 비해 이들 작살잡이는 대포가 울리듯 큰 소리를 내며 밥을 먹었다. 참으로 군주처럼 식사를 했다. 하루 종일 향료를 실어 들이는 인도의 배처럼 뱃속에 먹을 것을 마구 쓸어 넣었다. 퀴퀘그만 해도 그랬고 태슈테고도 참으로 무서운 식욕을 갖고 있었으므로, 창백한 급사 녀석은 바로 전의 식사 때에 줄어 없어진 것을 보충하려면 종종 통째로 소에서 떼어 온 것 같은 소금에 절인 커다란 허릿살을 가져오지 않으면 안 되었다. 그것을 삼단뛰기라도 해서 민첩하게 척척 나르지 않으면 태슈테고는 포크를 작살처럼 등에 던져 비신사적으로 재촉한다. 언젠가는 급사 녀석이 깜박하자 대구가 갑자기 화가 나서 그의 몸을 움켜쥐고 높이 든 순간 머리를 커다란 빈 나무 접시에 쑤셔넣어서 겁을 준 적이 있는데, 그때 태슈테고는 손에 쥔 나이프로 머리껍질을 벗길 준비라도 하는 듯이 동그라미를 그렸다. 얼굴이 빵처럼 생긴 이 소년은 파산한 빵장수와 병원 간호원 사이에 난 자식이었는데, 태어날 때부터 몹시 마음이 약한 겁쟁이였다. 그리하여 언제나 무서운 에이허브를 우러러보아야 했고 그 사이에는 이 세 야만인의 요란하기 이를 데 없는 공격을 받아 하루하루를 부들부들 떨면서 지내고 있었다. 대개는 작살잡이들의 요구가 채워진 것을 보고는 그 수중에서 빠져나와 옆의 조그마한 주방으로 도망쳐 모든 것이 끝날 때까지 그 문의 덧문 사이로 겁을 먹으며 들어다보곤 했다.

퀴퀘그가 태슈테고와 마주앉아 있을 때 그의 죽 늘어선 이가 인디언의 이와 마주 대하는 것을 보는 것은 장관이었다. 그들과 함께 대구가 비스듬히 마룻바닥에 앉아 있었다. 의자에 앉으면 영구차처럼 잔뜩 꾸민 그의 머리가 얕은 들보에 닿기 때문이었다. 그 커다란 몸을 흔들 때마다 천장이 얕은 방의 여닫이는 아프리카 코끼리를 태운 배처럼 삐걱거렸다. 그런데 그 체구로도 검둥이는 놀랄 만큼 적게 먹었고 아주 점잖았다. 몸에 비해서 그토록 적은 양을 먹고도 그의 몸이 그토록 비대하고 당당하고 정력적이라는 것은 거의 이해할 수 없는 일이었다. 틀림없이 이 고상한 야만인은 공중에 가득 찬 정기(精氣)를 양분으로 깊숙이 들이마시고 그 벌름한 콧구멍으로 모든 세계의 존귀한 활력소를 흡수하고 있을 것이다. 거인은 쇠고기와 빵만으로 육성되는 것은 아니다.

한편 퀴퀘그는 참으로 야만인 티가 나게 소리를 내고 입맛을 다시면서 정신없이 먹었다. 그 아주 추하고도 이상한 소리를 들을 때면 급사소년은 부들부들 떨면서 자신도 모르게 자기의 말라빠진 팔을 살펴보며 잇자국이라도 나 있지 않나 조사해 볼 정도였다. 그러나 태슈테고가 나와서 뼈다귀라도 주워가라고 소리를 지르면 이 멍청한 소년은 찬장의 벽에 매달려 있는 그릇들이 깨질 정도로 가슴이 쿵 내려앉으면서 뛰어 나온다. 또 작살잡이들이 창과 그 밖의 무기를 갈기 위해서 호주머니에 넣어두는 숫돌을 식탁에 꺼내놓고 이것보란 듯이 나이프를 갈 때 그 가는 소리는 결코 이 불쌍한 소년의 마음을 편안하게 만드는 것은 아니었다. 이를테면 퀴퀘그는 그의 고향 섬에서 살 때에 사람을 죽여서 술안주로 삼는 난행에 젖었을 게 틀림없다는 사실이 소년의 마음속에서 도저히 잊혀지지 않았다. 아아, 소년이여! 식인종의 시중을 드는 백인 급사란 불운하다. 냅킨 대신 방패를 들고 다녀야 한다. 그러나 다행히도 이들 바다의 삼총사는 식사를 끝내자마자 곧장 일어나서 나가는데, 그의 귀에는 세 사람이 걸을 때마다 그들의 살벌한 뼈가 칼집 속에 든 무어인 언월도(偃月刀)처럼 덜컹거리는 것으로 들렸다.

그러나 이들 야만족은 선실에서 식사를 하고 명목상으로는 그곳을 본거지로 하고 있다고 하지만, 원래가 가만히 앉아 있는 것이 성미에 맞지 않는 사람들이기 때문에 여기에 나타나는 것은 식사할 때와 자기 직전에 이곳을 지나 각자의 괴상한 보금자리로 들어갈 때 밖에 없었다.

이 점에서는 에이허브도 수많은 미국 포경선 선장의 예에서 빠지지 않아 그들과 마찬가지로 배의 선실은 마땅히 그들에게도 속해 있는 것이므로 언제라도 다른 사람이 들어가는 것을 허용하는 것은 예의에서 비롯되는 일이라고 믿고 있었다. 그러니까 사실대로 말하면, 피쿼드의 항해사와 작살잡이들은 선실 안에서 산다기보다는 밖에서 산다고 해야 옳다. 그들이 거기에 들어오는 것은 말하자면 길 쪽으로 난 문을 통해 집안으로 들어오는 것과 같은 격이어서 잠시 안으로 뛰어 들어가긴 하지만 곧 밖으로 뛰어나가므로 그들은 항상 옥외에서 살고 있었던 것이었다. 그렇긴 해도 이 때문에 많은 것을 잃지는 않았다. 왜냐하면 선장실 안은 삭막하였기 때문이다. 사교적인 관점에서 볼 때 에이허브는 접근하기 어려운 인물이었다. 그리스도교 국가의 인구 조사에는 명목상 들어가 있긴 하지만 여전히 이방인이었다. 미주리 주의 식민지에 흉포한 곰의 마지막 후손이 살아남은 것처럼 그도 이 세상에 살아 있었다. 그리고 봄이 가고 여름도 감에 따라서 저 용맹한 숲의 로간(존 로간, 아메리카 인디언의 추장)이 나무 구멍에 몸을 숨기고 겨울을 지낼 때 자기의 손바닥을 핥으면서 살았듯이, 에이허브의 영혼도 맵고 찬바람이 불어 닥치는 그 노년의 고뇌의 일상을 동굴에 틀어박혀 지내고 있을 것이다.

제35장
돛대 꼭대기

　동료 선원들과의 순번에 따라 나의 첫 돛대 당번의 차례가 온 때는 참으로 날씨가 쾌청한 날이었다.
　대부분의 미국 포경선은 목적한 어장에 다다르기까지는 15,000해리나 더 달려야 하는 데도 배가 항구를 나서는 것과 동시에 돛대 꼭대기에 망보는 당번을 붙인다. 또한 그 3, 4년, 또는 5년의 항해가 끝난 뒤 고국으로 돌아올 때, 고국에 가까웠는데도 아직 빈 그릇이 있으면 설사 그것이 빈 병 한 개일지라도 그 돛대 꼭대기에 끝까지 당번을 올려 보내어 제일 높은 돛대가 항구의 첨탑 밑을 지나갈 때까지는 한 마리라도 더 고래를 잡고야 말겠다는 희망을 결코 버리지 않았다.
　그런데 돛대 당번이란 육지에서나 바다에서나 매우 유서 깊고 또 흥미로운 것이므로 여기서 조금 이야기를 해야겠다. 내가 알기로는 맨 처음에 돛대 꼭대기에 선 사람은 이집트 사람이었다. 내가 연구한 바로는 그보다 오래 된 것은 찾아볼 수 없다. 딴은 그 전에 바벨탑을 세운 사람들도 틀림없이 전 아시아에서 아니 전 아프리카도 포함해서 가장 높은 돛대를 세우려고 한 의도를 갖고 있었겠지만, (그 마지막 용두가 놓여지기 전에) 그들의 거대한 돌 돛대는 신의 무서운 노여움의 폭풍에 의해 무너져 버렸다고 보지 않으면 안 되므로 그 바벨탑 건립자들에게 이집트인의 선구자라는 이름을 줄 수는 없다. 그럼 이집트인이 돛대 당번 민족이었다는 것을 무엇으로 단언하는가 하면 고고학자들이 믿는 것처럼 저 낡은 피라미드는 실제로 천체의 현상을 관측할 목적이었다는 데 있다. 이것은 오로지 저 건조물의 네 개의 면이 독특한 계단식으로 만들어져 있는 점으로 증명되는 이론이다. 이 계단을 고대의 점성가들이 놀랄 정도로 다리를 넓게 벌리고 올라가 그 꼭대기에 서서 새로운 별이 보인다고 소리를 질렀다면 그것은 마치 오늘날의 돛대 당번이 돛이

나 고래가 보였을 때 소리를 질러 알리는 것과 마찬가지가 아니겠는가? 다음에는 성 스티리테스다. 이 유명한 고대 그리스도교 은둔자는 스스로 사막 가운데 높은 돌탑을 세워 만년을 그 꼭대기에서 지내고, 먹을 것은 지상에서 감아올리는 밧줄로 끌어올렸는데, 이 사람이야말로 짙은 안개가 끼어도, 서리가 내려도, 비가 와도, 우박이 떨어져도, 또 진눈깨비가 쏟아져도 그 자리를 뜨지 않고 모든 것과 씩씩하게 마지막까지 싸워 그 자리에서 쓰러져 죽음으로써 아주 꿋꿋하고 억센 돛대 당번의 전형을 보여준다. 근대의 돛대 꼭대기의 사람들이란 참으로 활기 없는 자들로서 다만 돌이나 쇠나 청동 같은 자들에 지나지 않았으며 몸은 어떤 광풍에도 견디어 낼 수 있는 힘을 가졌으면서도 무언가 수상한 그림자를 발견하면 그것을 소리쳐 알리는 업무를 다할 능력이 전혀 없다. 나폴레옹이 그랬다. 그는 높이가 150피트쯤 되는, 방돔(파리 방돔광장의 나폴레옹 동상)의 기둥 꼭대기에서 팔짱을 끼고 서 있지만, 눈 아래 갑판에서 지금 통솔하고 있는 자가 누구이건——루이 필리프(7월 혁명 때 프랑스왕으로 추대됨)이건 루이 블랑(프랑스의 정치가)이건 또는 루이 악마(나폴레옹 3세)이건 모르는 체하고 태평이다. 조지 워싱턴도 역시 볼티모어에 우뚝 솟은 돛대 꼭대기에 높이 서 있는데 그것은 헤라클레스의 기둥처럼 인간으로서 거의 달할 수 없는 장엄함의 극치를 나타내고 있다. 넬슨 제독도 역시 포신금속(砲身金屬)의 캡스턴 위에 서서, 트라팔가 광장의 돛대에 높이 솟아 있는데, 저 런던이 연기에 깊이 가리어 있어도 연기 있는 곳에 불이 있다는 격으로 그곳에 영웅이 숨겨져 있다는 것을 잊은 자는 없다. 그러나 워싱턴이건 나폴레옹이건 넬슨이건 간에 아래에 있는 사람이 미칠 듯이 소리쳐서 갑판 위의 혼란에 대해 조언을 해달라고 애원한다 해도——그 영혼의 눈은 미래의 짙은 안개를 꿰뚫어보고 피하지 않으면 안 될 여울과 암초를 찾아낼 것임에 틀림없지만——결코 대답해 주려고 하지 않는다.

　육지의 돛대 당번을 바다의 그것에 견준다는 것은 정당하지 않다고 생각할는지도 모르겠다. 그러나 사실은 그렇지 않다는 것을 낸터킷의 유일한 역사가인 오베드 메이시가 말하는 한 가지 사실로 분명히 납득할 수 있을 것이다. 메이시 선생은 말하기를——초창기의 고래잡이 때의 일인데 고래잡이를 하기 위해 배가 본격적으로 출항하기 이전에 이 섬사람들은 해안에 높은 망루를 세워 마치 닭이 닭장 2층에 올라가는 것처럼 못질을 한 가로장을 기어서 그 망루에 올라갔다. 수년 전에도 이와 같은 안(案)이 뉴질랜드의 해안 포경자들에게 채택되어 고래를 발견하고 부르면 해안의 한곳에 모여 기다리던 보트로 모두 달려 나갔다. 그러나 오늘날 이 풍습은 사라져버렸으므로 우리는 여기에서 유일하게 진정한 돛대, 즉 해상의 포경선의 돛대를 보기로 하겠다. 돛대 세 개에는 해가 뜰 때부터 해가 질 때까지 감시 당번이 배치되고, 선원은 (키잡이의 경우와 같이) 규칙적으로 두 시간마다 교체하여 서로 수고를 덜어준다. 열대의 평온한 날씨에 돛대 꼭대기는 참으로 기분 좋은 곳이다. 아니 꿈꾸는 듯한 생각에 잠기는 사람에겐 그야말로 극락이다. 바다를 묵묵히 헤쳐 가는 배의 갑판 위로 높이가 백 피트쯤 되는 곳에 서면 돛대는 커다란 죽마(竹馬)처럼 생각되고, 여러분의 바로 밑, 양다리 사이로 배는 일찍이 로데스(동 지중해에 있는 로데스 섬의 수도)의 유명한 거상(巨像)의 구두 사이를 달렸을 때와 마찬가지로 바다라는 큰 괴물을 헤쳐 나간다. 그때 여러분의 몸은 일렁이는 파도 외에는 아무것도 없는 광망한 바다 속으로 녹아들고 만다. 배는 꿈꾸는 듯 출렁출렁 흔들리고 조는 듯한 무역풍이 불어오자 주위의 모든 것은 나른함 속으로 빠져들어 간다. 이 열대의 포경 항해의 나날은 터무니없을 정도로 평온무사하게 흘러간다. 아무 소문도 듣지 못하고 신문도 읽지 않고, 대수롭지도 않은 평범한 일을 선동적으로 써댄 호외(號外)에 속아 넘어가서 쓸데없이 흥분하는 일도 없다. 가정 안에서의 다툼, 채권과 주가의 폭락 소식을 듣는 일도 없다. 식사는 무엇으로 할까 하고 고민할 것도 없다. 3년 동안이건 좀더 길건 간에 먹을 것은 통에 차곡차곡 담겨져 있고 계산은 변함이 없기 때문이다.

  이 남양 포경선의 항해는 3년, 때로는 4년이라는 긴 세월에 걸치는 것이므로 돛대 꼭대기에서 사는 시간만도 수개월이라는 계산이 될 것이다. 그러나 유감인 것은 이 천부(天賦)의 생명을 이토록 오랜 기간 동안 맡기는 장소가 침대, 해먹, 관, 보초막(步哨幕), 설교단, 역마차 및 그 밖에 사람들이 일시 몸을 감출 작지만 신경을 써서 만든 안락한 시설에서 느끼는 것처럼 아늑하고 살기 좋은 맛이나 차분한 별천지 같은 감각은 슬프게도 빠져 있다는 것이다. 대개 쉬는 곳은 윗돛대 꼭대기로서 그 윗돛대의 활대라고 불리는 (포경선 특유의) 평행의 가는 두 막대기 위다. 여기서 바다에 흔들릴 때의 기분이란 경험이 없는 사람에게는 황소뿔 위에서 있는 것과 매우 흡사할 것이다. 물론 추운 날에는 당직 외투라는 '집'을 그 위까지 가지고 갈 수도 있지만 솔직히 말해 아무리 두터운 외투의 집에 싸여도 발가벗고 있는 것과 별 차이가 없다. 그것은 마치 우리의 영혼이 살〔肉〕의 집에 단단히 붙여진 채 안에서 돌아다닐 수도 없고 하물며 빠져나가려 하기라도 하면(겨울눈에 싸인 알프스를 넘는 분별없는 순례자처럼) 목숨을 잃을 위험을 겪어야 하듯 당직 외투의 집도 그저 몸을 싸는 것, 아니 몸에 가죽이 한 꺼풀 더 생긴 것에 지나지 않는다. 몸에 선반이나 옷을 만들어 댈 수 없듯 당직 외투를 기분 좋은 방처럼 여기기란 불가능하다.

　이런 점을 감안해 볼 때에, 그린란드 포경선에는 '까마귀집'이라고 불리는, 부럽기 그지없는 소천막 또는 단(壇)이라는 것이 있어서 얼음바다의 혹독한 추위를 막고 있다는데 이와 같은 설비가 이 남해 포경선에 없는 것은 참으로 유감이다. 슬리트 선장의 화롯가 이야기 「빙산 속의 참고래잡이의 항해기와 고대 그린란드의 잃어버린 아이슬란드 이민지의 재발견」이라는 존경할 만한 책을 보면, 이 선장의 훌륭한 배인 빙하호에 당시에 발명된 '까마귀집'이 달려 있었던 일이 당시 정황에 따라 매력적으로 씌어져 있고 돛대 당번은 모두 그것으로 보호되어 있었음을 알 수 있다. 그는 그것을 제 이름을 따서 '슬리트식 까마귀집'이라고 불렀다. 자기가 최초의 발명자이고 특허 소유자라고 한다면 우스꽝스럽고 외면적인 사양을 할 필요는 없으며, 아버지들이 아이의 발명자요 특허 소유자로서 자기의 자식에게 자기 이름을 붙인다면 우리가 만든 어떤 물건에도 자신의 이름을 붙일 수 있다고 주장하고 있다. 이 슬리트식 까마귀집의 모양은 큰 통이나 큰 파이프와 흡사하지만 위가 열려 있고, 그것에는 질풍과 맞서도 머리를 바람 불어오는 쪽으로 돌릴 수 있도록 움직이게 되어있는 보조 칸막이가 달려 있다. 또 그것은 돛대 꼭대기에 놓여 있어 사람은 그 밑바닥의 조그마한 구멍으로 올라간다. 후방 혹은 고물 옆쪽으로 편안한 좌석이 있고 그 밑에 우산이며 털목도리며 외투를 넣는 옷장이 있다. 앞쪽에는 가죽으로 만든 그물 선반이 달려 있어 호각이니 망원경이니 담뱃대니, 그 밖의 항해 도구가 있다. 슬리트 선장이 직접 까마귀집에 섰을 때에는 항상(그물 선반에 마련해 놓은) 총을 들고 화약병과 탄환을 갖추고, 길을 잃은 코고래나 방황하는 일각고래를 쏠 준비를 하고 있었다고 한다. 갑판에서는 바닷물의 저항 때문에 잘 쏘아 맞힐 수가 없지만 위에서 아래로 쏘는 것은 전혀 다른 문제다. 그런데, 이 슬리트 선장이 까마귀집의 편리한 점에 대해 그토록 자세히 말한 것은 누가 보아도 아주 수고로운 일이었음에 틀림없다. 그는 까마귀집의 여러 가지 편리한 점에 대해서 상세하게 얘기했고, 더욱이 이 까마귀집에서 행해진 과학적인 실험에 대해서도 말했다. 온갖 나침반 자석의 '편향'에서 오는 오차(誤差)——배의 갑판 위에서는 나침반과 그 근처에 많은 쇠도구가 있어서도 생기고 또 빙하호의 경우에는 선원 중에 대장장이를 하던 사람들이 많았던 때문일 거라고도 생각되지만——를 줄일 목적으로 나침반을 그곳에 둔 것이다. 하지만 내가 볼 때 이 선장의 그 같은 발상과 과학 정신은 훌륭한 것이긴 하나, 그가 아무리 '나침반의 편향' '방위 나침의 관측' '근시오차' 등의 탐구에 몰두했다 하더라도 까마귀집 옆 바로 손 닿을 곳에 놓여진 저 기막힌 네모난 술병에 대해 느끼는 유혹을 잊어버릴 만큼 그 심원한 자력 탐구에 몰두하지 않았다는 사실은 자신도 잘 알고 있었으리라고 생각한다. 요컨대, 나는 용감하고 고결하고 박식한 슬리트 선장에게 진심으로 경의를 바치는 바이지만 역시 그에 대해 유감스럽게 생각하지 않을 수 없는 것은, 그가 북극에서 3, 4야드 가량 떨어진 그 까마귀집에 높이 앉아서 벙어리장갑과 두건에 싸여 수학을 탐구했을 때 더없이 충실한 벗이 되고 위로자가 되었음에 틀림없는 저 네모난 병에 대해 쓰는 것을 완전히 잊은 것처럼 보인다는 점이다.

그러나 우리 남양 포경 선원은 슬리트 선장이나 그 밑의 그린란드 선원들 같은 편안함은 지니지 못했다 하더라도 우리들이 떠도는 남양의 매혹적인 고요함은 그 불리함을 상쇄시키고도 남을 정도였다. 나는 우선 어슬렁어슬렁 삭구가 있는 데로 가서 잠깐 쉬면서 퀴퀘그나 그 밖에 비번인 사나이들과 잡담을 주고받고, 그러고 나서 다시 조금 올라가 중간 활대까지 와서 다리를 죽 펴고 우선 한 바퀴 바다 표면을 둘러본 후에 드디어 최후의 목표점을 향했다.

정직하게 사실을 털어놓자면 나는 매우 신통치 못한 감시원이었다고 고백하는 수밖에 없다. 그토록 여러 가지의 상념이 꼬리를 물고 일어나는 공중에서 완전히 혼자가 되어 삼라만상의 문제가 마음속을 소용돌이칠 때, 어떻게 '눈을 부릅뜨고 경계하여 끊임없이 보고하라'는 등의 포경선의 규정을 일일이 지키고 있을 마음이 되겠는가?

그러므로 낸터킷의 선주들이여, 여기서 간절히 그대들에게 충고하고 싶다. 조금도 주의를 게을리할 수 없는 이런 어업에 이마가 험하고 눈이 쑥 들어간 그런 젊은이를 태우는 것을 조심하라. 당치도 않은 때에 명상에 잠기고 마는 것이다. 배에 올라탔으나 바우디치(낸대니 바우디치, 미국의 항해술의 대가)의 책이라도 머릿속에 담아두고 있다면 신통하겠지만 머릿속은 「파이돈」으로 차 있다. 이런 사람들은 경계해야만 한다. 왜냐하면 고래를 잡으려면 우선 발견해야만 한다. 그런데 이런 눈이 푹 꺼진 젊은 플라톤주의자는 세계를 열 번 돌았다 해도 선주들을 위해서 고래 기름 한통도 보태 주지 않는다. 실제로 이 충고는 절실하다. 왜냐하면 오늘날 낭만적이며 우울하고 허무감에 찬 많은 젊은이들이 이 세상의 근심걱정에 진절머리가 나자, 타르와 고래 기름에 감동을 느껴 이 포경선을 도피처로 삼기 때문이다. 불운과 절망에 빠진 포경선의 돛대 위에 앉아 우울에 가득 찬 말을 뇌까리는 차일드 해롤드가 적지 않은 것이다──

　　뒹굴어라, 그대 깊고 검푸른 대양이여, 뒹굴어라!
　　수많은 고래 기름 배, 그대 위를 헛되이 스쳐갔네

　이런 배의 선장들은 허무감에 찬 철학도에게 자주 일을 시키면서 그들이 항해에 충분한 관심을 갖고 있지 않다고 비난도 하고, 이젠 공명심도 다 없어졌으니 마음속으론 고래가 보이지 않는 것이 오히려 더 낫다고 생각하는 게 아니냐며 넌지시 말을 던지기도 한다. 그러나 다 쓸데없는 일이다. 이들 젊은 플라톤주의자들은 자기네들의 시력이 약하여 근시안이 되고 있으니 아무리 눈의 신경을 긴장시킨들 무슨 소용이 있겠는가 하고 생각하고 있다. 그들은 오페라 글라스를 집에다 두고 온 관객들이다.
　"이 원숭이 같은 놈, 이럭저럭 3년 동안 바다를 달리고 있는데 너는 아직 고래 한 마리도 찾지 못하지 않았나. 네놈이 돛대 위에 올라가면 고래는 암탉 이빨처럼 낌새도 안 보인단 말이다." 어느 작살잡이가 이런 젊은이 가운데 하나를 나무라기도 했다. 고래가 실제로 드물었는지도 모른다. 혹은 먼 수평선상에 큰 떼를 이루고 있었는지도 모른다. 그러나 이 넋 나간 젊은이는 바다의 파도 소리를 마음속의 음악처럼 들으면서 아편에 도취된 것처럼 몽롱해져 막연한 무의식의 환상에 이끌리다 마침내 자아를 잊어버린다. 발밑의 신비로운 바다를 인류와 자연계에 충만한 한없이 깊고 푸른 영혼의 모습으로 보고, 이상하게 보일락 말락 흘러가는 모든 아름다운 것은 잡으려 해도 잡히지 않는 것으로 여기며, 어렴풋이 보이는 괴상한 상태에서 일어나는 지느러미는 영혼 속을 쉴 새 없이 스쳤다가 사라져가는 포착하기 어려운 수많은 상념의 화신이라 여긴다. 이 황홀경에서 그대의 마음은 그 마음이 나왔던 곳으로 되돌아가 시간과 공간을 초월하여 널리 떠돌다 범신론자 위클리프의 뼛가루를 뿌린 것같이 전 지구의 모든 해변의 한 조각이 되어 버린다.

그대 속에 지금 남아 있는 생명이란 조용히 흔들리는 배에서 전해지는, 아니 그 배를 통해 그 깊숙한 바다에서, 아니, 그 보다 더 깊은 헤아릴 길 없는 신의 바다에서 전해지는 생명의 번뜩임에 지나지 않는다. 그러나 잠과 꿈에 잠겨 있을 때 조금만이라도 발과 손을 움직여 보라. 불끈 쥔 손을 조금이라도 움직여 보라. 곧 무서운 자각이 되살아온다. 데카르트가 말한 우주 물질의 소용돌이 위에서 그대는 방황한다. 그리고 아마 가장 청명한 날의 한낮, 목을 조르는 듯한 비명을 올리며 그대는 그 투명한 대기 속을 뚫고 여름의 바다로 추락하여 두 번 다시 영영 떠오르지 않을 것이다. 그대 범신론자여, 그것을 경계하라!

제36장
뒷갑판

(에이허브, 이어서 모두 등장)

파이프 사건이 있은 지 얼마 되지 않은 어느 날, 아침 식사를 마친 에이허브는 언제나 하는 버릇으로 선실 통로를 지나 갑판으로 나왔다. 마치 시골 신사가 아침 식사 후 얼마 동안 정원을 산책하듯 대부분의 선장들은 보통 그 시간에는 그렇게 거니는 법이다.

곧 항상 정해진 코스를 따라 갑판 위를 이리저리 걸어 다니는 그의 뼈다리의 딱딱한 울림이 들려왔다. 이 갑판은 그가 매우 오랫동안 밟았기 때문에, 그의 특유한 발자국으로 마치 지질학에 나오는 암석처럼 사방에 오목하게 들어간 흔적이 있다. 또 주름이 깊게 잡힌 그의 이마를 가만히 쳐다보면 거기에도 이상야릇한 발자국, 곧 잠드는 일 없이 영원히 뛰어다니는 그의 골똘한 생각의 발자국이 새겨져 있음을 볼 수 있다.

그러나 이제 말하려는 이날 아침에는 그 자국이 더 깊어 보였고, 그의 초조한 발걸음은 더욱더 깊은 흔적을 남겼다. 그때 에이허브는 깊은 생각에 사로잡혀 있었기 때문에 큰 돛대가 있는 데서, 나침반이 있는 데서 규칙적으로 돌아설 때, 몸이 돌면 생각도 돌고 몸이 앞으로 나아가면 생각도 앞으로 나아가는 것처럼 보였다. 몸의 움직임 하나하나가 마치 그 내부에서 나오는 것처럼 보였다.

"이봐 알았네, 플래스크. 알 속의 새가 껍질을 깨려고 하는 거야. 이제 곧 뛰쳐나올 걸세" 스텁이 소곤거렸다.

시간은 흘러갔다. 에이허브는 방에 틀어박혔다가 다시 갑판을 배회하곤 했는데 그 모습에는 그의 확고한 고집스러움이 엿보였다.

해도 뉘엿뉘엿 질 무렵, 갑자기 그는 뱃전에 와서 걸음을 멈추더니 그 뼈

다리를 나사 구멍에 처박으며 한 손에 밧줄을 잡고 전원을 고물로 올라오게 하라고 스타벅에게 명령했다.

"옛!" 위급한 경우를 제외하고는 배 위에서 절대로 들은 적이 없는 그 명령에 놀라 항해사가 소리쳤다.

"전원 고물로." 에이허브는 되풀이했다. "돛대 당번도 내려와!"

배의 전원이 모여 미심쩍은 듯 다소 불안한 표정으로 그를 쳐다보자, 폭풍이 닥쳐오는 수평선 같은 안색을 한 에이허브는 황급히 뱃전 너머를 한 번 둘러본 다음 전원이 서 있는 쪽을 쏘는 듯한 눈길로 노려보고는 그 구멍에서 뛰어나와 방약무인한 태도로 갑판 위를 육중하게 왔다 갔다 했다. 머리를 숙이고 모자를 깊숙이 눌러쓴 채 모두들 영문을 몰라 쑥덕거리는 것도 귀에 들어오지 않는 듯 그는 뚜벅뚜벅 걷기만 했다. 드디어 스텁은 플래스크에게 이런 말을 살짝 귀에 대고 속삭였다. 모두를 불러 놓고 이렇게 훌륭하게 걸을 수 있다고 자랑할 작정인 거야. 그러나 이것도 오래 계속되지 않아. 갑자기 걸음을 멈추고는 고함을 친다.

"고래를 발견하면 자네들은 어떻게 할 텐가?"

"신호를 외칩니다!" 스무 명 가량의 목소리가 일제히 대답했다.

"좋아!" 에이허브는 거칠게 만족스러운 소리를 내면서 이 느닷없는 질문이 모든 사람을 강한 감격으로 끌어넣었음을 인정했다.

"그러곤 어떻게 하겠나?"

"보트를 내려서 쫓아갑니다!"

"어떤 상태까지 보트를 저어가겠는가?"

"고래를 죽이든가 보트에 구멍이 뚫리든 가죠!"

대답이 하나씩 튀어나올 때마다 노인의 얼굴은 더욱더 기괴하게 광포한 기쁨과 만족의 빛을 띠어 갔고 선원들은 서로 얼굴을 마주보면서 어째서 이런 어리석은 질문에, 이렇게 흥분했느냐고 의아해했다.

그러나 다시 에이허브가 손을 높이 밧줄에 뻗쳐서 발작적으로 세게 붙잡으며 구멍 속에서 반회전을 하고 다음과 같이 연설했을 때 모든 사람은 다시 열광하기 시작했다.

"돛대 당번 놈들도 아직까지는 내가 흰고래(白鯨)에 대해서 명령한 것을 기억할 거다. 자, 이 스페인 금화가 보이는가?"——커다랗게 번쩍번쩍 빛나는 금화를 햇빛에 비추면서 말했다. "이건 16달러짜리야, 보이나? 스타벅, 저기 있는 망치를 이리 주게."

항해사가 망치를 가지러 간 사이에도 에이허브는 더욱 닦아서 번쩍거리게 할 작정인지 천천히 윗도리 자락으로 금화를 문지르면서 말을 멈추고 그냥 혼잣말을 중얼거리고 있었다. 그 말소리는 이상하게 음울하고 발음이 분명치 않아 그의 온몸의 생명이 톱니바퀴 소리를 내고 있는 것 같았다.

스타벅으로부터 망치를 받아들자 그는 한쪽 손으로 금화를 들여다보이면서 큰 돛대 쪽으로 가서 높이 외쳤다. "머리에 주름이 잡히고 턱이 비뚤어진 흰고래를 발견해낸 사람에게는——그 대가리가 하얗고 오른쪽 옆구리에 구멍이 세 개 뚫린 고래를 발견한 사람에겐 말이다, 이것 봐라——그 흰고래를 발견한 사람에겐 이 금화를 주겠다!"

"만세! 만세!" 선장들은 방수 모자를 흔들면서 금화를 돛대에 박는 데 요란하게 흥을 돋우었다.

에이허브는 망치를 내던지고 말을 계속했다. "흰고래란 말이야, 흰 놈이다. 눈을 부릅뜨고 그놈을 찾아라. 물이 허옇게 보이는지 주의해라. 거품이라도 허옇게 보이거든 신호를 해라."

이 동안 태슈테고와 대구, 퀴퀘그는 누구보다 더 강렬한 관심과 놀라움을 갖고 바라보고 있었는데, 주름잡힌 대가리와 비뚤어진 턱이란 말을 듣자 세 사람 각기 어떤 특별한 추억이라도 가지고 있는지 펄쩍 뛰어올랐다.

"에이허브 선장." 태슈테고가 입을 열었다. "그 흰고래란 놈은 모비 딕이라고 불리는 놈과 다른가요?"

"모비 딕이지." 에이허브는 외쳤다. "자넨 흰고래를 아나?"

"그놈은 물속에 들어갈 때 좀 묘하게 꼬리를 돌리지 않습니까?" 게이헤드 출신은 신중히 말했다.

"물도 이상하게 뿜지 않나요?" 대구가 이어 말했다.

"에이허브 선장, 그것은 향유고래 가운데서도 제일 크고 기운이 센 놈 아닙니까?"

"하나, 둘, 셋, 그렇지! 선장님, 그놈에겐 작살이 잔뜩 꽂혀 있지 않습니까?" 퀴퀘그가 크르크 마개를 돌려 빼는 것처럼 손짓을 하면서 더듬거리며 말했다. "여기, 이렇게……모두 작살 꼬, 꽂혀 있고. 이, 이……이렇게 있지요."

"나사형이야!" 에이허브가 외쳤다. "그렇다, 퀴퀘그. 작살은 모두 비틀어져 꽂혀 있지. 맞아, 대구, 그 놈은 주둥이에서 큰 보릿단처럼 굵은 물을 뿜지. 그리고 그놈의 살빛은 양털을 깎을 때에 낸터킷에 쌓아 놓은 양털더미처럼 희단 말이다. 그렇다, 태슈테고, 그놈은 질풍 속의 삼각돛처럼 꼬리를 흔들지. 죽음과 악마! 너희들은 모비 딕을 보았구나. 모비 딕, 모비 딕을!"

"에이허브 선장님." 스타벅은 그때까지 스텁과 플래스크와 함께 선장 쪽을 점점 더 놀라는 눈길로 지켜보더니 드디어 무언가 생각나는 게 있었는지 신비로운 수수께끼가 어느 정도 풀린 것처럼 입을 열었다.

"에이허브 선장, 모비 딕에 대해선 들은 적이 있습니다만——당신의 다리를 부러뜨린 것은 그놈이 아니었던가요?"

"누가 그런 말을 하던가?" 에이허브는 소리를 지르고 한숨을 쉬고 나서 "스타벅, 그리고 모두들 잘 들어 주게. 나의 돛대를 꺾어 버린 것은 바로 모비 딕 그놈이었어. 나를 지금처럼 죽은 나무토막 같은 다리 위에 서게 한 것이 모비 딕이었단 말이다" 하고 말했다. 그리고 큰사슴의 비명 같은 소리로 흐느끼기 시작했다. "그렇지, 저 괘씸한 모비 딕이란 놈이 나를 망가뜨려 이렇게 죽을 때까지 안달하는 늙은이로 만들었단 말야." 그러고 나서 두 팔을 들어올리고 끝없는 저주의 말을 퍼부었다. "아아, 나는 희망봉이건 케이프 혼이건 노르웨이의 큰 소용돌이건, 아니 지옥의 불꽃이건간에 그놈을 쫓아가겠다. 단념하지는 않는다. 이봐, 너희들을 태운 것도 그 때문이다. 대륙 양쪽에서 세계의 구석구석까지 그 흰고래 놈이 검은 피를 뿜어 올리고 지느러미를 축 늘어뜨릴 때까지 쫓아갈 테다. 어떤가? 모두들 나를 도울 테지? 너희들은 씩씩한 것 같으니까 말야."

"옳소, 옳소." 작살잡이와 선원들은 소리를 지르며 몹시 흥분해 있는 노인에게로 우르르 몰렸다. "흰고래를 놓치지 마라. 모비 딕을 죽이자."

"고맙네." 그는 울먹이다시피 외쳤다. "고맙다. 야, 급사! 그로그 술(럼주에 물을 탄 것)을 듬뿍 가져오너라. 아니, 스타벅, 어째 자넨 우울한 표정인가? 자넨 흰고래를 쫓지 않을 생각인가? 모비 딕에게 항복할 생각인가?"

"에이허브 선장, 그것이 돈이 되는 일이라면 나는 비뚤어진 턱이든 죽음의 턱이든 무섭지 않아요. 그러나 나는 고래를 잡으러 왔지 선장의 원수 갚는 일을 도우러 온 건 아닙니다. 선장의 복수가 성공했다고 해도 도대체 몇 통이나 벌 수 있겠소? 고향인 낸터킷의 시장에서라면 큰 벌이는 안 될 겁니다."

"낸터킷의 시장이라고! 흐응! 한데 스타벅, 좀더 이리 가까이 오게. 만일 돈이 목표라 하더라도 말이지, 회계원이 이 지구를 커다란 계산대로 삼고 두께가 3분의 1인치나 되는 기니아 금화를 산더미같이 쌓아 가지고 온대도, 난 장담하지만 내 가슴속에 있는 복수만큼 값비싼 것은 없다고 생각하네."

"저런, 가슴을 두드리는군." 스텁이 소곤거렸다. "무엇 때문일까? 매우 큰 소리지만 텅 빈 동굴 같은 소리가 나는 것 같군그래."

"짐승을 상대로 하는 복수!" 스타벅도 소리를 질렀다. "그놈은 맹목적인 본능에 사로 잡혀 선장을 친 겁니다. 미친 짓이에요. 짐승에게 원한을 갖다니……선장, 벌 받을 일입니다."

"좀더 듣게, 좀더 차분히 들으라구. 알겠나? 눈에 보이는 것은 모두가 판지로 만든 가면이야. 그러나 어떤 일이라도……의심할 수 없는 이 생의 행동 속에서는 말야. 그 엉터리 가면 뒤에서 무언가 알 수는 없지만 엉터리가 아닌 것이 고개를 쳐드는 법이야. 만일 사람을 때려 주고 싶다면 그 가면을 찢어 버리게. 죄수는 벽을 때려 부수지 않으면 밖으로 나갈 수 없네. 내게는 저 흰고래가 바로 벽일세. 바싹 가까이 다가와 있네. 그야 저편에는 아무것도 없다고 생각하는 수도 있지. 그러나 그게 뭐란 말인가? 그 놈이 나를 마구 휘두르며 덤벼들고 있어. 바닥을 알 수 없는 악으로 뭉쳐서 사나운 힘으로 덤벼들고 있어. 그 바닥을 알 수 없는 게 나는 미워 견딜 수가 없는 거야. 그래서 흰고래란 놈이 심부름꾼이건 두목이건 나는 이 미움을 그놈에게 풀고 싶은 거야. 알겠나? 내게 벌을 받는다고 하지 말게. 모욕을 당하면 태양에라도 덤벼드는 나일세. 만일 태양이 해서 되는 일이라면 내가 해도 괜찮은 거야. 미움이 생명체 속에 고루 펴져 있다면 그게 바로 공명 정대라는 걸세. 그러나 그 공명정대에 대해서도 나는 머리를 숙이지 않네. 뭣 때문에 숙인단 말인가? 진실은 아무에게도 잡히지 않네. 이봐, 그렇게 흘끔흘끔 보지 말아. 얼빠진 얼굴로 보는 건 악마가 노려보는 것보다도 더 견딜 수가 없어. 어허, 자넨 빨개졌다 파래졌다 하는군그래. 내 울화통이 옮아서 자네까지 울화가 치밀기 시작했군. 그러나 스타벅, 울화통이 터지는 바람에 말한 건 그 자체에 책임은 없는 거야. 따뜻한 몇 마디를 한 것이 작은 모욕이 되는 경우도 있으니까. 난 자네를 화나게 하려고 한 것은 아닐세. 물에 흘려버리게. 저기 저 얼룩 있는 기름종이 같은 터키 놈들의 뺨을 보게나. 태양이 마구 그려댄 그림이 살아서 움직이기 시작한 것 같군그래. 이교도인 표범들, 분별력도 없고 믿음도 없이 살면서 이유도 모르고 다만 불덩어리처럼 살려고 할 뿐이지. 안 그런가, 자넨? 이 선원들이 말일세. 고래에 대해선 에이허브와 모두 한마음이 되어 주지 않을까? 스텁을 보게, 웃고 있군. 저 칠리 사람을 보게. 고래를 잡을 생각에 신이 나서 웃고 있군그래. 스타벅, 모두가 폭풍처럼 날뛰고 있는데 자네 혼자만 어린 나무처럼 흔들리며 서 있을 것은 없잖은가? 생각해 보게. 겨우 이것쯤이 뭐란 말인가? 지느러미를 하나 찌르는 것을 돕는 게 아닌가. 스타벅에겐 아무것도 아닌 일일세. 그것뿐이야. 이 정도의 조그마한 사냥에서 낸터킷의 제일이라는 창잡이 자네가 달아날 수는 없지 않은가? 평선원들까지도 모두 숫돌에 덤벼들지 않았나? 아아, 자넨 꼼짝도 할 수 없다는 거군. 파도에 올라앉은 형세야. 자아, 뭐라고 좀 하게나. 말해 주게 하하, 딴은 그렇군. 잠자코 있는 게 대답이군──(방백)내 콧구멍이 넓어져서 뭔지 튀어나간 것 같군, 스타벅이 그것을 가슴에 깊이 빨아들였군. 이젠 저놈도 내 것이다. 들고 일어나지 않는 한 내게 항거할 수는 없어.″

제36장 뒷갑판 223

"하느님! 나를 보호해 주소서. 모든 사람을 보호해 주소서!" 스타벅은 낮게 중얼거렸다.

그러나 에이허브는 1등 항해사가 자기에게 매혹되어 말없이 승낙해 준 기쁨에 취해서 예언적인 기도 소리도 듣지 못했고, 그때 선창에서 흘러나온 낮은 웃음소리도, 바람이 무슨 일인가를 예언하는 것처럼 밧줄을 흔들어댄 것도, 한순간 낙담에 빠져 가슴이 덜컥 내려앉듯이 돛이 공허한 울림을 내며 돛대를 후려친 것도 귀에 들리지 않았다. 왜냐하면 이내 스타벅의 내려뜬 눈도 다시금 대담한 생명의 빛에 빛나고, 땅바닥에서 나오는 것 같은 웃음소리도 사라지고, 바람은 불어오고 돛은 바람을 안고 불룩해지고, 배는 다시 흔들거리며 나아갔기 때문이다. 아아, 예언하는 말들이 찾아왔나 하면 곧 사라지는 것은 무엇 때문일까? 그러나 저 그림자 같은 것은 경고라기보다는 오히려 전조이리라. 더욱이 그것들은 외부로부터의 전조라기보다는 내부에서 앞날의 일을 실증하는 것이리라. 외부의 일이 우리에게 강제력을 갖고 있지 않을 때조차도 우리 생명의 심오한 필연성은 우리를 앞으로 몰아댄다.

"술잔이다, 술잔이다!" 에이허브는 외쳤다.

에이허브는 술이 철철 넘치는 놋쇠잔을 받아들자 작살잡이들 쪽을 향해 그 무기를 꺼내라고 명령했다. 작살잡이들이 작살을 들자 그는 그들을 고패(닻을 감아올리는 기계)가 있는 곳에서 자기 앞으로 늘어서게 했다. 항해사 셋이 창을 들고 그의 옆에 서자 나머지 선원들도 모두 한 곳에 모여 그들을 둥글게 둘러쌌다. 에이허브는 잠시 선원 한 사람 한 사람을 날카로운 눈으로 노려보았다. 이 거친 사람들의 눈도 그의 눈빛에 기가 꺾이지 않고 마주보았다. 그것은 마치 넓은 황야에 무리지은 핏발 선 늑대들의 눈이 선두에 서서 들소를 쫓으려는 수령의 눈을 보고 있는 것 같았다. 그러나 어쩌랴, 인디언의 함정에 빠질 운명인 것이다.

"마셔라, 마셔!" 에이허브는 술이 찰찰 넘치는 술잔을 제일 가까운 사나이에게 건네었다. "지금 우리 동료들만 마시는 거다. 돌려라, 돌려. 한숨에, 그러나 쭉 들이켜라. 악마의 발굽처럼 뜨겁구나. 참 보기 좋게 도는구나. 빙글빙글 돌아서 달려드는 뱀의 눈을 찌를 듯 하구나. 좋아, 좋아. 이제 조금이면 된다. 저리 갔다가 이리 돌아왔구나. 자아, 내게 주게! 흠, 텅텅 비었군. 모두의 젊음에 어울리는군. 생명의 술을 단숨에 마셔 버렸구나. 급사,

한 잔 더!"

"용감한 자네들 모두 들어 주게. 고패 주위에 모여 주었으며 하네. 항해사는 창을 들고 내 곁에 오고, 작살잡이는 쇠작살을 들고 거기 서고, 선원들은 나를 둘러싸라. 자아, 고래잡이의 조상들이 옛날에 했던 일을 좀 부활시키는 게 어떤가? 오오, 모두들 이제부터——하하, 급사, 가져왔나? 꽤 빨리 돌아왔구나. 자아, 이리 다오. 그런데 이 술잔도 철철 넘치는군. 성 비투스(로마 황제에게 박해받은 순교자)의 사자(使者)가 아니거든…… 열병 따위는 썩 물러가거라."

"항해사, 앞으로 나와 내 앞에서 네 창들을 힘껏 교차시켜라. 좋아, 좋아, 내가 그 축(軸)을 만져보겠다." 그러면서 그는 팔을 뻗쳐 평평하게 방사형으로 교차된 세 창의 교차점을 꽉 움켜쥐고 나서 갑자기 그것을 비틀면서 스타벅에게서 스텁에게로, 스텁에게서 플래스크에게로 강렬한 눈초리를 던졌다. 그것은 무어라 표현할 수 없는 내부의 의지의 힘에 의해서 라이덴 축전지 같은 자력의 생명 속에 쌓아올려진 감정의 불길을 세 사람 속에 불어넣으려 하고 있는 것 같았다. 세 항해사는 그의 강건하고 불가사의한 풍모 앞에 몸을 움츠렸다. 스텁과 플래스크는 눈을 돌리고 정직한 스타벅은 눈을 내리깔았다.

"틀렸어!" 에이허브는 외쳤다. "그러나 그것도 좋겠지. 만일 자네들이 한 번 만이라도 힘껏 받아냈다면 내 속의 전기는 다 타버렸을지도 모르지. 그것보다도 자네들을 때려죽였을지도 모르지! 자네들에겐 그것이 필요 없겠지. 창을 내려라, 항해사들이여, 자네들을 술잔 받드는 자로 명령하겠네…… 저기 있는 세 사람의 이교도인 시종들, 세상에서 가장 고상한 신사이자 군자인 저 용감한 작살잡이의 술잔을 받드는 일을 하라. 맡겨진 일에 불만이라고? 그럼 교황이 그 삼중관(三重冠)을 물병 대신 써서 걸인의 발을 씻어 준 것은 어째서냐? 사랑하는 세 성직자여, 진심으로 겸손하게 거기까지 자신을 낮추는 거다. 내가 명령하는 게 아니라 자네들이 자진해서 하는 거다. 자아 작살잡이들, 끈을 풀고 작살대를 뽑아라."

명령에 따라 묵묵히 세 작살잡이는 3피트 가량의 작살의 쇠붙이를 뽑아서 그의 앞에 칼날을 위로 향하게 세워들었다.

"그 날카로운 칼날로 나를 찌르라는 게 아니다. 아래로 돌려라, 아래로. 술잔 구멍을 모르는가. 구멍 있는 곳을 위로 하게, 좋아. 좋아. 그리고 술잔을 받드는 자들, 가까이 오게. 칼을 들고 내가 부을 테니 받들고 있게." 그리고 곧바로 고급 선원들이 앞을 천천히 걸어 나오자 에이허브는 작살 구멍에 대고 불같은 술을 부었다.

"자아, 셋이 마주 서서 모비 딕을 죽이는 축배를 들어라. 이젠 끊을 수 없는 싸움이 됐다. 세 항해사여, 술잔을 들어라. 자! 스타벅, 이제 식은 끝났네. 태양이 위에 멈추어서 내려다보고 있는 거야. 작살잡이여, 마셔라. 죽음의 포경선 뱃머리에 설 사나이들이여. 모비 딕의 최후를 위해서 마시게. 만약 우리들이 모비 딕을 쫓아가 쳐 죽이지 않으면 신께서 우리 전부를 죽이소서."

그들은 길고 미늘을 단 술잔을 들어올리고 흰고래에 대한 욕설과 저주에 맞추어 단숨에 술을 마셨다. 스타벅은 창백해져서 몸을 옆으로 돌리고 떨었다. 끝으로 다시 한번 술잔을 채웠다. 놋그릇은 광란하는 선원들에게 돌려졌다. 이윽고 그들은 빈손을 흔들면서 모두 사방으로 흩어졌고 에이허브도 선실로 물러갔다.

제37장
해질녘

(선실. 고물로 향한 창문. 에이허브 혼자 앉아 밖을 내다본다.)

  내 뒤에 남은 건 하얗게 거품 이는 물 자취. 어디를 항해하건 검푸른 바다, 창백한 뺨뿐이다. 질투심 많은 파도들이 내가 가는 길에 몰려들어 덮어 버린다. 그대로 두자, 내가 먼저 지나갈 테니까.
  수평선 저 멀리 대양의 주위에서 파도는 와인빛으로 물든다. 황금의 이마가 푸른 바다에 드리워 있다. 물속을 잠수하는 해는 대낮부터 천천히 잠수하기 시작하여 지금 가라앉는다. 그러나 나의 영혼은 하늘 높이 날아오른다. 끝도 없는 언덕에 지쳐간다. 그러면 내가 머리에 쓴 롬바르디의 철관(롬바르디 왕이 썼고 근세까지 이탈리아의 집권자들이 쓰고 있던 철로 만든 왕관)은 너무 무거운 것일까? 그러나 이 관엔 갖가지 보석이 빛나고 있다. 그것은 머리에 쓴 나에게는 그 강한 빛도 보이지 않지만 마음속으로는 내가 이 눈부신 혼란의 관을 쓰고 있다는 것을 희미하게 느끼고 있다. 이것은 철일 뿐, 황금이 아니라는 것도 알고 있다. 깨지고 망그러져 있음도 안다. 우툴두툴한 가장자리가 몹시 찌르고 머리는 딱딱한 강철에 부딪쳐서 아프다. 아아, 내 것은 강철의 두개골이다. 이마로 받아내는 격투에도 투구가 필요 없는 놈이다.
  이 이마의 바싹 마른 열, 아아, 해뜰 때에 상쾌하게 기운을 북돋아 주고 해질녘에는 달래 주었던 지난 시절이여! 그것도 이젠 옛일이다. 이 아름다운 빛도 마음을 밝게 해주지 못한다. 즐거움을 잃은 뒤로는 모든 아름다운 것도 나를 괴롭게 한다. 나는 높은 지혜를 받았으나 얕은 향락을 즐길 힘이 없다. 이 가장 교묘하고 불길하게 저주받은 자여! 낙원의 한복판에서 저주받은 자여! 안녕, 안녕히…… (손을 흔들며 창문에서 사라진다)
  그다지 어려운 일도 아니었어. 적어도 완강한 놈 하나는 발견하리라 생각

했는데. 그러나 나의 톱니바퀴 하나가 그들의 여러 바퀴에 모두 꼭 들어맞아야 돌기 시작하거든. 아니, 이렇게 말해도 좋을 거다. 모두가 화약 무덤처럼 내 앞에 서고 나는 그 성냥이었다고. 그러나 불쌍한 일은 상대를 불태우면 나의 성냥이 줄어든다는 것이다. 내가 강행한 짓은 내가 하고 싶었던 일이고, 나는 그 일을 할 것이다. 모두가, 특히 스타벅이 나를 미쳤다고 생각한다. 나는 이중으로 미친 미치광이다. 이 광란하는 광기는 나의 광기를 이해할 때에만 가라앉는다. 예언엔 나의 몸이 산산이 흩어질 것이라 한다. 하긴 이 다리도 날아가 버렸지. 이제부터 나는 그 산산이 흩어지게 하는 놈을 산산이 흩어지게 하겠다고 예언한다. 예언하는 자와 그 예언을 실행하는 자가 하나가 된다. 위대하신 신들이여, 당신들도 할 수 없는 일이었다. 크리켓 선수여, 권투 선수여, 귀머거리 버크나 장님인 벤디고(모두 영국의 권투 선수)여, 나는 그대들을 조소하고 놀려댄다. 나는 학교 아이들이 싸움 대장에게 말하듯이 말하지 않을 것이다. 나를 때리지 말고, 너와 비슷한 놈을 상대해 달라는 것 따위의 말은 하지 않는다. 나를 때려눕히면 다시 일어난다. 그러나 너는 달아나서 숨었다. 숨주머니 뒤에서 나와라. 나는 네게 닿을 만한 장거리포를 갖지 않앉다. 자아, 이 에이허브님의 특별한 대우다. 벗어날 수 있으면 해봐라. 벗어난다고? 가능할 것 같은가? 그런 짓을 하려면 네 스스로 벗어나라. 벗어나게 한다고? 나의 의지는 철의 궤도에 끼워져 있어서 이 영혼은 그 위를 똑바로 달린다. 밑은 헤아릴 수 없는 계곡 위 꾸불꾸불한 깊은 산에 둘러싸인 곳, 소용돌이치는 격류 속, 나는 똑바로 돌진한다. 방해하는 자는 없다. 이 철길을 휘게 하는 자는 없다!

제38장
황혼

(큰 돛대 옆에 스타벅이 기대어 있다.)

나의 영혼은 패하고, 광인의 노예가 되어 버리고 말았다. 나처럼 멀쩡한 인간이 그런 전장에서 무기를 내려 놓고 항복하다니 참을 수 없는 고통이 아닌가. 그러나 저 사람이 나의 영혼 밑바닥까지 파고 들어와 이성을 날려 버리고 말았다. 신을 두려워하지 않는 사람의 말로(末路)는 손에 잡힐 듯이 보이는데도 그를 도와야 한다는 기분에 사로잡혀 있다. 지워 버릴 수 없는 무엇인가가 나를 그에게로 붙잡아 매고 어떤 칼로도 자를 수 없는 밧줄로 잡아당긴다. 무서운 노인이다. 내 위에 무엇이 있나? 그 노인은 이렇게 말했다. 아아, 그는 하늘이라는 것에 대해서조차 민주주의자인 것이다. 그러나 아랫사람에게는 어쩌면 그렇게 강압적인가? 오오, 나의 역할의 한심함이여! 마음으로 거역하면서도 복종하고, 연민의 정을 품으면서도 미워하고 있다. 그 사람의 눈 속에 번쩍이는, 소름이 끼칠 듯한 번민의 빛을 볼 때 내가 만일 그렇게 번민했다면 육체는 시들어 버렸으리라. 그러나 아직 희망은 있다. 시간의 흐름은 광대무변하다. 미움을 받은 고래는 조그만 금붕어가 유리 어항을 집으로 삼듯이 세계의 온 바다 속을 돌아다닌다. 하늘도 두려워하지 않는 그 사람의 일념의 쐐기를 신께서 밀어내실 지도 모른다. 납처럼 내려앉는 나의 심장을 경쾌하게 해주고 싶다. 그러나 나라는 시계 전체가 심장의 추(錘)에 이끌려 자꾸 가라앉는데 감아올릴 방법도 없구나.

(앞갑판에서 떠들썩한 소리)

오, 신이여! 인간인 어머니에게서 태어났다고는 생각조차 할 수 없는 저

런 이단자들과 내가 배를 함께 타다니! 상어가 우글거리는 바다 어딘가에서 태어난 그들에게는 흰고래가 그 마신이다. 오오, 지옥과 다를바 없는 이 광태여. 술잔치가 한창인 것 같다. 그러나 고물에 잔뜩 끼어 있는 고요함은 어떤가? 이것이 생의 모습일까? 거품 이는 바다를 헤치고 명랑하고 대담한 뱃머리가 성채(城砦)처럼 돌진하는 그 이유인즉, 배가 지나간 어두운 수면에 맞닿은 고물 선실에서 멀리서 짖는 늑대 소리 같은 파도 소리에 쫓기며 어두운 생각에 잠겨 있는 에이허브를 끌고 가기 위한 것일 뿐이다. 멀리서 짖는 소리가 나의 몸을 흔들면서 지나간다. 잘자라, 술취한 이들이여! 감시 당번을 세워라! 생명이여, 지금이야말로, 영혼이 박살나고 미개한 무리들이 정신없이 먹을 것을 탐내듯 지혜에 매달릴 때. 오, 생명이여, 그대의 가슴속에 숨어 있는 공포를 나는 느낀다. 그러나 나는 그렇지 않다. 나는 그 공포도 잊어버리고 말았다. 다만 안에 내 속에 남은 인간다운 따뜻함으로 싸우리라. 기분 나쁜 유령인 미래와 싸우리라. 성스러운 모든 힘이여, 옆에 지켜 서서 나를 붙잡고 받쳐 주십시오!

제39장
최초의 불침번

앞 돛대의 망루
(스텁, 돛줄을 수선하며 독백)

하! 하! 하! 하! 흐흣! 시원하게 기침을 해라. 그 후 줄곧 생각해 보았는데 그 귀결점이 겨우 하! 하! 로구나. 왜 그럴까? 결국 무슨 일이라도 묘한 일에 부딪치면 웃는 게 가장 현명하고 재빠른 대답이다. 게다가 어떤 변을 당한대도 마음을 위로해 주는 것이 언제나 꼭 한 가지는 있다. 모든 운명은 원래부터 예정된 것이었다는 것. 저 늙은이가 스타벅에게 뭐라고 했는지 전부 들을 순 없었지만 내가 보기에는 아무래도 스타벅도 그날 밤 나와 같은 마음이 되었던 것 같아. 틀림없이 저 대단한 늙은이는 스타벅도 꼼짝 못하게 하고 말았나 봐. 나는 미리 다 알고 있었단 말야. 육감이 잘 움직이거든. 그자의 머리통을 척 보았을 때 이미 꿰뚫어보았단 말야. 장하다, 스텁, 영리한 스텁이라는 말을 듣는 것도 무리는 아니야. 어떤가, 스텁? 탄복했나? 제기랄, 도대체 어떻게 될지 모르지만 어떻게 되건 나는 웃어넘기고 말 테다. 악마처럼 뱃속에서부터 익살맞게 빙글빙글 웃어 줄 테다. 재미있지 않은가? 파, 라! 리라, 스키라! 고향의 그 요염하기 짝이 없는 그 처녀는 지금 무얼 하고 있을까? 눈이 퉁퉁 붓도록 울고 있을까? 항구로 막 들어온 작살잡이와 군함의 깃발처럼 왁자하게 떠들어대고 있을까? 어떻든 좋아! 나도 지지 않고……파, 라! 리라, 스키라! 오오,

    마셔라, 오늘밤 마음 가볍게
    그대는 쾌활한 들뜬 사나이,
    술잔에 찰랑찰랑 거품이 인 것을

입술로 빨았더니 꺼져 버렸네.

쾌활한 노래군. 누가 부르는 거지? 스타벅이군? 네네, ……(방백)그는 내 상관이지만 그자에게도 또 상관이 있단 말이야. 내가 틀리지 않다면 야! ……네네, 지금 이 일이 끝나면……곧 가겠습니다.

제40장
한밤의 앞갑판

작살잡이와 선원들
(앞돛이 올라가면 불침번들이 서거나 거닐거나 기대거나 눕는 따위의 다양한 자세를 취한 채로 합창을 한다.)

안녕 잘 있어요, 스페인 아가씨
안녕 잘 있어요, 스페인 아가씨
선장님의 명령이시다.

낸터킷 선원1
어이, 모두들 감상에 젖지 말게. 소화에 나쁘다네! 목소리를 높여, 자아, 따라 부르게!

(노래, 모두 따라 부른다)

우리 선장님은 손에 망원경을 들고
갑판 위에 서 있네.
어느 곳 해안에서 물을 뿜어도
큰 고래를 놓치지 않으리라
보트에 밧줄통에 실어올리고
모두 돛줄 옆에 서거라
훌륭한 고래를 단단히 묶어
모두 자꾸자꾸 좇아들 가자
자아 버티어라 기운을 내라

작살잡이 용감하게 고래를 친다.

뒷갑판에서 항해사의 목소리
8시! 종을 쳐라!

낸터킷 선원2
노래를 그쳐라. 8시 종 아니냐. 이봐, 종치기, 8시 종이야. 이봐, 핍. 검둥이 놈아! 나는 불침번이다! 어때? 큰 소리지? 몹시 크지? 이봐. 이봐, (머리를 승강구에 처박는다) 우……현……으로……어……허……이, 8시 종이다. 뛰어올라와!

네덜란드인 선원
오늘밤은 굉장히 졸리는군. 기분 좋게 몹시 졸리운 밤인데. 이건 아무래도 저 늙은이의 술 탓이야. 그래서 떠들어 대는 놈도 있고 멍하게 조는 놈도 있는 거야. 우리가 노래하면 그들은 자고 있군 그래. 마치 배 밑의 통 속 같구나. 그자를 일으켜라! 이 나팔을 가지고 가서 소리 질러 줘. 여자의 꿈같은 걸 꾸는 것은 그만 두라고 소리치란 말이다. 자아, 부활이다. 이별의 키스를 하고 심판받으러 나오라고 말이다. 그렇고 말고. 네 목구멍은 암스테르담 버터에 상하지 않았으니 좋은 목소리가 나오겠지.

프랑스인 선원
이봐, 모두들 블랑켓 만(灣)에 닻을 내릴 때까지 춤 좀 추지 않으려나?

어떨까? 이봐, 또 감시 당번이 온다. 일어서라, 일어서! 이봐, 핍! 탬버린으로 기분 좋게 놀아라!

핍
(부루퉁하고 졸리는 표정으로)
어디 있는지 잊어버렸는걸.

프랑스인 선원
그럼 배를 두드리고 귀를 흔들면서 춤추지 않으려나? 재미있지 않겠나. 자아! 저런, 모두 안 추려나? 자 한 줄로 서서 한쪽 손을 두 번씩 당기고 뛰어라. 자, 다리를, 다리를!

아이슬란드인 선원
마룻바닥이 마음에 안 드는데. 이렇게 통통 튀는 건 싫어. 난 얼음 바닥이 익숙해. 모처럼의 이야기에 물을 끼얹은 것 같지만 참아 주게나.

몰타섬 사람인 선원
나도 말일세, 여자가 없지 않은가? 자기의 오른손으로 왼손을 잡고 자기를 보고 안녕하세요, 라니 그런 바보 같은 짓을 어떻게 하겠나? 파트너! 파트너가 없으면 춤을 출 수 없어.

시실리섬 사람인 선원
아아, 계집아이와 풀밭! 그렇다면 추고 또 추고, 메뚜기처럼 되겠는데 말이야.

롱아일랜드에서 온 선원
자, 자, 이 실쭉쟁이들. 우린 달라. 옥수수를 베러, 자아, 가자, 가자. 누구나 다 추수하러 가자. 자아, 음악이 나오는군. 자, 하세!

아조레스섬 사람인 선원
(승강구를 올라가며 탬버린을 던진다)
이봐, 핍. 자아, 거기 양묘기(揚錨機) 기둥이 있다. 올라가서 모두 추자.

(반수 가량은 탬버린에 맞추어 춤춘다. 몇몇은 그 사이에 아래로 내려가고 몇몇은 밧줄 사이에서 자고 몇몇은 누워 있다. 떠들썩하다)

아조레스섬 사람인 선원
(춤추며)
자아, 핍! 빠방, 하고 울려라. 벨 보이, 딩댕동 하고 쳐라. 종치기 꼬마야, 반딧불을 날려라. 종을 날려 버려라!

핍
종말이오? 또 하나 떨어졌어요. 이렇게 때리니까.

중국인 선원
그러면 이를 득득 갈며 세게 쳐라. 네가 종탑이 되는 거야.

프랑스인 선원
미친 짓들이군! 핍, 그 쇠고리를 붙잡고 있어라. 뛰어넘어 보일 테다. 돛이건 몸이건 다 때려 부숴라.

태슈테고
(조용히 담배를 피우며)
이건 백인들이 하는 일이야. 뭐가 재미있다는 거야? 흥, 나는 땀 흘리고 싶지 않아.

맨섬에서 온 늙은 선원
이 턱없이 소란을 피우는 젊은이들은 어디 위에서 춤추고 있는지 모르는 걸까? 나는 너희들의 무덤 위에서 춤추련다. 쌩쌩 부는 바람처럼 위협하는 밤의 도깨비 여자들이여. 오, 그리스도여! 풋내기들의 새파란 머리통을 가진 선원들이란 어쩔 수 없군. 하지만 좋아, 좋아. 학자가 말했지만, 이 세상은 모두가 무도장이라니까. 그렇게 춤추며 돌아다니고 있으면 좋은 거야. 젊은이, 자꾸자꾸 추거나. 나도 젊었을 때……

낸터킷 선원3
제기랄! 휴, 잔잔한 바다에서 고래를 쫓아가는 것보다 심하군그래. 태슈, 담배 한모금 이리 주게.

(모두 춤을 그치고, 동그랗게 원을 지어 모인다. 그 사이 하늘은 어두워진다. 바람도 인다)

라스카(인도 중앙부의 도시 이름) 출신 서원
아아, 브라마! 곧 돛을 내려야겠구나. 하늘에서 태어나 흘러넘치고 있는 갠지스 강이 바람으로 변했어. 바람은 시바(힌두교에서 파괴의 신)님의 검은 이마를 드러내네.

몰타섬 사람인 선원
(누워서 모자를 흔들며)
파도다. 눈구름이 흔들기 시작한 거야. 이제 곧 꽃송이를 흔들 거야. 그렇지만 이 파도가 모두 여자라면 난 뛰어들어서 언제까지나 춤춰 줄 텐데 말야. 이 세상에 그렇게 귀여운 것은 없어. 천국이라도 도저히 저렇지는 않을 거야. 춤출 때에 포도알처럼 통통하고 터질 듯한 젖꼭지를 팔로 감추고 있기는 하지만 그 따뜻하고 솟아오를 듯한 젖가슴이 환히 빛나거든.

시실리섬 사람인 선원
(누운 채)
이젠 말하지 말게. 보게나, 팔다리가 눈에 띄지도 않게 얽혀 있고, 날씬하게 흔들리며, 부끄러운 듯이 장난치고 입술도 심장도 엉덩이도 닿을 듯 말 듯이지! 언제까고 붙었다 떨어졌다! 그러나 덤벼들지 말게. 싫증이 날 테니까. 어때, 이교도? (팔꿈치로 찌르며)

타히티섬 사람인 선원

(매트 위에 누워서)

우리 섬의 벌거벗고 춤추는 아가씨, 만세! 히바(춤의 한 종류). 히바! 아아, 구름이 드리우고 야자나무가 높이 선 타히티섬! 난 지금도 그 매트 위에 누워 있지만 그 밑에 진흙탕이 없구나. 아아, 내 거적! 숲 속에서 짰었지. 맨 처음 집에 가지고 왔을 땐 새파랬어. 지금은 너덜너덜해지고 말았지만. 참 무정하군. 너도 나도 다 시들어 버리니까 말이다. 그러나 저쪽 하늘로 날아가면 어떨까? 저런, 피로히티의 창살봉에서 떨어지는 폭포가 요란하게 내는 소리군. 낭떠러지를 미끄러져 내려와서 마을을 온통 휩쓸어 버리기라도 할 듯한 소리야. 질풍이다! 질풍이다! 등을 꼿꼿이 세우고 부딪쳐라! (벌떡 일어선다)

포르투갈인 선원

파도가 뱃전에 부딪치는구나. 어어이, 돛을 줄여라. 바람이 사방에서 불어온다. 보게, 대번에 덤벼든다.

덴마크인 선원

와지끈와지끈, 낡아빠진 배가 와지끈 소리를 낸다. 소리가 날 때는 살아 있는 거야. 좋아, 좋아. 저기 항해사가 단단히 버티고 있군. 카테갓 섬의 요새가 소금이 달라붙은 비 맞은 대포로 발틱해(海)를 지키려는 것처럼 용감하구나.

낸터킷 선원

명령을 내렸네, 조심하게. 에이허브 선장이 언젠가 말하는 것을 들은 일이 있는데 권총으로 수도꼭지를 부숴버리는 것처럼 폭풍도 죽여 버리고 만다더군. 곧, 배를 총알로 하여 폭풍 속으로 뛰어들어서 말야.

영국인 선원

제기랄! 그렇지만 저 선장은 굉장한 사람이야. 우린 그 늙은이의 고래를 쫓아가는 몰잇군이야.

모두
그렇다, 그래!

맨섬의 늙은 선원
소나무 기둥 세 개가 흔들거리는 걸 보라. 소나무란 어디든지 진흙 위에 가지고 가면 가장 단단하고 좀처럼 녹초가 되지 않는 건데 이곳은 벌 받은 뱃군이라는 진흙이 있을 뿐이니까. 자, 잘 하게, 키잡이, 잘 해야 하네. 이런 날씨에는, 육지에선 씩씩한 놈이라도 녹초가 될 것이고 바다에선 배의 용골이라도 쪼개질 거야. 선장은 좋지 않은 모반(母斑)을 가지고 있는 거야. 이봐, 모두 하늘을 보게나, 또 닥쳐왔어. 도깨비불 같은 게 말야. 주위는 아주 캄캄해졌어.

대구
그게 뭐야? 시꺼먼 것이 무섭다는 놈은 내가 무서운 거군. 나는 먹 속에서 태어났단 말야.

스페인 선원
(방백)트집을 잡는군그래. 흥, 나는 쌓인 원한으로 차 있어. (앞으로 나와서) 야, 작살잡이, 너희들은 암흑이 점지한 자식들이야. 다시 말해서 악마처럼 시커먼 놈들이야. 노하지 말게.

대구
(험악한 표정으로)
괜찮네.

성(聖) 자고의 선원
스페인 놈이 미친놈처럼 취해 있군. 그러나 묘한데. 저 늙은이의 뜨겁게 데운 술이 저놈에게만 오래 갈 리가 없을 텐데 말야.

낸터킷 선원
저건 뭔가? 번갯불인가? 번갯불이구먼.

스페인인 선원
아니야, 대구가 이빨을 드러낸 거야.

대구
(벌떡 일어나서)
입 닥쳐, 허수아비야. 설익은 호박! 겁쟁이 놈아!

스페인인 선원
(그에게 맞서며)
칼로 푹 쑤셔 줄 테다. 그 덩치에 밴댕이 소갈머리로군!

모두
싸움이다, 싸움이다, 싸움이다!

태슈테고
위에서도 아래서도 싸움이구나. 신께서도 사람들도 모두 싸움이야. 어느 놈이고 모두 건달이다, 흐흥.

벨파스트 선원
싸움이다. 자, 싸움이다! 성모님, 은혜를 베풀어 주소서. 자아, 돌격이다!

영국인 선원
정정당당히 해라! 스페인 사람의 칼을 뺏어라. 동그랗게 원을 만들어라. 자, 이 링 속에서 싸워라.

맨섬의 늙은 선원
자, 원이 되었다. 이것이 이 세상의 링이란 것이다. 카인이 아벨을 죽인 것도 그 링 기운데서였다. 멋진 이야기지. 좋은 일이지. 틀렸다고? 그럼 신께서도 왜 이 세상이라는 링을 만드셨나?

항해사의 목소리, 뒷갑판으로부터
윗돛대의 돛——밧줄을 잡아라! 윗돛대의 돛을 접어라!

모두
돌풍이다, 돌풍이다! 기운차게 뛰어나가라.
(사방으로 흩어진다)

핍
(양묘기 뒤에서 떨면서)

기운차다고, 그런 기운은 내서 뭘 한담? 와지끈, 삼각돛의 밧줄이 날아갔구나. 와아, 큰일이다. 핍, 엎드려, 제일 윗돛의 활대가 날아왔어. 폭풍의 숲 속에서 섣달 그믐날에 방황하고 있는 것보다 더 무섭구나. 누가 밤을 따러 올라갈 수 있어. 그래도 모두 고래고래 소리를 지르면서 올라가는구나. 그렇지만 난 그만 두겠어. 저런 짓을 하면 어떻게 될까. 천국으로 올라가는 것 같을까? 장, 단단히 붙잡고 있어! 굉장한 질풍이구나! 그렇지만 저 사람들이 훨씬 무섭다. 모두 흰 질풍(열대지방에 일어나는 구름 없는 질풍)이다. 흰 질풍? 흰고래? 야아, 떨린다. 아까 그 이야기를 들었지 흰고래, 아, 무서워라! 오늘 저녁 처음으로 들었는데도 이 탬버린처럼 온몸이 떨리는구나. 저 구렁이 같은 늙은이가 그놈을 쫓아간다고 모두에게 맹세하게 했지. 아아, 저 시커먼 하늘 어딘가에 계실 커다란 흰 신이여, 여기 조그맣게 웅크리고 있는 검둥이 소년을 귀엽게 생각해 주시옵소서. 무서움을 모르는 사람들과는 달리 헤아려 주시옵소서!

제41장
모비 딕

 나, 이스마엘도 선원 중의 한 사람이다. 나의 외침은 선원들의 그것과 함께 일어서고, 나의 노호는 선원들의 그것과 뒤섞였다. 아니 마음속의 공포 때문에 나의 외침은 한층 더 격렬했고, 나의 노호는 한층 더 집요했다. 강렬하고 불가사의한 감정이 내 가슴속에서 끓어오르고 에이허브의 불타는 분노는 나 자신의 것처럼 느껴지기까지 했다. 일행과 함께 저 흉포한 괴물을 잡아 죽여 복수를 하자고 맹세하면서 그놈의 역사에 대해서 귀를 기울였다.
 꽤 오래 전부터 이따금 생각난 것이긴 했지만, 무리를 벗어난 고독한 흰고래가 주로 향유고래잡이들이 드나드는 절해(絶海) 여기저기에 출몰하고 있었다. 그러나 누구나가 다 그것을 본 것은 아니고 몇몇 사람만이 가까이서 보았을 뿐이며, 실제로 그것인 줄 알고서 부딪쳐 싸운 사람의 수는 더욱 적었다. 왜냐하면 포경선의 수는 매우 많았으나 전 지구의 수면 위에 제각기 흩어져 그 대부분은 외딴 곳에서 고독한 고래잡이 모험을 펼치기 때문에 꼬박 1년 넘게 어떤 소식을 알려 주는 배와도 거의 만나지 못했고, 또 한 회의 항해 기간은 유별나게 긴 것이었으며, 또 출항해 가는 시기도 매우 불규칙했기 때문이다. 이런 사정이 여러 가지 이유와 겹쳐 모비 딕에 관한 구체적이고 개별적인 정보를 전 포경선대에게 보급시키기는 어려웠다. 물론 이러저러한 때에 비할 데 없이 거대하고 흉포한 향유고래가 이러저러한 바다에서 나타나 공격한 사람에게 큰 해를 입히고 완벽하게 도주했다는 보고를 하는 배도 적지 않았다. 그것을 들은 일부 사람들의 마음에는 이 고래야말로 모비 딕임에 틀림없다는 생각이 번득였는데 그것도 무리한 추측은 아니었을 것이다. 그러나 최근의 향유고래 어업에서는, 공격을 가한 괴물에게서 지독하게 광포하고 교활하고 사악한 화를 입었다는 이야기가 적잖이 들렸기 때문에 우연히 모비 딕인 줄 모르고 도전했던 사람들도 아마 대부분은 자신이 품은 그 이상한 공포감을 이른바 향유고래 어업계의 일반적인 위험에서 비롯한 것인 줄로만 알고, 그것을 어떤 특정한 원인에다 귀착시키지 않았던 것이다. 에이허브와 고래와의 처참한 격투에 대해서도 일반 사람들은 마찬가지로 생각하고 있었다.

또 미리 흰고래의 이야기를 듣고 우연히 그것을 만난 사람이라도 처음에는 거의 예외 없이 단지 보통 향유고래로밖에는 생각하지 않고 대담하게 보트를 내려 뒤를 쫓았다. 그러나 곧 그 공격에서 참혹한 피해가 잇따랐는데, 그것은 팔 다리의 관절을 삔다든가, 다리가 부러진다든가, 절단하게 된다든가 그런 것에 그치지 않고, 목숨을 뺏기는 경우에까지 이르기 때문에 계속 이런 처참한 반격을 받고는 한결같이 모비 딕을 무서워할 수밖에 없었고, 과감한 고래잡이들도 대부분 그 흰고래의 이야기를 들으면 혼비백산하고 말았다.

그리하여 온갖 괴기한 소문은 꼬리에 꼬리를 물고 이들 사투(死鬪)의 진상은 훨씬 더 소름끼치는 것으로 전해졌다. 도대체 황당한 헛소문이란 죽은 나무에서 버섯이 돋듯이 이상하거나 무시무시했던 사건에서 자연히 발생할 뿐 아니라, 육지와 달라서 바다 위의 생활에서는 조금이라도 그럴 듯한 냄새를 풍기기만 해도 굉장한 것이 되는 법이다. 이런 점은 바다가 육지보다도 더한데, 그 중에서도 포경업이 가장 심해서 기괴하거나 공포스러운 소문들이 곧잘 퍼진다. 그 이유는 우선 포경선원도 모든 뱃사람에게 전통적으로 붙어 다니는 무지와 미신에서 벗어나 있지 못하다는 점도 있지만, 바다의 처절하고 기괴한 일에 누구보다도 훨씬 직접적으로 부딪쳐가는 자가 그들이고, 그 놀랍도록 불가사의 한 일을 정면에서 똑바로 쳐다보고 손으로 턱을 붙잡으면서 그것과 대항하여 싸우는 자가 그들이기 때문이다. 세상과 떨어져서 아득히 먼 절해를 몇 천 마일을 가도, 몇 년이 걸려 해안을 찾아가도 끌로 조각한 벽난로의 바닥돌 하나 만날 수 없었고, 또 그처럼 해가 비치는 곳에서 기쁘게 맞아 줄 것이 아무것도 없었다. 그리고 위도(緯度)도 아득히 먼 그 바다 위에서 나날이 하는 일도 그런 일이고 보면, 고래잡이들은 여러 가지 주문(呪文)에 사로잡힌 것처럼 되고 그 공상은 부풀어 가끔 터무니없이 커지게 된다.

그러니까 이 흰 고래의 헛소문도 광막하고 거친 바다 위를 여기저기 흘러다니는 동안 차차 커져서 나중에는 온갖 망상의 그림자로 부풀어 도깨비의

제41장 모비 딕   245

태아를 잉태하게 되었고 그 결과, 모비 딕에 대한 공포는 세상의 그 무엇과도 비할 수 없는 드문 것이 되었다. 따라서 흰고래의 이름만 듣고도 이 무서운 공포에 빠져버린 고래잡이들은 대개 그 위험한 턱을 향하여 덤벼들 용기를 잃어버리고 만다.

  게다가 거기에는 좀더 실제적이고 생명과 관련된 심리적인 영향도 작용하였다. 오늘날에도 향유고래 그 자체가 옛날부터 차지했던 특수한 지위, 곧 다른 모든 고래 종류와 비교할 수도 없이 무서운 것이라는 관념은 포경자 일반의 마음속에 남아 있다. 요즘에도 큰고래에게라면 싸움을 마다하지 않는 총명하고 용감한 사람들 중에 솜씨가 미숙하기 때문인지 무능하기 때문인지, 또는 겁쟁이기 때문인지는 몰라도 향유고래와 싸울 것을 거절하는 사람들이 있다. 상당수의 고래잡이——특히 미국 이외의 여러 나라 사람들 중에서 한 번도 향유고래와 부딪친 일이 없어 그 고래에 대한 지식이란 그저 옛날부터 북해에서 잡히던 이름도 없는 고래라고만 알고 있을 뿐인 사람들은 창구(艙口)에 웅크리고 앉아서, 화롯가에 앉은 어린이들이 옛날이야기를 재미있어 하기도 하고 무서워 하기도 하는 것처럼 남양 고래잡이의 기이하고 괴상한 이야기에 가슴을 두근거리는 것이다. 또한 이 대향유고래의 엄청나게 웅장한 모습이란 그를 향하여 돌진하는 뱃머리에 서는 사람 외에는 똑똑히 볼 수가 없다.

  오늘날에는 체험에 의해 그 괴력이 확인되고 있지만 옛날 전설 시대에도 이미 그것을 짐작했었던 것일까? 올라센, 포벨슨 등의 박물학자들의 책에도 향유고래는 단순히 바다의 다른 생물에 대한 위협일 뿐 아니라 거의 믿을 수 없을 정도의 흉포성을 지니고 있어 항상 사람의 피에 굶주려 있다고 씌어져 있다. 아니, 큐비에와 같은 근대 사람들 사이에도 거의 이와 가까운 인상의 기록이 남아 있다. 사실 큐비에 남작은 그의 저서인 「박물지」에, 한번 향유고래가 모습을 나타내면 모든 어족들은(상어도 예외 없이), '말할 수 없을 만큼 심한 공포에 떨고' '달아나려고 허둥지둥하다가 가끔 바위에 몸을 심하게 부딪쳐 금세 죽어 버린다'고 쓰고 있다. 그 후 실제로 어업자들의 경험에 의해서 이러한 기술은 정정되었다지만, 그 무서움 때문에——포벨슨의 피에 굶주렸다는 말에 이르기까지——향유고래에 대한 미신은 포경업에 변화의 움직임이 있을 때마다 되살아나곤 했다.

그러므로 이 모비 딕에 대한 유래와 소문을 듣고 겁을 먹을 때마다 대부분의 고래잡이들은 향유고래를 잡기 시작하던 초창기에 오랫동안 큰고래잡이에서 경험을 쌓은 사람들이라 하더라도 이 새롭고 위험한 전투에 임하는 배에 태우기란 무척 힘들었던 일이며, 그들이 다른 고래를 쫓는다면 몰라도 향유고래 같은 도깨비를 쫓아가서 창을 던진다는 것은 사람이 할 일이 아니라고 입버릇처럼 하던 말들을 회상하기도 했다. 다시 말해 그런 짓을 하면 저 세상에 휙 집어던져질 뿐이라는 것이다. 이 점에 관해 훌륭한 참고가 될 문헌의 수도 적지 않다.

그럼에도 불구하고 어떤 사람들은 이러한 사정에도 꺾이지 않고 굳이 모비 딕을 쫓아 보려 했고, 또한 그 고래에 대해서 희미하고 막연하게 들었을 뿐 그 참사의 구체적인 사실을 자세히 알지 못했고 그에 딸린 미신 이야기도 듣지 못했기 때문에 놈이 덤벼들면 싸움을 사양하지 않겠다는 사람도 꽤 많았다.

그런데 미신을 믿는 사람들이 드디어 이 흰고래와 결부시키게 된 터무니없는 이야기가 있는데, 그것은 모비 딕이 공간을 초월해 있어 꼭 같은 시각에 양극의 위도에서 나타났다는 비현실적인 망상이었다.

물론, 이런 사람들의 미망(迷妄)이란 구제할 길이 없지만, 그럴 듯한 이 말에 사람을 홀리는 힘이 없었다고는 할 수 없다. 왜냐하면 해류(海流)의 신비는 오늘날의 가장 수준 높은 학술 조사로도 밝혀지지 않고 있으며, 한편 수면 아래 향유고래의 비밀 통로는 그것을 쫓는 자에게도 대부분 불가해하므로 때로 거기에 대한 기괴하고 모순된 고찰이 생겨난다는 것도 신기할 것은 없다. 특히 물속 깊이 잠수한 후 놀랄 정도의 속도로 아주 먼 곳에 모습을 나타낸다는 불가사의한 사실이 그렇다.

태평양의 북쪽 끝에서 잡힌 고래의 몸에 그린란드해에서 찔린 작살의 날이 꽂혀 있던 일은 아메리카나 영국의 포경선 사이에서 잘 알려져 있고 또 수년 전에 스코스비의 권위 있는 글에 기록되기도 한 일이다. 더구나 이런 경우, 이 멀리 떨어진 두 공격 사이에 여러 날이 지나지 않았다는 것은 부인할 수 없는 사실이다. 그러니까 그것으로 미루어 볼 때 어떤 고래잡이들은 북서항로——이 항로는 북아메리카의 북쪽을 지나 대서양에서 태평양으로 빠지는 것으로서 항해자들의 소망이었음——는 인간에게는 수수께끼이지만 고래에게는 옛날부터 알려져 있었다고 한다. 그리하여 산 인간이 산 증거를 갖고 있는 것이고 보면 옛날에 전해진 갖가지 괴담——이를테면, 포르투갈의 스트렐라 산꼭대기 근처에는 그 수면에 난파선이 떠오른 호수가 있다거나, 더욱이 이상한 것은 시러큐스 가까운 아레투사의 샘은 성지(聖地)에서 지하 수로를 통해 솟아 나온다느니——과 같은 황당한 이야기와 포경자의 현실은 거의 비견될 만하다.

그런데 언제나 이런 괴이한 일에 실제로 접촉하고 있는 포경자들이고 보면, 흰고래가 맹공격을 받으면서도 용케 빠져나와 여전히 살아남아 있다는 것을 안 이상은 그 미신에서 한 걸음 더 나아가 다음과 같은 말을 했다 하더라도 아무 이상한 점이 없을 것이다——모비 딕은 공간을 초월할 뿐 아니라 불멸의 존재다(불멸의 존재는 시간을 초월하여 어디서나 나타난다). 그러니까 옆구리에 창이 숲처럼 꽂혀 있다 해도 상처 하나 입지 않고 헤엄쳐 간다. 그리고 드디어 끈적끈적한 피를 뿜어 올리려고 하는구나하고 생각하면 그것도 속이기 위한 요술에 지나지 않고 순식간에 몇 백 리그나 멀리 떨어진 맑은 파도 위에서 피에 더럽혀지지도 않은 물을 뿜어 올리는 모습이 보인다.

그러나 비록 이런 괴상한 공상에 휩싸이지 않더라도 이 괴물의 체구와 대담성에는 비할 수 없는 격렬함이 있어서 사람들의 상상력에 깊이 호소한다. 그가 다른 향유고래와 특히 뛰어나게 다른 점은 유별나게 거대하다는 것보다도——이미 여기저기서 밝힌 일이지만——특이하게도 눈처럼 하얗게 주름잡힌 머리와 피라미드처럼 높게 빛나는 흰 혹을 가지고 있다는 점이다. 이것이 그를 아는 사람은 아무도 발을 들여놓지 않은 끝없이 넓은 바다의 먼 데서도 그를 알아볼 수 있는 특징이다.

몸의 다른 부분도 수의 같은 하얀색 줄무늬며 얼룩이 가득히 덮여 있기 때문에, 흰고래란 특유의 이름을 얻게 된 것인데 대낮에 아주 푸른 파도 사이에 미끄러지며 황금빛 섬광이 섞인 젖빛 거품을 은사처럼 뒤로 끌며 가는 그 선명한 광경을 보면 누구나가 그 이름이 아주 잘 들어맞는다고 생각했을 것이다.

이 고래에 근원적인 공포감이 따라 다니게 된 것은 다만 그 보기 드물게 거대한 몸체와, 눈부신 색채 또는 괴기한 형태를 한 아래턱 같은 것이었다기보다는 그 투쟁에 있어서 몇 번인지도 모르게 발휘한——전문가들의 말에 의하면——유례없이 흉악한 교활함 때문이었다. 무엇보다도 그가 기만하는 듯 달아나면 다른 어떤 것보다 더 두려웠다. 의기양양 추격하는 사람의 앞쪽을 아주 낭패한 듯 달아나는가 싶다가 갑자기 몸을 돌려 역습해 와서 보트를 산산이 부숴 버리기도 하고 혼비백산해서 본선으로 되돌아가게 하는 일이 자주 있었기 때문이다.

그 때문에 죽은 사람들의 수도 적지 않았다. 물론 그와 비슷한 참해란 육지에는 그다지 전해지지도 않았지만 이 포경업에서는 그다지 신기한 일이라고 할 수 없었다. 그러나 흰고래에게 입은 해는 흰고래가 진작부터 꾸미고 있던 사악한 모략의 탓으로 여겨져서, 그에 의해서 부서지거나 죽거나 하는 것은 대부분의 경우 도저히 무지한 생물에게 당한 침해라고는 생각할 수 없었다.

그리고 보면 필사적으로 흰고래를 쫓던 사람들이 부서진 보트의 파편과 찢겨서 가라앉는 동료의 사지가 떠도는 가운데서 흰고래의 무서운 분노로 일어난 순백의 물거품을 헤쳐 나와 마치 생일이나 결혼식 날처럼 밝은 햇살이 비치는 잔잔한 바다에 당도했을 때, 그들의 마음이 얼마나 미칠 듯한 격분에 불타오르는지는 능히 상상할 수 있다.

보트 세 척이 흰고래 주위에서 구멍이 뚫려 가라앉고 있었고 노도 사람도 소용돌이치는 조수에 휘말려 들어가 있었다. 단검을 높이 치켜든 선장이 파손된 뱃머리에서 아칸사스의 결투자처럼 고래를 향해 덤벼들어 적의 생명 깊숙이 그 6인치의 칼날을 미친 듯 찌르려고 했다. 그 선장이 바로 에이허브였다. 그러자 대번에 모비 딕은 그 낫모양의 아래턱을 밑에서 들어올렸는가 싶더니 마치 들의 푸른 풀을 베는 소년처럼 에이허브의 다리를 잘라 버리고 말았다. 터번을 두른 터키 사람도 베니스나 말레이의 용병도 그만큼 노골적으로 잔인하게 덤벼들 수는 없었을 것이다. 그러고 보면 거의 숙명적이라고까지 할 흰고래와의 격투 이래로 에이허브가 흰고래에 대해서 미칠 듯한 복수심을 줄곧 품어 왔다는 데 대해서는 의심의 여지가 없지만, 그 복수심에서 더욱 무서운 것은 미친 사람처럼 된 에이허브가 그 몸에 받은 참해뿐 아니라 자신의 모든 정신적인 분노도 전부 모비 딕에게서 비롯된 것처럼 치부해버린 점이었다. 그에게 있어 눈앞을 유유히 헤엄쳐 다니는 흰고래는 자신의 몸을 조금씩 먹다가 끝내는 심장과 폐장도 그 절반을 먹어 없애고 마는 어떤 사악한 마의 집념이 뭉쳐져서 나타난 것으로 보였다. 이 걷잡을 수 없는 악이야말로 이 세상이 시작될 때부터 존재하고 있었다. 근대의 기독교도들도 세계의 절반은 그것이 지배하는 영역이라 했다. 또한 고대 동양의 배사교도(拜邪敎徒)들은 그것을 마신상(魔神像)으로서 받들었다. 에이허브는 그들처럼 몸을 굽혀 숭배하지 않았다. 오히려 증오해야 할 흰고래에게 그 관념의 근원을 돌려 불구의 몸이면서 그에 대한 싸움에 덤벼들었다. 사람의 마음을 미치게 하고 괴롭히는 모든 것, 언짢은 사태를 일으키는 모든 것, 사악을 담고 있는 모든 진실, 근골(筋骨)을 분쇄하고 뇌수를 굳게 하는 모든 것, 생명과 사상에 휘감기는 모든 음험한 악마성——이런 모든 악이 미쳐 버린 에이허브에게는 모비 딕이라는 분명한 실체로 나타나고, 이를 향해 공격하는 것도 가능하다고 생각되었다. 그는 아담 이래 전 인류가 느낀 노여움과 미움의 모든 분량을 모조리 그 고래의 흰 혹에 쌓아올리고는 자신이 화포이기나 한 것처럼 뜨거운 심장의 탄환을 전부 거기에 터뜨렸다.

 그의 이 편집광적인 생각이 다리를 잘린 바로 그 순간부터 고조되었다고 생각하기는 어렵다. 단검을 휘둘러 괴물에 덤벼든 그때에는 다만 온몸에 가득 찬 증오의 격정이 발작하는 대로 몸을 맡겼다는 것뿐이었다. 또 때려눕혀져서 다리가 날아간 때에도 다만 육체가 찢기는 아픔을 느꼈을 뿐이었을 것이다. 그러나 이 격투의 결과로 귀향하지 않으면 안 되게 되고, 몇 달씩이나 오랜 나날을 그 통증을 벗삼아 해먹 속에 누워서 한 겨울의 찬바람이 울부짖는 황량한 파타고니아 곶(串)으로 회항해야 했을 때, 그의 찢긴 육체와 상처 입은 영혼이 서로 피를 뿜으며 뒤섞여서 끝내는 그를 미쳐 버리게 만들었다. 이 격투가 있은 뒤 귀향길에서 결정적으로 그의 집념이 광기로 변했다는 것은 다음과 같은 일로 미루어 보더라도 거의 틀림없으리라 생각된다. 그 항해 도중에 그는 가끔 미쳐 날뛰었다고 하며, 다리가 부러졌으면서도 그 강대한 가슴속에는 놀랄 만한 생명력이 살아 있어서 일시적인 정신착란을 일으키면 한층 더 흥분했기 때문에 항해사들은 그를 단단히 묶어서 해먹 속에서 날뛰게 내버려둔 채 항해했다고 한다. 그는 광인용(狂人用) 재킷을 걸친 채 모진 바람에 마구 흔들리고 있었다. 잠시 후 배도 조금 견디기 쉬운 바다로 들어가 미풍에 보조돛을 달고 조용한 열대의 파도를 헤치며 나아갔는데, 이 무렵에는 모두들 에이허브 노인의 흩어진 마음도 케이프 혼의 큰 파도와 함게 지나가버렸다고 생각했다. 그 자신도 어두운 구멍에서 빠져나와 은혜로운 빛과 공기를 들이마셨다. 안색이 창백하긴 했어도 다시 침착한 얼굴로 차분히 명령을 내리게 되었다. 그래서 항해사들은 이제 그의 광기가 진정이 된 줄 알고 신에게 감사를 드렸는데 뜻밖에도 에이허브의 심신의 깊은 곳에서는 여전히 계속 광기가 일고 있었다. 인간의 광기란 교활한 고양이 같은 것일 때가 많다. 다 나았으리라고 생각하지만 그것은 다만 좀더 음험한 형태로 변화되어간 것에 지나지 않는지도 모른다. 에이허브의 흩어진 마음이 가라앉기는커녕 더욱 깊게 흐르고 있었음은, 저 항상 가득히 철렁대는 허드슨 강이 북방의 고귀한 강이 되어 깊숙한 산악 지대의 좁은 계곡을 흐르고 있었던 것과 같았다. 그러나 에이허브의 경우에는 좁은 계곡을 흐르던 집요한 물줄기가 그 노골적인 광기를 뒤에 남겨두지 않고 흐르고 있었다. 또 그 광기 속에서는 그의 천성인 위대한 지력이 조금도 쇠약해지지 않았다. 전에는 삶의 행위자였는데 이제는 삶의 도구가 되었다. 비유해서 말하자면 부분적인 광란이 그의 멀쩡한 정신을 전면적으로 쳐들어가서 이를 점령하고, 그 모든 포화를 자신의 미친 과녁을 향해서 집중시킨 것이다. 따라서 에이허브는 그의 강력함을 잃기는커녕, 제정신을 가졌던 예전에 타당하게 여겨지던 어떤 목적을 향해 쏟은 것보다도 몇 천 배나 강한 힘을 갖고 그 목적을 향해 돌진하게 되었다.

이것만으로도 대단한 일이었다. 더욱이 에이허브의 크고 깊고 어두운 면에 대해서는 지금까지 아무것도 설명되어 있지 않다. 그러나 깊은 것을 통속화하는 것은 헛된 일이며, 모든 진실은 깊다. 그러면 고귀하고 슬픔에 찬 사람들이여, 지금 서 있는 담 위에 철책을 두른 끌뤼니 박물관의 조망이 아무리 훌륭하다 해도, 그곳을 떠나 저 광대한 로마시대의 테르메스의 전각 자리를 찾아보기로 하자. 거기에는 인간이 지상에 지은 불가사의한 탑의 밑바닥 깊숙이 파묻히어 인간의 근원적인 위대함, 두려워해야 할 알짜배기가 수염에 덮여 앉아 있다. 유물의 밑바닥에 묻혀 파편상(破片像)을 옥좌로 하고 있는 고대. 위대한 신들은 부서진 옥좌를 가지고 사로잡힌 왕을 비웃고, 왕은 카리아티드(건축에서 여인상이 그려진 기둥) 같이 묵묵히 앉아서 그 얼어붙은 이마에 겹겹이 쌓인 주름을 떠받치고 있다. 긍지를 가지면서도 근심이 많은 저 왕에게 물어보라. 거기서 그대들의 조상을 볼 것이다. 그대, 추방당한 고귀한 그대들을 낳은

이. 그 음울한 조상에게서만 영겁에 걸친 장대한 비밀이 흘러오는 것이다.

결국 에이허브의 마음속에는 이런 모습이 있어서 자신의 수단은 건전하지만 동기와 목적은 미친 짓이라 말하고 있었다. 더구나 그 사실을 말살할 수도 변경할 수도 회피할 수도 없었기 때문에, 그는 오래 전부터 현재에 이르기까지 일반적인 사람에게 자신의 실체를 감춰왔다는 것을 스스로도 알고 있었고, 그건 아직도 마찬가지였다. 이 은닉은 그의 감정에 기인한 것이지 견고한 의지에서 생긴 것이 아니었다. 더욱이 그것을 감추는데 훌륭하게 성공했으므로 그가 낸터킷 해안에 뼈다리로 도착했을 때, 사람들은 한 사람도 남김없이 그가 몸에 받은 무시무시한 참해 때문에 뼈에 사무치도록 비관하고 있었다고밖에 생각하지 않았다.

바다 위에서는 분명히 발광한 것 같다는 소문도 같은 원인 때문이라고 생각되었다. 그리고 그 후 이번 피쿼드 호의 항해에 나설 때까지, 줄곧 그 얼굴에 묵직하게 드리워져 있던 깊은 우수의 빛도 역시 마찬가지로 해석되었다. 또한 내가 살펴볼 때 사람들은 이런 어두운 징조가 있는데도 그를 이미 항해에 적합하지 않은 사람이라고 생각하기는커녕, 저 빈틈없는 섬사람 특유의 재빠른 계산으로 저런 사람이기 때문에 더구나 고래잡이라는 피비린내 나는 광인 같은 거친 일을 해내는 데는 안성맞춤이라고 생각했던 것 같았다. 어떤 치유되기 어려운 상념의 이빨에 꼼짝도 못하게 콱 찔려 몸은 잡아뜯기우고 관념은 치료할 수 없는 사람——이런 사람이야말로 모든 동물 중에도 가장 무서운 놈들을 향해 작살을 던지고 창을 휘두르는 역할이 다시 없이 어울리는 사람이라고 생각했다. 또 어떤 이유로 몸이 그 일에 적당하지 못하게 되었어도, 아랫사람들을 치켜올리기도 하고 마구 야단을 치기도 하여 공격하게 하는 데는 더없이 유능할 것이라고 생각했다. 그러나 사정이야 어찌 되었든 에이허브가 불타는 분노를 가슴속에 굳게 간직한 채 처음부터 이번 항해에 딴 일은 제쳐 놓고 다만 흰고래를 쫓는다는 유일한 목적을 품고 나왔음은 분명하다. 만일 육지의 그의 옛 친구 중 한 사람이 이 비밀의 한 조각이라도 얼른 알아챌 수 있었다면, 정직한 마음을 가진 사람을 전율케 하는 이런 악마 같은 사나이에게서 배를 빼앗아가 버렸을 것이다. 그들의 목적은 항해에서 이익을 올리는 것이고, 조폐소에서 마구 흘러나오는 돈을 세는 일이었다. 그런데 이 에이허브의 목적이란 대담무쌍하고 조금의 용서도 없는 괴이한 복수를 감행하는 일이었다.

즉 신도 두려워하지 않는 회색 머리의 노인은 증오에 불타 욥의 큰고래를 추적하려 하고, 그를 따르는 사람들은 건달, 방랑자, 식인종들로 된 오합지졸이다. 더욱이 스타벅의 덕성이나 도덕심도 이 상황에서는 무능했고, 스텁은 넉살좋고 쾌활했지만 일체 관심이 없고 무모할 뿐이었으며, 플래스크는 지극히 평범하였으므로 그 잡동사니 집단에 정신적 지주가 될 만한 사람은 없었다. 선원들이 다 그 모양이었으니 에이허브의 편집광적인 복수를 돕기 위해 어떤 마성(魔性)의 운명이 일부러 골라 뽑은 사람들이었을지도 모른다. 어떻게 사람들이 저 노인의 분격에 기꺼이 응했는지, 어떻게 사람들의 정신이 악마의 주문에라도 걸린 것처럼 붙잡혀 에이허브와 조금도 다름없이 노여움에 떨며, 흰고래는 우리의 참을 수 없는 원수라고 생각하게 되었는지——또 흰고래란 그들에게 무엇이며, 그들의 무의식 속에서 어떤 심경의 길을 따라 흰고래야말로 생의 대해를 유유히 돌아다니는 대악마라는 생각이 확고하게 심어지게 되었는지——이런 모든 일에 대한 설명의 열쇠는 나 이스마엘로서도 닿기 어려운 깊은 곳에 있었다. 우리 내부의 깊은 곳에서 일하는 광부가 있다고 칠 때, 쉴 새 없이 놀리는 그 곡괭이의 흐릿한 소리에 의해 그가 어디를 향하고 있는지를 알 수는 없을 것이다. 거역하기 어려운 손에 끌리고 있다는 것을 누가 느끼지 않겠는가? 전함에 끌려가는 조각배 신세로 어떻게 항거할 수가 있겠는가? 다른 사람은 몰라도 나 한 사람으로서는 다만 시간과 장소에 자신을 맡겨 버리는 수밖에 없었다. 그러나 지금 이렇게 그 고래를 만나기 위해 계속 달리다 보니 저 괴수 속에 아주 불길한 흉조를 아니 느낄 수가 없었다.

제42장
희디흰 고래

흰고래가 에이허브에 대해서 어떤 의미를 지니고 있는가 하는 점은 암시했다고 생각하지만, 나에게 어떤 의미를 지녔는지에 대해서는 아직 아무 말도 하지 않았다.

모비 딕의 확실한 성질들을 생각해 보기만 해도 누구의 마음에나 놀라움이 일어나는데, 그것은 다시 형용하기 어려운 막연한 공포감이 되어 때로는 다른 모든 감정을 강렬하게 압도해 버렸다. 그것은 신비한 감정이고 거의 말로 표현할 수 없을 정도의 것이었으므로 다른 사람에게 이해하기 쉽게 쓴다는 것은 체념할 수밖에 없는 일이다. 무엇보다 나를 전율케 한 것은 고래의 하얀 빛깔이었다. 어떻게 설명하면 좋을지 모르겠다. 그러나 이 점을 설명하지 않으면 다른 모든 장(章)도 무의미하게 되므로 애매하고 졸렬한 방법으로나마 시도해보지 않으면 안 될 것 같다.

대다수의 자연물의 경우에는, 이를테면 대리석이나 동백나무나 진주의 경우에, 희다는 것은 기품과 아름다움을 더한다. 그리고 예로부터 많은 민족은 흰색을 어딘지 모르게 고귀한 것으로 인정하고 있으며, 그 옛날 페구(6세기 전부터 18세기에 걸친 버마의 왕조)의 오랑캐 왕들도 그 권위를 여러 가지 아름다운 이름으로 찬양했을 때 백상(白象)의 왕자라는 이름을 최고로 쳤고, 샴(지금의 타이)의 왕들은 그 하얀 코끼리를 제왕기로서 펄럭이게 했으며, 하노버의 깃발엔 흰 군마를 그리고, 또 저 로마 황제의 대를 잇는 오스트리아 제국은 이 고귀한 색을 제왕의 색으로 삼았다. 그리하여 그 존귀함은 인류 그 자체에도 들어맞아 백색인종은 유색 종족들 위에 이상적인 패자로서 서게 되었다. 또 다른 방면에서 본다면 백색은 옛날부터 환희의 표시로 되어 있어서 로마 사람은 축제일을 흰 돌로 나타내기도 했고, 또 인간의 심성과 상징 가운데서 이 색은 갸륵하고 숭고한 일, 이를테면 신부의 순결, 노인의 인자함 등을 나타내는 표시가

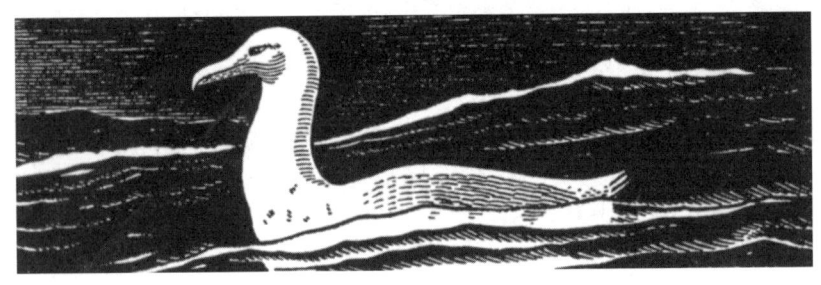

되었다. 또 아메리카 인디언 사이에서는 흰 조개껍질을 이은 끈을 주는 것이 최고의 명예가 되며, 많은 나라들에서는 법관의 담비옷의 백색이 정의의 위엄을 나타낸다. 그리고 백마를 사용함으로써 제왕과 여왕의 위용에 빛을 더하고, 더욱이 가장 엄숙한 종교적인 비밀 의식에서도 흰색은 신성(神性)의 무구(無垢)와 권위의 상징이 되었고, 페르시아의 배화교도들은 제단에 올리는 백색 불꽃을 가장 신성한 것으로 여겼다. 그리스 신화에서는 제우스 신이 눈처럼 흰 황소로 변신했으며, 위대한 이로쿼이 족(뉴욕 지방에 거주하고 있던 인디언 종족)에게는 한겨울에 성스러운 흰 개를 희생으로 바치는 것이 최고의 제사인데, 그 더러움이 없는 충성된 동물이야말로 그들이 해마다 위대한 영혼에게 바치는 충성된 마음의 사절이었다. 또 모든 그리스도교의 제사는 라틴어의 백색이란 말을 그대로 따서, 법의 밑에 입는 신성한 속옷의 일부를 알브 또는 튜닉이라는 이름으로 불렀다. 가톨릭교의 성스러운 의식 가운데서 흰색은 특히 우리 주(主)의 수난을 찬양하는 데 사용되었으며, 성 요한의 환상 속에서 흰 옷은 속죄한 자에게 주어지며, 흰 옷을 입은 장로 스물 네 사람은 커다란 흰 옥좌에 양털처럼 희게 빛나며 앉아 계시는 거룩한 주 앞에 무릎을 꿇는다. 더구나 이 흰색에서 연상되는 아름답고 고귀하고 숭고한 모든 것들에도 불구하고 이 색의 깊은 근저에는 포착하기 어려운 색이 숨겨져 있는데, 바로 붉은 피의 색으로 더 강한 공포감을 일으킨다.

그런 특성 때문에 우리가 이 흰 색을 그 연상되는 것들에서 오직 무서운 사물에만 결부시켜 생각하면 그 공포감은 한없이 높아간다. 극지의 흰 곰이나 열대의 흰 상어를 상상하기 바란다. 눈부신 흰 빛이 그들을 초월적인 공포의 대상으로 만들고 있다. 저 신비로운 흰 색이 포악함 이상으로 무섭게 그들의 묵묵한 모습에 소름끼치는 요사스런 아름다움을 더한다. 그렇기 때문에 저 문장(紋章)에 새겨진 호랑이의 사나운 이빨도 흰 수의를 입은 곰이나 상어의 어깨만큼은 사람의 용기를 주저앉게 하지는 않는다.*¹

앨버트로스(信天翁)를 생각해 보라. 그 흰 환상이 모든 사람들의 상상 속에 떠돌 때 엄습하는 경탄의 마음과 창백한 공포는 어디에서 오는 것일까? 그 야릇한 매력을 최초로 소곤거린 것은 콜리지(새뮤얼 테일러 콜리지)는 아니다. 신의, 아첨을 모르는 계관시인인 위대한 '자연'이다.*²

우리나라의 서부 연대기(西部年代記)와 인디언 전설 가운데 가장 유명한 것은 초원의 백마일 것이다. 장대한 젖빛 말로서 눈은 크고 머리는 작으며 가슴은 깎아지는 벼랑같이 기품 있고 오만한 모습이 군주 천 명을 합한 것만큼의 위엄을 지녔다. 그는 로키와 앨러게이니의 산맥으로 에워싸인 그 옛 초원의 구름처럼 많던 야생마 가운데서 크세르크세스 대왕(페르시아의 다리우스 1세의 아들)이었다. 그 불꽃처럼 달리는 무리의 선두에서 저녁마다 별들을 인도하는 선택받은 별처럼 서쪽으로 달렸다. 번쩍이는 폭포와도 같은 그 갈기, 길게 늘어진 혜성과도 흡사한 그 꼬리, 그것들은 금은 세공사가 꾸며 놓은 것보다도 훨씬 찬란한 꾸밈새였다. 지금까지 멸망하지 않았던, 서부 세계의 가장 장엄하고 신성한 어떤 환영을 본 옛날의 사냥꾼들은 세계가 개벽할 때 아담이 이마를 반듯하게 젖히고 신과도 분간할 수 없는 장려함으로 이 말처럼 씩씩하게 걸어갔을 때의 장엄함을 그리워하고 있었다. 광야를 한없이 도도하게 흐르는 오하이오 강처럼 무수한 군사들의 선두에 선 부관과 원수들의 가운데에서 행진을 할 때이건, 지평선을 죽 에워싸고 풀을 뜯는 그의 신하 말들을 더운

---

*1 북극의 곰에 대해 이 문제를 더 깊이 규명하고 싶은 사람들은 이렇게 주장할지 모른다——저 짐승에 대해 건딜 수 없을 만큼 전율케 하는 것은 단순히 그 흰 빛뿐이 아니다. 왜냐하면 저 강렬한 전율감을 분석하면 저 짐승의 어떻게 할 수 없는 흉포함이 천상의 순결과 사랑에 뒤섞인 털옷에 싸여 있다는 사실에서 생긴다고도 생각된다. 결국 우리의 마음에 그토록 상반되는 두 감정을 주는 그 북극곰은 부자연하고 모순된 감정으로 우리를 떨게 한다고. 그러나 이것이 사실이라 하더라도 그 흰빛이 없었다면 그처럼 강한 공포감을 우리에게 주지는 않을 것이다.
다음 흰 상어에 대해서 살펴보기로 하자. 평소 물에서 희끄무레한 빛을 띠고 떠돌아다니는 그놈의 기괴한 자세를 보면 이상하게도 저 극지의 짐승에 숨겨져 있는 것 같은 성격과 일치한다. 이 특징은 프랑스 사람이 그 물고기에게 준 명칭에 잘 나타나 있다. 가톨릭교의 사자(死者)에 대한 미사는 '영혼의 진혼곡(Requiem eternam)'으로 시작되고, 따라서 '진혼곡'은 미사 그 자체와 다른 모든 장송곡을 의미한다. 그런데 이 상어의 흰빛, 죽음과 같은 고요함과 그 유순한 듯하면서도 지독하게 맹렬한 습성에 비유하여 프랑스 사람은 이것을 르캠(Requin)상어라고 이름 붙였다.

콧김을 내뿜으며 달음질로 열병을 할 때이건, 또 어떤 모습으로 나타나건, 가장 대담무쌍한 인디언들에 대해서조차 몸서리쳐질 정도의 공포와 외경의 대상으로서 이 백마는 나타났던 것이다. 또 이 숭고한 말에 대한 전설적인 기록으로 미루어 보면 의심할 나위도 없이 그 심령의 흰색이 그에게 신성함의 옷을 입혔으며 그 신성함은 그 자체 속에 숭배심을 일으키게 함과 동시에 형언하기 어려운 공포감을 갖게 했다.

그러나 백마나 앨버트로스에게 있어서 그 흰 빛에 따르는 그러한 부차적

---

*2 나는 난생 처음 본 앨버트로스를 잘 기억하고 있다. 그것은 남빙양과 극히 가까운 바다의 폭풍이 계속되는 곳이었다. 선창에서 오전의 당직을 마친 후 나는 흐린 갑판으로 올라갔다가 가운데 승강구에 부딪혔다. 그때 그곳에 예의 숭엄한 로마식 갈고리 부리에 새하얀 날개를 가진 것이 있었다. 간산이 그 천사같이 큰 날개를 물결치듯 뻗치면서 무언가 성스러운 함(函)이라도 끌어안으려 하는 모습이었다. 놀랄 만한 날개짓과 울음소리에 몸은 떨리고 있었다. 아무 데도 상처 입지 않았으나 초인간적인 비탄에 잠긴 제왕의 망령처럼 소리를 질렀다. 이 세상의 것으로 보이지 않는 눈을 지켜보고 있노라니 신만이 가진 비밀을 엿보고 있다는 생각이 들었다. 나는 천사들 앞에 무릎을 꿇은 아브라함처럼 머리를 숙이고 절했다.

그 하얀 물체는 참으로 교교(皎皎)했고, 그 날개는 참으로 컸다. 이 영원한 추방의 해변에서 방황하는 나는 소도시의 비참하고 자질구레하며 도량이 좁은 관습도 오래 잊어버리고 있었다. 언제까지나 나는 이 괴상한 날개 돋친 새를 바라보았다. 그때 마음속을 스친 갖가지 생각은 이루 다 말할 수 없고 다만 넌지시 암시할 수 있을 뿐이다. 그러나 이윽고 꿈에서 깨어난 것처럼 돌아다보고 나는 한 선원에게 이것이 무슨 새냐고 물었다. "고니(Goney, 바보새)야" 그는 대답했다. 고니! 그런 이름을 들은 것은 처음이었다.

이 화려한 새가 육지의 사람들에게 전혀 알려져 있지 않다는 게 있을 수 있는 일일까? 절대 그럴 수 없다. 그러나 조금 뒤에야 고니란 선원들이 앨버트로스를 가리켜 부르는 이름이라는 것을 알았다. 따라서 내가 그 새를 갑판에서 보았을 때 일어난 신비한 인상은 저 콜리지의 괴상한 시의 충동에 의한 것은 절대로 아니라는 게 된다. 왜냐하면 이때 나는 저 「노수부의 노래」를 읽지 않았고 이 새가 앨버트로스라는 것을 알지 못했기 때문이다. 그러나 이렇게 말하면 간접적으로 그 시와 시인의 고명(高名)함을 간접적으로 더욱 화려하게 만드는 일이 될 것이다. 이런 이유로 나는 그 야릇한 매력의 비밀이 주로 저 몸의 놀랄 만큼 흰 빛 속에 숨겨져 있다고 주장하고 싶다. 이것은 다음 일로 더욱 진실한 것이 된다.

명칭이 잘못 붙여짐으로써 잿빛 앨버트로스라고 이름 지어진 새가 있는데 나는 그것을 가끔 보았지만 저 남빙양의 새를 바라보았을 때와 같은 정서는 결코 일어나지 않았다. 그러나 어떻게 그 신비로운 것이 붙잡혔는가? 수군거리지 말라. 내가 알려주겠다. 그 새가 바다에 떠돌아다니는 것을 간악한 갈고리와 줄로 붙잡았다. 그리고 선장은 이것을 우편배달부로 만들어 배의 장소와 날짜를 기입한 가죽표를 목에 감아 날려 보냈다. 그 가죽표는 사람에게 보내진 것이었으나 저 흰 새가 날개짓을 하면서 신의 이름을 찬양하는 천사들에게로 날아갔으므로 천국으로 배달되었음에 틀림없다.

이고 불가사의한 영광이 완전히 상실되어 버리는 경우도 있다.

 백색증(百色症)에 걸린 사람이 남들의 시선을 돌리게 하며 혐오감을 일으키고, 때로는 그 혈연친지도 싫어하게 만드는 것은 무엇 때문인가? 그 명칭에도 나타나 있지만 그를 둘러싼 살빛이 희기 때문이다. 백색증에 걸린 사람은 몸은 다른 사람과 똑같이 만들어졌다——사실상 기형(奇形)이란 뜻은 아니다——그러나 온몸을 싸는 백색을 한번 보기만 해도 가장 추하고 괴상한 기형자보다도 더욱 소름끼친다. 무엇 때문일까?

 그러면 다른 측면을 보기로 하자. 자연은 가장 있을 법 하지 않지만 가장 사악한 행위를 할 때 이 극한의 공포의 속성을 그 모든 힘 속에 가할 것을 잊지 않았다. 남해에 출몰하는, 긴 장갑 낀 요괴는 그 하얀 모습 때문에 흰 질풍이라고 불린다. 또 역사상의 여러 예를 보기로 하자. 인간악의 수단에서 이 잠재적인 보조 수단이 빠지지 않는다. 저 프르와사르(프랑스의 시인, 전쟁 연표를 편찬함)가 기록한 한 구절, 곧 겐트(오늘날의 벨기에의 도시, 여기서 언급된 사건은 1379년에 일어났음)에서 흰 두건을 쓴 무리가 그 도당의 상징인 흰 복면을 하고 시장에서 법 집행관을 살육한 장면은 한층 더 전율을 느끼게 한다.

 또한 모든 사람들의 일상적인 관습과 경험 속에서 백색의 불가사의함을 증거하기란 어렵지 않다. 아무래도 의심할 수 없다고 생각되지만, 죽은 사람의 모습 가운데서 무엇이 보는 사람의 눈을 가장 놀라게 하는가 하면 그곳에 감도는 대리석 같은 창백함이다. 마치 그 창백한 빛은, 다른 세상에서의 놀라움의 상징과 이 세상에서의 공포의 그것을 겸하고 있다고도 생각된다. 그리고 죽은 사람의 창백함에서 우리는 그들을 에워싸는 수의(壽衣)의 인상적인 색깔을 빌려 온다. 또한 우리의 미신에서도 유령들에게 똑같은 새하얀 옷을 입히는 것을 잊지 않으며, 모든 유령은 유백색의 안개에 싸여 흐늘흐늘 올라간다——아니, 이 공포감이 사라지기 전에 한 가지 더 덧붙인다면 복음을 전하는 자에 의하여 그려진 공포의 왕은 창백한 말에 올라타고 있는 것이다.

 그러므로 다른 정서에서 바라보면 백색이 아무리 장려한 우아함을 상징한다 하더라도, 가장 심오하게 이상화된 의미에 있어서 그 백색이 영혼에 이상한 처참함을 자아낸다는 사실을 부인할 수 없을 것이다.

 이 점에 대해 다른 의견은 없다 하더라도 막상 이 해명이 사람에게 가능한 일일까? 이것을 분석하기란 불가능한 것처럼 보인다. 여기서 잠시 어떤 사례를 들자. 이 흰빛은 무언가 몸을 덮치는 무서움의 연상을 완전히 혹은 상당 부분 벗은 형태의 것으로서 그러면서도 아무리 형태를 바꾸고 있어도 마력(魔力)으로 우리에게 작용하겠지만, 어떻게든지 우리가 구하는 비밀의 원인을 규명하는 단서를 발견할 수는 없는 것일까?

그렇게 해보기로 하자. 그러나 이런 문제는 미묘함이, 미묘함에 호소하는 것이므로 상상력 없이는 아무도 이 세계에 들어갈 수 없다. 그렇기 때문에 이제부터 이야기하려고 하는 상상적인 인상의 어느 정도는 대부분의 사람들에게 기억되고 있으리라고 생각하지만, 그런 인상의 경험을 분명히 자각하고 있어서 지금도 그것을 생각해 낼 수 있는 사람은 극히 드물 것이다.

정신적인 훈련을 받은 일도 없이, 그날의 특성을 그냥 어렴풋하게만 알고 있는 사람이 위트슨타이드(성신 강림절부터 1주간, 특히 사흘 동안)의 이름을 얼핏 듣기만 하고도 그 환상 속에 순례자의 무리가 쓸쓸하게 입을 다물고 소리 없이 긴 열을 지어 내리퍼붓는 첫눈을 맞으며 천천히 걷고 있는 모습이 떠오르는 것은 무엇 때문인가? 또한 중부 아메리카 근처의 무식하고 단순한 신교도들에게 얼핏 백(白)수도사(카르멜회의 수도사. 흰 옷을 입음)이라든가 백수녀(白修女)라고 속삭이며, 마음속에 장님의 상(像)을 떠올리는 것은 무슨 까닭인가?

또 런던을 여행한 적도 없는 아메리카 사람에게 런던의 백탑(白塔: 런던 탑 중 가장 오래된 부분)이, 그 유폐된 무사왕후(武士王侯)의 전설은 별도로 하더라도(그것만으로 해석할 수 있는 것이 아니기 때문에), 그 근처의 전설 같은 누탑(樓塔)들, 곧 바이워드 탑은 말할 것도 없이 선혈탑(鮮血塔)보다도 더욱 강한 상상을 불러일으키는 것은 무슨 이유일까? 더욱이 장대한 탑이라고도 할 만한 뉴햄프셔 주의 화이트 마운틴에서는 기분이 이상할 때 그 이름을 슬쩍 듣기만 해도 요기가 마음에 스며오는 데 비해서, 버지니아 주 블루리지 산맥은 생각만 해도 촉촉한 이슬에 함빡 젖어 아득히 꿈꾸는 듯한 마음이 되는 것은 무엇 때문일까? 또한 그 위도나 경도에 대해선 일체 고려하지 않는다 해도 백해(白海)라는 이름은 기괴하고 무시무시한 공상을 불러일으키는 데 비해서, 황해의 그것은 무엇 때문에 파도가 넘실대는 금빛의 봄날 오후와 그에 잇따라 찬란하면서도 졸린 듯한 일몰에 대한 상상으로 빠져들게 하는 것일까? 또한 전혀 형체가 없이 다만 공상에만 호소하는 것의 예를 들자면,

중부 유럽의 동화를 읽을 때, 하르츠 숲(독일의 중앙부에 있음)에서 영원히 흰빛으로 빛나면서 초목 사이로 미끄러지듯 다닌다는 '창백하고 키 큰 사나이'의 이야기가 온갖 블로크스부르크(브로켄의 요괴가 모이는 곳)의 떠들어대는 도깨비들보다도 무서운 것은 무엇 때문일까?

혹은 리마(남미의 리마 시는 1746년 대지진때 참해를 입었다)를 세상에서 가장 이상하고 슬픈 도시로 만든 것은 그 대사원을 뒤집어엎은 지진의 회상도, 미친 듯한 파도의 유린도, 비를 내리지 않는 메마른 하늘도 아니며, 첨탑이 기울어지고 갓돌이 쓰러지고 십자가가 (정박한 배의 기운 돛대의 활대처럼) 축 늘어진 광경도 아니며, 또 교외에 늘어진 집들의 벽이 놀이 카드를 뒤섞어 놓은 것처럼 서로 덮치고 있는 때문도 아니다. 그것은 리마가 흰 옷을 입고 있으며, 그 흰 색조에 한층 더 귀기가 서려 있기 때문이다. 옛날 피사로 시대부터 오늘날까지 이 백색이 그 폐허를 영원히 생생하게 하고 있으며, 완전히 붕괴함으로써 갖게 되는 신선함을 허용하지 않고, 그 허물어진 탑 위에 창백한 빛을 뿌려 스스로의 무참한 모습을 고착시키고 있다.

물론 일반 사람의 심리에는, 이 백색이란 현상이 그렇지 않아도 무서운 대상에 더욱더 무서움을 더해가는 중요한 힘을 가졌다는 것이 인정되지 않으며, 또 이것이 특히 침묵이나 또는 편만성(遍滿性)에 가까운 어떤 형태로 나타났을 때 그 공포의 근원이 된다는 것을 일부 사람들은 느낀다 하더라도 상상력이 부족한 사람에게는 조금도 무섭게 여겨지지 않음을 나도 잘 알고 있다. 곧, 내가 말하고 싶은 것은 아마 다음의 예로써 설명될 수 있을 것이다.

첫째, 이역의 해안에 접근할 때 선원이 깊은 밤에 파도가 부서지는 소리를 들었다고 한다면, 불침번을 서기 시작하면서 두려움을 느끼게 되고, 그러면 그의 모든 능력은 긴장될 것이다. 그러나 이와 아주 비슷한 상황에서 자고 있는 그를 깨워 한밤중의 유백색 바다를 항해하고 있는 그 배의 모습──흰색 곰의 무리가 곶 주위를 둘러싸고 헤엄치는 것 같은──을 바라보게 한다면 그는 소리없는 괴이한 공포에 사로잡혀 수의를 입은 흰색 바다의 유령이 진짜라고 생각하게 될 것이다. 바다 깊이를 측량하는 연추(鉛錘)가 아직 깊은 곳에 있다고 한들 무슨 소용이 있겠는가? 심장도 배의 키도 모두 가라앉아 버리고 다시 파란 물을 볼 때까지 편안함은 찾아오지 않을 것이다. 하물며 "나를 흠칫 놀라게 한 것은 바위에 부딪치는 것이 아니라 저 소름끼치는 흰색이었어요" 그대에게 이렇게 말하는 선원이 있을까?

둘째, 페루에 자리 잡고 사는 인디언에게는 언제나 눈을 덮어 쓰고 있는 안데스 산을 보면서, 저렇게 얼어붙은 황량함이 어떻게 저처럼 영원히 광대한 고지를 지키고 있을까, 사람의 흔적없는 쓸쓸한 곳에서 길을 잃으면 얼마나 큰 두려움이 몰려올까 생각할 때를 빼고는 공포감 같은 것은 느껴지지 않을 것이다. 서부의 변두리 주민들도 흔히 그와 비슷하여, 끝없이 펼쳐진 광야가 새하얗게 내리는 눈으로 덮이고 나무 한 그루 나뭇가지 그림자 하나도 그 붙박이인 흰색의 황홀경을 깨뜨리지 않는 정경을 보아도 대개 아무런 관심이 없다. 그러나 남빙양의 풍경을 바라보는 선원은 그와 같을 수는 없다. 눈서리와 대기가 부리는 마성(魔性)의 요술 때문에 거의 난파 직전처럼 몸을 떨면서 그가 보는 것은, 괴로운 처지에서 희망과 위안을 주는 무지개가 아니고 깎은 것 같은 얼음 조각들과 금이 간 십자가가 늘어선 망막한 묘지의 경치이다.

그러나 그대는 말할 것이다. 이봐! 이 흰빛에 관한 납빛의 장(章)은 겁에 질린 혼이 내건 백기가 아닌가? 이스마엘, 당신은 우울증에 걸려 있군그래.

그렇다면 묻겠는데, 매우 화창한 날, 버몬트 근처의 평화로운 골짜기에서 태어나 맹수 따위는 한 번도 만난 적이 없는 건강한 망아지에게 들소에서 벗겨 낸 가죽을 그 뒤에서 약간 흔들어 보라. 보여 주지는 않고 그 야생의 냄새를 맡게 하는 것이다. 그러면 망아지가 날뛰며 울기 시작하고, 무서워서 어쩔 줄 몰라 하며, 눈이 터질 것처럼 발을 구를 텐데, 그것은 어떤 이유에서일까? 푸른 북극의 망아지의 고향에서는 피비린내 나는 야수의 뿔에 찔린 기억은 없을 것이므로, 그 묘한 냄새를 맡았다 해도 옛날의 무서웠던 일과 결부된 기억 따위는 없다. 뉴잉글랜드의 망아지가 어떻게 먼 오래곤에 있는 들소에 대해 알고 있겠는가?

아니, 여기서 그대는 말 못하는 짐승도, 이 세상의 마성에 대한 본능적 지혜는 지니고 있다는 것을 볼 것이다. 오래곤에서 몇 천 마일 떨어져 있었던 망아지가 그 야수성의 냄새를 맡을 때 살을 찢고 피를 빠는 들소의 무리를 눈앞에서 그려보는 것은, 그 무리에게 당장에라도 갈기갈기 찢길지도 모르는 광야에 버려진 망아지의 그것과 같은 것이다.

그러고 보면 소리를 죽인 채 넘실거리는 유백색 바다, 높은 산의 서리꽃의 싸늘한 울림, 초원의 바람에 쫓기는 황량한 눈사태, 이 모든 것은 나 이스마엘에겐 무서워서 어쩔 줄 모르는 망아지에게 들소 가죽을 흔들어 댄 것과 같다.

우리가 그 신비로운 상징의 암시를 볼 뿐인, 형언하기 어려운 무언가가 어디에 놓여 있는지는 모르나, 나로서는 망아지에 있어서와 마찬가지로 어딘가에 그런 것들이 존재하고 있음에 틀림없다고 느껴진다. 이 눈에 보이는 세계의 여러 가지 모습은 사랑에 의해 만들어졌다고 생각되지만, 눈에 보이지 않는 세계는 두려움으로 만들어진 것 같다.

그러나 지금 우리는 아직 이 백색 주문(呪文)을 풀지 않았고, 어떻게 하여 영혼에 그토록 큰 힘을 발휘하는지를 알아내지 못했다. 더욱이 이상하고 두려운 일은, 우리가 보아 왔듯이, 그것은 영적인 것의 의미 깊은 상징, 아니 그리스도 신성의 베일 그 자체이며, 동시에 인류에게 가장 강렬한 무서움을 준다고 하는 것이다.

이 막연함 때문일까? 은하의 심연을 바라볼 때는 마음도 소멸될 것처럼 우주의 공허와 광막감에 사로잡혀 허무감으로 등골이 오싹해진다. 본질적으로 말해 희다는 것은 색이라기보다는 색의 부재, 동시에 온갖 색을 응집시킨 것이라 할 수 있다. 이런 이유에서 황량한 설경은 소리 없는 공백이면서 또 온통 의미로 차 있는 것일까? 거기엔 색이 없는, 또는 모든 색을 가진 무신론이 있어서 우리를 위축시키는 걸까? 또 자연 철학자의 이론을 생각해 볼 때, 지상의 색채란 모두——장려하고 아름다운 색채 모두——해질녘 숲의 향기로운 색채, 그리고 황금빛 우단 같은 나비의 날개, 소녀들의 나비처럼 화사한 뺨 모두 미묘한 기만으로서 그것 자체 속에서 존재하는 것은 아니며, 단지 외면에서 주어진 것에 지나지 않는다.

이렇듯 신성을 지닌 자연도 창녀처럼 화장을 하고, 그럼으로써 보는 눈을 미혹시켜 그 안에 있는 납골당을 보지 못하게 한다. 생각을 좀더 진행시켜 보자. 자연의 온갖 색조를 만들어 내는 그 신비로운 화장품, 다시 말해서 대원동력으로서의 광선은 그 자체로는 항상 백색 또는 무색인 상태에 있기 때문에 만일 어떤 매개물 없이 사물에 작용한다면, 튤립이건 장미건 모든 것을 공백의 빛으로 물들일 뿐이다. 이러한 것들을 생각해 본다면, 마비된 우주는 우리들 앞에 문둥병 환자를 내려 놓는다. 색안경 쓰기를 거절한 랩랜드 (노르웨이·스웨덴·핀란드의 북부 및 소련령 쿠라 반도를 포함한 지역) 여행자(호손의 단편집「고리타분한 이야기(Twice-told Tales)」)처럼, 불쌍한 이단자는 그의 주위를 온통 둘러 싼 이 터무니없는 백색 수의를 멀어버린 눈으로 쳐다본다. 바로 이 모든 것들이 상징하는 것이 알비노(색소결핍증으로 털과 살빛이 하얀 동식물을 말함) 고래, 곧 흰고래다. 그래도 여러분은 이 미친 듯한 추적을 의아해할 것인가?

제43장
들어라!

"쉿! 저 소릴 들었나, 카바코?"

불침번 때였다. 밝은 달빛. 선원들은 가운데 갑판의 물통에서 뒤쪽 난간의 물통 있는 데까지 죽 열을 짓고 서서 양동이를 한 사람씩 건네줌으로써 물통을 채우고 있었다. 대부분이 신성한 뒷갑판 구역 내에서 있었으므로 목소리와 발소리 하나도 내지 않으려 조심하고 있었다. 가끔 돛이 펄럭거리는 소리와 끊임없이 앞으로 나아가는 용골(龍骨)의 울부짖는 소리 외에는 깊은 침묵 속에서 양동이가 손에서 손으로 전해지고 있었다.

이 정적 속에서, 뒤쪽 승강구에 서 있던 아치가 옆에 있는 초울로(스페인인과 아메리카 토인의 혼혈아)에게 속삭였다.

"쉿! 저 소리 들리지 않나, 카바코?"

"자아, 양동이 받아, 아치. 무슨 소리 말인가."

"또 들렸어. 승강구 밑이야. 들리지 않나? 기침, 기침 같은 소리야."

"기침 같은 건 내버려둬. 돌아오는 양동이나 넘기게."

"또 났어. 저 봐! 마치 두서너 사람이 돌아눕는 것 같은 소리야."

"이봐, 이봐! 그만두지 않을 텐가? 그건 자네 뱃속에서 저녁으로 먹은 구운 빵 세 조각이 굴러간 소리야. 아무것도 아니야. 양동이나 조심하라구."

"자네가 뭐라 해도 내 귀는 확실해."

"과연 그렇겠지. 지낸 퀘이커 노파가 놀리는 편물 바늘 소리를 낸터킷에서 오십 마일이나 떨어진 바다 밖에서 들었다고 했으니까. 굉장해."

"멋대로 비웃어, 이제 알게 될 거야. 들어봐, 카바코. 뒤쪽 선창에 말야, 아직 갑판에 얼굴을 내놓지 않은 놈이 있어. 저 늙은이가 그걸 알고 있을 게 틀림없어. 언젠가 아침 당직 때 아무래도 수상하다고 스텁이 플래스크에게 말했었어."

"쳇, 양동이!"

제44장
해도

　에이허브 선장이 선원들에게 자신의 목적을 승인해 줄 것을 미친듯이 요구한 그 다음날 밤의 폭풍이 끝난 뒤 그를 따라 선실로 들어갔다면 그가 고물 들보에 만들어 놓은 벽장으로 다가가 구김살투성이가 되고 누래진 해도를 꺼내 핀으로 박은 테이블 위에 펼쳐놓는 것을 보았을 것이다. 그리고 나서 그 앞에 앉아 눈에 들어오는 갖가지 선과 색을 무섭게 응시하고, 그 빈곳에다 연필로 천천히 침착하게 선을 여럿 그려 넣는 것도 보았을 것이다. 그것은 그가 간간이 옆에 있는 낡은 항해일지를 들여다보면서, 다양한 배들이 이전에 항해하던 중에 향유고래를 잡았거나 보았던 시기와 해역(海域)을 조사하는 모습이었다.
　그가 이렇게 열중해 있을 때 머리 위에 매달린 백랍(白蠟) 램프는 배가 움직이는 것과 함께 끊임없이 흔들려 주름이 깊게 새겨진 그 이마에 광선과 그림자를 쉴 새 없이 뒤섞으며 빛을 던지고 있었다. 마침내 그가 주름투성이의 해도에 선과 줄을 긋고 있을 때 무엇인지 눈에 보이지 않는 손이 그의 이마에 깊이 그려진 해도에도 선과 줄을 그려 넣고 있는 것처럼 생각되었다.
　그러나 홀로 선실에 틀어박힌 에이허브가 해도를 유심히 들여다본 것은 어느 한 밤에 한한 일은 아니었다. 거의 매일 밤 해도는 끄집어내졌고, 연필 표시는 지워지거나 새 표시가 그려 넣어졌다. 4대양의 해도를 앞에 놓고 에이허브는 오로지 자신의 영혼이 집착하는 것을 더욱 확실하게 완수할 생각으로 해류와 소용돌이 미로를 엮어가고 있었던 것이다.
　그런데 이 레비아란의 습성을 충분히 알지 못하는 사람들에게는 이 지구의 망막한 대양 위에서 단 한 개의 생물을 찾아내려고 한다는 것은 참으로 어리석고 부질없는 일로 밖에 보이지 않을 것이다. 그러나 에이허브는 그렇게 생각하지 않았다. 그는 모든 조류와 해류의 길을 알고 있었고 그렇기 때문에 저 향유고래의 먹이가 흐르는 곳도 모조리 알아냈으며 그것을 어느 위도에서는 어느 시기에 쫓아가는 것이 확실한가에 대해서도 생각을 집중시켜, 자신의 희생물을 언제 어디서 습격해야 하는지도 거의 정확하게 추리해 낼 수 있었다.

 향유고래가 어떤 특정한 수역에 나타나는 주기에 대한 사실은 확실했으므로, 많은 포경자들이 믿는 바에 의하면 만일 전 세계에서 그것을 관찰하고 연구하여 전 포경선대의 기록을 대조해 볼 수만 있다면, 향유고래의 이주는 정확히 청어떼의 움직임이나 제비의 이동과 합치한다는 것을 알 수 있다. 이와 같은 암시에 의거해서 향유고래의 이동 통로를 기록한 정밀한 해도를 만들려는 시도도 많았다.＊

 게다가 향유고래는 먹이를 얻던 자리에서 다른 곳으로 헤엄쳐 갈 때는 무언지 모르게 정확한 본능——아니 신에게서 받은 비밀의 지혜라 할 만한 것으로 인도되어 맥(脈)이라고 불리는 곳을 헤엄쳐 간다. 이어지는 이동도 한 치의 어긋남없이 정확해서 그 어떤 배가 어떤 해도에 의거해서 항해하더라도 그 정확함의 10분의 1도 흉내낼 수 없을 정도다. 이런 경우 어느 한 고래가 취하는 방향은 측량사의 평행선처럼 직선이고 그 나아가는 길도 피할 수 없는 직선이지만, 그러나 그럴 때 그가 헤엄쳐 들어가는 '맥'은 대개는 수 마일의 폭(맥이 커졌다 줄었다 하는 데 따라 더 커지기도 하고 작아지기도 한다)을 지니고 있다. 그러나 이 마법의 지역을 따라 신중하게 미끄러져 갈 때 포경선의 돛대 꼭대기에서 바라볼 수 있는 시야의 범위를 넘는 일은 없다. 결국 특수한 계절에 그 길의 그 범위 안에서라면 틀림없이 돌아다니는 고래 떼를 만날 수 있다.

 그러니까 에이허브는, 어느 정해진 시기에 이미 알려져 있는 어느 먹이터에서 고래를 만난다는 것이 가능할 뿐 아니라, 그 먹이터 사이의 한없이 광

＊이 문장이 쓰여진 뒤 국립 워싱턴 관측소 모리 중위의 1851년 4월 16일자 공무 보고서에 의해서 이 기술(記述)이 증명되었다. 그 보고서에 의하면 실제로 그러한 해도가 완성되려고 한다는 것이며 그 일부분이 거기에 실려 있다. "이 해도는 대양에 위도 5도씩, 경도 5도씩의 수역을 새긴다. 각 수역에다 열두 달에 따라 수직으로 선 둘씩을 긋는다. 또한 각 수역에 수평으로 선 세 개를 긋는다. 한 선은 당해 수역에서 매달 순항한 날 수를 나타내고 두 선은 향유고래든 참고래든 고래가 발견된 날을 나타낸다."

막한 바다를 갈 때 기술만 있다면 도중에 고래를 만날 수 있게 되므로 자기가 장소와 때를 맞춰 갈 수도 있다고 생각했다.
  언뜻 보기에 그의 무모한 듯하지만 논리적인 계획을 뒤엉켜 버리게 하는 것처럼 보이는 구석도 있었다. 그러나 실제로는 그렇지 않을 것이다. 때를 지어 사는 향유고래는 먹이를 찾아 한 장소에 정기적으로 온다곤 하지만, 이러저러한 위도 또는 경도에 나타날 무리가 지난 계절에 거기서 볼 수 있었던 무리와 같은 것이라고 결정짓는 것은 대체로 위험하며, 그와 정반대의 특수사태가 엄연히 존재하는 것도 사실이다. 또 그런 사실은 대체로 성숙하고 늙은 향유고래 중에서도 외롭게 지내거나 숨어 사는 경우에 보다 한정된 의미에서 적용된다. 따라서 모비 딕이 이를테면 인도양의 세이첼에서, 또는 일본 연안의 화산만(火山灣)에서 지난해에 보였다 해서 피쿼드 호가 다음 해 같은 시절에 그 장소를 찾아간다 해도 거기서 반드시 만날 수 있다고 할 수는 없다. 물론 그가 가끔 출현했다는 다른 장소에 대해서도 마찬가지다. 그곳들은 모두 그 잠시 동안의 휴식처, 바다의 여인숙이라 할 만한 곳이며 영원히 머물 곳은 아닌 것이다. 따라서 지금까지 말한 바와 같이 에이허브가 목적을 달성할 기회란 선례에 의한 요행의 가망성뿐이고, 그것이 확신에 가까운 것이 되어 이윽고 에이허브가 갈망하듯 결정적인 시간과 장소에 접근할 때까지는 기다려야 한다. 그 특정한 시기와 장소는 전문 용어라고 할 '적도 시기(赤道時期)'라는 것과 관련이 있다. 그때 그 자리에서 모비 딕이 수년째 주기적으로 마치 태양이 공전 주기에 의해 예견된 때에 어떤 성대(星帶)에서 일정 기간 머무르듯 그 바다의 주위에서 놀고 있는 것을 볼 수 있었다. 바로 그곳이 저 흰고래와의 사투가 일어나서 그 바다의 파도가 그의 포학한 전설로 장식되고, 이 노인으로 하여금 끔찍한 복수심을 품게 하여 편집광에까지 이르게 한 그 비극의 장소였다. 그러나 이 불굴의 추적에 집요한 심혼(心魂)을 쏟아부어 온갖 주의를 다해 한 치의 빈틈도 없이 긴장하고 있는 에이허브이므로, 그것이 아무리 바람직한 일이라 해도 지금 말한 단 하나의 궁극적인 사실에만 모든 희망을 걸 수가 없었고, 또 뜬 눈으로 밤을 새우겠다고 굳게 맹세를 했기 때문에 중간 추적의 손을 늦출 정도로 그 초조한 마음을 누를 수가 없었다.
  피쿼드 호가 낸터킷을 출항한 것은 그 '적도 시기'가 바로 시작되려던 무렵이었다. 그러고 보면 아무리 노력한다 해도 이 선장이 남쪽으로 해로를 잡고 케이프 혼을 돌아 위도 60도 밑으로 달려 적도 시기에 맞추어 적도의 태평양에 다다른다는 것은 불가능한 일이다. 그러므로 다음 계절을 기다릴 수밖에 없다. 그러나 피쿼드 호가 이렇게 적당하지 못한 시기에 출항했다는 것도 지금 말한 사태를 고려하여 에이허브가 결정한 일이었는지도 모른다. 왜냐하면 그의 앞에는 365일이란 낮과 밤의 여유가 있고, 또 그 사이를 초조하게 마음을 졸이며 육지에서 참는 것보다는 여러 가지 다른 고래를 잡는 것이 더 나을 것이며, 만일 흰고래가 정기적으로 나타나는 곳으로부터 멀리 떨어진 곳에서 휴가를 보내고 있다가 그 주름이 깊게 새겨진 머리 앞부분을 페르시아 만이나 동지나해, 다시 말해 그의 종족이 어물거리며 돌아다니는 어느 바다에 쑥 내밀지도 모르기 때문이다. 그러고 보면 인도양의 계절풍, 남아메리카의 팜파스풍, 북서풍, 아프리카의 건조한 북서풍, 무역풍, 다시 말해 지중해 동풍과 아라비아 열풍을 제외한 어떤 바람이라도 모비 딕을 찾아 지구를 돌아다니며 떠도는 피쿼드 호의 뱃길에 모비 딕을 불어 보낼지도 모른다.

　그러나 이런 것을 모조리 계산에 넣어 신중하고 냉정하게 생각해 본다면 참으로 미친 짓처럼 보이지 않는가? 그지없이 넓은 대양에서 다행히 단 하나의 고래를 만난다 하더라도 그것을 흰고래라고 인정한다는 것은, 콘스탄티노플의 혼잡한 큰 거리에서 흰 수염이 난 회교도를 찾아내라고 하는 것과 마찬가지가 아니겠는가? 아니다. 모비 딕의 이상하게 생긴 흰 머리와 새하얀 흰 혹은 잘못 볼 수가 없다. 에이허브는 자정이 지날 때까지 해도를 읽는 데 정신을 쏟고 있다가 다시 자신의 명상으로 되돌아왔을 때 이렇게 중얼거렸다——나는 그놈을 샅샅이 조사하고 있지 않은가? 놓치는 일이 있을 리 없어. 그놈의 큰 지느러미는 구멍투성이이고 길 잃은 양의 귀처럼 들쑥날쑥하거든. 그러자 그의 미칠 듯한 마음은 숨도 쉬지 않고 계속 달려서 끝내는 산소결핍상태로 사고력을 잃고 갑판 위로 나와 정력의 회복을 꾀한다. 아아, 신이여, 이룰 수 없는 복수의 소망에 불타고 있는 이 사나이는 어떤 광란의 고통을 견디어야만 합니까. 이 사나이는 손을 움켜쥔 채 잠들고 눈을 떠 보면 손톱은 손바닥 안에서 자기의 피에 흥건히 젖어 있나이다.

　때때로 참을 수 없이 생생한 밤의 꿈에서 지쳐 깨어나면 그 꿈은 낮동안 강렬한 원기를 되찾아 광란의 불꽃을 터뜨리고 불타는 뇌 속에서 소용돌이

치다가 끝내는 생명 그 자체가 견뎌낼 수 없는 고뇌가 된다. 때때로 이 정신적 진통으로 육체는 허공에 떠돌고, 몸속에서는 심연이 열리는 듯이 느껴지며, 그 심연에서는 여러 갈래의 불꽃과 전광(電光)이 쏟아져 나오고, 무서운 악귀들이 여기에 뛰어내리라 손짓을 하고, 몸속의 악마가 크게 입을 벌리며 격렬한 울부짖음이 배 안에 울려 퍼지는데, 그 순간이 되면 에이허브는 눈을 번득이며 잠자리에서 달아나듯 이 선실을 뛰쳐나간다. 더구나 이런 일은 깊숙이 숨어 있는 그의 약한 마음이 뛰쳐나왔다든가 자신의 결의에 놀랐다든가 하는 게 아니라 그 결의의 격렬함 자체가 확실하게 표시된 것에 지나지 않는다. 왜냐하면 이런 때의 광기 서린 에이헤브, 계획적이고 무엇에도 당황하지 않는 흰고래의 추적자, 해먹에서 잠을 청했던 이 에이허브는 무섭고 놀라서 해먹에서 뛰쳐나온 것이 아니다. 그것은 그의 몸속의 영원한 생명의 원칙이나 영혼이라 할 만한 것으로서 평소에는 인격을 형성하는 정신의 도구나 대리인으로 사용되고 있으나, 잠자는 동안에 그 정신에서 떠났다가 자기도 모르게 광란의 불꽃에 닿아 타버리게 될 것을 피하려고 뛰쳐 나온 것이므로 그 광란과는 본질적으로 관계가 없다. 그러나 근성이란 것도 영혼과 결부되어 존재하는 것이므로 아마도 에이허브의 경우에는 자신의 온갖 상념과 상상을 단 하나의 숭고한 목적에 바치는 것이었고, 그 목적은 그 자체의 굽히기 어려운 의지에 의해서 신도 악마도 거역하면서 어느 쪽에도 구속 받지 않는 생존물이 되어 버린 것이리라. 아니, 동반자인 보통의 생명이, 하늘에 거역해 스스로 태어나온 것에 전율을 느끼고 달아난대도 그것은 여전히 살아서 활활 타고 있다. 따라서 에이허브의 모습과 같은 것이 선실에서 뛰쳐나갈 때, 그 육체의 눈에서 번쩍이며 쏟아져 나온 고뇌의 영혼은 그때 이미 알맹이 없는 껍질뿐이고 형태 없는 몽유병자이며 살아 있는 빛의 다발이면서도 색깔이 없는 물체, 곧, 공허 그 자체였다. 신은 당신을 도울 것이다. 신이여! 당신의 사고가 당신 속에 또 하나의 괴물을 창조하였다. 그 치열한 사고가 스스로 프로메테우스를 만든 인간, 그 심장을 영원히 독수리의 먹이로 삼았으니 그 독수리는 바로 그가 만들어 낸 창조물이었다.

제45장

선서 구술서

　이 책 속에 씌어 있는 이야기에 대한 한, 그리고 향유고래의 습성에 대한 흥미롭고도 기이한 여러 가지 점에 대해서 분명하지는 않으나 언급했다는 점에서, 앞 장의 첫 부분은 이 책 속의 어느 부분 못지않게 중요하다. 그러나 그 부분에서 말하고자 하는 바를 더 자세하고 알기 쉽게 설명하지 않는다면 적절한 이해를 얻기가 어려울 것이고, 제목에 대한 심한 무지(無知) 때문에 어느 사람이든 이 이야기의 긴요한 대목 대목의 순수한 진실성에 대해 품은 의혹을 해소시킬 수는 없을 것이다.
　구태여 나는 그러한 일을 조직적으로 처리해 가려고 생각지는 않는다. 다만 포경선원으로서의 내가 실제로, 또는 믿을 수 있을 만큼 잘 알고 있는 사실 몇 가지를 말함으로써 소기의 효과를 올릴 수 있다면 만족스럽게 생각한다. 이 몇 가지 사실을 말한다면 내가 노리는 결론은 자연히 따라 나올 것이다.
　첫째, 작살을 맞은 고래가 완전한 탈출에 성공했지만, 어느 정도의 기간이 지난 후, 한 예로 3년 후 다시 같은 사람에게 잡혔는데 죽은 고래의 몸에서 동일인의 기호가 표시된 작살 두 개가 뽑혀져 나왔다는 경우를 나는 세 가지나 알고있다. 작살을 맞은 뒤 다시 작살을 맞기까지의 3년이란 세월 동안 아니, 이보다 더 오래 걸렸을지도 모르지만 그 작살을 던진 사나이는 무역선을 타고 아프리카에 상륙하여 탐험대에 참가하였고, 오지에 들어가 거의 2년 동안 여행을 계속하면서 독사, 야만인, 호랑이, 독성이 강한 대기 및 낯선 오지를 방랑할 때 겪는 온갖 위험을 경험했다. 한편 그의 작살을 맞은 고래도 그 사이 여행을 떠나 특별히 어떤 목적이 있었던 것도 아니면서 아프리카의 해변을 여기저기 그 옆을 스치면서 지구를 세 바퀴 돌았음에 틀림없었다. 이 사나이와 고래가 다시 만났을 때 사람이 고래를 정복했던 것이다.

 이와 비슷한 경우를 나는 세 가지나 알고 있다. 그 중 두 번은 이미 한 번 공격을 받은 상태의 고래를 목격했고, 두 번째의 공격이 가해진 후에 그 시체에서 뽑힌 작살 두 개에 똑같은 표시가 새겨져 있는 것을 보았다. 3년이 걸렸던 경우에, 나는 두 번 다 보트에 타고 있었고, 두 번째 볼 때는 3년 전에 본 이상한 큰 반점을 그 고래의 눈 밑에서 뚜렷이 보았다. 3년이라 했지만 사실은 그 이상이었던 것도 같다. 내가 그 진상을 목격한 예는 앞서 말한 세 가지 경우이며 더구나 사람들에게서 전해들은 예를 들자면 더욱 많지만 그 문제에 관한한 그 사람들의 신빙성에 대해서는 의심할 여지가 없다.
 둘째, 육지의 사람들에게는 상상도 될 수 없는 일이겠지만, 향유고래업계에서 잘 알려져 있는 바로는 바다 위에서 어떤 특정한 고래가 한참 후에 멀리 떨어진 장소에서 사람들에게 발견된 역사적으로 유명한 몇몇 사례가 있다고 한다. 어떻게 그런 고래가 주목을 받게 되느냐 하는 것은 그 고래가 다른 고래와 판이하게 다른 신체상의 특징을 갖고 있기 때문만은 아니다. 왜냐하면 설사 어떤 고래가 아무리 뚜렷한 특징을 가졌다 하더라도, 인간은 머지않아 그를 죽여 지극히 고귀한 기름을 짜냄으로써 그 특징을 어둠 속으로 묻어 버리기 때문이다. 참다운 이유는 이렇다. 위험하기 짝이 없는 이 어업의

관습 때문에 리날도 리날디니(독일의 작가 홀피우스의 소설 주인공인 도적)처럼, 그런 고래에는 흉포하기 비할 데 없는 명성이 붙어 다니고, 따라서 많은 선원들은 그런 고래가 파도를 타고 얕은 잠을 자고 있는 것을 보면 잠깐 방수모에 손을 대든가 하여 경의를 표할 뿐 그 이상 접근하려고는 하지 않는다. 육지의 경우로 본다면 성질이 격한 호걸을 잘 알고 있는 초라한 사나이가 그를 만나면 절을 할 뿐, 그 이상의 관계를 가지려 하면 건방진 놈이라고 한대 얻어맞을까봐 달아나는 것과 같은 이치다.

그러나 이들 유명한 명물 고래*들은 각각 일류 명사가 되어 대양에서 유명한 명성을 떨쳤고, 생전의 그 명성은 죽은 후에도 평선원들에게 불후(不朽)의 이야깃거리가 되었을 뿐 아니라 그 이름에도 어울리게 마치 왕후(王侯)와 같은 고귀한 특권을 지닌 입장이 되었음은 저 캄비시즈(페르샤의 왕)나 시저와 조금도 다르지 않다. 오오, 티몰 톰이여! 너도 그렇지 않았느냐. 그 이름이 같은 동양의 해협에 오래 틀어 박혀 있으면서 빙산 같은 상처를 안고 야자나무 우거진 옴베이(티몰섬 근처에 위치해 한 섬) 해안에서 가끔 물을 뿜어 올렸던 유명한 고래 티몰 톰이여! 그대도 그랬었지, 뉴질랜드 잭이여! 타투(많이 족이 사는 폴리네시아의 여러 섬) 섬 주위를 항해하는 모든 선원들의 공포였던 그대여! 또 일본왕 모쿠안이여, 그 멋진 물뿜기는 가끔 하늘에 솟아 있는 설백의 십자가처럼 생각되던 그대도 또한 그랬었지. 돈 미겔이여, 등에 신비한 상형 문자를 가진 옛 거북 같은 표시를 지닌 칠리 고래여! 이 네 마리의 고래는 마리우스(로마의 무장 정치가)나 실러(로마의 군인 정치가)의 이름이 고전학 연구가와 친밀한 것과 마찬가지로, 고래연구가들 사이에서는 잘 알려져 있다.

이것으로 이야기가 끝나는 것은 아니다. 뉴질랜드 톰이나 돈 미겔은 여러 포경선의 보트를 적으로 삼아서 많은 참해를 주었으나 끝내는 추적을 받고 완전히 꼼짝할 수 없이 포위되어 용감하고 날랜 포경선장들의 손에 살해되었다. 그런 선장들이 닻을 올릴 때 이미 그 적을 목표로 마음을 무장하고 있었다는 사실은, 마치 버틀러 대장이 내러건셋 숲 속을 헤쳐 나갈 때에 인디언 왕 필립의 가장 뛰어난 전사이며 흉포하기로 이름난 야만인 아나원을 사

---

* 이 이야기 가운데서 모쿠안이나 미겔은 작가의 창작인 것 같지만 티몰 톰과 뉴질랜드 잭이란 고래는 포경자들 간에 전해지고, 특히 뉴질랜드 톰은 흰 혹이 있다고 하며 '흰고래'의 한 원형이 되어 있다.

로잡을 결심을 하고 있던 것과 별로 다를 바 없다.

그런데 나는 흰고래에 관한 모든 이야기를 합리적으로 써나감에 있어 모든 점을 고려해 볼 때에 나에게는 가장 중요하다고 생각되는 한두 가지 사실, 특히 고래로 인한 참화를 여기서 언급하는 것이 가장 적절하다고 생각한다. 왜냐하면 이 이야기야말로 진실도 허위와 마찬가지로 에너지를 필요로 한다는 안타까운 예 중의 하나이기 때문이다. 대부분의 육지 사람들은 이 세계의 가장 단순하고도 명백한 경이(驚異)도 모를 정도로 무식하기 때문에 포경업의 역사적인 평범한 사실에 대한 약간의 암시라도 없으면 모비 딕을 무슨 괴물로 알고 헐뜯으며, 더욱 밉살스러운 일은 모비 딕에 관한 이야기를 무슨 무시무시하고 참을 수 없는 우화로 아는 점이다.

첫째, 대개의 사람들은 이 대어업의 일반적인 위험에 대하여는 희미하고 스쳐 지나가는 막연한 생각 정도는 가지고 있을 테지만, 그것이 얼마나 위험하고 또 얼마나 빈번히 발생하는가에 대해서는 전혀 확실한 인식을 가지고 있지 않다. 그 하나의 이유는 아마도 이 포경업의 재난이 불러일으킨 비참하기 이를 데 없는 아수라장에서 50명 중의 한 명도 고향에 돌아와 그 사실을 기록한——그것이 순식간에 잊혀지고 마는 것이라 해도——적이 없기 때문일 것이다. 생각해 보라. 지금 이 순간에도 어느 불쌍한 사나이가 뉴기니의 해안 밖에서 포경 밧줄에 몸이 감겨 레비아단에 이끌려 바다 속으로 가라앉고 있는지도 모른다. 그 불쌍한 사나이의 이름은 여러분들이 내일 아침 식탁에서 읽을 신문의 사망란에나 나타날 게 아닌가? 아니, 이곳과 뉴기니 사이의 우편 배달은 매우 불규칙적이다. 사실 뉴기니에 정기 우편물 따위가 있다는 말을 들은 사람은 없을 것이다. 그러나 나는 여러분들에게 말하고 싶다. 내가 태평양에 나간 어떤 항해에서 만난 30척 가량의 배의 사람들과 대화를 했는데 어느 배에나 한 명쯤은 고래에게 희생된 사람이 있었고 그 중에는 한 사람 이상이 살해된 배도 있었으며, 특히 그 중 세 척은 한 보트의 선원을 전부 잃어버렸다. 부탁이니, 램프나 촛불을 절약해 달라. 여러분들이 태우는 1갤런이 아까워서가 아니라 그 기름에는 사람의 피가 한 방울은 섞여 있을 테니까.

둘째, 육지의 사람들도 고래가 굉장한 힘을 지닌 거대하고 강한 생물이라는 정도의 막연한 관념은 갖고 있다. 그러나 내가 항상 경험하는 바로는 사람들에게 보통의 것보다 두 배나 더 큰 특수한 경우를 예를 들어 이야기할 때, 그들은 진심으로 나의 익살스러운 재능을 칭찬하였다. 영혼에 맹세하여 말하지만 내가 익살스런 말을 좋아하지 않는 것은 모세가 이집트의 질병의 역사에 대해서 말한 것에도 뒤떨어지지 않는다.

그러나 다행히도 지금 내가 여기서 지적하는 점은 나 개인을 떠나 여러 사람들의 증언을 토대로 하고 있다는 점이다. 그 점이란 이렇다——향유고래는 어떤 때에는 계획적으로 큰 배에 구멍을 뚫고 완전히 파괴하며 침몰시키기에도 족할 만한 힘과 지혜와 악의를 갖고 있다. 아니, 향유고래는 그 일을 해치우고 있다.

첫 번째 증언. 1820년 낸터킷 소속 폴라드 선장이 지휘하는 에섹스 호(이것이 「흰고래」의 글자가 된 것은 확실하다)는 태평양을 순항하고 있었다. 어느 날 물뿜기를 목격하고 보트를 내려 향유고래의 무리를 쫓았다. 얼마 되지 않아 몇 마리의 고래가 상처를 입었는데 그때 갑자기 보트에게서 달아난 매우 거대한 고래 한 마리가 무리들 중에서 튀어나와 본선을 향해 바로 덤벼들었다. 앞이마를 선체에 부딪쳤다고 생각하는 순간 금방 구멍이 뚫리고 10분도 채 되기 전에 배는 산산이 부서져 가라앉았다. 그 후 배의 한 조각도 발견되지 않았다. 이루 말할 수 없는 고생을 겪은 끝에 몇몇 선원은 보트로 육지에 다다랐다. 이윽고 고향에 돌아온 폴라드 선장은 다시 다른 배로 태평양으로 향했는데, 미처 발견하지 못한 암초 때문에 난파하는 운명을 만나서 그 배를 다시 잃자 즉시 바다와의 인연을 끊고 다시는 바다에 나가지 않았다. 요즘도 폴라드 선장은 낸터킷에서 살고 있다. 나는 조난 당시 에섹스 호의 1등 항해사였던 오웬 체이스를 만난 일이 있다. 그의 있는 그대로의 솔직한 기록도 읽었고, 그 아들과 대화를 나누기도 했다. 그 참화가 있었던 장소에서 수마일도 떨어지지 않은 곳에서 말이다.*

두 번째 증언. 역시 같은 낸터킷의 유니언 호가 1807년에 아조레스 섬 밖에서 앞서와 비슷한 공격 때문에 형편없이 부서졌다. 그러나 나는 이 재해에 대한 믿을 만한 기록은 볼 기회가 없었고 다만 가끔 포경선원들이 그 말을 주고받는 것을 들었을 뿐이다.

세 번째 증언. 약 18~20년쯤 전에 아메리카의 제1급 슬루프형 전함에 타고 있던 J제독은 우연히 샌드위치 섬의 오아후 항구에 정박 중, 어느 낸터킷의 배 위에서 한 떼의 포경 선장들과 함께 즐겁게 저녁 식사를 한 일이 있었다. 고래 이야기가 나오자 제독은 한자리에 있던 업계의 신사들이 고래의 놀라운 힘에 대해서 이야기하는 것을 들으면서도 회의적인 의견을 말했다. 그는 단호하게 부정하고, 이를테면, 나의 견고한 전함은 어떤 고래가 덤벼도 물 한 방울 새는 일이 없을 거라고 말했다. 지당한 일이다. 그러나 이야기는 그것으로 끝나지는 않았다. 수주일 후에 제독은 이 견고한 배를 타고 발파라이소로 향했다. 그러나 도중에 당당한 향유고래 한 마리가 그를 잡아 세우고 단 몇 분 동안 진지하게 의논드릴 일이 있다고 했다. 그 의논이란 제독의 배와 세게 부딪치겠다는 것이었는데, 제독은 모든 펌프를 동원하여 가장 가까운 항구로 간신히 도망쳐 들어가 배를 한쪽으로 기울여서 수리하지 않으면 안 되었다. 나는 미신을 믿지는 않지만 제독과 그 향유고래와의 회견은 우연한 일이 아니었다고 생각한다. 타르수스의 사도 바울이 그의 불신을 고치게 된 것도 이와 비슷한 공포 때문이 아니었던가? 여러분들에게 거듭 말하지만 향유고래는 장난삼아 함부로 덤빌 상대가 아니다.

또한 이 점에 대해서 잠시 랑스도로프(독일의 박물학자 이자 여행가) 항해기에 대해 언급하고

---

* 다음은 체이스의 기록을 발췌한 것이다. '그것으로 하여금 그런 일을 하게 한 것은 결코 우연이라고 할 수 없다는 결론을 모든 사실이 증명하고 있다고 생각된다. 두 번에 걸쳐 짧은 간격을 두고 공격을 했는데, 그 두 번의 공격이 우리에게 최대의 손실을 주려는 속셈에였는지 모두 뱃머리를 향했는데, 그렇게 함으로써 두 물체 사이의 속도가 합해져서 충격이 커진다는 것을 계산한 것임이 분명했다. 또 이 효과를 거두기 위해선 그것이 긴밀하고 적절한 동작을 취해야 했음도 분명하다. 그것의 형상은 무시무시하고 분노와 원한에 사무친 모습을 하고 있었다. 그것은 우리가 방금 배를 몰아 그 무리들 중에서 세 마리를 치고 죽인 곳에서 곧장 달려 나와 그 동료들의 참해에 복수하려는 것처럼 무섭게 달려들었다.' 또한 '결국, 내 눈앞에서 벌어진 모든 일과 그때 내 마음에 떠오른 것은, 모든 정황을 종합해 보건대, 고래 측에서 단호한 계획을 갖고 한 짓임이 분명함을 알게 해 주었다(비록 그 인상의 대부분을 지금 기억해 낼 수는 없지만). 요컨대 나의 의견이 맞는다는 것을 느끼고 여기에는 의문의 여지가 없다는 것을 알게 되었다.'

또 여기에는 그가 본선을 떠난지 얼마 후, 해상의 어두운 밤에 덮개도 없는 보트에 떠다니며 해안에 닿을 수 있을 것인가를 생각하며 느끼는 절망감도 쓰여져 있다. '어두운 대양도 산더미 같은 파도도 겁나지 않고 무서운 폭풍에 휩쓸리는 일이나 바다 속의 암초에 충돌하는 일이나 그 밖에 제아무리 겁을 주는 사태도 잠시도 내 마음을 움직이지는 못했다. 다만 나의 마음을 사로잡아 떨게 한 것은 처참하기 이를 데 없는 난파와 복수심에 불타던 고래의 무서운 형상뿐이었으며, 다시 해가 뜰 때까지 내 마음에서 사라지지 않았다.'

또 다른 글에서도 '거수(巨獸)의 불가사의하고 필사적인 습격'에 대해 말하고 있다.

싶은데 그 작가에게 흥미를 느끼고 있기 때문이다. 잘 알겠지만 랑스도르프는 러시아 제독 크루젠스턴(북태평양의 탐험가)이 금세기 초에 나선 저 유명한 탐험 항해에 참가했다. 랑스도르프 선장의 항해기 17장은 다음과 같이 시작된다.

'항해 준비는 5월 13일까지 완전히 끝났고 이튿날은 오호츠크를 향해 먼바다로 배를 몰았다. 날씨는 매우 청명했으나 추위가 심해서 일동은 몸에 두른 모피를 벗을 수가 없었다. 수일간 바람이 없는 상태가 계속되고 간신히 19일째 되는 날에야 북서쪽에서부터 쾌적한 바람이 불었다. 거대한 본선보다도 더욱 거대한, 드물게 보는 고래가 해면 가까이 떠올라 있었는데, 갑판에서 그것을 발견한 것은 전속력으로 달리는 배가 거의 접근하려고 하는 순간이었기 때문에 이 충돌을 피할 방도는 없었다. 그리하여 위험한 일에 부딪쳤다. 이 거대한 동물은 등을 쳐들고 배를 적어도 수면위 3피트 높이로 들어올렸다. 돛대는 흔들거리고 돛은 떨어져 배 안에 있던 우리들은 즉시 갑판으로 뛰쳐나가 이것은 배가 암초 위에 올라간 것이라고 생각했는데, 뜻밖에도 우리가 본 것은 유유히 헤엄쳐 가는 괴물의 모습이었다. 울프 선장은 즉시 펌프를 불러 이 습격으로 인한 손상이 어느 정도인가를 점검했는데 다행히도 손상된 곳은 전혀 없었다.'

이 배의 지휘자로서 이름을 남긴 울프 선장은 뉴잉글랜드 사람으로, 다년간 배를 지휘하면서 바다 위에서 거친 모험 생활을 지낸 뒤 오늘날에는 보스턴 가까이 있는 도체스터 마을에서 살고 있다. 나는 영광스럽게도 그의 조카다. 특히 나는 그에게 랑스도르프의 이 대목에 대해 물었다. 그는 한 글자도 빼지 않고 증명해 주었다. 다만 배는 절대로 크지 않고 시베리아 연안에서 건조된 러시아 배이며 나의 백부가 본국에서 타고 간 배를 팔아 버린 후에 사들인 것이라고 했다.

또 역사상 유명한 저 담피어(영국의 항해자이자 해적)의 옛 친구 중 한 사람인 라이어넬 웨이퍼의 항해기——경이로운 일들이 가득하고 불굴의 정신에 찬 구식 모험기——에도 지금 인용한 랑스도르프의 그것과 거의 다를 바 없는 일들이 얼마간 씌어져 있으므로 앞의 예를 돕기 위해 여기에 덧붙여 쓰지 않으면 안 될 것 같다.

내가 본 바로는 라이어넬은 오늘날에는 후안 페르난드(남아메리카 브라질의 바다 밖)라고 불리는 '존 퍼디난도'군도를 향하고 있었던 것 같다. 그는 이렇게 말했다. '아침 4시경 아메리카 본토에서 약 150리그 떨어진 지점을 항해하고 있던 중, 본선은 심한 충격을 받고 전원이 공포 상태에 빠졌는데, 그것이 무엇인지도 모르고 당황하여 일동은 죽음만을 기다리며 체념할 수밖에 없었다. 정말이지 그 충격이 너무나 급작스럽고 격렬해서 당연히 암초에 걸린 탓이라고 일동은 생각했던 것이다. 놀라움이 조금 가라앉은 뒤에 연추를 내려 수심을 재어 보니 바닥에는 닿지 않았다……. 이 뜻밖에 당한 충격 때문에 포(砲)는 그 대좌(臺座)안에서 튀어나가고 선원 몇몇은 해먹에서 내던져졌다. 총을 베개 삼아 자고 있던 데이비스 선장도 선실에서 튕겨나갔다.' 그 후 라이오넬은 이 충격의 원인을 지진으로 돌리고 그것을 입증하기 위해 그 무렵 스페인에 막대한 손해를 주었던 지진에 대해 말했다. 그러나 나는 이 컴컴한 새벽에 일어난 습격이야말로 뱃바닥을 수직으로 들어올린 보이지 않은 고래의 짓이었다고 해도 구태여 이상하다고 생각하지 않을 것이다.

향유고래가 가진 위대한 힘과 적의에 대한 몇 가지 예를 더 열거할 수도 있다. 향유고래는 공격해 오는 보트들을 본선 쪽으로 쫓아버렸을 뿐 아니라 본선마저도 추적했는데, 그때 갑판에서 비처럼 쏟아지는 창에도 꿈쩍하지 않았다는 이야기들이 전해지고 있다. 이 점에 대해서는 영국선 푸지 홀이 잘 이야기하고 있다. 또 그 힘에 대해 말한다면 헤엄쳐 가는 향유고래를 붙잡아맨 밧줄은 파도가 잔잔할 때면 본선에 매어지는데 그것이 거대한 선체를 마치 수레를 끄는 말처럼 끌고 갔다는 예가 얼마든지 있다. 또 종종 관찰된 바인데, 작살을 맞은 향유고래는 그 힘을 회복하는 동안 결코 맹목적인 분노를 표출하지 않고 추적자를 파멸시키기 위해 주도면밀한 행동을 취한다는 것이다. 또한 그 성격을 웅변적으로 이야기해 주는 것은, 습격을 받으면 종종 그 입을 벌려 잠시 그 무서운 형상을 유지하려 한다는 것이다. 마지막으로 결정적인 예를 하나만 더 들기로 하겠다. 이것은 무척 특기할 만하고 의미심장한 예이다. 우리는 이 책에 소개된 가장 경이로운 사건이 오늘날 밝혀진 사실로도 입증될 뿐 아니라 이런 놀라움은(모든 놀라움과 마찬가지로) 결국 태고 때부터 되풀이되어 온 것에 지나지 않는다는 것을 잘 알고 있다. 그러므로 사람들은 솔로몬을 본받아 백만 번이고 아멘이라 말한다——진실로 태양 아래 새로운 것은 없다.

기원후 6세기, 유스티니아누스가 황제였고 벨리사리우스가 장군이었을 때, 기독교 신자인 프로코피우스(동로마 사람)라는 콘스탄티노플 도독(都督)이 있었다. 아는 사람도 많겠지만 그는 당시의 역사를 기록했는데 모든 점에서 매우 높은 가치를 인정받고 있으며, 최고 권위자들이 인정하는 가장 신뢰할 만하고 또 가장 과장이 적은 역사가──이제부터 이야기하는 사항과는 조금도 관계없는 한두 가지 점을 제외하면──로 여겨지고 있다.

그런데 프로코피우스는 그의 역사책 속에서 그가 콘스탄티노플을 통치하고 있었을 때 프로폰티스 혹은 마르모라라고 불리는 바다 근해에서 오십 여 년 동안이나 배를 침몰시키곤 했던 거대한 바다 괴물이 잡혔다고 쓰여 있다. 이처럼 역사적 사실로 기록된 사건을 이러쿵저러쿵 부정하기란 쉽지 않고 또 부정해야 할 이유도 없다. 이 바다의 괴물이 어떤 종족이었는가는 기록되어 있지 않다. 그러나 배를 침몰시킨 일이며 그 외의 여러 가지 사실로 미루어 고래였음에 틀림없으며 나에게 의견을 묻는다면 향유고래였을 것이라고 밖에 생각되지 않는다. 그 이유는 이렇다. 오랫동안 향유고래는 지중해와 그를 이어주는 깊은 바다에서는 항상 미지의 존재였었던 것이다. 지금도 나는 오늘날의 갖가지 상황으로 보아 그런 바다는 향유고래가 무리지어 돌아다니기에 적합한 곳이 아니라고 확신하고 있지만, 최근 조사된 바에 따르면, 근대에 향유고래가 지중해에 모습을 보였다는 예가 가끔 있다고 한다. 그중에서 확실히 믿을 만한 것은 영국 해군의 데이비스 제독이 바바리 연안에서 향유고래의 해골을 발견했다는 것이다. 그런데 군함이 쉽게 다르다넬스 해협을 통과하는 것으로 보아 향유고래도 같은 길을 잡아 지중해에서 프로폰티스로 빠질 수 있었을 것이다.

프로폰티스에서는 내가 알기에 큰 고래의 영양소가 되고 있는 작은 청어나 작은 정어리 같은 것은 없다. 그러나 향유고래의 먹이인 오징어 종류는 그 바다 밑에 숨어 살고 있음에 틀림없다고 믿는 이유가 있는데, 그것은 결코 최대급(級)은 아니지만 상당히 큰 것이 해면에서 발견되는 일이 있기 때문이다. 이런 진술들을 적당히 종합하여 조금만 추리해 본다면, 반 세기 동안 로마 황제의 배에 구멍을 뚫은 프로코피우스의 바다 괴물은 틀림없이 향유고래이었음을 분명히 알아챌 수 있을 것이다.

제46장
억측(憶測)

에이허브는 모비 딕을 끝내 잡고야 말겠다는 뜨겁게 불타는 목적에 모든 생각과 행동을 불사르고 있었고, 또 오직 그 하나의 열망을 위해서는 온갖 지상의 이익을 희생할 각오였지만 그 항해 중에서 부산물로 얻어지는 포획물도 전혀 버릴 생각이 없었다. 천성적으로나 또는 오랜 세월의 관습에 의해서 격렬한 고래잡이다움이 몸에 배었기 때문일까? 그렇지 않다면 더욱 강한 다른 동기도 몇 가지 그에게 깃들어 있었기 때문일까? 흰고래에 대한 복수심은 정도의 차이는 있었으나 이윽고 모든 향유고래로 확산되기 시작했다. 그가 괴상한 물고기를 하나라도 더 많이 잡으면 잡을수록 흰고래를 만날 기회가 늘어나리라고 생각하는 것은, 설사 그의 편집증을 계산에 넣는다 하더라도 너무 지나친 생각일 것이다. 그러나 이러한 가설은 예외로 치더라도 몇 가지 고려할 점은 있다. 곧, 그를 지배하는 과격한 열정에 꼭 부합되지는 않지만 그것으로 그를 움직이게 하는 게 결코 불가능하진 않았다.

목적을 관철하기 위해선 에이허브도 도구가 필요하다. 그런데 이 세상에서 사용하는 별별 도구 중에서 인간만큼 고장이 잘 나기 쉬운 도구도 없다. 에이허브는 자기가 스타벅에게 휘두르는 지배력이란 어떤 점에서는 자석과 같지만, 그 우월감도 체력의 우월이 지적(知的) 제압까지는 이르지 못하는 것처럼 인간의 영적인 모든 면을 덮어 버릴 수는 없고 순수한 영혼을 지닌 사람에게는 지능이란 것이 육체력의 하나에 지나지 않다는 점을 알고 있었다. 에이허브가 스타벅의 두뇌에 자력을 부어 넣는 한 스타벅의 육체와 강요된 의지는 에이허브의 수중에 있게 된다. 그럼에도 불구하고 이 1등항해사는 마음속에선 선장의 목적을 언짢게 느끼고 있기 때문에 될 수 있으면 그가 기꺼이 떠날 수도 있고, 아니 그것을 꺾어 버릴 수도 있다는 것을 에이허브는 알고 있었다. 흰고래를 발견하는 데에는 오랜 세월이 걸릴지도 모른다.

그 긴 세월 동안 스타벅에 대해서는 무언가 상식적이고 신중하고 정황에 맞는 영향력을 갖게 하지 않으면 언제 공공연하게 선장의 지휘를 거역하게 될지도 모른다. 그뿐 아니라 에이허브가 모비 딕 때문에 광란하면서도 마음의 치밀성을 잃지 않고 있다는 것은, 다음을 통찰한 그 놀라운 분별과 교활함에 잘 나타나 있다. 즉, 당분간 이 포경 항해에서 필연적으로 덮쳐 올 어떤 불경스러운 환영을 떨쳐내야만 하고, 또 (어떠한 행동에도 휩쓸리지 않고 항상 빠지기 쉬운 어떤 명상에 견뎌낼 수 있을 만큼 담력 있는 사람이 적기 때문에) 이 항해의 무서움의 정체는 몰래 덮어 두어야 하며, 고급 선원이나 평선원들이 긴긴 밤의 불침번을 설 때 모비 딕 이외에 관심을 둘 다른 것이 있어야 한다. 왜냐하면 이 야만적인 선원들이 항해 목적을 듣고 열렬하고 성급하게 환호성을 올렸다고는 하지만 선원들이란 다소 변덕스러워 믿을 수가 없기 때문이다. 그것도 일정치 않은 기후 속에 살며 그 변덕스러움을 흡수하고 있기 때문이다. 그러므로 원대하고 망막한 목적을 쫓으려 할 때에는 설사 궁극적으로는 그것이 아무리 생명과 환희와 열정을 약속하는 것일지라도, 그때그때의 흥미와 일을 삽입해서 마지막 돌진으로 달리기 위한 정력을 저장해 두도록 하는 것이 절대 필요하다.

더욱이 에이허브는 다른 점도 생각하고 있었다. 강한 감동에서 분발할 때에 인간은 모든 비속한 생각을 떨쳐 버리긴 하지만 그러한 순간은 순식간에 가버린다는 것이다. 인간이라는 조화물(造化物)은 에이허브가 보는 견해에서는 그 변하지 않는 천성이 비속하다. 가령 흰고래가 그들 야만적인 선원들의 마음을 불타게 하고 그 야만성에 작용하여 어느 정도 기사수행(騎士修行)의 아름다움을 그 가슴에 싹트게 했다 하더라도, 모든 이익을 떠나서 모비 딕을 쫓고 있는 그 사이에도 그들의 일상적인 매일 매일의 식욕을 채울 음식만은 마련해 주어야 한다. 숭고한 기사도 정신으로 불탄 옛날의 십자군도 성스러운 무덤을 향해 2천 마일의 산천을 건너갈 때 중간에서 강도나 소매치기, 또 그 밖에도 직책상 얻어지는 여분의 수입이 없이는 만족하지 않았다고 하지 않던가? 그들을 오직 낭만적이고 궁극적인 목표 그 한가지에만 잡아두었다고 하면 그 목적에 싫증이 나 달아나는 자가 부지기수였을 것이다. 이 선원들을 돈으로 낚을 것을 잊어서는 안 된다——그렇다, 돈으로, 하고 에이허브는 생각한다. 지금은 돈 따위는 비웃을지 모르지만 앞으로 몇

제46장 억측(憶測)

달이 지나 그 돈벌이의 가망도 없게 되는 날에는, 이 돈이 잠잠하던 그들에게 모반을 일으키게 하고 에이허브를 처치해 버릴 것이다.

에이허브로서도 좀더 절실한 동기가 마음속에 없었던 것은 아니다. 다소 때가 이른 시기에 피쿼드 호의 항해에 대한 중요하고도 비밀한 목적을 충동적으로 발표한 지금, 에이허브도 충분히 자각하고 있었던 것은 이렇듯 자기가 이 배를 탈취한 사나이라는 말을 들어도 어쩔 수 없다는 사실이다. 또한 선원들이 그럴 마음만 먹으면, 또는 그럴 능력만 있다면 앞으로 그의 명령을 거부하고 때에 따라서는 그에게서 그 지휘권을 빼앗을 수 있으며, 그렇다 하더라도 도덕적으로나 법률적으로 하등의 죄가 되지 않는다는 것이다. 배를 탈취했다는 것이 은근히 암시되어 그런 인식이 퍼짐으로써 생길 어떤 결과를 생각하면 에이허브도 전력을 기울여서 자신을 지켜야만 했다. 그 방위 수단은 오로지 그 자신의 지능과 용기와 수완에 달려 있고, 선원들의 그때그때 변하는 기분의 파동을 주의 깊고 세밀하게 계산하고 관찰하는 것도 잊어서는 안 되었다.

즉 이러한 여러 가지 이유와, 여기서는 말로 표현할 수 없을 만큼 미묘한 이유로 에이허브는 상당한 정도로 피쿼드 호 본래의 명목상의 항해 목적에 충실하면서도 모든 관습을 계속 지켜 나가야 한다는 것을 확실히 자각하고 있었다. 그뿐 아니라 자신의 직업을 추구함에 있어서 평소 칭송받던 열정적인 관심을 표시하지 않으면 안 된다고 자신에게 타일렀다.

그때문인지 종종 세 돛대의 꼭대기를 향해, 눈을 커다랗게 뜨고 감시해서 돌고래 한 마리라도 놓치지 말라고 외치는 그의 목소리가 들리곤 했다. 이 감시는 얼마 되지 않아 보상되었다.

제47장
거적만들기

 흐리고 무더운 오후, 선원들은 갑판 여기저기를 빈들빈들 거닐거나 납빛을 띤 바다 저쪽을 멍하니 바라보고 있었다. 퀴퀘그와 나는 보트를 붙잡아매는 밧줄로 쓰이는 '밧줄 거적'이라는 것을 만들고 있었다. 모든 경치는 조용하고 은밀하게 어떤 낌새를 풍기고 공기 속에는 꿈꾸는 듯한 마음을 불러일으키는 것이 숨겨져 있어, 입을 다물고 있는 선원들은 제각기 내면의 보이지 않는 자아로 가라앉아 있는 듯했다.
 나는 부지런히 거적을 만들면서 퀴퀘그의 하인이나 시동처럼 따라다녔다. 나는 긴 날줄 사이로 씨줄을, 손을 북 삼아 넣고 빼고 하고 있었고, 퀴퀘그는 옆에 서서 쉴 새 없이 무거운 떡갈나무 막대기를 날줄 사이로 집어넣으면서 멍하니 파도 위를 바라보며 건성으로 씨줄을 옮기고 있었다. 배와 바다 위에는 아주 나른한, 꿈꾸는 듯한 기분이 감돌았다. 그것을 깨뜨리는 것은 다만 때때로 왔다 갔다 하는 떡갈나무 막대기의 둔탁한 소리뿐이었다. 마치 이것이 '시간의 베틀'인 것처럼, 나 자신도 운명의 베틀을 기계적으로 짜나가는 북에 지나지 않는다고 생각되었다. 여기에는 날줄이 고정되어 있어서 다만 단조롭고 변함없이 왔다 갔다 시계추 운동을 할 뿐이며, 그 운동도 단지 씨줄과 서로 엮어지는 것 외에는 없었다. 이 날줄은 필연적인 길이다. 그러므로 나는 나 자신의 손으로 나 자신의 북을 집어넣으면서 이렇게 변함없는 날줄 속에 나의 운명을 짜나가고 있다고 생각했다. 그런데 퀴퀘그의 충동적이고 무심한 떡갈나무 막대기는 씨줄을 때로는 비스듬히, 때로는 옆으로, 때로는 강하게, 때로는 약하게 두드리고 있었다. 이 마지막 두드림의 난폭함에 따라 완성된 직물의 모습은 저마다 천차만별이라 할 수 있었다. 이 야만인의 막대는 이렇게 해서 결국 씨줄도 날줄도 만들어 간다. 이 무심하고 태평스러운 막대기는 결국 우연일 것이다——아아, 우연과 자유 의지와 필연이라

는 결코 사이가 나쁜 것만도 아닌 세 사람이 새끼를 꼬듯 함께 일하는 것이다. 그 종국의 길에서 조금도 벗어나지 못하는 똑바른 필연의 씨줄은 시계추처럼 움직이지만 그것도 다만 종국에의 귀착(歸着)을 굳힐 뿐이다. 그러나 자유 의지 역시 자신의 북을 씨줄 속에 집어넣는다. 그런데 우연은, 그 똑바른 필연의 씨줄에 묶이고 한편으로는 자유의지 때문에 변경되지만, 다른 한편으로 말한다면 그 두 가지를 제어하고 사건의 마지막 형태를 만들어낸다.

이렇게 계속 짜고 있을 때 참으로 이상한, 기다랗게 꼬리를 끄는, 이 세상의 것이라 생각되지 않는 무시무시한 소리가 들려 나는 벌떡 일어나 손에 들고 있던 자유 의지의 공도 떨어뜨린 채 그 소리가 날개짓을 하며 떨어지는 쪽의 구름 사이를 지켜보았다. 돛대 꼭대기의 가름대에는 미친 사람 같은 게이헤드 출신의 태슈테고가 있었다. 그 몸은 몹시 흥분한 듯 앞으로 뻗어 있었고 손을 지휘봉처럼 길게 뻗쳐 연속해서 외쳐대고 있었다. 아마도 이런 순간에 똑같이 높이 솟은 수백척의 포경선 감시대에서도 같은 외침 소리가 바다 위로 울려 퍼졌을 것이다. 그러나 누구의 가슴에서 터져 나왔다 해도 그 귀에 익은 외침이 인디언인 태슈테고가 내는 것만큼 괴이하지는 않았을 것이다.

머리 위에서 공중에 매달린 것처럼 흔들리며 서서 미친 듯이 수평선을 바라보고 있는 그를 상상해보라. 누구나 그 광경을 보면 '운명'의 그림자를 지켜보고 그 운명이 다가온 것을 끔찍한 목소리로 알리고 있는 예언자라고 생각할 것이다.

"물을 뿜는다! 저기! 저기! 저기! 물을 뿜는다! 물을 뿜는다!"
"어느 쪽이지?"
"바람이 불어가는 쪽이야! 2마일 앞이야. 큰 무리를 짓고 있어!"
순식간에 온 배 안에 큰 소동이 일었다.

향유고래는 시계의 똑딱 소리처럼 규칙적으로 물을 뿜고 있었다. 그것으로 고래잡이는 그들을 다른 물고기들과 구별해 낸다,.

"꼬리지느러미가 가라앉았다" 태슈테고가 외쳤다. 고래떼는 시계(視界)에서 사라졌다.

"이봐, 급사!" 에이허브가 고함쳤다. "시간! 시간!"
소년이 급히 아래로 내려가 시계를 보고 정확한 시간을 에이허브에게 보고했다.

배는 바람을 등지고 가볍게 흔들리면서 움직여 나아갔다. 태슈테고는 고래가 머리를 바람 불어가는 쪽으로 향한 채 물속으로 들어갔다고 보고했기 때문에 머지않아 배 앞쪽에서 발견될 거라는 확신을 갖고 우리는 앞을 바라보았다. 도대체 향유고래라는 놈에겐 가끔 남을 속이는 묘한 재주가 있어서 이쪽 방향으로 가라앉았는가 하면, 물속에 숨었을 때에 한 바퀴 돌아서 금방 반대 방향으로 헤엄쳐 가는데, 지금 이런 속임수를 부리고 있는 것 같지는 않았다. 태슈테고가 목격한 고래들에겐 조금도 놀란 기색이 없었고 우리의 접근을 느끼지 못한 것 같았기 때문이었다. 보트에 타지 않고 본선에 남게 된 사람 중 한 사람이 곧 인디언과 교체되어 큰 돛대 꼭대기에 섰다. 앞돛대와 뒷돛대 꼭대기의 선원들도 내려왔다. 밧줄 통이 각각의 자리에 고정되고 기중기는 내밀어지고 큰 돛대의 활대는 당겨지고 보트 세 척은 높은 벼랑에 매달린 회향(茴香)을 따는 바구니처럼 매달렸다. 과격한 선원들은 뱃전 바깥쪽에서 가슴을 울렁이면서 한 손으로 난간을 붙잡고 한 발은 뱃전을 밟고 있었다. 긴 행렬을 이루어 적함(敵艦)에 뛰어들려고 하는 군함의 선원들도 이럴 거라고 생각되었다.

그러나 이 위기일발의 순간, 갑작스럽게 일어난 외침 소리가 일동의 시선을 고래로부터 빼앗았다. 놀랍지 않은가? 어두운 에이허브의 주위에는 공기 속에서 합성된 것으로 밖에 생각되지 않은 검붉은 다섯 유령에 둘러싸인 에이허브의 암울한 모습이었다.

제48장
최초의 추적

유령이라고 밖에는 생각할 수 없는 사람들이 갑판의 반대쪽을 돌아다니며, 소리도 없이 흐르는 것처럼 재빨리 거기에 매달려 있던 보트의 도르래와 밧줄을 늦추고 있었다. 이 보트는 우현 고물에 달려 있었기 때문에 보통 선장용이라고 불리고 있었지만 누구나가 이것을 보조 보트라고 생각하고 있었다. 그 뱃머리에 지금 서 있는 한 사람은 키가 크고 시커멓고 강철 같은 입술 사이에 흰 이 한 개가 기분 나쁘게 삐져 나와 있었는데, 구겨진 검은 광목 윗도리로 상복처럼 몸을 싸고 그것과 똑같이 시커멓고 통이 넓은 바지를 입고 있었다. 그러나 이 온통 검은 빛 일색의 정점에는 이상하게 번쩍이며 하얗게 빛나는 주름잡힌 두건, 아니 땋아서 둘둘 감은 머리카락이 있었다. 다른 사람들은 그보다 덜 가무잡잡하고 마닐라 토착민 특유의 번들번들하고 누런 살빛을 띠고 있었다. 이들은 불가사의한 악마 숭배로 유명한 인종이어서 정직한 백인 선원들은 그들이 세계의 어딘가에 회계실을 갖고 있는 물의 악마를 섬기며 그의 밀정으로 고용된 인간이라고 생각하고 있었다.

선원 일동이 이 기이한 무리를 놀라서 바라보고 있을 때 에이허브는 그 수령인 흰 두건을 감은 나이 많은 사나이를 향해 외쳤다.

"준비는 되었나, 페들러?"

"되었소." 거의 쉬어터진 대답이었다.

"보트를 내려라. 알겠나?" 갑판 이쪽에서 고함을 질렀다. "내려라, 이봐!"

그 목소리가 우뢰와 같았기 때문에 선원들은 놀라서 총총히 난간을 뛰어넘었다. 활차 속의 고패가 빙글빙글 돌고 흔들거리면서 바다 위로 세 척의 보트가 내려졌다. 선원들은 다른 직업을 가진 사람들에게서는 볼 수 없는 날쌔고 대담한 태도로 흔들리는 뱃전에서부터 파도 위에 떠 있는 보트로 양떼

처럼 뛰어 내렸다. 그들이 바람이 불어오는 본선 쪽에서 배를 저어가려 할 때 네 번째 보트가 반대편 쪽에서 본선의 고물 뒤를 돌아 나타났는데, 거기에는 에이허브와 괴상하게 생긴 다섯 사람이 타고 있었다. 에이허브는 그 고물에 똑바로 서서 스타벅, 스텁, 플래스크의 보트를 향해 간격을 넓혀 저어라, 바다 가득히 퍼져라, 하고 외쳤다. 그러나 세 보트에 탄 선원들의 눈은 모두 시커먼 페들러와 그의 패거리에게 못 박힌 채 명령도 들리지 않는다는 태도였다.

"에이허브 선장님!" 스타벅의 목소리였다.

"사이를 벌려라. 넷 다 힘껏 저어라. 이봐, 플래스크, 좀더 바람이 부는 쪽으로." 에이허브의 외침이었다.

"네, 네." 왕대공 군은 명랑하게 대답하고 큰 노를 휙 잡아 돌렸다.

"힘을 내라! 영차, 영차, 바라, 바로 코앞에서 물을 뿜고 있다. 영차! 저 누런 놈 따위엔 신경 쓸 거 없어, 아취." 하고 선원들에게 외쳤다.

"네네, 신경 쓰지 않습니다요" 아치가 대답했다.

"우린 벌써 전부터 알고 있었습죠. 선창에서 부스럭거리는 소리가 났었지

288 모비 딕

요. 이 카바코 놈에게도 그렇게 말했습죠. 이봐 그렇지, 카바코? 저놈들 밀항자입니다요, 플래스크 항해사님."

"자아, 저어라 저어, 힘센 사람아, 저어라 저어. 잘한다." 스텁은 자기 보트의 선원들에게 달래듯 느릿느릿 말했다. 몇 명은 아직도 불안해 보였다.

"어째서 등뼈가 부러지도록 젓지 않는 거지? 뭘 멍청하게 보고 있나? 저 보트에 탄 놈들 말인가? 쳇! 저놈들, 우리를 도우려고 다섯 놈 온 것뿐이잖은가? 어디서 왔건 상관없잖아? 동료들이 많으면 기분이 좋잖나. 그러니까 자아, 저어라 저어. 지옥의 불이라도 상관할 것 없어, 악마들도 마음은 좋은 거야 그래그래, 그렇게 해라. 천 파운드의 가치가 있는 노젓기란 바로 그거야. 판돈을 쓸어버릴 솜씨군 그래. 훌륭해. 향유고래 기름의 금배(金盃)감이다. 만세 만세다 안 그런가? 여보게들, 자아 태연하게——덤비지 말고——허둥대면 못써. 이봐 어째서 노를 힘껏 당기지 않는 거야? 나쁜 놈 같으니, 이를 악물어, 개새끼야. 좋아, 좋아, 이제 됐어, 부드럽게. 부드럽게, 그런 식으로 해——힘껏 당겨 저어라 저어. 제기랄, 형편없는 건달놈들아. 자는 건가? 젓기 싫은가? 도대체 왜 젓지 않는 거야. 부서질 때까지 저으란 말이다. 자아, 눈알이 툭 튀어나올 정도로 크게 뜨고 저어라. 자아!"

가죽 허리띠에서 날카로운 단도를 쑥 뽑고는 다시말했다.

"너희들도 모두 단도를 뽑아서 입에 물고 저어라. 그래 그렇지. 이제야 좀 좋아졌구나. 그 정도면 됐어. 강철 사나이들아, 자아 가라, 은수저들아! 자아 가라, 밧줄 바늘들아!"

스텁이 선원에게 한 격려의 말을 여기에 전부 소개한 것은 그가 모든 사람에게 하는 말은 독특한 맛을 풍기며, 특히 노 젓는 정신을 감명 깊게 설명하는 데 힘이 될 만한 것이었기 때문이다. 그러나 이것을 읽고 여러분들은 그가 선원들에 대해서 혹독하게 고함을 쳤구나 하고 상상해서는 안 된다. 그 반대다. 그것에는 그 나름의 독특성이 있다. 가장 무시무시한 말을 익살과 흥분이 묘하게 뒤섞인 상태로 선원들의 귀에 부어주는 것이다. 거친 말은 단순히 그 익살에 양념을 치기 위해 가미된 것이라 생각되는데, 어떤 노잡이라도 이런 이상한 연설을 들으면 힘닿는 데까지 젓지 않고는 배길 수 없으며 더욱이 지금 우리가 장난삼아 젓고 있는 것처럼 생각하게 된다. 게다가 그는 언제나 태평하고 한가한 표정이어서 아주 천천히 한가롭게 키를 다루고 언제나 입을 벌리고――때로는 입을 쩍 벌리고――하품을 한다. 이렇게 하품을 하는 보트장의 모습은 강력한 대비효과를 낳아서 선원의 마음에 마법처럼 작용했다. 더욱이 스텁은 기묘한 익살꾼으로 그의 우스갯소리에는 기묘한 함축이 들어 있어 그를 따르는 아랫사람들은 자연히 그에게 복종하게 마련이었다.

이때 스타벅은 에이허브의 명령에 따라 스텁의 뱃머리에 비스듬히 돌진하고 있었는데 1, 2분 사이에 두 보트가 꽤 접근했을 때 스텁은 1등 항해사에게 말을 건네었다.

"스타벅 항해사님! 좌현의 보트! 잠깐 기다려요, 한마디 드릴 말씀이 있습니다."

"알았어." 이렇게 대답하면서도 스타벅은 여전히 뒤를 돌아보지 않고 스텁 쪽으로는 돌처럼 외면을 한 채, 열심히 그러나 속삭이듯이 선원들을 격려하고 있었다.

"저 누런 놈들을 어떻게 생각하십니까?"

"출항하기 전에 몰래 태운 모양이야. (힘껏, 힘껏 저어라.)" 선원들에게 속삭이고 나서 다시 목청을 돋우어서 "난처하군그래, 스텁, 배를 날려라, 휙 날려. 그렇지만 내버려둬. 스텁, 어떻게 되겠지. 어떻게 되건 우린 힘껏 하는 거야. (자아 힘을 내라, 힘을 내) 스텁, 바로 코앞에 고래 떼가 있잖아? 그것만 있으면 되는 거야. (저어라, 저어) 향유고래가 목적일세. 이것만은 우리의 의무야. 이 신성한 의무와 돈을 위한 우리의 욕망이 여기 한 배에 올라탄 거야."

"딴은 그렇군, 나도 그렇게 생각해." 보트가 서로 떨어졌을 때 스텁은 혼잣말로 중얼거렸다. "놈들을 흘끗 본 순간 그렇게 생각했지. 급사 녀석이 벌써부터 냄새를 맡았었는데, 대장이 뒷선창에 자주 틀어박혔다고 말이야. 저 놈들이었군 그래. 거기에 숨겨 두었던 거야. 이것도 흰고래와 관계되는 일이군. 어떻든 마음대로 하라지. 하는 수 있나? 자아, 저어라! 오늘은 흰고래가 아니야. 자아 저어라!"

그런데 배에서 보트를 내리는 중대한 바로 그 순간에 저 이상야릇한 사람이 나타났다는 것이 선원들 중 일부에게 일종의 미신적인 놀라움을 준 것도 무리는 아니었다. 하지만 아치가 냄새를 맡았을 때 다들 믿지는 않았으나 암암리에 퍼져 있긴 했으므로 어느 정도는 모두들 마음의 준비가 돼 있었다. 그래서 그런 사실이 사람들의 놀람을 어느 정도 덜어주고 있었고, 또 스텁이 모든 것을 제법 잘 알고 있다는 듯한 얼굴로 그들의 출현을 설명하기도 해서, 선원들도 얼마 동안은 미신적인 추측 따위는 떨쳐 버렸다. 그렇긴 해도 에이허브가 처음부터 품고 있던 숨겨진 계획의 정체는 무엇일까 하는 것에 대해서는 아직도 구구한 억측이 나올 소지가 컸다. 나는 저 낸터킷의 새벽어둠 속에 살그머니 피쿼드 호로 기어들어간 수상한 그림자를 떠올렸고 또 일라이저의 수수께끼 같은 암시도 생각해 냈다.

그런데 에이허브는 바람을 안고 고급 선원들의 목소리도 들리지 않는 곳으로 나가고 있었는데, 그럼에도 다른 보트보다 월등하게 앞서고 있음은 그를 태운 선원들이 얼마나 비할 데 없이 센가를 나타내고 있다. 그 호랑이처럼 누런 놈들은 온몸이 마치 강철이나 고래뼈로 만들어진 것처럼 보였고, 망치 다섯 개처럼 힘의 율동도 규칙적인 기복이 있으므로 보트는 그때마다 미시시피 강의 증기선 옆에 쑥 내민 기관(汽罐)처럼 파도를 헤치고 쑥쑥 나아갔다. 작살잡이 노를 잡고 있던 페들러는 이때 검은 자켓을 벗어 버리고 뱃전에서 벌거벗은 가슴과 몸을 쑥 내밀어 파도치는 수평선을 배경으로 뚜렷이 모습을 보이고 있었다. 또 보트의 다른 한쪽 끝에는 에이허브가 한 팔을 검술가처럼 뒤로 보내어 비틀거리는 것을 막으려는 듯, 흰고래에게 상처를 입기 전에 천 번은 족히 추적할 때의 자세 그대로 노를 움직이고 있었다. 급작스럽게 뻗은 팔이 이상하게 흔들리다가 그대로 정지하자 노 다섯 개가 일시에 딱 멈추었다. 보트와 선원들은 바다 위에 꼼짝 않고 섰다. 곧 세 방향에서 뒤를 쫓던 보트 세 척도 그 도중에 섰다. 고래들은 제각기 바다 속으로 기어들어가 있었기 때문에 그 행동이 멀리서는 보이지 않았다. 그러나 접근해 있던 에이허브에게는 보였다.

"모두들 조심해라!" 스타벅이 외쳤다. "퀴퀘그, 일어서라!"

재빠르게 이물 쪽의 삼각대(三角臺)에 뛰어 올라간 야만인은 그곳에 우뚝 서서 눈을 번쩍거리며 바로 조금 전 고래들이 숨어 버린 근처를 노려보았다. 한편 스타벅은 보트의 이물에서와 똑같이 고물의 뱃전 높이까지 들어올려진 삼각대에 서서 보트가 심하게 동요할 때마다 침착하고 기민하게 몸의 균형을 잡으면서 묵묵히 끝없는 바다의 푸른 물결을 들여다보고 있었다.

플래스크의 배도 그리 멀지 않은 곳에서 숨을 죽이고 떠 있었다. 그 지휘관은 대담하게도 고물의 대에서 2피트 가량 높이로 우뚝 서 있는 밧줄 거는 기둥 꼭대기에 서 있었다. 이것은 잡은 고래에 걸린 밧줄을 걸치는 기둥으로 그 끝은 남자의 손바닥 정도의 넓이밖에 되지 않는데, 그런 대 위에 서 있는 플래스크는 배가 침몰해 버린 뒤에 수면에 남은 돛대 꼭대기에 서 있는 남자처럼 보였다. 그러나 이 왕대공은 몸집은 작았으나 패기만만한 사나이였으므로 이 밧줄걸이 기둥의 꼭대기도 그를 만족시키지는 못했다.

"파도가 세어서 앞이 보이지 않잖아? 노를 세워 주지 않겠나? 거기에 올라타고 싶군."

그 말을 듣자 뱃전을 붙잡고 걷고 있던 대구는 갑자기 고물로 가서 몸을 일으켜 그 높은 어깨를 발판으로 삼으라고 자원했다.

"돛대론 그만이죠. 자아, 올라타십쇼."

"좋아, 고마운데. 그렇지만 자네가 50피트 가량 더 크면 좋겠어."

그래서 이 흑인 거한은 두 다리로 양쪽 보트의 판자를 단단히 밟고 몸을 앞으로 수그리듯 버티고 손바닥을 편편하게 하여 플래스크의 발 앞에 내밀고 플래스크의 손을 가톨릭 미사에 쓰이는 삼각 촛대처럼 깃털 장식을 한 제 머리에 얹게 하여 몸을 흔들거든 뛰어오르라고 하더니, 솜씨좋게 조그마한 플래스크를 훌쩍 어깨 위로 올려 태웠다. 이렇게 해서 플래스크는 대구가 높이 뻗친 한 팔을 가슴띠로 하여 기대고 몸을 가누며 섰다.

아무리 거센 광란의 파도에도 포경 선원들이 보트 안에서 훌륭하게 직립의 자세를 취하는 기술을 무의식적으로 익히게 되었다는 사실은 항상 초심자들을 놀라게 한다. 게다가 이와 같은 거친 상황 속에서 밧줄 기둥 위에 위태롭게 올라타고 있는 것을 보면 한층 더 놀라지 않을 수 없다. 그렇다고 해도 땅딸보 플래스크가 거한 대구에게 올라타고 있는 모습은 정말 가관이었다. 위대한 우리의 니그로는 당당하고 야성적인 위엄을 갖추고 냉정하게, 태평스럽게 또 아무렇지도 않은 듯이 파도가 흔들리는 데에 따라 그 훌륭한 몸체를 조화롭게 흔들고 있었다. 폭넓은 잔등에 올라탄 아마빛 머리의 플래스크는 눈송이처럼 보이기도 했다. 태운 사람이 올라탄 사람보다 고귀하게 보였다. 이따금 흥분 잘하고 활기 넘치는 땅딸보 플래스크가 조바심을 내면서 발을 굴러도 그 때문에 흑인의 당당한 가슴이 흔들리지는 않았다. 정열과 허영이, 너그럽고 인자한 어머니 대지 위에서 날뛰더라도 그 때문에 대지가 그 사계절의 운행을 바꾸지는 않는 법이다.

한편 2등항해사인 스텁은 도무지 먼 곳을 바라보고 싶은 마음이 없는지 모습을 나타내지 않았다. 고래들은 낭패하여 일시적으로 물속에 들어간 것이 아니라 습관상 깊은 바다 밑으로 헤엄을 치기 시작한 것인지도 몰랐다. 만일 그렇다고 하면 스텁은 전과같이 파이프라도 태우면서 그 지루한 대기 시간을 달래는 것이 상책이라고 생각하며 모자 테에 깃털장식처럼 꽂아 둔 파이프를 꺼내 엄지손가락 끝으로 꾹 눌러 담배를 담는다. 그러나 그 샌드페이퍼 같은 거친 손으로 성냥을 문질러서 불을 붙일까말까 했을 때, 지금까지 두 눈을 항성처럼 바람 불어오는 쪽을 향하여 빛내고 있던 작살잡이 태슈테고가 갑자기 그 꼿꼿이 선 자세에서 눈 깜짝할 사이에 몸을 숙이고 미친 듯 서두르며 "몸을 굽혀. 앉아! 저어라! 바로 저기다!" 하고 외쳤다.

육지에서 자란 사람에게는 고래도 청어 떼도 보이지 않고 다만 백록색으로 용솟음치는 바다, 그 위에 엷게 옆으로 기다랗게 꼬리를 끌면서 흰 파도의 물방울이 흩어지듯 바람에 자욱이 흩어지는 수증기 같은 것이 보였을 뿐일 것이다. 그때 주위의 공기가 갑자기 새빨갛게 달궈진 철판 위의 공기처럼 떨렸다. 이 출렁이는 파도와 소용돌이 아래에서 고래 떼가 헤엄치고 있었는데, 그들 중 일부는 수면 가까이에서도 헤엄치고 있었다. 그들이 뿜는 수증기 덩어리는 제일 먼저 나타나는 징조로서 선도대(先導隊)나 선발기병과도 같은 것이었다.

보트 네 척은 대기와 물이 서로 얽혀 마구 요동을 치는 그 한 점을 향해 돌진했다. 그것을 앞설 가능성은 충분히 있었다. 그것은 나는 듯이 헤엄쳐 갔다. 벼랑 위에서 아래로 떨어지는 급류의 거품 덩어리처럼.

"저어라, 저어라." 스타벅은 되도록 낮은 목소리로, 그러면서도 될 수 있는 대로 강한 어조로 부하에게 말했다. 그의 눈초리에는 날카로운 섬광이 화살처럼 뻗어 나와 뱃머리 저쪽으로 똑바로 향하고 있었는데 그것은 정확하기 이를 데 없는 두 나침반의 각 바늘에 비유할 만한 것이었다. 그러나 그는 부하들에게 쓸데없는 말을 하지 않았으며 부하들 역시 아무 말도 하려고 하지 않았다. 다만 이따금 보트 위의 침묵을 깨뜨리는 것은, 때로 엄하게 명령하는 듯하고, 때로는 부드럽게 탄원하는 듯한 그의 독특한 목소리뿐이었다.

그와 반대로 왕대공은 얼마나 소란스러운지. "이봐, 뭐든지 노래해. 기운 차게 고함을 지르면서 저으라구. 나를 올려놓게. 저 고래의 시커먼 등에 올려놓으래도. 그렇게 하면 내 마서스비니어드 농장을 물려주겠어. 마누라와 아이들까지 붙여서 물려주지. 이봐 태워 줘, 태우라니까. 아, 견딜 수 없군, 미칠 것 같아. 저봐, 보라니까! 저 흰 거품을 보라구" 플래스크는 이렇게 외치면서 모자를 벗더니 발로 마구 짓밟자마자 집어서 바다 멀리 휙 던져 버리고 말았다. 그리고 나서 목장에서 뛰쳐나온 미친 망아지처럼 보트의 고물에서 펄쩍펄쩍 뛰었다.

"저 사나이를 보라구." 그다지 멀지 않은 뒤쪽에서 스텁은 불이 붙지 않은 짧은 파이프를 무의식적으로 씹으면서 심각한 표정으로 중얼거렸다.

"플래스크란 놈 지랄병이 도졌군그래. 지랄병? 딴은 그럴 듯해——지랄병으로 고래를 해치운다? 멋진 말인데. 자아, 활발하게 저어라, 저어. 저녁식사는 푸딩이란 말이다. 쾌활해야 해. 자아, 저어라. 저어. 그런데 무엇 때문에 허둥지둥하지? 부드럽게, 부드럽게 하라구. 그리고 착실히 당겨. 그러면 더 할 말 없어. 등뼈가 부러지고 단도가 두 동강이가 되도록 힘껏 저어라. 그것뿐이야. 편하게 가라구——뭘 하고 우물거리는 건가? 간장이고 폐장이고 모두 찢어질 만큼 기운차게!"

그런데 저 괴인 에이허브는 호랑이처럼 누런 그 부하들에게 뭐라고 했는지——그 말은 여기에 쓰지 않는 편이 좋을 것 같다. 여러분들은 복음의 낙토에서 신의 은혜의 빛을 받으며 살고 있는 사람들이니까. 다만 무엄한 바다 속의 신앙심 없는 상어들이라면 이마에 태풍을 일으키며 눈에 붉은 살기를 띠고 입에 거품을 물고는 먹이에 덤벼드는 에이허브의 말에 귀를 기울였을 것이다.

그 사이에도 보트들은 돌진해 나아갔다. 플래스크는 몇 번이고 '저 고래놈' 하고는, 그 가상의 괴물이 끊임없이 자기의 보트 앞머리에서 그 꼬리로 장난을 치고 있을 게 틀림없다고 말했다. 그의 이 말은 때로 매우 그럴 듯했기 때문에 선원들 중 한두 사람쯤은 겁을 먹으면서 어깨 너머로 주위를 둘러보곤 했다. 그러나 이것은 규칙 위반이었다. 노잡이란 눈을 질끈 감고 목을 꼬챙이같이 하고, 더구나 이같이 중요한 자리에서는 귀 이외의 감각 기관은 버리고 팔 이외의 몸체도 내버리고 덤벼야 한다.

소름끼치도록 놀랍고 두려운 광경이었다. 만능의 바다에 산같이 높게 이는 파도, 끝없이 펼쳐진 잔디 위 공놀이 장(場)에서 거대한 공을 굴리듯이 여덟 개의 뱃전을 때리는 그 엄청나게 거센 파도의 노호, 물결의 칼날 끝에 순식간에 올라타서 까딱하면 둘로 쪼개질까 싶은 순간 허공에 뜬 보트의 짧은 격동의 몸부림, 그 찰나 다시 물의 깊은 골짜기 아래로 깊숙이 잠기는 보트, 이번엔 저 편 산꼭대기로 올라가려는 격렬한 채찍질, 그 순간 저편 산꼭대기 너머로 거꾸로 썰매처럼 곤두박질치는 보트, 이 모든 광경과 더불어 보트장과 작살잡이의 부르짖음, 노잡이의 신음소리가 울부짖는 병아리를 쫓아가는 암탉처럼 그 날개를 벌리고 보트를 쫓아가는 피쿼드 호의 기이한 모양새와 뒤섞인 모습은 모두 전율을 일으키는 광경이었다. 아내의 품안에서 나와 처음으로 치열한 전투에 뛰어든 신병도, 처음으로 저 세상에서 미지의 유령을 만난 죽은 사람의 영혼도, 처음으로 향유고래를 쫓아 그 이상하게 끓어오르는 파도권 내에 들어갈 때만큼의 강력하고 괴이한 감정은 체험하지는 못할 것이었다.

쫓기는 고래들이 일으키는 흰 파도는 암갈색의 구름이 바다 위에 더 짙은 어둠을 뿌리면서 더욱 선명하게 보였다. 걷잡을 수 없이 솟아오르는 수증기는 더는 섞이지 않고 좌우로 기울고 있었다. 고래들은 서로 흩어져서 달리는 것 같았다. 보트는 더욱 사이를 벌려서 저었고, 스타벅은 바람이 불어 가는 쪽으로 필사적으로 달리는 고래 세 마리를 쫓았다. 우리도 이제 돛을 달았으므로 점점 거세어지는 바람을 받으며 굉장한 속도로 돌진했다. 바람 불어가는 쪽의 노는 이 이상 조금이라도 빨리 움직이면 노받이가 부서져 버리겠다고 생각될 정도였다.

얼마 후 우리는 넓게 퍼진 자욱한 안개의 장막으로 돌진하였고 본선도 보트도 분간할 수 없게 되고 말았다.

"자아, 기운을 내라" 스타벅은 돛줄을 고물 쪽으로 잡아당기면서 중얼거렸다. "강풍이 불어 닥치기 전에 놈을 해치울 시간은 있다. 봐라, 흰 물보라다! 돌격이다, 한 대 먹여라!"

곧 이어서 양쪽에서 들려 온 외침소리에 의해 다른 보트도 속력을 내고 있음을 알았다. 그 소리가 들릴까말까 할 때에 스타벅은 번갯불처럼 속삭였다. "서라!" 그러자 작살을 움켜쥔 퀴퀘그가 벌떡 일어났다.

이때 노잡이들은 아직 생사의 위기에 서지는 않았지만 고물의 항해사의 긴박한 표정을 깨닫고는 드디어 때가 왔다고 직감했다. 쉰 마리나 되는 큰 코끼리가 누웠던 자리에서 일어나 뒹구는 듯한 요란한 소리가 그들의 귀에서 또다시 울렸다. 그 사이에도 보트는 안개 속을 헤쳐 나갔는데 파도는 독기 오른 뱀 떼가 또아리를 틀 듯 슛슛 소리를 내고 있었다.

"저게 혹이다, 저게! 저걸 한 대 먹여라!" 스타벅의 낮은 목소리가 들렸다.

보트에서 휙 하는 소리가 나자 퀴퀘그의 손에서 작살이 날아가고 있었다. 그러자 만물이 미쳐서 날뛰는 듯한 굉음과 함께 배는 눈에 보이지 않는 힘에 밀려서 앞으로 고꾸라지면서 암초에 부딪힌 듯한 충격을 받았고, 돛은 털썩 떨어져 찢어졌으며, 한 줄기의 열기를 띤 물기가 옆으로 후려 갈기자 배 밑바닥에 지진이 일어난 것처럼 무언가가 굴러 떨어지고 마구 흔들거렸다. 모든 선원은 거의 안개가 자욱이 낀 휘몰아치는 바람의 소용돌이에 이리저리 휘둘리면서 반쯤은 질식 상태가 되었다. 진풍, 고래, 작살들은 하나가 되어 날뛰었다. 그러나 고래는 다만 슬쩍 스친 가벼운 상처만 입은 채 달아나 버렸다.

보트는 온통 흠뻑 물에 젖어 버렸지만 그래도 파괴된 부분은 거의 없었다. 우리는 주위를 헤엄쳐 떠내려간 노를 주워 올려 뱃전에 집어넣고 다시 자리로 굴러들었다. 가름대도 널판도 물에 잠긴 배 안에 우리는 무릎까지 잠겨서 앉아 있었는데 발밑을 내려다보니 이 떠 있는 배는 바다 밑에서 자라난 산호대처럼 보였다.

바람은 무섭게 불고 있었고, 파도는 방패를 휘두르며 서로 부딪쳤다. 눈에 보이는 진풍은 울부짖으며 갈래를 이루고, 대초원에 흰 연기를 올리는 들불처럼 우리 주위에서 탁탁 타는 소리를 냈다. 우리는 그 불꽃에 휘감기면서도 타지도 않고 죽음의 문턱에 불사신으로 앉아 있었다. 다른 배를 불러 보아야 무슨 소용이 있으랴. 이 폭풍 속에서 서로를 부른다는 것은 활활 타는 난로의 연통 속에 고개를 틀어박고 빨갛게 타고 있는 석탄에다 소리를 지르는 것과 같다. 그러는 동안에도 비말(飛沫), 비운(飛雲), 안개, 이런 것들이 밤의 그림자와 함께 어둠에 먹히고 본선의 그림자조차도 분간할 수 없게 되었다. 파도는 점점 높이 솟구쳐서 물을 길어 낸다는 것은 생각도 할 수 없었다. 노는 배를 앞으로 나가게 하는 데는 전혀 쓸모가 없었으며, 구명판자의 대용이 될 정도였다. 그래서 스타벅은 성냥을 넣은 방수 상자의 끈을 자르고 몇 번이고 실패를 거듭한 끝에, 간신히 랜턴에 불을 붙이고 그 주위에 떠다니던 막대기 끝에 붙들어 매어 퀴케그에게 건네주고 그를 이 절망한 무리의 기수로 만들었다. 그리하여 퀴케그는 항거하기 어려운 이 대자연의 위협 가운데서 불을 부둥켜 쥐고 앉아 있었다. 아아, 이렇듯 절망 속에서 공허한 희망을 안고 신앙심 없는 인간의 상징으로서 앉아 있었던 것이다.

몸속까지 흠뻑 젖어서 추위에 떨어야 했고 본선도 동료들의 보트를 찾아낼 희망 같은 것도 전혀 없었으므로 눈을 부릅뜨고 새벽만을 기다렸다. 안개는 아직 해면에 자욱하였고, 불이 꺼진 랜턴은 배 밑바닥에 깨어져 있었다. 그때 갑자기 퀴케그가 벌떡 일어나서 귀에 손을 댔다. 그때 일동도 바로 지금까지는 폭풍 소리 때문에 들리지 않았던 밧줄의 삐걱거리는 소리를 들었다. 그 소리는 차츰 다가왔다. 짙은 안개를 헤치고 거대하고 희미한 형체가 어렴풋이 모습을 드러냈다. 두려움에 떨던 우리는 본선의 모습이 희미하게 나타나자마자 바다에 뛰어들었는데, 그때는 이미 그 배의 길이도 못될 만 한 거리에 바싹 다가와 있었다.

파도에 떠밀리면서 내버린 보트 쪽을 바라보니, 그 보트는 한순간 본선의 뱃머리 밑에서, 폭포 밑의 나뭇조각처럼 이리저리 떠밀려 흔들리다가 거대한 선체가 그것을 뒤집어 버리자, 한 동안은 흔적조차 보이지 않더니 곧 고물 쪽에서 둥둥 떠올랐다. 우리는 다시 보트를 향해 헤엄쳤고 파도에 부딪치곤 했지만 간신히 잡아 타고는 무사히 본선으로 되돌아왔다. 다른 보트들은 진풍이 닥치기 전에 고래를 포기하고 때맞춰 본선으로 돌아왔다고 한다. 본선은 우리를 단념하고, 다만 혹시 노나 작살막대기 따위의 유품이라도 발견되지 않을까 하고 이 근처를 순항하고 있던 중이었다.

제49장
하이에나

우리가 인생이라고 일컫는 이 잡다한 일에는 기묘한 때와 기묘한 사건들이 있는 것이다. 그리고 거기에 담긴 진의는 막연하게만 알고 있는데 그 농담으로 피해를 입는 사람은 그 누구도 아닌 자기자신이라고 생각하는 것이다. 그러나 그렇다고 해서 실망하지는 않으며 별로 이의를 달 필요도 느끼지 않는다. 그는 온갖 사건, 주의와 신조와 이론, 눈에 보이든 안 보이든 그 모든 고난 따위가 아무리 어려워도 받아들이고 만다. 마치 위장이 튼튼한 타조가 총탄이나 부싯돌을 꿀떡 삼키는 것과 같이 사소한 고생이라든가 근심거리, 또는 앞날이 갑자기 암담해진다든가 생명의 위험이 닥친다든가 하는 것들은 말할 것도 없고, 죽음 그 자체도 그에게는 자기가 방심하는 틈을 타서 생면부지의 장난꾸러기에게 슬쩍 한 대 얻어맞은 것 정도로밖에는 생각하지 않는다. 그런데 이런 종류의 묘한 변덕이란 가장 고난이 심한 때에, 그리고 진지하기 이를 데 없는 때에 찾아오므로 바로 조금 전에 더없이 중대하다고 생각되었던 것이 대수롭지 않은 농담처럼 여겨질 수가 있다. 이 낙천적이고 자포자기적인 철학을 낳는 것으로 고래잡이의 위험에 견줄 만한 것도 없다. 그러므로 나도 그런 철학을 갖고 이 피쿼드 호의 항해와 그 목표물인 흰고래를 다루고자 한다.

"퀴퀘그." 본선에 타고 있던 사람이 마지막으로 나를 갑판에 끌어올렸을 때 나는 재킷을 입은 채 몸을 흔들어 물을 털고 "퀴퀘그, 여보게, 이런 일이 자주 일어나나?" 하고 물었다. 물론 그도 나와 같이 흠뻑 젖었지만 별다른 감정도 나타내지 않고 그런 일이 자주 일어난다고 가르쳐 주었다.

"스텁 항해사님." 이번에 나는 기름친 윗도리의 단추를 채우고 빗속에서 조용히 파이프를 빨아 대고 있던 이 신사를 향해서 말했다. "당신이 우리의 1등 항해사 스타벅 같은 침착하고 빈틈없는 고래잡이는 없다고 말씀하신 것을 기억하고 있는데 말입니다. 안개를 머금은 진풍 한복판에서 돛을 달고 달려가는 고래에 맞부딪쳐 간다는 것이 고래잡이로서 빈틈없다는 게 될까요?"

"흠, 나도 케이프 혼에서 말일세, 진풍 속에 가라앉으려는 배에서 보트를 내려 고래를 쫓아간 일이 있었네."

"플래스크 씨." 나는 내 옆에 서 있던 왕대공을 향했다. "당신은 이 방면에 경험이 많고 나는 풋내기니까 진지하게 묻고 싶습니다. 이 어업에선 죽음의 신이 입을 벌리고 있는 곳을 향해 뒤로 돌아앉은 채 등뼈가 부러질 만큼 세게 저어 가는 것이 철칙으로 되어 있는 모양이죠?"

"좀더 분명히 말하는 게 어때?" 플래스크는 대답했다. "그렇지, 그게 규칙일세. 난 말이야, 보트 선원들이 말이야, 앞을 보고 앉은 채 거꾸로 저어서 고래에게 부딪쳐 가면 재미있을 거라고 생각하네. 핫핫핫! 그러면 고래와 사람이 서로 곁눈질을 하게 되는 셈이지, 안 그런가?"

결국 이것으로 나는 공정한 세 증인에게서 이 사건 전체에 대한 자세하고 치밀한 설명을 들은 셈이다. 그리하여 질풍, 전복(顚覆), 계속된 파도 위의 야영등도 이 직업에서는 늘 일어나는 일이라는 것, 또 고래를 쫓으면서 위기의 극한점에 다다랐을 때 자기의 생명은 보트장의 손아귀에, 때로는 그 같은 순간에도 무모하게 흥분해서 배 판자에 구멍을 뚫을 정도로 마구 발을 굴러 대는 그런 사나이의 손 안에 완전히 쥐어져 있다는 것, 또 우리의 보트가 그런 심한 꼴을 당한 것은 스타벅이 질풍의 한복판에 돌입해서라도 고래를 쫓아가려고 한 데에 기인하는 것이고 더욱이 이 스타벅은 조심성 있기로 유명한 사람이라는 것, 또 나는 이 세상에서도 드물 만큼 용의주도한 스타벅의 선원에 속해 있다는 것, 그리고 나는 머지않아 '흰고래'라는 흉악스럽기 짝이 없는 놈을 쫓을 운명에 말려들고 있다는 것──결국 이 모든 것을 생각해 보았을 때 나는 방에 들어가 유언장의 초안이라도 만들어 두어야겠다는 생각이 들었다. "퀴퀘그." 나는 그를 불렀다. "자아, 나의 고문 변호사, 유언집행인, 유산 상속자가 되어 주지 않겠나?"

세상 사람들은 뱃사람이 유언 소동을 벌인다는 것이 기묘하다고도 생각하겠지만 사실 세상에서 이 사람들만큼 유언을 즐기는 자들도 없다. 내가 이 같은 것을 행한 것은 이때 이미 물 위 생활에서 네 번째였다. 이렇게 해서 이번에도 그 의식을 끝내자 어쩐지 마음이 편안해져서 가슴앓이가 나은 듯한 느낌이었고 가슴을 막고 있던 돌이 굴러 나간 것 같았다. 아무튼 이제부터 살아갈 나의 나날은 소생한 후의 나자로가 산 날들만큼 즐거울 것이다. 고래를 쫓아 몇 달이 될지 몇 년이 될지는 모르지만 송두리째 벌어들이는 시간들이 될 것이다. 나는 내 수명보다 오래 산 셈이다. 나의 죽음과 매장은 나의 가슴속에 잠겨져 있었다. 나는 우리 집 대대로 내려오는 아늑한 묘소에 앉아 있는 망령처럼 만족해서 조용히 주위를 둘러보았다.

나는 무의식적으로 옷소매를 걷어 올리면서 생각했다――자아, 이제는 조용히 죽음과 파멸의 구멍으로 뛰어 들어갈 테다. 나중에 어떻게 되든 그건 알 바가 아니다.

제50장
에이허브의 보트와 그 선원 페들러

"감히 생각할 수 없는 일 아닌가, 플래스크?" 스텁은 큰 소리로 말했다. "만일 내가 다리가 하나밖에 없는 병신이라면 의족 끝으로 배 바닥의 물구멍이라도 막을 일이 없는 한 보트에 탈 수도 없을 거야. 지독한 늙은인데."

"그 일이라면 난, 그다지 이상하다고 생각지 않는걸." 플래스크는 말했다. "만일 늙은이의 한쪽 다리가 궁둥이에서 날아갔다면 이야기는 달라지겠지. 그러나 쓸모는 없지만 한쪽 무릎은 어엿이 있고 또 한 쪽도 많이 남아 있단 말이야."

"그건 모르겠는걸. 늙은이가 무릎을 꿇는 걸 본 적이 없으니까."

포경업계의 전문가들이 자주 논하는 바이지만, 포경 선장의 생명이 얼마나 전체 항해의 성공을 위해서 중요한가를 생각한다면, 선장 자신이 몸소 위험한 추적에 참가하여 그 생명을 건다는 것은 과연 정당할까? 일찍이 티무르(몽고족의 영웅)의 병사들도 세상에 둘도 없는 대제(大帝)의 생명을 백병전이 벌어진 전장으로 이끌어가야 하느냐고 눈물을 글썽이며 의논했던 것이다.

그러나 에이허브의 경우에 이 문제는 좀 다른 양상을 보인다. 두 다리가 멀쩡한 사람도 위험에 처했을 때에는 맥이 빠져버리는데, 이 고래잡이의 일이야말로 항상 말로 다할 수 없는 어려움에 부딪치다보니까 결국 모든 순간들이 생명을 건 것이라고 생각한다면 하물며 절름발이 사나이가 보트를 타고 쫓아간다는 것은 현명하다고 할 수 있을까? 대체로 피쿼드 호의 공동 선주들은 거기 찬성했을 리가 없었다.

에이허브도 잘 알고 있었다. 고국의 친구들은 비교적 위험이 적은 추적의 경우에는 그가 현장에서 몸소 명령을 내리기 위해 보트에 올라탔다 해도 그다지 큰 일로 여기지 않았을 것이다. 그러나 에이허브 선장이 보트장 역할을 하게끔 그에게 보트 한 척을 전속시키고, 그 보트의 선원으로 별도의 다섯 사람이 딸리게 한다는 관대한 생각을 했을 리는 없었다. 그러니까 그는 자신의 보트 선원을 따로 두어 달라고 부탁한 일도 없으며 한 번도 그와 같은 희망을 비치지도 않았다. 그렇지만 자기 혼자서 몰래 계획한 것이다. 아치가 발견한 사실을 다른 선원들에게 말하기 전에는 선원들도 그것을 상상도 하지 못했다. 물론 항구를 떠난 얼마 후 모든 선원이 고래 추적에 적합하도록 보트 준비를 끝낸 뒤에 에이허브가 예비 보트를 만들기 위해서인지 가끔 부스럭거리면서 손수 노의 배꼽을 만들기도 하고 밧줄이 고래에게 끌려서 자꾸 풀려나갈 때 뱃머리의 홈에 꽂을 작은 나무 말뚝을 열심히 깎거나 하는 게 눈에 띄었을 때, 특히 보트 밑바닥을 싼 천을 자신의 의족 끝을 지탱할 때에 쓰려는 듯 한 장 더 달라고 했을 때, 또 고래에게 작살을 던지거나 창을 던질 때에 단단히 무릎을 대기 위해서 뱃머리에 걸쳐 놓을 나무판자를 만들면서 정확하게 하라며 꼼꼼히 살폈을 때, 그 보트 안에서 외다리를 그 판자의 반원형의 구멍에 고정시킨 채 목수의 끌로 이곳을 조금 파내고 저곳을 조금 늘리고 했을 때──그러저런 일들이 당시 모든 사람의 흥미나 호기심을 끌었음은 확실하다. 그러나 거의 전원이 이 에이허브의 정성스러운 준비는 궁극적으로 모비 딕을 추적하는 데 대비하는 일이라고 생각했을 뿐이었다. 이미 그가 저 무서운 괴물을 내가 해치우겠다고 언명한 뒤였으니 말이다. 그러한 추측을 했다 하더라도, 자신의 보트의 전속 선원들까지 이끌고 있을 것이라는 생각은 짐작조차 못했다.

이제 이 도깨비 같은 자들에 대한 놀라움은 어느덧 없어지게 되었다. 포경선에서는 놀라움 같은 것은 곧 사라진다. 왜냐하면 떠도는 무법자들의 포경선에는 이 지상의 별별 구석구석에서 누구인지도 알 수 없는 괴상한 인종들이 모여들기 때문이다. 또 바다에서 판자 또는 난파선의 조각, 노, 포경 보트, 통나무배, 표류중인 일본 정크 등을 타고 떠돌아다니는 이상한 난파자들을 건져 올린다. 악마가 뱃전에 기어 올라와서 선실에 들어와 선장과 이야기를 주고받았다 해도 선실의 선원들은 왁자지껄 떠들어 대지 않을 것이다.

그것은 그렇다 치고 도깨비 같은 선원들은 약간의 간격을 두면서도 곧 다른 선원들 사이에 섞이게 되긴 했지만, 머리를 터번식으로 둘둘 감은 페들러만은 끝까지 괴이한 수수께끼에 싸여 있었다. 그가 이 훌륭한 사회의 어디서 뛰어들어 왔는지, 어떤 이상한 인연으로 에이허브의 기구한 운명과 결부되어 버렸는지, 아니 막연하기는 하나 에이허브에게 어떤 힘을 떨쳐 권위의 존재가 되었는지를 설명할 수 있는 사람은 없었다. 그러나 이 페들러에게 무관심할 수는 없었다. 온대 기후에 사는 문명인들은 꿈에서 아니, 매우 희미한 꿈에서밖에는 그와 같은 사람을 만나지 않는다. 그러나 이런 인간이 태고적 그대로의 아시아 사회, 특히 대륙의 동쪽인 극동(極東)의 여러 섬에서는 때로 출몰한다. 그 유구불변(悠久不變)의 섬들에는 요즘에도 지구 초창기의 원시적인 기이함이 많이 보존되어 있고 인류 선조의 기억도 아직 분명하게 남아 있으며, 사람들은 모두 어디서 왔는지 모르지만 서로를 하나의 정령으로 바라보고 태양이나 달을 향해 자기들이 무엇 때문에 그리고 무엇을 위해 만들어졌느냐고 묻는다. 창세기에 의하면 천사들은 인간의 딸과 어울렸고, 유대 율법학자들의 말에 따르면 악마들도 지상의 욕망에 탐닉했다고 한다.

제51장
이상한 물보라

며칠이 지나고 몇 주일이 지났다. 고래뼈로 장식된 피쿼드 호는 순풍을 받으면서 천천히 네 해역, 곧 아조레스 군도, 베르데 곶, 리오데라플라타 하구의 플레이트 해, 그리고 세인트헬레나 섬 남쪽의 캐롤 바다를 지나갔다.

그 캐롤 바다를 달리고 있던 어느 조용한 달밤, 파도는 은빛의 두루마리처럼 일렁이고 물보라는 사방으로 흩어져, 처량하기보다는 마치 은빛 침묵이라고나 할 만한 것이 깃들여 있었다. 이와 같은 적적한 밤, 뱃머리에서 부서지는 흰 물방울이 아득히 먼 앞쪽에서 보였다. 달빛을 받아서 무엇인가 천상의 것, 날개 돋친 광명의 신이 바다 물결에서 솟아오르는 것처럼 보였다. 맨 처음 이 물뿜기를 발견한 것은 페들러였다. 이런 달밤에 이 사나이는 큰 돛대 꼭대기에 올라가서 대낮인 양 망을 보는 것이 버릇이었다. 그러나 밤에 고래 떼가 보였다 하더라도 감히 보트를 내려 쫓으려는 자는 백 명 중의 단 한 사람도 없을 터이다. 따라서 이 늙은 동양인이 달빛에 그 터번을 비치면서 한밤중에 느닷없이 공중에 서 있는 것을 보았을 때, 선원들이 어떤 감정을 품었는가는 여러분들도 쉽게 추측할 수 있을 것이다. 그러나 몇 밤을 걸쳐 한 마디도 하지 않고 반드시 몇 시간씩 돛대 꼭대기에서 지내던 그가 침묵을 깨뜨리고 달빛을 받은 은빛 물뿜기가 보인다고 괴상한 소리를 지르는 것을 들었을 때, 누워 있던 선원들은 한 사람도 남김없이 마치 날개달린 정령이 삭구에 내려와 앉아서 사람들에게 말을 걸기라도 한 것처럼 벌떡 일어났다. "물뿜기다!" 마지막 심판의 말이 귀에 들렸다 해도 선원들은 이처럼 떨지는 않았을 것이다. 그러나 그것은 두려움 때문이 아니라 오히려 환희에 찬 것이다. 비록 생각지도 않은 시각이었으나 그 외침은 가슴에 호소하듯이 파고 들어와 미칠 듯한 흥분을 불러 일으켰으므로 갑판 위에 모인 선원들은 거의 모두 본능적으로 보트를 내리고 싶은 열망에 사로잡혔다.

한편 에이허브는 갑판 옆을 빠르게 성큼성큼 걸으면서 윗돛대 맨 위의 돛과 모든 보조돛을 달라고 명령하고, 가장 숙련된 자를 키 앞에 세웠다. 이리하여 모든 돛대 꼭대기에 선원을 배치한 배는 부푼 돛으로 바람을 안고 달렸다. 고물 난간께를 스치고 불어와 모든 돛을 부풀게 하는 미풍은 배를 들어올려 흔들곤 했으므로 갑판은 마치 발밑으로 공기가 흘러가는 것처럼 되어 공중에 뜬 것같이 느껴졌다. 그래서 배는 천상으로 밀어 올리려는 힘과, 배를 좌우로 흔들면서 수평선 위 어딘가로 보내려 하는 상반된 힘에 휘둘리는 것처럼 격하게 전진하였다. 누구라도 그날 밤 에이허브의 얼굴을 관찰했다면 그의 속에도 상반된 두 힘이 맞서고 있음을 보았을 것이다. 살아 있는 쪽의 다리는 정기에 찬 울림을 갑판 위에 두드려 대는 한편 죽은 쪽의 다리는 관(棺)을 두드려대는 듯한 소리를 냈다. 이 노인은 생과 사의 두 세계를 넘나들고 있었다. 배는 쾌속으로 돌진했고 모든 사람의 눈동자에서는 화살과 같은 격렬한 빛을 발했지만, 그날 밤 은빛 물뿜기는 두 번 다시 보이지 않았다. 모든 선원들이 분명 한 번은 보았으되 두 번은 아니었다고 장담했다.

며칠이 지나 이 심야의 물뿜기가 거의 잊혀졌을 때 고요한 시각에 또 다시 외치는 소리가 났다. 이때도 모두가 확인하고 쫓아가려고 돛을 달고 보니 처음부터 있지도 않았던 것처럼 없어지고 말았다. 며칠 밤을 이렇게 희롱당했기 때문에 마침내 사람들은 누구 하나 상대를 않게 되어 그저 이상한 것이라고만 생각하였다. 고요한 달빛 속에서 또는 별빛 속에서 괴상하게 물을 뿜어 올렸는가 하면 하루 종일 아니 이틀, 사흘이 지나도 그림자도 보이지 않다가 다시 눈앞에 명료하게 나타나는 순간 또다시 배의 앞쪽 아득히 먼 곳으로만 내달리고 있는듯이 느껴져 이 물보라는 영원토록 우리를 유혹하려는 것처럼 생각되었다.

선원들 사이에서 끊이지 않고 내려온 미신적인 사고방식, 또 어떤 일에도 피쿼드 호를 휘덮는 것처럼 생각되는 초자연적인 불가해, 그런 것이 서로 합쳐진 것일까? 배 안의 일부 선원들은 그것을 본 것이 언제 어느 곳이고 어느 정도의 시간 간격을 두고 나타났건, 또 어떤 경도나 위도의 간격을 두고 나타났건 늘 저 다가갈 수 없는 물뿜기야말로 어떤 고래 하나가 뿜어 올리는 것, 즉 모비 딕의 짓이라고 단언하였다. 한동안은 이 신출귀몰하는 망령에 대한 공포가 배를 사로잡았고, 그것이야말로 저 바다 괴물이 우리를 앞으로 이끌다가 가장 멀고 가장 거친 바다에 이르면 몸을 돌려서 덤벼들어 우리를 죽여 버리려는 것이라는 생각도 들었다.

그 무렵 이러한 근심은 참으로 막연했지만 두려움에 차 있었고, 더구나 이상할 정도의 조용한 날씨가 계속 역효과를 초래해서 야릇한 예감을 더해 주기까지 했다. 그 음울한 정적의 밑바닥에 무언가 악마의 주술이 숨겨진 것처럼 생각되었고, 이 지루하고 적적한 고요 속에 싸인 바다 속을 며칠이고 계속 달리다 보니 천지가 우리의 복수에 혐오감을 드러내며 이 뼈항아리 모양의 뱃머리 앞에서 생기를 던져 버렸다고 생각되었다.

그러나 이윽고 동쪽으로 향했을 때, 희망봉의 폭풍은 우리 주위에서 미친 듯이 울부짖었고 우리는 그 용솟음치는 높은 파도 속에서 치솟았다 떨어져 내렸다를 반복했다. 고래뼈로 장식된 피쿼드 호는 심한 바람에 세게 비틀거리면서 미친 듯이 어두운 파도를 갈랐고 물보라는 은조각의 소나기처럼 뱃전을 넘나들었다. 이리하여 진공 같은 생의 쓸쓸함은 사라져버렸지만 그 대신 찾아온 것은 더한층 처참한 광경이었다.

고물 가까운 물속에서는 이상한 모양의 생물들이 눈 앞을 휙휙 스쳤고 우리의 뒤쪽에는 어쩐지 수상한 가마우지가 많이 날고 있었다. 아침마다 용출줄에 나란히 앉아서 아무리 소리를 질러 대어도 언제까지고 고집스럽게 그 삼베줄에 매달려 있었다. 이 배를 표류하는 무인선이라고 생각하고 황폐하게 내버려진 이곳이야말로 집 없이 떠도는 자기들의 보금자리로 적당하다고 생각했던 모양이다. 암흑의 바다는 마구 소용돌이치고 한시도 멈추지 않았다. 그 광대한 파도는 양심이고, 거대한 세속의 영혼은 자신이 오랫동안 길러 온 죄와 고뇌에 몸부림치고 슬퍼하는 것 같았다.

사람들은 왜 희망봉이라 부르는 것일까? 옛날의 위난봉(危難峰 : 바스코 다 가마가 처음 지은 이름)이라는 이름이야말로 제격이다. 이제까지 오랫동안 이 끔찍스러운 침묵에 홀린 채 거친 바다 속에 내던져진 선원들은, 저 새들이나 이 물고기들이야말로 죄업을 진 자들이 환생한 것으로서 저 물고기는 쉴 바위 그늘도 없이 영원히 헤엄쳐 다니고, 저 새는 지평선도 보지 못하고 캄캄한 하늘을 날아야 하는 업보를 짊어지고 있는 것으로 보았다. 그러나 저 물보라는 눈처럼 희고 조금도 변하지 않은 모습으로 깃털같은 분수를 하늘에 치올리며 우리를 앞으로 앞으로 손짓해 부르면서 가끔씩 모습을 나타냈다.

이 어두컴컴한 날씨가 계속되던 나날에 에이허브는 바람이 마구 부는 위험한 갑판의 지휘를 거의 혼자 도맡았으나 휴식도 거의 취하지 않았고 말할 수 없이 음울하고 고독한 모습으로 항해사들에게 말을 거는 일도 적어졌다. 이와 같은 거친 날씨에는 배의 윗돛대 꼭대기의 물건들을 단단히 고정시키고 나면 해야 할 일이라곤 폭풍의 결과를 지켜보는 일밖에 없었다. 선장도 선원들도 모두 숙명론자가 되었다. 에이허브가 그 상아뼈의 한쪽 다리를 언제나처럼 구멍에 집어넣고 한 손으로 단단히 밧줄을 붙잡고 몇 시간이고 서서 바람 불어오는 곳을 가만히 응시할 때, 때로 비나 눈을 동반하고 불어오는 질풍은 그 눈꺼풀을 거의 얼어붙게 했다. 선원들은 고물을 넘쳐 들어와 부서지는 거친 파도에 앞돛대 쪽에서 가운데 갑판으로 쫓겨와 뱃전에 나란히 서서 풍랑을 피하기 위해 난간에 매어진 용출줄로 몸을 묶고 느슨해진 끈에 묶인 것처럼 흔들리고 있었다. 거의 한마디도 말을 하는 사람이 없었다. 밀랍을 바른 선원들을 태운 것처럼 침묵의 배는 매일매일을 미친듯이 기뻐 날뛰는 악령의 거친 파도를 헤치고 나갔다. 밤이 되어도 대양의 울부짖음을 앞에 둔 인간의 침묵은 풀리지 않았다. 선원들은 여전히 벙어리처럼 용출줄에 달라붙었고, 에이허브도 말없이 폭풍에 맞서 있었다. 기력이 쇠퇴해졌다고 생각될 때에도 그는 해먹에서 휴식을 취하려고 하지 않았다. 스타벅은 어느 날 밤 청우계(晴雨計)를 조사하러 선장실에 들어갔을 때에 본 그 노인의 모습을 잊을 수가 없다고 했다. 마룻바닥에 못질을 한 의자에 눈을 감고 굳은 것처럼 앉았는데, 조금 전까지 뒤집어썼던 폭풍의 빗방울이며 진눈깨비를 여전히 털지 않아 쓰고 있는 모자와 외투에서는 물방울이 뚝뚝 떨어지고 있었다. 옆의 테이블에는 언젠가 이야기한 조류와 해류의 지도가 펼쳐진 채 놓여 있었다. 굳게 움켜쥔 손에는 등불이 흔들리고 있었다. 몸체는 꼿꼿했지만 머리는 뒤로 젖혀져 있어서 그 감은 눈은 천장의 들보에 매달린 키 각도 표시기*의 바늘을 노려보고 있었다.

무서운 늙은이다! 스타벅은 전율하며 생각했다. 이 폭풍 속에 잠자면서도 집념에 찬 그 눈은 표적을 노리고 있는 것인가.

---

* 선장실 나침의(羅針儀)는 '키 각도 표시기'라고 불린다. 키의 나침반까지 가지 않아도 선장실에서 배의 진로를 가르쳐 주기 때문이다.

제52장
앨버트로스 호

희망봉 남동쪽 멀리 큰고래 어장으로 이름난 크로제트 군도 해역의 절해(絶海)에서 '앨버트로스'라는 배를 보았다. 그 배가 천천히 다가옴에 따라 앞돛대의 높은 곳에 있던 나는 원양어업 풋내기의 눈이 휘둥그레지기에 족한 광경, 곧 오래 고향을 떠나 바다를 떠도는 포경선을 잘 관찰할 수 있었다.

파도가 표백술사(漂白術師)라고나 할지, 그 배는 마치 육지에 밀려 올라온 바다코끼리 뼈처럼 창백해져 있었다. 이 유령 같은 배의 모습은, 뱃전 가득히 붉게 녹슬어 줄무늬가 나 있고, 돛대 활대나 삭구는 모두 하얗게 서리 내린 나뭇가지 같았다. 아래쪽에만 돛이 달려 있었다. 그 세 돛대 꼭대기에 있는, 수염이 덥수룩한 망보기들의 모습도 보기 끔찍할 정도였다. 그들은 짐승 가죽에 싸인 것처럼 보였고 거의 4년 동안의 항해에 견디어낸 그 의복은 다 해지고 낡아 있었다. 돛대에 박힌 쇠고리 옆에 서서 그들은 깊이를 알 수 없는 심해 위에서 흔들리고 있었다. 그 배가 우리 배의 고물에 닿을 듯 말 듯 하게, 공중에 있는 우리 여섯 사람이 이 돛대 꼭대기에서 상대편 배의 돛대 꼭대기로 뛰어 옮길 수 있을 만큼 가까운 거리에서 천천히 미끄러져 갔다.

그때 아래쪽에서는 뒷갑판의 동료들이 외치는 소리가 들렸는데도 그 배의 절망에 빠진 것 같은 세 선원은 지나칠 때 우리들을 멍하니 바라볼 뿐, 이쪽 망보는 선원에게 한 마디도 던지지 않았다.

"여어이! 흰고래를 보지 못했나?"

그러나 그 이상한 선장은 그때 창백한 뱃전에 기대서서 신호나팔을 입에 대려 하고 있었는데 웬일인지 그것은 손에서 굴러서 바다로 떨어지고 말았다. 때마침 바람이 심하게 불었기 때문에 그가 나팔 없이 뭐라고 외쳐 봐야 들리지 않았다. 그 동안에도 배는 자꾸자꾸 떠나갔다. 피쿼드 호의 선원들은 다른 배에 흰고래를 보지 못했냐고 하자마자 일어난 이 재수 없는 일을 자기들은 똑똑히 보았다는 사실을 서로 눈빛으로 이야기하고 있었다. 그러나 에이허브는 잠시 장승처럼 우뚝 서서 심한 바람만 불지 않는다면 보트를 내려 상대편 배에 옮겨 타려 하는 것 같았다. 그러나 바람이 불어오는 방향을 이용해서 다시 신호나팔을 손에 들었다. 상대편 배의 형상으로 보아 머지않아 귀국하는 낸터킷의 배라고 생각하고 큰소리로 불렀다.

"어이! 이 배는 피쿼드 호다. 세계를 도는 거야. 사람들에게 말해 주게. 이제부터 편지는 태평양 쪽으로 보내라고 말일세. 고향으로 돌아오지 않느냐 묻거든 3년 후에나 보자고 말해 주게. 주소는……."

그 순간 두 배의 뱃길은 분명 서로 가로질렀다. 그러자 며칠간 우리 뱃전을 조용히 헤엄치던 얌전한 작은 물고기 무리는 지느러미를 떠는 것처럼 달아나 상대편 뱃전 뱃머리에서부터 고물 쪽으로 나란히 줄을 지었다. 다년간 항해한 에이허브이므로 이러한 광경도 종종 보았음에 틀림없었지만, 편집광적 인간에게는 극히 사소한 일도 때에 따라서는 의미 깊은 일이 된다.

"이놈들, 너희들 내게서 달아나는구나." 물속을 유심히 들여다보며 에이허브는 중얼거렸다. 그 말 자체엔 별다른 의미도 포함되어 있는 것 같지 않았지만 그 말투에는 이 늙은 미치광이가 지금까지 표현한 일이 없는 비애가 담겨 있었다. 그러나 그때까지 배의 속도를 늦추기 위해서 바람을 향해 조종하고 있던 키잡이 쪽을 돌아보고 또다시 늙은 사자의 목소리로 소리쳤다. "키를 바람 부는 쪽으로! 바람을 안고 온 세계를 달려라!"

온 세계를! 그 울림에는 자신감을 불러일으키게 하는 것이 있었다. 그러나 그 세계 회항(回航)의 끝은 어디라는 것일까? 그것은 다만 우리가 출발한 곳까지 수없는 어려움을 무릅쓰고 돈다는 것, 결국은 우리가 버리고 온 편히 사는 사람들이 항상 우리 앞쪽에 있다는 것이다.

이 세계가 무한대의 평면이어서, 동으로 동으로 달리면 영원히 새로운 땅의 끝에 가게 되고, 키클라데스 섬(지중해 에게 해에 위치한 군도)도 솔로몬 섬(뉴기니아 동쪽에 위치한 군도)도 미칠 수 없는 즐겁고 진기한 경치를 발견한다면 이 항해에도 기대할 것이 있을 것이다. 그러나 우리는 꿈에 그리는 아득한 신비와는 거리가 멀게 느닷없이 나타나 인간의 가슴을 스치고 돌아다니는 저 마성의 괴물을 숱한 고난을 겪으며 그저 뒤쫓을 뿐이다. 그들을 쫓아 지구를 한 바퀴 돌아도 그들은 우리를 황량한 미로 속으로 이끌든지 아니면 중도에서 전복시켜 버릴 것이다.

제53장
갬

  에이허브가 그 포경선에 가지 않은 표면상의 이유를 우리는 이렇게 이야기했다. 즉, 바람과 파도가 폭풍의 징후를 보이고 있었기 때문이다. 그러나 그런 경우가 아니었다해도 결국 그 배에는 가지 않았을 것이다. 그 후 비슷한 경우에 처했을 때 그가 취한 행동으로 판단해 볼 때, 큰소리로 부르는 동안 자신의 질문에 대해 부정적인 대답을 얻었을 것이기 때문이다. 사실 후에 판명된 일이지만 에이허브는 그토록 간절히 듣기를 바라고 있는 소식에 도움이 될 듯한 경우를 제외하고는 다른 배의 선장과는 잠시 동안이라도 상대하려 하지 않았다. 그러나 이러한 모든 일도 이역(異域)의 바다, 특히 공해 어장에서 만나는 포경선의 독특한 습관임을 전혀 모른다면 이상하게 들릴 것이다.
  두 이방인이 뉴욕 주의 파인 배런이나 그에 못지않게 황량한 영국의 솔즈베리 광야에서 만났다고 하자. 그런 인적도 없는 광야에서 만났다면, 그 두 사람은 반드시 서로 인사를 주고받거나 잠시 걸음을 멈춰 어떤 소식을 알려 주기도 하며 잠시 앉아서 함께 쉬기도 할 것이다. 그렇다면 끝없는 바다의 '파인 배런'이나 '솔즈베리 광야'에서 포경선 두 척이 같은 해역에서 서로 조우했다고 한다면──쓸쓸한 패닝 섬(태평양의 산호초)이나 더 먼 킹스밀 근처라도 좋다──그 경우에 배가 서로 소리를 지르고 훨씬 가까이 접근해서 서로 인사를 나눈다는 것은 퍽 자연스러운 일이다. 더구나 같은 항구에 소속되고 그 선장이나 고급 선원 등 적지 않은 선원들이 서로 아는 사이고 그리운 고향에 대해서 끝없는 화제라도 있을 경우 너무나 당연한 일이다.
  출항한지 얼마 안 되는 배에는 오래 고향을 떠나 있는 배에 띄운 편지도 맡겨져 있을 것이다. 아무튼 손가락 자국투성이로 너덜너덜해진 마지막 신문보다는 1년이나 2년쯤 새로운 것을 받아 볼 수가 있을 것이다. 출항한지

얼마 안 되는 배에서는 베푼 친절에 대한 답례로 이제부터 목표로 삼는 고래어장에 대한 최근의 정보라는 비할 바 없이 귀중한 자료를 얻을 수 있을 것이다. 또한 모두 비슷하게 오랫동안 고국을 떠나 있던 포경선이 고래어장을 서로 지나치는 경우가 있더라도 어느 정도는 이와 흡사하다. 이를테면, 한 배는 지금은 먼 곳에 있는 제삼의 배에서 부탁받은 편지를 가지고 있을지도 모르고 그 속에는 지금 만난 배에 보내진 것도 섞여 있지 않다고는 할 수 없다. 게다가 고래의 정보를 교환하고 환담을 나눌 수도 있다. 그들의 만남에는 뱃사람끼리의 동정심이 넘쳐 있을 뿐 아니라 어려움과 위험을 겪으면서 같은 고래를 잡는다는 일종의 독특한 친밀감도 생긴다.

또 국적이 다르더라도 이를테면 미국 사람과 영국 사람의 경우처럼 쌍방의 말이 통하는 한은 본질적으로 다를 것이 없다. 그렇다곤 해도 그런 교환은 영국 포경선이 소수이므로 그리 자주 일어나지는 않는다. 게다가 만일에 만났다 해도 서먹한 기분이 그 사이를 감돌기 쉽다. 왜냐하면 영국인들은 과묵하고 양키들은 자기 이외의 사람들에겐 그러한 덕이 없는 줄 알기 때문이다. 더구나 영국의 고래잡이들은 때론 우월감을 보이면서 미국의 고래잡이들을 멸시하는 습성이 있고, 키가 크고 힘줄투성이인 낸터킷 사람들이 정체를 알 수 없는 나라의 풍속을 좀 보일라치면 저놈들은 바다의 시골뜨기라고 무시한다. 그러나 양키들 전체가 하루에 잡아 죽이는 고래의 수는 영국 사람들 전체가 십 년 동안에 잡는 것보다 많다는 것을 생각한다면, 사실이지 영국 포경선의 우월감이 어디서 기인하는지 의아하게 여기지 않을 수 없다. 이것은 죄 없는 영국 고래잡이들의 작은 약점이라 할 만한 것이므로 낸터킷 사람들도 그다지 마음에 두지 않고 있다. 또 자기들에게도 약간의 약점은 있을 테니까.

결국 외롭게 바다 위에 떠 있는 모든 배중에서 포경선이 가장 사귐성이 좋은 것도 무리가 아니고 또 사실이 그렇다. 그런데 대서양 한복판에서 서로 지나치는 상선 중 어떤 것은 만나는 순간에도 인사말 한 마디 없고, 훌쩍 소맷부리를 스치며 지나가버리는 그 모습은 브로드웨이의 멋쟁이 한 쌍과 비슷해서 언제나 서로의 장비와 도구 따위에 대해서만 까다로운 비평을 한다. 한편, 군함은 바다에서 우연히 마주치면 우선 요란스런 인사를 하느라 시시덕거리며 깃발을 올렸다 내렸다 한다. 그쯤 되면 솔직한 호의라든가 진정한 형제애 같은 것이 그곳에 있으리라곤 여겨지지 않는다. 그리고 노예선들이 만나게 되면 왜 그렇게 황급하게 달아나 버리고 마는지. 그리고 해적선이 서로의 해골이 그려진 기를 스쳐갈 때 제일 먼저 던지는 인사말은, 포경선이라면 "몇 통이나 했나?" 하고 물어봤을 것을 "몇 놈이나 해치웠나?" 라고 한다. 그 대답을 얻기만 하면 총총히 헤어지고 만다. 모두다 누구 못지않은 지옥의 악한들이므로 서로의 악독한 꼴을 보기 싫어하는 것이다.

눈을 돌려 천진난만하고 정직하고 얌전하고 상냥하고 공손하고 활달한 포경선을 보라. 날씨가 온화한 어느 날 다른 포경선을 만나기라도 하면 어떻게 하는가? '갬'이란 것을 한다. 포경선 외의 다른 배들에는 전혀 없는 일이고 그 이름도 알지 못한다. 우연히 그 말을 들었다 해도 그것을 비웃을 뿐 '물 뿜는 놈들'이니 '기름 짜는 놈들'이니 하고 조롱하는 말을 던질 뿐이다. 상선 선원이나 해적, 군함 선원 또는 노예선 선원들이 포경선을 이렇게 한결같이 경멸하는 것은 풀기 어려운 수수께끼다. 해적의 경우를 생각해 본다면 놈들의 직업 어디에 독특한 영광이 있는지 나는 도무지 알 수 없다. 물론 때로 화려한 승천(昇天)을 하지만 그것도 교수대에서가 아닌가. 더구나 저 독특한 형식에 의해서 높이 올라간다 해도 그 비약엔 충분한 발판이 없다. 따라서 그가 고래잡이보다 높은 곳에 있다고 자랑할 때 그 주장에는 확고한 근거가 아무것도 없다고 나는 단언한다.

그러면 '갬(Gam)'이란 무엇인가? 사전의 이곳저곳을 뒤지느라 집게손가락 끝이 닳는다 해도 여러분들은 그 단어를 찾아낼 수 없을 것이다. 존슨 박사(영국의 사전 편찬자)도 거기에까진 박식하지 못했고, 노아 웹스터 씨의 방주(웹스터 사전) 속에도 그것은 적혀 있지 않다. 그럼에도 불구하고 이 단어야말로 거의 만 오천 명의 순수 혈통 양키들에 의해서 오랜 동안에 걸쳐 늘 사용되어 온 것이다. 정말로 정의가 내려져서 '사전'에 등재되어야만 한다. 이런 견해에 따라서 내가 이 자리에서 학문적인 정의를 내리는 것을 허락하여 주기 바란다.

갬(Gam)——명사. 두 척(또는 그 이상)의 포경선의 사교적 방문 교환. 대개 어장에서 행해진다. 그런 경우 큰 소리로 인사를 주고받은 뒤 양쪽 배의 선원들이 서로 만나는데, 두 선장은 한쪽 배 위에, 두 1등 항해사는 다른 쪽의 배 위에서 잠시 머문다.

그리고 이 '갬'에 대한 다음 사항도 빠뜨릴 수 없는 항목이다. 모든 직업에는 각각 자질구레한 이상한 습관이 있는데 포경업도 예외일 수 없다. 해적선, 군함, 노예선에서는 선장 또는 함장이 보트를 탈 때에는 항상 고물에서 가장 안락한, 때로 방석이 깔린 자리에 앉아 화려한 끈이나 리본으로 장식한 화사한 키자루를 잡고 조종한다. 그러나 고래를 잡는 보트에는 그런 고물의 좌석도 없고 그런 안락의자 같은 것도 없고 키자루 따위도 없다. 포경 선장들이 중풍을 앓는 늙은 참사회원들처럼 바퀴 달린 특별 의자로 물 위를 돌아다녔다면 그야말로 가관일 것이다. 그리고 고래 잡는 보트에서는 그런 여성다운 키자루 같은 것은 결코 허용되지 않는다. '갬' 때에 선원은 모두 보트를 저어 나가야 하며 따라서 키잡이, 즉 작살잡이도 그 가운데 있는 셈이니까 이때에는 그가 보트를 조종하게 되므로 선장은 앉을 자리가 없어서 언제나 소나무처럼 우뚝 선 채 방문하게 된다. 이때 서 있는 선장은 양쪽 배에서 주어지는 눈길, 다시 말해서 보이는 온 세상의 눈길이 자기에게 집중되고 있음을 의식하고 다리를 힘 있게 버티고 자신의 위엄을 지키려고 기를 쓴다. 이것은 결코 쉬운 일이 아니다. 뒤에서는 거대한 노가 툭 튀어 나와 이따금 그의 허리뼈 부근을 때리고, 앞에서는 제일 뒤의 노가 나왔다 들어갔다 하면서 무릎을 친다. 이렇게 앞뒤로 완전한 궁지에 몰려서 다만 양다리를 벌리는 것으로 버틸 수밖에 없다. 그러나 갑자기 보트가 심하게 흔들리며 기울어져 그를 쓰러뜨리기도 한다. 아무리 발판을 넓게 벌렸다 해도 그에 맞을 만한 폭이 없으면 아무 소용이 없다. 두 막대기의 각도를 아무리 벌려 봐야 세울 수 없는 것과 마찬가지이다. 그런데 굳이 또 말한다면, 다리를 벌리고 선 선장이 온 세상의 시선이 쏠리는 가운데 손으로 뭔가를 움켜쥐는 것으로 아주 조금이라도 안정을 기하려 한다면 그것은 안 될 일이다. 물론 그는 공중에 떠서 태연자약한 모습을 과시하려고 대개는 양손을 바지 호주머니에 찌르고 있는데, 아마도 선장의 손은 보통 매우 크고 무거우므로 그것은 배 밑에 쌓아놓는 짐의 대역을 하고 있을 것이다. 그러나 간혹 가다가 대단한 위기——이를테면, 갑자기 질풍을 만난 선장이 제일 가까이에 있는 노잡이의 머리카락을 움켜쥐고 죽음의 신처럼 매달렸던 일도 종종 있다고 한다.

제54장
타운호 호의 이야기
(황금 여인숙에서의 이야기)

 희망봉과 그 주위 일대의 해역은 넓은 대로의 네거리와도 흡사해서 다른 데서는 생각할 수 없을 만큼 많은 나그네를 만난다.
 앨버트로스 호에게 소리를 지른지 얼마 되지 않아 귀향길에 있는 또 하나의 포경선 타운호 호*를 만났다. 그 선원들은 거의 모두 폴리네시아 사람이었다. 그때의 짧은 갬에서 그들은 모비 딕에 대해서 유용한 소식을 알려 주었다. 이 타운호 호 사람들이 들려준 이야기에서 때때로 사람들을 덮치는 이른바 신의 심판이 놀랍게도 고래를 통해 드러난다는 사실에 암시를 받아 흰 고래에 대해서 감정적으로 자극된 사람도 있었다. 그 이야기는 이제부터 말하려는 비극의 비밀을 이루고 있다 할 수 있겠는데, 끝내 그것은 에이허브 선장과 항해사들의 귀에는 들어가지 않았다. 아니, 그 이야기의 비밀 부분은 타운호 호의 선장도 알지 못했다. 그 이야기는 그 배에서 동맹을 맺은 세 백인 선원들 사이에서만 지켜지고 있었는데, 그 중 한 사람이 태슈테고에게 가톨릭교회의 비밀 지령식으로 속삭인 모양이었다. 그런데 그 다음날 밤 태슈테고는 잠꼬대를 하면서 대부분을 누설해 버려 잠이 깨었을 때에는 아무래도 그 나머지를 감출 수 없었다. 그러나 그것은 모든 것을 알게 된 피쿼드 선원들의 마음에 무서운 힘으로 덮쳐와 그들은 이상할 만큼 미묘한 힘에 사로잡혔으므로, 그 비밀을 굳게 지키게 되어 절대로 피쿼드의 큰 돛대 뒤에까지 전해지지 않았다. 이제부터 나는 배 위에서 공공연하게 서로 주고받은 이야기 중간중간에 적당한 어두운 실을 섞어 짬으로써 그 괴이한 사건의 전모

---

* 옛날, 돛대 꼭대기에서 고래를 발견한 사람이 맨 처음 외친 소리이며 오늘날에는 유명한 갈라파고스 군도에서 자라 잡는 배에서 쓰이고 있다.

를 최후의 기록으로 남기려 한다.

　유머를 살리고자, 언젠가 리마에서 내가 어느 성자(聖者)의 축일 전야에 '황금 여인숙'의 두터운 금빛 타일을 깐 넓은 뜰에서 담배를 피우며 태평스레 빙 둘러앉은 스페인인 친구들을 상대로 이야기하던 때의 말투와 똑같은 투로 이야기하려 한다. 그 훌륭한 신사들 중에서 젊은 페드로와 세바스티안이 나의 가까운 친구였다. 그들은 가끔 질문을 했고 그에 대한 대답도 적당히 하는 그런 형식이었다.

　"여보게, 이제부터 내가 이야기하려는 사건은 처음 내가 이 사건을 알게 된 때보다도 더 옛날인 2년 전쯤에 있었던 일이네. 타운호 호라는 낸터킷의 향유고래를 잡는 배가 이 태평양을 돌아다녔단 말일세. 그것은 이 황금 여인숙에서 서쪽으로 가면 며칠 걸리지 않는 적도 북쪽 근처였었다네. 항해일지에 의하면 어느 날 아침 매일 하는 펌프질을 하고 있으려니까 아무래도 보통 때와는 달리 선창의 물이 많은 것 같더란 말일세. 그래서 모두들 황새치가 구멍이라도 뚫었나보다고 생각했단 말일세. 그런데 선장은 어찌된 셈인지 그곳의 바다에는 뭔가 기막힌 운이 기다리고 있을 거라고 생각했단 말이야. 그래서 그곳을 빠져나가길 싫어했다네. 물이 새는 것도——폭풍이 약간 일어 바다가 거칠긴 했으나 무리를 해서 밑바닥까지 조사해 보았지만 도무지 어디서 새는지 알 수가 없었다네. 아무튼 그다지 무서운 일은 아닐 거라고 생각되었네. 배는 항해를 계속했고 선원들은 가끔 생각난 듯이 태평스럽게 펌프질을 했지. 그러나 행운이 다가온 게 다 뭔가? 며칠이 지났지만 물이 새는 곳이 어딘지 도무지 발견되지 않고 물만 눈에 띄게 불어나더란 말일세. 그런 형편이었으므로 선장도 약간 허둥대기 시작하면서 모든 돛을 다 올리게 하고 군도 가운데서 가장 가까운 항구로 달리게 했지. 거기서 배를 끌어올려 수선하려는 계획으로 말일세.

　항구까지는 가깝지 않았지만 펌프는 아주 좋았고 서른여섯 명의 선원들이 가끔 교대로 움직이고 있으니까 운이 아주 나쁘지만 않다면 비록 갑절로 물이 새더라도 도중에 배가 가라앉아 버릴 걱정은 없었다네. 정말 그 항해는 거의 처음부터 끝까지 바람운은 좋았으므로 누구나 실패하지 않고 그 항구까지 무사히 당도할 수 있으리라고 생각했네. 그런데 낸터킷 출신의 항해사인 래드니라는 사나이가 무자비한 횡포를 부리지 않고, 그런 그에게 버팔로 태생의 건달이면서 호수의 사나이인 스틸킬트가 크게 원한을 품지만 않았더라면 그렇게 될 수 있었을 걸세."

"호수의 사나이? 버팔로? 이봐, 호수의 사나이란 뭐요? 버팔로가 어디 있소? 가르쳐 주구려" 가만히 흔들리는 멍석에서 몸을 일으키면서 돈 세바스티안이 물었다.

"이리 호(湖)동쪽 기슭이지, 돈…… 그러나 잠깐 기다려 줘. 이제 모두 알게 될 테니까. 듣게나, 자네들의 칼라오(페루의 항구도시) 항구에서 마닐라까지 먼 곳을 달린 어떤 배에도 지지 않는 크고 탄탄한 사각 돛에 돛대가 셋인 배를 타고 있던 이 '호수의 사나이'는 말일세. 아메리카 대륙 한복판인 깊숙한 곳에서 나왔으면서도 대개 바다에서나 하는 약탈 근성을 갖고 있었단 말일세. 왜냐하면 우리나라의 민물 바다, 그러니까 이리 호(湖), 온타리오 호, 휴런 호, 슈피리어 호, 미시간 호는 말일세, 모두가 이어져 있어 그것을 하나로 합치면 큰 바다에 지지 않을 정도로 넓어 그것을 에워싼 인종도 풍토도 각양각색이지. 폴리네시아의 바다에서 처럼 아름다운 군도도 흩어져 있는데 넓은 관점에서 보면, 마치 대서양처럼 양쪽 기슭에 두 대국이 대치하고 있는 셈이지. 동쪽으로는 그 기슭에 흩어져 있는 미국의 여러 식민지로 가는 수로(水路)가 나 있어 여기저기에 요새니 딱딱한 매키노 포대(砲臺)가 염소처럼 얼굴을 찌푸리고 서 있었고, 해전의 승리를 알리는 은은한 포성이 울린 적도 있었지만 때로는 무서운 야만인이 기슭까지 올라와서 짐승 가죽으로 만든 천막 그늘에서 붉게 칠한 얼굴을 얼씬거리고 있었지. 기슭에는 몇 리그씩이나 사람이 들어간 적도 없는 태고의 숲이 계속되었고 고트 왕의 계도(系圖)처럼 굉장한 소나무가 우거져 있었는데, 그 숲에는 아프리카 못지않은 맹수며 타타르 왕의 옷감으로 수출하는 은빛 가죽의 짐승들이 살고 있었지. 그런가 하면 돌을 깐 버팔로며 클리블랜드의 도시는 윈네바고 마을과 함께 호수에 그 그림자를 드리우고 있었다네. 굉장히 큰 상선도 떠 있었고 무장한 군함도, 증기선도, 호숫가를 도는 통나무배도 있었다네. 돛대를 부러뜨리는 북풍이 불면 어느 바다에도 지지 않을 만큼 굉장한 파도가 일기 때문에 난파선 같은 것은 신기할 것도 없다네. 육지 안이라곤 하지만 육지는 보이지 않으니 어둠 속에서 울부짖는 선원들의 울음소리와 함께 가라앉은 배도 있었네. 스틸킬트란 놈은 육지에서 자랐다곤 해도 거친 바다 태생이라 거친 바다에서 자란 어느 뱃사람 못지않을 만큼 대담했다네. 그리고 다음은 래드니인데, 이 놈도 어린 시절에는 조용한 낸터킷의 바닷가에서 자라 그것이 어머니인 듯 바다에다 응석을 부렸을 테지만 나이를 먹은 후로는 오랫동안 거친 대서양과 조용한 태평양을 마구 달려왔단 말일세. 심술궂고 싸움 잘하기란 사슴뿔 자루가 달린 사냥칼을 쓰던 지방에서 갓 올라온 저 처녀림 출신의 선원과 조금도 다름이 없다네. 그렇지만 말일세, 그 낸터킷 사나이도 어딘가 마음이 좋은 구석은 있었고 그 호수의 사나이인 뱃사람도 악마 같은 놈임에는 틀림없었지만 아주 엄하게 다스리면서도 때로는 아무리 천한 노예에게라도 마땅히 보여 줘야 할 인간다운 동정심을 베풀었더니 오랫동안 나쁜 짓을 하지 않고 얌전하더란 말일세. 그런데 래드니는 벌을 받아 미치광이가 되었고 스틸킬트는……여하튼 들어보게나.

타운호 호가 섬 항구로 뱃머리를 돌리고 나서 겨우 하루나 이틀이 지났을 때, 다시 또 물이 심하게 샜는데, 그래도 매일 한두 시간 펌프질을 하면 되었다네. 자네들도 알겠지만 대서양 같은 문명의 바다에서 항해할 때에는 내내 펌프질을 한다는 것을 그다지 중요하게 생각하지 않는 선장도 있지만 졸립고 잔잔한 밤에 당직 선원이 그 일을 멍청하게 잊기라도 하면 선장뿐 아니라 그 배에 탄 선원 전부가 그 일을 두 번 다시 생각해 내지 못하게 되는 걸세. 선원들 모두가 살그머니 바다 밑으로 가라앉아 버리게 될 테니까. 아니, 자네들이 있는 데서 훨씬 서쪽의 쓸쓸하고 거친 바다에서는 상당히 오래 항해하더라도 어떻게든 접근할 수 있을 만한 바닷가가 있다든가 그렇게 알맞은 피난처가 있기만 하다면 덜커덩거리는 펌프질을 줄곧 한다는 것은 그다지 신기할 것도 없어. 다만 새는 배가 항로에서 벗어나고도 해면의 육지를 전혀 느낄 수 없는 곳에 왔을 때에나 비로소 선장이 조금 걱정할 정도니까 말일세.

타운호 호도 대개는 그랬다네. 두 번째로 물이 많이 새는 것을 발견한 때에도 선원 몇 사람만이 잠깐 근심했을 정도였지. 항해사 래드니가 가장 근심했다네. 돛을 높직이 달고 순풍을 가득히 부풀게 하라고 명령했다네. 이 래드니란 사나이도 설마 겁쟁이는 아니었을 것이고 우리가 흔히 생각할 수 있는 어떤 무서움도 모르는 태평한 자에 못지않게 자기 몸의 위험에 대해 겁먹지 않는 배짱도 있었을 거라고 나는 생각하네. 그러니까 배가 위험한 것 같지 않냐고 래드니가 근심을 털어놓았을 때 저놈은 배에 투자를 한 사람 중의 하나니까 그렇게 말하는 거라고 하는 놈들도 있었다네. 그래서 그날 밤 펌프에서 뿜어 나오는 거품이 갑판을 흘러서 바람을 불어가는 쪽의 배수구멍에서 튀어나와 마치 산의 맑은 샘물처럼 찰싹거리고 발밑을 씻어 갈 때⋯⋯그들은 펌프질을 하면서 그런 말을 농담 삼아 소곤거리고 있었다네.

그런데 자네들도 잘 아는 일이지만, 물 위건 어디건 이 세상의 습성으로서 말일세. 명령을 하는 자가 명령을 받는 사람들 사이에서 그 인간됨이 자기보다 월등히 뛰어난 사람을 발견하게 되면 그자에 대해서 억누를 수 없는 혐오와 시기심을 갖게 되어 기회만 있으면 그 아랫사람의 거만스러움을 끌어내려서 짓밟아 가루로 만들어 버리려 하는 법이네. 그런데 나의 이런 철학이야 어쨌든 좋다 치고 스틸킬트란 놈은 체구가 당당한 훌륭한 짐승이어서 말일세. 머리는 로마 사람 같고, 텁수룩한 금빛 수염은 자네들 총독의 사나운 말의 술 장식 같았다네. 재주니 정열이니 하는 정신은 모두가 말일세. 만약 샤를르마뉴 대왕의 아버지의 아들로 태어나기라도 했다면 스틸킬트 샤를르마뉴가 되었다 해도 손색은 없었을 걸세. 그런데 항해사인 래드니는 당나귀처럼 못생겼단 말일세. 그런 주제에 고집스럽고 앞뒤 생각 없이 함부로 날뛰며 심술궂었단 말이야. 래드니는 스틸킬트를 싫어했는데 스틸킬트도 그것을 알고 있었다네.

이 호수의 사나이가 여러 사람들과 함께 펌프질을 하고 있을 때 항해사가 가까이 다가오고 있는 건 알았지만 일부러 모르는 체하며 겁먹지 않고 언제나처럼 터놓고 빈정거리는 말을 했다네.

'이거 보게나 모두들, 이거 굉장히 많이 새는군 그래. 누구 잔 좀 가져오지 않으려나? 이걸로 한잔하고 싶군. 아무리 보아도 병에 담을 가치는 있어. 그렇지만 모두 들어 보게. 라드란 놈의 신세가 꼴좋아지겠는걸. 자기 몫의 선체의 나무토막이나 잘라서 집으로 가지고 가면 다행일 거야. 안 그런가? 황새치란 놈이 일을 막 시작한 모양인데 이번엔 배목수고기니 목탁수구리니 쥐치 같은 악당들을 데리고 와서 여럿이 합세하여 배 밑을 뚫고 자르고 하는가 본데 몹시 속력을 내는 것 같아. 점점 성과를 거두는 모양이야. 라드가 여기에 왔다면 뛰어 들어가서 쫓아버리라고 가르쳐 주고 싶군그래. 모처럼의 재산이 소용없어지면 안 되거든. 그래도 그 라드란 늙은이는 사람이 좋아, 그리고 잘생겼지. 그자는 이 배 외에도 거울 제작에도 투자를 한다더군. 나같이 못생긴 사람에게 코 모양이라도 잠깐 빌려주지 않을까?'

'이놈아! 펌프질하지 않고 뭘 하는 거야?' 래드니는 선원의 말은 못 들은 체하고 마구 소리 질렀다네. '힘껏 해!'

'네네.' 스틸킬트는 귀뚜라미처럼 명랑했지. '힘껏 하란 말이야, 모두.' 그러자 쉰 개나 되는 펌프가 갑자기 소방펌프처럼 움직이기 시작했고 모두들 모자도 벗어 던졌지. 잔뜩 긴장해서 열기를 내뿜다 보니 헐떡거리는 숨소리까지 들릴 정도였다네.

간신히 모두가 펌프 옆을 떠났을 때 호수의 사나이는 숨을 헐떡이며 양묘기가 있는 데까지 가서 털썩 주저앉았는데 얼굴은 불처럼 타오르고 눈엔 핏발이 서고 이마에선 땀이 비 오듯 흘러 그 땀을 닦고 있었네. 그런데 그때 래드니가 숨이 턱에 닿아 헐떡이는 사나이에게 덤벼든 것은 도대체 어떤 검은 악마에 씌워서였는지 모르겠지만 아무튼 그렇게 되어 버렸다네. 화가 나서 갑판을 걸어온 그 항해사가 명령한 것은 비를 들고 갑판을 쓸어라, 그리고 마구 돌아다니게 했던 돼지가 사방에 흐트러놓은 오물을 삽으로 치워라, 하는 것이었다네.

그런데 항해중 갑판을 씻는 것은 폭풍이 불지 않는 한은 매일 저녁 반드시 해야 할 정해진 일로, 바야흐로 침몰하려는 배라도 게을리 해서는 안 된다는 규칙이 있다네. 이것이야 말로 바다의 습관의 엄중함이란 것과 뱃사람의 청결성을 나타내는 걸세. 물에 빠져 죽기 전에 얼굴을 씻어 두지 않으면 마음이 개운치 않다는 사람까지 있을 정돌세. 그러나 어떤 배에서도 이 비질이란 으레 급사들이 하기로 되어 있는 법일세. 게다가 지금 이 타운호 호에서 펌프 담당으로 반을 편성한 것은 힘센 사람들뿐이었는데 스틸킬트는 그 자들 중에서도 가장 힘센 사나이였으므로 당연히 대장이 되어 있었다네. 그러니까 순수한 항해의 일 이외의 자질구레한 일 따위는 하지 않아도 되었다네. 그 동료들도 마찬가지였고, 내가 이런 말을 하는 것도 지금 두 사나이의 사이가 정말 어느 정도에 이르고 있는가를 알아주었으면 해서 하는 걸세.

그뿐 아닐세. 삽일을 하라는 명령은 그야말로 노골적으로 스틸킬트를 면전에서 모욕한 일, 즉 래드니가 얼굴에 침을 뱉은 것이나 다름없었네. 포경선에 탄 사람이라면 그걸 모를 리가 없네. 호수의 사나이는 그 항해사가 명령을 지껄였을 때 그 뜻과 그보다 더 깊은 속뜻까지 낱낱이 알아차렸다네. 그러나 한동안은 조용히 서서 악의에 불타는 항해사의 눈을 가만히 응시하고 상대의 몸속에 산처럼 쌓인 화약 상자의 도화선이 서서히 타들어가고 있다는 것을 알아챘어. 그런 것을 육감으로 알아냈을 때 생기는 예의 기묘한 참을성…… 이미 잔뜩 화가 나 있는 상대에게 이 이상 미친 사람 같은 흉내를 내지 못하게 하려는 마음, 이런 마음씨는 정말 용기 있는 자만이 몹시 학대받았을 때에도 뱃속에 지니고 있는 모양인데——바로 이 걷잡을 수 없는 유령 같은 감정이 스틸킬트에게도 흘러들어왔다고 생각해 주게나.

그러니까 조금 전의 피로로 숨이 약간 헐떡거리긴 했지만 평소와 다름없는 어조로 갑판 청소는 자기가 할 일이 아니니까 안 할 생각이라고 대답했다네. 그러고 나서 삽일에 대해서는 아무 말도 하지 않고, 청소부로 정해진 세 사람이 펌프질도 하지 않았기 때문에 거의 하루 종일 빈둥거리고 있는 것을 손가락으로 가리켰지. 그러자 래드니는 단호히 명령을 되풀이하면서 화가 잔뜩 나 덤비는 듯한 태도로 마구 욕을 퍼붓고는, 조용히 있는 호수의 사나이에게 바싹 다가서며 옆에 있는 상자에서 쥐고 온 통장이의 나무망치를 한 손으로 번쩍 쳐들었다네.

고된 펌프질을 해서 땀에 흠뻑 젖은 스틸킬트의 몸은 후끈 달아올라 있었고 다소 짜증이 나 있기도 해서 처음에는 참을성도 있었지만 항해사의 그 태도를 보고는 참을 수 없다고 느꼈다네. 그러나 어떻게든 몸속에 소용돌이치는 분을 누르며 아무 말도 하지 않고 그 자리에 뿌리를 박은 것처럼 서 있었는데, 래드니는 끝내 무서운 기세로 명령대로 하라고 고함을 치며 얼굴에 닿을 듯이 망치를 휘둘렀다네.

스틸킬트는 몸을 일으켜 양묘기 주위에서 고집스럽게 망치로 위협을 하면서 따라붙는 항해사에게서 천천히 몸을 빼내면서도 하라는 대로 따를 생각은 없노라고 침착하게 되풀이했다네. 그러나 아무리 참아도 조금도 효과가 없다는 것을 알자, 까닭 모를 그 어떤 무서운 마음이 움직였는지 마구 미쳐 날뛰는 상대를 손으로 떨쳐내려고 했으나 아무 소용도 없었지. 그런 상태로 두 사람은 양묘기 주위를 천천히 한 바퀴 돌았다네. 자신의 성질로는 마지막까지 참았다고 생각되자 이 이상 물러설 수는 없다고 각오하고 호수의 사나이는 단단히 창구(艙口)에 버티고 서서 항해사를 향해 이렇게 말했다네.

'래드니 항해사, 난 싫소. 망치를 버리시오. 안 그러면 위험해질 거요.' 그러나 격한 항해사는 가만히 서 있는 호수의 사나이에게 다가와서 이빨에 부딪칠 정도로 망치를 휘두르면서 비위를 거스르는 욕을 퍼부었다네. 스틸킬트는 한치도 물러서지 않고 상대의 눈을 찌를 듯이 매서운 눈빛으로 쏘아보면서 등 뒤로 돌려 움켜쥔 오른손을 당기면서 협박자를 향해 그 망치가 나의 뺨을 조금 스치기라도 하면 네 목숨은 없다고 말했지. 그러나 그 바보는 신께 버림받아 죽을 운명이었든가 보더군. 망치가 뺨을 스치는 순간, 그 항해사의 아래턱에서부터 머리통이 깨져 버렸다네. 그는 털썩, 고래처럼 피를 뿜으면서 창구로 쓰러지고 말았네.

고함 소리가 고물에까지 닿기 전에 스틸킬트는 밧줄을 흔들면서 높은 돛대 꼭대기에 있는 두 명의 동료가 있는 데로 올라가려 했네. 두 사람 다 운하의 사나이였다네."

"운하인이라니?" 돈 페드로가 외쳤다. "이 근처엔 포경선은 많이 들어오지만 운하인이라는 말은 들은 적도 없네. 어떤 사람인지 말해 주게나."

"돈, 운하인이란 우리 고향, 이리 대운하의 뱃사람이라네. 들어 본 적이 있을 텐데."

"아닐세, 여보게, 이곳처럼 나른하고 덥고, 태평스럽고 완고한 지방에서는 자네들의 나라인 활기찬 북쪽 지방에 대해선 전혀 알지 못한다네."

"그런가? 그럼 돈, 한 잔만 더 따라 주게. 이건 무척 고급술이군 그래. 이야기를 계속하기 전에 운하인이 어떤 자인지 가르쳐주겠네. 그것을 알면 내 이야기도 잘 알아들을 테니까."

"생각해 보게. 360마일에 이르는, 뉴욕 주의 전체 폭넓이를 말일세. 번잡한 거리며, 경기 좋은 마을이며, 어디까지 계속될지 모르는, 사람이 없는 늪이며, 또 더없이 농사가 잘되는 비옥한 밭들을 뚫고 나가기도 하고, 당구장이나 술집 처마 밑을 지나기도 하고, 신성하기 그지없는 숲을 뚫고 나가기도 하고, 인디언의 강에 걸린 로마식 아치형 다리를 지나기도 하고, 양지며 음지를 달리고, 행복한 사람이나 울고 있는 사람들 옆을 지나 결국 저 굉장한 모호크 지방의 변화무쌍한 경치 속을 꿰뚫기도 하고, 그 중에서도 특히 이정표처럼 서 있는 새하얀 교회당 첨탑 옆을 달리기도 하면서 도도히 끊임없이 흐르는 것은 말일세, 베니스처럼 타락하고 때로는 법률도 모르는 생활의 흐름이라네. 진짜 아샨티인(아프리카 황금 해안 깊숙이 사는 토인)도 있을 것이고 이교도들도 있을 것이네. 그걸 어디서 볼 수 있었느냐 하면 바로 코앞이기도 했고 교회당의 긴 그림자나 기분 좋은 바람 그늘이기도 했다네. 운명의 장난인지는 몰라도 도시의 재판소의 청사 주위에 도적놈들이 모여 사는 것이 신기하지 않은 것처럼 죄인들은 신의 냄새가 풍기는 곳에 가장 많은 법이라네."

"저기 지나가는게 수도사인가?" 익살맞게 목을 비스듬히 기울이고 있던 돈 페드로가 혼잡을 이룬 광장 쪽을 바라보며 말했다.

"북부의 친구들은 좋아하겠지만 이 리마거리에선 이사벨라 여왕의 재판도 이미 쇠퇴하고 있단 말야." 돈 세바스티안이 웃었다. "다음을 이야기해 주구려."

"잠깐만 기다리게." 돈 페드로가 외쳤다. "우리 리마 시민 전부를 대신해서 자네에게 말하고 싶은 게 있네. 선원 양반, 타락의 증거로 이곳 리마를 들지 않고 먼 베니스를 든 친절을 우리는 결코 잊지 않을 거네. 아니, 놀라서 절까지 안 해도 좋아. 이 해안 일대의 속담은 알고 있을 걸세, '리마처럼 타락한다'는 것 말일세. 그것 또한 자네가 말한 것을 입증하는 걸세. 교회당의 수가 당구대보다 많고 1년 내내 열려 있으면서도 '리마처럼 타락한다'는 말을 듣지. 아니, 베니스도 마찬가질세. 난 그곳에 가본 적이 있는데 그 고마운 복음을 쓰신 성 요한의 성스러운 거리를, 성 도미니크님이여 정결하게 해주소서. 자네의 잔을 내밀게. 자아, 따르겠네. 한 잔 더 꿀꺽 마시게."

"이 사람들아, 운하인이 하는 방법을 숨김없이 전부 말하면 굉장한 연극의 주역도 못지않을 만큼 매우 지독하고 더할 나위 없이 나쁜 놈이 될 걸세. 안토니우스처럼 푸른 잔디와 꽃이 만발한 나일 강 위로 며칠씩이나 한가하게 떠다니면서 뺨이 붉은 클레오파트라와 공공연히 희롱하거나 갑판에서 살구빛 넓적다리에 볕을 쪼인다네. 그러나 해안에서는 그런 기분은 다 날려 버린다네. 보란 듯이 도적의 흉내를 마구 내거나, 화려한 리본이 달린 모자의 앞을 슬쩍 늘어뜨리고 있는 것도 호기롭잖나, 한단 말일세. 배가 지나는 양쪽 마을의 인심 좋고 순박한 사람들은 겁에 질리고 그 검은 얼굴과 거친 말에 도시 사람들은 길을 피한다네. 사실은 나도 그 운하에서 방랑한 일이 있었는데 그 사람들 중 한 사람에게 은혜를 입었다네. 진정 고마운 사람이었네. 말할 수 없이 황송하게 생각한다네. 그렇지만 그런 폭력배에게도 그 나름대로 좋은 점이 있는 법이어서 특히 돈 많은 부자들을 약탈도 하지만 갈 곳 없는 빈털터리의 후원자가 되는 단단한 팔도 가지고 있다네. 즉, 이 운하 인의 생활이 어느 정도 거친가 하는 것을 확실히 알려면 다음 이야기로 충분 할 걸세. 우리 포경업에는 이 운하에서 우수한 졸업생이 아주 많이 와 있는 데, 시드니 사나이들(시드니는 원래 영국인 죄수의 유형지)만 제외하면 어느 인류의 종족이라도 그자 들만큼 위험되는 사람들은 없다네. 그리고 말일세, 그 운하를 따라 시골에 서 태어난 수천 명의 소년이나 청년들이 믿음이 깊은 조용한 들일에서부터 더할 수 없이 야만스런 거친 바다에서 수확하는 일로 옮아가는데, 바로 그 점이 우리의 호기심을 더욱 자극시키지."

"알았네, 알았어." 서둘러 외치느라 그만 돈 페드로는 은백색 주름깃에 술 잔의 술을 엎지르는 낭패를 보고 말았다. "여행을 할 필요가 없는 걸세. 세 계가 바로 리마야. 사실 여태까지는 말일세. 자네의 북쪽 지방에서는 인간은 모두 산처럼 차갑고 신성하다고 생각했네만, 자아, 이야기를 계속하게나."

"호수의 사나이가 돛줄을 흔든 데서 이야기가 끊겼지? 늦게서야 젊은 항해사 세 사람과 작살잡이 네 사람이 갑판으로 몰려나와서 그를 에워쌌다 네. 그러나 마성(魔性)의 혜성(彗星)처럼 밧줄을 타고 미끄러져 내린 두 운 하의 사나이는 소란 속에 끼어들어 동료 사나이를 고물 쪽으로 끌고 달아나 려 했다네. 다른 선원들도 그걸 도우려고 했기 때문에 거기서 난투가 벌어졌 는데 씩씩한 선장은 위험 구역 밖에 서서 포경창을 휘두르며 '그 극악한 놈 을 잡아 한 대 먹여라, 뒷갑판으로 끌어와라' 하고 선원들에게 소리 지르고 있었다네. 그러고는 가끔 난투의 소용돌이 가장자리까지 와서 큰 도끼로 그 중심을 더듬어 찾으며 증오의 표적을 끌어내려 했다네. 그러나 스틸킬트와 한패인 용감한 놈들은 모두가 덤벼 들어도 지지 않았네. 가까스로 앞갑판에 까지 물러가서 재빨리 서너 개의 큰 통을 굴려 양묘기와 나란히 놓자 이 바 다의 파리 혁명당은 바리케이드를 방패로 하고 틀어 박혔다네.

'야, 이 해적놈들 나와라!' 선장은 고함을 치면서 조금 전 급사가 가져온 권총을 양손에 들고 위협했지. '살인자, 나와!'

스틸킬트는 바리케이드 위에 뛰어올라가 여기저기를 걸으며 권총으로 무 슨 짓을 하건 무섭지 않다는 태도를 보이며, 선장을 향해 분명하게 나를 죽 이는 날에는 곧 모든 선원이 반란의 난투극을 벌일 거라고 말했지. 선장은 그것이 실제로 일어난다면 큰일이라 겁을 먹고 약간 망설이긴 했지만 반란자를 향해서 곧 원래의 일자리로 돌아가라고 호령을 계속했네.

'그렇게 하면 우리에게 손을 대지 않겠다고 약속하겠소?' 스틸킬트가 물었네.

'제자리로 돌아가라! 약속은 하지 않아! 돌아가라! 일을 내버려두고 이게 뭔가? 배가 가라앉아도 좋단 말인가? 돌아가라!' 선장은 또다시 권총을 쳐들었지.

'가라앉아요?' 스틸킬트가 외쳤다네. '흥, 가라앉는 게 좋을 거요. 당신이 우리에게 밧줄 한 가닥도 들이대지 않겠다고 약속하지 않으면 한 사람도 돌아가지 못할 줄 알아. 어떤가, 다들?' 그리고 그는 동료들을 돌아보았네. 모두들 크게 환성을 올리며 그 말에 호응했지.

호수의 사나이는 바리케이드를 순시하면서 선장에게서 잠시도 눈을 떼지 않고 다음과 같은 말을 퍼부었다네. '이게 우리의 죄란 말인가? 우리가 하고 싶어한 일이란 말인가? 망치를 버리라고 했을 뿐이야. 그런 일은 급사가 할 일 아닌가? 잘 알고 있을 텐데? 들소는 건드리는 게 아니라고 해주었단 말야. 저주받은 저놈의 턱 때문에 내 손가락이 한 개 부러졌어. 이봐 친구, 고기칼은 앞갑판에 있었지? 쇠못에 조심하라구. 이봐요, 선장, 조심하쇼, 뭐라구 말 좀 해. 어리석은 짓은 하지 마. 모든 걸 깨끗이 잊어버려. 우린 돌아갈 준비가 되어 있어. 난폭하게 굴지만 않으면, 말이야 잘 듣지. 그렇지만 매를 맞을 생각은 없어.'

'돌아가! 약속은 안 해. 돌아가라니까!'

'이봐, 이봐!' 호수의 사나이는 팔을 흔들어 대면서 고함을 쳤다네. '여기 동료들이 몇 사람 있는데 말야. 나도 그 중 한 사람인데, 즉 한 항해만 할 약속으로 이 배를 탔다는 건 알고 있을 테지? 그래서 말인데 선장님, 닻을 내리기만 하면 그만두어도 좋을 것 아니겠소? 그러니까 소란을 떨고 싶지 않단 말요. 그런 것은 재미없으니까. 우린 조용히 끝내고 싶단 말요. 언제나 부지런히 일할 거요. 그렇지만 매를 맞고 싶지는 않아요.'

'돌아가!' 선장은 여전히 소리쳤지.

스틸킬트는 잠시 주위를 둘러보고 나서 말했네. '선장, 사실을 잘 따져 말하자면 말요, 당신을 죽이거나, 저런 하찮은 놈 덕분에 목이 매달리고 싶진 않아. 당신 쪽에서 덤벼들지만 않는다면 우리도 당신한테 덤빌 생각은 없어, 그렇지만 당신이 매질하지 않겠다고 약속하지 않는 한, 일 같은 건 안할 거야.'

'좋아, 앞갑판으로 내려와, 내려오라니까! 신물이 날 만큼 거기 처넣어 둘 테다. 이놈아, 내려와!'

'어떻게 할까?' 스틸킬트가 일동에게 물었다네. 대다수가 반대했지만, 마침내는 스틸킬트의 말을 좇아 그보다 앞서서 굴속에 들어가는 곰처럼 어두운 앞갑판 밑으로 으르렁거리면서 사라졌다네.

모자를 쓰지 않은 호수 사나이의 머리가 갑판 판자와 수평으로 되었을 때 선장과 일당들은 바리케이드 위를 뛰어넘어 구멍의 뚜껑을 급히 닫고 그곳에 일당들을 있게 한 후, 급사를 불러서 갑판 승강구 계단에 달려 있는 큼직한 놋쇠 자물쇠를 가지고 오게 했지. 그리고 나서 뚜껑을 조금 연 선장은 그 틈으로 아래를 향해 뭐라고 말하고 나서 다시 뚜껑을 닫고 쇠를 잠가 모두 열 명을 가두었고, 갑판에는 지금까지 중립을 지키고 있던 스무 명 가량의 사람들만 남게 되었지.

밤새도록 고급 선원들 모두가 한잠도 자지 않고 앞갑판과 뒷갑판, 특히 뱃전의 창문과 앞쪽 창구(해치)를 감시하면서 반란자들이 아래에서 간막이 벽을 깨뜨리고 뛰쳐나오는 것을 경계했지. 그러나 아무 일도 없이 밤은 지나가고 일을 맡고 있던 자들은 열심히 펌프질을 하고 그 덜컹거리는 소리는 이따금 기분 나쁜 어둠을 깨뜨려서 온 배 안에 불길한 울음을 퍼뜨리고 있었다네.

해가 뜨자 선장은 앞갑판으로 가서 판자를 두드리며 일자리로 되돌아가라고 죄수들에게 말을 걸었는데 사람들은 일제히 고함을 치며 거절했다네. 그래도 물을 매달아서 내려 주고 두 주먹 가량의 비스킷도 던져 주었지 그러고 나서 선장은 쇠를 잠그고 열쇠를 호주머니에 넣자 뒤쪽으로 돌아갔지. 사흘 동안 하루에 두 번씩 이 일을 되풀이했어. 그런데 나흘째 되는 날 아침 전과 같이 점검을 하려는데, 싸우고 난투하는 소리가 어지럽게 귀에 들려오더니 밑에서 갑자기 네 사람이 뛰쳐나와서 일하겠노라고 말했다네. 숨 막힐 듯 답답한 분위기며, 굶어죽기에 알맞은 음식이며, 더구나 마지막에 잔뜩 벌을 받게 되리라는 공포로 이자들은 생각 끝에 항복하지 않을 수가 없었던 걸세.

이에 힘을 얻은 선장은 남은 자들에게도 명령을 되풀이했는데, 스틸킬트가 끔찍한 말을 늘어놓으며 그만 지껄이고 물러가라고 악을 썼다네. 닷새째 되는 날 아침 다시 반란자 세 사람이 한사코 말리는 팔을 뿌리치고 바깥으로 뛰쳐나왔지. 남은 자들은 세 사람뿐이었네.

'이렇게 되면 나오는 편이 나을걸.' 선장은 냉담하게 비웃었지.

'뚜껑을 닫으라고 하잖아!' 스틸킬트는 외쳤네.

'오! 좋아.' 선장은 이렇게 말하고 쇠를 덜컹 잠갔지.

이때 스틸킬트는 말일세, 지금까지의 일당 중 일곱 명씩이나 달아난 데에 뱃속이 뒤집히고 방금 들은 조롱의 말에 가슴속이 들끓고 절망으로 오장이 타는 듯한 데다 어둠 속에 파묻혀 있었기 때문에 미칠 듯 했지. 그래서 아직껏 자기와 뜻을 같이 한 남아 있는 두 명의 운하인에게 다음에 점검하러 오면 이 구멍에서 뛰쳐나가 제각기 고기칼(양쪽에 자루가 달린 긴 반달형의 무서운 칼)을 휘두르면서 첫째 돛대부터 고물 난간에까지 달려가 배를 빼앗아 보지 않겠느냐고 제안했다네. 너희들이 함께 하든 안하든 나 혼자서라도 하겠다고 말했지. 이런 굴 속에서 자는 것도 이제 마지막이라고. 두 사람도 그 계획에 반대하지 않고 항복하는 게 아니라면 그보다 심한 것이라도 하겠다고 했단 말일세. 아니 그뿐 아니라 돌격하는 순간 제일 먼저 갑판으로 뛰쳐나갈 자는 자기가 돼야 한다고 서로 주장했지. 그러나 스틸킬트는 절대로 안 된다고 하면서, 선두는 바로 나야, 특히 너희들 둘 다 양보하지 않으면 사다리는 한 사람밖엔 오를 수 없으니까 둘이 나란히 선두에 설 수도 없다고 말렸단 말일세. 결국 이렇게 해서 무뢰한들의 나쁜 음모가 생겨나게 되었네.

스틸킬트가 마구 반대하는 것을 보았을 때 두 사람은 동시에 각기 마음속에 나쁜 음모를 생각해 낸 모양일세. 다시 말해서 10인조의 마지막임엔 틀림없었지만, 세 사람 중에서 제일 먼저 뛰쳐나가 항복하고 그 공으로 조금이라도 유리한 항복 조건을 얻겠다는 거였네. 그러나 스틸킬트가 끝까지 모두의 선두에 서겠다는 의사를 단호히 나타냈을 때 두 사람 사이에 어떤 엉큼하고 교활한 기류가 흘렀는지 서로 숨기고 있던 배신의 계략을 맞춰볼 수 있었지. 스틸킬트가 끄덕거리고 졸기 시작하자 두 사람은 서너 마디로 속을 털어놓고는 누워 있는 그에게 밧줄로 결박을 지은 뒤에 재갈을 물리고 나서 한밤중에 선장을 불렀다네.

이크, 살인이다! 피비린내가 어둠 속에 풍긴다고 생각하며 선장과 무장한 고급 선원들과 작살잡이들이 앞갑판으로 달려왔지. 이윽고 뚜껑이 열리자 손발을 묶인 채 몸부림치고 있는 스틸킬트를 간악한 동지들이 위로 던졌다네. 그리고 나서 살인을 계획한 이 사나이를 이렇게 붙잡은 공을 잊지 말아 달라고 했단 말일세. 그러나 그놈들도 붙잡혀서 죽은 가축처럼 갑판 위를 끌려 다니다가 세 조각의 고깃덩어리처럼 나란히 뒤돛대 줄에 묶여 아침까지 매달려 있었다네. '나쁜 놈들!' 그 앞을 왔다 갔다 하면서 선장은 마구 고함을 쳤지. '이 악당 놈들의 고기는 독수리들도 먹겠다고 하지 않을 거야.'

아침이 되자 전원을 소집시킨 선장은 반란에 가담한 자들을 가담하지 않은 자들 가운데서 가려내어 그들에게 말했지. '모두 매질을 할 생각이다.' '곰곰이 생각해 보았는데 그렇게 하지 않으면 직성이 풀리지 않겠다.' '그렇게 해야 정의가 세워지는 거야.' '그러나 빨리 항복했다는 걸 생각해서 당분간은 훈계만으로 크게 보아 주겠다.' 이런 말들을 고향 사투리를 써서 일장 연설했다네.

'그러나 너희들 썩은 고기들은' 밧줄에 매달린 세 사람을 돌아보면서 그는 말했지. '토막토막 난도질을 해서 기름 솥에 던져 줄 테다.' 그 다음 밧줄을 움켜쥐고 힘껏 두 배신자의 등을 후려쳤다네. 그들은 곧 울부짖을 힘도 없어 십자가에 묶인 두 도둑들처럼 목을 축 늘어뜨리고 죽은듯이 매달려 있었다네.

'이젠 내 팔목이 뻘 것 같다' 선장이 드디어 외쳤다네. '그런데도 항복하지 않는단 말이냐! 이 건방진 놈아! 네놈을 해치울 밧줄은 아직 남아 있어. 이놈의 재갈을 벗기고 어떤 소리를 지르는지 들어주자꾸나.'

지쳐 버린 모반인(謀反人)은 잠시 턱을 떨고 있더니 이윽고 아픈 듯이 목을 비틀면서 목쉰 소리로 말했지. '내 말은 이거다……조심해라……매질만 하면 죽이고 말 테다!'

'아가리를 놀렸겠다? 게다가 나를 협박했겠다' 선장은 밧줄을 잡고 때리려 했네.

'안하는 게 좋을걸.' 호수의 사나이가 빈정거렸네.

'하고 말 테다.' 그는 밧줄을 다시 뒤로 당겨서 후려치려고 했네.

이때 스틸킬트가 뭐라고 목쉰 소리로 말했는데 선장에게만은 들린 것 같앉네. 그러자 놀랍게도, 선장은 깜짝 놀라면서 뒤로 물러서더니 두서너 번 갑판을 왔다 갔다 하다가 갑자기 밧줄을 던지면서 말하지 않겠나. '난 못하겠어! 이봐, 이놈을 풀어 줘라! 끌어 내려.'

그래서 젊은 선원들이 서둘러 그 명령대로 하려고 했을 때 머리에 붕대를 감은 창백한 남자가 그들을 멈추게 했다네. 그는 1등 항해사 래드니였다네. 얻어맞은 뒤로 줄곧 자리에 누워 있었는데 이날 아침, 이 갑판에서의 소란을 듣고 살그머니 기어 나와서 지금까지의 모든 장면을 지켜보고 있었던 걸세. 입은 엉망이 되어 있었으니까 거의 말을 할 수 없었지만 뭐라고 중얼거렸는데 자기가 하고 싶다, 선장은 감히 할 수 없어도 자기가 해보이겠다는 것 같더군. 그는 밧줄을 잡고 묶인 원수에게 다가갔네.

'비겁한 놈!' 호수의 사나이는 씩씩거리며 말했네.

'그렇다. 그렇지만 한 대 먹어라.' 항해사가 한 대 때리려 했을 때 다시 씩씩거리는 목소리가 들리더니 치켜든 팔이 멈춰졌네. 잠깐 망설였지만 어떻게 돼도 모르겠다는 듯 아무튼 스틸킬트의 협박도 두려워하지 않고 말대로 해치웠지. 그래서 세 사람은 놓여나고 선원들은 일을 시작하고 사람들이 시무룩하게 움직이는 무쇠 펌프는 전처럼 덜컹거리고 울렸다네.

간신히 그날이 저물고 망보던 한 사람도 아래로 내려왔을 때, 앞갑판 밑에서 소란한 소리가 들리더니 배신자 두 사람이 벌벌 떨며 달려 나와서 선장실 문에 매달려 동료들과 함께 일을 못하겠다고 했다네. 타일러도 발길질을 해도 돌아가려 하지 않았기 때문에 그들의 뜻에 따라 고물에 가두어 두고 구해 주기로 했지. 그런데 남은 자들이 반란을 일으킬 듯한 낌새는 더욱 없더란 말일세. 그뿐 아니라 아무래도 스틸킬트가 부추긴 모양이지만, 더없이 얌전하게, 명령에는 어디까지나 복종하다가 배가 항구에 닿으면 무리를 지어 탈주할 작정인 것 같았다네. 그런데 항해를 될 수 있는 대로 빨리 끝내기 위해서 또 한 가지 서로 의논한 것이 있었다네. 다시 말해서 고래를 발견해도 소리를 지르지 않는다는 것이었네. 왜냐하면 물이 새고 여러 가지 위난은 있었지만 타운호 호에서는 여전히 돛대 꼭대기에서 망보기를 중단하지 않았고 선장은 당장에라도 처음 어장에 목을 들이밀었을 때와 마찬가지로 고래만 보면 쫓아가고 싶어서 어쩔 줄 몰랐으며, 항해사 래드니도 언제나 잠자리를 보트로 대신할 생각이며, 입에는 붕대를 감았으면서도 무서운 고래의 턱에 한사코 부딪치고 싶어 했던 때문일세.

그 동료들에게는 그런 조용한 태도를 취하게 했으나 호수의 사나이 장본인은 심장 한복판에 솟아 있는 적에 대한 원한을 간직한 채 언제고(그것이 훌륭하게 이루어질 때까지는) 복수를 하고야 말겠다는 생각을 하고 있었다네. 이쪽의 불침번은 1등 항해사 래드니의 지휘를 받고 있었네. 그런데 바보처럼 되어 있던 그 사나이는 스스로 파멸에 빠지고 싶었는지 저 돛줄 아래에서 일어난 사건 후에도 선장이 몹시 말리는데도 듣지 않고 무슨 일이 있어도 불침번의 지휘를 하겠다고 우겼다네. 그리고 계속 스틸킬트는 치밀하게 그 복수 계획을 세워 갔단 말일세.

밤이 되면 래드니는 뱃사람답지 않게 뒷갑판 뱃전에 앉는 버릇이 있었는데, 그 뱃전에서 약간 높이 매달아 놓은 보트의 뱃전에 팔을 걸치고 앉았다네. 그런 자세로 가끔 잠이 든다는 것도 모두 알고 있었지. 보트와 배와의 사이는 꽤 벌어져 있고 그 사이 밑은 바다야. 스틸킬트는 시간을 계산해 보았는데 이번에 키 앞에서 당직하는 것은 배신당한 날부터 사흘째 되는 날 새벽 2시임을 알았네. 갑판 밑의 불침번을 서면서 한가할 때면 매우 정성들여 뭔가를 짜면서 시간을 보냈지.

'거기서 뭘 하는 건가?' 동료가 물었지.

'뭐라고 생각하나? 뭘로 보이지?'

'자네 수장(水葬)할 때에 쓸 밧줄인가? 그렇지만 내겐 이상하게 보이는 걸.'

'그래, 그런지도 모르지.' 호수의 사나이는 팔을 뻗쳐 흔들어 보였다. '그렇지만 충분할 걸세. 이보게, 실이 조금 모자라는데, 자네 좀 없나?'

'앞갑판 밑엔 조금도 없던걸.'

'그렇다면 래드니에게서 얻어 와야지.' 스틸킬트는 일어나서 뒤쪽으로 걸어갔다네.

'그자에게서 얻어와? 자네 제정신인가?' 선원이 말했네.

'어떤가? 이건 말일세, 언젠가는 그자에게 소용이 되는 거라네. 조금쯤 도와주어도 좋을 걸세' 라고 말하면서 그는 항해사에게로 가서 조용히 얼굴을 들여다보며 해먹을 고칠 꼰실을 조금만 달라고 했다네. 래드니는 주었지. 그러나 꼰실도 그 밧줄도 그 뒤엔 보이지 않았다네. 그러나 다음날 밤, 호수의 사나이가 베개 대신 옷을 해먹 안에 집어넣었을 때 재킷 호주머니에서 망으로 단단히 잡아맨 쇠공이 조금 굴러 나왔다네. 24시간 후 키 주위의 조용한 곳에서──1년 내내 뱃사람을 위해 파놓은 무덤 바로 위에서 잠들려 하고 있는 사나이 바로 가까이에서──최후의 시간이 오게 되어 있었지.

앞일을 예정한 스틸킬트의 마음속에서는 항해사가 이미 이마가 깨지고 시체처럼 굳어져서 뻗어 있었다네.

그렇지만 뜻밖에도 어느 바보가, 이 살인미수자가 계획한 피비린내 나는 범행을 저지르지 않게 해 주었네. 더욱이 완전히 복수를 하고도 스틸킬트 자신은 보복자가 되지 않았다네. 그것은 어떤 신비한 운명에 의해 하느님 자신의 손으로 한 것과 같았네. 이틀째 되는 날 새벽, 하늘이 훤해지고 해가 솟으려 하여 여러 사람이 갑판을 씻고 있을 때, 큰 돛대 정색판(精索鈑)이 있는 데서 물을 길어 올리던 바보스러운 테네리프(대서양의 카나리아 제도의 섬) 사나이가 갑자기 외쳤네. '고래다! 고래다!' 과연 굉장한 고래였다네. 모비 딕이었어."

"모비 딕?" 돈 세바스티안이 외쳤다. "성 도미니크님이여! 제발, 선원님, 고래도 이름이 있나? 모비 딕이란 말인가?"

"돈, 몹시 하얗고 유명한, 그리고 무섭기 짝이 없는 불사신의 괴물이라네. 그러나 그 고래 이야기를 하자면 너무 길어지네."

"듣고 싶은걸, 듣고 싶어." 젊은 스페인 사람은 바싹 다가앉았다.

"아니, 이 사람들아, 안 되네, 안 돼. 그 이야기를 하면 끝이 없네. 제발 좀, 숨을 쉴 수 없잖나?"

"술이다, 술이야!" 돈 페드로가 외쳐 댔다.

"우리 용감한 친구가 기절할 것 같은데, 그 잔에 가득 따라 주게나."

"이제 됐어. 이 사람들아, 잠깐 기다려 주게. 이야기를 계속할 테니까. 배에서 50야드도 떨어지지 않은 저편에 눈처럼 흰 큰 고래가 불쑥 나타났기 때문에 동료들과의 약속도 잊어버리고, 테네리프 사나이는 너무 흥분해서 자신을 잊고 본능적으로 괴물을 보았다고 소리를 질렀네. 그러나 사실은 며칠 전부터 세 돛대 꼭대기에 있던 자들은 보면서도 잠자코 있었던 걸세. 아무튼 그때는 그야말로 광란 상태였지. '모비 딕이다! 모비 딕이다!' 선장도 선원들도 작살잡이들도 외치면서 무서운 소문에도 겁내지 않고 이 희대의 유명한 고래를 잡으려고 날뛰었다네. 한편 뒤를 쫓던 선원들도 곁눈질로 그

쪽을 쳐다봤는데, 푸른 아침 파도 속에 잠긴 오팔처럼 반짝반짝거리며 수평으로 비치는 햇빛에 눈부시게 빛나는 그 밀크빛 산은 기막힐 정도로 훌륭한 것이었다네. 이 사람들아, 이 이야기의 처음부터 끝까지는 이상한 운명의 손이 꿰뚫고 있어서 말일세, 마치 이 세상이 만들어지기 전부터 모든 순서가 정해져 있는 것처럼 생각될 정돌세. 그 모반인은 1등 항해사의 노잡이여서 고래를 쫓아갈 때에는 래드니가 창을 들고 뱃머리에 서면 옆에 앉아서 그의 명령이 떨어지기가 무섭게 밧줄을 당겼다 늦추었다 하는 게 그의 역할이었단 말일세. 때마침 1등 항해사의 보트가, 내려진 보트 네 척 앞에서 달렸는데, 스틸킬트만큼 노를 저으면서 굉장한 환성을 질러 댄 사람은 없었네. 작살잡이가 힘껏 저으면서 작살을 던졌을 때 래드니는 창을 쥐고 뱃머리로 뛰어나갔지. 일단 보트를 타면 말할 수 없이 날쌘 게 이 사나이의 특징이었지. 붕대를 감은 입으로 고래 등 위에 자기를 올려놓으라고 외쳤다네. 노잡이는 기꺼이 노를 저어 두 개의 흰색이 뒤섞여 자욱이 거품이 이는 속으로 보트를 달려 바다 밑 암붕에 부딪쳐 크게 한번 흔들어 기울이고는, 서 있던 항해사를 떨어뜨렸다네. 항해사가 미끈미끈한 등에 떨어진 순간에 보트는 원래의 자리로 돌아가 출렁이는 물결에 밀려서 떨어져 갔지. 그런데 래드니는 고래 옆 저쪽 파도 속으로 굴러갔단 말일세. 물방울이 마구 튀는 속으로 헤엄쳐 자욱한 물보라 속에 얼핏 모습을 드러냈을 때는 모비 딕의 눈에서 달아나려고 필사적인 몸부림을 치고 있었네. 그러나 고래는 큰 소용돌이를 일으키며 한 바퀴 빙글 돌고 나서 턱으로 래드니를 문 채 하늘 높이 솟구치더니 그 다음 거꾸로 곤두박질을 해서 물 속으로 사라지고 말았네.

한편 호수의 사나이는 보트 바닥이 크게 삐걱 소리를 내자마자 밧줄을 늦추고 소용돌이에서 후퇴하여 달아나며, 조용히 이런 광경을 바라보면서 마음속으로 계략을 꾸몄지. 그러나 보트가 갑자기 무서운 기세로 아래로 당겨졌기 때문에 재빨리 나이프를 꺼내 밧줄을 끊었다네. 결국 고래는 달아나 버렸지. 잠시 후 꽤 멀리 떨어진 곳에 모비 딕은 다시 떠올랐는데, 래드니를 짓씹은 이빨에는 빨간 양모셔츠 조각이 끼여 있었다네. 네 척의 보트는 다시 한번 추적하기 시작했지만 고래는 슬쩍 빠져나가서 끝내 두 번 다시는 나타나지도 않았다네.

그 후 얼마 안 있어 타운호 호는 어느 항구에 당도했는데 쓸쓸한 야만지여서 문명인 따위는 한 사람도 없는 곳이었다네. 거기서 호수의 사나이가 선동하고 나서자 선원들은 대여섯 명을 빼고는 거의 모두 교묘하게 야자나무 숲 속으로 달아나 버렸다네. 나중에 안 일이지만, 그들은 야만인의 전투용 이중 통나무배를 보기 좋게 빼앗아서 어딘가의 항구로 가버렸다네.

배에 남아 있는 선원은 대여섯 명 정도밖에 되지 않았기 때문에 선장은 섬의 토인을 찾아가 물새는 곳을 막기 위해서 배를 뒤집는 어려운 일을 돕게 하려고 했다네. 그런데 몇 사람 되지 않는 백인으로 이 위험하기 짝이 없는 사람들을 밤낮으로 꼬박 지켜야 했고, 게다가 일은 매우 어려운 일이었으므로 배가 다시 바다로 떠나려고 했을 때는 모두 녹초가 되어 버리고 말았다네. 이런 무거운 배를 이 사람들만으로 출범시킬 용기는 선장에게도 없었다네. 선장은 항해사들과 의논한 후 배를 될 수 있는 대로 해안에서 먼 곳에 띄우고 대포에 탄환을 재어, 이물에 대포 두 문(門)을 내밀고 고물에는 소총을 나란히 놓았지. 그리고 토인에게 가까이 접근하면 위험하다고 위협하여 그중 한 사람을 인질로 하고 나서, 고래추적용 보트 중 가장 좋은 보트를 타고 순풍을 받으며 500마일 떨어진 타히티 섬으로 가서 선원을 보충하려고 했단 말일세.

나흘 가량 달렸을 때 얕은 산호초에 정박해 있는 것 같은 큰 통나무배가 보였다네. 선장은 그것을 피하려 했지만 그 난폭한 배는 그쪽으로 접근해 왔지. 그러더니 갑자기 '배를 세워라, 그렇지 않으면 가라앉히겠다'고 말하는 스틸킬트의 큰 목소리가 들렸네. 선장은 권총을 꺼내 들었지. 호수의 사나이는 나란히 선 통나무배 두 척의 뱃머리를 한 발씩 밟고 코웃음을 치며 권총이 찰칵 소리라도 내는 날에는 물거품 속에 묻어버릴 거라고 말했다네.

'어떻게 하라는 건가?' 선장이 외쳤지.

'어디로 가지? 어쩔 작정으로 가나? 솔직히 말해.' 스틸킬트가 물었다네.

'선원이 모자라서 타히티로 가네.'

'좋아. 잠깐 네 배에 타겠다. 싸움은 말자.' 그는 통나무배에서 뛰어내려 보트로 헤엄쳐 와서 뱃전을 기어올라 선장 앞에 버티고 섰다네.

'팔짱을 껴라. 머리를 들어. 자아, 내가 말하는 그대로 따라서 되풀이해. 스틸킬트가 배에서 내리면 저 섬에 이 보트를 대고 6일간 그대로 있겠소, 그게 잘못되면 천벌을 받겠소, 이렇게 서약해.'

'좋아, 썩 잘했어.' 호수의 사나이는 이렇게 말하고는 웃으면서 '잘 가오, 나리!' 라고 말하고 바다로 뛰어들어 동료들이 있는 데로 헤엄쳐 돌아갔지.

그 보트가 완전히 해안에 닿아 코코야자나무 밑에 끌어올려지는 것을 보고 나서 스틸킬트는 돛을 달고 자기도 가기로 되어 있던 타히티 섬에 곧 닿았지. 운이 좋았는지 마침 프랑스를 향해서 출항하는 배가 두 척 있었고 더구나 스틸킬트가 이끄는 사람만큼의 선원이 필요한 참이었다네. 그렇게 해서 배를 타게 되었으니, 설사 선장이 법률적인 제재를 가하려 했다하더라도 최후까지 선수를 쳐버리고 만 걸세.

프랑스 배가 출항한 후 열흘이나 지나서 선장의 보트는 도착했지. 선장은 다소 개화된 타히티 토인 중 바다 경험이 어느 정도 있는 자를 고용해야 했다네. 섬에 있던 작은 범선을 빌어 가지고 본선까지 돌아와 보니 본선이 무사한 채 그대로 있었으므로 다시 항해를 계속하기로 했다네.
스틸킬트가 지금 어디 있는지 아는 사람은 아무도 없네. 그러나 낸터킷의 섬에선 말일세, 래드니의 미망인이 사람을 삼키면 절대로 토해 내는 법이 없는 바다를 지금도 바라보며 남편을 죽인 끔찍한 흰고래를 꿈에 본다는군."

"그것으로 끝났나?" 돈 세바스티안이 조용히 물었다.

"끝났네, 돈."

"그럼 부탁인데 말일세, 지금 말한 자네의 이야기가 정말 실화인지 아닌지 털어놓지 않겠나? 너무 굉장한 이야기니까 말일세. 자네는 믿을 만한데서 들은 건가? 좀 치근치근한 것 같지만 너무 나무라지 말게."

"아니, 우리 전부가 돈 세바스티안과 같은 기분이니까 화내지 말게." 주위의 사람들도 모두 흥분해서 외쳤다.

"여기는 성서 한 권도 없나?"

"없네." 돈 세바스티안이 말했다. "그러나 이 근처에 친절하신 목사님이 계시니까 부탁하면 빌려주실 걸세. 가지러 가겠네만, 자네 제정신인가? 너무 심각해지는군."

"여보게, 오는 길에 목사님도 모셔올 수 없겠나?"

"리마에선 이제 이단자 심문이란 건 없는데." 한 친구가 소곤댔다. "이 친구 너무 위험하게 구는 거 아닌가. 달빛때문에 마음이 이상해질 것 같으니 모두 안으로 들어가세. 그렇게까지 하지 않아도 좋잖겠나?"

"돈 세바스티안, 졸라서 마안하네만, 부탁이니 제일 큰 성서를 가져다주었으면 좋겠네."

"목사님일세. 성서를 가지고 오셨다네." 돈 세바스티안은 키가 크고 진지하게 생긴 사람을 데리고 와서 진지하게 말했다. "모자를 벗겠습니다. 자아, 목사님, 좀더 밝은 데로 가 제가 성서에 손을 올려놓을 테니 성서를 받쳐 주십시오."
"신이여, 굽어 살피시옵소서. 나의 명예를 걸고 맹세하겠는데, 내가 이제까지 말한 이야기는 중요한 대목대목이 진실일세. 진실이라고 내가 알고 있는 까닭은 그런 일이 이 지구상에 생겨서, 나는 그 배를 방문하고 그 선원들을 알게 된 때문일세. 나는 래드니가 죽은 뒤에 스틸킬트를 만나서 이야기도 했다네."

제55장
괴상한 고래 그림에 대해서

 이제 나는 캔버스는 없지만 될 수 있는 대로 고래의 모습을 정확하게 여러분들 앞에 그려 내려고 한다. 즉, 고래가 그 위로 올라서도 될 만큼 포경선에 가까워졌을 때 고래잡이들의 눈에 비친 그대로의 모습을 말하고 싶다. 그러나 그전에, 옛날부터 오늘에 이르기까지 육지 사람들의 마음을 어지럽히던 괴상하고 공상적인 고래의 모습에 대해서 이야기해 두어야겠다. 지금이야말로 그러한 고래의 그림이 모두 허망하다는 것을 밝히고 그 잘못된 점을 밝혀 두어야 할 때이다.
 그런 이상한 그림의 근원이 되는 것은 모두 인도·이집트·그리스의 옛 조각상에서 나온 듯하다. 돌고래가 사원의 대리석 거울판, 조상의 대석(臺石), 그 밖에 방패며 작은 메달이며 술잔이며 화폐의 표면에 회교 왕의 갑옷 같은 육중한 쇠사슬 갑옷과 성 조지(그리스도교 순교자)의 투구를 쓴 모습으로 그려졌던 저 독창적이고도 황당무계한 시대 이래로, 그 모습은 오늘날까지 살아 남아 민간의 고래 그림뿐만 아니라 많은 과학적 설명에서도 찾아볼 수 있다.
 그런데 고래로 보이는 고대화 중 가장 오래된 것은 인도의 거대한 코끼리 불탑에서 볼 수 있다. 바라문(婆羅門) 교도들이 주장하는 바로는 그 막연한 태고적 탑에 새겨진 무수한 고래의 조각상에는 인간의 온갖 사업과 상업이 이 세상에 실제로 나타나기 훨씬 이전에 이미 그려져 있다고 한다. 그렇다면 우리의 숭고한 포경업이 어느 정도 거기에 어렴풋이 암시되어 있었다 해도 이상할 게 없을 것이다. 이 힌두교 고래 그림은 벽의 각 면에 그려져 있는데, 학자들 사이에서 마츠 아바타라고 알려져 있는 레비아단의 형상을 한 비슈누(고대 인도 최고신의 하나)의 화신을 그려 내고 있다. 그러나 이 상은 반인 반경(半人半鯨)이라고 하지만 꼬리 부분만이 고래인데, 그 부분은 완전히 잘못 그려져 있다. 마치 아나콘다 꼬리 끝처럼 뾰족하여, 실제 고래의 웅대한 꼬리 모양은 지니고 있지 않다.

  그러나 오래된 화랑에 발길을 옮겨 위대한 그리스도교 화가가 어떻게 이 물고기를 그렸는가를 보면, 고대 인도인과 비교해서 조금도 잘 그리지 못했다. 그것은 바다의 괴물 고래에게서 안드로메다를 구하는 페르세우스를 그린 구이도(이탈리아 화가)라는 사람의 그림인데, 도대체 구이도는 이런 기묘한 생물의 모델을 어디서 얻은 것일까? 아니 호가스(윌리엄 호가스 영국의 화가)도 역시 그의「페르세우스의 구조」에서 같은 장면을 다루고 있는데 조금도 나은 데가 없다. 이 통통하게 살이 찐 호가스의 괴물은 수면에서 몸부림치고 있지만 거의 1인치도 물에 잠겨 있지 않다. 등에는 코끼리에 올려놓는 가마 같은 것이 붙어 있고, 엄니가 유난히 큰 입속으로 파도가 감겨 들어가는 꼴이란 템즈 강에서 런던 탑으로 통하는 수로에 세워진 모반자의 문과 같다. 그리고 옛 스코틀랜드의 시발드(스코틀랜드 의사·자연과학자)의 서설에 고래가 나오며 또 옛 성서의 판화나 옛 교과서의 삽화에 요나의 고래가 그려져 있다. 그것들을 뭐라고 평하면 좋겠는가? 내려지는 닻 막대에 포도 덩굴처럼 감겨 있는 제본사의 고래——예나 지금이나 많은 책의 뒷면이나 표지에 금박이로 장식된——는 아름답기는 하지만 터무니없이 그려진 생물일 뿐이며, 고대의 화병에 그려져 있는 그림을 흉내내어 그린 것이라고 생각된다. 그럼에도 불구하고 그 제본사가 그린 물고기를 고래라고 함은 맨 처음으로 고래를 그리고자 했던 그림으로서 세상에 선보였기 때문이다. 그것은 문예부흥기인 15세기경에 이탈리아 출판사가 소개한 것인데, 당시는 물론 훨씬 뒤에까지 세상 사람들은 돌고래를 레비아단의 한 종류라고 생각했다.

  몇몇 고서(古書)의 속표지 그림이나 장식 그림에서 때로 실로 기묘한 고래의 흔적을 보게 되는데, 거기에는 분수(噴水), 분천(噴泉), 온천, 냉천(冷泉), 사라토가 온천, 바덴바덴 온천과 같은 온갖 종류의 물보라가 고래 머릿속에서 거품을 내며 올라오고 있다.「학문의 진보」의 초판본 표지에서도 이상한 고래 그림을 볼 수 있다.

  그러나 이런 비전문가의 시도는 덮어두고, 이 레비아단을 알고 있는 사람들이 진지하고도 과학적인 정의에 입각하여 그린 그림을 죽 훑어보기로 하자. 1671년 출판된 저 해리스의 항해기 중에는「프리슬란드 인 선장 피터 피터슨이 이끄는 요나 고래 호의 스피츠베르겐 포경기」라는 네덜란드 책에서 뽑은 고래의 그림이 몇 점 실려 있다. 그 중에는 고래가 마치 큰 재목 무더기처럼 되어서 큰 얼음덩어리 위에 누워 있고, 그 큰 고래의 등 위를 백곰이 뛰어 돌아다니고 있는 것이 있다. 또 하나의 그림은 고래가 수직으로 선 꼬리지느러미를 가지고 있다는, 터무니없는 실수를 하고 있다. 그리고 영국 해군의 함장 콜네트가 쓴 인상적인 4절판본 「향유고래 포획업 확장을 위한 케이프 혼에서 남해에 이르는 항해」라는 제목의 책이 있다. 거기에는 '향유고래의 그림, 단 1793년 8월 멕시코 해안에서 잡혀 갑판에 끌어올려진 고래의 축소도(縮小圖)'라는 그림이 있다. 내가 생각하기에는 아마 함장은 부하인 해병들을 위해서 이 사생도(寫生圖)를 그리게 했을 것이다. 이에 대해서 단 하나만 비평한다면 그 고래의 눈은 다른 부분의 축소율에 비해서 실물대의 크기를 지니고 있어, 만약 같은 비율로 실물에 적용한다면 거의 사방 5피트의 창문 같은 눈을 가진 셈이 된다. 아아, 용감한 함장님! 어째서 당신은 그 눈알 속에서 요나가 내다보고 있는 그림을 그리지 않았습니까?

그리고 자녀 교육을 위한 가장 양심적인 자연사학의 편찬물들도 이와 비슷한 큰 잘못을 저지르고 있다. 세상에 널리 알려진 「골드스미스의 동물지」를 보라. 1807년의 런던 축소판에 '고래' 또는 '외뿔고래'라 부르는 그림 몇 가지가 실려 있다. 나는 무례한 자라는 말을 듣고 싶지는 않지만 이 볼품없는 고래는 사지가 절단된 암퇘지와 꼭 같고, 외뿔고래에 이르러서는 한번 보기만 해도 깜짝 놀라서 히포그리프(반은 말이고 반은 독수리 모양의 상상의 동물)와 다름없는 이 형상을 보고 오늘날 19세기에 사는 조금이라도 지혜가 있는 학생들이 이걸 진정한 고래라고 받아들일까 의아해 할 것이다.

또한 1825년 대자연사학자인 라세페데 백작 베르나르 제르맹이 과학적이고 체계적인 고래의 연구서를 냈는데, 그 책에는 여러 종류의 고래 그림이 수록되어 있다. 그러나 그 모두가 정확하지 못한 것이다. 그 중에서도 특히 그린란드 고래(즉, 큰고래)에 대해서 말하자면 오랜 경험을 통해 그 종류를 잘 알고 있는 스코스비도 그 그림에 있는 것 같은 고래는 자연계에서 본 적이 없다고 놀랐다.

그러나 이런 갖가지 착오 가운데서도 최고의 영예는 유명한 퀴비에 남작의 동생인 학자 프레데릭이 차지해야 할 것이다. 그는 1836년 고래 연구서를 출판하면서 거기에 향유고래라는 그림을 수록하였는데, 그 그림을 낸터킷의 어느 누구에게라도 보이려고 생각하는 사람은 그전에 낸터킷에서 달아날 준비를 해둘 필요가 있다. 한 마디로 말해서 프레데릭 퀴비에의 향유고래는 향유고래가 아니라 정체를 알 수 없는 그 무엇이다. 물론 그는 포경 항해를 한 일조차 없는데(그런 사람은 거의 그런 일이 없다) 도대체 어디서 그 그림을 끌어내왔는지 누가 알겠는가? 아마도 그는 학계의 선배 데마레와 같은 곳에서, 다시 말해 중국의 그림들에서 그 전통적인 괴물을 얻었을 것이다. 그리고 중국인들에게 붓을 들게 한다면 얼마나 유쾌한 장난꾸러기가 될 것인가 하는 것은, 수많은 이상한 찻잔이나 접시가 보여주는 그대로이다.

거리의 기름 가게 앞에 매달려 있는, 간판장이가 그린 고래 그림에 대해서는 뭐라고 하면 좋겠는가. 그것들은 대개 단봉(單峰)의 혹을 지닌, 흉악한 리처드 3세 고래라고 할 만한데, 아침식사로 서넛의 선원 파이, 다시 말해서 만원 보트를 먹고 핏빛과 짙은 남색의 파도 사이에 엎치락뒤치락하는 야만적인 괴물이다.

그러나 고래를 그리는 데 있어 그러한 수없는 오류도 따지고 보면 그다지 놀랄 일이 아니다. 생각해 보라. 많은 학술서의 그림은 해안에 끌어 올려진 고래를 보고 그렸을 테니 그 정확도는 난파선을 끌어올려 그림을 그릴 때와 다르지 않을 것이고, 그러니 그 찢긴 등을 보면서 위풍당당한 몸체와 지느러미를 가진 고귀한 짐승을 제대로 그려낼 수 있었겠는가? 코끼리는 그 온 모습을 보여주지만 살아 있는 고래는 결코 온몸을 바다 위에 떠올려 초상을 그릴 수 있도록 자세를 취해주지 않는다. 그 위용과 정신력이 빛나는 살아있는 고래는 깊이를 헤아릴 수 없는 바다 속 깊은 곳이 아니면 볼 수 없다. 떠올랐을 때에도 그 대부분은 물에 감추어져 있어 전투함과 마찬가지이다. 물속으로부터 그의 온몸을 공중에 치켜 올려 그 힘차게 펄떡이는 세련된 모습을 그대로 유지하기란 인간의 재주로는 도저히 불가능하다. 또한 아기고래와 다 자란 레비아단의 차이는 매우 클 테지만, 그 젖먹이 아기고래가 배에 던져 올려진 경우만 생각해 보아도 그놈의 몸은 기괴할 정도로 뱀장어처럼 부드러워서 형태를 바꾸기 쉬우므로 아마 자기 자신도 그 정확한 몸의 형태를 파악할 수는 없을 것이다.

그러나 해안에 끌어올려진 고래의 시체를 보고 그 체형을 정확히 짐작해 낼 수 있으리라고 생각하는 사람도 있을 것이다. 그것은 어림도 없다. 왜냐하면 그것은 고래라는 놈의 기묘한 특성으로서, 그 골격으로는 도무지 그 전체의 형태를 알 수 없기 때문이다. 제러미 벤담(영국의 법학자이자 철학자. 자신의 해골을 런던 대학에 기증했다)의 해골은 그의 유언집행인 중의 한 사람의 서재에 촛대 대신으로 매달려 있는 모양인데 그것은 엄격한 늙은 공리주의자의 모습을 바르게 전하여 그의 풍모의 주요한 특성을 남김없이 나타내고 있지만, 고래의 골격으로는 그런 것은 절대로 기대할 수 없다. 사실 저 헌터(스코틀랜드의 의학자·해부학자)도 말했듯이, 고래를 두텁게 싸고 있는 뼈와 살과 고래의 관계는 곤충과 그것을 포근히 싸고 있는 번데기의 그것과 같다. 그 특성은 특히 머리 쪽에 있어 명백하다. 그것은 이 책의 어딘가에서 말하게 될 것이다. 또한 옆구리의 지느러미도 독특해서 그곳의 뼈는 엄지손가락이 없는 사람의 손뼈와 꼭 같다. 다시 말해서 이 지느러미는 손가락 네 개, 즉 집게손가락, 가운뎃손가락, 무명지, 새끼손가락을 갖고 있다. 그러나 그 손가락은 모두 마치 사람의 손이 벙어리장갑을 끼고 있을 때처럼 단단히 살에 싸여 감춰져 있다. 익살스러운 스텁은 어느 날 "고래란 놈은 이따금 장난질을 하지만 장갑을 벗고 우리에게 덤벼오지는 못해"라고 말했다.

　이상의 여러 이유로 볼 때, 거대한 레비아단은 사람이 어떻게 생각하든지 이 세상의 종말까지 정확히 그려지지 않고 남겨질 동물이라고 결론짓지 않을 수가 없다. 때로 어느 그림은 다른 것보다 실물의 모습에 근사하기도 하겠지만 어떤 그림일지라도 충분히 정확한 수준에는 이를 수가 없다. 그러므로 이 지상에서는 정확하게 고래가 어떤 모습인가를 알 길은 없다. 그 살아 있는 풍모를 어느 정도 넘겨다 볼 수 있는 유일한 길은 몸소 포경선에 타는 길 밖에 없는데, 그런 경우에는 놈에게 배가 부서져서 죽게 될 위험성도 적잖이 있다. 그러므로 나는, 여러분들이 고래에 대해서 지나친 호기심을 갖지 않는 편이 가장 현명하리라 생각된다.

제56장
가장 오류가 적은 고래 그림과 고래잡이 그림

 기괴한 고래 그림에 대해서 말하는 김에 동서고금의 서적에서 보게 되는 한층 더 기괴한 이야기, 특히 플리니·퍼처스(영국의 성직자이며 여행기 편찬자)·해클루트(영국의 지리학자)·해리스(「항해 및 여행자」의 저자)·퀴비에(프랑스의 자연사학자) 등의 책에서 볼 수 있는 것에 대해서 이야기하고 싶지만 그것은 그만두기로 하겠다.
 대향유고래에 대해서 출판된 것으로는 콜네트·하긴즈(영국의 해양 화가), 프레데릭 퀴비에, 빌(17세기의 영국의 화가)이 그린 네 그림밖에는 모른다. 콜네트와 퀴비에에 대해서는 앞 장(章)에서 이야기했다. 허긴즈의 그림은 훨씬 낫지만 빌의 것이 가장 우수하다. 빌의 향유고래 그림은 제2장의 첫머리에 나오는 고래 그림 세 개 중 가운데의 그림을 제외하면 모두 훌륭한 것이라고 할 수 있다. 책머리에 있는 향유고래를 공격하는 보트 그림은, 배의 객실에 있는 남성들의 무신론적 감각을 자극하기 위해 그려진 것이겠지만 매우 정확하고 실물을 보는 듯하다. J. 로스 브라운(1846년 포경에 관한 화집을 출판했다)이 그린 향유고래의 그림 중 어떤 것은 그 형태는 꽤 정확하나 조각이 매우 형편없다. 그러나 그것이 그의 잘못은 아닐 것이다.
 참고래에 대해서는 스코스비의 책 속의 그림이 가장 좋은데, 아쉽게도 너무 작게 그려져 그 인상을 사람들에게 충분히 심어주지 못한다. 그는 한 장의 포경 장면을 그렸는데, 그것이 단 한 장에 그친 것은 슬픈 일이다. 왜냐하면 만약 훌륭하게 그려지기만 했다면 사람들이 고래잡이 눈에 비친 산 고래를 여실히 상상할 수 있으려면 그런 그림을 통해서일 테니까.
 그러나 이런 여러 점들로 미루어 볼 때 세부적으로 아주 정확하다고는 할 수 없지만 고래와 고래잡이를 가장 잘 나타내고 있다고 할 수 있는 그림으로 두 장의 커다란 프랑스 판화를 들 수 있다. 그것은 가르네리(프랑스의 해양 화가)라는 사람의 그림을 바탕으로 하여 훌륭하게 조각되어 있다. 그것은 각각 향유고래와 참고래를 공격하는 장면을 그리고 있다. 첫째 판화는 당당한 향유고래가 깊은 바다 속에서 보트의 밑바닥으로 막 머리를 쳐들고 등에는 부서진 널판 조각이 하늘 높이 치솟은 광경을 그린 것인데, 호탕하고 씩씩한 기운이 넘치고 있다. 보트의 뱃머리는 부분적으로는 온전하지만 괴물의 등 위에 위태롭게 올라앉아 있고, 그 뱃머리에는 촌각을 다투는 위태로운 순간에 처한 노잡이 한 명이 서 있는데, 고래가 뿜어대는 흰 물거품에 절반쯤 싸여 큰 절벽에서 떨어지는 것처럼 바다로 막 뛰어들려 하고 있다. 화면 전체가 놀랄 만큼 박진감이 있는 훌륭한 솜씨다. 거의 텅 빈 밧줄통이 흰 거품이 이는 바다 위에 떠 있고, 빗나간 작살 막대기가 파도 사이에서 춤을 추고 있으며, 고래의 주위에는 선원들이 갖가지 무서운 표정을 지으면서 어지러이 뒤섞여 헤엄치고 있다. 암흑의 폭풍이 광란하는 저쪽으로부터는 본선이 이곳으로 향하여 급히 달려오고 있다. 다만 중대한 오류는 고래의 해부학적 세부에 대한 것일지도 모르지만, 그것은 못 본 체하기로 하겠다. 어쨌든 나는 이런 훌륭한 그림은 절대로 그릴 수가 없다.

둘째 판화에는 커다란 참고래가 파타고니 벼랑의 이끼긴 암벽면처럼 해초가 무성한 시커먼 몸체로 바닷속을 뒹굴면서 질주하고 있고, 자질구레한 조개류가 달라붙은 그 옆구리를 향해서 보트 한 척이 평행으로 육박하여 오고 있다. 고래는 수직으로 굵다랗게 물을 뿜고 있고, 그것은 그을음처럼 검다. 이런 자욱한 연기를 내는 굴뚝이 있는 걸 보면 고래의 커다란 뱃속에는 굉장한 저녁 식사가 차려지고 있나보다 생각될 정도다. 바닷새는 참고래가 때로 그 더러워진 등에 실어온 작은 게나, 조개류나, 그 밖에 여러 가지 바다의 과자며 마카로니 따위를 떼 지어 쪼아 먹고 있다. 그러는 동안에도 입술이 두툼한 레비아단은 파도를 헤치고 달려서 꼬리에는 몇 톤인지도 알 수 없는 흰 거품이 일고, 보트는 대양 증기선의 바퀴 가까이에 다가간 작은 배처럼 물결치는 파도에 흔들리고 있다. 이렇게 앞에 펼쳐진 경치는 그저 소란스런 정경일 뿐이지만 배경은 한층 두드러지게 대칭미(對稱美)를 이루어 잔잔한 수면과 축 늘어진 돛을 단 배가 있고, 죽은 고래의 큰 몸뚱이가 정복된 성채처럼 있고, 그 물을 뿜는 구멍에 박힌 막대기에는 점령을 알리는 깃발이 나른하게 늘어져 있다.

가르네리라는 화가가 누구인지 또 어떤 사람이었는지는 나도 모른다. 그러나 나는 그가 이 주제에 대해서 충분한 실지 경험을 가지고 있었거나 그렇지 않으면 숙달된 고래잡이에게서 놀랄 만큼 잘 배웠을 것이라고 단언한다. 프랑스 사람은 동적인 그림을 잘 그리는 사람들이다. 유럽의 어디를 가든 저 베르사이유의 전승 기념관만큼 생생하고, 숨쉬는 듯한 전쟁의 그림을 가지고 있는 곳은 없다. 거기서는 구경꾼도 프랑스가 치뤄온 대전투 속을 싸우며 나가지 않으면 안 된다. 그 시퍼런 칼날은 모두 북극광의 번쩍임과 흡사하며, 무장한 군대의 왕과 황제들은 관을 머리에 쓴 켄타우로스처럼 돌진하고 있다. 이 가르네리의 해양 투쟁도는 그 화랑의 일부를 차지해도 부끄럽지 않을 것이다.

사물의 생생함을 포착하는 프랑스인의 천성적 특질은 포경 장면을 그린 그림이나 판화에 특히 강하게 나타나 있다. 그들은 어업에 대한 경험을 영국인의 십분의 일도, 아메리카인의 천분의 일도 갖지 못하면서도 그 두 국민을 향해서 포경의 참뜻을 전할 수 있는 유일한 스케치를 제공하고 있다. 대체로 영국과 미국의 고래 그림들은 다만 기계적인 사물의 윤곽, 이를 테면 멍하게 고래의 측면을 그리는 정도로 만족하고 있는데, 그것은 회화적 효과라는 점으로 말하면 피라미드의 측면을 그렸다는 정도에 불과하다. 스코스비가 고래통(通)이라고 불리는 것은 당연하지만 그 자신도 그린란드 고래의 꼿꼿하게 굳은 전신의 그림과 외뿔고래나 돌고래의 정묘한 축소도를 서너 점 그린 뒤에는 배의 갈고리라든가 고기칼이나 닻이나를 소재로 한 고전적인 판화를 그렸을 뿐이다. 그리고 로엔후크(네덜란드의 자연사학자)의 현미경 같은 근면함으로, 북극양의 96종에 달하는 눈(雪)의 결정체를 확대한 그림을 내놓아 세상 사람들을 놀라게 했을 뿐이다. 나는 대항해자를 힐뜯으려는 게 아니다(나는 그를 노련한 사람으로서 존경하는 바이다). 다만 그린란드의 재판장 앞에서 획득한 결정체 하나씩에 대해 선서를 하지 않았다는 것은 커다란 실수가 아니었겠는가?

가르네리의 좋은 판화 외에도 'H. 뒤랑'(프랑스의 판화가와 목각가들이 즐겨 사용한 익명)이라고 서명한 어떤 사람의 작품 중에 볼 만한 프랑스 판화가 둘 있다. 그 하나는 지금 내가 말하고 있는 문제에는 딱 들어맞지 않지만 다른 점에서 지적할 만한 가치가 있는 것이다. 그것은 태평양 군도에서의 조용한 대낮 풍경으로, 물결이 잔잔한 해안 가까이 정박한 프랑스 포경선 한 척이 한가하게 물을 보급 받고 있다.

배경에는 느슨해진 돛과 야자나무의 기다란 잎이 바람 한점 없는 공중에 늘어져 있다. 거친 포경원들이 동양적인 휴식에 잠겨 있는 것을 표현한 그림이라고 생각할 때, 이 그림의 효과는 훌륭한 것이다. 또 하나의 판화는 전혀 다른 것이다. 배는 거대한 고래의 무리가 떼 지어 노는 대양의 한복판으로 내달리고 뱃전에는 참고래가 한 마리 달리고 있다. 배는 (고래를 갈라 버리려는 듯) 마치 부둣가로 향하는 것처럼 그 괴물을 향해서 돌진하고 보트 한 척은 그 활극이 벌어졌던 자리에서 급히 저어나가서 먼 곳의 고래 떼를 추적하려 하고 있다. 작살과 창은 수평으로 겨누어져 때를 노리고, 노잡이 세 사람은 돛대를 세우려 하고 있다. 그 작은 배는 느닷없이 밀려온 파도에 놀라서 앞다리를 쳐든 말처럼 수면에서 반쯤 수직으로 서 있다. 모선에서는 마치 대장간 마을에서 피어오르는 연기처럼 고래를 끓이는 연기가 무럭무럭 일어나고 바람이 불어오는 쪽에서는 맹렬한 소나기가 퍼부을 것 같은 검은 구름이 일어 흥분한 선원들의 움직임을 재촉하고 있다.

제57장
그림, 고래이빨, 나무, 철판, 돌, 산, 별에 나타난 고래에 대하여

런던의 부둣가로 향하는 사람은 절름발이 거지(뱃사람들은 케저라고 부른다)를 보게 될 텐데, 그가 앞쪽에 들고 있는 판자에는 한쪽 다리를 잃은 비극의 장면이 그려져 있다. 고래 세 마리와 보트 세 척의 그림인데, 그 한 보트(잃어버린 다리가 그대로 거기에 남아 있는 모양이다)는 선두에서 고래의 턱에 물어뜯기고 있다.

사람들의 말로는, 20년 동안 매일 그는 그 그림을 들고 의심 많은 세상 사람들에게 '잘라진 다리' 그림을 보여 왔다고 한다. 그러나 이제야말로 그를 변호할 때가 왔다. 그 고래 세 마리는 아무튼 와핑(런던탑 부근의 강변 구역)에서 출판된 어떤 고래 그림에도 결코 뒤지지 않고, 그 절단된 것은 서부 벌목지의 어떤 나무 그루터기에도 뒤지지 않는다. 그러나 매일 그 그루터기 위에 서서, 이 불쌍한 고래잡이는 잘린 다리에 대한 얘기는 한번도 늘어놓지 않고 다만 눈을 아래로 내리깐 채 자신의 한쪽 다리의 절단에 대해서 우수에 찬 회고를 하고 있을 뿐이다.

태평양의 각지 또는 낸터킷이나 뉴베드포드나 새그 항 근처에서 사람들은 포경자들이 향유고래의 이빨에 새긴 고래와 포경의 그림을 보거나, 참고래의 뼈로 만든 부인용 코르셋의 살대, 기타 경골 세공품, 즉 그들이 바다 위에서 여가를 보내기 위해 조잡한 재료 위에 정성들여 조각한 무수한 공예 세공품을 볼 것이다. 그 중에는 치과용구 상자로 특별히 경골 세공품 사업을 위해서 만들어진 것도 있다. 그러나 그 대부분은 선원들에게는 만능 도구인 잭나이프 하나로 공들여 만든 것인데, 그 잭나이프로 뱃사람의 상상력이 미치는 것은 무엇이나 만들어진다.

그리스도교와 문명세계에서 오래 격리되어 사는 사람은 신의 손에 의해서 놓여진 그대로의 그 상태, 즉 야만인이라고 일컬어지는 상태로 돌아가게 된

다. 실제 고래잡이들은 이로쿼이 인디언과 마찬가지의 야만인이 된다. 나 자신도 야만인이어서 식인종의 왕 이외의 어떤 사람에게도 의리를 지키지 않지만, 언제라도 그에게 반역할 채비를 하고 있다.

그런데 야만인이 집에 틀어박혔을 때의 큰 특성은 놀랍도록 참을성 있게 일하는 데에 있다. 옛날 하와이의 전투용 곤봉이나 창으로도 쓰이는 노에 조각된 문양은 그 다양성과 정교함에서 인간의 인내심의 위대한 승리라 할 수 있으며, 그 점에서 라틴어 사전에 필적할 만하다. 다시 말해서 조개의 파편이든가 상어의 이빨만을 가지고 기적처럼 복잡하고 정묘한 목각 세공의 그물코가 만들어지는 것인데, 그러기 위해서는 긴 세월 동안 꾸준한 노력을 바쳐야 했을 것이다.

백인의 배에 타고 있는 야만족들도 이 하와이 야만족과 마찬가지다. 똑같은 기적적인 인내와 똑같은 상어 이빨로 잭나이프 하나를 가지고 그가 제작하는 뼈 조각(彫刻)은, 전문가보다는 못하지만 그 미로 같은 세밀함에 있어서는 그리스의 야만인 아킬레우스의 방패와 흡사하고, 그 들끓는 야만정신에 있어서는 옛 네덜란드의 야만인 알베르 뒤러와 흡사하다.

나무에 조각된 고래, 또는 작고 검은 훌륭한 남양산 목재에 조각된 고래는 아메리카 포경선의 앞갑판에서 자주 만난다. 그 중의 어떤 것은 매우 정확하게 만들어져 있다.

박공지붕의 낡은 시골 저택에 놋쇠로 만든 고래가 거꾸로 매달려서 길에 면한 입구의 초인종이 되어 있는 경우도 있다. 문지기가 졸고 있을 때 모루

제57장 그림, 고래이빨, 나무, 철판, 돌, 산, 별에 나타난 고래에 대하여 347

모양의 대가리를 가진 고래는 매우 도움이 된다. 그러나 그러한 초인종 고래는 충실한 사생품(寫生品)으로는 보잘것없다. 오래된 교회의 첨탑 중에는 때로 철판으로 만들어진 고래가 달려 풍향계로 쓰이고 있다. 그러나 높은 곳에 달려 있고 어느 쪽에서 보더라도 '접근하지 말라!'하고 외치고 있으니까 그 가치를 살펴보기 위해 접근해 갈 방법도 없다.

딱딱하고 툭 튀어나온 지역의 우뚝 솟은 험한 절벽 아래 평원 위 굉장한 바윗돌 무더기가 흩어져 있는 그런 곳에서는, 거대한 고래의 화석을 연상케 하는 것이 반쯤 덤불에 묻혀 있는데, 바람이 센 날이면 풀이삭이 초록빛 파도가 되어 물결치는 광경을 볼 수 있을 것이다.

또한 원형 경기장 높이의 산에 둘러싸여 산악 지방을 지나갈 때 군데군데 전망이 트이는 곳에서 보면 굽이치는 산등성이 사이로 고래의 옆 모습과 흡사한 것이 얼핏 눈을 스치곤 하는데, 이런 광경을 보려면 사람은 뼛속까지 고래잡이가 돼야만 한다. 그뿐이 아니다. 다시 한번 그러한 광경을 보았던 장소로 되돌아가려면 정확한 위도와 경도의 교차점을 구해야 한다. 왜냐하면 이러한 산지의 전망은 참으로 우연한 것이기 때문에 정확하게 그 관찰지점으로 되돌아가려면 많은 수고와 노력을 기울여야 하기 때문이다. 마치 일찍이 허풍선이인 멘다나가 가봤고 늙은 피게로아가 기록한 솔로몬 군도가 오늘날에도 여전히 소재 불명인 사실과 마찬가지다.

더욱이 여러분들이 이 주제를 확대하여 눈을 하늘로 향하면, 오랜 세월 전쟁에 시달린 동양인들이 구름 사이에서 격투하는 군대를 보는 것처럼 찬연한 별 하늘 저쪽에서 거대한 고래의 무리와 그것을 쫓는 배를 보지 않겠는가?

이렇게 말하는 나는 북양에서, 처음에 나에게 그 모습을 알려준 밝은 별들과 더불어 북극을 돌고 돌면서 고래를 추적했다. 또한 찬란한 남빙양의 하늘 밑에서 나는 아르고나비스 호를 타고 빛나는 '고래자리'를 쫓는 자들과 함께 아득히 '바다뱀자리'와 '날치자리'에까지 추적해 나갔다.

군함의 닻을 나의 고삐로 삼고 작살 다발을 나의 박차로 삼아 저 '고래'를 집어타고 천상계 끝까지 뛰어 올라가면, 무수한 텐트가 쳐진 신비로운 하늘이 인간의 눈으로는 닿지 않던 멀리까지 끝없이 흩뿌려져 있는지 어떤지 볼 수 있을 것인가!

제58장
새끼정어리

크로제트 군도(인도양 남쪽에 위치해 있음)에서 북동쪽으로 나갔을 때, 배는 새끼정어리가 깔린 바다에 들어섰는데, 그 작고 누런 물질은 참고래가 즐겨 먹는 것이다. 그것은 몇 리그나 계속되어 배의 둘레에 물결치고 있어서 마치 황금빛으로 무르익은 끝없는 밀밭을 항해하고 있는 듯한 느낌이었다.

이튿째가 되자 과연 많은 참고래가 보였다. 그들은 우리 피쿼드 호와 같은 향유고래잡이로부터 공격받을 위험이 없다고 보았는지 입을 태평스럽게 벌리고 새끼정어리 속을 헤엄쳐 다니고, 새끼정어리는 멋진 베니스식 차양 같은 그 입 가장자리에 있는 줄에 달라붙어 입술에서 흘러나오는 바닷물과 나누어지고 있다.

아침에 풀 베는 사람들이 늘어서서 천천히, 그러면서도 바쁘게 낫을 놀리며 늪지의 목장에서 자란 축축하고 키 큰 풀을 헤치면서 나아가듯이 이 괴물들은 기묘한 풀이 잘리는 소리를 내면서 그 누런 바다 위에 풀 벤 자리와 흡사한 끝없는 너른 푸른 물길을 남기며 헤엄쳐 간다.*

그러나 풀베기를 생각나게 하는 것은 고래들이 새끼정어리를 헤치고 갈 때의 소리뿐이다. 특히 그들이 잠식 휴식하는 듯 가만히 있을 때 돛대 꼭대기에서 보면 그 거대한 검은 체구는 아무리 보아도 생명체 없는 바윗덩어리로밖에 보이지 않는다. 마치 대수롭지인 인도에서 나그네가 코끼리들이 누워 있는 평원을 지나가면서도 벌거벗은 꺼먼 언덕이 있구나 하고 생각하는 것과 같다. 바다에서 이런 고래를 처음 만나는 사람도 인도의 나그네와 같

---

* 포경자들 사이에 '브라질 모래톱'이라고 불리고 있는 해면은 '뉴펀들랜드 모래톱'의 그것처럼 그 일대가 얕은 바다이기 때문이 아니라, 위에서 말한 것처럼 놀랄 만큼 목장 같은 느낌을 주기 때문에 그렇게 불린다. 그 감명은 이 일대에 끊임없이 떠 있는 정어리의 막대한 흐름 때문에 일어나는 것이며, 거기서 가끔 참고래를 쫓을 수 있다.

다. 더욱이 간신히 고래라는 것을 안다 해도, 너무나도 웅대하니까 이렇게 엄청나게 큰 것에 개나 말 속에 숨쉬는 것과 같은 생명 감각이 구석구석까지 작용하고 있다고는 도무지 믿기 어려워진다.

사실 지금 말한 점 이외에도 모든 바다 속의 동물들에 대해서는 육지의 동물에 대한 것과 같은 감정을 품기 어렵다. 옛날의 자연사학자 중에는 육지에 있는 모든 생명체가 바다에도 있다고 주장한 사람들도 있었다. 그것은 넓은 관점에서 본다면 매우 그럴 듯 하지만, 실제의 경우에 적용해 본다면, 이를테면, 개처럼 영리하고 상냥한 성질과 대응할 만한 물고기가 과연 바다에 있을 것인가? 저주받은 상어만이 어떤 점에서 개와 유사한 점이 있을 뿐이다.

참으로 일반 육상인은 바다의 원주민들을 말할 수 없이 꺼림칙하고 불쾌한 감정으로 대했고, 바다를 영원한 미지의 나라라고 생각한다. 그래서 콜럼버스가 해상에 떠 있는 단 하나의 서쪽 대륙을 발견하기 위해서 무수한 미지의 세계를 항해했던 것이고, 또한 비할 바 없는 끔찍한 대참사의 대부분은 세상이 시작된 이후 무턱대고 바다 위에 나와 있었던 숱한 사람들 위에 덮쳤던 것이다. 또한 잠깐 생각해 보아도 갓난아이 같은 인류가 그 과학과 기술을 아무리 자랑하고 즐거운 미래에 그 과학 기술이 얼마만큼 진보한다 하더라도, 영원히 바다는 인간을 모욕하고 살해하여 파멸의 심연으로 떨어뜨리고, 인간이 만든 장대하고 견고한 군함을 짓밟아 버릴 것이다. 그러나 이런 일들이 끊임없이 되풀이됨으로써 인간은 원시 이래 바다의 본질이었던 크나큰 경외심을 상실해 버리고 말았다.

책에 의하면, 대양에 떠오른 최초의 배는 포르투갈 사람 특유의 복수심을 안고 한 사람의 과부도 남기지 않았다고 한다. 그 똑같은 바다는 지금도 물결친다. 그 똑같은 바다가 지난해에도 많은 배를 파괴했다. 아아, 어리석은 인간이여, 노아의 홍수는 아직도 물러가지 않았다. 아직도 아름다운 세계의 3분의 2를 덮고 있다.

바다와 육지를 놓고 볼 때, 그 한쪽에서 일어나는 기적이 다른 쪽에서 일어나는 기적이 되지 않는다는 근본적 차이는 어디에 있는가? 코라(구약〈민수기〉16장, 모세에게 반항한 인물)와 그 친구들의 발밑에서 산 땅이 입을 벌리고 영원히 그들을 삼켰을 때 초자연적인 공포가 헤브라이 사람들을 사로잡았다. 그러나 오늘날에도 그와 마찬가지로 살아 있는 바다가 배와 선원들을 삼키지 않는 날이 하루도 없다.

바다는 단순히 인연 없는 사람에 대해서 오랜 원수일 뿐 아니라 사랑하는 자식에 대해서도 악마이고 자기의 손님을 살해한 페르시아 사람보다도 사악하다. 스스로가 낳은 생물마저도 용서하지 않는다. 야만스러운 암호랑이가 낳은 새끼를 밀림 속에서 가지고 놀면서 깔아뭉개는 것과 흡사하게 바다는 가장 강대한 고래도 바위에 동댕이쳐서 파선의 잔해와 함께 나란히 눕게 한다. 자기 자신의 것 이외에는 어떠한 사랑에도 어떠한 힘에도 움직이지 않는다. 기수를 떨어뜨리고 달리는 미친 군마(軍馬)와 같이 주인 없는 바다는 헐떡이며 지구를 침범한다.

바다의 간특한 꾀를 생각해 보라. 그 가장 무서운 생물은 물속에 가라앉아 전혀 모습을 보이지 않고, 엉큼하게도 매우 아름다운 남청빛 아래 숨어 있다. 그리고 숱한 종류의 상어가 우아하게 꾸민 모습을 하고 있듯이 바다의 가장 잔인한 종족들 대부분이 가지고 있는 악마적으로 빛나는 미(美)에 대해서도 생각해 보라. 그리고 또 바다의 모든 생물이 세계가 개벽한 이래 오늘날까지 서로 잡아먹고 먹히는 영원한 전쟁을 행하는 데서 보이는 그런 살상 습성에 대해서도 생각해 보라.

이러한 모든 것을 생각하고 나서 이 푸르고 부드럽고 가장 온화한 대지를 돌아보고, 바다와 육지를 비교해 보라. 여러분의 내면에서 무언가 이상한 유사성이 발견되지 않는가? 왜냐하면 이 무서운 대양이 푸른 대지를 에워싸는 것과 같이, 우리 인간의 영혼 속에도 평화와 환희에 찬 타히티 섬이 있지만, 그 섬의 주위는 거의 알려져 있지 않은 생에 대한 공포감이 에워싸고 있다. 신이여, 사람들을 지켜 주소서. 그 섬에서 뛰쳐나가지 말지어다. 다시는 돌아오지 못할 테니까.

제59장
대왕오징어

천천히 정어리의 목장을 건너가면서 피쿼드 호는 여전히 북동쪽으로 자바 제도를 향해서 나갔다. 미풍이 그 용골을 밀어 주고, 높이 솟은 끝이 뾰족한 세 돛대는 나른한 산들바람에 화답하면서 해안에 서 있는 종려나무 세 그루처럼 흔들리고 있었다. 더욱이 은백색으로 빛나는 밤에는 오랜 사이를 두고 고독하고 유혹적인 물뿜기가 보일 때도 있었다.

그러나 어느 청명한 아침, 바람이 완전히 잦아든 것은 아니었지만 초자연적이라고도 생각될 정도의 정적이 해면을 휘덮고 있을 때, 기다랗게 뻗쳐 빛나는 태양 광선이 비밀을 당부하는 황금 손가락처럼 해면에 놓여 있었을 때, 살금살금 기어오는 물결이 부드럽게 달리면서 서로 소곤거리고 있을 때, 눈에 보이는 온갖 물체가 깊은 침묵에 잠겨 있을 바로 그때, 가운데 돛대 꼭대기에 있던 대구가 정체를 알 수 없는 이상한 것을 보았다.

아득히 먼 곳에 희고 커다란 덩어리가 천천히 머리를 쳐들고 차츰 올라가면서 푸른 물에서 떠오르고, 이윽고 뱃머리 저쪽의 산에서 막 떨어진 눈사태처럼 빛났다. 그러자 다시 천천히 기어들어가 가라앉아 버렸으므로 그것은 다만 순간적인 빛이었다. 그러나 다시 떠올라서 조용히 빛났다. 고래 같아 보이지는 않았다. 그러나 모비 딕인지도 모른다, 하고 대구는 생각했다. 요마(妖魔)는 또 가라앉았지만 이번에 다시 떠올랐을 때에는 귀청이 찢어질 듯한 니그로의 부르짖음이 모두를 졸음에서 두드려 깨웠다. "……있다! 또 나왔다! 펄쩍 뛰었어! 바로 저 앞이다! 흰고래, 흰고래다!"

그러자 선원들은 벌 떼가 나뭇가지를 향하여 돌진하는 것처럼 돛의 활대 끝으로 돌진했다. 에이허브는 무서운 햇빛을 받으면서 모자도 쓰지 않은 채 비스듬히 서 있는 돛대 옆에 서서, 한 손을 키잡이에게 명령하는 데 흔들기 위해서 뒤로 길게 뻗쳤다. 그는 대구가 가만히 팔을 뻗어 가리키는 저쪽을

눈을 번쩍이며 지켜보았다.

 나풀나풀 움직이는 한 가닥 느릿느릿한 물뿜기가 차츰 에이허브의 마음을 사로잡아 간 것일까? 그는 이 조용하고 온화한 마음을 한결같이 쫓고 있던 저 고래와의 최초의 해후로서 받아들일 마음이 되었다는 것인지, 그렇지 않으면 초조해서 당황해 버렸는지 그 이유는 무엇이든 간에, 흰 덩어리를 분명하게 목격하자마자 전광석화처럼 즉시 보트를 내리라고 명령했다.

 보트 네 척이 곧 파도 위에 뜨고 에이허브의 보트를 선두로 똑바로 적을 향해서 질주했다. 이윽고 그놈은 물속으로 들어가고, 우리도 노를 멈추고 다시 나타나기를 기다리는 동안, 보라! 가라앉은 바로 그 자리에서 그놈은 다시금 천천히 머리를 쳐들었다. 그 순간, 우리는 흰고래에 대한 모든 생각을 거의 잊어버린 채 바다가 인간에게 드러낸 비밀 중에서도 가장 기이하다고 생각되는 괴물을 지켜보았다. 길이도 폭도 8분의 1마일은 실히 될 것같이 거대하고 유연한 물체가 번쩍번쩍 유백색으로 빛나며 물결에 떠돌고, 무수히 많은 긴 팔을 중심부에서 내뻗고, 큰 뱀처럼 또아리를 틀고, 몸을 비틀면서, 운 나쁘게도 접근하는 사람이 있다면 사정없이 잡아 낚아채려고 하고 있었다. 얼굴이라든가 머리라든가 하는 것은 전혀 보이지 않고 감각이나 본능이라는 것을 가지고 있는 것처럼 보이지도 않았다. 이 파도 사이에 물결치는 물체는 이 세상의 것이 아닌 형체 없는 생의 망령이라 할 만한 것이었다.

 빨아들이는 낮은 소리를 내면서 다시 모습을 감추었을 때 그 가라앉은 뒤에 들끓는 파도를 가만히 지켜보면서 스타벅은 외쳤다. "너 흰 유령! 네놈을 보는 거라면 차라리 모비 딕과 부딪쳐서 격투하는 편이 낫겠다."

"저게 뭐지요?" 플래스크가 물었다.

"대왕오징어야. 저 놈을 만난 포경선치고 항구로 돌아간 배는 거의 없다는 말이 있네."

그러나 에이허브는 아무 말도 없었다. 보트를 되돌려 본선으로 돌아갔다. 다른 사람들도 잠자코 그 뒤를 따랐다.

세상의 향유고래잡이들이 이것을 만난 것에 어떤 미신을 결부시키고 있는지 모르지만, 아무튼 얼핏 보아 온몸이 오싹할 만큼 기분 나빴으니까 그 해후는 흉조라는 생각을 낳게 된다. 사람들은 입을 모아 바다의 가장 큰 생물이라고 하지만 매우 보기 드문 것이기 때문에 그 성질이나 형체에 대해서 실로 막연한 지식을 가진 사람조차 극히 드물다. 그럼에도 불구하고 이놈이 바로 향유고래의 유일한 먹이라고 대부분 믿고 있다. 왜냐하면 다른 종류의 고래는 수면 위에서 먹이를 잡아먹고 실제로 먹고 있는 모습이 사람들에게 목격되기도 하지만, 향유고래는 수면 밑의 사람이 모르는 곳에서만 먹이를 취하니까 그 먹이가 정확하게 무엇인가 하는 것은 짐작으로 말할 수밖에 없다. 때로 급히 추격을 당하면 이 큰 오징어에게서 떼어낸 팔처럼 보이는 것을 토해 내기도 하는데, 어떤 것은 길이가 이삼십 피트 이상이나 된다. 사람들은, 이 괴물이 그 팔 같은 것으로 바다 밑바닥에 달라붙어 있어서 향유고래가 그놈을 공격해 물어뜯기 위해서 다른 종족과 달리 이빨이 있다고 상상한다.

폰토피단 주교가 이야기하는 크라켄(노르웨이 해 속에 있다는 사방 1마일 반이나 된다는 전설의 괴물)이라는 괴물이 물렁물렁하게 녹아서 이 대왕오징어가 되었을 거라고 상상하는 이유도 있는 것 같다. 주교가 쓴 것에 의거해서 크라켄의 뜨고 가라앉음이나 그 밖의 특성을 살펴보면 이 두 생물은 일치점을 지니고 있다. 그러나 그가 말하는 믿기 어려운 거대함에 대해서는 상당히 깎아 들을 필요가 있다.

자연사학자 중에는 지금 내가 이야기한 신비한 생물에 대해 어렴풋이 알고 있어서 이것을 오징어의 일종으로 보려고 하는 자가 있다. 물론 외형면에서는 오징어에 속하는 것처럼 보이지만 어쨌든 그 종류에서는 거인족이라고 해야 할 것이다.

제60장
포경 밧줄

 머지않아 나는 포경의 광경을 그리게 될 것인데, 앞으로도 여기저기서 나올 그 광경에 대한 보다 깊은 이해를 돕기 위해 여기서 마술적이면서도 때로 무시무시한 포경 밧줄에 대해서 이야기하겠다.
 본디 포경에 사용하는 밧줄은 가장 질이 좋은 대마(大麻)로 만든다. 보통 밧줄처럼 타르를 스며들게 하지 않고 다만 슬쩍 그 증기를 쬐어줄 뿐이다. 타르는 보통 정도로 쓰이면 대마가 유연해져서 밧줄을 만들기가 더 쉽고, 보통 배에서 쓰기에도 그 편이 더 유용하다. 그러나 그 보통의 밧줄은 단단히 감아야 할 필요가 있는 포경 밧줄로는 너무 뻣뻣할 염려가 있고, 또한 많은 선원들이 깨닫기 시작한 바로는 일반적으로 타르가 밧줄에 조밀성과 광택을 더해주기는 하지만 결코 내구력과 세기를 주는 것은 아니라는 사실이다.
 근년에 아메리카 어업계에서는 포경용으로 마닐라 로프가 대마와 거의 완전히 대체되었다. 대마만큼 내구력은 없지만 더 강하고 훨씬 부드러워서 탄력이 풍부하기 때문이다. 게다가(모든 일에 미학이라는 것이 있는 법이니까) 나는 마닐라 로프가 대마보다도 훨씬 아름다워서 배를 돋보이게 한다고 덧붙이련다. 대마는 지저분하고 거무스름한 인디언 같은 놈이지만 마닐라는 금발의 코카서스인의 풍모를 지니고 있다.
 포경 밧줄의 두께는 겨우 3분의 2인치이다. 얼핏 보아서는 그렇게 튼튼하다고는 생각되지 않을 것이다. 실험해 보면 그 쉰 한 가닥의 꼰실이 112파운드의 중량을 매단다. 그러니까 밧줄 전체로서는 3톤에 필적하는 무게를 견딘다. 길이는 보통 향유고래용으로 200길이 약간 넘는다. 고물의 통 속에 나선형으로 감아서 넣어 둔다. 그러나 그것은 양조기(釀造器)의 파이프형이 아니고 한 단 한 단 빈틈없이 쌓아올린 치즈덩이나 중앙에 구멍을 남기고 나선형으로 한 겹 한 겹 쌓아올린 형태이며, 그 가운데는 '중심'이 되는 구멍,

다시 말해서 치즈의 축(軸)에 해당되는 부분에 극히 작은 수직의 관이 뚫려 있을 뿐이다. 그것이 조금이라도 엉켜 있거나 매듭이 지어져 있거나 하면 밧줄을 풀 때 반드시 누구의 팔이나 다리에, 혹은 몸 전체에 얽히게 마련이니까 그 밧줄을 통 속에 넣을 때는 매우 조심해야 한다. 작살잡이들 중에는 오전 시간을 몽땅 이 일에 허비하는 자도 있다. 밧줄을 높이 쳐든 후 통 쪽을 향해서 도르래로 감아 들어가는데, 그것은 감을 때 조금도 주름이나 엉킴을 만들지 않으려고 하기 때문이다.

영국 배에선 통 한 개를 쓰지 않고 통 두개에 감아 넣는다. 하나의 밧줄을 통 두 개에 연결되도록 감아 두는 것이다. 그렇게 하는 데는 이로운 점이 없지도 않다. 왜냐하면 그 통 한 쌍은 극히 작으니까 보트에 넣기가 편하고 그다지 거치적거리지도 않는다. 그런데 아메리카식 통은 직경이나 깊이가 모두 거의 3피트나 되어 바닥이 얇은 배로선 짐이 너무 무겁다. 왜냐하면 그 포경용 보트의 밑바닥은 얇은 얼음과 같아서 넓게 분산된 무게는 상당히 잘 견디지만 집중된 무게에는 견디지 못한다. 그건 두께가 반 인치 정도밖에 안 되기 때문이다. 이 아메리카식 밧줄 통에 페인트칠을 한 캔버스 천이 씌워졌을 때 그 보트는 고래에게 바칠 엄청나게 큰 웨딩케이크를 싣고 급히 저어가는 것처럼 보인다.

밧줄의 양 끝은 밖에 나와 있다. 아래 끝은 통 밑에서부터 옆쪽으로해서 위로 올라와 밧줄눈 또는 고리를 짓고 끝나는데, 그 끝은 다른 것으로부터 완전히 떨어져 통 가장자리에 매달려 있다. 이 아래 끝을 놓는 방법은 두 가지 이유에서 필요하다. 첫째로 만약 작살이나 창을 맞은 고래가 처음에 작살에 붙들어 매어진 밧줄 전체를 끌고 들어갈 만큼 깊이 들어갔을 경우에, 옆의 배에서 또 한 가닥의 밧줄을 가지고 와서 붙들어 매기 위한 것이다. 이런 경우에 고래는 마치 술잔을 주고받는 것처럼 이 배에서 저 배로 왔다 갔다 하게 되는데, 이때 첫째 배가 둘째 배를 도우면서 주위를 빙빙 돌게 된다. 둘째로 이 조치는 사람들의 안전을 위해서 불가결하다. 왜냐하면 만약 밧줄의 아래 끝이 뭣으로든 보트에 붙들어 매어져 있다면, 또한 만약 고래가 가끔 하는 식으로 그 순간에 밧줄을 힘껏 잡아당기며 달리기 시작한다면, 그 불운한 보트는 멈추는 법을 알지 못하고 예외없이 고래와 함께 푸른 바다 속으로 끌려들어 가게 되고 어떤 사람도 그 배의 행방을 알지 못하게 된다.

추격 보트를 내리기 전에 밧줄 위 끝은 통에서 뒤쪽으로 끄집어내어져서 밧줄 거는 기둥을 한 바퀴 돌아 다시 한번 앞쪽으로 보트의 길이만큼 늘어져서 노의 손잡이 위에 열십자로 걸쳐지기 때문에 노잡이의 손목을 살짝 건드리고, 맞은편 뱃전에 서로 엇갈리게 앉아 있는 선원들 사이를 지나 배의 뱃머리 앞 끝의 연재(鉛材) 또는 홈까지 뻗어나가 낚시찌만한 막대기 끝에 걸쳐져서 밖으로 미끄러져 나가지 않게 되어 있다. 그리고 그 앞 끝의 연재에서 뱃머리 위로 장식 꽃줄 모양처럼 매달리고, 그러고 나서 다시금 배 안을 통과해 거의 10내지 20길이(자리 밧줄이라고 불린다) 뱃머리 좌석 있는 데서 감기고 나면 조금 더 뒤쪽 뱃전까지 당겨졌다가 작살에 매어진 당김 밧줄에 덧붙여 매어진다. 그런데 작살에 매어지기 전의 당김 밧줄 그 자체는 설명하기에 너무나 복잡한 장치로 되어 있다.

이리하여 포경 밧줄은 보트 전체를 복잡한 원을 그리며 붙들어 매고 그 주위를 가로 세로로 마구 얽어맨다. 노잡이들은 모두 그 위험한 헝클어짐 속에 휘감겨 있는 셈이니까 육지 사람들의 겁 많은 눈에는 독이 많은 뱀에게 사지를 감긴 인도의 마술사처럼 비칠 것이다. 사람의 자식으로 처음으로 이 대마(大麻)의 미로 속에 앉아 열심히 노를 저을 때, 언제 작살이 튀어나가고 어느 때 무섭게 엉킨 밧줄이 우르릉 번개같이 날아갈지 상상도 할 수 없는 속에서 노를 저을 때, 그의 체내의 골수(骨髓)는 마치 젤리처럼 부들부들 떨리지 않을 수가 없을 것이다. 그러나 습관이란 무서운 것이다! 뭐든지 가능하게 만드는 것이다. 여러분이 어떤 연회 자리에 나갔다 하더라도 이 반 인치의 흰 노송나무로 만든 포경 보트의 판자 위에서만큼 유쾌한 농담, 밝은 담소, 멋진 재담, 기막힌 기지를 들을 수는 없을 것이다. 더욱이 이때의 그들은 교수형을 집행하는 밧줄에 매달려 있는 것 같은 형편이지만, 이 여섯 사람으로 한 조를 이룬 선원들은 에드워드 왕(영국의 에드워드 3세) 앞에 나간 여섯 명의 시민처럼 목이 밧줄로 감겨진 채 죽음의 턱을 향해 돌진한다.

아마도 조금만 생각해 보면, 어느 누가 밧줄에 걸려서 보트에서 떨어져 죽었다는, 고래잡이의 되풀이되는 참사——소수만 간간이 기록될 뿐이다——의 이유를 알 것이다. 다시 말해서 밧줄이 화살처럼 튀어나갈 때 보트 안에 앉아 있는 것은 마치 전속력으로 운전 중인 증기 기관이 윙윙 소리를 내는 한가운데 앉아서 모든 갑판 들보와 축과 바퀴가 몸을 스치고 날아가게 하는 것과 흡사하다. 아니, 훨씬 더 심하다. 이 위험의 한복판에서 가만히 앉아 있어야 한다면 그것은 더욱 불행한 일이다. 보트는 요람처럼 흔들리고 아무런 경고도 받지 않은 채 몸은 여기저기로 마구 굴러다니기 때문이다. 다만 어떻게든 자신의 몸의 균형을 잡아 몸을 뜨게 하고 의지와 행동을 일치시켜야만 마제파(바이런의 시 속의 주인공, 러시아 황야로 추방됨)의 운명을 면하고, 만사를 꿰뚫어 보고 나를 없애려 하는 태양의 눈을 피할 수 있는 것이다.

폭풍 전에, 그것을 예고하는 것처럼 찾아드는 깊은 정적은 실은 폭풍을 싼 종이와 같은 것이어서 오히려 폭풍 자체보다도 무섭다고 하는 것처럼, 또한 얼핏 보아 아무런 해가 없는 것 같은 총이 무서운 탄환과 폭발력을 감추고 있듯이, 포경 밧줄이 풀려나오기 전에 조용히 노잡이의 주위에 원을 만들고 있을 때의 그 아름다운 선의 흐름이야말로 이 위험물의 다른 온갖 모습보다도 한층 더 공포감을 준다. 그러나 이 이상 쓸데없는 말을 계속하는 것은 그만 두기로 하겠다. 사람들은 전부 포경 밧줄에 에워싸여 살고 있다. 모든 인간은 목에 밧줄을 건 채로 태어났으나 빠르고 갑작스러운 죽음에 부닥쳐서야 비로소 늘 가까이에 도사리고 있던 조용하고 미묘한 생의 위험을 깨닫는다. 그러나 만약 여러분이 철학자라면 설사 포경 보트 안에 앉아 있다 하더라도 초저녁에 작살이 아니라 부젓가락을 갖고 난롯가에 앉아 있을 때에 비해서 특별히 더 큰 공포감을 느끼지는 않을 것이다.

제61장
스텁, 고래를 죽여라

　대왕오징어의 출현은 스타벅에게는 흉조라고 생각되었지만 퀴퀘그에게는 전혀 달리 생각되었다.
　"오징어란 놈이 보이면 말이지." 이 야만인은 배에 올려놓은 보트의 뱃머리에서 작살을 갈면서 지껄인다. "그 순간 향유고래란 놈이 나오게 마련이야."
　다음날은 특히 파도가 잔잔하고 무더웠다. 피쿼드 호의 선원들은 특별히 할 일도 없었으므로 광막한 바다의 잠의 마력에 매혹되어서 때때로 졸음에 끌려들어가곤 했다. 지금 우리가 항해하고 있는 이 인도양은 포경자들이 바쁜 어장이라고 부르는 곳이 아니다. 리오데라플라타의 바다 밖 또는 페루의 근해 어장보다 돌고래, 바다돼지, 날치 같은 거친 바다의 활동가들을 만나기 더욱 어려운 곳이다.
　내가 앞돛대 꼭대기의 망을 볼 차례가 되었다. 나는 축 늘어진 돛대 밧줄에 양어깨를 기대면서 몽환에 빠진 듯한 공중에서 멍하니 전후좌우로 몸을 흔들고 있었다. 아무리 애를 써도 그 나태한 마음을 이길 수 없고 꿈꾸는 듯한 기분 속에서 온갖 의식이 녹아 내리고, 나중에는 영혼 그 자체가 내 몸에서 빠져나가서 그저 내 몸뚱이만이 계속 흔들리고 있는 듯했는데, 그것은 처음에 움직이게 했던 힘이 사라져버린 뒤에도 언제까지나 흔들리는 시계추와 같다고 할 수 있었다.
　완전한 무아지경에 들어가기 직전에 나는 큰 돛대 꼭대기의 동료도 뒷돛대 꼭대기의 동료도 벌써 꾸벅꾸벅 졸고 있는 것을 보았다. 그러니까 우리 세 사람은 모두 둥근 돛대에 매달려 죽은 듯이 그네를 타고 있었던 것이며, 또한 우리가 흔들리는 데 맞추어 아래에서는 키잡이가 끄덕끄덕 졸고 있었다. 파도까지도 나른한 몸부림으로 끄덕끄덕하고, 정신을 잃은 황홀한 넓은 바다는 동쪽에서 서쪽을 향해서 끄덕끄덕, 태양은 사방을 향해서 끄덕끄덕하고 있었다.

갑자기 나의 감은 눈꺼풀 아래서 거품이 솟아오른 것 같았다. 바이스처럼 나의 양손은 돛대 밧줄을 꽉 쥐었다. 눈에 보이지 않는 자비의 힘이 나를 도운 것이다. 깜짝 놀라 나는 정신을 차렸다. 보라! 바람이 불어가는 쪽으로 불과 마흔 길도 채 떨어지지 않은 가까운 곳에 거대한 향유고래가 뒤집힌 군함의 동체(胴體)처럼 엎치락뒤치락하고 있고, 이디오피아인의 피부처럼 윤기가 흐르는 넓은 등은 햇빛 속에서 거울처럼 반짝이고 있다. 태평스럽게 물결 사이에 떠돌고 이따금 조용히 증기 같은 물을 뿜어 올리는 그 모습은 비대한 부르조아가 어느 따뜻한 날 오후에 파이프를 피우고 있는 것 같았다. 그러나 불쌍한 고래여, 그 파이프는 마지막이 될 것이다. 마법사의 지팡이로 얻어맞은 것처럼 졸고 있던 배도, 배 안에서 졸고 있던 선원들도 금방 잠에서 깨어 거대한 물고기가 유유히 규칙적으로 빛나는 물보라를 뿜어 올렸을 때 돛대 꼭대기의 세 명이 외쳐대는 소리와 동시에 배 안의 여기저기에서 몇 십 명인지도 모를 목소리가 소리쳤다.

"보트를 내려라, 바람 부는 쪽으로." 에이허브가 고함을 치고, 키잡이가 손잡이를 잡기도 전에 빠르게 달려가 손수 키를 조종했다.

선원들의 느닷없는 외침은 고래를 당황하게 한 것이 틀림없었다. 보트가 내려지기 전에 당당하게 몸체를 돌려 바람 불어가는 쪽을 향해 달아나려고 했다. 그러나 실로 유연하게 침착성을 갖고 헤엄치면서 물결도 그다지 일으키지 않는 것을 보면 사실은 당황하지 않았는지도 모른다고 에이허브는 생각하고, 노는 쓰지 말라, 소곤소곤하는 소리 외에는 내지 말라, 하고 명령을 내렸다. 그래서 우리는 온타리오의 인디언처럼 뱃전에 앉아 바람이 거의 없기 때문에 소리 안 나는 돛을 달지도 못한 채 묵묵히 작은 노로 저어 갔다. 금방 미끄러지듯 가까이 쫓아 간 우리 앞에서 괴물은 그 꼬리를 40피트나 높이 똑바로 공중에 추켜올렸는가 싶더니 파묻히는 탑처럼 가라앉아 숨어 버리고 말았다.

"여! 꼬리가 숨었다!" 하는 외침이 들리자——이때 휴식이 허용되었기 때문에——스텁은 곧 성냥을 꺼내서 파이프에 불을 붙였다. 고래는 이윽고 바다 속으로 충분히 잠수한 뒤에 다시금 떠올랐다. 다른 어느 배보다도 스텁의 보트 앞에 가까이 나타났기 때문에 저놈은 바로 내 것이다, 하고 그는 마음속으로 생각했다. 이제 고래가 추격자를 알아차린 것은 명백했다. 그러니까 세심하게 침묵을 지킨대도 이제는 아무런 의미가 없다. 작은 노는 버리고 큰 노가 심하게 움직이기 시작했다. 스텁은 여전히 파이프를 피우면서 자아, 공격이다, 하고 쾌활하게 모두를 격려했다.

그야말로 커다란 변화가 고래에게 나타났다. 완전히 위기를 의식한 고래는 바야흐로 '머리 쳐들기'를 시작하고 그가 일으키는 물거품 위로 머리를 비스듬히 쑥 쳐들었다.*

"쫓아라! 쫓아! 덤비지 마라. 침착해. 그렇지만 쫓아야 한다! 번개처럼 쫓으란 말이다" 담배 연기를 내뿜으면서 스텁은 격려했다. "자아! 쫓아가라. 태슈테고, 힘껏 저어야 해. 태슈, 그리고 모두들 쫓아라, 쫓아. 그러나 서둘진 마라. 조급하게 굴지마. 태연하고 냉정하란 말이다, 침착해. 차분하라구——그렇지만 죽음의 신처럼, 심술궂은 악마처럼 쫓아가서 무덤 속의 죽은 송장이건 뭐건 확 끌어당기는 기분으로 하란 말이다. 쫓아가라."

"우후! 와히!" 게이헤드 출신의 태슈테고가 공중을 향해 옛 인디언의 함성과 같은 소리를 고래고래 지르면서 대답했다. 그러자 배의 노잡이인 모든 선원들은 그 열광한 인디언의 놀랍도록 힘센 노에 맞추어서 자기도 모르게 몸을 앞으로 쑥 내밀었다.

그러나 그 야만인의 부르짖음에 그에 못지않은 야만적인 목소리로 대답하는 자가 있었다.

"키히! 키히!" 대구가 앉아서 우리 속을 걸어 다니는 호랑이처럼 온 몸을 앞뒤로 흔들며 외치고 있었다.

"카라! 쿠루!" 퀴퀘그는 생선 스테이크 큰 조각에 입맛을 다시는 듯한 요란한 소리를 냈다. 이렇게 왁자지껄하면서 노를 저어 배는 물결을 가른다.

---

* 향유고래의 큰 머리 내부가 모두 놀랍도록 가벼운 물질로 되어 있다는 것에 대해서는 다른 곳에서도 이야기할 작정이다. 머리는 그 몸 가운데서 가장 육중해 보이지만 실은 가장 부력이 풍부하다. 그러니까 쉽사리 그것을 공중에 들어올릴 수가 있고 특히 전속력으로 돌진할 때에는 항상 그렇게 한다. 게다가 그 머리 전면의 윗부분이 매우 편편하게 되어 있는데 반하여, 그 아랫부분은 끝이 극히 뾰족하며 물을 가르게 되어 있어서 머리를 비스듬히 쳐듦으로써 그는 넓적한 뱃머리를 가진 느린 갤리선으로부터 끝이 뾰족한 뉴욕 항의 수로(水路) 안내선으로 변신할 수 있게 된다.

그 사이에도 스텁은, 선두의 위치를 확보하고 입에서 담배연기를 쉴 새 없이 내뿜으면서 선원들을 돌격하도록 부추긴다. 선원들은 필사적으로 젓고 또 젓는다. 드디어 기다리던 외침이 들렸다. "일어섯! 태슈테고. 한 대 먹엿!" 작살은 던져졌다. "뒤로!" 노잡이들은 뒤로 젓는다. 그 순간 모든 사람의 손목께를 슛 하고 불처럼 뜨거운 무언가가 스친다. 마법의 포경 밧줄이다. 바로 그 직전에 스텁은 재빨리 밧줄을 밧줄걸이 기둥 주위에 두 번 감았다. 밧줄은 가속도로 빙글빙글 돌고, 바닥에서 이는 먼지는 그의 파이프에서 쉴 새 없이 오르는 연기와 뒤섞였다. 밧줄은 기둥 둘레를 언제까지나 빙빙 돌고 있는데, 그 점에 이르기 전에는 섬광처럼 스텁의 양손 사이를 빠져 달리고 그 양손에서는 '수건', 즉 그런 경우에 이따금 사용되는 솜을 넣은 네모진 헝겊이 어느 순간에 떨어져 나갔다. 마치 적의 예리한 양날의 칼을 손으로 잡고 있는데 적은 한사코 그 칼을 비틀어 뺏으려고 하고 있는 것과 마찬가지다.

"밧줄을 적셔라, 밧줄을 적셔!" 스텁이 통 있는 데 앉아 있는 노잡이를 보고 외치자, 그는 모자를 벗어 바닷물을 밧줄에 끼얹었다.* 밧줄은 몇 번 더 풀려나가다가, 이윽고 단단히 당겨졌다. 바야흐로 보트는 뒤끓는 바다 위를, 모든 지느러미의 힘을 다해 달리는 상어처럼 질주했다. 스텁과 태슈테고는 위치를 이물에서 고물로 바꾸었는데, 그것은 이 심한 동요 속에서는 위험하기 짝이 없는 일이었다.

밧줄이 보트 위로 이물에서 고물까지 일직선으로 뻗으면서 진동하고, 더욱이 하프 줄보다 더 팽팽하게 당겨져 있는 것을 보았다면 사람들은 이 배는 두 개의 용골을 가지고——하나는 물을 가르고 또 하나는 하늘을 가르면서——한번에 그 두 가지의 상반된 저항을 헤치고 무섭게 달리고 있다고 생각했을 것이다. 이물에는 흰 물방울이 끊임없이 요란하게 튀고 고물에는 소용돌이가 끊임없이 일었다. 보트 안에서 일어나는 어떤 작은 운동, 가령 손가락 하나의 움직임으로도 찢어질 것처럼 진동하는 선체를 경련적으로 뒤엎어서 가라앉혀 버릴 듯했다. 이렇게 돌진할 때 보트 안의 모든 사람은 온몸의

---

* 이 일이 얼마나 필요한가 하는 것을 나타내기 위해서 설명하겠다. 옛날의 네덜란드 어선에서는 움직이는 밧줄을 적시기 위해서 기다란 자루걸레가 사용되었는데, 대부분의 경우에는 나무로 만든 통이 그 때문에 마련된다. 하지만 모자가 가장 간편하다.

힘을 다해 자리에 착 달라붙어 거품 이는 바다에 떨어지지 않으려고 했다. 키다리 태슈테고의 몸은 그 무게 중심을 낮추려고, 키를 다루는 노가 있는 데서 거의 몸을 둘로 접어 웅크리고 있었다. 화살처럼 달리는 배에 있으면 전 대서양과 태평양을 달린 것같이 생각되었다. 마침내 고래는 그 도주의 속도를 늦추기 시작했다.

"잡아 당겨 넣어라! 당겨 넣어!" 스텁이 앞 노잡이에게 소리치자 전원은 고래 쪽으로 홱 방향을 바꾸어, 아직도 고래에게 끌려가고 있는 보트를 고래 쪽으로 당겨 접근하려고 했다. 얼마 지나지 않아 그 옆구리와 나란히 있게 되자 스텁은 무릎을 밧줄을 걸어 매는 쐐기모양의 말뚝에 단단히 고정시키고 무섭게 달아나는 물고기를 향해서 한 개, 또 한 개의 창을 던졌다. 보트는 그의 명령에 의해서 고래의 무서운 몸부림을 피해서 달아나다가 또다시 창을 던지는 위치에 다가가거나 했다.

이윽고 괴물의 온 몸은 산에서 떨어지는 폭포수처럼 빨간 핏물을 쏟기 시작했다. 그 몸은 바닷물이 아닌 핏물 속에 괴로워하며 몸부림치고, 핏물은 그 몸이 지나간 자리마다 거품을 일으키며 들끓었다. 기울어 가는 해는 바닷속 이 피의 연못 위에 빛을 뛰놀게 하고 그 반사된 빛을 선원들의 얼굴에 비추고 있었기 때문에, 서로 쳐다보면 모두 인디언처럼 번쩍번쩍 얼굴을 빛내고 있었다. 그리고 그 사이에도 고래의 물뿜는 구멍에서는 하얀 물보라가 괴롭게 뿜어 올려지고, 흥분의 절정에 달한 두목 스텁의 입에서도 담배연기가 계속 뿜어져 나왔다. 그는 던질 때마다 매어진 (밧줄 때문에) 굽은 창을 잡아당겨 뱃전에 세게 때려 똑바로 펴 가면서 하나씩 하나씩 고래를 향해 던졌다.

"당겨라! 당겨!" 그는 이번에는 앞노잡이에게 외쳤다. 힘이 다한 고래는 분노에 떨면서 뻗어 버렸다. "당겨라, 바싹!" 보트는 고래의 옆구리에 바싹 달라붙었다. 뱃머리에서 몸을 쑥 내민 스텁은 길고 날카로운 창을 천천히 고래에게 찔러 넣은 채 조심스럽게 휘돌리고 또 휘돌렸다. 그 모습은 마치 고래가 금시계를 삼켜 버렸기 때문에 열심히 갈고리로 뒤져서 꺼내기 전에 그것이 망그러지지 않도록 조심하고 있는 것과 같았다. 다만 그가 찾고 있던 금시계란, 고래 생명의 핵심이었다. 마침내 그것을 찾아냈다. 괴물은 단말마의 고통에서 솟구쳐 일어나 형언할 수 없는 무서운 꼴로 자신의 핏물 속에서 몸부림치며 미친 듯 들끓는 물거품에 몸을 감쌌다. 위험했던 보트는 급히 뒤로 물러섰지만, 그 광란의 어스름 속에서 투명한 일광 속으로 안간힘을 다하여 저어나가기란 쉬운 일이 아니었다.

그러나 고래는 몸부림칠 힘도 떨어졌는지 다시금 눈앞에 떠올라서 엎치락뒤치락하며 번갈아 그 좌우의 옆구리를 보이고 경련적으로 물 뿜는 구멍을 늦추거나 팽팽하게 하거나 하면서 귀청을 찢는 것처럼 고통스런 숨을 날카롭게 내뱉었다. 드디어, 마치 적포도주를 주위 가득 엎지른 것처럼 시뻘건 피가 콸콸 뿜어 나와서 공중의 정적을 깨뜨렸고, 움직이지 않는 그 몸뚱이는 미끄러지듯 바다 속으로 떨어져 갔다. 심장이 터진 것이다!

"뻗어 버렸어, 스텁." 대구가 말했다.

"응, 이쪽 파이프도 모두 불이 꺼졌는걸." 스텁은 자기의 파이프를 입에서 빼어, 담뱃재를 물 위에 털어 버리고 잠시 동안 가만히 서서 자기가 잡은 거대한 주검을 생각에 잠겨 바라보았다.

제62장
투창

앞장의 사건에 대해서 한 마디 덧붙이고자 한다.

포경업의 변함없는 관습에 의하면, 본선에서 보트를 저어 나갈 때에는 보트장(長), 곧 고래를 죽이는 자가 임시 키잡이가 되고, 작살잡이, 곧 고래에 밧줄을 꽂는 자가 작살잡이 노라고 불리는 1번 노를 젓게 된다. 그런데 맨 처음의 쇠화살촉을 고래에 박는 데는 굳세고 강인한 팔이 필요하다. 왜냐하면 멀리 던지기라도 할 경우에는 가끔 무거운 작살을 이삼십 피트의 거리에서 던져야 하기 때문이다. 더욱이 추적에 아무리 시간이 많이 걸리고 피로가 아무리 심하더라도 작살 잡이는 그 사이 전력을 다해서 저어야 한다. 그런데 그는 다만 그 비범하게 젓는 힘뿐만 아니라 끊임없이 대담무쌍한 큰소리를 외쳐댐으로써 그 초인간적인 활동의 모범을 모든 사람에게 보여야 한다. 모든 근육이 긴장하였다가 약동으로 옮기려는 순간순간에 목청껏 외친다는 것, 그것은 스스로 해본 자가 아니면 도저히 알 수 없는 어려운 일이다. 목청껏 큰소리를 지르는 동시에 무턱대고 마구 운동한다는 것은 내게 도저히 불가능하다. 그런데 고래의 등을 돌리고 이렇게 날쌔게 움직이고 외치고 부르짖는 속에서, 기운이 다할 대로 다한 작살잡이는 "일어섯! 한대 먹여라!" 하는 흥분한 외침을 듣게 된다. 그러면 그는 재빨리 노를 놓고 몸을 반쯤 돌려 노받이에서 자신의 작살을 잡고 남은 정력을 간신히 쥐어짜서, 어떻게든지 고래를 향하여 던진다. 이것을 생각하면, 모든 포경선단을 다 합쳐 창을 50번 던져서 다섯 번도 성공하지 못한다는 것도, 많은 운 나쁜 작살잡이들이 심하게 욕을 먹고 야단을 맞는다는 것도, 그들 중 어떤 자가 보트 안에서 혈관이 파열되고 말았다는 사실도, 또한 향유고래어선 가운데는 4년이나 바다를 방황하고도 네 통밖에 기름을 짜내지 못한 배가 있다는 것도, 많은 선주에게 포경업은 그다지 수지가 맞지 않는 장사라는 것이 조금도 이상할 게 없지 않은가? 원래 포경 항해란 작살잡이가 있고 나서의 이야기인데, 그자가 온몸의 정기를 쥐어짜 버렸다고 한다면 여차할 경우 어떻게 보충할 수가 있단 말인가?

그리고 처음에 던진 작살이 성공했다 하더라도 다음의 위급한 찰나, 다시 말해서 고래가 질주하기 시작하자마자 자신들뿐 아니라 전원을 위험에 빠뜨리며 보트장과 작살잡이는 온힘을 다하여 달리기 시작한다. 바로 그때 그들은 위치를 바꾸게 된다. 보트장, 다시 말해서 작은 배의 우두머리는 보트 뱃머리의 정해진 위치로 자리를 옮긴다.

나는 누가 뭐라고 하든 이런 것은 모두 어리석고 필요 없는 짓이라고 믿고 있다. 보트장은 처음부터 끝까지 뱃머리에 있으면 되는 것이고, 자기가 작살과 창을 던지면 되는 것이다. 그 대신 누가 보든지 분명히 필요하다고 생각될 경우 외에는 일체 노젓기를 하지 않도록 해야 한다. 물론 그렇게 하면 추격의 속도는 약간 떨어지게 될지도 모른다. 그러나 여러 나라의 온갖 포경선에서 겪은 오랜 경험으로 판단하건대, 실패한 포경의 절대 다수는 결코 고래 속도에 의한 것이 아니라 앞에서 말한 것처럼 작살잡이의 힘이 빠져버린 탓이다.

세상의 작살 잡이들이 창던지기에서 최대 효과를 유지하려면 과로 끝에 일어서는 것이 아니고 나태한 와중에 일어서야 한다.

제63장
가닥기둥

나무줄기에서는 큰 가지가 자라고 큰 가지에서는 작은 가지가 자라듯이 풍부한 주제로부터 많은 이야기가 나온다.

앞서 말한 바 있는 가닥기둥이라는 것도 장을 따로 마련하여 이야기할 만한 가치가 있다. 이것은 칼자국을 새긴 특수한 모양의 막대기인데 길이는 약 2피트로 뱃머리에 가까운 오른쪽 뱃전에 수직으로 박혀 작살의 한쪽 끝의 목재 부분을 고정시키는 데에 쓰인다. 작살의 다른 쪽 끝의 칼날이 있는 곳은 뱃머리에서 비스듬히 내밀어져 있다. 이렇게 해서 작살은 곧 던지는 사람의 손 안에 들어오게 되어, 그는 마치 산사나이가 벽에 걸린 총을 움켜쥐듯이 즉각 작살을 그 놓인 자리에서 집어 든다. 보통은 작살 두 개가 가닥기둥에 걸쳐지고, 각각 제1화살촉, 제2화살촉이라고 불린다.

그런데 이 작살 두 개는 각각의 밧줄에 의해서 포경 밧줄에 매여 있다. 그 목적은, 될 수 있으면 두 개 다 재빠르게 같은 고래에 던지려는 것, 다시 말해서 고래를 끌어 당길 때에 하나가 빠지더라도 다른 하나가 고래를 잡아두려는 것이다. 즉, 기회를 두 배로 늘리자는 것이다. 그러나 실제로 가끔 일어나는 일인데 고래가 제1작살을 받자마자 순간적인 충동에 의해서 광포하게 달리기 시작해서, 작살 잡이의 활동이 아무리 번갯불 같다고 하더라도 제2작살을 던질 수 없을 때가 있다. 그렇다 하더라도 이 제2작살은 이미 밧줄에 매여져 있고, 밧줄은 달려 나가고 있으므로 어찌 되었든 간에 보트에서 재빨리 던져 버려야만 한다. 그렇지 않으면 오히려 더욱더 무서운 위험이 선원들을 덮치게 된다. 대부분의 경우에 그것은 바다 속에 떨어지게 마련인데 이때에 축에 감은 예비 밧줄(전에 이야기한 적이 있다)이 십중팔구 그것을 교묘하게 처리해 주기로 되어 있다. 그러나 이 위험하기 짝 없는 재주 노름은 때로 슬프고 끔찍한 재난을 가져오기 쉽다.

뿐만 아니라 제2작살이 바다에 떨어지면 그 예리한 칼날은 물속에서 마구 뛰어 사태는 걷잡을 수 없게 된다. 즉, 보트와 고래 주위에서 뛰놀아 밧줄을 엉키게 하기도 하고 그것을 끊기도 하고, 사방에 어처구니없는 소란을 일으키기도 한다. 더욱이 대개의 경우에는 고래가 보기 좋게 잡혀서 죽게 되기 전에는 다시 진정되지 않는다.

그러니까 지금 보트 네 척이 유달리 힘이 세고 활발하고 지혜가 풍부한 고래와 싸움을 하는 경우를 상상해 보라. 고래가 안심할 수 없는 그러한 놈인데다가 이 대담한 모험에는 헤아릴 수 없이 많은 사고가 따르는 것이고 보면, 여덟 개나 열 개의 제2작살이 동시에 그놈 몸에 매달려 날뛸 수도 있을 것이다. 왜냐하면 어느 배나 잘못 던져진 제1작살이 되돌아오지 못할 경우를 생각해서 여러개의 작살을 밧줄에 매어 놓도록 준비하고 있기 때문이다. 이제까지 이야기한 여러 사실들은 이후에 나올 장면들에서 가장 중요하고 난해한 부분에 부닥칠 때 구체적인 이해를 돕게 될 것이다.

제64장
스텁의 저녁식사

    스텁이 고래를 잡은 장소는 본선에서 상당히 떨어져 있었다. 물결이 잔잔했기 때문에, 우리는 보트 세 척을 나란히 하여 전리품을 천천히 피쿼드 호에 끌어가는 일에 착수했다. 그런데 선원 18명의 팔 36개와 손가락 180개를 모두 합하여 축 늘어진 그 주검을 상대로 몇 시간이나 걸려 느릿느릿하게 일했으나 그 고래는 여전히 그 자리에 있는 듯 조금도 움직인 것 같지 않았다. 그러한 사실로도 우리가 끌려고 한 물체가 얼마나 거대한지를 알 수 있을 것이다. 중국의 항주 운하인지 뭔지 하는 대운하에서는 둑길에서 노동자 4, 5명이 한 시간에 1마일의 속도로 짐을 잔뜩 실은 큰 정크를 끈다지만, 우리가 끄는 거선도 마치 납덩이를 가득히 실은 것처럼 참으로 무겁게 천천히 움직였다.
    어둠이 닥쳐왔다. 그러나 피쿼드 호의 큰 돛대에 상하로 켜놓은 세 개의 등불이 희미하게 뱃길을 비춰 주어 가까이 가보니 에이허브는 몇 개의 각등(角燈) 중의 하나를 뱃전에 내려놓고 있었다. 그는 아래위로 흔들리고 있는 고래를 한동안 멍하니 바라보다가 밤이니까 잘 붙들어 매어 둬라, 평소와 다를 바 없는 명령을 하며 각등을 선원에게 건네어 준 후, 선실 안으로 걸어 들어가자 아침까지 두 번 다시 모습을 나타내지 않았다.
    고래를 쫓고 있을 때의 에이허브 선장은 평소의 활동성을 발휘했지만 고래가 죽고 나면 이렇다 할 이유도 없는 불만, 초조, 또는 절망과 같은 기분에 시달리고 있는 것처럼 보였다. 고래의 시체를 보면 저 모비 딕 놈이 아직 죽지 않았다는 생각이 새로워지고, 또한 설사 다른 고래 천 마리가 배에 끌려온다 해도 자신의 웅대한 편집광적인 목적은 조금도 이뤄진 게 아니라고 생각되는 모양이었다. 얼마 뒤에 피쿼드 호의 갑판에서 소리가 들렸는데 아마 전원이 이 깊은 바다에 닻을 내리려는 준비에 착수한 것이 명확했다. 무거운 쇠사슬이 갑판 위에 끌려 요란한 소리를 내며 뱃전 구멍에서 내려진다. 그러나 이 쇠사슬은 배가 아니라 거대한 주검을 정박시키려는 것이다. 머리는 고물에, 꼬리는 이물에 붙들어 매어져 고래는 지금 그 시커먼 몸뚱이를 배에 찰싹 붙이고 누워 있는데, 하늘을 찌를 듯한 돛대며 밧줄을 보이지 않게 만드는 밤의 어둠 속에서 보노라니 그 배와 고래는 마주 붙들어 매어진 두 마리의 거대한 황소로서 한 마리는 웅크리고 앉았고 한 마리는 서 있는 것 같았다.*

침울한 에이허브는 적어도 갑판 위에서 본 바로는 매우 평온한 것 같았다. 그러나 사람 좋은 2등 항해사 스텁은 승리감에 도취되어 기뻐서 어쩔 줄을 몰라 하고 있었다. 그토록 그가 떠들어대고 있는 것을 보자 침착한 상관인 스타벅은 한동안 묵묵히 모든 사무를 자기가 도맡았다. 잠시 후 스텁의 들뜬 기분을 한층 더 돋우어 주는 또 한 가지 일이 밝혀졌다. 스텁은 미식가였다. 그는 그 미각을 돋우는 음식으로서 고래 고기를 무척 즐겼다.

"스테이크다! 스테이크야! 자기 전에 스테이크를 먹어야 해! 이봐, 대구, 내려가서 꼬리를 조금 베어 오게!"

여기서 말해 두어야 하겠는데, 이런 거친 성격의 어부들은 관습이나 군대식 불문율에 따라(적어도 그 항해의 결산을 분명하게 할 때까지는) 적에게 전쟁 중의 비용을 부담하게 하지는 않는다. 그러나 때로 낸터킷 사람 중에는 지금 스텁이 가리킨 향유고래의 특수한 부분, 곧 가늘어져 가는 동체의 끝부분을 진짜로 좋아하는 사람도 있다.

한밤중에 스텁은 향유고래 기름으로 불을 켠 두 개의 등잔 밑에 우뚝 서서 고래를 식탁으로 삼아 그 향유고래의 요리를 먹어 대기 시작했다. 아니, 그

---

* 여기서도 잠깐 설명을 덧붙여 두겠다. 고래를 뱃전에 붙들어 매는 경우, 가장 단단히 또한 안전하게 붙들어 매려면 꼬리가 가장 좋다. 그런데 그 부분은 매우 탄탄하게 살이 쪘기 때문에(옆구리 지느러미 제외하고는) 다른 어느 곳보다도 무겁고 또한 죽은 뒤에도 극히 부드러우므로 수면 밑에 깊이 가라앉아 있다. 그러니까 그것을 쇠사슬로 붙들어 매려 해도 보트에서 손을 내밀어 닿게 할 수는 없다. 그러나 이러한 어려움도 교묘하게 처리된다. 가늘고 강한 밧줄의 한쪽 끝에 나무로 만든 부표를 달고 가운데 부분에는 무거운 추를 달고, 다른 끝은 배에 매어 놓는다. 훌륭한 솜씨에 의해서 나무 부표는 동체 저쪽 편에 뜨고, 다시 말해서 고래를 한 번 감는 게 되는 셈이니까 쇠사슬은 쉽게 그것을 따라 달리고 동체에 미끄러 떨어져서 마침내는 꼬리의 가장 가는 부분, 곧 넓은 부분과 갈라진 부분의 연결점을 단단히 붙들어 매게 된다.

날 밤 고래 고기의 향연을 실컷 즐긴 자들은 스텁뿐만이 아니었다. 그가 고기를 씹는 소리에 맞추어서 수없이 많은 상어들이 으드득 소리를 내면서 죽은 거경 주위에 떼 지어서 그 기름진 고기에 입맛을 다셨다. 배 밑 침대에서 자던 몇 사람은 그 심장에서 불과 몇 인치도 떨어지지 않은 곳에서 상어들이 날카롭게 뱃전을 꼬리로 치는 소리에 몇 번이나 눈을 떴다. 뱃전에서 들여다 보면 그 상어들이 (소리 정도가 아니라) 음산한 검은 바다 속에서 뒹굴며 사람의 머리통만큼이나 큰 고래 고기 덩어리를 물어뜯으며 몸을 휙 뒤채는 것을 똑똑히 볼 수 있을 것이다. 이 상어의 특기는 기적적이라고 할 수밖에 없다. 아무리 보아도 이빨이 들어갈 것 같지도 않은 고래 가죽을 어떻게 이렇게 모양 좋게 입을 벌리고 물어뜯는지? 이것은 우주의 대섭리인 신비의 일부를 이루는 것이다. 그들이 고래에게 남기는 그 구멍은 목수가 나사못을 박기 위해서 뚫은 구멍과도 비길 수 있을 것이다.

처참하고 흉포하기 이를 데 없는 바다 위의 전투가 한창일 때에도 상어들은 황홀하게 갑판을 올려다보며, 피가 뚝뚝 흐르는 고기를 자르고 있는 식탁 주위를 어정거리는 굶주린 개처럼 바다에 던져지는 송장에 확 덤벼들 태세를 갖추고 있다. 갑판 위에서 용맹스런 도살자들이 술이 달린 도금 식칼을 휘둘러 서로의 날고기를 식인종처럼 썰고 있을 때, 상어 떼들도 보석을 박은 듯한 입으로 식탁 밑의 송장 고기를 서로 다투며 뜯어먹고 있다. 이 모든 광경을 거꾸로 뒤집어 본다 하더라도 거의 똑같은 그림이 될 것이다. 왜냐하면 양쪽 모두 상어와 같은 몸서리쳐지는 행위를 하고 있기 때문이다. 그리고 또한 상어란 놈은 대서양을 건너는 모든 노예선의 충실하기 이를 데 없는 수행자이므로, 계획적으로 뱃전을 달리다가 무언가 운반할 것이라도 있으면, 아니 죽은 노예라도 매장할 때에는 즉시 도와준다. 그 밖에도 그들이 실로 화기애애하게 모여 들어 참으로 쾌활하게 향연을 베푸는 때와 장소, 기회 등에 관한 몇 가지 예를 더 들 수 있지만, 뭐니 뭐니 해도 밤바다의 포경선에 매어진 죽은 향유고래의 경우만큼 많은 수가 나타나서 그토록 명랑 쾌활한 정신을 발휘하는 것은 언제 어디서도 볼 수 없다. 그 광경을 보지 못한 여러분은 악마 숭배의 타당성이라든가 악마를 회유하는 방법에 대해서 이야기하고 판단하는 것은 그만두는 게 좋을 것이다.

그러나 지금 스텁은 그토록 가까이에서 벌어지고 있는 향연에서 상어들이 입맛 다시는 소리에 마음을 뺏기지도 않았고 또한 상어들도 이 미식가가 입맛 다시는 것에는 무관심했다.
"요리사! 요리사! 플리스 영감 어디 갔지?" 그는 좀더 안정된 자세로 요리를 먹으려는 듯이 두 다리를 더욱 넓게 벌리고 서서 큰소리를 지르는 동시에 창을 쓰는 것처럼 포크를 접시 위에 던졌다. "요리사, 아아 요리사! 이리 나와."
검둥이 영감은 조금 전에도 터무니없는 시간에 따뜻한 잠자리에서 불리어 나왔었기 때문에 그다지 기분이 좋지 않았다. 요리실에서 걸어 나오는 걸음걸이는 비틀거리고 있었다. 왜냐하면 늙은 흑인에게는 흔히 보이는 증세인데, 무릎의 상태가 좋지 않아서 그의 자랑인 요리칼처럼 훌륭하게 움직여 주지 않기 때문이다. 그건 어쨌든 이 플리스 영감이라고 불리는 늙은 검둥이는 쇠고리를 두들겨 펴 조잡하게 만든 부젓가락으로 걸음을 거들면서 절룩거리며 다가와 명령에 따라 스텁의 반대쪽에 와서 멈춰 섰다. 그리고는 두 손을 앞으로 모아 쥔 채 두 갈래로 벌어진 부젓가락에 몸을 기대고 굽은 등을 더욱 깊이 굽히면서 목을 비스듬히 기울여 잘 들리는 쪽의 귀를 갖다 댔다.
"요리사." 스텁은 약간 붉은 빛이 도는 고기를 재빨리 집어 올리면서 말했다. "자네 이건 좀 너무 구웠다고 생각하지 않나? 자네는 이 스테이크를 너무 두들겼군그래. 너무 연해서 못쓰겠어. 언제나 내가 말하지 않던가? 고래고기 스테이크는 질겨야 맛있다고 말야. 배 곁에 상어가 있지 않나. 저놈들도 질긴 날고기를 좋아한단 말이야. 저놈들 어째서 저렇게 떠드는 거야! 이봐, 요리사, 저놈들에게로 가서 말하라구. 아무리 많이 먹어도 좋지만 얌전하게 적당히 하라구, 떠들지 말라구 해. 제기랄, 내 목소리도 들리지 않을 정도군그래. 좋아, 상어에게 말해 주게. 자아, 이 각등을 들고 상어에게 설교하고 오게나" 스텁은 선반에서 자기의 각등을 집었다.
무뚝뚝하게 각등을 받아들고 늙은 플리스는 절룩거리면서 갑판을 가로질로 뱃전으로 갔다. 모여든 군중들이 잘 보이도록 한 손으로 등불을 바다 위로 낮게 내리고 한 손으로 그 부젓가락을 엄숙하게 휘두르면서 뱃전에서 몸을 내밀고 입속으로 기어들어가는 목소리로 상어 떼를 향해서 설교를 시작했다. 스텁은 뒤로 살그머니 다가가서 한 마디도 놓치지 않고 들었다.

"동료들, 명령이다! 너무 그렇게 떠들지 마라. 알았느냐? 혓바닥을 날름거리지 마라. 스텁 항해사님이 말씀하시는 거다. 배때기에 한껏 처넣는 것은 좋지만, 제기랄! 조용히 않을 텐가!"

"이봐, 요리사." 스텁은 갑자기 어깨를 툭툭 치면서 그 설교에 끼어들었다. "이봐 멍텅구리 영감! 설교할 때 '제기랄' 같은 말을 하면 못쓰는 거야. 죄인을 회개시킬 수 없단 말야."

"뭐라는 거요. 그렇다면 직접 설교하면 될 텐데." 요리사는 뚱해서 돌아가려 했다.

"아니, 좀더 해."

"그렇다면, 사랑하는 여러분⋯⋯."

"잘한다." 스텁은 고개를 끄덕이며 외쳤다. "놈들에게 가르쳐 줘라. 해봐." 플리스가 계속했다.

"너희들은 말이다, 다시 말해서 상어란 놈은 태어날 때부터 아귀처럼 고약하게 먹는데 말이다. 나는 말하겠는데, 여러분, 아귀같은 짓은⋯⋯이봐! 꼬리를 펄떡거리지 마라. 그렇게 펄떡거리고 쩝쩝거리면 내가 하는 말이 안 들릴 것 아닌가, 이놈들아!"

"요리사!" 스텁은 상대의 목덜미를 움켜쥐고 외쳤다. "욕을 하지 말라고 했잖아? 신사처럼 말하란 말이다."

설교는 다시 계속되었다.

"여러분, 요란한 소리를 내는 건 나쁘다고 하지 않겠다. 그렇게 태어났으니까 하는 수 없지. 그러나 여러분의 저주받은 천성에 고삐라는 것을 걸지 않으면 안 된다는 것이 문제란 말야. 너희들은 뭐라고 해도 상어란 말야. 그렇지만 너희들의 그 상어 근성에 고삐를 매기만 하면 너희들은 천사님이 될 수 있단 말이다. 이봐 형제들, 조금만 더 점잖게 그 고래에게 덤벼들지 않겠나? 옆에 있는 친구 입에서 고깃덩어리를 뺏지 않아도 될 것 아닌가? 어느 상어 놈도 그 고래를 먹는다는 데 대해선 같은 권리라는 것이 있단 말이다. 아니 신께서도 알고 계시다. 너희들은 그 고래를 먹을 권리가 없을지도 몰라. 고랜 말이다, 너희들의 것이 아니란 말이다. 너희들 가운데는 다른 놈들보다 입이 큰 놈도 있을 거다. 그러나 입이 큰 놈은 배가 작을 수도 있겠지. 그러니까 입이 큰 놈은 기름진 살을 삼켜 버리거나 하지 말고 물어뜯고 나서는 약한 놈들에게 나누어 주어야 해. 약한 놈들은 밀고 젖히고 하는 바람에 고래를 물어뜯을 수가 없단 말야."

"플리스 영감, 아주 잘했소." 스텁은 큰소리로 말했다. "그야말로 기독교 정신이다. 좀더 하게."

"암만 해도 소용없소, 스텁 씨. 이 저주받은 놈들은 밀고 젖히고 싸우는 걸 절대로 그만두지 않아. 말하는 걸 조금도 안 들어. 이런 심술궂은 놈들에게 설교한다는 건 도무지 소용이 없어. 배때기가 잔뜩 부르지 않으면 그만두지 않을 테고 놈들의 배때기는 밑이 없는걸. 그러면 배때기가 부르면 어떨까. 역시 듣지 않아. 바다 밑으로 들어가 산호 속에서 푹 잠들어 버리고 말지. 도대체 사람의 말 같은 건 끝까지 귀에 먹히질 않아요."

"제기랄, 나도 대체로 같은 의견이야. 축복이라도 내려주는 거야, 플리스 영감. 나는 저녁 먹으러 갈 테니."

그러자 영감은 상어의 폭도들 위에 두 손을 내밀고 소리높이 외쳤다.

"저주받은 자들아! 멋대로 아귀처럼 떠들어라. 아귀 배때기가 터지도록 처넣어서…… 그리고 뻗어버려라."

"이젠 됐어. 그리고" 스텁은 고패 위의 만찬으로 돌아갔다. "자네 아까처럼 여기에 서서 나를 바라보고 차렷 자세를 하고 있어."

"차렷 말인가요?" 플리스는 지시된 자리에 부젓가락에 기대어 앞으로 꾸부정하게 섰다.

"좋아." 열심히 고기를 씹으면서 스텁은 말했다. "나는 이제부터 이 스테이크 문제로 돌아가겠는데 우선 첫째로 자네는 도대체 몇 살인가?"

"그게 스테이크와 관계있는 말인가요?" 늙은 검둥이는 퉁명스럽게 대꾸했다. "시끄러워! 나이를 말해."

"아흔 살쯤이라 하더군." 무뚝뚝하게 대답했다.

"그러면 자넨 거의 백 살 가깝게 이 세상에 살면서 고래 고기 스테이크 요리하는 방법도 모른다는 말이군그래." 여기까지 말하자 그 질문의 계속이나 되는 것처럼 급하게 한 덩어리를 입속에 집어넣었다. "어디서 태어났나?"

"로노크 강(버지니아 주의 강)의 나룻배의 창구(艙口) 뒤에서 났소."

"배 안에서 낳았다고! 그것 참 희한하군. 그러나 난 자네가 어느 나라 태생인가 하는 것을 듣고 싶은 거야."

"로노크 지역이라고 하지 않았소?" 플리스는 큰소리로 날카롭게 말했다.

"아니, 말하지 않았어. 내가 말하려고 하는 바는, 요리사, 자넨 고향으로 돌아가서 다시 한번 태어나면 어떤가 하는 거야. 어쨌든 고래 고기 스테이크도 할 줄 모르니까 말야."

"절대로! 다시는 스테이크 따윈 굽지 않을 테요!" 플리스는 화가 나서 이렇게 부르짖고는 몸을 돌려 돌아가려고 했다.

"이리 와. 자아, 그 부젓가락을 내게 줘. 자아, 이 스테이크를 조금 먹어봐. 그리고 '이게 스테이크입니다'라고 할 수 있겠는지 대답해 봐. 이봐, 안 먹어?" 스텁은 부젓가락을 쑥 내밀면서 "자아, 먹어. 맛을 보란 말야" 하고 말했다.

늙은 검둥이는 잠시 머뭇거리며 그 오그라든 입술에 대고 맛을 보더니 중얼거렸다. "난 이렇게 맛있는 스테이크는 먹어 본 적이 없다우. 군침이 질질 흐른다는 건 바로 이런 걸 두고 하는 말이야."

"이봐, 요리사." 다시 몸을 고쳐 앉으면서 스텁은 말했다. "자넨 교회에 나가나?"

"케이프타운인가 하는 데서 한 번 나간 적이 있소." 노인은 무뚝뚝하게 대답했다.

"평생에 단 한 번 케이프타운에서 교회당에 들어가 본 거로군. 그래 거기서 목사가 회중들에게 사랑하는 여러분! 하는 걸 들었겠지. 그렇지? 요리사! 그런데 자넨 왜 조금 전에 그처럼 무서운 거짓말을 내게 했느냐 말이다." 스텁이 말했다. "자네 도대체 어디로 갈 작정인가?"

"빨리 침대에 가고 싶소." 중얼대면서 그는 절반쯤 몸을 돌렸다.

"멈춰! 움직이지 마! 자네가 죽었을 때 말이야. 무서운 질문일 테지만 자아, 대답할 수 있다면 해봐."

"이 늙다리 검둥이가 뻗어 버리면" 검둥이는 표정과 태도를 갑자기 바꾸면서 천천히 말했다. "자신이 어디로 가는 건 아니야. 고마운 천사님이 와서 데려가 주시는 거지."

"데려간다고! 어떻게 말이지? 엘리야(「열왕기하」 제2장 참조)를 데리고 간 것처럼 네 마리 말이 끄는 마차로 말인가? 그래서 어디로지?"

"저 위쪽이지." 플리스는 쇠지팡이를 머리 위로 꼿꼿이 쳐들고 지극히 엄

제64장 스텁의 저녁식사 375

숙하게 서 있었다.

"그렇다면 자넨 죽어서 본선 큰 돛대 꼭대기에 올라가겠다는 건가? 그러나 높이 올라갈수록 그만큼 추워진다는 것은 알고 있을 테지? 큰 돛대 꼭대기라? 허어 참."

"그런 높은 데가 아니오." 플리스는 여전히 실쭉해서 대답했다.

"자네가 저 위쪽이라고 하지 않았나? 자, 분명히 하라고. 자네 지팡이는 어딜 향하고 있는 건가? 틀림없이 자넨 돛대 망루 승강구에라도 기어 올라가서 천국으로 들어가려는 생각이겠지. 그렇지만 안 돼, 요리사. 정해진 데를 지나가지 않으면, 다시 말해서 돛대 밧줄이 있는 데로가 아니면 거기에 올라갈 수 없는 거야. 그건 위태로운 일이지만 말야. 다른 방법은 없어. 그렇지 않으면 갈 수 없어. 그러나 우린 아직 천국에 간 사람은 없어. 지팡이를 내리고 내 명령을 들어. 알겠나? 이제부터 명령을 할 테니까, 한 손으로 모자를 잡고 또 한 손으로 심장 위를 두드리는 거야. 아니, 자네 심장은 그런 데에 있단 말인가? 거긴 배 아닌가? 위야, 위! 좋아, 거기다. 이제 됐어. 거기에 놓고 차렷을 하는 거야."

"차렷!" 늙은 검둥이는 스스로 호령하고 거기에 맞춰 양손을 놓고 마치 양쪽 귀를 단번에 가지런히 앞으로 내밀려고 하는 것처럼 백발의 머리를 움직였다.

"자아, 요리사, 알겠나? 자네가 만든 이 고래 고기 스테이크는 엉망진창으로 맛이 없어서, 나는 보기도 싫었기 때문에 열심히 빨리 처치해 버린 거야. 알겠지. 그러니까 이제부터 자네가 나의 이 개인 식탁에 놓을 고래 고기 스테이크를 만들 때는 너무 구워서 형편없이 만들어지지 않도록 해. 일러두겠는데 한 손에 스테이크를 들고 다른 한 손으로 석탄불을 갖다 대란 말이야. 좋아, 그리고 난 다음에 접시에 놓는다, 이렇게 말야. 알겠나? 그리고 내일 일인데, 우리가 고래를 처치할 때 자넨 잊지 말고 그 자리에 있다가 지느러미 끝 쪽을 잘라서 초에 담그란 말야. 그리고 끝이 뾰족하게 갈라진 꼬리는 소금에 절이는 거다. 자아, 이젠 가도 좋아."

그러나 플리스는 세 걸음도 채 가기 전에 다시 불려왔다.

"이봐, 내일 불침번 때에 커틀릿을 저녁 식사로 내와야 해. 들었나? 그럼 나가. 이봐! 멈춰! 가기 전에 경례를 해야지. 아니, 멈춰! 아침 식사엔 고래경단이다. 잊지 말게."

 "하느님! 저 자가 고래를 먹지 말고 고래가 저 자를 먹는 게 좋겠소. 난 아무래도 진짜 상어보다 저 자가 훨씬 더 상어같이 보이는걸." 절룩거리며 돌아가면서 노인은 철학자처럼 한 마디 내뱉고는 해먹으로 돌아가 다시 잠을 청했다.

제65장
고래 요리

 인간이라는 생물이 자신의 등잔 기름을 공급하는 동물을 정신없이 먹고, 특히 스텁처럼 그 동물의 기름을 태우는 불 밑에 앉아서 그것을 먹는다는 것은 참으로 야릇한 일이라고 생각되기 때문에, 조금쯤 그 역사와 철학에 대해서 생각할 필요가 있을 것이다.
 기록에 의하면 3세기 전 프랑스에서는 참고래의 혓바닥 고기는 매우 맛좋은 것으로 존중되었고 따라서 값도 비쌌다. 또한 헨리 8세 때, 어떤 궁정 요리사가 기막힌 소스를 발명하여 그것을 고래의 일종이라고 하는 돌고래 스테이크에 곁들여서 내놓았기 때문에 대단한 상을 받았다고 한다. 물론 돌고래는 오늘날에 와서도 맛좋은 음식으로 여겨진다. 고기를 당구공 정도의 크기로 경단을 만들어 맛있게 양념을 하면 바다거북이나 송아지의 경단은 비교도 안 될 정도다. 옛날의 스코틀랜드 던펌린의 수도사들은 그것을 굉장히 좋아했으므로 왕실에서 다량의 돌고래 고기를 하사받고 있었다.
 요컨대 적어도 포경자 사이에서는 고래란 귀중한 물고기이지만 양이 많은 것이 옥에 티라는 정평이다. 뭐라 해도 여러분들이 만약 백 피트나 되는 고기만두를 앞에 놓고 앉았다면 입맛이 딱 떨어져 버릴 게 아니겠는가? 다만 스텁처럼 아무 거나 가리지 않고 먹어 대는 자 이외에는 오늘날 고래 고기 요리를 먹지 않는다. 그러나 에스키모인은 그리 까다롭지 않다. 알다시피 그들은 고래 고기를 먹을 뿐아니라, 고급 고래 기름으로 향기 좋은 술을 빚어 내기도 한다. 에스키모의 의사 중에서 이름이 높은 조그란다는 기름기 있는 고기는 특히 맛이 있고 영양분이 풍부해서 어린 유아에게 좋다고 권하고 있다. 그러니까 생각나는데, 아주 오래 전에 포경선의 사고로 그린란드에 남아 있게 된 영국인들이 기름을 빼고 난 후 해안에 버려진 썩어가는 고래의 고깃덩어리로 아무튼 몇 달인가 살았던 일이 있다. 네덜란드의 고래잡이들은 이 찌꺼기를 '튀김'이라고 하는데, 다시 말해서 신선한 경우에는 갈색이고 아삭아삭하여 암스테르담의 아낙네들이 만드는 도넛 같은 과자와 매우 흡사하다. 확실히 먹음직스럽게 보이니까 아무리 점잖은 손님이라도 손을 뻗치지 않을 수가 없다고 한다.

그러나 고래를 문명인의 맛있는 음식이라 말하기에 어려운 다른 원인은 그것의 지나친 자양분에 있다. 바다에선 육지의 소처럼 최고 상품인데, 맛이 일품이라고 칭찬하기에는 너무 지방이 많다. 그 혹의 고기만 하더라도 '진미라고 하는' 물소의 그것에 못지않지만, 어쨌든 피라미드 같은 기름 덩어리 때문에 진저리가 난다. 그리고 경랍(鯨蠟) 자체도 그 부드러움은 마치 석 달 된 야자열매의 하얀 과육(果肉)처럼 투명한 젤리와 흡사하지만 막상 그것을 버터 대용으로 하기에는 너무나도 지방이 많다. 그러나 대부분의 고래잡이들은 그것을 다른 음식에 스며들게 하여 함께 먹는 방법을 알고 있다. 긴긴 밤에 당번을 설 때, 대개의 선원들이 하는 일인데 비스킷을 커다란 기름통에 집어넣었다가 기름에 볶는다. 나도 이렇게 만든 맛있는 밤참을 자주 먹었다.

작은 향유고래의 경우는 뇌가 진미로 꼽힌다. 두개골을 도끼로 깨면 동그랗고 흰 뇌엽(腦葉) 두 개(실로 두 개의 큰 푸딩처럼 보인다)가 나오고 그것을 밀가루와 반죽을 하면 썩 훌륭한 음식이 되는데, 그 맛은 미식가들 사이에서 명성이 자자한 송아지의 뇌수와 비슷한 데가 있다. 그런데 그 미식가들 가운데서도 그 방면에 정통한 체하는 사람은 항상 송아지의 뇌만 먹으니까 자신의 뇌도 차츰 작아져서 머지않아 송아지의 두뇌와 자신의 그것을 구별하려면 비범한 지혜가 필요하게 될 것이다. 그렇기 때문에 젊은 미식가가 영리하게 보이는 송아지의 머리를 앞에 놓았을 때처럼 비통한 정경은 없는 것이다. 그 머리는 마치 그를 질책하는 것처럼 "아아, 브루투스 너마저도"(시저가 살해되었을 때 한 말) 하고 말하는 듯한 표정을 짓는다.

육지 사람들이 고래 고기를 먹는 것을 혐오하는 것처럼 보이는 것은 반드시 그것이 너무 기름지기 때문이라고만은 할 수 없다. 어느 편이냐 하면 그것은 결과론이고 원인은 앞에서 말한 것, 즉 사람이 바다에서 방금 죽은 것을 먹고 그것도 그 기름으로 불을 밝히고 먹는다는 점에 있을 것이다. 그러나 의심할 나위도 없이 처음으로 소를 죽인 사람은 살인자로 보여져서 교수형에 처해졌을 것이다. 하물며 만약 소들에게 재판을 받게 된다면 꼼짝없이 그 죄상은 당연히 살인자와 같은 것이 되었을 게 틀림없다. 토요일 밤에 어물 시장에 가보라. 얼마나 많은 두 발 달린 무리가 주욱 늘어서 네 발 달린 주검들을 지켜보고 있는가? 그 광경이야말로 식인종으로 하여금 소름이 끼치게 하기에 족하지 않겠는가? 식인종이라니? 식인종이 아닌 자가 어디 있는가? 사실 말이지, 피지 섬 사람이 닥쳐올 기근에 대비해서 말라빠진 선교사를 소금에 절여 움구덩이에 두었다 하더라도 그 조심성 많은 피지 섬 사람들이 대심판 날에는 여러분과 같은 문명 사회의 미식가, 곧 거위를 땅바닥에 못질해서 그 부푼 간장을 파테 드 프와 그라(거위의 간장을 잘게 다져 만든 음식)로 만들어서 맛있게 먹는 사람들보다도 죄가 가벼울 것이다.

 그런데 스텁이 고래 기름을 태운 불 밑에서 고래를 먹는 것이 과연 학대 행위를 하고 모욕까지 준다는 말이 될 것인가? 문명 세계의 화려한 미식가 여러분들이여, 지금 여러분이 스테이크를 먹고 있는 그 나이프 자루를 보라. 그것은 무엇으로 만들어져 있는가? 지금 여러분들이 정신없이 먹고 있는 소의 형제의 뼈가 아니고 무엇이겠는가? 그리고 저 기름진 거위 고기를 먹어 치운 뒤에 무엇을 이쑤시개로 사용할 작정인가? 바로 그 거위의 깃털이 아닌가? 그리고 거위 학대 방지 협회의 비서는 어떤 깃털 펜으로 그 선전회람을 멋지게 썼단 말인가? 철펜 이외에는 사용하지 않겠다고 그 협회가 결의한 것은 불과 한두 달 전의 일이었잖은가?

제66장

상어 대학살

남양 어장에서는 향유고래를 잡아서 장시간 애를 쓴 뒤 밤이 되어서야 뱃전까지 끌고 왔을 경우에 적어도 일반적인 관습으로는 즉시 그것을 처치하지는 않는다. 왜냐하면 그 일은 매우 힘이 들고 단시간으로는 불가능하고 또한 전원이 덤벼들어야 하기 때문이다. 그러니까 대개는 돛을 모두 내리고 키를 바람 불어가는 곳으로 조종하고 전원을 날이 샐 때까지 배밑 잠자리에 들어가게 한 뒤 밤새 닻을 지킬 당직만을 남겨놓고 두 사람이 한 시간씩 조를 짜서 차례로 갑판에 나가 모든 일을 망보게 한다.

그러나 때로는 태평양의 적도 위에서는 이 방법이 잘 되지 않는다. 어찌되었든 붙들어 맨 주검을 향해서 헤아릴 수 없이 많은 상어가 떼를 지어 오기 때문에 만약 여섯 시간만 그대로 내버려두면 아침에는 거의 해골밖에 남지 않는다. 그러나 그다지 상어가 우글거리지 않는 다른 태평양 해역에서는 예리한 고래 자르는 삽으로* 심하게 놀라게 하여——그것이 때로는 오히려 그들을 한층 날뛰게 하는 경우도 있지만——그 탐욕성을 크게 위축시킨다. 그러나 지금 피쿼드 호의 경우는 달랐다. 처음 이와 같은 광경에 접하고 그날 밤 뱃전에서 바라본 사람은 다만 눈에 보이는 주위의 해면은 하나의 커다란 치즈이고, 상어는 거기에 우글거리는 구더기라고 보았을 것이다.

스텁이 저녁식사를 마치고 당직을 배치하여 그에 따라 퀴퀘그와 앞돛대

---

*고래 자르는 삽——고래를 자를 때에 사용되는 삽이란 가장 좋은 강철로 된, 사람의 손바닥만한 크기인데 대체로 그 모양은 그 이름을 따온 정원 가꾸는 흙손과 흡사하다. 다만 그 양쪽면이 완전히 납작하게 되어 있고, 그 앞 끝부분은 밑바닥보다도 현저하게 좁게 되어 있다. 이 무기는 항상 예리하게 갈아져 있지만 그것을 사용해야 할 때는 다시 숫돌에 갈기 때문에 그대로 면도를 할 수 있을 정도다. 그 아랫바닥의 구멍에는 길이가 20 내지 30피트 되는 단단한 막대기가 손잡이로 달려 있다.

선원 한 사람이 갑판에 올라오자 상어들 사이에는 끔찍한 소란이 일어나게 되었다. 왜냐하면 그 두 선원은 곧 고래 자르는 데 쓰는 발판을 뱃전에 매달아 내리고, 등불 세 개를 아래로 내려서 거친 바다 먼 곳까지 빛을 던지게 한 뒤, 고래 자르는 긴 삽을 던져 그 예리한 칼날을 놈들의 유일한 급소라고 생각되는 머리통을 향해서 내리치면서 숨 막히는 상어 학살을 시작했기 때문이다. 그러나 상어 무리가 뒤섞여 날뛰는 바람에 부글부글 거품이 이는 물 속으로 삽을 던져도 반드시 명중시키는 것이 아니었으므로 오히려 그것이 적들의 예사롭지 않은 흉포성을 발휘하게 하는 형편이 되었다. 놈들은 악귀처럼 삐어져 나온 내장에 서로 달려들 뿐 아니라 마치 유연한 활처럼 몸을 구부리면서 자기의 내장까지 물어뜯음으로써 그 창자가 삼켜져 한 입으로 들어가면 벌어진 상처에서 그것이 연방 나오고 있는 형편이었다. 그뿐이 아니었다. 놈들의 시체나 망혼(亡魂)을 간섭하는 것은 위험하기 짝이 없는 일이었다. 놈들의 몸은 생명이 뼈 사이사이에 특유의 또는 범신록적인 일종의 정기가 감춰져 있는 것처럼 보였다. 죽여서 갑판 위에 끌어올린 무리 중의 한 마리를 퀴퀘그가 껍질을 벗기려고 그 흉악한 입을 다물게 하려 했을 때, 그놈이 꿈틀거리며 그의 손을 물어서 하마터면 잘라 버릴 뻔했다.

"어느 신께서 상어 놈을 만드셨는지 알 바 아니지." 야만인은 아픔을 참을 수 없어서 손을 아래위로 흔들면서 말했다. "피지의 신인지 낸터킷의 신인지 모르지만 이 상어란 놈을 만드신 신은 굉장한 세공사로군 그래."

제67장
고래 자르기

    그것은 토요일 밤에 일어난 일이었다. 그런데 날이 밝고 안식일이 되자 이 무슨 짓이란 말인가? 모든 고래잡이들은 공공연하게 안식일을 깨뜨리기를 본분인 줄로 안다. 흰 고래 이빨로 장식된 피쿼드 호는 바야흐로 도살장으로 변하고 선원들은 모두 도살자가 되었다. 그것은 수많은 피투성이의 소를 해신에게 바치고 있는 듯한 광경이었다.
    우선 초록빛으로 칠해진 도르래로 구성하는 거대한 기구——그것은 한 사람의 힘으로는 들어올릴 수도 없다——가운데서도 특히 포도송이 모양의 거대한 고래 자르는데 쓰는 고패가 가운데 돛대 위에 올려져서 갑판 위의 가장 튼튼한 장소인 낮은 돛대 꼭대기에 붙들어 매어졌다. 이 복잡한 기구 속을 지나는 닻줄 모양의 밧줄 한 끝이 양묘기까지 닿아서 고패 밑의 거대한 도르래가 고래 위에 늘어지고, 게다가 무게가 백 파운드는 실히 됨 직한, 고래 자르기에 쓰는 갈퀴가 달렸다. 그리고 나서 뱃전에 매달린 발판에 올라서면서 스텁이 긴 고래삽을 휘둘러 고래의 몸에 구멍을 내고 옆 지느러미 두 개 중에 가장 가까이 늘어져 있는 것에 갈퀴를 찔러 넣어 자르기 시작했다. 그 것이 끝나면 폭이 넓은 반원형의 선을 구멍 주위에 긋고 그 다음 갈퀴를 찔러 넣고 나면, 선원들은 고래고래 합창으로 소리를 지르며 양묘기에 몰려들어 감아올리기 시작한다. 그러면 그 순간 배 전체가 한쪽으로 기울고 배의 모든 쇠못이 마치 혹한 때의 낡은 집의 못처럼 튀어나오려 하고, 배는 진동하고 전율하고, 돛대 꼭대기는 놀란 듯 하늘을 향하여 끄덕끄덕한다. 배는 더욱더 고래 쪽으로 고개를 수그리고, 허덕이는 듯한 양묘기가 한번 감기고 한번 흔들릴 때마다 큰 파도가 흔들려 호응한다. 그러다가 드디어 별안간 일대 충격이 일면 배는 요란한 소리와 함께 자세를 바로잡으며 고래에서 떨어져 나가고, 마치 밀감이 빙글빙글 돌아가면서 껍질이 벗겨지듯이 기름이 고래

 몸에서 벗겨진다. 즉, 양묘기가 끊임없이 당기고 있기 때문에 고래는 바다 속에서 연방 뒹굴기를 계속하고, 고기는 스타벅과 스텁의 고래삽이 동시에 자르는 선을 따라 한 조각씩 일정하게 잘려나간다. 그리고 재빠르게 계속 잘려지는 그 움직임을 따라 높이 달려 올라가서 그 윗부분은 돛대 꼭대기를 스치게까지 된다. 그러면 양묘기에 매달린 사람들은 감기를 멈추고, 한동안 피가 뚝뚝 떨어지는 기대한 고깃덩어리는 마치 하늘에서 내려온 것처럼 전후 좌우로 흔든다. 거기 있는 사람들은 모두 그 고깃덩어리의 동요를 피하기 위해 세심한 주의를 해야 한다. 그렇지 않으면 머리를 세게 얻어맞고 거꾸로 물속에 떨어지는 수가 있다.
 이제 거기에 있던 한 작살잡이가 임검(臨檢)칼이라고 불리는 길고 예리한 무기를 갖고 나가서 기회를 잘 포착하여 흔들리는 고깃덩어리 밑 부분에 커다란 구멍을 내며 살을 솜씨 있게 도려낸다. 이 구멍에 갈퀴로 둘째 골패를 걸어서 고기를 단단히 고정시킨다. 그런 뒤에 그 작살 잡이는 주위에 있는 모든 선원들을 멀찍이 물러서게 하고는 고깃덩어리를 향해 약간 비껴 서서 다시 정밀한 돌격을 가하고, 힘을 주어 둘로 절단한다. 그래서 짧은 밑 부분은 아직 움직이지 않는 위치에 있지만 윗부분의 자른 조각, 즉 모포 조각이라고 불리는 부분은 흔들리면서 내려지기를 기다리게 된다. 져 나르는 사람

들이 앞으로 나가서면 다시 합창하기 시작하고, 하나의 고패가 두 번째 고기 토막을 떼내어 달아 올리는 동안 먼젓번 고패는 천천히 속도를 늦추어 바로 아래 가운데 창구를 통해서 아래쪽 지육실(脂肉室)이라고 불리는 공창(空艙)으로 가져간다. 이 어두컴컴한 방 속으로 몇 사람이 또아리를 튼 산 뱀의 무리나 되는 듯 긴 '모포조각'을 재빠른 솜씨로 감으면서 들어간다. 이렇게 작업은 진행된다. 고패 두 개는 번갈아 올라갔다 내려갔다 하고, 고래와 양묘기는 계속 돌아가고, 감아올리는 사람은 소리를 맞추어 노래를 부르고, 지육실의 사람들은 고기를 감아 넣고, 항해사는 고기 자르는 선을 계속 긋고, 배는 긴박감에 싸이고, 전원은 이런 저런 마찰을 덜기 위해선지 이따금 고함을 지르고 욕설을 퍼부어댄다.

제68장
모포조각

나는 이론이 분분한 문제, 즉 고래가죽에 대해서 적지 않게 골머리를 썩여 왔다. 나는 바다의 경험이 풍부한 고래잡이들과도, 또한 지상의 박식한 자들과도 그에 대해 여러 번 논쟁을 해봤다. 그러나 나의 기본 의견은 변함이 없다. 그것은 한낱 의견에 지나지 않을 테지만.

문제는 고래의 피부란 무엇이며 어디에 있는 것인가 하는 것이다. 여러분들은 이미 지육(脂肉)이 무엇인가를 알았을 것이다. 그것은 단단한 쇠고기와 흡사한 육질(肉質), 그러나 그것보다도 더 단단하고 탄력이 있는 것으로서 두께는 8내지 10인치로부터 12내지 15인치 정도에까지 이른다.

그런데 어떤 생물의 피부가 그 정도로 두껍다고 한다면 누구나 처음엔 엉터리라고 생각할 것이다. 그러나 사실상 이 가정에 대해서는 반박할 여지가 없다. 왜냐하면 고래의 몸에서는 이 지육 이외에는 밀도가 있는 껍질 층을 발견할 수가 없기 때문이다. 그래서 상당한 밀도를 지닌 채 생물의 가장 바깥쪽을 싸는 층이 있다고 한다면 이것을 피부라고 할 수밖에 없지 않은가? 사실 상처가 전혀 없는 고래의 시체에서는 아주 얇은 부레풀과 흡사한 얇고 투명한 물질을 손으로 벗겨낼 수가 있는데 그것은 비단처럼 탄력성이 좋고 부드럽다. 그러나 그것은 마르기 전의 일이고 마르면 오므라들어 밀도가 더 할 뿐 아니라 약간 딱딱하고 부서지기 쉽게 된다. 나도 그 바싹 마른 것을 몇 개 가지고 있어서 고래 책의 책갈피로 쓰고 있다. 앞에서도 말했듯이, 투명한 그 책갈피를 인쇄된 책장 위에 놓으면 어쩐지 확대경 구실을 하는 것 같아 기뻐진다. 어찌 되었든 이른바 고래의 안경을 통해서 고래에 관해 읽는다는 느낌은 즐겁다.

그러나 내가 지금 말하려고 하는 것은 이렇다. 즉, 이 극히 얇은 부레풀 모양의 물질이 고래의 온몸을 덮어 싸고 있다는 것은 사실이지만, 이것을 고래의 피부라고 하기보다는 피부의 피부라고 생각해야 할 것이다. 저 끔찍하게 거대한 고래의 피부가 갓 태어난 갓난아기의 피부보다도 얇고 부드럽다고 하면 우스꽝스러울 것이다. 그러나 이 문제는 그냥 넘어가기로 하겠다.

지육이 고래의 피부라고 할 경우 그 피부가 매우 두꺼운 향유고래의 경우에는 백 통이나 되는 막대한 기름을 산출하고, 더욱이 그 양 또는 무게에서 본다면 그 짜낸 기름은 피부의 모두가 아니라 불과 4분의 3정도다. 그러고 보면 고래라는 생물은 그 피부의 일부에서만도 호수를 이룰 만큼의 액체를 산출하는 셈이니 이로써 고래의 웅대함을 충분히 상상할 수 있을 것이다. 열 통을 한 톤으로 치면 고래의 피부라는 것의 4분의 3이 순수하게 10톤의 중량을 갖는 셈이다.

살아 있는 고래에 있어서 그 껍데기는 그가 드러내는 수없는 신기함 가운데서도 무시할 수 없는 것 중 하나다. 거의 예외 없이 고래 외피에는 종횡무진으로 달리는 선이 얽히고설켜 마치 훌륭한 이탈리아 선판화(線版畫)같은 모습을 보이고 있다. 그러나 이 선들은 앞에서 말한 부레풀 모양의 물질에 새겨져 있는 것이 아니라 몸 그 자체에 새겨진 듯 그것을 통해서 보이는 것이다. 아니, 그것뿐이 아니다. 어떤 경우 예리하고 주의 깊은 사람에게는 보이겠지만 이 선들은 실제 판화에서처럼 심오한 묘사를 나타낸다. 이것은 상형문자이다. 다시 말해서 만약 여러분이 저 피라미드의 벽에 그려진 이상한 기호를 상형문자라고 부른다면, 이 경우에도 당연히 그렇게 말해야 할 것이다. 특히 나는 미시시피 강 상류의 강변에 상형문자가 있는 것으로 유명한 벼랑에 새겨진 고대 인디언 문자를 보고는 향유고래의 상형문자가 연상되어서 크게 놀랐던 적이 있다. 그 신비한 암벽과 마찬가지로 고래의 이상한 기호는 전혀 읽을 수가 없다. 이 인디언 암벽은 또 다른 사실을 생각나게 한다.

향유고래는 여러가지 외관을 보이는데, 특히 등보다 옆구리 쪽을 드러내 보일 때가 많다. 그것은 원래의 규칙적인 선 모양이 수차례에 걸쳐 상당 부분 엉망으로 긁힌 탓에 본디 모습은 사라지고 완전히 불규칙적이고 제 멋대로의 모양을 갖게 되었기 때문일 것이다. 저 뉴잉글랜드 해안의 바위들, 거대한 빙산과 난폭하게 부딪쳐서 심한 상처를 입었다고 아가시즈족 인디언이 믿고 있는 그 바위들이 이 점에서 향유고래와 적지 않게 닮은 게 아닐까? 또한 고래의 긁힌 상처는 아마도 다른 적의를 가진 고래들과 세게 부딪친 데도 이유가 있지 않은가 한다. 왜냐하면 내가 아는 바로는 이 현상은 충분히 성장한 수고래에서 더 많이 볼 수 있기 때문이다.

고래의 피부, 즉 지육에 대해서는 한두 마디 더 해야만 하겠다. 이미 말했듯이 그것은 '모포 조각'이라고 불리는 기다란 조각이 되어 벗겨진다. 대개의 해상 용어와 마찬가지로, 이것도 매우 적절하고 의미 깊다. 실제로 고래의 몸을 싸고 있는 지육은 마치 모포나 홑이불과 같은 것, 아니 좀더 적절하게 말하면 인디언이 머리에서부터 뒤집어쓰고 발밑에까지 늘어뜨리는 망토 같은 것이다. 그 몸에 그토록 기분 좋은 모포를 뒤집어쓰고 있으니까 고래는 어떤 날씨, 어떤 시기, 어떤 바다, 어떤 조류 속에서도 쾌적하게 지낼 수가 있다. 살을 엘 듯이 추운 얼음투성이 북양에 있는 그린란드 고래가 만약 그 따뜻한 망토에 싸여 있지 않다면 그 운명은 알 만한 것이다. 물론 그 북극 바다에 매우 활발한 다른 어족들이 없는 것은 아니다. 그러나 잊어선 안 될 것은, 그들은 냉혈이고 폐가 없고 배가 냉장고 같고 빙산이 흘러가는 대로 그 밑에서 몸을 덥히는, 마치 여인숙 난로에 몸을 덥히는 겨울 나그네처럼 뻔뻔스러운 친구들이라는 점이다. 그런데 고래는 인간과 마찬가지로 폐가 있는 온혈동물이다. 피가 얼면 죽어 버린다. 그러니까 설명을 듣지 않으면 이 괴물이 저 북극 바다 속에 입까지 잠기면서도 태연하게 있다는 것은 무척이나 이상하게 생각될 것이다. 거기서는 물에 떨어진 뱃사람이 몇 개월 지난 뒤에도 마치 호박(琥珀)에 박힌 곤충처럼 얼음벌판 한복판에 꼿꼿이 선 채 얼어붙어 있다. 더욱이 실험으로 나타난 바로서 극지의 고래의 혈액이 여름날의 보르네오 검둥이의 혈액보다도 따뜻하다는 것은 경탄할 만하다.

생각컨대, 이 점에 아주 강성(强盛)한 생물의 활력과 두꺼운 벽과 널찍한 내면이 갖는 흔하지 않은 가치가 있다. 오오 인류여! 고래를 존경하고 그들과 같이 될 것을 배울지어다. 그대들도 또한 얼음 속에서 따뜻해져라. 이 세상에 살지라도 다른 세상의 것으로 살라. 적도에서 서늘해지고 극지에서 그대들의 피를 끓게 하라. 오오 인류여! 성 베드로 대성당처럼 또한 거대한 고래처럼, 어떠한 계절에도 그대들 자신의 체온을 보전하라!

그러나 이러한 미덕을 가르치기는 쉽지만 부질없는 일이기도 하다. 세상의 건물 중에 성 베드로 성당 같은 게 또 있는가? 또 세상의 모든 생물 중에 고래처럼 거대한 것이 있는가?

제69장
장례

"쇠사슬을 잡아당겨라. 시체를 고물 쪽에 띄워라!"

거대한 고패의 할 일은 이미 완료되었다. 목이 잘리고 가죽이 벗겨진 고래의 흰 몸은 대리석 무덤처럼 빛나고 있다. 색은 변했지만 그 거구(巨軀)를 잃었다고는 조금도 생각되지 않는다. 여전히 의연하고 거대하다. 그것이 천천히 물 속으로 떠내려 가면서 지칠 줄 모르는 상어 떼는 그 주위의 바닷물을 튀게 하고 울어대는 해조는 탐욕스럽게 떼 지어 와서 단검 같은 부리로 고래를 찌르면서 공중을 소란하게 하고 있다. 산처럼 큰 머리 없는 흰 괴물은 배에서 점점 멀어지고 한 길 또 한 길 움직임에 따라서 평면적으로 몰려드는 상어 떼와 입체적으로 밀집하는 해조 떼는 더욱더 그 악귀 같은 소란의 도를 더하고 있다. 그 광경은 멈춰선 듯한 배 위에서 몇 시간이고 계속해서 보이고 있다. 구름도 없는 담청색의 하늘 아래 즐거운 파도가 빛나는데 거기 쾌적한 미풍에 불러가면서 그 생명 없는 큰 덩어리는 끝내 가없는 저쪽으로 사라져 버릴 때까지 그렇게 언제까지나 흘러간다.

이토록 우울하고 우롱하는 듯한 장례가 있을까? 바다독수리들은 매우 경건하게 구슬픈 소리를 지르고 상어들은 그야말로 위용을 갖추어서 검은 옷이나 얼룩덜룩한 옷을 차려 입고 있다. 생전에는 이 고래가 설사 도움을 청했다 하더라도 누가 그를 도와주었겠는가? 그런데도 그 장례식에는 참으로 기특하게 모여든 것이다. 오오, 이 세상의 무서운 독수리 주의(主義)여! 아무리 힘 있는 고래라 할지라도 거기서 자유로울 수는 없다.

아니 이것으로 끝난 것이 아니다. 내버려진 시체라 하지만 어느 집념의 유혼(幽魂)이 살아나서 위협하듯 그 위를 헤맨다. 겁쟁이인 군함이나 길 잃은 탐험선에서 바라보면, 그곳에 떼 지어 있는 새들의 모습도 보이지 않을 만큼 거대한 흰 덩어리는 여전히 햇빛을 받으며 떠다니고 흰 물보라는 높이 치솟아 뽀얀 안개를 이루고 있다. 그러면 즉시 항해 일지에 이 아무런 위험성도 없는 고래의 시체를 두고 '얕은 물, 암초, 큰 파도 등등이 근해에 많음을 주의하라'고 떨리는 손으로 써둔다. 그러면 그 후 몇 년을 두고 배들은 그 곳을 피해간다. 마치 맨 앞에 선 양이 가로놓인 막대기를 뛰어넘는 것을 보고 어리석은 양이 아무것도 없는 허공을 뛰어넘는 형국이다. 그것이 바로 전례 준수(前例遵守)의 법칙이며, 전통의 유용성이라는 것이다. 다시 말해서 그것은 일찍이 지상에 뿌리를 내린 적도 없고 지금 공중에 떠돌아다니지도 않는 낡은 신앙을 고집스럽게 부활시키려는 것이다. 곧, 정통정신(正統情神)이라는 것이다.

이렇게 해서 산 고래의 몸은 그의 적들에게 실제의 공포를 주었을 것이며 죽은 뒤의 망령은 세계에 대해서 허무한 공포를 준다.

친구여! 유령을 믿는가? 코크 거리(1762년에 런던 코크 거리에서 벌어진 유령소동. 한때는 존슨 박사까지 그 일에 동요되었다 함.) 외에도 유령이 나오는 곳은 더 있고 존슨 박사보다도 더 박식한 사람들도 그것을 믿었다.

제70장
스핑크스

고래의 몸뚱이를 완전히 벗기기 전에 그 머리를 베어 버린다는 것을 빼놓아서는 안 된다. 그 향유고래의 참수야말로 과학적, 해부학적인 일이어서 경험 있는 고래 수술의들이 매우 자랑하는 것인데, 그것도 이유 없는 일은 아니다.

생각해 보라. 고래에게는 목이라고 적절히 부를 수 있는 부분은 전혀 없을 뿐만 아니라 그의 머리와 몸뚱이가 붙었다고 생각되는 부분이야말로 온몸에서 가장 굵은 곳이다. 또한 생각해 보라. 참수인은 8내지 10피트나 그 목적물보다 위에서 일을 하는데, 그 목적물은 더렵혀지고 거센 파도가 치고 때로는 성난 파도가 포효하는 바다 속에 거의 몸을 감추고 있다. 그것뿐이 아니다. 이런 불리한 조건 아래에서 고래살을 여러 피트 깊이까지 잘라야 하며 자꾸만 수축하는 깊은 상처 구멍을 흘긋 들여다 볼 수도 없는 상태로 온갖 주변의 잘라선 안 될 부분을 교묘하게 피해서 등뼈가 두개골로 통하는 바로 그 지점에서 정확하게 잘라내야만 하는 것이다. 그리고 보면 여러분들은 향유고래의 참수라면 10분 만에 해치운다고 자랑하는 스텁의 호언에 놀라지 않을 수 있을까?

우선 절단된 머리는 고물 쪽으로 돌려지고 몸뚱이 부분이 벗겨질 때까지 거기에 밧줄로 붙들어 매어진다. 만약 작은 고래머리였다면 갑판에 끌어올려서 정성껏 처리된다. 그러나 충분히 성장한 큰 고래의 경우에 그것은 불가능하다. 향유고래의 머리는 전신의 거의 3분의 1을 차지하는 것이므로 포경선의 거대한 고래로 그런 무거운 짐을 완전히 달아 올린다는 것은 보석상의 저울로 헛간의 무게를 다는 것과 같다.

그런데 피쿼드 호 고래의 잘린 머리는 배 옆의 해면에서 절반가량 올려졌다. 다시 말해서 그 대부분은 아직도 부력으로 떠오르게 되어 있었다. 배는 돛대 꼭대기 하부에서 무서운 힘으로 끌려서 고래의 머리를 향해 심하게 기울고 그 옆의 돛의 활대는 모두 파도 위에 기중기(起重機)처럼 내밀었다. 그리고 피쿼드 호의 허리께에 달려 있는, 피가 떨어지는 머리는 유딧(홀로페르네스를 유혹하여 / 살해한 유대의 과부)의 띠에 대롱대롱 매달린 거인 홀로페르네스(아시리아의 장군)의 그것과 흡사했다.

이리하여 정오에 모든 일이 끝났다. 선원들은 모두 식사하러 내려갔다. 조금 전까지도 와자지껄하게 떠들어대던 갑판 위에는 지금은 사람이 없고 적막감이 감돌고 있었다. 노란 연꽃처럼 구리빛으로 가득 찬 고요가 소리도 없이 바다 위에 가냘픈 꽃잎을 활짝 펴고 있다.

잠시 후, 에이허브가 혼자서 선실에서 나타나 이 침묵 속으로 들어왔다. 뒷갑판 위를 두서너 번 걷고 나서 걸음을 멈추고 뱃전에서 들여다보고, 큰 돛대의 밧줄을 매놓은 뱃전의 철구(鐵具 : 메인체인)께로 천천히 걸어가서 스텁의 긴고래삽——고래의 목을 자른 뒤에도 거기에 놓여 있었다——을 집어 들고 그 한 끝을 겨드랑이에 소나무 지팡이처럼 끼우면서 다른 끝으로 공중에 매달린 고깃덩어리의 아래 부분을 툭툭 친 뒤 그 고래 머리를 강렬한 눈빛으로 가만히 지켜보고 있었다.

시커먼 머릿수건을 쓴 듯한 머리였다. 그것이 맑게 갠 고요한 대기 속에 있는 것은 사막의 스핑크스를 연상케 했다. "이봐, 말해라, 존경스럽게 거대한 머리." 에이허브는 중얼댔다. "수염은 나지 않은 것 같지만 여기저기 이끼가 껴서 마치 늙은이 같군그래. 위대한 머리여, 이야기해라. 그대 속의 비밀을 내게 말해 다오. 그대만큼 바다 깊이 들어가는 것은 없다. 지금 하늘의 햇빛이 비치고 있는 이 머리는 세계의 밑바닥을 두루 돌아다니고 왔다. 거기서는 세상에 잊혀진 사람이나 함대에 녹이 슬고, 사람이 알지 못하는 희망과 닻이 썩고 있다. 또 거기서는 이 지구라는 배의 사악한 선창에 빠져 죽은 수 없이 많은 사람들의 뼈가 쌓여 있다. 그 무시무시한 바다 밑바닥의 나라야말로 그대의 그리운 집이었다. 그대는 종소리도 잠수부도 닿을 수 없는 곳을 보고 왔다. 거기서 수많은 선장들 옆에서 함께 잠을 잤지만, 그들의 잠들지 못하는 어머니들은 잠들 수만 있다면 목숨이라도 내놓겠다는 거다. 또 그대는 불길에 싸인 배에서 서로 껴안고 뛰어든 여인들도 보고 왔을 것이나, 그들은 말이다, 심장과 심장을 바싹 붙이고 의기양양한 바다 밑바닥까지 거짓 많은 하늘을 등지고 서로의 진실에 매어서 가라앉아 간 거다. 또한 그대는 심야의 갑판에서 해적이 내던진 항해사의 주검도 보았을 테지. 그는 몇 시간이나 걸려서 지칠 줄 모르는 암흑의 뱃속으로 들어간 거다. 더욱이 죽인 놈들은 정의로운 남편을 목 놓아 기다리는 아내에게 데려다 주었어야 할 배가 벼락을 맞고 떨고 있을 때에도 조금도 상처 입지 않고 항해를 계속하고 있다. 오오, 고래 머리여! 그대는 별도 부서지고 아브라함도 신앙을 갖지 않게 될 정도의 끔찍한 것을 보고 왔다. 그러면서도 아무 말도 하지 않는단 말이다."

"허어! 돛이다!" 큰 돛대 꼭대기에서 기운찬 목소리가 들린다.

"뭐라고? 좋아, 유쾌하군 그래." 에이허브는 갑자기 몸을 곧추세우면서 외쳤는데, 그의 이마에 드리운 어두운 먹구름도 사라졌다. "이 견딜 수 없는 잔잔한 물결 속에서도 기세 좋은 목소리를 들으면 어떤 사람이라도 기운을 되찾을 거다. 어디지?"

"우현 뱃머리, 삼점(三點) 위치. 이쪽으로 바람을 타고 오고 있습니다."

"더욱 좋군. 성 바울도 그 방향에서 오셔서 너무 잔잔해서 움직일 수도 없는 나에게 바람을 보내 주소서. 오오, 자연이여! 오오, 사람의 영혼이여! 말로는 도저히 표현할 수 없을 만큼 아주 비유적이군. 사물의 어떤 작은 원자 하나의 움직임도 마음속에 간사한 복제품을 갖고 있군그래."

제71장

제로보암 호의 이야기

배와 미풍은 함께 나란히 접근해 왔다. 아니, 바람 쪽이 배보다 걸음이 빨랐기 때문에 피쿼드 호는 흔들리기 시작했다.
이윽고 망원경으로 보니, 상대편 배의 보트와 돛대 꼭대기의 망지기가 보여 그것이 포경선이라는 것을 알았다. 그러나 바람이 불어오는 쪽에 있고 어느 다른 어장을 향하고 있는지 재빠르게 달려서 지나가려고 했기 때문에 우리 피쿼드 호가 따라붙을 가망은 없었다. 그래서 신호를 보내고 어떤 대답을 하는지 보기로 했다.
여기서 적어 두겠는데, 해군의 군함과 마찬가지로 미국의 포경선은 각각 고유한 신호를 갖고 있다. 그 모든 신호는 제각기 배 이름과 함께 책 한 권에 수록되어 있는데, 선장들은 저마다 그것을 가지고 있다. 그러니까 포경선의 제독들은 바다 위에서 상당히 먼 거리에 떨어져 있어도 참으로 쉽게 서로를 알아볼 수가 있다.
피쿼드 호의 신호는 드디어 상대편의 응답 신호를 받고 그것이 낸터킷의 '제로보암 호'라는 것을 알았다. 그 배는 돛의 활대를 직각으로 하면서 바람 불어오는 쪽에서 달려와서 피쿼드 호의 바람 불어가는 쪽 바로 옆의 위치에 이르러 보트를 내려서 접근해 왔다. 스타벅의 명령에 의해서 이쪽에는 내방하는 선장의 편리를 위해서 뱃전 사다리를 장비해 놓았지만, 선장으로 보이는 사람은 그런 수속은 전혀 소용없음을 나타내기 위해서 그 보트의 뒤쪽에서 손을 흔들었다. 제로보암은 악성 전염병이 퍼지고 있었으므로 그 선장 메이휴는 피쿼드 호 사람들에게 옮기는 것을 두려워하고 있다는 사실을 알게 됐다. 선장 자신과 보트의 선원은 병에 걸려 있지 않았고 그 본선은 사정거리의 절반 정도의 지점에 있으며, 오염되지 않은 바닷물과 공기가 그 사이에 흐르고 있었지만 그는 양심적으로 육지의 조심스러운 격리법에 따르면서 피쿼드와 직접 접촉하기를 단호히 거절했다.

그러나 그것이 모든 교섭을 불가능하게 한 것은 결코 아니었다. 피쿼드 호와 몇 야드인가의 거리를 두면서 제로보암의 보트는 이따금 노를 써서 물결을 밀어 보내면서(그때는 바람이 꽤 강해져 있었다) 가운데 돛대의 중간 돛을 뒤로 한 피쿼드 호와 평행선을 유지하려고 했다. 물론 갑자기 덮쳐오는 큰 파도 때문에 보트가 약간 앞으로 밀려가는 일도 가끔 있었지만 곧 능숙하게 올바른 위치로 되돌아왔다. 이밖에 이와 비슷한 여러 가지 방해가 있었지만 서로 대화는 계속할 수 있었다. 그렇기는 했지만 간간이 매우 성질이 다른 방해가 일어나기도 했다.

포경이라는 거친 직업에서는 개인의 특색 등은 전체 속에 파묻히는 법인데 제로보암의 보트를 젓고 있는 선원 가운데 매우 특이한 모습의 사나이가 눈길을 끌었다. 몸집과 키가 작고 젊어 보이는 사나이인데 얼굴에는 주근깨가 가득했고 노란 머리를 길게 늘어뜨리고 있었다. 옷자락이 긴 성직자의 옷 같은 빛바랜 호도빛 외투로 몸을 감고 그 늘어진 소매를 손목 있는 데서 걷어 올리고 있었다. 그의 눈에는 확고하고 광신적인 열정이 담겨 있었다.

이 사람을 발견하자마자 스텁이 외쳤다. "저 자다! 그놈이야! 타운호 호의 선원이 가르쳐주지 않았나, 저 긴 옷을 입은 허풍쟁이란 놈이 저자다." 사실, 스텁은 우리 피쿼드 호가 타운호 호와 만나기 조금 전에 제로보암 호에서 일어난 기묘한 이야기와 그 선원 중의 한 사람에 대해서 언급했던 것이다. 그 이야기와 나중에 들은 바에 의하면, 이 허풍쟁이는 제로보암 호의 전원에게 무서운 힘을 떨치고 있었다. 그 이야기는 이렇다.

그는 원래 니스카유나(뉴욕 주의 지명)의 광적인 셰이커 교도들 사이에서 자랐고, 거기서 제법 위대한 예언자가 되었다. 그들 광신자의 비밀 집회에서는 이따금 천장의 뚜껑문에서 내려와 하늘에서 강림했다고 말하며 조끼 주머니에 숨겨 두었던 제7비약병(秘藥甁)이라는 것을 즉석에서 연다. 그러나 그것은 화약이 아니라 아편을 넣었던 모양이다. 이리하여 기괴한 사도적(使徒的) 광열에 들떠서 그는 니스카유나를 떠나 낸터킷에 찾아왔다. 거기서 광신자 특유의 교활한 지혜로 겉보기로는 견실한 상식을 지닌 사람처럼 행동하여 시골 출신으로 제로보암 호의 포경 항해에 지원했다. 배에서는 그를 고용했다. 그러나 배가 육지가 보이지 않는 항구 밖으로 나오자마자 그의 광기는 둑을 부수고 쏟아져 나왔다. 스스로 천사장 가브리엘이라고 자칭하고 선장에게 바다 속으로 뛰어들라고 명령했다. 그는 자신의 선언을 공포하고 자기는 대양의 여러 섬들의 구세주요, 전 대양주의 총감독이라고 했다. 이런 것을 설명할 때의 흔들리지는 않는 열광, 잠들지 않는 흥분된 환상에서 나온 음울하고 대담한 궤변, 그리고 참다운 광기에 대한 초자연적인 공포감――이런 것들이 하나가 되어 이 가브리엘을, 대부분 무지한 선원들의 눈에는 신성한 기운에 싸인 자로 비치게 했다. 그들은 그를 두려워하기까지 했다. 그러나 이러한 사나이는 배에서는 별로 소용도 없고 특히 자기의 마음이 내키지 않으면 일도 하려고 하지 않았기 때문에 의심 많은 선장은 그를 제거해 버리려고 했다. 그런데 가장 가까운 항구에서 육지에 내리게 하려는 의도를 알아챈 대천사는 즉시 그 봉인(封印)과 작은 병을 꺼내 들고, 그런 계획을 실행하는 날에는 배와 선원을 전부 파멸시키겠다고 위협했다. 그는 배안의 신도들을 단단히 사로잡고 있었으므로 드디어 그들은 한 덩어리가 되어 선장에게로 가서 만약 가브리엘 님을 쫓아낸다면 우리들도 한 사람 남지 않고 모조리 배에서 내려 버리겠다고 말했다. 선장은 하는 수 없이 그 계획을 포기했다. 게다가 그들은 가브리엘이 어떤 언행을 하던 그를 절대로 핍박해서는 안 된다고 했으므로 결국 가브리엘은 배를 완전히 자기 뜻대로 움직였다. 그 결과 대천사는 선장이니 항해사 등은 조금도 문제 삼지 않게 되었고, 전염병이 발생한 이후에는 더욱더 그 권위를 떨쳐 이 악질(惡疾)이야말로 다름 아닌 내가 불러온 것이므로 나의 선의 없이는 이것을 방지할 수도 없다고 했다. 뱃사람이란 대부분 어리석은 자들이어서 개중에는 그에게 아부하는 자도 있고 그가 지시하는 대로 따르며 마치 신을 대하는 것처럼 그를 숭배하기까지 했다. 이런 이야기는 믿기 어려울 것이다. 그러나 매우 놀랍기는 하지만 사실이다. 사실 광신자의 역사를 훑어보면 그 광신자 자신이 자기 스스로를 기만하는 힘보다 수많은 사람들을 속이고 타락하게 하는 힘이 곱절이나 기괴한 것이다. 피쿼드 호의 이야기로 되돌아가기로 하자.

"그대의 병을 두려워하지는 않소" 에이허브는 뱃전에서 보트 고물에 있는 메이휴 선장에게 말했다. "배에 오르시오."

그러나 그때 가브리엘이 벌떡 일어났다.

"열, 열병이란 말요. 샛노랗게 탄단 말이오. 소름이 끼치는 악질을 무서워하지 않는단 말요?"

"가브리엘! 가브리엘!" 메이휴 선장은 외쳤다. "자넨, 결국……." 그러나 그 순간 갑자기 밀려온 거센 파도가 배를 밀어내고, 그 들끓는 소리에 말소리가 들리지 않았다.

"흰 고래를 보지 못했소?" 에이허브는 다시 다가온 보트에 대고 물었다.

"보트, 보트가 부서져서 가라앉아요. 저 꼬리를 조심해요."

"이봐, 이봐, 가브리엘. 정말로……." 그러나 보트는 악마에게 끌려간 것처럼 다시 밀려갔다. 잠깐 동안은 말을 하는 사람도 없고 다만 끊임없이 뱃전을 때리는 거친 파도만이, 바다의 우연한 변덕에 따라 물결친다기보다 뛰어오르고 있었다. 그 동안 매달린 향유고래의 머리는 심하게 요동을 쳤고 그것을 지켜보고 있던 가브리엘은 자칫 대천사답지 않게 겁먹은 눈빛을 했다.

이 막간극이 끝나자 메이휴 선장은 흰고래에 대한 기분 나쁜 이야기를 했는데, 그 이름이 나올 때마다 가브리엘은 자주 방해를 하고, 바다도 또한 그와 장단을 맞추어서 미쳐 날뛰었다.

제로보암 호가 고향을 떠나서 얼마 되지 않았을 때 어떤 포경선과의 정보 교환에 의해서 선원들은 모비 딕의 존재와 그 난폭한 위세를 확실히 알게 된 모양이었다. 그 정보를 열심히 듣던 가브리엘은 선장에게 만일 그 괴마를 만나더라도 절대로 공격해서는 안 된다고 경고했는데, 그 미친 것 같은 헛소리에 의하면 흰고래가 바로 셰이커 교도들의 '신'의 화신이며 성서의 계시를 받은 셰이커 교도임에 틀림없다고 했다. 그러나 1, 2년가량 뒤에 그 모비 딕이 돛대 꼭대기에서 분명하게 보였을 때, 1등 항해사 메이시는 그놈과 부딪치고 싶어서 견딜 수가 없었다. 선장도 대천사가 비난하고 경계했지만, 한번 솜씨를 시험해 보고 싶어 해서 메이시는 다섯 명을 설복하여 함께 보트를 탔다. 그들은 모두 함께 돌진하여 녹초가 되도록 노를 저어가서 위험하기 짝이 없는 공격에 몇 번인가 실패했지만 그래도 끝내 작살 한 개를 찌르는데 성공했다. 그동안 가브리엘은 큰 돛대의 꼭대기에 올라가서 한 팔을 미친 사람처럼 마구 흔들며 나의 신을 습격하는 무례한 놈에게는 당장에 신의 벌이 내릴 것이라고 고래고래 소리 질렀다. 그런데 메이시가 뱃머리에 서서 뱃사람답게 난폭한 외침을 힘껏 고래를 향해서 부르짖으면서 목표를 겨누어 한 대 먹일 기회를 잡으려고 했을 때, 보라! 바다 속에서 커다란 흰 그림자가 불쑥 나타나서 어지럽게 요동하기 시작했다. 노잡이들도 숨이 멈춰 버렸다. 다음 순간, 이 불운한 항해사는 몸뚱이째 공중에 던져지고 그 다음 커다란 반원을 그리며 떨어져서 약 50야드 가량 떨어진 바다 속에 가라앉아 버렸다. 보트의 나뭇조각 하나도, 노잡이들의 머리카락 한 가닥도 다치지 않았지만 항해사는 다시는 돌아오지 못했다.

　여기서 주의해두어야 한다고 생각하는 것은 향유고래잡이의 끔찍한 참사로서 이것은 결코 신기한 일은 아니다. 때로는 이렇게 희생된 사나이 이외에 아무 손상이 없을 때도 있지만 가장 많이 일어나는 일 중에는 뱃머리가 부서지거나 지휘자가 서 있는 판자가 그 자리부터 깨져서 몸과 함께 날아가는 일도 있다. 그러나 놀라지 않을 수 없는 것은 죽은 사람의 몸뚱이를 찾아내 보면 그것은 일격에 살해되어 조그마한 상처의 흔적도 없음이 비일비재하다는 것이다.

　메이시의 몸뚱이가 떨어질 때까지 그 재난의 광경은 모두 모선에서 명료하게 보였다. "비약(秘藥), 비약!" 가브리엘은 목소리를 높여 부르짖으면서 공포에 떠는 선원에게 고래를 쫓는 것을 중지하라고 소리쳤다. 이 끔찍한 사건은 대천사의 몸을 한층 더 권위에 휩싸이게 했다. 왜냐하면 미신적인 선원들이고 보면 그는 이것을 사전에 경고했던 것이며, 막연하고 누구나가 할 수 있는 예언을 한 것이 아니라 넓은 공간 속의 수많은 표적 중의 하나를 맞힌 것이라고 믿어졌기 때문이었다. 그는 온 배 안에 말할 수 없는 두려움을 주었다.

　메이휴가 이 이야기를 끝낸 후에도, 에이허브가 여러 가지 질문을 퍼붓자 메이휴는, 그대는 모비 딕을 만나면 해치울 작정인가 하고 묻지 않을 수가 없었다. 에이허브는 그 물음에 "물론!"이라고 대답했다. 그러자 가브리엘은 또다시 벌떡 일어나서 노인을 노려보고 손가락을 아래로 가리키면서 미친 듯이 외쳤다. "생각하라, 신을 모독한 자를 생각하라. 죽어서 가라앉아 버렸다, 신을 모독하는 자의 말로를 조심하라."

　에이허브는 무뚝뚝하게 옆을 보고 메이휴에게 말했다. "선장, 지금 생각이 났소만 나의 우편주머니 속에 분명히 당신 배의 사관에게 보내는 편지가 있었소. 스타벅, 주머니를 찾아보게."

　모든 포경선은 이 배 저 배에 보내는 편지를 잔뜩 싣게 마련인데 그것이

수신인의 손에 들어가는지 어떤지는 배가 네 대양(大洋)에서 딱 마주치는 기회에 달려 있다. 즉, 그 대부분은 끝내 목적을 달성하지 못하고 또한 2, 3년 혹은 그 이상의 세월이 지나서야 간신히 손에 들어오게 되는 것도 많았다.

스타벅은 곧 편지를 들고 나왔다. 선실의 어두운 벽장 안에 넣어져 있었기 때문에 몹시 상했고 축축하고 퍼런 곰팡이가 나서 얼룩덜룩했다. 이런 편지는 죽음의 신이 배달하는 것이 어울릴 법했다.

"읽을 수 없나?" 에이허브가 고함을 친다. "이리 주게. 허, 과연 글씨가 뿌옇군. 뭘까?" 그가 들여다보는 동안에 스타벅은 긴 고래잡이 막대기를 잡고 그 끝을 나이프로 조금 쪼개서 거기에 편지를 끼우고 배에 가까이 오지 않아도 그 보트에 보낼 수 있는 방법을 생각하고 있었다.

그 사이에 에이허브는 편지를 들고 중얼거렸다. "뭐라고? 하……그래 해리씨라? 여자의 부드러운 필적이로군 그래, 아마 마누라일 거야. 흥, 제로보암 호의 해리 메이시란 사람은 벌써 죽었잖나?"

"저런, 딱하군, 부인한테선가?" 메이휴는 한숨을 쉬었다. "그러나 받아두겠소."

"아니, 당신이 갖고 계시구려." 가브리엘이 에이허브에게 외쳤다. "이제 곧 당신이 전해주러 갈 것 아니오?"

"뻗어 버려라, 제기랄!" 에이허브는 악을 썼다. "메이휴 선장, 자, 이걸 받으시오" 그는 스타벅에게서 저주받은 편지를 받아서 막대기 끝에 끼우고 보트 쪽으로 내밀었다. 그러나 그때 노잡이들은 일부러 손을 멈추었기 때문에 보트는 약간 고물 쪽으로 흘러가서 마치 마술처럼 그것을 받으려고 내민 가브리엘의 손끝에 접근했다. 그는 얼른 낚아채어 나이프를 꺼내더니 편지를 찔러서 다시 배 위로 던졌다. 편지는 에이허브의 발밑에 떨어졌다. 가브리엘은 선원들에게 노를 저으라고 소리를 질렀고 건방진 보트는 화살처럼 피쿼드 호에서 멀어져 갔다.

이 사이에 일을 쉬고 있던 선원들은 다시 고래의 비계를 처리하기 시작했는데 이 괴상한 사건에 대해서는 이러쿵저러쿵 불길한 말들이 떠돌았다.

제72장
원숭이 밧줄

고래를 잘라서 처리하는 떠들썩한 일을 할 때면 선원들은 노상 이리저리 뛰어다녀야 한다. 여기에 손이 모자라는가 하면 금방 저기에 손이 모자란다. 어디든 한 곳에 머물러 있을 수가 없다. 같은 순간에 온갖 곳에서 온갖 일이 이루어져야만 한다. 그러니까 이 광경을 묘사하려고 하는 사람에게도 같은 일이 요구된다. 그러니까 조금 되돌아가서 최초에 고래의 등을 갈라서 벗겨 낼 때를 떠올리면, 이미 항해사들의 고래삽으로 도려내진 구멍에 지육 갈고리가 끼워져 있다. 그러나 그 갈고리처럼 모양 없고 묵직한 것이 어떻게 구멍에 교묘하게 끼워졌는가 하면, 그것은 나의 둘도 없는 친구인 퀴퀘그가 작살잡이의 의무로서 그 특별한 일을 하기 위해서 괴물의 등에 내려서 찔러 넣었던 것이다. 실로 대부분의 경우 지육을 벗겨 내는 일이 완전히 끝날 때까지 작살 잡이는 고래 위에 있어야 한다. 그런데 고래는 직접 작업을 하고 있는 곳 외에는 거의 모조리 물속에 잠겨 있다는 것을 잊어서는 안 된다. 그러니까 불쌍한 작살잡이는 갑판에서 10피트나 내려간 곳에서 고래의 거체가 발밑에서 바퀴수레처럼 회전하는 데 따라서 절반은 고래의 몸 위에서, 절반은 물속에서 비틀거리고 있게 된다. 퀴퀘그는 스코틀랜드 고지 사람의 복장처럼 셔츠와 짧은 양말차림으로, 적어도 나의 눈에는 매우 근사하게 보였다. 지금 소개되는 것 이상으로 그를 잘 관찰할 기회는 없을 것이다.

나는 이 야만인의 뱃머리 노잡이, 즉 그가 타는 보트의 뱃머리 노를 젓는 사람(앞에서 두 번째)이었으므로 지금 그가 네 발로 기면서 죽은 고래의 등에 버둥거리고 올라갈 때에도 그의 시중을 들어야 한다는 유쾌한 의무를 지게 되었다. 여러분들은 이탈리아의 거리를 돌아다니는 풍각쟁이 소년이 춤추는 원숭이의 긴 끈을 잡고 있는 것을 본 적이 있을 것이다. 마치 그와 꼭 같이 나는 배의 깎아 세운 듯한 뱃전에서 아래쪽 물속에 있는 퀴퀘그의 허리에 감은, 포경계의 용어로 '원숭이 밧줄'이라고 불리는 질긴 헝겊으로 만든 띠에 붙들어 맨 밧줄을 붙잡고 있었다.

우리에게 그것은 우스꽝스럽고 위험한 노릇이었다. 한쪽은 그 까닭을 설명하기 전에 먼저 말해 두어야겠는데, 이 원숭이 밧줄은 양끝에서 한쪽은 퀴퀘그의 폭넓은 헝겊 띠에, 다른 한쪽은 나의 가는 혁대에 단단히 매어졌다. 따라서 우리 두 사람은 잠시 기쁠 때나 슬플 때나 함께 하는 공동 운명체가 되었다. 만약 퀴퀘그가 운 나쁘게도 바다에 가라앉아 익사하게 된다면 관습과 명예가 요구하는 바로서, 밧줄을 끊는 대신에 나는 그와 함께 끌려들어가야만 했다. 그러니까 그때 우리는 길게 뻗친 샴쌍둥이 같은 유대로 붙들어 매어져 있었던 것이다. 퀴퀘그는 나와 떼어 놓을 수 없는 쌍둥이이며 어쨌든 나는 이 삼베 밧줄이 몰아넣은 위험한 운명에서 빠져나올 수는 없었다.

이 경우에 대한 나의 인식은 매우 강하고 또한 형이상학적인 것이었으므로 그의 일거수일투족을 열심히 응시하고 있는 동안에 나 자신의 개체성이 우리 두 사람의 합동 회사 속에 녹아 드는 것이 뚜렷이 보이는 듯했다. 나의 자유 의지는 치명적으로 파괴되고 나 아닌 존재의 과실이나 불운은 무고한 나를 까닭 없는 재앙과 죽음에 떨어뜨릴 것이다. 그렇다면 신의 섭리라는 것은 공정 무사해서 이런 어리석은 불공평을 인정할 리는 없으므로 이것은 그 섭리의 일시적 정지라고 생각했다. 그러나 배와 고래 사이에 끼이려고 하는 그를 이따금 잡아당겨 주면서 좀더 깊이 생각해 보건대, 이 상황은 죽어야 할 모든 생명체들이 겪어야 할 바로 그 상황과 조금도 다름이 없지 않은가? 다만 대다수의 경우에는 이 일 저 일로 이 샴쌍둥이적 연관을 다수의 다른 인격과 맺고 있을 뿐이다. 만약 그대의 은행이 파산하면 그대도 그만인 것이다. 만약 그대의 약제사가 잘못해서 독약을 주었다면 그대는 죽는다. 물론 극도로 주의를 한다면 이들 무수한 인생의 비운에서 빠져나올 길도 있을 거라고 말할지도 모른다. 그러나 나도 퀴퀘그의 원숭이 밧줄을 될 수 있는 대로 신중하게 다루고 있었지만 때로 그에게 확 잡아당겨져서 하마터면 바다 속에 떨어질 뻔 했던 적도 있었다. 잊을 수 없는 것은 내가 아무리 몸부림을 친대도 내 뜻대로 되는 것은 밧줄의 한쪽 끝뿐이라는 것이다.*

조금 전에도 말했지만 나는 이따금 불쌍한 퀴퀘그가 고래와 배 사이에 끼이려는 것을 밧줄을 당겨서 구했다. 왜냐하면 고래도 배도 끊임없이 가로세로로 흔들리고 있었으므로 그는 종종 굴러떨어졌기 때문이다. 그러나 그를 덮치는 끔찍한 위난은 이것 한 가지뿐만이 아니었다. 밤새껏 일어난 대살육에도 굴하지 않고 상어 떼는 고래의 주검 속에 막혀 있던 피가 흘러나오자 더욱 심하게 흥분해서 미친 듯이 날뛰면서 벌집 속의 벌처럼 떼 지어 몰려왔다.

그러자 퀴퀘그는 그 상어 떼의 한복판에 서서 종종 비틀거리는 발로 그것들을 밀어냈다. 고기라는 이름이 붙기만 하면 무엇에라도 정신없이 달려드는 상어가 사람에게 덤비려고 하지 않는 것이 정말 이상하게 생각되겠지만 그것은 죽은 고래의 맛에 매혹되어 있었기 때문이다.

그러나 맛있는 음식이라면 조금도 사양하지 않는 놈들이니까 충분히 경계하는 것이 현명한 일일 것이다. 그래서 나는 원숭이 밧줄을 이따금 잡아당겨 이 불쌍한 사나이를 특히 흉악해 보이는 상어의 턱에 가깝게 가지 않도록 주의를 기울였지만 이 밖에도 그를 보호할 길은 마련되어 있었다. 뱃전 밖의 발판에서 몸을 내밀고 태슈테고와 대구가 퀴퀘그의 머리 너머로 쉴 새 없이 고래삽을 휘둘러서 손이 닿는 데까지 상어를 마구 죽이고 있었다. 그들의 이러한 행동은 의심할 나위도 없이 사심 없는 사랑에서 나온 것이며 퀴퀘그의 행운을 빌기 때문에 한 행동이라고 인정해야 한다. 그러나 이따금 그와 상어 떼가 함께 피에 물든 바닷물 속으로 반쯤 잠기는 바람에 그 우정이 지나치게 열렬하면 그들이 마구 휘둘러대는 칼날에 상어의 꼬리보다도 그의 다리가 잘리게 될지도 모른다. 그러나 생각컨대, 우리 퀴퀘그는 큰 쇠갈퀴를 휘두르며 헐떡이면서 단 하나 그의 요조님에게만 기원하며 자신의 생명을 그의 신들에게 맡기고 있었던 것은 아니었을까?

나는 파도가 높아졌다 낮아졌다 하는 데 따라서 밧줄을 당겼다 늦추었다 하면서 생각했다. (나의 친구여, 나의 쌍동이 형제여. 이것이 대체 어쨌다는 건가? 자네야말로 이 포경 세계에 있는 우리 모든 사람의 존귀한 표상이 아니겠는가? 자네가 헐떡거리고 있는, 바닥을 알 수 없는 바다란 바로 '삶'인

---

* 원숭이 밧줄은 모든 포경선에 실려 있다. 그러나 그 '원숭이'와 원숭이를 다루는 사람이 한 밧줄에 붙들어 매어진다는 것은 이 피쿼드 호 이외에서는 볼 수 없다. 원래의 사용법에 덧붙여진 이 개량법은 다름 아닌 스텁에 의해서 생긴 것인데, 그 목적은 이렇게 함으로써 위험한 입장에 놓인 작살잡이에 대해서 원숭이 밧줄을 잡는 사람의 충실과 신중성을 최대한도로 보증하려는 데에 있었다.

것이다. 그 상어들은 자네의 원수, 고래삽의 소란에 휩쓸려서 불쌍하게도 자네는 고난과 위험의 한복판에 떨어져 있는 것이다.

그러나 퀴퀘그여, 기운을 내게! 기쁜 일이 기다리고 있다네. 이윽고 이 야만인은 지칠 대로 지쳐서 입술이 파래지고 눈에 핏발이 서서 쇠사슬을 타고 올라왔다. 온몸에서 물을 줄줄 흘리면서 자기도 모르게 벌벌 떨고 있었을 때, 보라, 급사가 앞으로 나와서 인정이 담긴 위로의 눈길로 무언가를 주었다. 무엇인가? 뜨거운 꼬냑 술이라도 되는가? 아니, 아니! 건네어 준 것이라곤, 신이여! 이 무슨 일이란 말인가? 미지근한 생강수 한 잔이라니!

"생강수? 생강 냄새가 아닌가?" 스텁이 이상하다는 듯 다가왔다. "정말이군, 생강수임에 틀림없어" 그는 아직 마시지 않은 잔을 들여다 보았다. 그러고 나서 잠시 동안 어이없는 표정으로 서 있다가 이윽고 조용히 급사 쪽으로 다가가서 천천히 말했다. "생강수? 생강수라고? 이봐, 급사, 부탁이니 생강수에 어떤 좋은 점이 있는지 가르쳐 주렴. 생강수라니! 이봐, 급사! 너는 떨고 있는 식인종의 뱃속에 불을 붙이는 데 생강수가 연료가 된다고 생각하나? 생강수라니, 못된 놈! 생강수란 게 도대체 뭐란 말이냐? 석탄이냐? 장작이냐? 유황성냥이냐? 부싯깃이냐? 화약이란 말이냐? 이봐, 우리 퀴퀘그에게 한 잔 주려는 데 생강수라니, 나쁜 자식, 어떤 생각이냐 말야?"

"결국 이건 음험한 금주 협회 운동이라도 하는 모양이군 그래" 그는 방금 이물 쪽에서 다가온 스타벅에게 바싹 다가서면서 급히 말했다. "저 깡통을 들여다봐 주지 않겠소? 좀 냄새를 맡아 봐주면 좋겠소." 그리고 나서 1등 항해사의 얼굴을 지켜보며 덧붙였다. "스타벅 씨, 저 급사란 놈 뻔뻔하지 않소. 고래에서 막 올라온 퀴퀘그에게 칼로멜이나 할라파 같은 약을 먹인단 말요. 급사가 약제사인가요? 묻겠는데 물에 반쯤 빠졌던 사람의 숨을 불어넣어 주는 데는 이런 쓴 약을 먹이는 건가요?"

"그럴 리 있나?" 스타벅은 대답했다. "이건 형편없는 음료수야."

"이봐, 급사." 스텁이 외쳤다. "작살잡이에게 주는 건 말이다, 잘 알아둬, 이런 건재 약방의 물건 따위가 아니야. 너는 우리에게 독약을 먹일 작정인가? 우리의 보험금에 눈독을 들이고 우리를 몰살하고 그 돈을 뺏을 작정이냐?"

"내가 가져온 게 아니에요." 급사가 외쳤다. "저 채러티 아주머니가 생강을 배에 실었어요. 그리고 작살 잡이에겐 술을 마시게 해서는 안 된다, 대신 이 생강수를 주어라, 하고 말했어요."

"생강수라고! 야, 이 생강놈아! 자아, 한 대 먹어라! 또 한 대! 자아, 냉큼 벽장으로 뛰어가서 좀더 좋은 걸 갖고 와. 스타벅 항해사님. 내가 하는 짓이 잘못되었나요? 선장의 명령이오. 고래에 올라탄 작살잡이에겐 그로그 주를 주어야 해요."

"알았네. 알았어." 스타벅은 대답했다. "그러나 때리는 것만은 그만두게나. 그리고……."

"저런, 난 말요, 고래나 그런 식으로 때릴까 그 이외에는 거친 짓은 하지 않소. 저놈이야 그저 족제비에 불과해요. 그런데 아까 뭐라 말하려 했나요?"

"아무것도 아닐세. 함께 내려가서 자네가 좋다고 생각되는 것을 가지고 옴세."

스텁이 다시 나타났을 때에는 한 손에 거무스름한 병을, 또 한 손에는 차 통 같은 것을 들고 있었다. 독한 술이 들어 있는 병을 퀴케그에게 건네 준 뒤, 통에 들어 있던 채러티 아주머니의 선물은 깨끗이 바다 속에 던지고 말았다.

제73장
스텁과 플래스크가 참고래를 잡고 그에 대해 이야기하다

이러는 동안 줄곧 향유고래의 커다란 머리는 피쿼드 호의 뱃전에 매달려 있었다는 것을 기억해 두기 바란다. 그러나 얼마 뒤에 언급하기로 하고 잠시 그대로 매달린 채 두어야겠다. 다른 절박한 일이 있기 때문에 큰머리에 대해서는 부디 고패가 고래를 놓치지 않도록 신께 기도드릴 수밖에 없다.

어젯밤부터 아침에 걸쳐서 피쿼드 호가 천천히 들어선 해면은 때때로 누런 새끼정어리 떼로 얼룩이 져 있었는데 이것은 참고래가 가까이에 있음을 나타내는 현상이었다. 실은 이런 계절에 이 고래의 한 종족이 이 근해에 출몰하리라곤 아무도 상상할 수 없었다. 그런데 선원들은 모두 하나같이 그 이류(二流) 고래를 잡는 것을 경멸하고 있었고 피쿼드 호는 그것을 쫓는 것을 전혀 임무로 삼지 않고 있어서 크로제트 군도 바다 밖에서 보트도 내리지 않고 그 대부분을 그대로 지나쳐 버리고 말았다. 그런데 향유고래가 목이 잘린 채 뱃전에 끌려 온 지금 놀랍게도 오늘 만약 기회가 있으면 참고래도 한 마리 잡으라는 명령이 내렸다.

오래 기다릴 것도 없이 때는 왔다. 바람 불어가는 쪽으로 높은 물뿜기가 보였다. 스텁과 플래스크가 지휘하는 보트 두 척이 그것을 쫓았다. 멀리멀리 저어가서 거의 보이지 않을 정도까지 멀어졌다. 순간 멀리서 거대한 물결이 소용돌이쳤고, 돛대 꼭대기에서의 보고에 의하면 한쪽 아니면 양쪽 배가 고래에게 작살을 꽂은 모양이었다. 잠시 뒤에 보트 두 척이 달아나는 고래에게 끌려 본선 정면으로 오고 있는 것이 뚜렷이 보였다. 그 괴물 같은 고래는 본선과 닿을 정도로 아주 가까이 다가왔기 때문에 처음엔 배를 습격하려는 게 아닌가 생각되었다. 그러나 갑자기 뱃전에서 불과 1미터도 떨어지지 않은 곳에서 소용돌이를 일으키며 물속으로 들어가 용골 밑에라도 들어갔는지 모습을 완전히 감추고 말았다. "밧줄을 끊어라, 끊어!" 본선에서 외친 그 순간 보트는 뱃전에 부딪쳐서 부서질 것 같았다. 그러나 통 속에 충분한 밧줄의 여유가 있고 고래의 잠수는 그다지 빠르다고 할 수 없는 것이었으므로 길게 밧줄을 풀어내는 동시에 힘껏 저어서 뱃머리 쪽으로 돌아갈 수가 있었다. 몇 분 동안의 격투는 실로 위기일발 그것이었다. 한편에서는 밧줄의 긴장을 늦추려고 하는 동시에 다른 한편에선 노를 저으려고 하여 그 모순된 힘의 싸움 때문에 배는 뒤집혀서 가라앉을 뻔했다. 그러나 그들이 얻어낸 것은 불과 몇 피트 전진이었다. 그리고 기를 써서 몇 피트 전진했을 때, 본선의 용골에 번갯불처럼 급한 진동이 일어났다. 그것은 팽팽하게 당겨진 밧줄이 배 밑바닥을 뿌드득 긁으면서 뱃머리 뒤에 떠 올랐기 때문이었다. 밧줄은 부르르 떨리면서 탁탁 소리를 냈고, 거기에서 떨어지는 물이 해면에 유리조각처럼 떨어지면서 고래가 모습을 나타냈다. 보트는 다시 화살처럼 질주하기 시작했다. 그러나 빈사 상태의 고래는 곧 속력을 떨어뜨리고 무턱대고 아무렇게나 진로를 바꾸어 보트 두 척을 끌면서 고물 쪽으로 돌아갔기 때문에 고래와 보트는 본선 둘레를 완전히 한바퀴 돌았다.

그 사이에도 보트는 점점 더 밧줄을 잡아 당기며 드디어 양쪽에서 육박하게 되자 스텁과 플래스크는 창과 창을 맞대고 서로 외쳐댔다. 이리하여 피쿼드 호를 빙글빙글 도는 전투는 계속되고, 여태까지 향유고래의 주검에 떼 지어 있던 무수한 상어는 새로 쏟아지는 피 쪽으로 돌진하여 깨진 바위틈에서 나온 샘물에 갈증을 푼 이스라엘 사람(민수기 20장 11절 참조)처럼 한 방울의 피도 남기지 않고 정신없이 빨아 먹었다.

드디어 고래는 피를 뿜고 토하며 몸부림치다가 시체가 되어 벌렁 뒤집혔다.

두 보트장이 작은 꼬리에 밧줄을 붙들어 매면서, 다시 말해서 고래를 끌기 위한 준비를 하면서 무슨 이야긴지 주고받고 있었다.

"저 영감 뭣 때문에 이런 형편없는 기름 덩어리가 필요했을까?" 스텁은 이렇게 천한 고래를 상대하는 일에 혐오를 느끼면서 말했다.

"뭣 때문이냐고?" 플래스크는 남은 밧줄을 뱃머리에 감으면서 말했다. "언젠가 들은 일 없나? 향유고래의 대가리를 우현에 매달면, 좌현에는 참고래 대가리를 매단다고 말일세. 그렇게 하면 말일세, 스텁, 그 배가 가라앉지 않는다더군."

"어째서지?"

"알게 뭔가? 저 누런 유령 페들러가 그런 말을 했단 말일세. 놈은 배의 주술이라면 뭐든지 알고 있는 모양이더군. 그러나 말일세, 놈은 나중에는 이 배를 저주해서 가라앉게 하지 않을까? 스텁, 난 아무래도 그 놈이 싫군. 자넨 모르나? 놈의 송곳니는 뱀대가리를 깎아 놓은 모양일세."

"돼지라고 해, 놈의 얼굴은 보기도 싫어. 만약 캄캄한 밤에 딱 마주친다면, 그리고 놈이 뱃전에라도 서 있고 주위에 아무도 없다면 말일세, 이봐, 플래스크 보게나." 스텁은 두 팔을 야릇하게 흔들면서 수면을 가리켰다. "응, 그러고말고. 플래스크, 난 저 페들러라는 놈은 악마가 둔갑을 했다고 생각하고 있네. 자넨 놈을 몰래 배에 태웠을 때의 그 엉터리 이야기를 믿나! 그놈은 악마일세. 저놈의 꼬리가 보이지 않는 것은 감아 넣어서 감추고 있기 때문이야. 감아서 호주머니에 넣어 두었단 말일세. 개새끼! 언제나 물새는 데를 막는 헌솜을 찾아다가 장화 끝에 쑤셔 넣고 있는데 그 까닭도 알았네."

"놈은 장화를 신은 채 잔다네. 해먹도 필요 없다네. 난 놈이 둘둘 만 밧줄 속에서 잠을 자는 것을 여러 번 보았단 말일세."

"영감은 뭣 때문에 놈을 애지중지하는 거지?"

"뭔가 거래 같은 것을 하고 있는 모양이야."

"거래? 무슨 거래지?"

"즉 말일세, 영감은 흰고래를 쫓을 일로 미쳐있지 않아? 그래서 저 악마놈이 노인을 그럴 듯하게 설득해서 노인의 은시계니 영혼 같은 것을 우려낸 뒤에 모비 딕을 넘겨준다 그런 말일세."

"피이! 스텁. 사람을 속이는 건 그만두게나. 페들러에게 그런 재주가 있겠는가?"

"나도 모르지, 플래스크. 그렇지만 말일세, 악마란 몹시 호기심이 많고 게다가 악당이니까. 이런 이야기도 있지. 옛날에 악마가 기함(旗艦)에 몰래 들어가서 꼬리를 점잖게 흔들어대면서, 제독께선 부재중이냐고 물었다네. 제독은 마침 있었으므로 악마에게 무슨 일이 있느냐고 물었지. 악마는 발을 구르며 '존을 내놔' 하고 말했다네. '무슨 일인가?' 노제독이 말했다네. 악마는 화가 나서 '당신이 알 일이 아니야' 하고 말했지. '저놈이 필요한 거야' '데리고 가라' 하고 제독이 말했다네. 나는 신을 걸고 맹세하겠는데 말일세,

플래스크, 악마는 제독과 거래를 끝내기도 전에 아시아 콜레라를 옮겼을 게 틀림없어. 그게 거짓말이었다면 난 이 고래를 한 입에 먹어 보이겠네. 이크, 조심하게. 그쪽 일, 아직 끝나지 않았나? 됐어, 그럼 것게. 고래를 배에 갖다 대는 걸세."

"자네가 한 이야기를 들은 것도 같은걸." 보트 두 척이 어획물을 끌고 천천히 본선으로 향할 때 플래스크가 말했다.

"그러나 어디서 들었는지 잊었네."

"「세 명의 스페인 사람」 아닌가? 그 잔인한 악당들의 모험담 말이야, 플래스크? 거기서 읽었겠지, 틀림없어."

"아닐세, 그런 책 본 적도 없어, 들은 적은 있지만. 그러나 스텁, 말해 주게. 자넨 아까 자네가 이야기한 악마와 지금 피쿼드 호에 있다고 말한 악마와 같은 거라고 생각하나?"

"아까 자네를 도와 고래를 죽인 사나이와 여기 있는 나와는 다른 사나이인가? 악마란 언제까지나 살아 있는 걸세. 악마가 죽었다는 말, 들은 적이 있나? 악마 때문에 상복을 입고 있는 신부를 본 적이 있나? 제독의 방으로 들어가는 열쇠를 손에 넣을 수 있는 정도의 악마라면 뱃전의 창문으로 몰래 기어들어가는 것쯤 못 할 것도 없을 걸세. 그렇지 않나? 플래스크."

"페들러의 나이는 몇 살 정도라고 생각하나, 스텁?"

"저 큰 돛대가 보이나?" 스텁은 본선을 가리킨다. "알겠나? 저게 1이라는 글씨라 치세. 그리고 배에 있는 통의 테를 모두 가져다가 그것을 끈으로 매어 저 돛대 옆에 늘어놓고 그것들을 0이라고 해보게나, 알겠나? 그래도 저 페들러의 나이에 비하면 아무것도 아닐세. 온 세계의 통제조공을 다 모은 대도 그의 나이가 될 만큼 통의 테는 못 만들걸세."

"그러나 말일세, 스텁, 아까 자네는 기회가 있으면 페들러란 놈을, 바다에 처넣겠다고 기세를 돋우어 말했겠다? 그런데 만약 놈이, 자네가 말하는 테의 숫자만큼 나이를 먹고 더욱이 언제까지나 살아 있는 거라면 바다에 떨어뜨려 봤자 아무 소용도 없지 않겠나? 그렇잖은가?"

"모든 것을 몽땅 물에 담가 주는 거야."

"헤엄쳐서 돌아올 거야."

"다시 처넣어 주지. 몇 번이라도 해 주겠네."

"그렇지만 놈도 자넬 바다에 처넣을 생각을 하고 있다면, 그리고 자넬 물에 빠져 죽게 하려고 한다면 어떻게 할 생각인가?"

"그 개새끼가 그럴 마음이 되어 주면 좋겠어. 그러면 난 눈 가장자리가 시커멓게 멍이 들도록, 꽝하고 먹여 줄 테야. 그러면 부끄러워져서 당분간은 두 번 다시 선장에게 얼굴을 내밀지 못할 것이고 물론 그곳의 밑갑판에 처박히겠지. 이쪽 윗갑판을 돌아다니거나 하는 일은 없을 걸세. 악마가 어쨌다는 거지, 플래스크? 내가 그놈을 무서워한다고 생각하나? 저 늙다리 선장이나 무서워하지. 악마를 붙잡아서 당연히 이중 수갑이라도 채워야 하는데 그렇게 하지도 못하고 악마가 사람을 유인해 가도록 놔둔단 말일세. 아니 악마와 계약을 맺어서 꾀어간 사람을 모두 불에 구워 달라고 했단 말일세. 지독한 선장도 다 있지 뭔가."

"페들러는 에이허브 선장을 꾀어 데려갈 작정일 거라고 생각하나?"

"생각하고 말고가 어디 있겠나? 이제 알게 될 걸세, 플래스크. 그러나 말일세, 나는 이제부터 놈을 잘 감시하겠네. 조금이라도 수상한 점이 있으면 목덜미를 꽉 움켜쥐고 말해 주겠네, '이놈 악마놈, 그만둬, 그래도 발버둥치면 난 네놈의 호주머니에 손을 집어넣고 꼬리를 붙잡아 고패 있는 데로 끌고 가서 마음껏 죄었다 매달았다 할 테다. 나중에는 꼬리가 밑동에서부터 쑥 빠지고 말 거다.' 알았나? 그러면 말일세, 틀림없이 놈은 그렇게까지 혼이 나면 사타구니에 꼬리가 닿는 간질간질한 즐거움은 단념하고 살그머니 달아나고 말 걸세."

"그래서 스텁, 그 꼬리를 어떻게 하려는 건가?"

"어떻게 하다니? 돌아가면 소 채찍으로 팔지, 다른 쓸모는 없네."

"이봐, 스텁. 그건 진심으로 하는 말인가? 여태까지 줄곧 지껄인 것 말일세."

"진심이고 뭐고, 여어, 배에 닿았네."

보트는 환호 속에 영접을 받으면서 고래를 좌현으로 끌었다. 거기에는 고래를 붙들어 매는 데 필요한 꼬리를 묶을 쇠사슬과 그 밖의 것이 이미 준비되어 있었다.

"내가 말하지 않던가?" 플래스크가 말했다. "두고 보게나. 이 참고래 대가리가 저 향유고래 반대쪽에 매달린단 말일세."

잠시 뒤에 플래스크의 예언대로 되었다. 여태까지 피쿼드 호는 향유고래 대가리 쪽으로 심히 기울어져 있었는데 지금은 대가리 두 개에 의해서 선체의 균형은 되찾았다. 모양새가 몹시 이상하긴 했지만 말이다. 여러분들이 한쪽에 로크(존 로크, 영국의 철학자)의 머리를 매달면 그쪽으로 기울지만 반대쪽에 칸트의 머리를 매달면 다시 제자리로 돌아온다. 그러나 매우 궁색한 일이다. 많은 사람들의 정신은 균형을 잡을 것만을 추구하고 있다. 아아, 어리석은 자들이여, 그와 같은 모든 괴두(怪頭)를 바다 속에 던져 버려라. 그때에야 비로소 가볍게 똑바로 뜰 수가 있다.

배에 끌려온 참고래의 몸을 처리하는 데도 향유고래 때와 같은 준비가 이루어진다. 다만 후자는 대가리가 몽땅 잘리나, 전자는 입술과 혓바닥을 따로따로 자른 것과 왕관이라고 불리는 대가리에 붙은 잘 알려진 검은 뼈를 함께 갑판에 올린다. 그러나 지금은 이와 같은 조치는 취해지지 않았다. 양쪽의 시체는 뒤에 버려지고 대가리를 매단 배는 굉장히 큰 광주리 짐을 양쪽에 짊어진 당나귀와 적잖이 닮아 있었다.

그 사이에 페들러는 조용히 참고래의 대가리를 바라보고 이따금 그 깊은 주름살에서 자기 손의 힘줄로 눈을 옮기기도 했다. 우연히 에이허브가 거기서 있었기 때문에, 이 배화교도는 그의 그림자 속에 서 있는 격이 되었다. 만약 이 배화교도의 그림자가 거기 있었다 하더라도 그것은 에이허브의 그림자와 한데 녹아들어 에이허브의 그림자를 길게 늘어뜨렸을 것이다. 선원들은 노역을 계속하고 있었지만 이날 일어난 일들에 대한 미신적인 말들이 쑤군쑤군 오가고 있었다.

제74장

향유고래의 머리—비교론

　여기에 거대한 고래 두 마리가 머리를 나란히 하고 누워 있다. 우리도 한패가 되어 머리를 그쪽으로 돌리기로 하자.
　당당한 일절판(전지(全紙) 한 장의 크기) 거경족 중에서도 향유고래와 참고래는 가장 주목할 만한 가치가 있다. 인간은 원시적으로는 그들만을 추적한다. 낸터킷 사람에게는 그들은 알려진 고래의 종족 중에서 양극단을 이루는 것이다. 그리고 양자간의 외관상의 차이는 주로 머리 부분에서 볼 수 있다. 바야흐로 그 둘의 머리가 피쿼드 호의 뱃전에 매달려 있으니 우리는 잠깐 갑판을 가로질러 한쪽에서 다른쪽으로 자유로이 가볼 수가 있다. 감히 말하건대, 이곳보다 실제적인 고래 연구에 더 편한 곳이 어디에 있겠는가?
　우선 첫째로 여러분들은 대조가 되는 이 두 대가리의 형태의 차이에 놀랄 것이다. 아무리 보아도 양자 모두 실로 거대하다. 그러나 향유고래의 대가리에는 어떠한 수학적 균형이 잡혀 있는 데 비해서 참고래의 그것에는 슬프게도 수학적 균형이 없다. 향유고래의 머리에는 보다 강렬한 성격이 있다. 보면 볼수록 여러분들은 거기에 위엄이 가득 차 있는 것을 느끼고 저절로 그의 절대적 우월을 인정하지 않을 수 없을 것이다. 더욱이 지금은 그 정수리의 희고 검은 무늬로 그 나이와 경험의 풍부함을 나타내면서 한층 더 위엄을 높이고 있다. 이것은 요컨대 포경자들 사이에서 '흰머리 고래'라고 불리는 것이다.
　둘째로는 이 머리 가운데서 가장 다르지 않은 점, 즉 눈과 귀라는 가장 중요한 두 기관(器官)을 살펴보기로 하자. 머리 옆에서 훨씬 뒤로 돌아가 아래쪽에 턱의 모서리께를 자세히 살펴보면 눈썹이 없는 어린 망아지의 눈과 비슷한 눈을 간신히 찾아낼 수 있을 것이다. 대가리의 크기에 비해서 참으로 균형이 잡혀 있지 않다.
　그런데 고래의 눈은 그토록 엉뚱한 옆에 붙어 있으므로 그가 정면에 있는 물건을 볼 수 없다는 것은 바로 뒤를 볼 수 없다는 것과 마찬가지로 명백하다. 요컨대 고래의 눈의 위치는 인간의 귀의 위치에 해당한다. 여러분들이 만약 귀로 옆의 것을 본다면 어떻게 되는지 상상해 보면 좋을 것이다. 똑바로 옆의 시선에서 약 30도 가량 앞쪽을, 그리고 약 30도 가량 뒤쪽을 본다는 자유가 있을 뿐이다. 불구대천의 원수가 백주 대낮에 칼을 휘두르며 앞에서 똑바로 달려온다 해도 볼 수 없는 것은 뒤에서 몰래 다가오더라도 볼 수 없는 것과 같은 이치다. 즉 등이 두개 있으면서 앞면(옆쪽의 앞)도 둘이 있는 셈이다. 대개 인간의 앞면이란 그 눈이 있고서야 비로소 존재할 수 있는 것이 아닌가?

이것뿐이 아니다. 내가 생각할 수 있는 한 다른 동물에 있어서는 양쪽 눈은 미묘하게 그 시력을 합쳐서 두뇌에 두 개가 아니라 하나의 화면을 제공한다. 그런데 고래 양 눈의 기이한 위치가 몇 세제곱 피트나 되는 거대하고 단단한 머리에 의해서 엄격하게 가로막혀 있다는 것은 두 골짜기의 호수 사이에 큰 산이 솟아있는 형국이니까 그 하나하나의 기관이 제시하는 인상은 전혀 별개의 것이 될 수밖에 없을 것이다. 그래서 고래는 한쪽으로 어떤 하나의 명확한 광경을 보고 다른 쪽으로 또 다른 명확한 광경을 보긴 하지만 그 중간은 모두 어둠이고 허무일 것이다. 인간은 사실상 유리창틀 두 개가 나란히 있는 창문이 달린 감시초소에서 세상을 본다. 그러나 고래의 경우에 그 유리창틀은 서로 따로 떨어져 박혀 있어 독립된 창문 두 개로 되어 있으므로 그 시야는 형편없이 되고 만다. 고래 눈의 이 특수성은 포경업에서 늘 명심해야 할 일인데 독자들 역시 앞으로 나올 여러 장면에서 꼭 기억해 주기 바란다.

고래의 시각이 그러한 것이라고 한다면 수수께끼처럼 느껴지고 궁금증이 일어날 것이다. 그러나 여기서는 그것을 암시하는 것만으로 그치겠다. 인간의 눈이 빛 속에 놓여져 있는 한 시력은 무자각적으로 작용한다. 다시 말해서 눈 앞에 있는 사물을 기계적으로 보지 않을 수가 없다. 즉, 만인의 경험이 가르치듯이 얼른 보기만 해도 모든 것을 대번에 받아들일 수 있는 셈인데, 그러나 두 가지 사물을——큰 것이든 작은 것이든 간에——같은 순간에 완전하게 자세히 본다는 것은 전혀 불가능하다. 물론 두 가지 사물이 나란히 있을 경우에는 이야기가 다르다. 그러나 만약 그 하나를 새카만 어둠으로 에워싸게 하고 그 어느 한 쪽만을 정신을 집중해서 보려고 한다면 다른 것은 그 찰나의 의식 속에서 완전히 사라질 것이다. 그러면 고래는 어떨까? 우선 그 양쪽 눈은 그 자체로서 동시에 작용할 것은 틀림없다. 그런데 그 두뇌는 과연 인간의 두뇌보다도 훨씬 유능하고 복잡하고 미묘해서 동일한 순간에 몸의 한쪽 면의 물건과 그 정반대쪽 면의 물건을 두 가지로 뚜렷이 구분해서 주의 깊게 볼 수가 있을까? 만약 그렇다고 한다면 고래야말로 경탄해 마지않을 수 없는 존재일 것이다. 이것은 인간에 있어서 유클리드의 별개의 두 가지 문제를 동시에 증명할 수 있는 것과 같은 것인데 이 비유는 엄밀하게 검토해 보더라도 잘못은 아닐 것이다.

정말 실없는 생각일지 모르지만 언제나 생각하지 않을 수 없는 것은, 어떤 고래는 서너 척의 보트에 쫓길 때 엉뚱하게도 당황한 행동을 한다는 점이다. 그 고래들이 겁쟁이가 되거나 이유를 알 수 없는 두려움에 사로잡히기 쉽다는 것——이것은 모두 따로 떨어져서 정반대로 달리는 시력이 작용해서 자기도 모르게 의지가 혼미해지는 바로 그 점에 간접적인 원인이 있는 것이 아닐까?

그러나 고래의 귀도 역시 이상하기로는 눈에 못지않다. 고래 족에 대해서 전혀 아무것도 모르는 사람이라면 이 머리 두 개를 몇 시간이고 들여다보아도 그 귀를 발견할 수 없을 것이다. 귀는 전혀 외부에 나와 있지 않고 그 구멍은 깃털 펜을 집어넣을 수도 없을 만큼 놀랍게 작다. 위치는 눈의 바로 뒤이다. 그 귀에 대해서 말하면 향유고래와 참고래 사이에는 커다란 차이가 있다. 전자의 귀는 밖을 향해 열려 있지만 후자의 귀는 완전히 막이 덮여서 밖에서는 전혀 보이지 않게 되어 있다.

고래와 같이 웅대한 생물이 저토록 작은 눈을 통해서 세계를 보고 토끼보다도 작은 귀로 우렛소리를 듣는다는 것은 이상한 일이 아니겠는가? 그러나 만약 그의 눈이 허셜(독일 태생의 영국 천문학자) 대망원경의 렌즈처럼 크고 귀는 사원의 입구처럼 넓다고 한다면 그 시력은 더욱 멀리 뻗고 그 청력은 더욱 예민하게 될 것인가? 단연코 그렇지 않다. 그런데 여러분은 무엇 때문에 여러분의 사고를 '확장'시키려고 하는가? 오히려 '정묘'하게 하라.

다음에는 지렛대고 증기기관이고 간에 닥치는 대로 이용해서 향유고래의 대가리를 뒤집어 엎어놓고 보자. 그리고 사다리로 꼭대기까지 올라가서 그 입을 들여다보기로 하자. 아니, 만약 동체가 완전히 절단되어 있는 것이 아니라면 우리는 각등을 높이 들고 켄터키 주의 매머드 석회동굴과도 흡사한 뱃속까지도 들어갈 수 있을 것이다. 그러나 이빨이 있는 데서 걸음을 멈추고 주위에 있는 것들을 바라보기로 하자. 어쩌면 그 입은 이다지도 아름답고 깨끗하게 빛난단 말인가? 바닥에서 천장까지 그 막이 겹겹이 늘어져서, 아니 하얗고 반드르르한 종이로 주름장식을 하여 신부의 비단옷처럼 광택이 나지 않는가.

이번에는 밖으로 나와서 그 강대한 아래턱을 보기로 하자. 마치 웅대한 담뱃갑의 가늘고 긴 뚜껑——한쪽 끝에 경첩이 달린——과 같다. 그리고 이것을 비틀어 열어서 머리 위로 들어올리고 그 치열(齒列)을 바라보면 꼭 성곽의 무시무시한 내리닫이 창살문 같다. 게다가 슬프게도, 많은 불쌍한 고래잡이들에게 그 뾰족한 끝이 떨어져 내리는 힘은 얼마나 가혹한가. 그러나 보다 더 처참한 광경을 나타내는 것은 바다 밑 깊은 곳에서다. 때로 심통이 난 것 같은 고래가 그곳을 떠돌며 15피트나 됨직한 그 어마어마하게 큰 턱을 몸통과 직각으로 배의 제2돛대처럼 축 늘어뜨리고 있다. 이 고래는 죽어 있는 것이 아니다. 그저 기운이 빠져 있는 것이다. 기분이 나쁜 건지도, 우울증에 걸린 건지도 모른다. 맥이 쑥 빠져버리고 턱의 경첩이 늘어난 볼썽사나울 만큼 비참한 꼴이다. 같은 고래 족속도 이것을 치욕으로 생각하고 그 턱이나 좀 다물었으면 좋겠다고 빌지 않을 수가 없다.

대부분의 경우 이 아래턱은 떼어다가——기술이 좋은 기술자라면 쉽게 떼낼 수 있을 테니까——갑판 위에 올려서 그 상아 같은 이빨을 뽑아 내고, 그 딱딱하고 흰 골질(骨質)로 고래잡이들은 지팡이, 우산대, 승마 회초리의 손잡이 같은 여러 가지 공예품을 만든다.

오랫동안 지루하게 깃발처럼 걸어놓았던 턱은 적당히 날이 지나면 닻을 내릴 때처럼 갑판에 내려진다. 다시 말해서 다른 일을 끝낸 며칠 뒤에 퀴퀘그, 대구, 태슈테고 등의 고명한 치과 의사의 손으로 이빨이 뽑힌다. 퀴퀘그가 예리한 고래삽으로 잇몸을 깎으면 턱은 고리달린 볼트에 붙들어 매어지고 위쪽에 고패가 장치되어 미시간의 소가 원시림의 늙은 참나무의 뿌리를 뽑듯이 이빨은 뽑혀진다. 보통 이빨은 마흔 두 개다. 늙은 고래인 경우에는 꽤 닳아 있지만 썩어 있지는 않다. 또 사람처럼 의치를 하지도 않는다. 그런 뒤에 턱을 널빤지처럼 잘라서 마치 집지을 때 쓰는 들보처럼 쌓아올린다.

제75장
참고래의 머리—비교론

 갑판을 가로질러 이번에는 참고래의 대가리를 천천히 살펴보기로 하자.
 기품 있는 향유고래의 대가리는 그 형태를 대충 로마 전차의 특히 둥그런 앞쪽에 비유할 수 있다. 그리고 참고래의 그것을 대충 말하면 발가락 부분이 옛 지중해의 갤리선 모양을 한 구두와 비슷하게 생긴, 그다지 세련되지 않은 모습이라고나 할까. 200년 전 네덜란드의 한 늙은 항해자는 그 모양을 구둣방에서 쓰는 목형(木型)에 비유했었다. 그렇다면 이 참고래의 목형 또는 구두 속에서는 옛날이야기에 나오는 할머니가 많은 자손들을 데리고 편안하게 살 수도 있을 것이다.
 그러나 이 큰 대가리에 가까이 가면 사람들은 저마다 관점에 따라 좀더 다른 모습을 발견하게 된다. 만약 그 꼭대기에서 물 뿜는 f자형 구멍 두 개를 내려다본다면, 여러분은 머리를 엄청나게 큰 콘트라베이스로, 그 구멍은 음향판의 구멍으로 오인할지 모른다. 또한 그 큰 머리 꼭대기의 기묘한, 볏 같기도 빗 같기도 한 껍질부, 곧 그 초록빛 조개껍질에 덮여 있는 것을 가리켜 그린란드 사람은 참고래의 '왕관'이라고 하고 남해의 어부는 '보닛 모자'라고도 하는데, 자세히 들여다보면 이 머리는 그 가지에 새 둥지를 튼 거대한 참나무 줄기같이도 보일 것이다. 아무튼 이 모자의 여기저기에 살아있는 게가 집을 짓는 것을 보면 필연적으로 그런 생각이 떠오를 것이다. 그러나 거기에 붙여진 '왕관'이라는 용어가 여러분의 상상을 불러일으킨다면, 여러분은 이 거대한 괴물이 어떻게 바다의 실제 제왕이 되고 어떻게 이 녹색 왕관이 그토록 기묘하게 달렸을까 관심을 가질 것이다. 그러나 만약 이 고래가 왕이라고 한다면 왕관을 쓰기엔 너무 무뚝뚝한 얼굴이다. 축 늘어진 아랫입술을 보라. 잔뜩 부어터진 얼굴이다! 목수가 재보면 길이 20피트, 두께 5피트의 부어터진 얼굴, 기름 500갤런 이상을 머금은 잔뜩 부은 얼굴이다.

불쌍해 보이는 이 고래가 언청이라는 것은 또한 가엾은 일이다. 갈라진 곳은 지름이 1피트 가량이나 된다. 아마도 어미고래가 중요한 시기에 지진으로 해안에 균열이 생긴 페루 연안을 돌아다녔을지도 모른다. 이 입술을 미끄러운 문턱을 넘듯이 넘어서 입속으로 들어가 보자. 맹세하겠는데 만약 내가 매키노(미시간 주의 북쪽 지방)에 있었다고 한다면 인디언의 오두막집에 뛰어들었다고 생각했을 것이다. 신이여! 이것이 요나가 지나간 길입니까? 지붕은 높이가 약 12피트나 되는데 규칙적으로 마룻대가 서 있는 것처럼 꽤 날카로운 각도를 이루고 있으며, 양쪽에는 늑골이 아치형으로 되어 털이 나 있는데 거기에는 반수직으로 달린 초승달 모양의 경골판(鯨骨板)이 한쪽에 300개 가량씩 달려 있다. 그것이 머리 꼭대기 또는 왕관부의 뼈에서 내려뜨려져 앞에서 잠깐 이야기한 저 베니스식 창살문을 형성하고 있다.

그 뼈의 끝은 머리카락 같은 섬유로 장식되어 있는데, 참고래는 그것으로 물을 걸러내고 그 미로 속에는 작은 물고기들이 우글거린다. 그러다가 먹을 때가 되면 입을 벌리고 정어리 떼로 덮인 바다로 밀고 나간다. 이 뼈의 창살문 중심부는 자라난 순서로 늘어서 있는데 거기에 이상한 줄, 곡선, 움푹 팬 곳, 뾰족한 곳 등이 있어 어떤 고래잡이는 참나무의 나이를 나이테로 알 듯 그것으로 그 고래의 나이를 알아낸다. 이 기준의 정확성을 보증할 수는 없으나 비슷한 것들을 근거로 미루어 짐작하건데 거기엔 무언가 신빙성이 느껴진다. 아무튼 만약 그에 따른다면 참고래의 나이는 우리가 얼른 보고 추정하는 것보다도 훨씬 더 많다는 것을 인정해야 된다.

옛날에는 이 창살문에 대해 놀랄 만큼 기이한 상상이 세상에 퍼져 있었다. 퍼처스의 책에 나오는 한 나그네는 이것을 고래 입 안의 경이로운 '수염'*이라 말하고, 또 어떤 이는 '돼지털'이라 부르고, 또 해클루트(영국의 지리학자)의 책에 있는 노신사는 이같은 점잖은 말을 하고 있다. "그의 위턱 양쪽에는 지느러미가 약 250개나 있어 입천장 양쪽에서 혓바닥 위로 굽어 있다."

만인이 아는 것처럼 이 '돼지털'이니 '지느러미'니 '수염'이니 '창살'이니 하고 불리는 것은 부인들에게 코르셋이나 그밖의 옷의 틀을 고정시키는 도

---

* 이것은 참고래가 참말로 수염이라 할 만한 것을, 아니 오히려 콧수염이라 할 만한 것을 가지고 있음을 상기시켜 준다. 그것은 아래턱의 바깥쪽 위에 있는 몇 가닥의 엉성한 흰털로 되어 있다. 때로 이 수염은 엄숙한 용모에다 산적 같은 표정을 준다.

구를 제공한다. 그러나 이 수요는 오래 전부터 줄어들고 있다. 저 속치마를 받쳐 주는 버팀살이 가장 유행했던 영국의 앤 여왕 시대를 경골의 전성기로 본다. 그 시절엔 귀부인들이 문자 그대로 고래의 턱 안에서 즐겁게 행동했다. 그와 비슷하게 현대인들은 그 턱의 보호 아래 별생각 없이 빗속을 걷는다. 우산이라는 것은 뼈 위에 쳐진 천막, 바로 그것이기 때문이다.

그러나 잠시 창살문이나 수염에 대해서는 잊어버리고 참고래의 입속에 서서 다시 한번 둘러보기로 하자. 그토록 정연하게 늘어진 뼈를 보는 사람은 자기가 마치 네덜란드 하를럼의 웅대한 파이프오르간 속에 들어가서 수많은 파이프를 보는 것 같은 생각이 들 것이다. 오르간에 씌우는 융단 대신에 더없이 부드러운 터키 융단, 곧 혓바닥이 입의 밑바닥에 쫙 깔려 있다. 이것은 매우 기름지고 부드럽기 때문에 갑판에 올려갈 때에 자칫하면 찢어져 버리고 만다. 이 눈앞의 혓바닥을 보라. 이것은 여섯 통의 혓바닥이다. 다시 말해서 그만한 양의 기름을 짤 수가 있는 것이다.

이제 충분히 내가 처음에 말한 것——향유고래와 참고래는 전혀 다른 머리를 갖고 있다는 사실이 이해되었을 것이다. 결론을 말하면 이렇다. 참고래에는 향유고래와 같은 향유의 원천은 전혀 없고 상아 이빨도, 길고 연한 아래턱뼈도 없다. 향유고래에게서 창살문과 같은 뼈와 거대한 아랫입술 따위가 전혀 보이지 않고 혓바닥 같은 것도 없는 것과 마찬가지다. 그리고 참고래는 물뿜는 구멍이 두 개 있지만 향유고래는 하나밖에 없다.

머릿수건을 쓴 이 두 숭엄한 머리가 아직 나란히 매달려 있는 동안에 이별을 아쉬워하면서 바라보기로 하자. 머지않아 하나는 남모르게 바다에 던져질 것이고, 또 하나도 곧 그 뒤를 따를 테니까.

저 향유고래의 표정을 알아낼 수가 있겠는가? 숨이 끊길 당시까지도 그대로 이마에 있던 몇 개의 긴 주름살이 지금은 지워져 있는 것 같다. 나에게는 이 넓은 이마가 명상에 의해서 죽음을 초월한 자에게서 보이는 대초원 같은 평정으로 가득 찬 것 같이 보인다. 그러나 또 하나의 머리의 표정은 어떠한가? 저 놀라운 아랫입술이 우연히 뱃전에 눌려서 단단히 턱을 안고 있는 것을 보라. 머리 전체가 죽음에 직면하여 위대한 실천적 결단력을 말하고 있지 않은가? 참고래는 스토아파고, 향유고래는 플라톤파가 아닐까 향유고래는 말년에 스피노자를 벗으로 삼았을지도 모른다.

제76장
큰 망치

　잠시 향유고래 머리와 작별하기 전에 나는 여러분들이 지각 있는 생리학자로서 그 모든 성질이 집약되어 있는 머리에서 특히 앞부분에 주목해 주기 바란다. 다시 말해 거기에 어느 정도의 큰 망치로서의 힘이 들어 있을까에 대해서 과장 없는 명석한 판단을 얻을 수 있게 검토해 주기 바란다. 이것이야말로 가장 문제의 핵심이다. 이로 말미암아 여러분은 이 문제를 완전히 규명하느냐, 아니면 유사 이래 가장 무섭고 거짓 없는 사건에 대해서 영원한 회의자가 되느냐 하는 갈림길에 서게 된다.
　향유고래가 헤엄치는 자세를 본다면 보통 그 머리의 앞부분은 거의 완전히 수면과 수직이 되어 있음을 알게 된다. 또한 그 앞쪽 경사면의 밑부분은 그 돛의 활대같이 생긴 아래턱을 받치고 있는 긴 구멍 때문에 현저하게 뒤로 물러나 있음도 알 수 있다. 또한 그 입은 사람으로 말하면 턱의 바로 밑에 열려 있는 셈이다. 더욱이 고래에게는 밖에서 보이는 코는 없고 다만 굳이 지적하자면 물뿜는 구멍을 들 수 있는데, 머리 꼭대기에 나 있다. 또 그 눈과 귀는 양쪽에 있는데 몸의 앞부분에서 3분의 1이나 뒤로 물러선 곳에 붙어 있음을 알 수 있다. 그러니까 향유고래 머리의 앞부분은 한 개의 기관도 없고 아무런 부드러운 돌출부도 갖지 않은 무감각한 벽이 되는 셈이다. 뿐만 아니라 이 앞부분에서는 훨씬 아래로 내려온 뒤쪽 경사면에만 아주 조금 뼈 같은 것의 흔적이 있고, 완전한 두개골부는 앞면에서 20피트나 더 내려가지 않으면 안 된다. 다시 말해서 이 방대한 뼈 없는 머리 전체는 이른바 한 개의 뭉치인 것이다. 마지막으로 곧 알게 되는 일인데 이것은 그 일부에 가장 순수한 기름을 머금고 있다. 그러나 그 부드럽다고 생각되는 것을 참으로 단단하게 덮고 있는 물질의 성질에 대해서 여러분들이 몰라서는 안 되겠다. 언젠가 전에 비계가 고래의 몸을 마치 밀감껍질처럼 싸고 있다고 말한 적이 있

다. 머리도 마찬가지다. 다른 점이라면 이 머리를 싼 것은 두껍지는 않지만 뼈가 없으면서도 그것을 다뤄보지 않은 사람은 상상도 할 수 없을 만큼 단단하다. 아주 억센 남자의 팔이 던지는 가장 날카로운 작살이나 창도 아무런 반응 없이 퉁겨져 나온다. 향유고래의 앞부분은 말굽으로 싸여 있는 것과 같다. 그 밑바닥에 어떠한 감각이 존재하고 있으리라고는 생각되지 않는다.

하나 더 생각해 줬으면 하는 것이 있다. 커다란 동인도 무역선 두 척이 짐을 가득 실은 채 독(dock) 안에서 부딪치려고 할 때 선원들은 어떻게 하는가? 막 충돌하려고 할 때 그 중간에 철이나 목재 같은 그저 딱딱하기만 한 물건을 매달지는 않는다. 극히 두껍고 딱딱한 쇠가죽으로 만든 밧줄 테와 코르크를 잔뜩 넣은 크고 둥근 물체를 거기에 넣는다. 이것이 참나무 지레나 쇠지레를 사정없이 깨뜨릴 만한 충격을 용감하게 받아내서 손해를 막게 된다. 바로 이 사실이 내가 말하려고 하는 바를 충분히 밝혀 줄 것이다. 그러나 여기에 나는 하나의 가설을 덧붙이려 한다. 보통 어류는 부레라는 것을 갖고 있어서 제 몸을 마음대로 팽창시키고 수축시키는데 향유고래는 내가 알기로는 그런 것을 갖고 있지 않다. 더욱이 그가 머리를 수면 아래로 완전히 집어넣었다가 금방 다시 높다랗게 물위에 떠올라 헤엄치는 것을 생각할 때, 또한 그 덮은 것이 어떠한 것에도 방해되지 않는 탄력성을 지닌다고 생각하고 그 머리 내부의 특수성을 생각할 때, 그 신비한 벌집 모양의 폐장은 여태껏 알려지지 않았고 의심 받은 적 없는 연관성을 외부 공기와 갖고 있어서 대기의 팽창과 수축에 민감하게 감응한다는 가설에 이르지 않을 수가 없었다. 그렇다면 모든 자연 요소 중에서도 실체가 없고 가장 파괴적인 공기의 도움을 받은, 항거할 수 없는 강한 힘도 상상해 볼 만하다.

생각해 보라. 안에는 가장 가벼운 공기를 지니고 있으면서도 아주 단단하고 허물어지지 않는 이 철벽을. 산더미같이 쌓아 올려진 재목처럼 코드(재목을 재는 단위, 보통 길이 8피트, 폭과 높이 4피트)로나 측량할 수 있는 큰 몸뚱이로 헤엄치지만, 세상에서 가장 조그마한 곤충처럼 오직 하나의 의지에 따라 헤엄친다. 그러니까 나중에 내가 이 방대한 괴물의 온몸에 숨어 소용돌이치는 특성과 힘의 집중 등에 대해서 자세하게 이야기할 때, 또한 다시금 그에 대한 갖가지의 기괴한 일을 이야기할 때, 무지(無知)에서 생기는 의혹을 모조리 버리고 다음 한 가지 사실, 즉 향유고래가 '다리엔 지협'의 밑바닥을 뚫고 나가서 대서양과 태평양을 서로 섞으려 해도 눈썹 하나 까딱하지 말라는 것이다. 고래를 기르고 있지 않다면 그 진리에 대해서는 누구나 감상적인 시골뜨기에 지나지 않는다. '진리'를 백일하에 드러낸다는 것은 다만 불속에서 불을 끄는 샐러맨더 같은 괴물만이 하는 짓일 뿐, 시골 사람이 흉내 낼 수 있는 일은 아니다. 무서운 이집트의 사이스에서 여신의 베일을 들어올린 어리석은 젊은이에게 어떤 운명이 덮쳐왔었는지를 생각해 보아도 좋을 것이다.

제77장
하이델베르크의 큰 술통

　드디어 큰 통(대가리)의 기름을 퍼내게 된다. 그러나 그것을 옳게 이해하려면 이제부터 수술하게 될 이상한 내부 구조에 대해서 약간의 지식을 가져야만 할 것이다.

　향유고래 머리를 한 개의 장방향 고체로 가정하면 그 경사면을 따라 두 개의 버팀돌*로 나눌 수 있다. 그 중 아랫부분은 뼈투성이인 두개부(頭蓋部)와 턱이 되고 윗부분은 전혀 뼈가 없는 기름진 고깃덩어리다. 그 폭넓고 부푼 앞부분은 수직으로 이마를 이루고 있다. 이 앞부분 한복판에서 수평으로 이 상층부를 쪼갠다면 거의 똑같은 두 부분이 되는데, 이것은 두꺼운 힘줄 벽 같은 것에 의해 본디 갈라져 있던 것이다.

　분할된 것의 아랫부분, 곧 지방 조직이라고 불리는 것은 기름이 가득 들어찬 커다란 벌꿀 주머니 같은 것이어서 단단하고 탄력 있는 흰 색의 섬유질이 전면을 덮고 있고 무수한 세포가 종횡무진으로 교차되어 있다. 윗부분은 케이스라고 불리는데 향유고래의 경우에는 저 하이델베르크의 큰 술통(「파우스트」에 나옴)으로 보아도 좋을 것이다. 그런데 이 유명한 하이델베르크의 큰 술통이 그 앞면에 신비로운 조각이 새겨져 있듯 저 고래의 주름투성이의 커다란 앞부분도 그의 위대한 통을 수수께끼처럼 장식한 이상한 무늬로 가득 차 있다. 또한 저 하이델베르크의 큰 통이 항상 지극히 순수한 라인 계곡의 포도주로 채워져 있다면 이 고래의 통에는 훨씬 향기롭고 귀중한 기름, 다시 말해서 아주 순수하고 투명하고 향기로운 경뇌유(鯨腦油)가 담겨 있다. 이 귀중한 보물의 순수함에 비교될 만한 다른 것은 고래의 어느 부위에서도 찾아볼 수 없다. 살아

---

*이 버팀돌이란 기하학의 술어는 아니다. 순수한 항해용 수학 용어다. 이 말이 정의된 적은 없었던 것으로 안다. 이 버팀돌은 양쪽에서 서로 가늘어지는 것이 아니라 한편의 급경사에 의해서 그 끝이 뾰족하다는 점에서 쐐기와는 다른 고형체이다.

있는 몸속에 있을 때는 완전한 액체로 있지만 죽은 뒤 일단 대기에 닿으면 즉시 굳어지기 시작하여 마치 겨울을 알리는, 물에서 막 생긴 최초의 얇고 섬세한 얼음처럼 아름다운 어린 나뭇가지의 결정체를 만들어 낸다. 큰 고래의 기름구멍은 보통 500갤런의 기름을 산출하는데, 간혹 불가피한 조건에 처해 새거나 엎지르거나 흘려버리는 수도 있고, 때로 채취자가 될 수 있는 대로 많이 채취하려다 그 지독히 힘든 작업 중에 엎질러서 다시 돌이킬 수 없게 되는 수도 있다.

하이델베르크 큰 통의 내부가 얼마나 아름답고 값비싼 물질로 칠해져 있는진 모르지만 향유고래의 안 표면을 이루는, 고급 외투의 안감처럼 광택이 있고 진주빛이 나는 얇은 막에는 미치지 못할 것이다.

보면 알 수 있겠지만 향유고래의 '하이델베르크 통'은 머리 윗부분의 전 길이에 걸쳐 퍼져 있다. 그러니까——어디에선가 말했다고 생각되는데——고래 머리는 전체 몸길이의 3분의 1을 차지하고 있는데, 상당한 크기의 고래에 있어서 그 몸길이를 80피트라고 친다면 이 고래의 통은 뱃전에 세로로 매다는 경우 26피트 이상이 된다는 계산이 나온다.

고래 머리를 자를 때와 마찬가지로 수술자의 칼은 다음에 향료통으로 들어갈 점을 겨누어 깊이 찌르게 된다. 그럴 때 그는 부주의한 서툰 칼질로 귀중한 내용물을 엎질러버리지 않도록 각별한 주의를 기울인다. 그런 후 그 잘린 머리는 드디어 수면에서 높이 달려 올라가 절단용의 거대한 고패에 묶여서 매달리게 되는데 그 삼밧줄의 뒤엉킴은 주위 가득히 가히 밧줄의 황야라고 할 만하다.

여기까지 말했으니 다음은 여러분의 주의를 저 경탄할 만하고——그리고 특히 이번에는——섬뜩한 작업, 곧 향유고래의 하이델베르크 통의 기름을 퍼내는 작업으로 돌려주기를 바라마지 않는다.

제78장
저장통과 양동이

태슈테고는 고양이처럼 민첩하게 높이 올라가서 삐죽 나온 큰 돛대의 활대 끝 위를 꼿꼿한 자세로 달려 큰 통이 매달려 있는 곳까지 간다. 그는 회초리라고 불리는 조그마한 고패를 들고 있는데, 그것은 바퀴가 하나만 달린 도르래를 중심으로 하여 두 부분으로 되어 있다. 그는 그 도르래를 활대에서 늘어지도록 붙들어 매고는 밧줄의 한 끝을 갑판 위에 있는 선원이 단단히 붙잡을 수 있을 때까지 계속 흔든다. 그리고 나서 이 인디언은 두 손을 부지런히 놀리면서 다른 쪽 끝을 따라 내려가 이윽고 공중을 낙하해 교묘하게 고래의 정수리에 내려앉는다. 거기서——아직도 선원들보다 높은 위치이다——그는 모든 사람들을 향해서 마치 터키 회교도의 기도 시각을 알리는 사람이 첨탑 꼭대기에서 선남선녀들에게 기도하라고 외치는 것처럼 외쳐댄다. 그러면 손잡이가 짧은 예리한 고래삽이 주어지는데 그것으로 그는 신중히 기름통의 어디쯤에 구멍을 뚫을 것인가를 조사하기 시작한다. 이 작업을 할 때 그가 주의력을 집중하는 모습이란 그야말로 오래된 집에서 보물을 찾는 자가 그 황금이 감춰져 있는 곳은 어딜까 하고 벽을 두루 두드리며 살피는 것과 흡사하다. 이 면밀한 조사가 끝날 때쯤이면 쇠테를 끼운 단단한 양동이, 마치 우물의 두레박 같은 양동이가 회초리의 한 끝에 달리고 다른 한 끝은 갑판을 가로질러 민첩한 서너 명의 손에 쥐어지게 된다. 그들은 양동이를 인디언이 잘 받아낼 수 있도록 끌어올린다. 그러면 또 한 사람이 긴 장대를 그에게 건네준다. 그 장대를 양동이에 꽂고 태슈테고는 그것을 고래의 기름통 속에 완전히 잠길 때까지 쑤셔 넣는데, 그러고 나서 작은 고패에 있는 선원들에게 소리치면 양동이는 마치 우유 짜는 처녀가 방금 우유를 짜 넣은 통처럼 다시 거품을 일으키면서 나타난다. 그 철철 넘치는 그릇은 높은 데서 조심스레 내려져서 기다리고 있던 손에 의해 곧 커다란 통 속에 부어진다. 그런 뒤 양동이는 다시 달려 올라가고 같은 작업이 되풀이된다. 이와 같은 일이 오래지 않아 기름통이 텅 빌 때까지 계속된다. 태슈테고는 20피트나 되는 장대가 완전히 보이지 않을 때까지 그 긴 장대를 맹렬히 점점 깊숙이 기름통에 집어넣는다.

　피쿼드 호의 선원들은 꽤 오랫동안 이렇게 기름을 펐기 때문에 어느 새 몇 개의 통이 향긋한 기름으로 채워져 갔다. 그때 기괴한 사건이 일어났다. 주의를 게을리 하여 고래 머리를 매단 굵은 밧줄을 움켜쥐었던 한 손을 순간적으로 놓았는지, 그렇지 않으면 발판이 몹시 불안정하고 미끄러웠는지, 그렇지 않으면 악마가 특별한 이유도 표시하지 않은 채 그렇게 한 건지 정확한 이유는 아직도 알 수가 없지만 아무튼 여든 번째인지 아흔 번째인지의 양동이가 가득 채워져서 올라왔을 때 갑자기——오오, 신이여! 불쌍하게도 태슈테고가 실제 우물의 두레박 한 쌍처럼 곤두박질을 해서 하이델베르크의 큰 통 속으로 떨어졌다. 통 속에서는 무시무시하게 부글부글 기름 끓는 소리만 날 뿐 그의 모습은 전혀 보이지 않았다.

　"떨어졌다!" 전원이 멍하게 서 있는 가운데 맨 처음 정신을 가다듬은 대구가 외쳤다. "양동이를 이쪽으로 보내 줘!" 그는 밧줄을 잡은 손이 미끄러져도 떨어지지 않도록 한 발을 양동이 속에 딛었다. 태슈테고가 그 기름통 밑바닥에 떨어져 닿기 직전, 대구를 태운 양동이가 고래 정수리 위에까지 끌어올려졌다. 사람들은 더할 나위 없이 두려워하고 당황했다. 뱃전에서 내려다보니 바로 조금 전까지 생기가 없던 머리가 바야흐로 어떤 위대한 사상에 눈뜬 것처럼 수면 바로 아래서 요동치며 들썩이고 있었다. 그러나 그것은 불쌍한 인디언 그가 떨어진 공포의 수렁에서 빠져 나오려고 무의식적으로 허우적거린 데서 기인하였다.

　그때 대구는 고래 머리위에 서서 고래삽에 엉켜 있던 밧줄을 풀려고 했는데 별안간 귀청을 찢는 듯한 소리가 났다. 전원을 말할 수 없는 공포에 떨게 하면서 고래 머리를 매달았던 거대한 두 개의 갈퀴 밧줄 중 하나가 끊겨, 그 커다란 머리가 크게 옆으로 흔들리는 바람에 술 취한 배가 얼음산에 세게 부딪친 것처럼 비틀거리며 기울었다. 머리가 이렇게 세게 흔들리는 것을 보면 모든 중량을 감당하고 있던 나머지 갈퀴 밧줄도 금방 끊어지고 말 것 같았다.

"내려, 내려오라고!" 선원들이 대구를 향해서 외쳤다. 그러나 검둥이는 고래 머리가 떨어져 나가더라도 공중에 매달려 있기 위해서 한손으로 굵은 밧줄을 단단히 움켜쥔 채 엉클어진 밧줄을 다 풀고 양동이를 허물어진 기름통 속에 집어넣어 거기 매장된 작살잡이가 그것을 붙잡으면 끌어올려 주려고 했다.

"제발!" 스텁이 고함을 쳤다. "자네 탄약통을 쑤셔박을 작정인가? 그만둬! 그건 안 돼. 쇠테를 두른 양동이가 태슈테고 머리에 부딪쳐선 안 돼. 그만둬!"

"활차를 치워!" 폭죽이 터지는 듯한 목소리로 누군가가 외쳤다.

거의 같은 순간에 고래의 큰 머리는 폭포 밑의 깊은 못으로 떨어지는 나이아가라의 테이블 록(1850년에 떨어졌다)처럼 우레소리 같은 굉음을 내며 바다에 떨어졌다. 갑자기 무거운 짐이 풀린 선체가 바닥의 번쩍이는 동판과 함께 진동했다. 대구가 사람들의 머리 위를 지나 바위 위로 휘익 나가떨어지자 전원은 숨이 막히는 듯했다. 짙은 안개 같은 물보라 속에서도 대구는 시계추처럼 도르래에 매달려 있는 것이 보였지만, 불쌍하게 생매장된 태슈테고는 바다 속으로 자꾸자꾸 가라앉았다. 그러나 그 자욱한 물보라가 아직 다 가시기도 전에 창을 손에 든 벌거벗은 자가 번뜩이듯 뱃전을 뛰어넘었는가 하자 다음 순간 심하게 물을 때리는 소리가 들렸다. 우리 용감한 퀴퀘그가 그들을 구조하려고 뛰어든 것이다. 모두들 한 덩이가 되어 뱃전으로 달려갔다. 모든 눈동자가 1초 또 1초 작은 물결 하나도 놓치지 않고 지켜보았지만 가라앉은 사나이도 뛰어든 사나이도 보이지 않았다. 몇 사람인가가 이번에는 보트를 잡아타고 저어나가기 시작했다.

"헛! 헛!" 단조롭게 흔들리는 도르래의 끝부분에 올라타고 있는 대구가 소리높이 외쳤다. 그러자 뱃전에서 훨씬 멀리 떨어진 푸른 파도 속에서 팔 하나가 마치 묘지의 푸른 잔디 위로 내밀어진 것같이 무시무시하게 쑥 올라왔다.

"됐어! 됐어! 두 사람이야!" 대구는 다시금 환호성을 올렸다. 곧 퀴퀘그가 한 팔로 힘 있게 헤엄쳐 나오면서 다른 한 팔로 인디언의 긴 머리를 움켜쥐고 오는 것이 보였다. 이윽고 그들은 기다리던 보트로 올라와서 곧장 갑판으로 돌아왔으나 태슈테고도 좀처럼 정신을 차리지 못했고 퀴퀘그 또한 원기 왕성하다고는 할 수 없었다.

　이 위대한 구조는 어떻게 성공했을까? 퀴퀘그는 천천히 가라앉는 고래 머리를 쫓아서 물속으로 들어가 그 예리한 칼날로 옆쪽 허파의 밑부분을 찔러 커다란 구멍을 도려낸 다음, 칼을 버리고 긴 팔을 집어넣어 안쪽 깊숙이 아래위로 더듬다가 이윽고 태슈테고의 머리를 움켜쥐고 끌어냈던 것이다. 그가 증언한 바에 의하면 처음에 팔을 집어넣었을 때는 발이 만져졌는데 그것은 적당치 않다, 실패의 원인이 될 것이라고 생각하여 그 다리를 도로 넣고 교묘하게 흔들어서 인디언을 한 바퀴 돌리는 데 성공했다는 것이다. 그래서 올바른 형태, 다시 말해서 머리부터 나오게 한 것이다. 고래의 머리가 대체로 이쪽의 뜻대로 움직여 주었다고 볼 수 있다.

　그리하여 퀴퀘그의 용기와 훌륭한 산파역에 의하여 태슈테고는 구출, 아니 집어 올려졌는데, 가장 비참하고 또한 거의 절망적이라고 생각된 위험을 무릅쓰고 보기 좋게 성공한 이 일은 오래도록 잊혀지지 않는 교훈으로 남았다. 산파역은 검술, 권투, 말타기, 노젓기와 똑같은 과정으로 가르쳐야만 한다.

　이 게이헤드의 사나이, 태슈테고의 이상한 모험은 대부분의 육지 사람들에게는 믿어지지 않는 일일 것이다. 그러나 그들도 육지의 웅덩이 속에 사람이 떨어지는 것을 보거나 듣거나 한 일이 있을 것이다. 더욱이 그것은 결코 드문 일이 아니고 또한 고래의 웅덩이 주위가 매우 미끄러운 것을 생각해 본다면 이 인디언의 경우보다도 훨씬 필연성이 적은 것이다.

　그러나 어쩌면 머리가 명석한 사람은 그래도 이상한데, 하고 의심할는지도 모른다. 우리는 기름이 스민 향유고래의 머리는 가장 가벼운 코르크 같은 것으로 되어 있다고 알고 있다. 그런데 그대는 그것을 훨씬 비중이 큰물질 속에 가라앉게 했다. 어떤가? 알겠는가? 천만에, 모를 것이다. 저 태슈테고가 떨어졌을 때, 이미 그 고래는 골통 속의 가벼운 내용물이 다 없어지고 다만 벽면에 두꺼운 힘줄의 층만 남아 있었을 뿐이다. 따라서 전에도 말했듯이, 두 겹으로 두드려 만든 층이 되어 바닷물보다 무거워진 그 큰 덩어리가 납처럼 가라앉는 것이다. 그러나 지금의 경우, 이 물질이 가라앉는 힘은 아직 머리에 붙어 있는 다른 부분에 의하여 견제되어서 극히 서서히 신중하게 가라앉았기 때문에 퀴퀘그는 산파역의 묘기를 발휘하여 이른바 순산할 수가 있었던 것이다. 그렇다. 그것은 순산이었다.

그러나 태슈테고가 만약 저 머리 속에서 죽었다면, 순백의 우아하고 향긋한 기름 속에서 숨져, 성스럽고도 성스러운 고래의 비밀스런 지성소(至聖所)에 입관되어 장사지내졌다면 그것은 얼마나 고귀한 죽음이란 말인가? 단 한 가지 이보다 월등히 아름다운 죽음을 당장 상기할 수 있다. 오하이오 주의 한 벌꿀 채집자는 속이 빈 나무의 갈라진 틈새 구멍에서 기막힌 꿀이 저장돼 있는 것을 발견하고 자기도 모르게 몸을 너무 디밀다 꿀 속에 빠짐으로써 좋은 향유의 축복을 받으면서 죽었다. 또 있다. 플라톤의 이상적인 꿀 속에 떨어져서 거기서 감미로운 죽음을 마친 사람들의 수는 얼마나 될 것인가?

제79장
대초원

 이 레비아단의 머리의 혹을 만지고 얼굴의 윤곽을 알아본다는 것은 아직 어느 인상학자도 골상학자도 해보지 못한 일이다. 이 일이야말로 라바터(*스위스의 신학자, 설교가, 인상학자*)가 지브롤터의 바위 주름을 면밀히 조사한 것이라든가 골(*프란츠 요셉 골, 오스트리아의 골상학자*)이 판테온의 지붕에 올라가서 조사한 것만큼 바람직한 일로 보인다. 라바터는 그 유명한 저술에서 인간의 얼굴 뿐 아니라 말이나 새나 뱀이나 물고기의 얼굴까지 면밀하게 연구하고 있으며, 거기서 볼 수 있는 표현양식의 변화에 대해서도 자세하게 이야기하고 있다. 또한 골이나 그 제자 슈푸르츠하임(*오스트리아의 골상학자*)도 인간 이외의 생물의 골상학적 특징에 대해서 언급하고 있다. 그러니까 내게 선구자로서의 자격이 있다고는 생각지 않으나 아무튼 최선을 다해서 이 두 가지 반(半) 과학적 방법을 고래에게 적용해 보기로 하겠다. 온갖 방법을 시도하여 하는 데까지 해보겠다.
 인상학적으로 보면 향유고래는 좀 변칙적이다. 코라고 할 만한 것이 없다. 그런데 코란 용모의 중심을 이루는 중요한 부분으로 얼굴의 표정에 변화를 주면서도 궁극의 통일점이 되는 것이므로, 눈에 보이는 기관(器官)으로서의 코가 전혀 없다는 것은 고래의 얼굴 모습에 큰 영향을 준다고 생각된다. 정원을 아름답게 꾸밀 때도 첨탑, 둥근 탑, 비석 따위의 탑이 없으면 그 풍경의 아름다움이 완전하게 되지 않는 것처럼 어떤 얼굴이라도 코라는 종탑이 우뚝 세워져 있지 않으면 인상학적으로는 말이 되지 않는다. 피디아스가 만든 제우스의 대리석상에서 코를 떼 내어 보라. 나머지는 얼마나 비참하겠는가? 그럼에도 레비아단은 말로 다할 수 없을 만큼 웅대하고, 그 모양이 실로 당당하기 때문에 제우스상을 형편없게 할지도 모르는 그 결함도 그에게는 전혀 흠이 되지 않는다. 아니 더욱더 그의 장엄함을 더할 뿐이다. 고래에게 코 따위는 쓸데없는 물건에 지나지 않는다. 그의 거대한 머리 주변을 짐

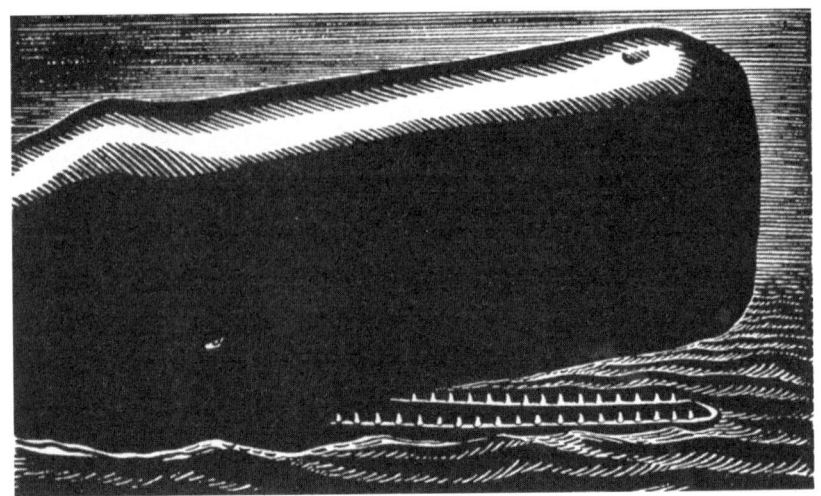

을 나르는 작은 배를 타고 인상학(人相學)적 항해를 할 때 잡아당길 코가 있다고 해서 그에 대한 외경심이 어떻게 되는 것은 아니다. 위풍당당하게 옥좌에 앉은 왕자를 보고 이것저것 트집을 잡는 것은 썩어빠진 근성이다.

 부분적인 특성을 볼 때, 향유고래가 나타내는 경관 중에서 아마도 그 머리의 정면이 가장 당당한 풍모를 나타낼 것이다. 그야말로 숭엄하다.

 사색에 잠긴 위인의 이마는 서광이 비치기 시작한 동녘 하늘과도 같다. 목장에서 쉬는 암소의 이마의 곡선은 웅장하고도 아름다운 모습을 나타내고 있다. 산의 험준한 길로 무거운 대포를 밀어 올리는 코끼리의 이마는 당당하다. 사람에 있어서나 짐승에 있어서나 신비로운 이마라는 것은 독일 황제가 그 칙서에 찍은 황금 봉인과 같은 것이다. 그것은 "신이여, 오늘 내 손으로 이것을 하나이다" 하고 말하는 것이다. 그러나 대부분의 생물, 아니 다름 아닌 인간에 있어서 이마는 다만 눈(雪) 사이를 따라 있는 한 조각의 땅 외엔 아무것도 아니다. 극히 드물게 셰익스피어나 멜란히톤(필립 멜란히톤, 1497~1560. 독일의 종교 개혁자)의 이마처럼 극히 높이 치솟은 것이나 또는 낮게 가라앉은 것이 있고 그 눈은 영원토록 맑고 물결 하나도 일지 않는 산의 호수 같다. 게다가 그 눈 위의 이마의 주름살에서는 고지의 사냥꾼이 눈 위에 사슴의 발자국을 쫓는 것처럼 사슴뿔 모양의 높은 콧대가 물을 마시러 내려오고 있음을 인정할 것이다. 그러나 대향유고래의 경우 그 이마에 깃들인 높고 위대하며 신성한 위엄은 무한하고 거대하여 그것을 정면에서 올려다보는 사람은 다른 어떠한 생물보다도 훨씬 강렬하게 신성함과 외경스러운 힘을 느낄 것이다. 다시 말해서 사람은 그 얼굴의 어느 한 점도 분명하게 파악할 수 없다. 그는 코, 눈, 귀, 입, 아니 얼굴로 불릴 만한 것을 가지고 있지 않다. 다만 한 개의 방대하고 둥그런 이마가 수수께끼의 주름이 잡혀 묵묵히 보트와 배와 인간의 파멸을 간직한 채 숙여져 있다. 또한 그 옆얼굴에 있어서도 이 놀라운 이마는 그것을 바라보는 사람으로 하여금 앞에서 보았을 때처럼 두려워서 엎드리게 하는 위대함은 지니지 않지만 결코 미약한 것이라곤 할 수 없다. 옆에서 분명히 알아볼 수 있는 것은 그 이마 한복판에 수평으로 달리고 있는 반달형의 홈인데 그것은 인간에게 있어서는 라바터 씨가 말하는 천재선(天才線)에 해당하는 것이다.

그러나 무슨 소린가? 향유고래가 천재라고? 향유고래가 책을 쓰거나 연설을 한 적이 있단 말인가? 아니, 그의 천재성은 그가 그런 걸 증명할 만한 짓을 일절 하지 않는다는 데에 명시되어 있다. 그 금자탑적인 침묵에 계시되어 있다. 그러므로 나는 생각하기를 만약 대향유고래가 저 여명기의 동쪽 나라에 알려졌다면, 그는 그들의 우상 숭배적인 사고방식에 의해 신격화되었으리라고 본다. 그들은 나일 강의 악어가 말이 없으므로 그것을 신격화했다. 향유고래도 혀를 갖고 있지 않다. 아니, 설사 있다 하더라도 매우 작아서 끌어낼 수가 없다. 만약 앞으로 문화가 높고 시적인 어느 민족이 옛날의 즐거운 5월제의 신들을 다시금 생각하여 오늘날의 이기주의적인 하늘 아래, 신들이 사라진 언덕에 다시 생명 있는 것을 모시려고 한다면 그때는 대향유고래에게 제우스와 같은 왕위가 주어져서 모든 것을 주재하게 될 것이다.

샹폴리옹(*프랑스인, 상형문자 해독의 권위자*)은 우툴두툴한 화강암에 새겨진 상형문자를 판독했다. 그러나 온갖 사람 및 생물들의 얼굴에 씌어 있는 이집트어를 판독한 '샹폴리옹'은 없다. 다른 모든 인문학과 마찬가지로 인상학도 대수롭지 않은 우화에 지나지 않는다. 30가지 언어에 능통한 윌리엄 존스(*영국의 동방어 권위자*) 경이 저 소박한 농부의 얼굴에서 깊고도 미묘한 의미를 잡아내지 못했다면 나 이스마엘과 같이 무식한 사람이 향유고래 이마의 외경스러운 칼데아 문자를 읽으려는 것은 건방진 소망일 것이다. 나는 다만 그 이마를 여러분 앞에 내어 놓을 뿐이다. 할 수 있다면 여러분이 직접 읽어 보기 바란다.

제80장
뇌

　향유고래가 인상학적으로 스핑크스라 한다면 그 뇌수는 골상학자에게는 면적을 구하기가 불가능한 기하학적인 원(圓)이다.
　성장한 고래의 두개골은 길이가 적어도 20피트는 된다. 아래턱을 떼고 그 두개골을 옆에서 보면 그것은 편편한 기반위에 놓여 있는 완만한 경사면이라고 할 수 있을 것이다. 그러나 살아 있을 때는, 이미 말했지만, 이 경사면은 울퉁불퉁하게 부풀어 올라 거대한 층을 이루는 지방과 말향덩어리로 거의 차 있다. 상층부에서는 이 두개골은 그 덩어리를 넣는 분화구 같은 모양으로 되어 있는데, 그 길고 큰 구멍 밑바닥에는 또 하나의, 길이나 깊이가 10인치도 넘지 않는 구멍이 있어 거기에 겨우 한 주먹쯤밖에 안 되는 뇌수가 들어 있다. 산 고래의 이마를 바라보면 뇌수가 20피트 길이는 족히 될 것이라고 누구나 생각한다. 그러나 실은 그 웅대한 겉모양 속에는 퀴벡의 복잡하고 거대한 성곽의 가장 깊숙한 요지 같은 것이 숨겨져 있다. 그야말로 비밀 보석 상자로 놓여 있는 것이므로 고래잡이는 단호하게 향유고래에는 수 야드 용적의 경뇌유 이상으로 뇌수다운 것은 없다고 말한다. 그 향료가 기괴한 모양으로 겹치고 얽히고 설켜 있는 것을 볼 때, 사람들은 이 신비로운 자리야말로 그의 지능의 자리로서 어울리는 것이라고 생각한다.
　그렇다면 이 레비아단이 살아 움직일 때 그 머리는 골상학적으로 말해서 완전히 망상임이 분명하다. 왜냐하면 그 참다운 두뇌가 어디에 있는 것인지 알아볼 수도 상상할 수도 없기 때문이다. 온갖 강대한 것이 그렇듯 고래도 세상에 대해선 가짜 이마를 갖고 있다.
　이 두개골에서 향유 덩어리를 떼 낸 다음 뒤 끝의 꼭대기께를 뒤에서 본다면 그것이 같은 위치, 같은 각도에서 본 인간의 두개골과 닮았음에 놀랄 것이다. 만약 이 뒤를 향한 두개골을 (사람의 그것으로 축소해서) 인간의 두

개골의 도판 속에 놓고 본다면 여러분은 자기도 모르는 사이에 혼동을 일으켜, 그 꼭대기의 일부 움푹 팬 곳을 발견하고는 "이 사나이는 조금도 자존심과 외경심을 갖고 있지 않군" 하고 골상학적으로 평할 것이다. 그리고 이 결함과 그의 월등하게 큰 체구와 역량이라는 긍정적인 사실을 합쳐서 생각한다면, 여러분은 가장 뛰어난 권력자에 대해 가장 바람직하지는 않지만 가장 진실된 관념을 훌륭하게 파악할 수가 있을 것이다.

그러나 고래의 뇌수가 정말로 불균형하게 작다는 이야기를 도저히 납득할 수 없다는 사람에게는 다시 이런 설명을 써보기로 하자. 만일 어떤 네 발 짐승의 척추를 자세히 관찰하면, 그 척추골이 작은 두개골을 실로 꿰어 놓은 목걸이처럼 보이고, 그것이 각각 두개골을 닮은 사실에 놀랄 것이다. 독일 사람들의 이야기로는 척추골이란 퇴화된 두개골이라 한다. 그러나 외관상의 이 이상하게 닮은꼴을 인정한 것은 독일인이 맨 처음은 아니었던 모양이다. 다른 나라의 친구 한 명이 그가 죽인 적의 해골을 통나무배의 뾰족한 뱃머리에 부조(浮彫)처럼 새겨 넣어 그것을 나타내 주었던 것이 있다. 그러니까 골상학자들이 그 연구를 소뇌에서부터 다시 척추골선으로 해나가지 않았다는 것은 중대한 실수였다고 본다. 인간의 성격의 대부분은 그 등뼈 속에 나타난다고 믿기 때문이다. 나라면 여러분들이 어떤 사람이거나 그 두개골보다는 등뼈를 만져보고 싶다. 밑동이 가는 등뼈가 웅대하고 고상한 영혼을 받쳤던 일은 없다. 나는 지금 세계의 절반을 향해서 깃발을 나부끼게 하려고 당당히 서 있는 깃대처럼 나의 척추를 자랑으로 삼는다.

골상학의 척추부를 향유고래에 적용하자. 그 뇌수의 구멍은 첫째 경추골(頸椎骨)에 이어져 있는데, 그 척추골은 척추공(脊椎孔)의 바닥이 직경 10인치, 높이 8인치, 그리고 그 밑바닥을 밑변으로 해서 삼각형을 이루고 있다. 차례로 척추골을 지나감에 따라 구멍은 차차 작아져 가는데 상당한 거리까지 그 큰 용량은 변함없다. 그리고 물론 이 구멍은 뇌와 마찬가지로 이상한 섬유모양의 물질, 곧 척수 조직이 가득 차 있고 뇌와 연결되어 있다. 그뿐 아니라 뇌의 구멍에서 나와도 그 물질은 몇 피트나 조금도 가늘어지지 않고 거의 뇌수와 같다. 이와 같은 사정을 고려 한다면 고래의 척추를 골상학적으로 검토하고 탐사한다는 것은 이치에 맞는 것이 아닐까? 어떻든 이런 연구 결과, 그의 실제 뇌가 상대적으로 작은 것도 그 척수가 뛰어나게 거대하다는 것으로 보충이 되고도 남음이 있다.

그러나 이 암시는 골상학자 여러분의 손에 맡겨 놓기로 하자. 나로선 그저 이 척수 학설을 향유고래의 혹과 연결지어 생각하고 싶을 뿐이다. 이 당당한 혹은 내가 보는 바로는, 어느 대척골 위에 부풀어 올라 있는 관계로 바깥으로 쑥 내밀어져 있는 것이 아닌가 생각된다. 그러므로 그 상대적 상황에서 판단해 나는 이 당당한 혹을 향유고래의 불요불굴의 정신을 표출한 것으로 간주한다. 이 거대한 괴물의 불굴성에 대해서는 앞으로 이야기하게 될 것이다.

제81장
피쿼드 호 버진 호와 만나다

그날, 운명이 이끄는 대로 우리는 데리크 데 데어 선장이 탄, 브레멘에 적을 둔 '버진 호'를 만나게 되었다.

네덜란드인과 독일인은 예전에는 세계 최대의 포경 민족이었으나 오늘날에는 가장 빈약한 포경 민족이 되었다. 그러나 이따금 긴 경도와 위도를 지나가는 동안에 태평양 여기저기에서 그들의 깃발을 볼 때도 있다.

무슨 이유인지 버진 호는 우리에게 열렬히 경의를 표시하였다. 피쿼드 호에서 아직 꽤 멀리 떨어져 있을 때부터 바람 부는 쪽으로 뱃머리를 돌려 보트를 내렸는데, 선장은 고물이 아니라 뱃머리에 초조하게 서서 이쪽으로 다가왔다.

"저 사람, 무얼 들고 있는 건가?" 스타벅은 독일인이 손에 들고 흔드는 무언가를 가리키며 외쳤다. "이상하군! 급유기 통이 아닌가?"

"그게 아니오." 스텁이 말했다. "저건 커피 주전자요, 스타벅 항해사님. 저 독일놈, 우리에게 커피를 대접하려고 오는 거요. 옆에 커다란 깡통이 보이죠? 저게 끓인 물이란 말요. 참 기특하군그래, 독일 사람은."

"아닙니다." 플래스크가 외쳤다.

"저건 기름 치는 것과 기름통이에요. 기름이 떨어져서 얻으러 오는 겁니다."

기름 채취선이 어장에서 기름을 빌리러 오다니 참으로 기이한 일이다. 그야말로 '뉴캐슬(영국 석탄 채굴 중심지)에 석탄 나르기'라는 옛 속담을 바꿔 놓은 듯한 괴상한 일이긴 하지만 이런 일이 때로는 실제로 일어난다. 그때 데리크 데 데어 선장은 플래스크가 단언했듯이 기름 따르는 것을 짊어지고 온 것임에 틀림없었다.

그가 갑판에 올라오자 에이허브는 그가 들고 있는 것 따위는 거들떠보지도 않고 대뜸 질문을 퍼부었다. 그러나 독일인은 그 서툰 영어로 흰고래에 대해서는 전혀 아는 바가 없다고 대답했다. 그러고 나서 곧 이야기를 기름 따르는 그릇과 기름통으로 돌려 브레멘에서 가지고 온 기름은 이미 한 방울도 남지 않았고 보충하려 해도 날치 한 마리도 잡히지 않아서, 밤에도 캄캄한 데서 자야 할 형편이며, 그의 배는 그야말로 고래잡이들 사이의 말로 '깨끗한 배'(다시 말해서 텅 빈 배)여서 버진 호라는 이름 그대로라고 하며 말을 맺었다.

필요한 기름을 나누어 주자, 그는 가버렸다. 그러나 미처 그가 본선 옆에 닿기도 전에 양쪽 배의 돛대 꼭대기에서 거의 동시에 고래를 보았다는 고함 소리가 들렸기 때문에 고래에 굶주린 데리크는 그 기름통과 기름 따르는 것을 배에 옮겨놓을 겨를도 없이 뱃머리를 돌려서 거대한 기름통을 쫓기 시작했다.

그런데 그 사냥감은 바람이 불어가는 쪽에 떠올랐기 때문에 그는 다른 세 척의 독일인 보트와 함께 급히 쫓아 피쿼드 호의 보트 무리를 훨씬 앞지르고 있었다. 고래는 여덟 마리로 적당한 무리였는데 위험을 알아차리자 바람을 받으면서 똑바로, 마치 수레를 끄는 여덟 마리의 준마처럼 서로 옆구리를 비벼대면서 전속력으로 파도를 가르며 달렸다. 그 뒤로 넓고 긴 자취가 남겨졌는데, 그것은 끊일 사이 없이 해면에 퍼지는 광막한 양피지 같았다.

그 급한 소용돌이 한복판에서 훨씬 떨어진 곳에 혹이 달리고 거대한 늙은 암고래 한 마리가 있었다. 그 느린 속도로 보더라도, 또 이상하게 누런 피부를 보더라도, 그는 황달 또는 그와 비슷한 병에라도 걸려 있는 것이 아닐까? 이 고래가 앞서 가는 한 떼에 속해 있는지 어떤지는——이러한 늙은 고래는 성질이 극히 완고하여 무리와 잘 어울리지 않는 점으로 보아——의문이었다. 그러나 아무튼 그는 그 떼를 뒤쫓아 가고 있었는데 그들에게서 되밀려오는 물결의 흐름이 그의 행진을 더디게 하고 있었다. 왜냐하면 그 넓고 큰 입부리에 흰 거품을 일으키며 부딪치는 바닷물은, 상반되는 급류가 서로 맞부딪쳐서 생기는 파도처럼 극히 격렬한 것이기 때문이었다. 그 뿜어 올리는 물은 짧고 완만하고 숨이 찬 듯 사방으로 하늘에 흩어져 버리고 그의 체내 깊이 기괴한 몸부림을 동반하고 있었다. 그놈은 또한 비밀의 출구를 몸의 다른 구석에 숨겨 가지고 있는지 그의 뒤에는 파도가 부글부글 끓어오르고 있었다.

"누가 진통제 갖고 있지 않나?" 스텁이 말했다. "아무래도 저놈이 복통인 것 같아. 반 에이커나 되는 배에 복통이 나다니, 굉장하군 그래. 놈의 뱃속에서 폭풍이 서로 부딪쳐서 법석을 떠는 거야. 고물 쪽에서 이렇게 구린내 나는 바람이 불어오는 것은 생전 처음이란 말야. 저렇게 비틀거리는 고래를 본 적 있나? 놈은 키를 놓친 거야."

놀라서 날뛰는 말들을 갑판에 가득 실은 인도 무역선이 힌두스탄 해안을 기울고, 앞으로 넘어지고, 흔들리고, 비틀거리면서 나아가듯이 이 늙은 고래는 노쇠한 거구를 출렁거리고 때로는 병든 옆구리를 뒤집어 보이면서 그 비틀거리는 복통의 원인이 무참하게도 밑동밖에 남지 않은 오른쪽 지느러미에 있다는 것을 나타냈다. 그 지느러미를 격투하다가 잃었는지 아니면 태어날 때부터 불구였는지 그것은 알 수 없었다.

"잠깐 기다리게, 늙은이, 그대의 부러진 팔에 대줄 게 있어." 잔인한 플래스크는 곁의 포경 밧줄을 가리키면서 외쳤다.

"자네야말로 놈이 그 밧줄을 자네에게 감지 않도록 조심하게나." 스타벅이 외쳤다. "잘 하지 않으면 독일놈들이 잡아 버릴 걸세."

서로 경쟁하는 두 배의 보트들이 모두 같은 목적을 갖고 이 고래 한 마리를 향했다는 것은 가장 크고 따라서 가장 가치 있는 놈이었기 때문만이 아니라, 가장 가까이에 있었고 또한 다른 고래들은 좀처럼 따라붙을 가망도 없을 정도의 쾌속력으로 달리고 있었기 때문이다. 이때 피쿼드 호의 보트들은 늦게 내려진 독일인 보트 세 척을 제치고 돌진했는데 데리크의 보트만은 출발이 빨랐던 터라 피쿼드 호의 보트가 점점 따라 붙고 있긴 하지만 아직도 선두를 달리고 있었다. 그래서 피쿼드 호 선원들이 걱정한 것은 이미 목적물 가까이에 가 있는 데리크가 미처 따라붙거나 추월하기도 전에 그 쇠 화살촉을 던지지나 않을까 하는 일이었다. 데리크는 그것이 마땅하다는 듯 자신에 가득 차서 이따금 기름통을 들어 그것을 다른 배를 향해 모멸적인 태도로 흔들어대곤 했다.

"더러운 놈, 은혜도 모르는 개로군그래!" 스타벅이 외쳤다. "내가 단 5분 전에 따라준 그 기름통을 저렇게 흔들어대면서 나를 놀리고 모욕하고 있어." 그러고 나서 예의 강렬하고 분명치 않은 목소리로 "자아, 힘을 내라, 모두 힘을 내. 쫓아라" 하고 말했다.

"이봐, 내 말을 들어" 하고 스텁 역시 그 선원들에게 고래고래 소리를 질러댔다. "흥분하지 않는다는 것이 내 신조지만 저 독일의 악당 놈은 물어뜯어 죽이고 싶다. 자아! 악당 놈에게 지고 싶지는 않겠지. 브랜디가 싫지는 않을 테지. 좋아! 제일 크게 공을 세운 사람에겐 브랜디 한 통을 주겠다. 이봐, 한 사람쯤 피를 토해도 상관없잖아. 어느 놈이 닻을 내렸지? 배가 1인치도 움직이지 않고 서 있잖아. 이봐, 이봐, 배 밑바닥에 풀이 나기 시작했군 그래. 제기랄, 돛대에 싹이 트겠다. 안 돼, 안 돼, 저 독일 놈을 보라고! 좌우간 너희들 불을 토할 생각인가. 토하지 않을 작정인가?"

"이봐, 저 거품을 보라구!" 플래스크도 펄펄 뛰면서 고함을 쳤다. "지독한 혹이군. 쇠고기를 잔뜩 담아 놓은 거야. 재목처럼 뒹굴고 있어. 자아, 힘을 내라. 저녁 식사 때 틀림없이 구운 과자와 대합요리를 한턱 내지. 구운 대합에다 빵과자란 말이다. 자아, 기운을 내라, 기운을. 저 고래는 백 통짜리란 말이다. 놓치면 용서하지 않을 테다. 놓치면 안 돼, 놓치지 마라. 독일 놈을 노려보란 말이다. 이봐, 이봐, 한턱 잘 먹여 줄 테니 저으란 말이다. 기막힌 고래지 뭔가! 너희들은 말향유가 안 좋은가? 저건 3천 달러짜리야. 저건 그야말로 은행이야. 은행이 헤엄치고 있는 거란 말이야. 잉글랜드 은행이야. 자아, 가라, 가라! 독일 놈, 뭘 하고 있는 거야."

그 순간, 데리크는 따라붙는 보트를 향해서 그 기름 따르는 것과 기름통을 던지려고 했다. 아마도 그것은 경쟁자가 앞으로 나가는 것을 방해하고 동시에 뒤로 물건을 던지는 반동 작용에 의해서 자신의 진행력을 한껏 높여 보자는 이중의 목적으로 이루어졌을 것이다.

"못되게 노는군, 개자식!" 스텁이 외쳤다. "자아, 저어라, 전투함에 올라탄, 빨강머리 악마를 태운 오만 척의 전투함처럼 힘차게 저어라. 어이, 태슈테고, 어때? 자네는 명예를 위해서 자네 등뼈를 산산이 부술 각오는 없나? 어때?"

"미친 듯이 젓는 거요." 인디언이 말했다.

독일인의 야유에 모두 한결같이 격노해서 피쿼드 호에서 내린 보트 세 척은 바야흐로 거의 나란히 서서 시시각각으로 데리크에게 다가갔다. 고래에게 접근할 때의 보트장들은 항상 자기 멋대로 용감하게 행동을 하는데, 이 세 항해사 역시 자랑스럽게 일어나서 이따금 고물의 노잡이들을 기운찬 목소리로 격려하였다. "봐라, 도망간다. 바람을 가르라! 독일 놈, 녹아떨어져라! 놈을 앞질러!"

그러나 데리크는 다른 보트보다 압도적으로 빠르게 출발했기 때문에 우리가 아무리 기운을 낸대도 이 경주에서는 그가 승리를 차지할 게 틀림없는 듯 보였다. 그러나 하늘의 심판은 그때 데리크 배의 가운데 노잡이가 노를 물속에 빠뜨리는 형태로 내려졌다. 그 어설픈 풋내기가 그의 노를 다시 잡으려고 허우적거리는 바람에 데리크의 배는 뒤집어질 뻔했다. 그는 격노해서 부하에게 마구 소리를 질렀다. 스타벅, 스텁, 플래스크에게는 다시없는 좋은 기회였다. 함성을 올리며 필사적으로 돌진하여 독일 배와 비스듬하게 나란히 서게 됐다. 다음 순간 네 척의 배는 옆으로 나란히 고래의 꼬리에 다가가 고래가 일으키는 물거품 한복판에 말려들었다.

무시무시하고 더없이 처참한 광경이었다. 고래는 바야흐로 머리를 쳐들고 끊임없이 몸부림치면서 물을 앞쪽으로 내뿜었는데 겁에 질린 나머지 한쪽 지느러미로 자신의 옆구리를 계속 때리고 있었다. 비틀거리고 도망가면서 이리저리 뒹굴며 큰 파도를 뚫고 나가려고 할 적마다 발작적으로 물속으로 들어가기도 하고 펄럭거리는 한쪽 지느러미를 비스듬히 허공에까지 들어올리려고 하기도 했다. 마치 언젠가 한 번 본 적이 있는, 날개가 부러진 새가 흉포한 독수리에게서 달아날 길이 없자 낭패하여 공중을 마구 빙글빙글 돌고 있는 그런 형국이었다. 그러나 새는 소리를 낼 수가 있어서 그 슬픈 외침으로 공포를 호소하겠지만 이 거대한 벙어리인 해수(海獸)는 그 공포를 자신의 몸속에 묶은 채 토해 낼 구멍을 갖지 못했다. 그 분수공(噴水孔)의 괴로운 듯한 숨소리 외에는 아무런 소리도 없었다. 그 산더미 같은 큰 몸집이며 창살문 같은 턱이며, 강력하기 이를 데 없는 꼬리는 용맹한 남자도 전율케 하는 무시무시한 것이지만 형용할 수 없는 연민의 정을 불러일으켰다.

잠시 후엔 피쿼드 호의 보트가 앞서겠고, 끝내는 고래를 빼앗을 것이다, 라고 판단한 데리크는 마지막 기회를 끝내 잃지 않으려고 그로서는 예외적인 장거리 투쟁을 해보기로 했다.

그러나 그의 작살잡이가 철창을 던지려고 일어서는 것보다 더 빠르게 퀴퀘그, 태슈테고, 대구, 이 세 호랑이가 본능적으로 벌떡 뛰어오르더니 비스듬히 열을 지어 서서 일제히 독일 작살 잡이의 머리 너머로 창을 던져 그 세 개의 낸터킷 창을 고래의 몸에 박았다. 흰 연기를 이룬 거품이 눈앞을 어둡게 해 버리고 말았다. 별안간 격노한 고래가 미친 듯 달렸기 때문에 보트 세 척이 꽝 하고 독일 보트에 부딪쳐, 데리크와 헛물을 켠 작살잡이는 떨어져 나가서 나는 듯 달리는 세 척의 보트에 뒤쳐지고 말았다.

"버터박스! (네덜란드인을 경멸하는 말) 무서워할 건 없어" 스텁이 달려가면서 두 사람을 힐끗 쳐다보며 외쳤다. "곧 건져줄 테니까 말야! 걱정할 것 없어. 저런, 저 뒤에 상어가 나왔군그래. 이봐, 놈들이 센트 버너드 개처럼 위험에 빠진 나그네를 도와줄지도 모르는 일일세. 만세! 미친 호랑이의 꼬리에 매단 깡통처럼 우린 날아가네. 이건 정말 들판에서 코끼리에 매단 마차 같군 그래. 그렇게 되면 수레는 공중을 날게 마련이지. 하지만 언덕에 부딪치면 내던져지고 말 테니까 목숨을 건 거지. 만세! 해신(海神)을 보러 갈 때는 이런 기분일 걸세. 깊고 깊은 밑바닥까지 떨어지는 거야. 만세! 이 고래란 놈 저 세상까지 우편차를 끌고 갈 작정인 모양이야."

그러나 괴물의 질주는 극히 짧았다. 갑자기 허덕이기 시작하면서 거칠게 바다 속으로 가라앉아갔다. 세 개의 밧줄은 덜덜 소리를 내면서 밧줄 기둥에 깊은 홈을 팔 정도로 무서운 기세로 스치고 갔기 때문에 작살잡이들은 이 급격한 고래의 잠수에 밧줄을 다 써버리는 것은 아닌가 하는 걱정이 들기 시작하여, 그 모든 기능을 다 발휘해서 밧줄을 지탱하려고 연기가 나는 그 밧줄을 몇 번이나 기둥에 다시 감곤 했다. 드디어 납으로 싼 밧줄 기둥에서 수직으로 당겨진 세 개의 밧줄이 똑바로 바다 밑에 미끄러져 내려가자 세 척의 뱃머리는 수면과 닿을 듯 말 듯해지고 고물은 하늘 높이 치솟아 버렸다. 이윽고 고래도 잠수를 그쳤기 때문에 배는 한동안, 약간 위험하긴 했지만 밧줄을 이 이상 써서는 안 되므로, 그대로 멈춰 있었다. 대체로 많은 보트들이 이렇게 해서 침몰하게 되지만 이 '당기기'라고 불리는 작업, 날카로운 갈고리로 산 고래의 등을 걸어 당기는 작업이야말로 고래를 몹시 괴롭혀 끝내 다시금 떠오르게 하여 사람의 날카로운 창의 공격을 받게 하고 만다. 그러나 이 위험을 제외하더라도 이 방법이 반드시 최선인지 어떤지는 의심스럽다. 왜냐하면 이론적으로 말하더라도 창을 맞은 고래는 바다 속에 있는 시간이 길면 길수록 그의 체력이 소모될 테니까 말이다. 다시 말해서 고래 표면의 광대함——성장한 향유고래는 약 2천 제곱피트에 가깝다——때문에 받는 수압이 큰 것이다. 우리는 우리가 이 지상의 공기 속에서 받는 기압도 굉장히 크다는 것을 잘 알고 있다. 그렇다면 그 등에 200길이나 되는 바닷물의 기둥을 짊어진 고래가 받는 중압이란 얼마나 크겠는가? 적어도 기압의 50배는 될 것이다. 어떤 포경자는 포(砲)와 식량과 사람을 가득히 실은 전투함 20척의 중량은 될 것이라고 계산했다.

보트 세 척이 잔잔한 해면에 정지한 채 그 짙은 바다의 대낮의 영원한 반짝임을 가만히 응시하고 있을 때, 그 밑바닥으로부터는 단 한 마디의 신음도, 부르짖음도, 아니 단 하나의 작은 물결도, 물거품도 일어나지 않았다. 바다를 알지 못하는 사람이라면 이 고요함과 평화가 지배하는 바다 밑바닥에 웅대하기 이를 데 없는 괴수가 단말마의 몸부림을 치고 있다고는 상상도 할 수 없을 것이다. 똑바로 내려진 밧줄은 뱃머리께에서 8인치 정도도 보이지 않았다. 이렇게 가는 세 가닥 줄에, 그 큰 고래가 여드레만에 한 번씩 태엽을 감는 큰 시계추처럼 매달려 있으리라는 걸 믿을 수 있겠는가? 매달려 있다는 사실 자체가 믿기는가? 무엇에 매달려 있는가? 단 석 장의 판자다. 이것이 일찍이 "그대는 그의 피부를 가시 돋친 무쇠로 가득 채울 수 있겠는가? 또한 그의 머리를 작살로 가득 채울 수 있겠는가? 검으로 이를 치려해도 되지 않고, 창도 화살도 작살도 소용이 없다. 그는 무쇠를 보기를 짚처럼 알아, 화살도 그를 도망치게 할 수가 없다. 투석기의 돌도 지푸라기처럼 본다. 창의 섬광을 그는 비웃는다."⟨욥기 제41장⟩하고 자랑스럽게 말했던 생물이란 말인가? 정말로 그럴까? 아아, 예언자의 말은 이토록 배신당하는 것이란 말인가? 왜냐하면 큰 고래는 피쿼드 호 천 사람의 힘을 주면서 바다의 심연 속에 대가리를 처박고 만 것이다.

그날 오후, 기우는 햇살 속에서 보트 세 척이 해면 밑으로 던진 그림자는 크세르크세스의 대군절반을 덮을 정도로 길고 또한 폭넓은 것이었음에 틀림없다. 상처 입은 고래에게 머리 위를 배회하는 그 거대한 환영은 간담이 서늘하도록 섬뜩한 것이었으리라.

"준비! 나왔다." 스타벅이 소리쳤다. 그러자 물속에 드리웠던 세 밧줄이 갑자기 진동하며, 자력이 통하는 쇠줄처럼 생사의 경계를 헤매는 고래의 몸부림을 위로 전해왔다. 노잡이들은 모두 자리에 앉아서도 그것을 느낄 수 있었다. 다음 순간 뱃머리 밑으로 끄는 힘의 대부분이 없어졌기 때문에 보트는 돌연 튀어 올랐는데, 그것은 백곰의 무리가 겁에 질려 바다로 뛰어들었을 때에 작은 얼음덩어리가 튀는 것과 같았다.

"당겨라! 당겨라!" 다시 스타벅이 외쳤다. "떠올라온다."

조금 전까지는 손바닥 폭만큼도 당길 수가 없던 밧줄이 물을 뚝뚝 떨어뜨리면서 재빨리 기다랗게 배 안으로 걷어 들여지고 얼마 되지 않아 고래는 사냥꾼들에게서 두 보트 길이 정도의 거리 안에 모습을 나타냈다.

그 동작은 분명히 지칠 대로 지쳐 있음을 나타내고 있었다. 대부분의 육상 동물에는 그 혈관 여러 곳에 판막 또는 수문이라 할 만한 것이 있어 부상을 당했을 경우 적어도 몇 분 동안 피의 흐름은 특정한 방향에 대하여 차단된다. 그런데 고래는 유별나게도 혈관의 전 계통에 걸쳐서 판막 조직이 없기 때문에 작살 같은 미세한 칼끝에 찔리더라도 전 동맥계에 치명적인 출혈이 일어나고, 그것이 수면 밑 깊은 곳의 대수압에 의하여 강화되면 그 생명은 멈추지 않는 흐름으로 위험에 처해진다고 해도 지나친 말이 아니다. 그러나 워낙 그 피의 양이 막대하고 그 내부의 샘 또한 한없이 깊은 곳에 있어 꽤 오랜 시간에 걸쳐서, 마치 아득히 먼 미지의 산간에 원천이 있는 강이 가뭄에도 마르지 않고 흐르듯이 그 출혈은 계속된다. 지금도 보트들은 고래에게 달려들어 그 흔들어대는 지느러미의 위험을 무릅쓰고 창을 던졌는데 그 새로운 상처에서는 피가 뭉클뭉클 뿜어 나와 멈출 줄 모르고 흘러내렸다. 그러나 머리통에 있는 본래의 물 뿜는 구멍은, 매우 작기는 했지만 이따금 멈칫거리며 절망의 물을 공중에 뿜어 올리고는 했다. 그 구멍에서 아직 피가 나오지 않는 것은 아직도 그의 급소가 아무 데도 찔리지 않았기 때문이다. 그의 생명은 말하자면 아직 끄덕없었다.

보트가 다시금 포위망을 좁혀감에 따라 평소에는 수면 아래에 감추어져 있는 부분까지도 포함해서 그의 체구의 상반부가 분명하게 떠올랐다. 눈——이라고 하기보다는 눈이 있었던 장소라고 해야겠다——이 보였다. 쓰러진 떡갈나무의 마디 구멍에 다른 싹이 트듯이, 전에 눈이 있던 곳에는 보기에도 무참하게 빛깔 없는 눈알이 튀어나와 있었다. 그러나 동정은 금물이다. 늙어빠지고 한쪽 팔은 떨어지고, 눈은 멀었을망정, 이 놈은 즐거운 혼인 잔치, 그 밖의 인생의 기쁜 잔치에 쓰일 등불이 되기 위해, 또한 만물은 만물에 대해 절대로 해를 끼치지 말지어다, 하고 설교하는 엄숙한 교회의 등불이 되기 위해 살해되어 생명을 거둬야 하는 것이다. 자신의 피바다 속에 여전히 뒹굴면서 고래는 드디어 기이하게 퇴색한 큰 통 모양의 혹을, 돌출한 살덩어리를 옆구리 밑으로 흘긋 보았다.

"급소다." 플래스크가 외쳤다. "자, 저기를 찔러라."

"그만둬!" 스타벅이 외쳤다. "그럴 것까진 없어."

그러나 스타벅의 동정심은 좀 늦었다. 한대 찔린 찰나 그 처참한 상처에서는 궤양성(潰瘍性)의 피가 뿜어 나오고 그 창으로 마구 찔러대는 고통에 견디지 못하여 검붉은 피를 토했는가 싶자, 고래는 미친 듯 노해서 보트에 번개처럼 맹목적인 돌격을 감행하여 배와 그 용감한 선원들 머리에서부터 피를 퍼부으며 플래스크의 배를 뒤집어엎고 그 뱃머리를 부숴 버렸다. 이것이 빈사(瀕死)의 일격이었다. 그러나 놈은 이제 출혈 때문에 완전히 힘없이 뒹굴며, 옆구리를 내놓고 헐떡이고, 잘리고 남은 지느러미를 약하디 약하게 파닥거리며 천천히 사멸하는 지구처럼 빙글빙글 구르면서 그 순백의 비밀스러운 배를 드러내고 통나무처럼 눕더니 죽고 말았다. 숨이 끊어질 때의 물뿜기는 가장 처참했다. 보이지 않는 어떤 손에 의해서 분수의 물은 차츰 힘이 빠져갔고 질식할 것 같은 분명치 않은 소리와 함께 물기둥은 점점 낮아져갔다——고래의 단말마 같은 긴 물뿜기는 그렇게 꺼져갔다.

보트에 탄 사람들은 본선이 오기를 기다렸는데 얼마 되지 않아 고래의 몸은 그 감추어진 보물이 마구 휘저어지는 것을 기다리지 않고 바다 밑으로 가라앉으려는 징조를 보였다. 곧 스타벅의 명령에 따라 몇 군데가 밧줄로 매어졌다. 그래서 보트는 부표(浮標)로 변한 형국이 됐는데, 물속에 가라앉은 고래는 그 보트의 몇 인치 밑에 밧줄로 매어져 있었다. 본선이 가까이 오자 극히 조심성 있는 작업으로 고래는 뱃전으로 옮겨져서 가장 강한 닻쇠사슬로 단단히 매어졌는데 이처럼 기술을 다하지 않았다면 금방 바다 속에 잠겨 버렸을 것이다.

고래삽으로 살을 저며 내기 시작하자마자 전에 말한 혹 아랫부분에 부식(腐蝕)한 한 개의 온전한 작살이 살에 단단히 박혀 있는 것이 발견되었다. 그러나 잡은 고래의 시체 안에 작살의 부러진 끝이 발견되는 것은 종종 있는 일로서 그 주위의 살은 아물어 버려 그 부분을 나타내는 하등의 표시도 발견되지 않는 것이 보통이다. 그러니까 앞에서 말한 그의 궤양 상태에 대해서만은 뭔가 알려지지 않은 이유가 더 있을 것이라는 이야기다. 그러나 더욱 불가사의한 것은 이 쇠작살이 박힌 부분에서 그다지 멀지 않은 부분에 박힌 돌창의 주위에 단단한 살이 둘러싸고 있었다는 사실이다. 이 돌창을 던진 자는 누구일까? 언제일까? 아마도 아메리카가 발견되기 훨씬 이전에 어느 북서부의 인디언이 한 짓일지도 모른다.

이 거대한 보물장에서 어떤 놀랄 만한 물건이 더 발견될 것인지는 아무도 예측할 수 없었다. 그러나 이때 갑자기 고래가 점점 더 가라앉는 기미를 보여 배가 지금까지 일찍이 볼 수 없었던 정도로 수면 가까이 기울었기 때문에 더 이상의 탐색은 중지되었다. 다만 작업을 지휘하던 스타벅만 마지막까지 고래에게 매달려 있었다. 그야말로 완강하게 매달려 있었기 때문에 계속 그 자세로 버틴다면 마침내는 고래와 침몰해 버릴 형세가 되었다. 그래서 놓아 버리라는 명령이 내렸지만 그때는 이미 쇠사슬이나 밧줄을 맨 가름대에 걸리는 긴박력(緊迫力)이 움직일 수 없는 무게를 지니고 있어서 당장에 풀어 놓을 수가 없게 되었다. 그 동안에도 피쿼드 호의 모든 것은 기울어지고 있었다. 갑판을 가로지르는 일이 가파른 박공지붕을 기어오르는 것과 같았다. 배는 신음하고 헐떡이고 있었다. 뱃전 쪽에 있는 선실의 고래뼈 장식들의 위치가 부자연스럽게 이동되어 제자리에서 튀어나왔다. 나무지렛대와 쇠지렛대로 꼼짝도 하지 않는 닻쇠줄을 가름대에서 떼어 내리려고 여러 가지로 시도해 보았지만 모두가 허사였다. 고래는 이미 극히 깊은 곳에 가라앉아 있었으므로 쇠사슬의 다른 끝으로 물속을 더듬어 가까이 접근하는 것은 전혀 불가능했다. 차츰차츰 가라앉는 고래의 몸에 몇 톤인지도 알 수 없는 중량이 더해지는 것처럼 생각되어 배는 정말로 전복하는 순간에 다다라 있었다.

"기다려, 기다려! 이놈아!" 스텁은 시체에게 말했다. "그렇게 가라앉기를 서두르지 않아도 좋지 않겠나? 제기랄, 어떻게든 하지 않으면 우리도 모두 저승이야. 이 멍텅구리야, 그런 지렛대로 해보았자 소용없어. 누가 뛰어가서 기도서를 가져오게. 그리고 칼을 가지고 와. 큰 쇠사슬을 잘라 버려야겠어."

"칼이오? 좋아, 있어." 퀴퀘그가 그렇게 외치고 배목수의 큰 도끼를 움켜쥐고 뱃전 현창에서 몸을 내밀어 쇠를 자르는 강철로 가장 큰 쇠사슬을 향해서 내리쳤다. 불꽃이 튀는 타격이 여러 번 주어지자 극도의 긴장감이 밀어닥쳤다. 무시무시한 울림과 함께 모든 밧줄이 끊어지자 배는 다시 바로 서고, 시체는 가라앉고 말았다.

그런데 금방 죽인 향유고래류가 이따금 불가항력적으로 가라앉는다는 것은 정말로 기이한 일로, 아직 어떤 어부도 만족할 만한 설명을 한 사람이 없다. 보통은, 죽은 향유고래는 굉장한 부력(浮力)을 갖고 있어 그 겨드랑이와 배가 불쑥 수면 위에 떠오르게 된다. 그런데 만약 이렇게 가라앉은 고래가 그 지육층이 감소되고 뼈는 병들어 무거워진 늙고 병든 놈들뿐이라면 이 침강은 체내의 부유력 감소로 이상하게 비중이 커진 데서 원인을 찾을 수도 있을 것이다. 그러나 사실은 그와 반대다. 젊고 건강하고 굉장한 의지에 부푼 고래의 생명이 불타는 5월의 한창 기름질 때에 허무하게 죽었다 하더라도 그 늠름하고 쾌활한 영웅들도 때로는 침강한다.

그러나 향유고래는 다른 어떤 종류의 것보다도 이런 사태를 일으키지 않는다. 한 마리의 향유고래가 침몰할 때는 스무 마리의 참고래가 가라앉는다. 그러나 종족간의 이 차이는 참고래의 골격이 큰 데에 적지 않게 기인되는 것이다.

참고래는 그 베니스식 창살문만도 때로는 1톤 이상이 되지만 향유고래는 이런 쓸데없는 물건은 전혀 가지고 있지 않다. 그런데 몇 시간이나 며칠이 지나면 가라앉은 고래가 생전보다도 더 큰 부력을 갖고 다시금 불쑥 떠오르는 예도 있다. 그 이유는 명백하다. 그 몸에 가스가 가득 차는 것이다. 몸은 터무니없이 확대되어 이른바 동물 풍선이 된다. 일련의 전투함도 그를 눌러 버릴 수 없다. 뉴질랜드 만(灣) 얕은 바다에서의 연안 포경업의 경우 참고래가 가라앉는 징조를 보였을 때는 많은 밧줄로 그 몸에 부표를 매달아 둔다. 고래가 가라앉아 보이지 않더라도 다시 떠올라올 때의 위치를 그 부표로써 알아내기 위해서다.

고래의 시체가 가라앉고 그다지 시간도 지나지 않았는데 피쿼드 호의 돛대 꼭대기에서 버진 호가 다시 보트를 내렸다는 고함소리가 들려왔다. 그러나 눈에 보이는 단 하나의 물뿜기는 긴 수염고래 것이었고, 그것은 상상할 수도 없이 빨리 헤엄치므로 도저히 잡을 수가 없었다. 그런데 긴 수염고래의 물뿜기는 참으로 향유고래의 물뿜기와 닮았기 때문에 익숙지 못한 고래잡이들은 종종 이를 혼동한다. 그리하여 데리크와 그 부하들은 이 접근할 수 없는 짐승을 용감하게 뒤쫓기 시작했다. 버진 호는 돛을 달고 네 척의 용감한 보트를 뒤쫓았다. 그리하여 저 멀리 바람이 불어가는 쪽으로 과감하고도 희망에 찬 추적을 위해 사라져 갔다.

오오, 세상에는 긴 수염고래도 많고 데리크와 같은 친구도 많구나.

제82장
포경의 명예와 영광

　의도적인 무질서를 신조로 삼는 기업이 있다.
　포경의 문제를 깊이 생각하고 탐색을 좀더 그 중심 문제에 집중해 갈수록 나는 더욱더 절실하게 그 위대한 영광과 전통에 감탄하지 않을 수 없게 됐다. 특히 그토록 많은 반신(半神)들과 영웅과 예언자들의 무리가 여러 가지 형태로 이것에 경의를 표하고 있음을 알게 됐을 때, 하찮은 존재에 지나지 않는 나 자신이 이 찬란한 대열에 끼는 것이 말할 수 없이 영광스럽다.
　제우스의 아들인 용감한 페르세우스는 최초의 고래잡이였다. 그리고 우리 직업의 불멸의 영예를 위하여 말해 두고자 하는 바, 우리 동료들에 의해서 처음으로 공격되어 죽은 고래는 꺼림칙한 목적으로 살해된 것은 결코 아니었다. 그때야말로 우리들의 직업이 화려했던 시절이었다. 우리는 고통 받는 자를 위해 무기를 잡은 것이지 세상 사람들의 등잔기름을 위해 그런 것은 아니었다. 사람들은 모두 페르세우스와 안드로메다의 이야기를 알고 있을 것이다. 왕의 딸인 아름다운 안드로메다는 바닷가의 큰 바위에 붙들어 매어졌는데 레비아단이 그녀를 뺏어가려던 찰나, 포경자인 왕자 페르세우스가 용감하게 돌격, 작살을 괴물에게 던져서 그 미녀를 구출해내고 결혼했던 것이다. 그 레비아단이 실로 일격에 죽고 만 일은 현대의 작살잡이들이 도저히 쉽게 흉내 낼 수 없다고 생각된다. 아무도 이 오래된 이야기에 대해서 의심해선 안 된다. 왜냐하면 시리아의 해안 도시로 오늘날 야파라고 불리는 옛날 요파(고래에게 먹힌 요나가 출항했던 곳)의 이교도들의 한 사원에는 커다란 고래 뼈가 몇 세대를 두고 안치되어 오고 있는데, 주민들은 모두 이것이야말로 페르세우스가 죽인 괴물의 뼈임에 틀림없다고 믿어 오고 있다. 로마인이 유럽을 점령했을 때 그 뼈는 전리품으로서 이탈리아에 운반되었다. 그런데 이 이야기에서 가장 영묘하고 암시적인 점은 다름 아니라 예언자 요나가 이 요파에서 바다를 향해

출항했다는 사실이다.

페르세우스와 안드로메다의 모험과 비슷한 것으로——물론 많은 사람들은 거기에 간접적인 근원이 있다고 믿지만——저 유명한 성 조지와 용의 이야기가 있는데, 나는 그 용을 고래라고 주장하고 싶다. 왜냐하면 대부분의 오랜 연대기에서 고래와 용은 이상하게도 혼동되고 종종 동일시되었던 것이다. "그대는 호수의 사자와 같고 바다의 용과 같다"고 에제키엘이 말한 것은 실로 고래를 의미한 것인데 실제로 몇몇 성서 판에서는 그 고래라는 말을 쓰고 있기까지 하다. 그뿐이 아니다. 만약 성 조지(기원 303년에 죽었다는 성자)가 싸운 것이 육지를 기어 다니는 뱀 종류에 지나지 않고 심해의 대괴수와 싸운 것이 아니었다고 한다면 그의 빛나는 공훈은 크게 감소되어 버릴 것이다. 누구라도 뱀 정도는 죽일 수 있다. 그러나 다만 페르세우스와 같은 사람, 성 조지와 같은 사람, 코핀(영국인 낸터킷에 와서 학교를 세웠다)과 같은 사람만이 용감하게 고래에 도전할 담력을 가지고 있다.

고래잡이 광경을 그린 근대 그림에 속지 않도록 하자. 거기엔 옛날의 용감한 고래가 도전했던 생물이 애매하게도 머리는 원숭이고 몸은 호랑이, 꼬리는 뱀 같은 형태로 표현되어 있고, 격투는 육상에서 벌어졌고, 성자는 말을 탄 것으로 그려졌다. 그림쟁이들이 고래의 참다운 모양을 모르던 몽매한 시대라는 것을 감안하고, 또한 그것은 페르세우스의 경우와 마찬가지로, 아마도 성 조지의 고래는 바다에서 해안으로 올라왔는지도 모른다고 봐주고, 또한 성 조지가 올라탄 동물은 그저 큰 바다표범이나 해마(海馬)였을지도 모른다고 감안하면, 이 소위 용이란 바로 레비아단임에 틀림없다고 주장하는 것은 저 신성한 전설 및 고대의 격투 장면으로 보건대 조금도 모순 되는 점이 없다. 사실 엄격하고도 가차 없는 진실 앞에 심판할 때 이 모든 이야기는 저 팔레스타인 사람들이 숭배한 바 있는 물고기인 동시에 짐승이며 새인 것, 즉 '용'이라고 이름 지어진 것을 가리키고 있는 듯하다. 그런데 이 용은 대홍수 때 노아의 방주 앞에 놓였을 때 그 말대가리와 손바닥이 떨어져 나가고, 다만 물고기 같은 부분만이 나무그루터기처럼 남게 되었다. 그리하여 우리 동료의 고귀한 대표자 성 조지는 고래잡이이면서 잉글랜드의 수호신이 된 것이다. 그러므로 당연한 권리로서 우리들 낸터킷의 작살 잡이들은 명예로운 성 조지 기사단 속에 끼어야 할 것이다. 따라서 이 영예로운 단체에 속하는 기사들이여! (당신들의 어느 누구도 당신들의 수호신이 싸운 것과 같은 고래는 만나지 못했다고 나는 감히 말한다.) 여러분은 낸터킷 사나이를 멸시해서는 안 된다. 비록 우리들은 모직 선원복과 얼룩투성이인 바지에 몸을 감싸고 있기는 하지만 성 조지 훈장을 받을 자격은 여러분들보다 훨씬 더 잘 갖추고 있다.

헤라클레스를 우리들의 일당에 넣어 주어야 할 것인지 아닌지에 대해서 오랫동안 망설여 왔다. 그것은 그리스 신화에 의하면 크로케트(아메리카 개척기의 영웅)나 키트 카슨(아메리카의 탐험가)의 고대판이라고도 할 만한 이 명랑하고 선량한 호걸이 고래에게 먹혔다가 내뱉어졌다고 하기 때문이다. 그러나 그것이 엄밀하게 말해서 그가 포경자였다는 것을 증명하고 있는지 어떤지는 신중하게 생각해야 할 일이다. 그가 고래를 작살로 찔렀다는 것은 뱃속에서 했다면 모르지만 아무 데도 기록되어 있지 않다. 그러니까 그는 본의 아닌 포경자라 할 수 있겠다. 그는 고래를 잡지는 않았다 하더라도 고래에게 잡히기는 했으니까 나로서는 그를 우리와 같은 족속으로 생각하고 싶다.

그러나 여기에 상반되는 두 가지 견해가 있다. 즉 그리스의 헤라클레스와 고래의 이야기는 그보다 더 오랜 헤브라이의 요나와 고래의 이야기에서 파생되었다고 하는 사람과 그 반대 의견을 주장하는 사람이 있다. 확실히 양자는 매우 닮았다. 그러니까 내가 만약 반신인 헤라클레스를 한패로 넣어준다면 당연히 예언자 요나도 끌어넣어야 할 것이다.

아니, 우리 기사단의 명단(名單)을 이루는 것은 다만 영웅, 성자, 반신(半神), 예언자들만이 아니다. 우리의 최고 군주는 아직 소개하지 않았다. 바로 고대의 왕자들과 마찬가지로 우리 동포의 먼 조상도 다름 아닌 위대한 신들이다. 이를 위해선 「샤스터」(인도의 경전)로부터 경이에 찬 동양의 이야기를 끌어오지 않으면 안 되는데, 힌두 최고신의 삼체(三體) 가운데 하나인 무시무시한 비슈누 신이 실은 바로 우리들의 신이었던 것이다. 비슈누 신은 땅위에 있는 그 자신의 화신 열 가지 중에서도 유독 고래만을 특이하게 성스러운 것으로 보았다. 또「샤스터」에서는 신 중의 신 브라마가 세계를 주기적 괴멸 뒤에 재창조하려고 결정했을 때, 그 일을 주재(主宰)할 자로서 비슈누를 낳았다고 한다. 그런데 신비의 경전「베다」(힌두교 성전)를 읽지 않고는 비슈누가 그 창조의 손을 대기가 불가능했을 만큼 그 경전에는 그 젊은 운명의 개척자에게 주는, 없어서는 안 될 가르침이 포함되어 있었다. 그러나 그「베다」는 바다 밑에 놓여 있었으므로 비슈누는 스스로 고래로 화신해서 바다 속 가장 깊은 곳까지 들어가서 이 신성한 책을 가져왔던 것이다. 그렇다면 이 비슈누야말로 '고래 타는 사람'이 아닌가? 이 세상에서 말 등에 올라탄 사람을 '말 타는 사람'이라고 하는 것처럼.

  페르세우스, 성 조지, 헤라클레스, 요나, 그리고 비슈누! 이것이 명단이다. 고래잡이 클럽 이외의 어떤 클럽에 이 같은 창시자들의 이름이 있을 것인가.

제83장

요나에 대한 역사적 고찰

앞 장(章)에서 요나와 고래에 대한 역사 이야기가 나왔다. 그런데 낸터킷 사람 중의 몇몇은 이 요나와 고래와의 이야기를 믿지 않는다. 그러고 보면 옛 그리스나 로마에도 회의적인 사람이 있어서 당시의 이교(異敎) 정통파를 믿지 않고 헤라클레스와 고래에 대한 것, 아리온(그리스의 전설적 시인)과 돌고래에 대한 것 등에도 불신을 표명했다. 그러나 그들의 전설에 대한 의혹은 조금도 사실의 힘을 손상시킬 수가 없었다.

새그 항(港)의 늙은 포경자가 헤브라이의 고전을 의심하는 근거의 주된 이유는 다음과 같은 것이었다. 그는 좀 색다른 옛 성서를 갖고 있었는데 거기에는 참으로 기묘하고 비과학적인 그림이 붙어 있었다. 그 하나에는 요나의 고래가 머리에서 두 줄이나 물을 뿜는 게 그려져 있었는데 그와 같은 특성은 참고래와 그 부류의 어떤 종족에만 해당되는 것으로 그 고래들은 포경자간에 '한 푼어치 과자'로 목이 막힌다는 말이 있을 정도로 그 식도가 매우 좁다. 그러나 제브 주교는 이에 대한 답안을 준비하고 있다. 그에 의하면 요나는 고래의 뱃속에 삼켜졌다고 생각할 필요는 없고 다만 그 입 한구석에 잠시 들어가 있었을 뿐이다. 노 주교는 이것으로 충분하다고 생각한다. 사실 참고래의 입엔 카드 놀이용 탁자 두 개를 놓고 놀이꾼들과 편안하게 앉을 수 있을 정도다. 그리고 아마도 요나는 빠진 이 구멍에라도 들어가 앉았으리라고 생각되지만, 참고래에겐 이가 없다.

새그 항 사나이(그는 그런 이름으로 통하고 있었다)가 예언자의 말을 믿을 수 없다는 둘째 이유는 뱃속에 갇힌 몸이 고래의 위액(胃液)에 의해서 어떻게 되는가 하는 데서 연유된 모양이다. 그러나 이 항의도 무력하다. 왜냐하면 독일의 어떤 성서 해석학자가 상상하는 바에 의하면 요나는――마치 러시아를 원정했을 때 프랑스 병사가 죽은 말의 뱃속에 들어가서 그 말을 천막 대신으로 했듯이 떠 있던 죽은 고래 속에 잠시 쉬고 있었음에 틀림없다고 한다. 아니 유럽의 성서 해석학자 중에는 요파의 배 위에서 바다에 던져진 요나는 곧 달아나서 가장 가까운 곳의 배로 헤엄쳐 갔는데, 그 배는 뱃머리를 고래로 장식했었을 것이라고 고찰하는 이들도 있다. 이 설에 내가 사족(蛇足)을 붙인다면 그 배는 '상어' '갈매기' '독수리' 등으로 이름붙인 배가 있듯이 고래호라고 이름을 붙였을 것이다. 아니, 학식있는 성서해석 학자들 가운데서, 요나의 책에 쓰여진 고래는 단순히 구명구(救命具)──공기를 집어넣는 주머니──를 의미하며, 예언자는 그곳으로 헤엄쳐 가서 빠져죽는 운명에서 구원되었다고 말하는 사람도 상당수다. 그러니까 가엾은 새그 항 사나이는 사면(四面)으로부터 얻어맞은 꼴이다. 그러나 그는 또 하나의 불신의 근거를 가지고 있다. 내가 들어서 알고 있는 바로는 이렇다. 요나는 지중해에서 고래에게 먹혔다가 사흘 뒤에 토해내졌는데 그것은 니네베에서 사흘길의 지점에서였다. 그런데 니네베란 티그리스 강변의 도시로 지중해안의 아무리 가까운 곳에서라도 사흘 정도로 갈 수 있는 곳이 못된다. 그러니 이상하지 않은가?

그러나 고래가 예언자를 니네베에서 가까운 곳까지 보내는 데 있어서 다른 길이 없었을까? 있다. 그는 희망봉을 빙 돌았는지 모른다. 그러나 전 지중해를 종단하고 페르시아 만과 홍해를 항해하지는 않았다 치더라도, 이 여행은 아프리카 대륙을 사흘 만에 완전히 돌았다는 이야기가 된다. 그 경우 고래가 니네베 가까이까지 티그리스 강을 거슬러 올라가는 것은 물이 얕아서 도저히 불가능하다는 것도 생각할 수 있다. 게다가 만약 요나가 그토록 옛날에 희망봉을 돌았다면 그것은 저 큰 곶〔岬〕을 발견한 명예를 바르톨로뮤 디아스(포르투갈의 항해자. 희망봉을 발견함)에게서 빼앗는 것이 되고 이리하여 근대사를 거짓으로 만들게 된다.

그러나 이 새그 항 노인의 어리석은 이야기는 그의 쓸데없는 변명의 어리석음을 나타내는 데 지나지 않고, 더구나 태양과 바닷물에서 배운 것 이외에는 아무런 학식도 없고 보면 비난받아도 마땅하다. 이것은 노인의 몽매하고 불경스러운 오만함과 성직에 대한 불경하고 악마적인 반항이라고 해야 한다. 왜냐하면 어떤 포르투갈의 가톨릭 신부는 이 요나가 희망봉을 돌아 니네베에 이르렀다는 이야기야말로 천지간에 일어나는 기적의 위대함을 뚜렷이 증명한 것이라고 주장하고 있기 때문이다. 사실 그럴 것이다. 특히 터키 사람들 중에 높은 교양을 지닌 사람도 요나 이야기의 역사성을 경건한 마음으로 믿고 있다. 또한 약 3세기 전, 해리스의「항해기」에 나오는 한 영국 여행가는 요나를 모신, 기름 없이 불타는 이상한 등불이 있는 터키 사원에 대하여 말하고 있다.

제84장
창던지기

 마차를 조용히 그리고 빨리 달리게 하기 위해서는 굴대에 기름을 친다. 같은 목적으로 고래잡이들 가운데는 보트의 밑바닥에 기름을 바르는 사람이 있다. 의심할 나위도 없이 이런 짓은 전혀 무해할 뿐만 아니라 적지 않은 이익을 준다. 기름과 물은 상극이다. 목적은 보트를 빨리 달리게 하려는 데에 있다. 퀴퀘그는 자신의 보트에 기름칠을 매우 열심히 하는 사나이였으므로 독일배 버진 호가 가버린 뒤 얼마 되지 않아 그 일을 무척 공들여 하기 시작했다. 뱃전에 달아맨 보트 밑바닥에 기어들어가 반질반질한 선체에서 머리카락 하나도 남기지 않고 쓸어내려는 것처럼 기름을 문질러댔다. 어떤 특별한 예감이 그를 부추겨서 그렇게 하는 것처럼 보였는데 이윽고 어떤 사건이 그것을 입증해 주었다.
 정오 쯤 고래 떼가 발견되었다. 그런데 배가 돌진하자마자 고래 떼는 조급하게 허둥지둥 방향을 바꾸어 악티움 해전에서의 클레오파트라의 선단(船團)처럼 흩어져서 도망을 쳤다.
 그러나 보트는 추적을 시작했다. 스텁이 맨 앞에서 돌진했다. 애쓴 끝에 드디어 태슈테고가 창 한 개를 던졌는데 창을 맞은 고래는 바다 속으로 들어가지도 않고 속력을 더욱 내어 물 위로 마구 달아났다. 꽂힌 창은 이처럼 끊임없이 당겨지면 머지않아 빠져 버리고 만다. 이럴 때는 질주하는 고래에게 창을 하나 더 던지거나 그렇지 않으면 그대로 놓아주는 수밖에 없다. 그러나 보트를 빠르고 광포하게 헤엄치고 있는 고래 옆에 댄다는 것은 불가능한 일이다. 그럼 대체 어떻게 해야한단 말인가.
 노련한 고래잡이가 마지막 수단으로 취하는 놀라운 여러 가지 술책과 기교와 온갖 재주와 곡예 중에서도 멋진 창던지기의 묘기만큼 훌륭한 것은 없다. 아무리 작은 칼, 큰 칼을 갖가지 익숙한 솜씨로 다룬다 할지라도 이와

견줄 것은 못 된다. 필사적으로 달아나는 고래인 경우에는 이 방법을 쓸 수밖에 없는데, 그 특징은 무서운 속력으로 달리느라 심하게 요동치는 보트에서도 놀랄 만큼 먼 거리를 향해 정확하게 긴 창을 던진다는 데에 있다. 강철과 목재 부분을 합하면 창의 전 길이는 10 내지 12피트가 되는데 그 자루는 작살 자루보다 훨씬 가늘고 또한 가벼운 소나무 목재다. 여기에는 '끄는 밧줄'이라는 상당히 길고 가는 밧줄이 달려 있어 던진 뒤엔 그것으로 도로 끌어당긴다.

그런데 여기서 미리 말해 두어야 할 중요한 것이 있다. 즉, 작살도 창과 마찬가지로 멀리 던지기는 하지만 그것은 극히 드문 일이며 또한 던져졌다 하더라도 창에 비해 훨씬 무겁고 짧은 것이 결정적인 약점이 되어서 성공률은 적다는 사실이다. 따라서 일반적으로 말하면 던지기를 실행하기 전에 우선 고래에 가까이 접근하는 것이 가장 중요한 일이다.

자아 스텁을 보라. 위기일발인 때에도 참으로 명랑하고 냉정하고 침착하기 짝이 없는 그 사나이야말로 타고난 창던지기의 적격자이다. 그를 보라. 나는 듯이 달리는 배의 몹시 흔들리는 뱃머리에 새하얀 물거품에 싸여 서 있다. 앞을 달리는 고래는 40피트나 앞에 있다. 긴 창을 가볍게 휘둘러 그 창이 똑바른가를 두서너 번 조사하고 휘파람을 불면서 한 손으로 밧줄의 고리를 끌어당겨 풀어진 한쪽 끝을 잡고 나머지를 그대로 내버려 둔다. 그런 다음 창을 허리띠 한복판 앞쪽에 단단히 대 고래를 향해 수평으로 겨누고 다음에 그 자세대로 손에 잡은 자루의 뒤쪽을 차츰 낮추어 가는데 그러면 창끝이 점점 높이 쳐들리다가 끝내 창은 그의 손바닥에 얹혀 거의 똑바로 서면서 공중에 15피트 높이로 선다. 마치 턱에 긴 장대를 세우고 있는 요술쟁이를 생각하게 하지 않는가? 다음 순간 번쩍이는 철창은 말할 수 없이 빠른 추진력으로 물보라가 이는 먼 앞쪽으로 보기 좋은 포물선을 공중에 그리며 고래의 급소에 떨면서 꽂힌다. 순식간에 고래는 물을 뿜어내는 대신 피를 뿜어낸다.

"놈의 통 마개가 열렸다!" 스텁이 외친다.

"7월 4일 독립 기념 축제 같군 그래. 오늘은 말야, 어느 구멍이든 모두 술을 뿜는 거야. 올리언즈의 위스키든가 오하이오의 것이든가, 기막힌 머넝거헬러(펜실베이니아 주의 마을) 것이라면 참을 수 없을 걸. 봐, 태슈테고, 이젠 슬슬 물뿜는 구멍 속에서 특별히 고급술이라도 만들어야겠군. 저 살아 있는 술통에서 진짜 활력제를 흠씬 마셔 볼까."

이런 농담을 마구 지껄여대는 사이에도 익숙한 솜씨로 몇 개의 창이 능숙하게 던져지고 그레이하운드 사냥개처럼 주인에게로 되돌아온다. 아픔을 이기지 못하여 고래는 몸부림을 치기 시작한다. 포경 밧줄이 늦춰지면 창던지기 명수는 고물로 가서 팔짱을 끼고 괴마의 죽음을 응시한다.

제85장
샘

 6천 년 동안——아니 그 이전에 몇 백만 년인지도 알 수 없는 시간이 흘렀지만——거대한 고래들은 온 세계 바다의 곳곳에서 계속 물을 뿜어 올리고 무수한 신비로운 병에서 나오는 성수(聖水)처럼 바다의 화원에 신비의 물을 뿌려 왔다. 몇 세기 전부터 수많은 고래잡이들이 그 고래의 샘 가까이에 접근하여 그 뿜어 올랐다가는 흩어지는 물방울을 바라보았다. 이것은 틀림없는 일인데, 그러나 축복받은 오늘 이 순간(기원 후 1850년 12월 16일 오후 1시 15분 15초)까지 도대체 이 뿜어 올리는 물기둥이 물인지 아니면 수증기에 지나지 않는 건지 그것이 아직 문제로 남아 있다는 것은 실로 주목할 만한 일이 아니겠는가.
 그러니까 이 문제를 그에 관련된 몇 가지 흥미 있는 일과 함께 조사해 보기로 하자. 누구나 알고 있듯이 모든 어족류는 아가미라는 교묘한 장치에 의해서 그들이 헤엄치는 물에 언제나 섞여 있는 공기를 호흡한다. 그래서 청어나 대구도, 가령 백년을 살았다 하더라도 머리를 수면 위로 쳐들어 올리는 일이 한 번도 없다. 그러나 고래는 특수한 체내 구조에 의해서 인간과 마찬가지로 정상적인 폐를 갖고 있어 대기 중에 있는 공기를 빨아들임으로써만 생명을 잇는다. 그러니까 정기적으로 대기 속에 나올 필요가 생긴다. 그러나 그 입으로는 절대로 호흡할 수가 없다. 왜냐하면 보통 자세일 때도 향유고래의 입은 적어도 8피트 정도의 수면 밑에 있고 게다가 고래의 숨통은 입과 연결되어 있지 않기 때문이다. 그러니까 그는 그 물뿜는 구멍으로만 호흡하며 그것은 정수리에 붙어 있다.
 어떤 생물에서도 호흡이 생명에 없어서는 안될 것이라고 한다면, 공기 중에서 어떤 원소를 빨아들이고 따라서 그것이 혈액과 접촉하여 생명 요소를 혈액에 주입하기 때문이라고 설명한다 해도——좀더 아는 체하는 과학 용어

를 쓰지 않았다 하더라도 틀렸다고 할 수는 없을 것이다. 그래서 이 설을 인정한다고 하면——인간도 단숨에 모든 혈액에 공기를 녹여 넣는다면 콧구멍을 막아도 꽤 오랜 시간 숨을 쉬지 않고 견딜 수 있다. 다시 말해서 호흡을 하지 않아도 살아나갈 수 있다는 것이다. 이상하게 들릴지도 모르지만 고래는 정말로 그렇게 한다. 때로 그는 충분히 한 시간이나 그 이상을 (바다 밑에서) 한 번도 숨쉬지 않고, 다시 말해서 공기를 조금도 마시지 않고 생명을 영위한다. 어찌된 일인지 그에게는 아가미가 없다. 그의 늑골 사이와 등뼈 양 옆에는 크레타 섬의 미로 같은 복잡하기 이를 데 없이 뒤엉킨 메밀국수 모양의 관이 잔뜩 있는데, 그 관은 고래가 수면 밑으로 들어갈 때에는 산소를 머금은 혈액으로 가득 채워진다. 그러니까 마치 물 없는 사막을 건너는 낙타가 그 네 개의 보조위 속에 장차 사용할 여분의 음료수를 가지고 다니는 것과 같이, 한 시간이나 그 이상도 천 길 바다 밑에 생명력의 축적된 여분을 가지고 가는 것이다. 미로의 해부학상의 사실은 뚜렷하다. 또 그 위에 수립되는 가설이 합리적이고 진실하다는 것에 나는 보다 더 수긍이 간다. 만약 그렇지 않다면 고래잡이들이 말하는 '물 토해내기'는 설명할 수 없는 애매함에 빠진다. 내가 말하려는 바는 다음과 같다. 향유고래는 만약 쫓기고 있지만 않다면 떠오를 때 다른 때와 똑같은 시간을 수면에 머물 것이다. 이를테면, 11분 떠서 70번 물을 뿜는다. 다시 말해서 70회 호흡을 하는 고래라면 언제 떠 올라도 1분도 어기지 않고 70번의 호흡을 채울 것이다. 만약 놀라서 물속에 들어가게 되면 다시 올라와서 필요한 만큼의 공기를 채운다. 그 70번의 호흡이 다 차면 그제서야 바다 밑으로 내려가 그만큼의 시간을 버틸 것이다. 물론 고래마다 이 호흡률이 다르다는 것을 잊어서는 안 되지만, 대체로는 모두 비슷하다. 그런데 고래가 무엇 때문에 그토록 철저하게 물뿜기를 해야 하는가 하는 데 대해서는, 완전히 잠수하기 전에 공기 저장을 충분히 할 필요가 있다는 것 이외에는 아무런 설명도 할 수 없을 것이다. 그러니까 분명히 고래는 떠오르지 않으면 안 된다는 그 한 가지 사실로 인해, 추적에 의한 치명적인 위험에 자신을 드러내놓게 된다. 햇빛도 닿지 않는 천 길 물속으로 돌아다니는 한은 갈고리로도 망으로도 그 큰 고래를 잡을 수는 없다. 그러니까 고래잡이여! 그대가 개가를 올리는 것은 그대의 솜씨에 의한 것이 아니라 고래의 생리적 이유 때문이다.

사람은 끊임없이 호흡을 계속하는데 한 번의 호흡에 해당되는 박동수는 두서너 번밖에 되지 않는다. 그러니까 잠을 잘 때나 깨어 있을 때나 어떤 일을 해야 할 때나 호흡은 해야 한다. 그렇지 않으면 죽는다. 그러나 향유고래는 그 시간의 7분의 1, 이른바 일주일 동안 일요일에만 호흡한다.

고래는 다만 그 물뿜기 구멍에 의해서만 호흡한다고 했다. 만약 그 뿜어내는 숨이 물과 섞여 있다는 사실을 덧붙인다면 그의 후각이 별로 소용없다는 이유는 명백해질 것이다. 왜냐하면 그의 몸에서 코에 상당하는 것은 이 물뿜는 구멍임에 틀림없는데 그것이 공기와 물, 두 가지 요소로 막혀 있는 이상 냄새를 맡는 힘까지 요구하는 것은 무리가 아니겠는가? 그러나 이 물뿜기의 신비――그것이 물인가 수증기인가 하는 의문 때문에 이 점에서는 아직 어떤 단안도 확실한 것이 되지 못하고 있지만, 아무튼 향유고래에는 뚜렷한 후각기관이 없는 것은 사실이다. 그러나 그렇다고 무슨 부자유가 있겠는가? 바다에는 장미꽃도 제비꽃도 콜로뉴 향수도 없다.

그런데 더욱이 그의 기관은 다만 그의 물뿜는 관의 가지에만 열려 있는데 그의 긴 물뿜기 관은――이리 대운하처럼 마음대로 열고 닫는 수문 같은 것을 갖추고 있어 그것이 공기를 아래쪽에 보전하고 물이 튀어 오르도록 누르고 있으므로 고래에는 목소리도 없다. 그가 꾸륵꾸륵하고 내는 기묘한 소리를 듣고 고래가 콧소리를 하는구나 하고 말한다면 그것은 그를 모욕하는 것이 된다. 고래가 무엇을 지껄일 필요가 있겠는가? 생각 깊은 사람은——먹고 살기 위해서 하는 수 없이 하찮은 말을 중얼거려야 하는 게 아니라면——세계를 향해 이야기할 무엇을 갖고 있지는 않을 것 같다. 오! 세상은 무엇이든 기꺼이 들어 주니 얼마나 다행한 일인가!

그런데 향유고래의 물뿜는 관에 대해서인데, 이것은 주로 공기의 운반을 위한 것으로 수평으로 수 피트 가량 머리 윗부분 살갗 바로 아래에 약간 한쪽으로 치우쳐 뻗어 있다. 이 기묘한 관은 길가의 한쪽에 파묻힌 가스관과 매우 흡사하다. 그러나 이 의문은, 가스관은 동시에 수도관인가, 바꾸어 말하면 향유고래의 물뿜기는 토해내는 숨의 수증기인가 그렇지 않으면 그 토하는 숨이 입으로 마신 물과 섞여서 구멍으로 방출되는 것인가, 하는 의문으로 되돌아온다. 입이 간접적으로 물뿜기관에 연결되어 있는 것은 확실하지만 그렇다고 해서 물을 그 구멍에서 토해내기 위해 그렇게 되어 있다고 증명할 수는 없다. 즉 물을 뿜어내는 최대의 필요성은 그가 먹이를 뜻밖에도 물과 함께 삼킨다는 데에 있는 것 같다. 그러나 향유고래의 먹이는 물속 깊은 곳에 있으니까 거기서는 아무리 뿜어내려 해도 뿜어낼 수가 없는 것이다. 또한 만약 여러분이 그의 가까이에 시계를 들고 그를 관찰한다면, 그를 방해하는 것이 아무것도 없을 때 그 물뿜기와 평상시의 호흡 주기와의 사이에는 실로 규칙적인 운율이 있다는 것을 발견할 것이다.

그러나 뭣 때문에 이런 문제로 골치를 앓는단 말인가? 분명히 하라. 물뿜기를 보았다면 물뿜기는 어떤 것인지 말해 보라. 물과 공기를 분간하지 못하지는 않을 것이다. 선생들이여, 이 세상에서는 이런 간단한 문제를 해결하는 것도 쉬운 일이 아니었소. 나는 선생께서 말씀하시는 가장 간단한 일이 가장 어려웠소. 이 고래의 물뿜기만 하더라도 그 한복판에 우뚝 서 보았자 그것이 무엇인지 정확하게 판단할 수는 없을 거요.

그 중심부는 뿜어 나오는 흰 안개에 싸여서 아물거린다. 그러니까 거기에서 물이 떨어지는지 어떤지는 알 수가 없을 것이다. 왜냐하면 고래의 물뿜기를 가까이에서 봤다 하더라도 그는 언제나 하늘이 놀라고 땅이 갈라질 만큼 난폭하게 날뛰고 있으니까 물은 그의 사면에 폭포수를 이루며 떨어진다. 그리고 그때에 여러분들이 그 물보라 속에서 물방울을 보았다 한들 그것이 수증기가 엉겨서 된 것인지 아닌지는 알 수 없을 것이다. 또한 그것이 고래 정수리에 움푹 들어간 물뿜기 구멍의 주름 속에 한때 머물렀던 물방울이었는지 아닌지도 모를 것이다. 왜냐하면 그가 대낮의 잔잔한 바다 위를 사막의 낙타처럼 그 혹을 햇빛에 말리면서 헤엄치고 있을 때에는 이따금 폭양 아래서도 바위의 오목하게 팬 곳에 빗방울이 남듯이 그의 머리 위의 구멍에도 약간의 물이 괴게 된다.

대개의 고래잡이가 고래의 물뿜기의 진상에 대해서 몹시 호기심을 갖는다는 것이 못마땅하다. 그런 곳을 들여다보고 머리를 틀어박아 본들 무슨 소용이 있겠는가? 물병을 그 샘에 가지고 가서 물을 채워서 돌아올 것도 아니다. 자주 일어나는 일이지만 물을 뿜을 때 그 바깥 둘레의 자욱한 물보라에 잠깐 닿기만 해도 여러분의 피부는 덮쳐오는 소금기 때문에 아리고 화끈화끈 아프기만 할 것이다. 나는 어떤 사나이가 과학을 탐구하기 위해서였는지 다른 이유에서였는지는 모르지만 바짝 그 물뿜기에 접근했다가 뺨과 팔의 피부가 벗겨져 버렸던 것을 알고 있다. 그러니까 고래잡이들은 물뿜기에는 독이 있다고 하여 모두 달아나게 마련이다. 또 한 가지 내가 들은, 거짓말이라고는 생각되지 않는 일은, 만약 그 뿜는 물이 눈에 들어가면 장님이 된다고 하는 것이다. 연구하는 사람으로서 가장 현명한 길은, 이 무서운 물뿜기를 상대하지 않는 것이라고 나는 생각한다.

증명하여 학설을 수립하는 것은 불가능하다 하더라도 가설을 말할 수는 있을 것이다. 나의 가설을 말한다면 물뿜기란 안개 뿜기에 지나지 않는다. 나로서는 다른 이유는 고사하고 향유고래의 천성이 엄숙하고 숭고한 데에 생각이 미치면 그러한 결론에 도달할 수밖에 없는 것이다. 다른 고래들과 달리 얕은 곳이나 해변에는 절대로 나타나지 않는다는 점만 보더라도 그는 세상에 흔해빠진 천박한 존재는 아니다. 그는 장중하고도 심원하다. 나는 세상의 장중하고 심원한 것, 다시 말해서 플라톤, 피론(그리스의 철학자), 악마, 주피터, 단테 등의 머리에서는 그들이 심각한 생각에 잠길 때에는 거의 눈에 보이지 않는 증기와 같은 것이 솟아난다고 믿는다. 나만 하더라도 언젠가 '영혼'에 대한 소논문을 쓰면서 호기심에서 거울을 앞에 놓은 적이 있었는데, 그러자 곧 나의 머리 위의 공기가 묘하게 구부러지며 파동 치는 것을 보았다. 8월의 대낮에 얇은 판자를 깐 고미다락방에서 뜨거운 차를 여섯 잔이나 마신 뒤에 깊은 명상의 경지에 들어가 있을 때에는 반드시 나의 머리카락이 축축하게 젖어 오는데, 이것도 앞에서 말한 가설을 추가적으로 증명하는 것이 될 것이다.

　이 위대한 것이 고요한 열대의 바다를 유유히 달리는 것을 볼 때 우리는 그 힘차고 신비로운 모습에 이상하게도 가슴이 두근거린다. 보라, 그 거대하고 온아한 머리 주위에는 혼자 품을 수밖에 없는 명상에서 생기는 자욱한 증기가 둥근 덮개를 이루고 있고, 그 증기는——사람이 이따금 목격하듯이——하늘이 그 사상에 봉인을 눌렀다는 것일까, 일곱 빛 무지개로 번쩍이는 것이다. 무지개는 청명한 공기에는 나타나지 않는다. 무지개는 증기에만 빛을 뿌린다. 그러니까 나의 경우도 마음속의 어두운 회의의 자욱한 공기를 뚫고 때로 새로 일어나는 천상의 광채로 타오를 때가 있다. 이 일에 대해서 나는 신에게 감사한다. 만인은 의심하고 다수는 부정한다. 그러나 회의든 부정이든 그와 함께 직관을 가진 사람은 극히 드물다. 이 땅의 온갖 것에 대한 회의, 천상적인 무엇인가에 대한 직관, 이 둘의 결합은 신자도 이단자도 낳지 않으며 둘을 공평한 눈으로 보는 사람을 만드는 것이다.

제86장
꼬리

세상의 시인들은 영양(羚羊)의 부드러운 눈이며 땅 위에 내리는 일이 없는 새의 아름다운 날개를 찬양했다. 나는 천상적인 점이 좀 부족한 꼬리를 찬양한다.

가장 큰 향유고래의 꼬리를 살펴보면 우선 동체의 맨 끝에 거의 사람의 허리만큼 가늘어져 있는 데서부터 이 꼬리는 시작되는데, 그 상부 표면만도 넓이가 최소한 50제곱피트는 될 것이다. 통통하고 탄탄한 동체의 밑뿌리에서 두 갈래의 단단하고 폭넓은 편편한 꼬리지느러미가 뻗어 나가고, 그것이 또한 서서히 얇아져서 이윽고 1인치도 못되는 두께가 되어 버리고 만다. 이 꼬리지느러미는 갈래에서 약간 겹쳐져 있지만 옆으로 날개처럼 벌어져가고, 그 사이에 넓은 공간을 둔다. 이것의, 초승달 모양의 윤곽처럼 절묘하게 아름다운 선은 다른 어떤 동물에서도 발견할 수 없을 것이다. 다 자란 고래의 경우 꼬리의 가장 넓은 부분은 지름이 20피트를 훨씬 넘는다.

그 전체는 유착된 힘줄로 빽빽하게 짜여진 한 조직인 것처럼 보이지만, 이것을 절단하면 분명히 다른 세 개의 층──상, 중, 하로 되어 있음을 알 수 있다. 상부와 하부 층의 조직은 길게 수평으로 뻗고, 극히 짧은 가운데의 조직은 바깥쪽의 두 층 사이에 열십자 형으로 달리고 있다. 이 삼위 일체적인 구조가 특히 꼬리를 강력한 것으로 만들고 있다. 옛 로마의 성벽 연구가라면 이 가운데 층부를 봄으로써 이상하게도 이와 비슷한 저 경탄할 고대의 유적지에서 항상 돌과 교착하여 놓여 있는 얇은 기와 층이 바로 그 유적물을 강대하게 하는 요인임을 생각해 낼 것이다.

그러나 이 억세고 질긴 꼬리 자체 힘만으로는 아직 부족하다는 듯이 고래의 몸집 모두가 가로세로로 엮어진 힘줄로 조직되어 있는데, 그것이 양쪽 허리께를 지나 꼬리지느러미로 달리며 분간할 수도 없이 섞여 꼬리의 힘을 더욱 강대하게 한다. 그러므로 고래 전체의 측량하기 어려운 힘은 서로 합쳐져서 그 맨 끝에 응집되어 있는 것처럼 생각된다. 만약 물질계의 전면적 파괴라는 것이 야기된다면, 이것이야말로 그 일을 할 수 있을 것이다.

더욱이 이 놀라운 역량은 그 우아한 몸짓을 조금도 손상하는 일이 없어, 어린아이의 몸짓과 같은 가벼움이 거인적인 강대함 속에 물결치고 있는 것이다. 그뿐 아니라, 거기에 그 여러 운동의 눈부신 아름다움이 나타나 있다. 온갖 장대한 미에 있어서 힘이야말로 그 마술의 비밀이 된다. 대리석 헤라클레스상에서 폭발하려고 하는 것처럼 보이는 긴박한 힘줄을 모조리 빼보라. 매력은 없어지고 말 것이다. 경건한 에커만은 괴테의 발가벗은 시체를 덮은 천을 벗겨 보았을 때, 마치 로마의 개선문처럼 늠름한 가슴을 보고 경탄하지 않을 수 없었다. 미켈란젤로가 아버지인 신을 사람의 모습으로 그릴 때에도 그 얼마나 강건함을 주었던가? 한편, 성자이신 신의 성스러운 사랑에 대해서 저 부드럽게 몸을 굽힌 자웅동체의 이탈리아의 그림들이 무엇을 나타내려하든 간에 그 그림들에 그의 사상은 가장 훌륭하게 구현되어 있다. 즉, 그 그림들에는 근골의 늠름함 따위는 조금도 없고, 아무런 힘의 암시도 없고, 다만 소극적이고 여성적인 순종과 인내만이 나타나 있는데, 이런 점들이 그가 가르치려는 덕목임을 누구나 인정하고 있다.

내가 말하려는 이 기관의 탄력성은 이처럼 미묘해서, 장난기로나, 진지한 생각에서나, 화가 나서나, 그 밖의 어떤 기분으로 휘둘러 대건 그 운동은 항상 더없이 아름답게 빛난다. 어떤 요정의 손짓도 이보다 뛰어날 수는 없다.

고리는 독특한 다섯 가지의 운동을 한다. 첫째는 헤엄친 때의 추진력을 위한 지느러미로서, 둘째는 전투용의 무기로서, 셋째는 옆으로 밀어내기, 넷째는 물을 때리기, 다섯째는 공중으로 추켜들기이다.

첫째, 향유고래의 꼬리는 수평의 위치를 유지하고 있어, 다른 어떠한 바다의 어족과도 다른 운동을 한다. 절대로 채신없이 괜히 흔들어대지는 않는다. 공연히 흔들어대는 것은 사람이나 물고기나 매우 열등함을 나타내는 모양새다. 고래에 있어서는 꼬리만이 그 추진력의 전부가 된다. 그것을 동체 밑으로 두루마리처럼 굽혔다가 급격하게 뒤로 튀긴다. 그것이 이 괴수가 무섭게 달릴 때 보이는 나는 듯 튀는 듯 하는 이상한 동작이다. 그의 옆지느러미는 다만 키의 역할밖에 하지 않는다.

둘째, 약간 주목해야 할 일로, 향유고래는 다른 향유고래와 싸울 때 그 대가리와 턱으로 싸우는데, 사람을 만났을 때에는 모멸스럽게도 그 꼬리를 주무기로 한다. 보트를 칠 때도 재빠르게 꼬리지느러미를 감았다가 뒤로 잡아젖히는 탄력으로 때린다. 만약 공중에 가로막는 것이 아무것도 없고, 특히 그것이 위로부터 떨어졌다면 그 타격에 대항한다는 것은 불가능하다. 사람의 늑골이나 배의 늑재나 이에 견딜 수 있는 힘을 가지지 못했다. 유일한 대책은 그것을 피하는 방법뿐이다. 그러나 만약 그것이 물의 힘을 거슬러 옆으로 들어온 경우에는 포경용 보트의 경쾌한 부양력과 그 선재(船材)의 탄력성 때문에 참해는 늑재나 판재가 한두 장 깨지거나 뱃전이 슬쩍 스치는 상처를 입거나 하는 정도다. 이와 같이 물속에서 측면으로 때리는 것은 포경 중에는 그다지 신기할 것도 없는 일로서 이것을 모두 아이들 장난같이 여긴다. 누군가가 윗도리를 벗기만 하면 구멍을 막을 수가 있다.

셋째, 증명할 수는 없지만 내가 생각하는 바로서 고래는 촉각이 모두 꼬리에만 집중되어 있는 것 같다. 그리고 이 점에서는 그 꼬리의 섬세함에 필적하는 것은 다만 코끼리 코의 민감함뿐일 것이다. 그 섬세함을 느낄 수 있는 것은 옆으로 때릴 때의 행위에서인데, 그때 고래는 소녀처럼 부드럽게 해면에 그 거대한 꼬리를 옆으로 조용히 흔든다. 그리고 만약 그가 슬쩍 한번 선원의 수염을 어루만지기라도 하는 날에는, 그 선원은 수염과 함께 화를 입게 마련이지만 말할 수 없는 정이 그 속에 담겨 있다. 그런데 이 꼬리에 물건을 움켜쥐는 힘이 있었다면 나는 저 달모노데스의 코끼리가 자주 꽃시장에 나타나서 공손히 절을 하면서 꽃다발을 처녀들에게 바치고 나서 그녀들의 허리띠를 쓰다듬었다는 이야기를 연상하지 않을 수 없다. 그렇게 볼 때에 고래가 그 꼬리에 잡는 힘을 갖지 못했다는 것은 실로 가엾은 일이다. 어떤 코끼리는 싸우다가 상처를 입자 코를 돌려서 제 몸에 꽂힌 창을 뽑았다는 이야기도 있는데 말이다.

넷째, 적막한 바다 한복판에 일시적인 안전상태에 있는 고래에게 들키지 않도록 살그머니 접근해 보라. 그러면 그가 그 웅대하고 위엄스럽기 짝이 없는 허울을 벗어던지고 고양이 새끼처럼, 마치 그 바다가 화롯가인 양 장난치고 있는 것을 볼 수 있다. 그러나 그 장난 속에도 강력함은 존재한다. 폭넓은 꼬리가 공중 높이 내흔들리다가 이윽고 수면으로 내리쳐질 때 우뢰와 같은 울림은 수마일 밖에까지 울려 퍼진다. 거포가 발사되었는가 하고 생각될 정도여서, 그때에 몸의 다른 쪽 끝의 물뿜기 구멍에서 밝은 빛 물보라가 솟는 것을 포문에서 오르는 초연(哨煙)이라 혼동할 정도다.

다섯째, 고래는 보통 헤엄칠 때 꼬리가 등의 높이보다 훨씬 낮아 완전히 수면 밑으로 없어져 보이지 않는다. 그러나 그가 바야흐로 물속으로 깊이 들어가려고 할 때 그 꼬리는 적어도 30피트의 동체 부분과 함께 공중으로 똑바로 추켜세워져서 일순간 그 자세로 서서 진동하고 있는가 하면 곧 바다 깊이 모습을 감추어 버리고 만다. 장엄한 도약——여기에 대해서는 다른 데서 쓸 작정이다——을 제외하고는 이 고래 꼬리의 곤두서기는 온갖 동물에서 볼 수 있는 것 중 가장 웅대한 것이다. 거대한 꼬리는 바닥을 알 수 없는 심연에서 쳐들어져 전율하면서도 푸른 하늘을 잡고 매달리려는 것 같다. 그러고 보니 나는 꿈에 대악마가 지옥의 불바다 속으로부터 괴로운 듯 거대한 발톱을 내밀고 있는 것을 본 적이 있다. 그러나 이런 광경을 바라볼 때의 문제는 모두 그때의 기분 여하에 달려 있다. 단테적인 심경이라면 악마가 나타날 것이고, 이사야적이라면 대천사가 보일 것이다. 하늘과 바다를 새빨갛게 물들이는 해돋이 무렵 돛대 꼭대기에 서서 나는 고래의 엄청난 무리들을 보았다. 모두 태양 쪽을 향하여 한동안 하늘에 치솟은 꼬리를 일제히 흔들었다. 그토록 장려한 몸짓으로 신들을 찬양하는 자는 배화교의 본고장인 페르시아에서도 일찍이 볼 수 없었던 일일 것이라고 그때 나는 생각했다. 톨레미 필로파타(이집트의 마케도니아계 왕조 제4세)가 아프리카 코끼리에 대해서 증언했듯이 나는 고래에 관해서 그것이 모든 생물 중 가장 경건한 것이라고 증언하리라. 유바 왕(소아시아의 느미디아의 유바 2세)에 의하면 옛날 전투에 동원되었던 코끼리들은 깊은 침묵 속에 코를 높이 들고 아침을 축하하여 맞이했다는 것이다.

지금 이 장(章)에서 우연히도 한쪽 꼬리와 한쪽 코가 있다는 점에서 고래와 코끼리를 비교한 결과가 됐는데 그렇다고 결코 이 양극단의 기관을, 하물며 그것들의 주인을 같은 수준에 놓고 말해서는 안 된다. 왜냐하면 가장 웅대한 코끼리라 할지라도 레비아단 앞에서는 테리어 개와 같은 것이고, 그 코는 거경의 고리 앞에서는 백합의 줄기 정도밖에 되지 않는다. 묵직한 향유고래의 꼬리는 무서운 벼락같은 분쇄력을 휘둘러 마치 인도의 곡예사가 저글링을 하듯이 차례로 보트와 노와 선원들을 공중에 던져 올린다. 거기에 비하면 가장 무서운 코끼리의 코의 타격쯤은 장난삼아 부채로 살짝 때린 정도에 불과하다.*

저 강대한 꼬리를 생각하면 할수록 나는 나의 표현력의 빈약함을 한탄하지 않을 수 없다. 때론 사람의 손짓도 능가할 만큼 아름다운 자태인데도 그것을 설명할 수가 없다. 대군을 이루고 있을 때엔 때때로 눈을 끄는 신비한 태도도 있는데, 포경자 중에는 그것이 프리메이슨 비밀결사의 신호나 부호(符號) 같은 것이어서 고래가 그런 방법으로 세계와 심오한 대화를 하고 있는 것이라고 단언하는 사람이 있다. 또한 고래가 몸 전체로 하는 거동 가운데는 아주 경험 많은 고래잡이들조차 설명을 못할 정도로 굉장히 이상한 것도 있다. 그러니까 아무리 분석해 보았자 나의 힘으로는 피상적인 설명 정도밖에 할 수 없다. 나는 고래를 알지 못한다. 절대로 알 수 없다. 게다가 나는 고래의 꼬리마저도 알지 못하고 보면 그 머리의 일을 어찌 알겠는가? 하물며 그 얼굴은, 있지도 않은 그 얼굴에 대해선 알 턱이 없다. 고래는 말할 것이다. 너는 내 등이나 꼬리는 보았겠지만 내 얼굴은 못 보았을 게다(〈출애굽기〉 33장)라고. 그러나 실은 그의 등에 대해서도 제대로 이야기할 수 없고 또한 그 얼굴에 대해서 무슨 암시가 있더라도 고래에겐 얼굴이 없다고 다시금 말할 것이다.

---

* 고래와 코끼리의 체구를 비교한다는 것은 개를 코끼리에 비교하는 것만큼이나 도대체가 우습기 짝이 없다. 그러나 조금은 이상한 유사점이 없지도 않다. 물뿜기 말이다. 알다시피 코끼리는 종종 코나 물이나 먼지를 들이마셨다가 코를 들고 뿜어낸다.

제87장
대연합 돛대

  길고 좁은 말라카 반도는 버마 영역에서부터 남동쪽으로 뻗어 아시아 전체에서 가장 남쪽 끝에 붙어 있다. 그 반도로부터의 연장선상에 이어진 것은 수마트라, 자바, 발리, 티모르 등의 섬들로, 그 섬들은 다른 섬들과 함께 하나의 거대한 방파제 또는 성채(城砦)를 형성하여 기다랗게 아시아와 오스트레일리아를 연결하면서 끝없이 넓은 인도양과 가득히 흩어져 있는 동방의 섬들을 가로막고 있다. 이 성채에는 배와 고래의 편의를 위해서 출격문이 몇 개 열려 있는데, 그 가운데 유명한 것이 순다와 말라카의 두 해협이다. 서쪽으로부터 중국을 향하는 배는 주로 순다 해협을 통과하여 중국해로 들어가게 된다.

  이 좁은 순다 해협은 수마트라와 자바를 나누면서 여러 섬을 형성하는 큰 성채의 중앙부에 있어 선원들에게 자바 곶(자바 섬의 최남단)이라고 불리는 짙푸른 곶을 받침벽으로 하고 있다. 그곳은 대 성벽을 둘러친 제국의 중앙 정문과 적지 않게 닮은 점이 있다. 그리고 우리가 동방 해역의 숱한 섬들을 가득 채우고 있는 향료와 비단과 보석과 황금과 상아의 무진장한 부를 생각할 때, 그와 같은 부가 무력할지언정 탐욕스럽기 이를 데 없는 서방 세계로부터 지형상 방위 태세를 갖추게 한다는 것은 대자연이 주는 의미심장한 암시 같다. 순다 해협의 양 해안은 지중해나 발트 해, 프로폰티스 해(마르마라 해의 옛 이름)의 입구를 지키는 오만한 요새와 닮은 점은 없다. 이곳 동양인들은 덴마크 사람과는 다르다. 그들은 과거 몇 세기 동안 밤이고 낮이고 수마트라와 자바 사이를 귀중한 동방의 짐을 가득히 싣고 달리는 배의 무한한 행렬에 대해서 돛대를 내리고 비굴한 경의를 표하라고 요구하지는 않았다. 다만 그와 같은 의례에 대해서는 깨끗이 기권하지만, 좀더 실질적인 공물에 대한 요구는 결코 포기하지 않았다.

아득히 먼 옛날부터 말레이 해적의 쾌속범선은 수마트라의 깊숙하고 울창한 물굽이나 섬 그늘에 숨었다가 해협을 지나가는 배를 습격하여 창을 들이대면서 공물을 바치도록 엄중하게 요구했다. 유럽으로부터 온 순양함이 피비린내 나는 징계를 되풀이했기 때문에 이 해적들의 대담성도 최근에는 어느 정도 감퇴되었다고는 하나, 오늘날에도 아직 이 근처 해역에서 영국이나 미국의 배가 무참하게 습격당하고 약탈되었다는 이야기를 종종 듣는다.

위세 좋은 순풍을 타고 피쿼드 호는 이제 바야흐로 이 해역에 다다르려 하고 있었다. 에이허브는 그곳을 지나서 자바 해로 들어가 다시 여기저기 향유고래가 출몰한다는 해상을 북으로 달려 필리핀 제도의 근해를 스친 후 일본 원해의 대 포경 시즌에 알맞게 닿도록 할 계획이었다. 이렇게 되면 피쿼드 호의 대항해는 전 세계의 향유고래가 있는 거의 모든 해역을 두루 지나 드디어 마지막에 태평양의 적도선으로 들어가게 되는 셈이다. 에이허브는 여태까지의 추적에서는 곳곳에서 허탕만 쳤지만 여기서야말로 모비 딕을 만나게 되리라고 확신하고 있었다. 왜냐하면 그 해역은 모비 딕이 가장 잘 나타나곤 하는 곳으로, 계절도 그가 틀림없이 출현할 무렵이라고 추정하는 것이 아주 타당했기 때문이다.

그러나 아무리 그렇더라도 말이다. 에이허브는 이 주항 추적에서 아무데도 들르지 않으려는 건가? 선원들은 공기를 마시고 사는가? 아무리 그래도 물이 없어지면 기항해야 한다. 그러나 영겁의 옛날부터 오늘날까지 하늘을 도는 태양은 그 불꽃의 궤도를 달리면서 자기의 안에 있는 것 이외의 보급은 받지 않는다. 에이허브도 그와 같다. 또한 포경선에 대해서는 다음 사항을 명확히 해야만 한다. 다른 배들은 외국의 부두에 운반하는 물건을 여러 가지 싣지만 방황하는 포경선의 짐은 배 자체와 선원과 무기, 필요한 물자들을 빼고는 싣지 않는다. 배의 짐칸에는 호수의 그것만큼 물이 가득 채워져 있다. 밑바닥에는 쓸데없는 납이나 무쇠 따위는 절대로 싣지 않고 필요한 것만을 싣는다. 몇 년치의 물을 싣고 다닌다. 그 맑고 좋은 낸터킷의 물, 낸터킷 사람이라면 3년 동안이나 태평양 위를 떠돌아다닌 뒤라도 여전히 그 물에 달려들지 바로 어제 페루나 인도의 강에서 통에 담아 온 찝찔한 물 따위는 돌아보지도 않는다. 그러니까 설사 다른 배들이 뉴욕과 중국 사이를 왕복하는 동안 몇몇 항구에 들른다 해도 포경선은 그 기간 내내 한 줌의 흙도 보지 못하고 사람을 만난다 해도 그들과 마찬가지로 바다에 떠도는 선원 이외에는 한 사람도 보지 못한다. 그렇기 때문에 만약 당신들이 다시금 대홍수가 닥쳐왔다는 소식을 그들에게 전해주었다 해도 그들은 다만 "괜찮아, 이게 방주니까" 하고 대답할 뿐이리라.

그런데 숱한 향유고래가 자바의 서해안 바다 밖 순다 해협 가까운 근처에서 잡히고 있었으므로 그곳은 그 주변의 많은 어장과 함께 일반적으로 포경자들에게 가장 좋은 항해 목표가 되어 있었고, 그렇기 때문에 피쿼드 호가 드디어 자바 곶에 접근함에 따라 돛대 꼭대기의 망보기 당번들은 종종 고래를 놓쳐서는 안 된다는 주의를 들었다. 그러나 열대수림의 초록에 싸인 육지의 벼랑이 얼마 가지 않아 뱃머리 우측에 나타나서 신선한 육지의 향기가 흘러 취각을 기분 좋게 자극했을 때까지도 물뿜기는 한 번도 발견되지 않았다. 그래서 이 근처에서 고래를 만날 것을 거의 체념하고, 배가 막 해협으로 꺾어들려 한 바로 그때 돛대 꼭대기에서 귀에 익은 환희의 외침이 울리고 얼마 뒤에 신기하게도 기막힌 광경이 우리 앞에 전개되었다.

그러나 여기서 미리 이야기해 두어야 할 것이 있다. 향유고래는 근래에 4대양에 걸쳐 쉴 새 없이 몰렸기 때문에 조그만 무리를 이루어 따로따로 다니는 버릇을 버리고 때로는 수를 헤아릴 수 없을 정도로 떼를 지어 다닌다. 그 장면을 보면 그들의 국가들이 상호간의 원조와 안전보장을 위해서 굳게 연합하고 동맹을 맺은 듯한 느낌을 받는다. 향유고래가 이토록 방대하게 떼를 지어 다니기 때문에 다음과 같은 사태――즉 가장 좋은 어장을 항해한다 해도 자칫하면 몇 주일이나 몇 달 동안 물뿜기 하나도 보지 못하다가 갑자기 몇 천 몇 만의 물뿜기를 보는 일이 가끔씩 생겨나는 것이다.

뱃머리 양쪽에 광범위하게 2, 3마일 저 멀리, 거대한 반원을 그리며 수평선의 절반을 덮은 끊임없는 고래의 물뿜기가 대낮의 공중에 치솟아 빛나고 있었다. 참고래의 물뿜기가 똑바로 두 줄기로 솟아올랐다가 꼭대기에서 갈라져 두 갈래로 늘어진 버드나무가지처럼 되는 것과는 달리 향유고래의 물뿜기는 앞으로 비스듬히 기운 한 줄기 물기둥이 흰 거품을 일으키며 끊임없이 뿜어 올랐다가는 바람 불어가는 쪽으로 떨어진다.

피쿼드 호가 언덕 같은 큰 파도에 올라탈 때 그 갑판에서 바라보면, 자욱이 떼 지어 뿜어 오른 이 물기둥 하나하나는 뒤틀리듯하며 하늘로 치솟는다.

그것을 물과 공기가 융합된 파르스름한 안개를 통해서 보는 것은 상쾌한 가을 아침에 언덕 위에 말을 타고 올라가서 어느 조밀한 대도시의 활기찬 굴뚝 수천 개를 바라보는 듯한 느낌이다.

행진하는 군대가 적이 숨어 있는 산악지대의 험하고 좁은 길에 접근하면 그 속도를 빨리하여 조금이라도 빨리 그 위험한 길을 지나 다시 비교적 안전한 들판으로 나가서 대형을 넓히려고 서두르는 것과 똑같이, 이 고래의 대함대는 해협을 돌면서 서서히 그 반원형의 날개를 좁혀 하나의 밀집체가 되어, 초승달 모양의 고리 모양을 남기면서 부지런히 헤엄쳐 가고 있었다.

돛을 팽팽히 하고 피쿼드 호는 그들을 바싹 따랐다. 작살잡이는 무기를 든 채 아직 내려지지 않은 보트 앞에 서서 큰 소리로 외치고 있었다. 만약 바람만 계속 불어준다면——하고 그들은 믿고 있었다——이 대군이 순다 해협에서 끝까지 쫓겨 동방 해역으로 들어가 흩어질 것이므로 적지 않은 수를 잡을 수 있을 것이다. 게다가 모여든 무리 가운데 모비 딕이 샴 왕의 대관식 행렬 중의 흰 코끼리처럼 숭배를 받으면서 잠시 헤엄치고 있지 않는다고 누가 장담할 수 있겠는가? 그래서 우리들은 보조 돛에 또 보조 돛을 덧달고 전방의 고래 무리를 추적했는데 그때 갑자기 태슈테고가 고물 저쪽의 무언가를 가리키며 큰 소리로 외치는 소리가 들렸다.

전방의 반원형뿐 아니라 그와 대응하는 또 하나의 반원형을 후방에서 보았던 것이다. 산산이 흩어진 흰 증기처럼 보이는 것은 고래들의 물뿜기가 솟았다가는 떨어지는 것과 꼭 같았는데, 단지 그처럼 완전히 솟았다가 없어졌다 하진 않고 부단히 떠돌고 있어 결코 보이지 않게 되는 일은 없었다. 에이허브는 그것에 유심히 망원경의 조준을 맞추고 나서 재빨리 다리의 송곳 구멍으로 한 바퀴 돌면서 외쳤다.

"돛대여 올라가라! 돛을 적실 채찍과 양동이를 준비해라. 말레이 놈들이 쫓아오고 있다!"

이들 흉악무도한 아시아 사람들은 피쿼드 호가 언제나 완전히 해협에 들어올까 하고 곶 그늘에 숨어서 기다리는 것이 너무 길었다고 생각했는지, 지나치게 조심하다 늦어진 것을 회복하기 위하여, 필사적인 추적을 해왔다. 그러나 속력이 빠른 피쿼드 호는 때마침 불어오는 알맞은 바람을 받아 필사적인 추적을 하던 참이라 한층 속력을 가할 수 있었으나 이 암갈색의 박애주의

자들은 그야말로 피쿼드 호에 대해 더욱더 채찍질을 하고 박차를 가한 셈이니 무척 친절한 사람들이라고 해야 할 것 같다. 에이허브는 망원경을 겨드랑이에 끼고 갑판을 왔다 갔다 하다가, 앞으로 휙 돌아서서 그가 쫓는 괴물들을 노려보곤 뒤로 휙 돌아서서 그를 쫓는 피에 굶주린 해적들을 노려보곤 했다. 이것이 바로 진정한 그의 심경이었다고 생각된다. 그리고 그는 지금 배가 달리고 있는 좁은 수로 양쪽의 녹음이 우거진 벽을 보면서 그 문을 지나서 복수의 길이 가로놓여 있음을 느꼈고, 끔찍한 종말을 맞을 때까지 쫓고 쫓기는 일도 바로 그 문을 통해서라고 생각했다. 그뿐만 아니라 그 야만적이고 무참한 해적의 무리와 신을 알지 못하는 악마와 같은 동물의 떼가 그 지옥 같은 저주를 품고 일제히 그에게 소리 지르며 덤벼들고 있는 것을 보았을 때——이 모든 상념들이 그의 머릿속을 스쳤을 때, 에이허브의 이마는 빛을 잃고 주름이 잡혔는데, 그것은 마치 거무스름한 모래밭을 해일이 미친 듯 물어뜯으면서도 굳건한 무언가를 빼앗아가는 데에는 실패한 뒤의 상태를 생각나게 했다.

그러나 무모한 선원들은 그와 같은 상념에 시달리는 일이 거의 없다. 피쿼드 호가 해적들을 확실히 떼어놓고 드디어 수마트라 쪽의 녹색이 선명한 코카투 곶을 스치고 달려 순식간에 저쪽 넓은 바다로 나가자 작살잡이들은 배가 말레이 사람들을 이토록 멋지게 떼놓은 것을 기뻐하기보다는 오히려 재빠른 고래 떼가 배를 떼놓고 가버린 것을 더 슬퍼했다. 그러나 계속 고래군의 뒤를 쫓아가는 동안 드디어 그들의 속도가 줄어드는 것을 볼 수 있었다. 그래서 차츰 배는 그들 가까이 다가갔다. 그때 바람이 잦아들었기 때문에 보트를 내리라는 명령이 내려졌다. 그러나 고래 떼는 향유고래의 이상한 본능과도 같은 힘에 의해서 그들을 쫓는 세 척의 배를——아직도 1마일이나 뒤쪽에 있었는데도——알아차리자마자, 갑자기 다시 기운을 돋우어 긴밀하게 대오를 가다듬더니 그 물뿜기를 마치 총검의 섬광이 번쩍이는 긴 행렬처럼 하고는 속도를 배로 하여 달리기 시작했다.

우리는 옷을 벗어던지고 셔츠와 팬티 바람으로 노를 움켜잡고 수 시간을 저어간 끝에 이제는 쫓기를 그만두어야겠다고 생각했다. 그때 고래 떼 전체가 그 자리에서 빙빙 도는 것 같은 동요를 일으켰다. 그것은 그들이 드디어 이상한 혼란에 의한 무력한 망설임이라고 할 만한 것에 사로잡혔다는 것을 명백하게 나타내고 있었는데, 포경자들은 고래의 그런 모습을 볼 때에 그 고래는 '혼이 빠진' 것이라고 말했다. 여태까지는 긴밀한 대열을 이루고 급속히 당당하게 나아가던 그들은 엉망으로 흩어져 대혼란을 일으켜서, 알렉산더 대왕의 군대와 인도 전쟁에서 싸우던 인도 포루스 왕의 코끼리군처럼 극도의 공황에 빠져 미쳐버린 것 같았다. 거대하고 불규칙한 원을 그리며 사방으로 흩어져서 정처도 없이 여기저기 돌아다니는 것과 그 짧고 굵은 물뿜기를 보면 그들이 당황해서 허둥대고 있음이 틀림없었다. 그리고 그 중의 어떤 놈은 그 두려움을 이상하게 나타내고 있었는데 그런 놈들은 마치 혼수상태에 빠진 듯 난파해서 부서진 배처럼 바다에 힘없이 떠돌고 있었다. 이들 고래 떼가 만약 세 마리 흉포한 늑대에게 쫓기는 어리석은 양 떼라 하더라도 이처럼 심한 혼란을 보이지 않았을 것이다. 그러나 뜻밖에 이런 겁 많은 몰골을 보인다는 것은 모든 군서동물의 특징이다. 서부에 있는 사자의 갈기 머리를 지닌 물소는 몇 만 마리씩 떼를 지어 다니면서도 한 사람의 말 탄 사람이 나타나면 도망가려고 갈팡질팡한다. 그러나 그렇게 말하면, 사람도 극장이라는 우리 안에 잔뜩 모여 있을 때 불이 났다는 경보라도 나게 되면 말할 수 없는 혼란을 빚어내며 출구 쪽으로 마구 달려 밀치고 젖히고 짓밟고 눌러대다가 서로 부딪쳐 무참하게 죽고 만다. 그러니까 저 눈앞의 '혼이 빠진' 고래무리에 대해서 놀랄 것은 없지 않겠는가? 이 지상의 어떤 짐승들 어리석음이라 할지라도 인류의 광기에 비한다면 아무것도 아닌 것이니까.

　이미 말했듯이 대부분 고래들은 심하게 움직이고 있었으나, 전체적으로 이 고래 떼는 나아가지도 물러가지도 않고 한 곳에 가만히 모여 있었다. 이와 같은 경우의 관례대로 보트는 곧 흩어져서 제각기 고래 떼의 바깥에 있는 고독한 고래 중의 어떤 놈을 목표로 했다. 약 3분 후 퀴케그의 작살이 던져지자 상처 입은 고래는 눈 앞에 안 보이게 그 물뿜기를 우리의 얼굴에 끼었었다. 그러면서 고래 떼의 중심부를 향해 똑바로 선을 그으며 광선처럼 빠르게 달아나기 시작했다. 그러나 이와 같은 입장에 놓인 고래가 이런 동작을 한다는 것은 결코 전례가 없는 일이 아니다. 거의 언제나 어느 정도는 예상하고 있는 일이다. 그러나 고래잡이에게 예측할 수 없는 일 중의 하나기도 하다. 다시 말해서 질주하는 괴마가 여러분들을 시시각각으로 광란의 무리 속에 깊이 끌고 들어갈 때, 여러분들은 생의 질서 따위에는 작별을 고하고 아찔한 전율과 흥분이 있는 사경의 한복판에 들어가는 것이다.

고래가 눈이 멀고 귀가 멀면서 몸에 달라붙은 강철 흡혈귀를 한껏 속도를 내어 뿌리치려는듯 똑바로 무섭게 달려 나갈 때, 그리고 우리가 해면에 흰 물거품의 상처를 내면서 나는 듯 달리는데 사방에서 광란의 짐승들이 마구 달려와 우리에게 겁을 줄 때, 그 포위 하에 있는 우리의 보트는, 말하자면 배가 폭풍 속에서 숱한 빙산에 둘러싸여 복잡한 해협이나 만을 헤쳐가면서 어느 순간에 좌초되어 파괴될지 몰라 몸부림치는 것과 꼭 같았다.

그러나 퀴퀘그는 조금도 당황하지 않고 씩씩하게 배를 저어가고, 우리의 바로 앞을 가로막은 한 괴물을 훌쩍 피했는가 했더니 그 거대한 꼬리를 머리 위에 덮치려는 괴물을 피해 달렸는데, 그동안 줄곧 스타벅은 창을 들고 뱃머리에 서서, 앞길을 막는 고래들을 짧은 창으로——긴 창을 쓸 겨를이 없기 때문에——닥치는 대로 찔러 젖히는 것이었다. 또한 노잡이들도 그 본래의 일은 전혀 필요가 없게 되었지만 그래도 가만히 방관하고 있지만은 않았다. 그들은 주로 고함을 지르는 역할을 맡고 있었다. "대장, 비켜라, 비켜!" 한 사람이 혹이 있는 고래를 향해서, 그놈이 느닷없이 수면에 불쑥 나타나서 대번에 우리 배를 물속에 넣어 버리려 했을 때 외쳤다.

"이봐, 꼬리를 좀더 낮춰!" 또 한 사람은 다른 고래를 향해서, 그놈이 뱃전에 바싹 다가와서 몸 끝에 달린 부채로 조용히 부채질을 하는 것처럼 보였을 때 외쳤다.

모든 포경용 보트는 '드럭'이라고 불리는, 낸터킷의 인디언이 맨 처음 발명한 기묘한 도구를 가지고 다닌다. 이것은 크기가 같은 네모난 나무판자 둘을 그 나무 결이 직각으로 교차되도록 단단히 붙이고 그 나무 한복판에 꽤긴 밧줄을 단 것으로서 그 밧줄의 다른 한 가닥은 고리가 되어 있어 그 자리에서 작살을 붙들어 맬 수가 있다. 이 드럭은 주로 '흔해 빠진' 고래들에게 사용된다. 왜냐하면 그럴 때에는 도저히 한 번에 쫓을 수 없을 정도의 많은 고래가 우리를 둘러싸고 있기 때문이다. 더욱이 향유고래는 매일 볼 수 있는 것이 아니므로 될 수 있으면 모조리 잡아 버려야 한다. 그리고 만약 한 번에 모조리 해치울 수 없다면 그 '날개'를 뺏어 두었다가 나중에 천천히 죽여야만 한다. 바로 그와 같은 경우에 드럭이 필요하게 된다. 우리 보트에는 그것이 세 개 마련되어 있었다. 첫째 것과 둘째 것은 성공적으로 던져져서, 고래는 옆구리에 매달리는 드럭의 거대한 저항력을 받자 비틀거리듯이 달아나기 시작했다. 말하자면 쇠뭉치가 달린 쇠사슬에 매인 죄인처럼 괴로워하고 있었다. 그런데 셋째 것을 던지자 그 모양 없는 나무토막은 막 바다로 떨어지려는 순간 보트의 앉는 자리 중 하나에 걸려서 순간적으로 그것을 부서뜨리고 함께 떨어져 나가 버렸다. 노잡이는 자기 자리가 없어지자 뱃바닥에 엉덩방아를 찧었다. 바닷물이 양쪽에서 배판자 구멍으로 들어오려 했지만 셔츠와 팬츠 두서너 장으로 틀어막아 한동안은 침수를 막을 수가 있었다.

  만약 우리가 고래 떼 속으로 돌진하는 데 있어서 그것이 작살을 맞아 속도가 매우 줄어든 고래가 아니었다면, 이런 드럭이 달린 작살을 던진다는 것은 거의 불가능에 가까웠을 것이다. 우리가 소란한 주변에서 차츰 속으로 깊이 들어감에 따라 그 처참한 공황도 가라앉으려고 하고 있었다. 그래서 박혔던 작살이 드디어 빠져 버리고 고래가 옆으로 축 늘어지면서 우리를 끌어당기던 힘이 점점 줄어들어감에 따라 우리는 두 마리의 고래 사이로 미끄러지면서 고래 떼의 가장 중심에 마치 어떤 산의 격류 속에서 조용한 골짜기의 호수로 돌아가듯이 미끄러져 들어갔다. 거기서도 물론 외부에 있는 고래들이 울부짖는 소리는 들려왔지만 이미 다른 세상 같았다. 이 중심부의 바다는 매끄럽고 윤기 흐르는 비단 같았는데 그것은 고래가 편안한 기분을 맛보고 있을 때 내뿜는 축축한 점액 때문이었다. 그렇다. 우리는 그때 온갖 소란의 중심점에 존재하고 있다고 사람들이 말하는, 바로 그 이상한 정적속에 있었던 것이다. 그래도 멀리 바라보니 외곽에서 빙글빙글 돌면서 떠들어 대고 있는 광란의 모습이 보이고, 여덟 마리에서 열 마리 정도의 소규모의 고래 떼가 둥그런 경마장을 달리는 무수한 말 떼처럼 마구 질주하면서 원을 그리는 것이 보였는데, 어깨를 서로 비벼대고 있는 품으로 보아 서커스의 거인 기수라면 제일 가운데 있는 고래 위에 올라타서 그들의 등 위를 마구 뛰어 돌아다닐 수 있을 것 같았다. 빙빙 도는 고래 떼에 둘러싸여 만처럼 되어 있는 곳은 휴식하는 고래 떼가 두껍게 몰려 있었기 때문에 현재로는 우리가 탈출할 기회를 발견하기란 불가능하게 생각되었다. 우리를 에워싸고 있는 생물의 벽——우리를 잡아 가두기 위해서 조금 전에 열렸던 벽에 다시 구멍이 뚫리기를 기다리는 수밖에 없었다. 이렇게 호수의 중심점에 있을 때 이따금 조그맣고 조용한 암고래며 새끼고래가 접근하곤 했는데, 그것은 우리를 초대한 소란한 바깥주인의 부인이나 아이들이었다.

그런데 이때의 모든 고래 떼가 형성한 영역은, 만약 몇 겹으로 회전하는 외부의 원과 원 사이의 해면을 포함하고 또한 이 원 가운데의 여러 작은 무리 사이의 해면을 포함한다면, 적어도 2, 3제곱마일은 되었을 것이다. 아무튼——이런 경우 이런 증언을 믿을 수는 없지만——우리의 얕은 보트에서 보면 물뿜기는 수평선의 끝에서 일어나는 것처럼 보였다. 내가 이 상황에 대해서 이야기하는 까닭은 다음과 같다. 즉 암고래나 새끼고래들을 이 가장 깊숙한 울타리 속에 가두어둔 것은 어떤 목적이 있었기 때문인 것 같고, 또한 그 대군이 차지한 해면의 광대함 때문에 암고래나 새끼고래들은 대군이 멈춘 이유를 올바르게 알 수가 없었던 것 같기도 하다. 그들이 매우 어려서 의심을 할 줄 모를 만큼 천진하고 경험이 없었던 때문인 것 같기도 했지만, 아무튼 간에 이 조그마한 고래들——가만히 멈추어 있는 우리의 보트를 호수의 가장자리 쪽에서부터 이따금씩 찾아온 것들——의 모습을 보면 그들은 이상하리만큼 우리를 무서워하지 않았다. 우리를 믿고 있었던 것이든가 그렇지 않으면 짐작도 못할 만큼의 혼란 상태에 있었던 게 분명하다. 그들은 집에서 기르는 개처럼 코를 킁킁거리듯 우리 주위에 나타나서 뱃전에 바싹 가까이 다가왔는데 간혹 뱃전에 닿기도 했다. 나중에는 그들이 어떤 주술에 의해서 갑자기 가축으로 변한 것이 아닌가 하고 생각될 정도였다. 퀴케그는 그들의 머리를 가볍게 두드려 주기도 하고 스타벅은 그 등을 창으로 할퀴기도 했지만 후환이 두려워서 한동안 찌르는 것은 삼가고 있었다.

그러나 우리는 뱃전에서 들여다보았을 때 이 놀라운 수면 아래 깊은 곳에는 또 하나의 더욱 이상한 세계가 있다는 것을 알수 있었다. 이 물속의 푸른 하늘 한복판에는 젖을 먹이는 어미고래들과, 커다란 물통 둘레로 볼 때 머지않아 어미가 될 고래들의 모습이 떠돌아 다니고 있었다. 내가 앞에서 잠깐 말했듯이 이 호수는 상당히 깊은 곳까지 놀랄 만큼 투명했다. 인간의 갓난아이들이 젖을 빠는 동시에 젖가슴 너머의 세상을 응시하며 마치 두 개의 세상을 살고 있는 것처럼 새끼 고래들도 영양을 섭취하는 한편 멀리 버리고 온 저쪽 세계의 추억에 아직도 잠겨 있는 듯한 눈으로 조용히 우리 쪽을 올려다보고 있었다. 우리를 지켜보고 있다기보다는, 다만 그들의 막 뜨기 시작한 눈에 우리가 모자반(해초의 한 가지) 한 움큼 정도로밖에 비치지 않는 것 같았다. 그 옆에 떠다니는 어미들도 또한 조용히 우리를 바라보고 있는 것 같았다. 이 어린것들 가운데 한 마리는 기묘한 모습을 하고 있었는데, 태어나서 하루가 지났을까 말까하게 느껴졌는데도 그 몸길이가 대략 14피트, 몸통의 둘레가 6피트쯤은 되었음직했다. 그 고래는 다소 개구쟁이인 것 같았는데 조금 전까지 어머니 뱃속에서 취하고 있었던 거북한 자세——태어나기 전의 고래 태아는 튀어나오는 결정적인 순간에 대비해서 꼬리에서 머리까지 타타르인들의 활처럼 구부리고 있다——가 아직 전혀 교정되어 있지 않았다. 매우 부드럽고 나긋나긋한 옆지느러미, 꼬리 끝의 갈라진 조각도 방금 다른 세계에서 온 것 같은 갓난아이의 귀처럼 쭈글쭈글한 모습을 하고 있었다.

"밧줄! 밧줄!" 뱃전에 내려다보며 퀴퀘그가 외쳤다. "저놈 잡아! 저놈 잡아! 누가 밧줄 던지나! 누가 찌르나! 고래 두 마리 있어. 하나 커! 하나 작아!"

"이봐, 뭘 지껄이는 거야?" 스타벅도 외쳤다.

"봐요, 자아" 퀴퀘그는 가만히 손가락질했다.

작살을 맞은 고래가 보트에 수백 길이나 되는 밧줄을 풀어내고 있는 것처럼, 또한 그 고래가 바다 속으로 들어갔다가 다시금 떠올라서 느슨해진 밧줄을 공중을 향해 훌쩍 돌리는 것처럼 마담 레비아단의 탯줄이 갓 태어난 고래를 여전히 둘둘 감고 있는 것을 스타벅은 보았다. 고래 추적의 와중에 종종 느슨해진 탯줄, 곧 천연의 밧줄이 삼밧줄에 얽히어 그 때문에 아기고래가 잡히는 일이 있다. 바다의 가장 미묘한 비밀 중의 또 한 가지가 이 마법의 연못 속에서 우리에게 계시되었다는 생각이 들었다. 어린 레비아단이 물속에서 포옹하는 것을 우리들은 보았다.*

이리하여 두렵고 낭패한 몇 겹의 윤무(輪霧)에 둘러싸였으면서도 중심부의 수수께끼 같은 고래들은 두려움도 없이 노골적으로 온갖 다정한 행위에

---

* 향유고래와 다른 모든 레비아단족은 대부분의 어족들과 달라서 계절의 구별 없이 번식했다. 새끼를 가진 뒤 대략 아홉 달쯤 되면 한 번에 꼭 한 마리씩을 낳고, 극히 드문 일이지만 때로 에서와 야곱 같은 쌍둥이 형제를 낳는데——이들은 기묘하게도 항문 양쪽에 있는 두 개의 젖꼭지를 빨도록 되어 있다. 유방은 거기서 훨씬 위쪽에 있다. 젖을 먹이는 고래에게 소중한 이 부분이 운 나쁘게 추적자의 창에 찔렸을 경우에 어미고래에서 흘러나오는 젖과 피는 서로 질세라 넓은 해역을 물들인다. 젖은 매우 맛이 좋아서 사람들도 이것을 좋아하는데 딸기에 곁들이면 더욱 좋다. 고래들은 서로 사랑하는 마음이 넘칠 때에는 사람들처럼 서로 입을 맞춘다.

잠겨서 장난질과 환희에 듬뿍 취하고 있었다. 그런데 그와 마찬가지로 나 역시 사나운 대서양 한복판에 있으면서도 그 중심부에서 항상 즐거이 고요와 침묵을 유지하고 있었고, 지칠 줄 모르는 괴로움이 무거운 행성처럼 나의 주위를 회전할 때에도 밑바닥 깊숙이 저 아래 내면에서는 영원한 기쁨의 온유함 속에 잠기곤 했다.

우리가 이처럼 황홀경에서 놀고 있을 때에도 먼 곳에서는 종종 급격한 광란이 일어나는 것으로 보아 다른 보트는 지금도 활동을 계속하여 고래 무리가 있는 경계에서 고래를 잡아끌기도 하고 혹은 첫째 원 속에 넓은 장소와 괜찮은 피난처가 있는 것을 이용해서 고래와의 격투를 벌이고 있다는 것을 알 수 있었다. 그러나 끌려가면서 날뛰는 고래가 이따금 윤무의 열을 마구 뚫고 달리는 광경도 이윽고 우리 앞에 나타난 것에 비하면 아무것도 아니었다. 유달리 힘이 세고 빠른 고래에게 작살이 꽂혔을 때에는 그 거대한 꼬리의 힘줄을 찢거나 자르거나 해서 고래를 불구로 만드는 것이 드문 일은 아니다. 그럴 때는 손잡이가 짧은, 살을 도려내는 끌을 던지는데 그 끌엔 그것을 다시 잡아당기기 위한 밧줄이 달려 있다. 그런데 바로 이 부분에 상처를 입은 한 마리의 고래가(우리가 나중에 안 일이지만), 완전히 불구가 되지는 않았던 모양으로, 보트에서 몸을 뺄 때 내 작살 밧줄의 절반을 끌면서 달렸는데, 참을 수 없는 부상의 통증에 몸부림치며 윤무의 열 속을 뛰어 돌아다니다가 사라토가의 싸움터에서 말을 타고 고군 분투한 아놀드 장군(미군 독립전쟁의 용장. 나중에 영국군에 투항했다)처럼 가는 곳마다 폭풍을 일으켰다.

이 고래의 상처가 무척 심했던지 그 광경이 처참하기 이를 데 없었다. 그러나 그 고래가 다른 고래들 사이에 불러일으킨 특수한 공포가 무엇에서 비롯된 것인가를 알기에는 거리가 떨어져 있었으므로 처음에는 알지 못했다. 그러나 곧 우리가 알게 된 것은 포경사상 상상할 수 없는 뜻밖의 사고로, 그 고래는 자신이 끄는 작살 밧줄에 여기저기 마구 얽어매어진 데다가 끌이 꽂힌 채로 달리는 바람에 끌에 붙들어 맨 밧줄의 반대쪽에서 나불거리던 끝이 그의 꼬리에 얽힌 작살 밧줄의 엉킴 속에 단단히 얽혀들고 끌날마저 그의 살에서 빠져서 마구 튀어 다니고 있었다. 이런 고문을 당하고 미쳐 버린 고래는 바야흐로 바닷물에 소용돌이를 일으키면서 마구 달리고, 날씬한 꼬리로 거칠게 물을 때리고, 날카로운 끌날을 마구 휘둘러 동료들에게 상처를 입히고 있었다.
 이 끔찍한 사태가 모든 고래들을 망연자실한 상태에서 눈뜨게 한 것 같았다. 우선 우리가 떠 있는 호수의 가장자리를 이루던 고래들이 몰려들어 먼데서부터 밀려 온 물결에 들썩거리듯 서로 부딪히며 구르고, 이윽고 호수가 희미하게 물결치기 시작하자 물속의 신방이며 육아실은 사라져버리고, 중심에 가까이 있던 고래들은 차츰 그 원을 축소하여 작은 떼를 이루어 헤엄치기 시작했다. 이제 오랜 졸음은 사라지려 하고 있었다. 곧 낮은 신음소리 같은 것이 들렸는가 하면 봄에 소란하게 깨어지는 허드슨 강의 얼음덩어리처럼 모든 고래들은 그 중심점을 향해 구르면서 하나의 커다란 멧부리를 만들려는 듯 밀려왔다. 그러자 스타벅과 퀴퀘그는 재빠르게 위치를 바꿔 스타벅이 고물에 섰다.
 "노! 노!" 키를 잡으면서 그는 날카로운 소리를 냈다. "자아, 노를 잡아라! 정신을 바싹 차려라! 자, 모두 조심해! 이봐, 퀴퀘그! 그 놈을……거기 저 고래를 밀어젖혀라! 찔러라! 마구 때려라! 똑바로 서라! 서라구! 단단히 자아, 모두 저어라! 저어! 고래 등에 신경 쓰지 마라. 그냥 타고 넘어라, 그냥 저어가라!"
 보트는 이제 거대하고 시커먼 거선같은 고래 두 마리 사이에 끼었는데 그 사이엔 그저 기다랗고 가는 다르다넬스 해협이 남아 있을 뿐이었다. 그러나 필사적인 노력에 의해서 일시적으로 길을 열 수가 있었고, 거기서 다시 맹렬히 저어 나가며 동시에 눈을 부릅뜨고 다음 출구를 찾았다. 몇 번이나 이렇게 해서 아슬아슬한 위험을 넘어서 드디어 우리는 조금 전에 외곽의 원의 하나였던 자리에 나왔는데, 거기에는 고래가 하나씩 둘씩, 모두 하나의 중심을 향해서 맹렬히 달리고 있었다. 이 행운의 탈출을 위해서 지불한 대가는 아주 싼 것이어서 퀴퀘그의 모자 하나뿐이었다. 그것은 그가 뱃머리에 서서 달아나느라고 어쩔 줄을 모르는 고래를 찌를 때 넓적한 꼬리가 슛하고 스치는 바람에 회오리 바람이 일어 그의 머리에서 모자가 날려갔기 때문이었다.
 조금 전의 대소동은 혼돈과 무질서였지만 오래지 않아 질서 있는 운동으로 차츰 바뀌어 갔다. 그것은 드디어 하나의 밀집체를 조직하고 그런 다음 다시금 전진을 시작하여 시시각각으로 속도를 더해 갔다. 이 이상 추적해 봐야 허사였다. 그러나 보트군은 아직도 고래가 지나간 근처에서 드럭에 걸려 뒤떨어진 고래라도 있으면 주워 올리거나 플래스크가 죽여 표지를 해둔 것을 잡거나 하려하고 있었다. 그 표지는 깃발을 단 막대기인데 어느 보트나 두서너 개쯤 그것을 가지고 있다가 급히 다음 고래를 쫓아갈 때에 바다 위에 떠 있는 죽은 고래 몸에 그 막대기를 꽂아 표지로 삼음과 동시에 다른 포경선의 보트가 접근할 경우에 소유권이 있다는 증거로도 삼는다.

 이 추적의 결과는 포경계의 명언 '고래가 많으면 적게 잡힌다'는 말을 증명하는 것 같았다. 드릭을 건 고래 가운데서 잡힌 것은 한 마리뿐이었다. 나머지는 모두 달아났다. 그러나 머지않아 결국은 피쿼드 호가 아닌 다른 배에 잡히게 될 것이다. 거기에 대해서는 뒤에 따로 말하겠다.

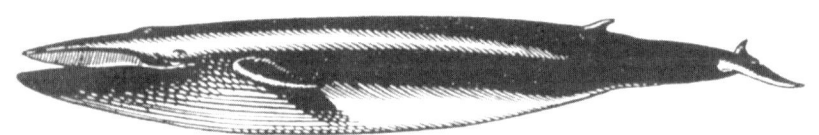

제88장
학교와 교사

앞 장에서는 향유고래의 큰 무리에 대해서 말하고 그와 같은 집결의 원인이라고 생각되는 것도 말했다.
그런데 이와 같은 대집단은 오늘날에 있어서도 가끔은 볼 수 있으며, 스무 마리에서 쉰 마리정도까지의 작은 무리들은 자주 볼 수 있다는 말을 해두어야 하겠다. 그와 같은 무리를 스쿨(school이라는 말에는 학교라는 뜻 외에 고기 떼라는 의미도 있음)이라고 한다. 거기에는 보통 두 종류가 있다. 거의 모두가 암고래로 된 것과 젊고 재빠른——곧잘 황소라고 불리는 수놈만으로 되어 있는 것, 두 가지이다.
암컷들만의 스쿨에는 성숙했으나 늙지 않은 수컷 한 마리가 기사처럼 따르고 있는데, 그는 어떤 위험을 만나면 기사도를 발휘하여 열의 뒤쪽으로 돌아 숙녀들의 도주를 엄호한다. 사실상 이 신사는 호사스러운 오스만투르크 제국의 왕이어서, 바다의 세계를 헤엄쳐 다니면서 후궁들의 온갖 위안과 쾌락 속에 에워싸여 있다. 이 왕과 비빈들과는 현저한 차이점이 있는데, 왕은 항상 가장 웅위한 몸집을 지니고 있는데 비해서 아름다운 암컷들은, 성숙해서 어엿한 어른 고래가 되었더라도 수고래의 평균 크기의 3분의 1을 넘지 못한다. 또한 섬세하다고도 할 수 있어서 허리둘레도 나의 소견으로는 6야드를 넘지 않는다. 그렇지만 전체적으로 볼 때에는 유전적으로 풍만하다고 하지 않을 수 없다.
이 후궁과 왕이 태평하게 산책하는 모습을 보는 것은 매우 재미있다. 상류층의 고귀한 사람들처럼 그들은 유유히 언제나 변화를 찾아 움직인다. 적도 근처가 먹이를 찾기에 적당해지면 그들은 그곳에 나타나는데 아마도 그 동안 북쪽 바다에서 여름의 불쾌한 권태로움과 더위를 피하고 있었을 것이다. 이윽고 적도의 산책길을 왔다 갔다 하는 것도 싫증이 나기 시작하면, 그들은 서늘한 곳을 찾아 동쪽 바다로 향해서 다시 찾아올 더운 계절을 피한다.

이러한 여행길을 유유히 돌아다닐 때, 만약 의심스럽고 이상한 광경이 보였다면, 왕인 고래는 그의 사랑하는 가족들을 주의 깊게 감시한다. 만약 어떤 건방진 젊은 고래가 허락도 없이 그의 한 부인 옆에 다정하게 감히 접근한다면, 큰 나리께서는 참으로 무시무시한 분노에 불타서 그놈에게 덤벼들어 해치울 것이다. 사실 무절제한 젊은 탕아가 사랑을 즐기는 성스러운 자리에 들어오는 것이 허락된다면 어떻게 되겠는가? 큰 나리께선 무슨 짓으로도 가장 악랄한 로사리오(영국 극작가 니콜라스 로의 「후회하는 악인」 속의 주인공)를 자기의 침대에서 쫓아낼 수 없다. 왜냐하면 모든 물고기는 혼교를 하기 때문이다. 육지에서 부인들은 그녀를 목표로 하는 경쟁자간에 참으로 끔찍한 결투의 원인이 되는 일이 많은데, 고래의 세계에서도 마찬가지여서 그들도 다만 사랑 때문에 때로 결사적인 투쟁을 할 때가 있다. 그들은 길고 큰 아래턱으로 서로 다투는데 그것을 단단히 맞붙여 물어뜯는 둥, 뿔을 뒤엉키게 하고 싸우는 큰 사슴처럼 우열을 결정하려고 다툰다. 이런 결투로 인한 깊은 상처를 지닌 고래가 잡히는 것도 드문 일이 아니며, 그놈에게서 상처투성이인 머리, 부서진 이빨, 마구 찢긴 지느러미, 그리고 때로는 턱이 비틀린 입을 보게 된다.

어쨌든 사랑의 보금자리를 침범한 자가 후궁의 주인의 첫 번 습격에 재빨리 몸을 젖혀 빠져나간 경우에 그 주인을 관찰하는 것은 참으로 흥미롭다. 젊은 로사리오에게 보란 듯이 자랑할 수 있을 정도의 거리에서 태연하게 후궁인 암컷들 속에 다시금 자신의 큰 몸집을 들여놓고 한동안을 거기서 즐거운 듯 장난질하는 모습은 천 명의 비빈들을 거느리고 경건하게 예배드리는 솔로몬 왕과도 흡사하다. 고래잡이는 만약 눈앞에 다른 고래가 보이는 한, 이러한 오스만투르크의 왕을 절대로 쫓지 않는다. 왜냐하면 이런 왕은 정력을 몹시 낭비하기에 지방이 적기 때문이다. 여기서 태어나는 왕자나 공주들은 어떻게 되는가. 그들은 고작해야 어미고래의 도움을 약간 받을 뿐으로 그 뒤는 스스로 처신을 해야만 한다. 이것저것 닥치는 대로 엽색을 일삼는 탕아처럼 우리 고래의 큰 나리도 침실은 좋아하지만 육아실 등에 대한 취미는 갖고 있지 않다. 따라서 대여행자인 그는 그 아비가 누구인지 알지 못하는 자녀를 전 세계에 퍼뜨려서 어느 자식이고 모두 이방인으로 만든다. 그러나 시간이 지나면 청춘의 정열은 식고, 연륜과 우울만이 늘고, 사려 분별이 들뜬 마음을 가라앉히고——다시 말해서 이렇다 할 이유도 없이 솟는 권태로움이 만족에 지친 오스만 왕을 에워싸면 안락과 덕에 대한 사랑이 여성에 대한 사랑을 대신하게 돼, 우리의 왕자는 생에 있어서의 무기력, 회한, 그리고 설교를 좋아하는 시기로 접어들어 그 후궁들을 단연 해산시키고 도덕적인 까다로운 노인이 되어서 그저 혼자서 경도, 위도 사이를 방황하면서 기도문을 중얼대며 젊은 고래를 만날 때마다 엽색의 잘못에 대해서 경고한다.

그런데 고래의 후궁들을 어부들은 스쿨이라고 부르고 있으니까 그 스쿨의 주인이며 나리인 고래는 형편상 스쿨마스터, 곧 남자교사가 되지 않을 수가 없다. 그러나 그가 그 스쿨로부터 나와서는 거기에서 배운 것은 말하지 않고 그 어리석음에 대해서만 말한다는 것은 그야 훌륭한 풍자는 될 수 있겠지만 좀 마땅치 않은 이야기다. 그의 교사라는 칭호는 후궁들을 학교라고 부르는 데서 비롯된 것이라고 보는 것은 당연하다. 그러나 세상에는 억측하는 사람도 있어 이런 종류의 오스만투르크 왕 같은 고래에게 맨 처음 그런 칭호를 준 사람은 비도크(프랑스의 탐정. 범죄자였다가 나중엔 탐정이 됐다)의 비망록을 읽은 일이 있는 사람임에 틀림없고, 그 유명한 프랑스인이 젊은 시절에 어떤 시골 교사였는가, 또한 어떤 성질의 비전(秘傳)을 일부 학생들에게 주었는가 하는 것을 알고 있었을 것이 분명하다.

교사 고래가 그의 만년에 취하는 은둔적이고 고고한 자세는 모든 늙은 향유고래에게도 통하는 바이다. 모든 경우에 있어 외떨어진 고래는——고독한 레비아단은——늙었음을 알 수 있다. 이끼긴 수염을 기른 존경할 만한 대니얼 분(미국의 유명한 서부 탐험가)처럼 늙은 고래는 황량한 바다 속에서 자연만을 가까이 하며 아내로 삼고 사는데, 그 자연이야말로 우울한 비밀을 많이 간직하고 있다고는 해도 최선의 아내라고 할 수 있을 것이다.

젊고 힘센 수고래로만 이루어진 스쿨은 앞에서도 말했지만 후궁의 스쿨과는 현저한 대조를 나타낸다. 저 암고래들은 본질적으로 겁쟁이지만, 젊은 수고래, 혹은 '40배럴 황소'(배럴은 소나 말의 몸집 단위)라고 불리는 것은 고래족 중에서도 가장 투쟁적이어서 가장 위험한 상대라고 말할 수 있다. 가끔 만나는 저 기괴한 회색 머리를 가진 고래만은 예외로서, 그것들은 천형인 통풍으로 미친 듯이 격분한 흉포한 악마와도 같이 여러분들에게 덤벼든다.

40배럴 황소 스쿨은 후궁들의 스쿨보다 크다. 젊은 대학생의 무리들처럼 그들은 발랄해서 장난꾸러기고 불량하고 온 세계를 멋대로 희롱하고 다니는 것이니까, 보험 회사에서도 바보가 아닌 이상 그들에 대해서는 예일이나 하버드 대학의 난폭자들 이상의 조건은 붙이지 않을 것이다. 그러나 그들도 얼마가지 않아 이 폭풍적인 생활을 청산하게 되고 4분의 3정도 성장하게 되면 서로 흩어져 제각기 정착할 자리를, 다시 말해서 후궁을 찾아서 여행을 떠난다.

수컷 스쿨과 암컷 스쿨과의 또 하나의 차이점은 다시금 명백하게 두 성(性)간의 특질을 나타낸다. 이를테면, 누가 40배럴 황소를 쓰러뜨렸다고 하자. 그러면 무정하게도 그의 모든 친구들은 그를 버리고 가버릴 것이다. 그러나 후궁 스쿨의 한 식구를 쓰러뜨려 보라. 그녀의 친구들은 그 주위를 매우 근심스러운 듯 돌아다니고, 자칫하면 너무나 가까이에 오래 머물기 때문에 자기마저 잡혀 버리게 된다.

제89장
잡힌 고래, 놓친 고래

 앞에서 '표지'와 그 깃발을 단 막대기에 관해서 말한 이상 이 표지가 크나큰 상징과 기호가 되는 포경상의 법률과 법규에 대해서 좀 이야기할 필요가 있을 것이다.
 이따금 일어나는 일이지만, 수척의 포경선이 한패가 되어 항해하고 있을 때, 어떤 배에 의해 고래가 작살을 맞고 달아나다가 결국 다른 배에 의해서 살해되어 잡히는 경우, 이 하나의 커다란 사태에 부수되어 온갖 부차적인 사건이 야기된다. 이를테면, 모든 정력을 다한 위험한 추적과 포획 뒤에도 고래의 몸은 심한 폭풍에 의하여 배에서 떠밀려가는 일이 있고, 그것이 아득히 멀리 바람 불어가는 쪽으로 흘러가거나 하면 다른 배가 생명도 밧줄도 위험한 꼴을 당하는 일 없이 잔잔한 파도 위에서 거뜬히 뱃전으로 끌고 가게 된다. 그때에 만약 성문율이건 불문율이건 간에, 논쟁의 여지 없이 모든 경우에 들어맞는 보편적인 법이 없다면 가장 귀찮고 격렬한 다툼이 어부들 사이에 일어나게 마련이다.
 아마도 입법부의 제정으로 권위가 서게 된 유일한 포경법은 1695년에 네덜란드 의회에서 선포된 것이었다. 그러나 다른 나라에는 성문화된 포경법은 없다고는 하지만 미국의 어부들은 이 일에 대해서 자신들이 입법자가 되었다. 그것은 간결한 함축이란 점에서 유스티니아누스 법전이나 중국의 '남의 일에 간섭하는 것을 금하는' 협회의 부칙(附則)보다도 나은 것이다. 확실히 이 법규는 앤 여왕의 동전이나 작살 칼날에 새겨서 목걸이로 할 수 있을 정도로 간단하다.

 1. 잡힌 고래는 찌른 자에게 속한다.
 2. 아직도 잡히지 않은 고래는 맨 처음에 잡은 자에 속한다.

그러나 이 훌륭한 법전에서도 잘못이 생기는 것은 그 지나친 간결함 때문이므로 이것을 보충하는 방대한 주석이 필요하다.

첫째로 잡힌 고래란 무엇인가? 살아 있든 죽었든 간에 고래가 사람이 탄 배 또는 보트에——돛대, 노, 9인치 밧줄, 전신줄, 거미줄, 기타 무엇이건 혼자 또는 그 이상의 선원에 의해서 다루어지는 매체에 의해서 붙들어 매어져 있을 때에는 어부들의 용어로는 잡혀 있는 것이다. 마찬가지로 그 고래에 '표지'나 다른 공인된 소유권의 표지가 붙어 있을 때에는 그 표지를 붙인 당사자가 그것을 잡을 의도, 그리고 그 능력을 명확하게 표시하는 한 그 고래는 어부들의 용어로는 '잡힌 것'이다.

이런 것이 개념상의 주석이다. 그러나 고래잡이 자신들의 주석은 때로 심한 욕설과 주먹질에 의해서 내려진다. 이것은 코크와 리틀턴(둘 다 영국의 법률가)의 주먹 싸움과 같다고나 할까. 물론 고래잡이들 가운데도 훌륭하고 정직한 사람들이라면 다른 사람이 쫓거나 죽이거나 한 고래를 차지하려고 하는 것은 용서할 수 없는 부정불의라고 인정하기는 한다. 그러나 그런 양심적인 사람들만 있는 것은 아니다.

약 50년 전에 영국의 법정에서 특이한 고래 횡령 사건이 다루어진 일이 있었다. 원고측의 진술에 의하면 북해에서 필사적으로 한 마리의 고래를 쫓은 뒤 그들(원고)은 작살을 던지는 데 성공했으나 생명의 위기에 봉착하여 밧줄뿐만 아니라 보트까지 포기하지 않으면 안 되었다. 그 뒤 피고측 다른 배의 선원들이 그 고래를 추적해서 죽이고 잡아, 드디어 원고의 눈앞에서 횡령하고 말았다. 그런데 피고측이 항의를 받았을 때 그 선장은 원고의 입에 대고 손가락을 딱딱 소리 내면서, 난 말이다, 그만큼 공을 세웠으니까 그 보상으로 고래에 매달렸던 너희들의 밧줄도 작살도 보트도 받아 둬야겠어, 하고 말했다. 그래서 원고측은 고래와 줄과 보트의 손해 배상에 대한 소송을 제기했다.

피고측의 변호사는 어스킨 씨(영국의 유명한 변호사), 재판장은 엘런버러 경(영국 재판관)이었다. 변호하는 자리에서 기지가 풍부한 어스킨 씨는 자기편의 입장을 변명하기 위해 최근에 일어난 한 간통 사건에 언급했다. 그에 의하면 한 신사가 부인의 난행을 막는 데 실패하여 인생의 거친 바다 속에 그녀를 버릴 수밖에 없었지만 몇 년인가 뒤에 그 조치를 후회하여 그녀를 다시 찾으려고 소송을 일으켰다. 어스킨은 피고를 도와 변론하기를, 물론 그 신사는 처음에 그 부인에게 작살을 던진 것이며 일시적으로는 잡은 것이었지만, 다만 난행이라는 바다 속으로 들어가는 그녀의 힘을 당해내지 못하고 드디어 그녀를 내버린 것이며 그런 행위에 의하여 그녀는 떠난 고래의 처지가 되고, 그렇기 때문에 다음에 나타난 신사가 두 번째의 작살을 던졌을 때에는 부인은 그에게 박혀서 매달린 작살 등과 함께 다음 신사의 소유물이 된 것이다.

그런데 이번 소송에 대해 생각해 볼 때, 이 고래와 이 부인의 예는 서로 그 진실을 분명히 증명하고 있다는 것이 어스킨의 주장이었다.

이 변론, 그리고 반대측의 변론을 충분히 듣고 난 학식 깊은 재판장은 법이 정한 어구로써 다음과 같은 판결을 내렸다. 즉 보트는 원고가 생명을 구하기 위해서 버린 것이니까 원고에게 주고, 한편 논쟁물인 고래와 작살과 밧줄은 피고에게 속해야 한다는 내용이었다. 그 이유는, 고래에 대해서 말하면 그 고래가 마지막에 잡혔을 때에는 '놓친 고래'였던 것이며, 작살과 밧줄에 대해서 말하면 고래가 이것들을 몸에 지닌 채 도망한 때에는 당사자(고래)가 이 물건들의 소유권을 획득했다고 보아야 하며, 그런고로 그 뒤에 고래를 잡은 사람에게 이 물건에 관한 권리가 있고 피고는 나중에 그 고래를 잡은 것이므로 앞에서 말한 물건도 그들의 것이 되기 때문이다.

일반인은 이 학식 높은 법관의 판결을 보고 아마도 반대하고 싶어질 것이다. 그러나 사태의 핵심까지 파고들어간다면, 앞에 인용하고 지금 들은 소송사건에서 엘런버러 경이 적용하고 해명한 '잡은 고래'와 '놓친 고래'에 관한 두 원칙이야말로 인간계의 모든 법률의 근원을 이루는 것이라는 생각에 이를 것이다. 어쨌든 법의 전당도 그 장식 조각이 아무리 복잡다단한 세공으로 되어 있더라도 의지하고 서 있는 기둥은 두 개뿐인 것이다.

누구나 하는 이야기에 '소유하는 것은 법률의 절반을 차지한다'는 말이 있는데 그것은 어떻게 손에 들어왔는가는 문제 삼지 않는다는 것이다. 그뿐 아니라 때로 소유하는 것은 법률의 전부가 된다. 러시아의 농노나 공화국(미국을 가리킴) 노예들의 육체와 혼은 잡힌 고래이며 거기서 소유는 법의 전부를 이루는 것이 아니겠는가. 과부의 마지막 동전 한 닢은 욕심 사나운 지주에게는 '잡힌 고래' 이외의 무엇이겠는가. 아직 죄가 폭로되지 않은 악당의 '표지'의 문패를 단 저택은 잡힌 고래가 아니고 무엇이겠는가? 거간꾼인 모르드개

(「에스더서」에 나오는 인물)가, 가족을 굶주림에서 구하기 위해 돈을 꾼 파산자에게 치명적인 선불 이자를 요구했을 때, 그 선불 이자는 '잡힌 고래'가 아니고 무엇이겠는가? 영혼을 구해주시는 대주교님이, 등뼈가 부러지도록 일한 수십만의 노동자(구태여 영혼을 구해주시는 원조가 없더라도 모두 틀림없이 천국에 갈 수 있다)의 형편없는 빵과 치즈에서 10만 파운드의 수입을 긁어모을 때 그 10만 파운드는 '잡힌 고래'가 아니고 무엇이겠는가. 던더 공(가공인물로 추측)의 세습 도시와 마을이란 '잡힌 고래'가 아니고 무엇이겠는가. 저 사도와 같은 전사 '브라더 조나단'(미국을 가리킴)에게서 텍사스 주는 '잡힌 고래'가 아니고 무엇이겠는가. 이리하여 이 모든 것을 생각해 보면 소유한다는 것은 법의 전부가 아니겠는가.

그러나 '잡힌 고래'의 법령이 상당히 광범하게 적용된다고 하지만 그보다 '놓친 고래'의 법령은 더 광범하게 통하는 것이다. 이것은 국제적으로, 전 세계적으로 통한다.

1492년에 콜럼버스가 그의 황제와 황후를 위해서 '표지'를 해두기 위해 아메리카에 스페인 국기를 꽂았을 때 그 아메리카부터가 '놓친 고래'가 아니고 무엇이었겠는가. 폴란드는 러시아 황제에게 있어 무엇이겠는가. 그리스는 터키 사람에게 있어 무엇이겠는가. 인도는 영국에 대해 무엇이겠는가. 마지막으로 멕시코는 아메리카 합중국에 있어서 무엇이겠는가. 모두 '놓친 고래'인 것이다.

인간의 권리와 세계의 자유, 그것도 '놓친 고래'가 아니고 무엇이겠는가? 모든 인간의 마음과 사상은 '놓친 고래' 이외의 무엇이겠는가. 그들이 갖는 신앙의 근본적인 의의는 '놓친 고래'가 아니고 무엇이겠는가. 표절을 일삼는 공허한 미문가에게 철학자의 사상은 '놓친 고래'가 아니고 무엇이겠는가. 이 커다란 지구 그 자체가 '놓친 고래' 이외의 무엇이겠는가. 그리고 독자들이여, 여러분은 '놓친 고래'이며 동시에 '잡힌 고래'가 아니고 무엇이겠는가.

제90장
머리냐 꼬리냐

De balena vero sufficit, si rex habeat caput, et regina caudam.

「브랙턴」 3장 3행

영국의 법률에 관한 책에서 인용한 라틴어는 그 앞뒤의 문구와 대조해서 생각하면 누구나 그 나라의 해안에서 고래를 잡는 경우에는 국왕이 명예 대작살잡이 자격으로 머리를 차지하고 왕비에게는 공손하게 꼬리를 바쳐야 한다는 뜻이다. 이 분할법은 고래에 있어서는 사과의 절반을 자르는 것과 마찬가지여서 그 중간에 남는 부분이 없다는 것이 된다. 그런데 이 법은 수정된 형태로 오늘날까지 영국에서는 효력을 가지고 있었던 것이고, 또한 이것은 여러 점에서 '잡힘'과 '놓침'의 근본 법칙에 대한 기이한 변칙을 제시하고 있는 까닭에 이 장에서 따로 다루기로 했는데, 그것은 영국의 철도가 항상 왕가의 편의를 위해서 특별 열차를 만든다는 저 의례적 정신에 따른 것이다. 우선 앞에서 말한 법칙이 아직도 유효하다는 재미있는 증거로 나는 최근 2년 사이에 일어난 한 사건을 들겠다.

언젠가 도버인지 샌드위치인지, 아무튼 5항(五港 : 영국 남동 해안의 특별항. 도버, 헤이스팅스, 하이드, 롬니, 샌드위치) 중의 하나에서 정직한 선원이 처음 해안에 서서 아득히 먼 바다 밖에 훌륭한 고래가 있는 것을 보고 애써 추적해 죽여서 해안으로 끌고 왔다. 그런데 5항은 부분적으로 감독장관이라고 칭하는 일종의 경비관리의 지배 하에 있었다. 그 관직은 왕실 직속이므로 내가 믿는 바로는 이 5항 지역에서의 모든 왕실 수입은 그에게 위임되어 있었다. 사람에 따라서는 이 관직은 한직이라고 주장한다. 그러나 그렇지는 않다. 왜냐하면 이 감독장관은 가끔 그의 부수입을 올리기에 바빴고 그 부수입이란 대개는 속여서 거둬들인 것이었다.

그런데 햇볕에 탄 이 가난한 선원들이 맨발에 바지를 미끈미끈한 다리 위로 높이 걷어 올리고 기진맥진한 채로 살진 물고기를 해안 높이 끌어올려 이 값비싼 기름과 뼈라면 넉넉히 150파운드는 들어오겠지 생각하며 제각기 자기 몫을 계산하면서 마누라들과 진귀한 차를 마시거나 동료들과 맛있는 맥주를 마실 기분에 들떠 있었다. 그런데 이때 학식 있고 신앙이 두터운 인자한 신사가 브랙턴의 저서를 옆구리에 끼고 나타나서 그 책을 고래 머리에 올려놓고 다음과 같이 말했다. "손을 떼라! 그대들, 이 물고기는 '잡힌 고래'란 말이다. 나는 감독장관으로서 이를 몰수한다." 그러자 가난한 선원들은――실로 영국인답게――공손하게 놀라면서 어떻게 말해야 좋을지 몰라서 머리를 조아리면서 풀이 싹 죽어 고래와 그 사람을 번갈아 바라보았다. 그러나 그런 일로는 사태가 조금도 수습되지 않았고 브랙턴의 저서를 가진 신사의 완고한 마음은 좀처럼 부드러워지지 않았다. 간신히 한 사람이 지혜를 짜내려고 한참 머리를 긁다가 대담하게 입을 열었다.

"나리님, 감독 장관이란 누굽니까?"

"공작님이시다."

"그렇지만 공작님은 고래를 잡는 데 아무것도 도와주지 않았습죠."

"고래는 공작님의 것이다."

"우리는 죽을힘을 다해서 죽을지 살지 모르는 위험을 겪기도 했고 돈도 썼는데, 그것이 모조리 공작님의 주머니에 들어간단 말인가요? 우리는 죽도록 고생만 하고, 얻은 것이라곤 물집뿐이란 말입니까?"

"공작님의 것이다."

"공작님은 이런 지독한 짓을 하시지 않으면 먹고 살 수 없을 만큼 그렇게 가난하신가요?"

"공작님의 것이다."

"저는 늙고 병든 어머니를 제게 배당된 몫으로 치료하려고 생각했는뎁쇼."

"공작님의 것이다."

"공작님은 4분의 1이나 절반으로 만족하실 순 없을까요."

"공작님의 것이다."

결국 고래는 몰수되고 팔려서 웰링턴 공작 각하께서 돈을 차지했던 것이다. 그런데 도시에 한 정직한 목사가 있었는데 이 사건은 모두 주위의 사정으로 비추어 보아 여러 점에서 지나치게 가혹하다고 여겨졌으므로 공작 각하게 정중히 편지를 올려, 이들 불쌍한 선원들의 가엾은 사정을 충분히 생각해 주실 수 없겠는가, 하고 탄원했다. 그에 대해서 공작은 분명히 대답하기를(양쪽 편지는 모두 공표되었다), 이미 충분히 고려해서 돈을 받아들인 것이며 만약 앞으로 그(성스러운 목사)가 남의 일에 참견하기를 삼간다면 그를 고맙게 생각할 것이다, 라고 했다. 이 공작이라는 자는 세 왕국(잉글랜드, 스코틀랜드, 아일랜드)의 모퉁이에 서서 거지처럼 두 손을 벌리고 적선을 강요하는 늙은 패잔병이라는 말인가.

곧 알게 될 일이지만 이 사건에 있어서는 고래에 대해 공작이 주장하는 권리는 왕실로부터 위임되어 있는 것이었다. 그렇다면 우리는, 왕실은 애당초 대체 어떠한 원리에 의거해서 그 권리를 소유하는가 하는 것을 알아내야 한다. 법규 그 자체는 이미 인용해 두었다. 그러나 이에 대해 플라우든(16세기 영국의 법률가)이 이유를 말하고 있다. 그 플라우든이 말하는 바로는 고래가 왕과 왕비에 속하는 것은 그 '비할 데 없는 우수함' 때문이다. 그래서 가장 신뢰할 만한 주석가들은 그 이후 이 문제에 대해서는 이것이 제일 수긍할 만한 이론이라고 생각해 오고 있다. 그러나 그렇다면 어째서 왕은 머리를, 왕비는 꼬리를 차지해야 하는가? 법률가들이여, 그 이유를 말하라!

고등 법원 왕실부의 노학자 윌리엄 프린(17세기 영국의 법률가)이란 사람이 '왕비의 황금', 즉 왕비의 용돈에 관한 논문 속에서 '그 꼬리는 왕비의 것이다. 그것은 왕비의 옷장을 고래뼈로 풍부하게 하기 위함이다'라고 말하고 있다. 이것이 씌어진 시대에는 주로 그린란드 고래 혹은 참고래의 검고 늘씬한 뼈가 숙녀들의 코르셋용으로 쓰이고 있었던 것이다. 그러나 그런 뼈는 꼬리에는 없고 머리에 있는 것이니까 프린처럼 슬기롭고 민첩한 법학자에게는 슬퍼해야 할 과오였다. 그럼 왕비란 인어이므로 꼬리를 바쳐야 한다는 것인가? 숨겨진 어떤 의미는 이쯤에 숨어 있는지도 모른다.

영국의 법학자들이 말하는 바로는 두 제왕어(帝王魚)——고래와 철갑상어는 모두 법이 규정한 바에 의해서 왕실 재산이 되는데, 이들은 적어도 명목상으로는 왕실의 보통 수입의 10분의 1을 차지한다. 그런데 내 의견으로는 다음과 같은 사실을 언급한 사람이 나 이외에 있는지는 모르지만, 철갑상어도 고래와 똑같은 방법으로 분별되어야 하며, 결국 왕은 그 고래 특유의 아주 조밀하고 탄력적인 머리를 가져야 할 듯싶은데, 그것은 상징적으로 보아 무언가 양자 사이에 서로 비슷한 데가 있기 때문이라 하겠다. 그리하여 모든 사물은 물론 심지어 법률에도 다 이치가 있다고 생각되는 것이다.

제91장
피쿼드 호, 로즈 버드 호를 만나다

"그 산과도 같은 레비아단의 창자 속에서 견딜 수 없는 악취도 아랑곳하지 않고 용연향(龍涎香)을 찾아 휘저어도 보람이 없다."

토마스 브라운 경

앞에서 말한 고래 떼의 소동이 벌어지고 나서 한두 주일 뒤 우리가 나른하게 안개에 싸인 대낮의 해면을 천천히 달리고 있었을 때, 피쿼드 호 갑판 위의 선원들 대부분의 콧구멍이 돛대 꼭대기에 있는 세 사람의 눈보다도 더 예민한 발견을 했다. 독특하고 불쾌한 냄새가 바다에 떠돌고 있었다.

"난 뭐든지 걸어도 좋아" 스텁이 말했다. "이 근처에 요전에 골려 준 드럭에 맞은 고래가 있어. 오래지 않아 나타날 거야."

그러자 앞쪽의 안개는 말끔히 사라지고 아득히 먼 곳에 배 한 척이 움직이지 않고 있는 것이 보였는데, 돛을 감아 내린 것으로 보아 어떤 고래를 뱃전에 당기고 있다는 것을 알았다. 가까이 다가가 보니 그 배는 돛대 꼭대기에 프랑스 국기를 달았는데, 그 주위를 육식을 하는 해조 떼가 소용돌이치는 구름처럼 마구 날아다니고 날갯짓을 하고 급강하하는 것을 보니 뱃전의 고래는 고래잡이들이 말하는 폐물 고래, 다시 말해서 저절로 바다에서 죽어 누구에게도 속하지 않고 표류하던 사체라는 것이 명백했다. 이런 거대한 시체는 말할 수 없는 악취를 풍겨서 그 냄새는 역병에 시달린 아시리아의 한 도시에서 산 사람이 죽은 사람을 매장할 수도 없었던 그때의 악취보다도 더 심했다. 그것은 견디기 어려울 정도의 것이었으므로 아무리 탐욕스러운 사람일지라도 그것을 배에 끌어당길 마음이 없어진다. 이런 물건에서 채취되는 기름은 매우 질이 좋지 않아 장미의 기름에는 비할 바가 못 되었지만, 그래도 굳이 접근하는 자는 있었다.

사라질 듯한 미풍을 타고 다시 가까이 가 보니 이 프랑스 배는 둘째 고래도 뱃전에 매달고 있었는데 둘째 고래는 첫째 고래보다도 냄새가 더 굉장했다. 사실 이것은 곧잘 문제가 되고 있는 고래——일종의 심한 위병 또는 소화불량 때문에 햇볕에 말린 것처럼 말라죽어서 그 시체에는 기름기다운 것은 조금도 남아 있지 않은 놈일 게 분명했다. 그러나 결국 알게 되겠지만, 숙련된 고래잡이라면 일반적으로 폐물이 된 고래는 모른 체하더라도 이런 고래를 함부로 업신여기지는 않는다.

피쿼드 호가 그 배에 훨씬 가까이 다가가자 스텁은 그중 한 마리의 고래 꼬리 주위에 엉킨 닻줄에 걸려 있는 끌자루는 자신의 것이라고 단언했다.

"귀엽지 뭔가?" 스텁은 뱃머리에 서서 배를 움켜쥐고 웃었다.

"여우가 썩은 고기에 매달려 있군 그래. 프랑스 두꺼비놈들은 고래잡이엔 완전 어린애란 말이야. 흰 파도를 향유고래가 뿜는 물뿜기로 잘못 알고 보트를 내리는 놈들이란 말야. 항구를 떠날 때 선창 가득 초 상자와 초심지 자르는 가위 상자를 싣고 떠난단 말일세. 그것은 왜냐하면 처음부터 자기들이 채취하는 기름으로는 도저히 선장실 등잔 심지를 적실 만큼도 안 된다고 체념하고 있단 말일세. 그렇지만 보게나, 두꺼비 놈이 우리가 남긴 그 드럭에 걸린 한 놈으로 얼마나 기뻐하는가. 그리고 저 거창한 말린 물고기의 뼈를 문지르면서 좋아한단 말야. 귀엽지 뭔가. 이봐, 누구 모자를 돌려서 동냥으로 조금만 기름을 나누어 주면 어떻겠나. 왜냐하면 놈들이 드럭 고래에게 따는 기름으론 감옥은 고사하고 사형수의 방 등잔에 써도 모자랄 정도일 걸세. 다른 한 마리의 고래에 대해서 말한다면 말일세. 우리 배의 돛대 세 개를 분질러서 쥐어짜는 편이 뼈다귀 뭉치에서보다도 더 듬뿍 기름을 채취할 수가 있다고 보네. 그러나 가만있자, 좀 생각해야겠네. 그렇지, 어쩌면 그놈은 기름보다는 가치 있는 용연향이라도 나올지 모르지. 도대체 우리 노인네는 깨달았을까? 한번 해볼 수는 있어. 좋아, 나는 할 테다" 하면서 그는 뒷갑판으로 달리기 시작했다.

이때에는 미풍은 완전히 고요하게 변해 있었다. 그러니까 좋든 싫든 간에 이제 피쿼드 호는 그 악취에 완전히 싸여 다시금 바람이 불 때까지는 탈출할 가망은 없었다. 선장실에서 튀어나온 스텁은 보트의 선원들을 불러 모아 프랑스 배를 향해 저어갔다. 그 뱃머리를 앞으로 가로지르면서 보니 그 뱃머리 윗부분은 화려한 프랑스인 취미에 의해서 커다랗게 흰 줄기 모양으로 만들어져 녹색으로 채색되고, 가시 대용으로 구리로 만든 대못이 여기저기 삐죽삐죽 내밀고, 전체의 끝부분은 선명한 붉은 빛이 균형 있게 겹쳐진 알뿌리 모양을 하고 있었다. 그리고 머리판에는 커다란 금빛 글씨로 '부통 드 로즈'라고 적혀 있었다──장미꽃 단추, 즉 장미꽃 봉오리, 그것이 꽃향기 그윽한 이 배의 낭만적인 이름이었다.

스텁에게는 '부통'이라는 것은 몰랐으나 '로즈'라는 말과 공 모양의 한 뱃머리 모양을 합쳐 생각하니 전체의 의미를 충분히 알 수가 있었다.

"나무로 만든 장미 봉오리란 말인가." 그는 손으로 코를 쥐면서 외쳤다. "그것도 좋지만 어째서 이렇게 냄새가 지독하단 말인가."

그런데 갑판 위에 있는 사람들과 직접 교섭하기 위해서는 뱃머리를 돌아 우현으로 나가서 폐물 고래가 있는 데로 와서 그 고래 너머로 이야기를 걸어야만 했다.

여기까지 와서도 한 손으로는 여전히 코를 싸쥐면서 외쳐댔다. "부통 드 로즈, 여어이, 부통 드 로즈에서 영어할 줄 아는 사람 있나?"

"예스." 건지 섬(영국 해협에 있는 작은 섬) 사나이가 뱃전에서 대답했는데 1등 항해사라는 것이 밝혀졌다.

"좋소. 그래, 부통 드 로즈의 봉오리여, 흰고래를 보았는가?"

"어떤 고래?"

"흰고래 말이다……향유고래……모비 딕말이다. 못 보았나?"

"그런 고래는 들은 적도 없는걸. 캬살로 블랑슈! 흰고래……노우."

"좋아, 그럼 잘 있게. 다시 곧 올 테니까."

그러고 나서 피쿼드 호를 향해서 급히 저어 에이허브가 보고를 기다리며 뒷갑판 난간에서 내려다보고 있는 데에다 대고 두 손으로 나팔을 만들어 외쳤다. "틀렸어요, 선장, 틀렸어요!" 그러자 에이허브는 들어가고 스텁은 프랑스 배로 되돌아갔다.

돌아와 보니, 건 섬 사나이는 방금 쇠사슬에 달려서 고래삽을 휘두르고 있었는데 코를 주머니에 싼 것처럼 붕대를 하고 있었다.

"이봐, 그 코는 어쩐 일인가?" 스텁이 외쳤다. "코가 깨졌나?"

"깨졌으면 하네, 아니 코 같은 건 없으면 좋겠네!" 건지 섬 사나이는 대

제91장 피쿼드 호, 로즈 버드 호를 만나다

답했는데 지금 하고 있는 일이 매우 달갑지 않다는 눈치였다. "그렇지만 자넨 어째서 코를 쥐고 있는 건가?"

"아무것도 아니야. 이건 초로 만든 코야. 붙잡고 있어야 해. 좋은 날씨군. 아무튼 꽃밭 같은 공기지 뭔가? 부통 드 로즈여, 꽃다발이라도 던져 주지 않으려나?"

"도대체 자넨 무슨 일이 있다는 겐가?" 건지 섬 사나이는 갑자기 화를 내고 외쳤다.

"그렇게 화내지 말게. 침착하란 말일세. 자네 고래 요리를 할 때 어째서 얼음에 담가 두지 않지? 아니 농담은 그만 두세. 장미 봉오리여, 자네 이런 고래에게 기름을 채취하려 하다니 어림도 없는 일일세. 그리고 저기 저 바싹 말라 버린 놈은 온몸에서 단 한 질(液量의 단위, 약 0.14리터)도 안 나올걸."

"나도 그런 것은 알 만큼 아네. 그렇지만 말일세, 들어 주게나. 우리 선장은 아무리 말해도 모른단 말일세. 처음으로 바다에 나왔단 말일세. 전에는 콜로뉴 향수를 제조했었다더군. 그렇지만 배에 올라와 주게나. 난 안 되지만 어쩌면 자네가 말하는 건 들을지도 모르네. 그러면 나도 이런 너저분한 어려움에서 빠져나갈 수 있을지도 모르지."

"자네를 위해서라면 기꺼이 하겠네. 자넨 무척 유쾌하고 좋은 친구군." 스텁은 그렇게 대답하고는 곧 갑판으로 올라갔다. 거기에는 기묘한 광경이 벌어지고 있었다. 술이 달린 빨간 털실모자를 쓴 선원들이 고래를 자르려고 무거운 고패에 달려 들고 있었다. 그러나 천천히 일하고 굉장히 지껄여대는 것으로 보아 분명히 마음이 내키지 않은 모양이었다. 모든 사람의 코는 그 얼굴에서 제2의 기울어진 돛대처럼 위를 향해 들려 있었다. 이따금 삼삼오오 짝을 지어 일손을 멈추고 신선한 공기를 마시려고 돛대 꼭대기로 달려 올라가곤 했다. 어떤 자는 역병에 걸리는 걸 두려워해서 '뱃밥'을 콜타르에 적셔서 이따금 코끝으로 가지고 갔다. 또 어떤 자는 파이프를 거의 대통 있는 데서 잘라 무섭게 담배연기를 빨아들여서 후각기관을 쉬지 않고 채우고 있었다.

그리고 스텁은 고물의 선장실로부터 빗발처럼 퍼붓는 고함소리와 욕지거리에 놀라서 그쪽을 바라보았다. 조금 열린 문 뒤의 내부로부터 무시무시한 얼굴이 내다보고 있었다. 그것은 고통스러운 표정을 한 이 배의 주치의였는데, 그는 이날의 작업에 반대해서 항의했지만 받아들여지지 않자 선장실(그는 캐비닛이라고 부르고 있었다)로 도망쳐서 역병을 피하려고 했다. 그래도 여전히 이따금 탄식과 울분을 토해내고 있었다.

이 모든 상황들을 보면서 스텁은 자신의 계략을 잘 생각하고, 그리고 나서 건지 섬 사나이에게로 가서 잠시 이야기를 했다. 이 프랑스 배의 키잡이는 그의 선장을 뽐내기만 하는 바보라고 경멸하고 그 덕분에 이런 썩은 냄새만 풍길 뿐 서 푼어치도 소득이 없는 곤경에 빠졌다고 한탄했다. 스텁은 상대를 더욱 주의 깊게 관찰하고, 이 건지 섬 사나이는 용연향에 대해서는 조금도 깨닫고 있지 않음을 알았다. 그래서 그는 그 문제에 대해서는 잠자코 있고, 다만 그 밖의 것에 대해서는 극히 노골적으로 털어놓고 이야기하면서 함께 선장을 속이고, 놀려대고, 그러면서도 이쪽의 속셈은 조금도 의심받지 않도록 하는 계략을 짰다. 이 두 사람의 조그마한 계획에 의하면 건지 섬 사나이는 통역이라는 역할을 이용해서 선장에 대하여 무엇이든지 멋대로 하고 싶은 말을 스텁의 말인 것처럼 지껄이고, 스텁은 그 회담 때 그의 머리에 떠오르는 허무맹랑한 소리를 아무 말이고 마구 지껄인다는 것이었다.

그때 그들의 희생이 될 사람이 선장실에서 나타났다. 그는 몸집이 작고 가무잡잡하고, 선장이라고 하기에는 약간 섬세했지만, 구레나룻과 콧수염이 짙었고 빨간 목면 벨벳 조끼를 입고 허리에는 회중시계의 쇠사슬을 단 장식 구슬을 짤랑거리고 있었다. 건지 섬 사나이는 이 신사에게 스텁을 그럴듯하게 소개하고 그런 다음 거드름을 피우면서 두 사람 사이의 통역을 맡고 나섰다.

"맨 처음 뭐라고 하면 되겠나?"

"그야." 스텁은 빌로드 조끼와 회중시계 장식을 보면서 말했다. "흐음, 처음엔 말야, 난 이러쿵저러쿵 말하고 싶지는 않지만 당신은 마치 갓난아이 같구려, 하고 말해 주시오."

"선장님, 이 사람이 말하는데." 건지 섬 사나이는 프랑스어로 선장에게 말한다. "바로 어제 어떤 배와 만나서 신호를 주고받았는데, 그 배의 선장과 1등 항해사와 여섯 명의 선원이 끌어당긴 폐물 고래로부터 열병이 옮아서 모두 죽었답니다."

그러자 선장은 깜짝 놀라서 좀더 자세히 듣고 싶다고 했다.

"다음엔 뭐지?" 건지 섬 사나이는 스텁에게 말한다.

"그렇군. 아무렇지도 않은 모양이니 이렇게 말해 주게. 내가 당신을 가만히 살펴보니까 당신보다는 세인트제이고 섬의 원숭이가 오히려 훌륭한 포경 선장이 될 것 같군, 정말 당신은 비비 원숭이 같이 생겼군그래, 하고 말해 주게."

"선장님, 이분은 맹세코 분명히 말하는데 바싹 마른 고래는 폐물 고래보다도 더 위험하다고 합니다. 다시 말해서 선장님, 이분은 당신들은 생명이 아깝다고 생각되거든 이런 고래에게서 멀리 달아나라고 열심히 권하고 있습니다."

갑자기 선장은 뛰어가서 선원들을 향하여 큰 소리로 고래 자르는 고패를 감아올리는 것을 중지하고, 고래를 배에 붙들어 맨 밧줄도 쇠사슬도 잘라버리라고 명령했다.

"이번엔 뭐라고 할까?" 건지 섬 사나이는 선장이 되돌아오자 물었다.

"잠깐 기다려. 응, 이번엔 말야, 그……저어 말이지……꼴좋다, 내가 속였단 말이다, 하고 말하란 말야. (그리고 혼자말로) 또 한 사람 더 속였지만 말이지."

"선장님, 이분은 여러분의 도움이 되어서 참으로 기쁘다고 말합니다."

이 말을 듣자 선장은 우리들(그 자신과 항해사)은 진심으로 감사한다고 말하고, 그리고 나서 선장실에서 보르도 주를 들도록 하자는 초대로 말을 맺었다.

"자네와 함께 포도주를 한잔 하고 싶다는군." 통역은 말했다.

"그것 참 고맙다고 해주게. 그리고 나는 속여 넘긴 상대와 한잔 하기는 싫으니까 정말 돌아가겠다고 말야."

"선장님, 이분의 말씀으론 술을 마시지 않는 성질이라 합니다. 그리고 만약 선장께서 앞으로 살아서 한잔 하고 싶다면 네 개의 보트를 전부 내려서 배를 끌고 고래로부터 도망치라는 겁니다. 바다가 잔잔하기 때문에 고래는 흘러가지 않을 거라는데요."

그때 이미 스텁은 배에서 물러나 보트로 옮겨 타고 건지 섬 사나이를 향해서 다음과 같은 말을 하고 있었다. 내 보트에는 긴 밧줄이 있으니까 두 고래 중에서 가벼운 놈을 뱃전에서 떼 내어 될 수 있는 대로 도움이 되어 주고 싶다고. 프랑스 배의 보트는(그때에는) 본선을 한쪽으로 끌어가고 있었는데, 스텁은 친절하게도 고래를 다른 방향으로 끌어당겨 겉치레로 기다랗게 밧줄을 늦추고 있었다.

곧 산들바람이 일고, 스텁은 고래를 버리는 흉내를 냈다. 프랑스 배는 보트를 끌어올려 순식간에 멀리 사라져 가고 그때 피쿼드 호는 그 배와 스텁의 고래 사이로 들어왔다. 그러자 스텁은 떠 있는 고래에게 재빨리 다가가서 피쿼드 호를 향하여 그의 의도를 알리고, 옳지 않은 간사한 꾀로 얻은 고래를 당장 처리하기 시작했다. 날카로운 삽으로 몸체 옆구리의 지느러미 약간 뒤쪽에 구멍을 뚫기 시작했다. 그것을 보는 사람은 그가 지금 바다 위에 움을 파는가 하고 생각했을지도 모른다. 그의 칼날이 드디어 깡마른 갈빗대에 이르렀을 때의 광경은 영국의 두꺼운 양토 층에 파묻힌 로마시대의 타일이나 사기그릇을 발굴하고 있는 광경과 같았다. 보트의 선원이 모두 매우 흥분해서 열심히 그들의 대장을 돕는 모습은 마치 황금 채굴자의 열의를 생각게 했다.

그러는 내내 수없이 많은 바닷새가 그들의 주위에 급강하하고 물속으로 들어가 외치고 울고 다투곤 했다. 스텁은 차츰 실망한 얼굴빛을 보이고, 특히 끔찍한 악취가 더욱 심해지자 실망의 빛이 역력해 보였다. 바로 그때, 그 더러움 속에서 희미하게 향긋한 냄새가 살그머니 풍겨 나왔다. 그것은 악취의 소용돌이 속에 말려들어가지 않고 마치 어떤 냇물이 또 하나의 냇물에 흘러들어가기는 하지만 한동안은 조금도 섞이는 일 없이 나란히 흐르듯 떠돌고 있었다.

"있다, 있어!" 스텁은 살덩이 속의 무언가를 두드리면서 기뻐서 외쳤다. "돈 주머니다, 돈 주머니다!"

칼을 곁에 두고, 그러고 나서 손 가득히 무언가 묵직한, 향료 비누라 할까, 줄무늬가 든 치즈처럼 보이는 진품을 꺼냈다. 아무튼 매우 향기가 좋고 맛있어 보이는 것을 끌어냈다. 엄지손가락으로 문제없이 움푹 들어갈 정도로 부드럽고 색은 노랑과 잿빛 중간의 색이었다. 여러분, 바로 이것이야말로 용연향이라고 하는 것이며, 어느 약방에 가지고 가도 1온스에 금화 1기니는 받을 수 있는 물건이다. 그것은 여섯 줌 가량이나 채취되었다. 그보다 많은 양을 바다에 엎질러져 버렸다. 아직 좀더 채취할 수도 있었을 텐데 이때 에이허브가 더 참지 못하고 스텁에게 그만두고 배에 올라라, 그렇지 않으면 배는 너희들을 버리고 가겠다고 큰 소리로 명령을 내렸다.

제92장
용연향

그런데 이 용연향은 더없이 이상한 물질이며 상품으로서도 참으로 중요한 것이다. 1791년에도 낸터킷 태생인 코핀 선장은 영국 하원의 재판소에서 이 물건에 대한 심문을 받았다. 그것은 당시에는, 아니 그로부터 꽤 최근에 이르기까지 용연향은 호박(琥珀: 용연향을 뜻하는 영어 ambergris를 프랑스어로 생각하면 회색빛 호박이 됨)과 마찬가지로 도대체 어떻게 해서 나온 것인지 학자들도 골치를 앓고 있었다. 프랑스에서는 용연향을 회색 호박이라고 부르는데 물론 두 가지는 전혀 다른 것이다. 호박이 이따금 해변에서 발견되는 것은 사실이다. 또한 그것은 깊숙한 내지(內地)의 흙속에서도 파내지는데 반하여, 회색 호박(용연향)은 바다 위가 아닌 다른 곳에선 발견되지 않는다. 게다가 호박은 딱딱하고 투명하고 무르고 향기가 없는 물질이고 파이프의 물뿌리 장식품 구슬로 쓰이지만, 회색 호박은 부드럽고 끈적거리며 말할 수 없이 향기가 높아, 주로 향로, 가는 막대 모양의 향, 최고급품의 초, 머리분, 머릿기름 등에 쓰인다. 터키 사람은 이것을 요리에 쓰고, 로마의 성 베드로 사원에 유향을 가지고 가는 것과 마찬가지로 메카에 가지고 간다. 또한 술을 파는 상인들은 몇 방울인가를 클라레 주에 떨어뜨려 향기로운 맛을 보탠다.

그러므로 더없이 고귀한 숙녀나 신사는 병든 고래의 더럽기 짝 없는 창자 속에서 빼낸 향료를 즐기고 있는 셈이다. 어떤 사람은 용연향이 고래의 소화불량의 원인이라고 하고 어떤 사람은 그 결과라고 하는데, 어떻게 해서 그 같은 소화불량을 고치는가 하면, 어려운 이야기지만, 보트 서너 척에 잔뜩 실은 브랜드리스의 환약을 먹이고 나서 공사장 인부가 암석을 폭파하고 위험한 곳을 피하는 것처럼 즉시 도망쳐 나오는 수밖에 도리가 없을 것이다.

깜빡 잊었는데, 이 용연향 속에서 둥그런 뼈 같은 판자 모양의 것이 몇 장 나왔다. 처음에 그것을 스텁은 선원의 바지 단추일 거로 생각했다. 그러나 뒤에 안 일이지만 그것은 훈훈한 향기 속에 가두어진 오징어의 뼛조각에 지나지 않았다.

그런데 이 더없이 향기롭고 순수한 용연향이 이같이 썩은 속에서 발견된다는 것은 우연한 일일까? 여러분이 「고린도 서」 중의 성바울의 부패와 순결에 대한 말을 생각한다면 사람은 오욕 속에 던져지고 영광 속에 다시 소생한다는 것을 알게 될 것이다.

또한 마찬가지로 최고의 사향(麝香)을 만들어 내는 것은 무엇인가를 묻는 파라셀수스(스위스의 의학자, 연금술사)의 말도 떠올려야 할 것이다. 또한 온갖 악취를 풍기는 것 중에서도 제조 공정의 기초 단계에 있는 콜로뉴 향수가 가장 지독한 것이라는 기이한 사실도 잊어서는 안 될 것이다.

나는 이상과 같은 호소로 이 장을 끝내고 싶지만, 내게는 이따금 포경자에게 퍼부어지는 비난을 반박하고자 하는 마음이 간절하며, 더욱이 그 비난은 원래 편견을 가지고 있는 사람들의 가슴속에서는 저 프랑스 배의 두 마리 고래 이야기로 간접적으로 설명되고 있는 것으로 받아들여질 염려가 있다. 이 책의 어디선가 포경업이란 형편없고 불결한 직업이라는 중상이 터무니없음을 밝혔을 것이다. 그러나 또 한 가지 반박하지 않으면 안 될 것은 모든 고래는 항상 악취를 풍긴다고 하는 것이다. 그런데 어째서 그런 언짢은 오명이 나오게 되었는가.

나의 소견을 말하면 그것은 지금부터 2세기 이상이나 옛날에 그린란드 포경선이 처음으로 런던 항에 들어왔을 때로부터 유래한다. 그 포경선들은 당시나 지금이나 남해 포경선이 언제나 그렇게 해왔듯이 바다 위에서 기름을 채취하지 않고 신선한 지방을 잘게 썰어서 큰 통에 집어넣어 그대로 본국으로 운반한다. 그 빙해에서의 어획기가 짧고, 항상 급격하고 맹렬한 폭풍의 위험에 직면하고 있는 까닭에 다른 방법을 쓸 수가 없는 것이다. 그 결과 그린란드의 독에 들어와서 선창을 열고, 이 고래들의 집을 부릴 경우에는 마치 산부인과 병원을 짓기 위해 도시의 오래된 묘지를 파낼 때와 흡사한 냄새를 풍기게 된다.

또한 나의 추측으로는 고래잡이에 대한 이런 사악한 비난은 옛날에 그린란드 해안인 슈메렌부르그 또는 스메렌베르그라고 불렸던 네덜란드 인 마을에도 얼마쯤 있었으며, 스메렌베르그란 이름은 석학인 포고 폰 슬락이 그 방면에서의 교과서라 할, '냄새'에 관한 저서에서 사용하고 있다. 그 이름(스메르(smeer)—지방, 베르그(berg)—저장하다)에서 알 수 있듯이 그 마을은 네덜란드의 포경선대가 고국 네덜란드까지 가지고 돌아가지 않고 지방을 처리하기 위해서 생긴 부락이었다. 그것은 화덕과 기름솥과 기름광 등의 집합체여서 작업 진행 중에는 사실 그다지 좋지 않은 냄새를 풍긴다. 그러나 이러한 모든 것은 남해의 향유고래 포경선에서는 전혀 볼 수 없는 일이며, 거의 4년 동안 항해를 하면서 선창을 거의 기름으로 가득 채우게 되는데, 그것을 끓이는 데에는 50일도 걸리지 않으며 그렇게 해서 통에 담으면 그 기름은 거의 아무런 냄새도 나지 않는다. 사실상 고래라는 어족은 산 것이든 죽은 것이든 간에 적절히 취급하기만 하면 결코 악취를 풍기는 동물은 아니며, 그러므로 고래잡이는 일찍이 중세 사람들이 군중들 속에서 유대인들을 찾아낼 때 했듯이 코로 냄새를 맡을 수 있는 것이 아니다. 하지만 일반적으로는 건강에 넘치고 충분히 운동하고, 깨끗한 대기는 아니더라도 넓은 곳에서 놀고 있을 경우에는 기분 좋은 향기를 낸다. 다시 말해서 물위에 흔들어대는 향유고래의 꼬리는 사향 냄새가 배어 있는 귀부인이 따듯한 실내를 옷자락 스치는 소리를 내면서 지나갈 때와 같이 그윽한 향기를 발산한다. 그렇다면 이 향유고래의 큰 몸집을 생각할 때 향기를 뭐라고 비유하면 좋겠는가? 송곳니를 보석으로 꾸미고 몰약의 향기를 짙게 내뿜으며 어느 인도 마을에서 여행을 떠나는 유명한 코끼리에 비유할 수 있을 것이다.

제93장
바다에 떠돌아다니는 자

프랑스 배를 만난 지 불과 며칠이 지났을 때 피쿼드 호의 선원 중에서 가장 하찮은 사나이에게 말할 수 없이 이상한 일이 생겼다. 그것은 더없이 비통한 일이었다. 그것은 때로 미친 듯이 날뛰는 숙명의 길을 더듬는 이 배의 앞날에 얼마나 참담한 판국이 가로놓여 있는지를 말해주는 살아있는 예감을 가져온 데 있었다.

그런데 포경선의 경우에는 누구나가 보트를 타는 것은 아니다. 어떤 자는 배 당번이라고 불리어서 본선에 남게 되는데 그 임무는 보트가 고래를 쫓을 때에 본선의 여러 가지 일을 하는 것이다. 일반적으로 볼 때, 배 당번들은 보트에 타는 선원들 못지않게 늠름한 사람들이다. 그러나 만약 어떤 순간에 배 안에 매우 약하고 느리고 겁쟁이인 사나이가 있다고 한다면 그자는 반드시 배 당번이 될 것이다. 그런데 피쿼드의 피핀(원래는 과일의 씨를 뜻하나 속어로는 훌륭한 사람이나 물건을 가리킴)이라는 별명이 붙은, 핍이라는 약칭의 검둥이 소년이 바로 그러했다. 불쌍한 핍! 여러분은 그를 알고 있을 것이다. 여러분은 저 극적인 어느 심야에 참으로 침울하고도 쾌활한 그의 탬버린 소리를 들은 것을 기억하고 있을 것이다.

겉으로 보기에는 핍과 만두소년은 좋은 대조를 이루고 있어서 같은 모양의 검고 흰 망아지 두 마리가 빛깔은 다르지만 좀 색다른 한 쌍으로 달리고 있는 것을 보는 그런 느낌이었다. 그러나 불쌍한 만두소년이 날 때부터 느리고 머리가 둔했던 데 비해서 핍은 너무 마음이 약한 것이 흠이긴 했지만 영리하고 그 종족 특유의 유쾌함과 귀염성과 명랑성 등을 두루 갖추고 있었다. 그의 종족은 언제나 다른 어떤 인종도 따를 수 없을 만큼 아름답고 활달한 성품을 지니고 있어 갖가지 축제를 즐길 줄 안다. 검둥이들에게는 달력에 있는 365일이 모두 '7월 4일'이고 새해 첫날이다. 내가 이 검은 소년의 찬란함을 말하더라도 여러분은 암흑에도 빛남은 있다고 생각하고 웃지 말기 바란다.

제왕의 보석함에 있는 흑단(黑檀)의 광채를 보라. 아무튼 핍은 생과 생의 온갖 평화스러운 안락을 사랑했던 것인데, 왠지 그도 알지 못하는 사이에 휘말려든 이 놀랍고도 두려움에 가득 찬 직업은 비통하게도 그의 광채를 흐리게 하고 말았다. 그러나 머지않아 알게 될 일인데 이렇게 일시적으로 그의 속으로 사라져 버렸던 것은 종국에 가서는 이상야릇하게 마구 불타는 불꽃에 의해서 대낮처럼 비추어질 운명에 있었던 것이며, 그것은 일찍이 그의 고향인 코네티컷 주 톨란드 군(郡)의 초원에서 축제 기분에 들뜬 사람들의 흥을 돋우고 이윽고 아름다운 저녁이 되면 쾌활한 '핫하하하!'로 둥그런 지평선 구석구석까지 탬버린 소리를 가득 채웠던 그때의 찬란함보다 열 배나 더한 것이었다. 그와 같이 순수한 다이아몬드 한 알이 대낮의 투명한 공기 속에서 푸른 정맥이 내비치는 목덜미에 걸릴 때에는 건강한 빛을 내뿜는다. 그러나 교활한 보석상인은 다이아몬드를 좀더 빛나 보이게 하려고 그것을 우선 암흑을 배경으로 놓고 태양의 광선으로가 아니라 어떤 인공적인 가스빛에 의해서 빛나게 한다. 그러면 불꽃 같은 광채와 악마 같은 화려함이 생겨나고, 그리하여 사악하게 불타는 이 다이아몬드는 일찍이 투명한 하늘의 성스러운 상징이었으나 이제는 지옥의 왕에게서 훔쳐낸 왕관의 보석처럼 보이게 된다. 앞의 이야기로 되돌아가자.

용연향을 채취할 때 스텁의 맨 뒤의 노잡이가 손을 삐어 버려서 한동안은 전혀 쓸 수가 없었기 때문에 임시로 핍이 그를 대신하게 되었다.

스텁을 따라 처음으로 바다에 내렸을 때 핍은 적지 않게 초조해 있었는데 다행히도 그때에는 고래와 접근해서 싸우지 않았으므로 그다지 명예를 떨어뜨리는 일 없이 본선으로 돌아올 수가 있었다. 그러나 스텁은 그것을 관찰하고 나서 나중에 훈계하기로 하고 무엇보다도 용기라는 것이 가장 필요하니까 너도 용기를 내라고 말했다.

두 번째로 바다에 내렸을 때에 보트는 고래 위로 올라가게 되었고, 그 고래는 작살의 일격을 받자 여느때와 다름없이 쾅 하고 부딪쳐 올랐는데 불쌍한 핍의 자리 바로 밑에서였다. 그 순간 그는 자기도 모르게 당황하여 노를 움켜쥔 채 보트에서 공중으로 튀어나가려고 했다. 그러자 마침 느슨해진 고래밧줄의 일부분이 그의 가슴에 부딪쳐 거기에 얽혀 버리고, 드디어 물속으로 떨어졌다. 그 찰나, 찔린 고래는 무섭게 달리기 시작하고, 밧줄은 팽팽하게 당겨졌다. 가엾은 핍 소년은 이내, 무참하게도 가슴과 목에 여러 겹으로 감긴 밧줄에 끌려 거품에 휩싸이며 보트의 밧줄 거는 기둥을 들이받았다.

태슈테고는 뱃머리에 서 있었다. 그는 고래잡이의 본능으로 불타고 있었다. 그는 핍의 소심한 점을 증오하고 있었다. 칼을 칼집에서 뽑아 그 예리한 칼날을 밧줄 위에 번쩍 쳐들면서 스텁 쪽을 돌아보고 질문하듯 외쳤다. "끊을까요?" 그때 핍의 새파랗게 질려서 숨이 막힐 것처럼 된 얼굴은 분명히, 끊어주세요, 제발 부탁입니다! 하고 말하고 있었다. 모든 것은 눈 깜박할 사이에 일어난 일이었다. 30초도 못 되는 짧은 시간 동안에 모든 일이 일어났던 것이다.

"제기랄, 끊어라!" 스텁은 부르짖었다. 그래서 고래는 잃고 핍은 구출되었다.

불쌍한 검둥이 소년은 구출되자마자 선원들의 고함과 욕지거리를 흠씬 들었다. 스텁은 조용히 이와 같은 마구잡이 욕설이 다 끝날 때를 기다렸다가 분명하게 사무적으로, 그러나 약간 유머를 섞어서 정식으로 핍을 나무라고 그것이 끝나자 비공식적으로 여러 유익한 충고를 주었다. 그 내용은 핍, 절대로 보트에서 뛰어내려서는 안 된다, 다만——그러나 그 뒤의 말은 모든 유익한 충고가 그렇듯이 어물어물 흐려져 버렸다. 그런데 일반적으로 말해서 '보트에 눌어붙어라' 하는 것은 포경에 있어서의 참다운 표어지만, 그러나 '보트에서 뛰어내려라' 하는 쪽이 훨씬 좋은 경우도 없지 않다. 그러나 스텁은 만약 핍에게 백퍼센트 양심적인 충고를 준다면 장래에 뛰어내릴 기회를 너무 많이 허용하게 될 것이라는 결론에 도달했기 때문에 갑자기 모든 충고를 그만두고 단호한 명령으로 말을 맺었다. "이봐 핍, 보트에 매달려라. 그렇지 않으면 미리 말해 두겠는데, 바다 속에 뛰어들더라도 건져주지 않을 테다. 잘 들어 두어, 너 같은 놈 덕분에 고래를 놓칠 수는 없는 거다. 고래 한 마린 말이다——이봐, 핍, 네가 앨라배마 주에서 팔리는 것보다 30배나 값이 비싸단 말이다. 잘 알아 두란 말이다. 다시는 뛰어들지 마라." 스텁이 이런 말로 넌지시 비유하려고 한 것은, 사람은 동포를 사랑하지만 동시에 인간은 돈을 벌어들이는 동물이어서 인자함에 대해서만 말하고 있을 수 없는 경우가 많다는 것이었을 것이다.

그러나 우리는 모두 신의 수중에 들어 있다. 핍은 다시 바다에 뛰어들었다. 처음의 상황과 매우 흡사했다. 다만 이번에는 밧줄이 가슴에 닿지 않았기 때문에 고래가 달아나기 시작했을 때에는 허둥대는 여객의 트렁크처럼 바다에 내던져졌다. 아아, 스텁은 그의 말에 너무나도 충실했다. 그날은 하늘이 아름답고 고요하고 파란 날이었다. 반짝반짝 빛나는 바다는 조용하고 서늘하고 사방으로 편편하게 수평선까지 마치 금박공(金箔工)이 얇은 판(板)을 무한히 두드려 편 것처럼 넓게 퍼져 있었다. 파도 속에 떠올랐다 가라앉았다 하는 핍의 흑단 같은 머리는 정향(丁香)나무의 꽃봉오리처럼 보였다. 그가 갑자기 보트의 고물에서 떨어졌을 때 아무도 칼을 휘두르지 않았다. 스텁의 냉엄한 등은 뒤를 향하고 있었고, 고래는 작살에 맞아 있었다. 3분가량 지나자 핍과 스텁 사이에는 넓고 넓은 해안도 없는 1마일의 바다가 퍼져 있었다. 바다 한복판에서 핍은 그 곱슬곱슬한 새카만 머리를 태양 쪽으로 향하고, 여기에 하나의 버려진 아이, 가장 고결하고 찬란한 버려진 아이가 있음을 나타내고 있었다.

그런데 물결이 잔잔한 날 바다에서 헤엄치는 것은 물에 익숙한 사람에게는 지상에서 스프링을 넣은 마차 의자에 앉아 가는 것처럼 손쉬운 일이다. 그러나 끔찍한 고독감은 견딜 수 없다. 이 무심하고 무정하고 광막한 한복판의 치열한 자아 집중을, 오오, 신이여, 누가 표현할 수 있겠나이까! 선원들이 바람 한 점 없이 물결이 잠잠해진 날에 바다에서 헤엄칠 때 열심히 본선에 달라붙으려고 하면서도 그 가장자리에서만 맴돌게 되는 것을 생각해 보시라.

어쨌든 스텁은 불쌍한 검둥이 소년을 정말로 운명에 맡겼던 것일까? 아니다, 적어도 그럴 생각은 없었던 것이다. 고물 쪽에는 두 척의 보트가 있었으니까 그것이 곧 핍에게로 저어가서 구해내겠지, 하고 확신했음에 틀림없을 것이다. 물론 겁이 너무 많아서 위험에 빠져버린 그런 노잡이에 대해서 고래를 쫓는 자가 언제나 동정심을 베푼다고 할 수는 없으며, 또한 이러한 경우는 종종 일어나게 마련이어서 포경계에서는 거의 예외 없이 이른바 겁쟁이는 육해군 특유의 저 무자비한 경멸의 표적이 되는 것이다.

그러나 실상 뒤의 보트는 핍을 보기 전에 갑자기 한쪽 옆 가까이에 고래떼가 있는 것을 보자 방향을 바꾸어서 추적했고, 스텁의 보트도 지금은 아득하게 멀어져서 그를 비롯한 선원 전원은 고래에 정신을 잃고 있었으므로 핍을 둘러싼 수평선은 비정하게도 확대되어 갈 뿐이었다. 다만 전혀 우연한 일로 본선이 마침내 그를 구출했는데 그 일이 있은 뒤로 검둥이 소년은 백치처럼 갑판을 서성거릴 뿐이었다. 바다는 그의 유한한 육체를 오락물로 삼으면서 보존해 주었지만 그의 무한한 영혼을 익사케 했다. 아니 완전히 익사케 했다고는 할 수 없다. 오히려 살았으면서 엄청나게 깊은 밑바닥으로 끌려들어갔다. 거기서는 아직 왜곡되지 않은 원시 세계의 이상한 그림자가 힘없는 그의 눈앞에서 여기저기 흐르고 있었다. 그리고 인색한 해신(海神), 곧 '예지(叡智)'는 그 무진장한 보고(寶庫)를 열어 보여, 기쁨에 들끓고 슬픔도 모르고 언제나 소년과 같은 영원의 세계에서 핍은 신성(神性)에 찬 헤아릴 수 없이 많은 산호충의 무리가 물속의 창공에 거대한 머리를 쳐드는 것을 보았다. 그는 신의 발이 베틀의 발판에 놓여 있는 것을 보고 그대로 이야기했는데 배의 모든 사람은 그를 미치광이라고 했다. 이렇듯 인간의 광기는 천상의 지혜이다. 온갖 인간적인 이성에서 벗어남으로써 인간은 드디어 그 천상의 사상에 도달하게 되는데, 이성의 눈으로 보자면 터무니없는 광기로 보이겠지만 기쁨에 대해서나 슬픔에 대해서나 신처럼 자유롭고 막힘 없어진다.

나머지 일에 대해선 너무 스텁을 공박하지 말도록 하자. 이런 일은 고래잡이에겐 흔해 빠진 일이니까. 또한 이 이야기의 마지막에서도 보겠지만 나 자신도 마찬가지로 바다를 떠돌아다니게 될 테니까.

제94장
손으로 쥐어짜다

스텁의 고래는 이토록 커다란 대가를 치르고 이윽고 피쿼드 호의 뱃전에 당겨져서 이미 설명한 것 같은 고기 자르기며 끌어올리는 작업, 그리고 저 하이델베르크의 큰 통이라고도 하고 큰 상자라고도 불리는 머리에서의 기름 퍼내기까지도 예정대로 진행되었다.

한 사람이 이 마지막 일을 하고 있을 때 다른 사람은 경뇌(鯨腦)로 가득 찬 큰 통을 당기는 일을 하고, 이윽고 시간이 지나면 그 경랍(鯨蠟)은 신중한 작업으로 다시 기름솥으로 운반되는데 거기에 대해서는 나중에 다시 쓰겠다.

경뇌가 어느 정도 냉각되고 결정화(結晶化)되자, 나와 몇몇 사람은 이 콘스탄티누스 대제(콘스탄티누스 1세로 추측됨)의 목욕탕이라고도 할 만한 것 앞에 앉아 액체 속을 여기저기 떠돌아다니는 이상한 덩어리를 보았다. 그 덩어리진 부분을 쥐어짜서 액체로 하는 것이 우리들의 임무였다. 향기롭고 끈적끈적한 임무! 옛날에 이 향유고래가 화장품으로 환영받았다는 것은 이상할 것 없다. 이토록 맑고 감미롭고 부드럽게 해주는 것, 이토록 미묘하게 달래 주는 것! 단지 이삼 분 동안 손을 그 속에 넣었을 뿐인데도 나는 나의 손가락이 뱀장어같이 느껴져 자칫하면 꾸불꾸불 감겨지는 게 아닌가 하고 생각될 정도였다.

나는 힘든 고패 일을 끝내고 갑판에 편안한 자세로 다리를 꼬고 앉아 휴식을 취했다. 하늘은 청명하고 평화로웠고, 배는 나른하게 늘어진 돛을 펴고 고요히 미끄러지듯 달리고 있었다. 잘 엉켜서 속속들이 스며든 작은 혈구들이 기분 좋게 느껴지는 부드러운 경뇌 조직 안에 손을 넣으니 그 풍부함이 잘 익은 포도가 와인으로 숙성되듯 퍼져 나와 내 손에 한가득 부딪쳐왔다. 나는 정말이지 봄날의 바이올렛 향기처럼, 오염되지 않은 그 향기를 흠뻑 들이켰다. 단언하건대, 그 사향 냄새 나는 초원 속에서, 나는 우리의 끔찍한 맹세들을 모두 잊어버렸다. 말로 표현할 수없는 경뇌의 부드러움 속에 나는 나의 손과 심장을 씻는다. 고래는 분노의 뜨거운 기운을 가라앉혀 주는 덕을 가졌다는 파라셀수스의 옛 믿음을 믿고 싶어진다. 그 속에 손을 담근 채 모든 사악함, 심술궂음, 원한 같은 것으로부터 풀려나는 성스러운 자유를 느낀다.

쥐어짜라! 쥐어짜! 짜내라! 아침 내내 나는 내 자신이 그 속에 녹아들 정도로 고래를 열심히 쥐어짰다. 야릇한 광기가 내게로 덮쳐올 때까지 계속해서. 그 순간 나는 나도 모르게 내 동료들의 손을 혈구로 착각하고 쥐어짜고 있다는 사실을 깨달았다. 이 일에는 그토록 풍부하고 포근하고 상냥하고 사랑스러운 감정이 스며 있는 것이다. 알아채고서도 그들의 손을 계속 쥐어짜다가 나는 이윽고 감상에 빠진 듯 그들의 눈을 올려다보았다. 오, 사랑스러운 동료들이여, 우리가 왜 사회적 원한을 오래도록 간직해야 하는가, 질투나 불쾌함이라는 게 도대체 뭔가! 자, 모두들, 우리 함께 손을 쥐어짜보세. 아냐, 우리 모두 서로를 쥐어짜보세. 우주적으로 서로를 짜서 이 경뇌의 다정스러움으로 녹아 들어 보자고.

내가 영원토록 경뇌를 짤 수 있을까? 반복되는 경험을 통해서 깨달은 것은, 인간은 어떤 경우든 끝내는 자기 자신이 얻을 수 있는 기쁨의 수준을 낮추거나 적어도 다른 데로 옮겨야 한다는 사실이다. 지성이나 공상 속에 두어서는 안 된다. 아내나 심장, 침대, 테이블, 안장, 난롯가, 시골 같은 것에 두어야 한다. 이제 이 모든 사실을 깨쳤으니 나는 영원토록 경뇌를 짤 마음이 되어 있다. 밤이 되면 환상 속에 저마다 손에 경뇌를 들고 가는 긴 천사들의 형렬이 펼쳐진다.

이제 경뇌 이야기에서 잠깐 벗어나 고래의 기름 짜는 일에 관해 약간 다른 이야기를 해 보자.

우선, 이른바 '백마(白馬)'라는 것이 있는데, 고래의 몸통이 가늘어지는 부분이나 꼬리의 두꺼운 부분에서 얻어진다. 응고된 근육 덩어리로, 단단하지만 약간의 기름을 갖고 있다. 고래에서 떼 내고 나면 긴 타원형으로 잘라진다. 영국 남부의 버크셔 대리석 덩어리 같다.

플럼푸딩은 고래 기름층의 군데군데 붙어 있는 살 토막에 붙여진 이름으로, 기름층 안에 상당히 많이 포함되어 있다. 광장히 신선하고 발랄하고 아름다운 모습을 갖고 있다. 이름에서 알 수 있듯이 그 색조는 풍부하면서 다채롭고, 눈처럼 희고 황금색이 줄무늬 진 바탕에 짙은 심홍색과 자색의 점들이 박혀 있다. 머릿속에서는 가로막지만, 그것을 먹고 싶다는 유혹을 떨치기는 힘들다. 고백하건대, 그것을 훔쳐내서 먹어본 적이 있다. 그것은 프랑스의 뚱보왕 루이가 먹었음직한, 사슴 사냥철——샹파뉴 지방 포도원 최고급 와인을 생산한 연도와 일치한다——의 첫날에 잡은 사슴의 허벅다리로 요리한 황실의 커틀릿 맛이 났다.

이 작업 과정에서 오는 것으로 또한 몹시 색다른 것이 있는데 이것을 적절하게 묘사한다는 것은 더할 나위 없이 어렵다. 그것은 진흙 옷이라고 하는데 고래잡이들 가운데서 시작된 이름으로 그 물건의 성질을 아주 잘 나타내고 있다. 다루기가 고약할 정도로 찐득거리며 너풀너풀한 물건인데 경뇌를 쥐어짜서 통에 부을 때 가장 잘 발견된다. 나는 이것을 유착(癒著)된 경뇌의 막이 찢어져서 놀랄 만큼 엷어진 것이라고 생각한다.

'몹쓸 고기'라는 말은 본래는 참고래를 말하는 것인데 이따금 향유고래잡이들이 사용할 때가 있다. 그것은 그린란드 고래, 다시 말해서 참고래의 등에서 벗겨낸 검은 아교질을 이루고 있는 것이며, 저 저급한 고래를 잡는 속물들의 배의 갑판은 그것으로 덮여 있다.

'집게', 이것은 엄밀히 말하자면 고래에서 유래한 말은 아니다. 그러나 고래잡이가 쓸 때에는 고래의 것이 된다. 고래잡이가 말하는 집게는 고래 꼬리의 가늘어지는 부분에서 잘린 짧고 단단한 힘줄 고기 조각인데, 두께는 보통 1인치이고, 그 나머지 부분은 괭이의 철판 부분 정도의 크기다. 가죽으로 만든 빗자루처럼 미끈미끈한 갑판에 그 가장자리를 대고 끌고 다니면 마법처럼 온갖 오물이 깨끗하게 빨려 들어간다.

그러나 이런 알기 어려운 사항에 대해서 모조리 소상하게 알려고 한다면 여러분은 당장 지방실로 내려가서 그곳에 있는 사람과 장시간 이야기를 주고받는 것이 가장 좋을 것이다. 이 장소는, 전에도 말했듯이, 고래에서 벗겨낸 지방 조각이 쌓여 있는 곳이다. 드디어 이것들을 잘게 저미는 때가 되면, 이 방은 처음 보는 사람들에겐, 특히 밤에는 처참한 분위기로 가득 찬 광경을 보여줄 것이다. 한쪽에는 희미한 등불이 있고 작업하는 사람을 위한 자리가 마련되어 있다. 대개는 둘이 짝이 되어서 창과 갈고리를 가진 사람과 끌을 가진 사람이 일을 한다. 포경용 창이란 군함에서 같은 이름으로 불리는 공격용의 그것과 흡사하다. 갈고리란 보트를 끌어당기는 갈고리와 어딘가 비슷하다. 이 갈고리에 지방 조각을 걸쳐서 배가 흔들려 기울어도 미끄러져 떨어지지 않도록 한다. 그때 고래삽은 그 지방 조각 위에 서서 그것을 수직으로 잘라서 손으로 들어 옮길 수 있는 단편들로 만든다. 이 끌날의 날카롭기는 면도칼의 그것과 같은 정도다. 만약 그가 자기 발가락이나 동료의 발가락을 잘라 버렸다고 하면 몹시 놀라운 일일까? 노련한 지방실 사람일수록 가지고 있는 발가락이 적다.

제95장
법의

 만약 누가 고래의 시체 처리가 진행 중일 때에 피쿼드 호에 타고 그 양묘기 가까이 접근해 갔다면, 거기에 매우 기이한 정체를 알 수 없는 물체가 바람이 불어가는 쪽의 물 빠지는 구멍 쪽에 기다랗게 가로놓여 있는 것을 보고 적잖이 호기심이 발동해서 살펴보려고 할 것이다. 그 이상하기 이를 데 없는 원추형의 물체를 한번 보고 나면 거대한 고래 머리의 웅장한 기름통도, 떨어진 아래턱의 괴이함도, 서로 대칭을 이룬 꼬리의 기적도 그다지 놀랄 일은 못 될 것이다. 그것은 켄터키 사나이의 키보다도 크고, 아래쪽 바닥의 지름은 약 1피트나 되고, 색은 퀴케그의 흑단빛 요조처럼 새까맣다. 정말로 우상이다. 옛날에는 이것과 흡사한 것이 있었다. 이를테면, 유대의 마카 여왕의 비원(秘園)에서 발견된 우상과 같은 그런 것이다. 여왕이 그것을 숭배했기 때문에 그 아들인 아사 왕이 그녀를 쫓아내고 그 우상을 파괴하여 케드론 강변에서 그것을 태워 버린 것은 「열왕기 상」15장에 적혀 있는 그대로다.
 잘게 저미는 일을 맡은 선원이 오는 것을 보라. 그는 지금 두 동료의 도움을 받으면서, 뱃사람들이 흔히 '굉장한 것'(고래의 남근)이라고 하는 것을 간신히 밀고 양쪽 어깨를 웅크리면서 마치 전쟁터에서 죽은 전우를 운반하는 척탄병처럼 비틀거리면서 그것을 운반하고 있다. 앞갑판에 그것을 내려놓으면 아프리카의 사냥꾼이 보아뱀의 껍질을 벗기듯 그 검은 껍질을 원통형으로 벗기기 시작한다. 그러고 나서 그 껍질을 바지가랑이처럼 뒤집고 잡아당겨 지름이 두 배가 될 정도로 만든다. 마지막에 충분히 펴서 밧줄에 걸쳐서 말린다. 조금 뒤에 그것을 내려서 뾰족한 끝을 3피트 가량 잘라내고 반대쪽에 팔을 집어넣을 만한 구멍을 두 개 잘라내고, 그리고 자기의 온몸을 완전히 그 속에 넣는다. 그리하여 세밀한 재단사는 그 천직에 어울리는 완전한 법의를 몸에 걸치고 선다. 이 제복이야말로 태고적부터 그들에게 주어진 것인데, 그가 그의 특이한 임무에 종사할 동안 그 몸을 충분히 보호해 줄 것이다.

그 임무란 지방 덩어리를 잘게 썰어서 솥에 넣는 일이다. 이 작업은 목마가 뱃전에 엉덩이를 돌리고 있는 것같이 생긴 작업대에서 행해지며, 목마 아래에 커다란 통이 놓여 있고 잘게 저며진 고깃덩어리가 열이 오른 웅변가의 손에서 원고지가 한 장 한 장 떨어지듯 통 속으로 떨어진다. 고상한 흑의(黑衣)에 몸을 감싸고 당당한 설교단을 차지하고 서서 성서의 책장*에 마음을 집중시킬 때 이 세단사야말로 진정 대주교의 후보, 아니 교황품격이 아니겠는가.

---

* 성서의 책장! 그것은 항해사들이 끊임없이 세단사에게 말을 거는 외침소리다. 그것은 그에게 주의를 촉구하고 될 수 있는 대로 얇게 저미도록 요구하는 것이다. 왜냐하면 그렇게 함으로써 기름을 끓이는 일이 빨리 진전되고, 기름의 양도 현저하게 늘고, 그 질도 좋아지기 때문이다.

제96장
기름솥

　미국 포경선의 외관상의 특징은, 매달아 놓은 보트 외에는 온통 기름솥뿐이라는 느낌이다. 다시 말해서 포경선을 구성하는 것으로서 참나무와 삼밧줄 외에도 가장 견고한 벽돌 공사를 한다는 식의 색다른 일을 해 보이는 것이다. 그것은 마치 들판에 있던 벽돌 굽는 화덕을 갑판으로 옮겨놓은 것 같다.
　그 기름솥들은 갑판의 가장 넓은 부분, 다시 말해서 앞돛대와 큰돛대 사이에 놓인다. 그 밑바닥의 목재는 특히 견고한 것이며, 세로 10피트 가로 8피트 높이 5피트나 되는, 거의 벽돌과 모르타르만으로 만들어진 화덕의 중량을 받칠 만큼의 힘을 갖는다. 토대가 갑판을 뚫지 않은 대신 그 구조물은 사방에서 무거운 철봉을 단단히 목재에 나사못을 박아 갑판 면에 고정시켜 두었다. 옆은 판자로 감쌌고 윗면은 비스듬하게 경사진 판자 승강구로 완전히 덮여 있다. 이 승강구의 뚜껑을 젖히고 들여다보면 기름을 몇 통씩 담을 수 있는 큼직한 두 개의 기름솥이 있다. 사용되지 않을 때는 굉장히 청결하게 되어 있다. 이따금 활석이나 모래로 닦아내어 그 내부가 마치 은그릇처럼 윤이 난다. 불침번 때 익살맞은 늙은 선원들은 거기에 몰래 기어들어가서 잠깐씩 눈을 붙이기도 한다. 기름솥을 닦을 때는――두 사람이 나란히 두 개의 솥에 들어가게 되는데――솥전 너머로 비밀 이야기를 주고받기도 한다. 이곳은 또한 심원한 수학적 명상을 위한 곳이기도 하다. 피쿼드 호의 좌현에 있는 기름솥 속에서 활석이 쉴 새 없이 내 주위를 돌고 있을 때 나는 처음으로 어떤 놀라운 사실에 눈이 번쩍 뜨였다. 그것은 기하학에 있어서 원형을 이루어 움직이는 온갖 물체는――내 주위를 돌고 있는 활석도 마찬가지인데――어떤 점으로부터도 정확하게 똑같은 시간에 낙하한다는 것이다.
　기름솥 전면에서 화덕의 벽을 치워 버린다면 그 내부 부분의 구조가 보이겠지만 솥의 바로 밑에는 쇠로 된 두 개의 아궁이가 열려 있다. 이 아궁이에는 무거운 쇠뚜껑이 덮여져 있다. 고도의 강한 열이 갑판에 전달되지 않게 하기 위해서 얇은 저수조가 불을 둘러싼 표면 전체에 덧대어져 있다. 그 저수조의 뒤쪽에는 파이프가 끼워져 있어서 물이 끓어 증발하자마자 새 물이 보급되도록 되어 있다. 밖에서 보이는 굴뚝은 없고, 뒷벽에 직접 연기 구멍이 뚫려 있다. 한데 잠시 먼저의 이야기로 되돌아가기로 하자.

이번 항해에서 처음으로 피쿼드 호의 기름솥에 불을 땐 것은 밤 9시경이었다. 이 작업의 감독은 스텁이었다.

"준비되었나? 뚜껑을 열어라! 작업 개시다! 쿡, 불을 때라!" 이것은 쉬운 일이었다. 왜냐하면 배목수가 항해중 내내 대팻밥을 아궁이 속에 넣어 두었기 때문이다. 여기서 말해 두겠는데 고래잡이에서 기름솥에 맨 처음 불을 붙일 때에는 나무로 지피게 되어 있다. 그 뒤는 주요 연료에 빨리 불을 붙이기 위한 것 이외에는 나무를 쓰는 일은 없다. 즉, 기름을 짠 뒤의 '기름 찌꺼기'라든가 '튀김 부스러기'라고 불리는 쭈글쭈글하게 오그라든 지방은 아직도 상당한 기름기를 포함하고 있다. 이 '튀김 부스러기'가 연료가 된다. 불에 데어서 몸이 부어오른 순교자나 스스로를 소모시켜 없어지게 하는 염세주의자처럼 고래는 일단 불이 붙기만 하면 자기 스스로 연료를 공급하면서 자신을 불태운다. 자신의 연기까지도 다 소모시켜 없애 주면 좋지 않겠는가. 고래의 연기는 들이마시면 지독한 것임에도 불구하고 우리들은 그것을 마시지 않을 수 없고 또 몇 시간이나 그 속에서 지내야 한다. 그것은 뭐라고 형용할 수도 없는 끔찍한 힌두적 냄새, 화장터 주위에 떠도는 그런 악취다. 그것은 최후의 심판 날의 불신자(不信者) 같은 냄새를 풍긴다. 그것은 지옥의 존재를 입증하는 듯하다.

야밤중까지 작업은 활발히 진행되었다. 우리는 돛을 팽팽히 달고, 고래의 시체에서 멀어져가고 있었다. 바람은 점점 기세가 좋아지고 넓고 넓은 대양의 어둠은 그야말로 칠흑 그것이었다. 그러나 왕성한 불꽃은 이따금 그을음 투성이인 굴뚝에서 혓바닥을 내밀면서 그 칠흑의 어둠을 핥고, 유명한 그리스인의 불꽃(붙는 배로 적의 배를 불 지르는 전술)처럼 높이 걸려 있는 밧줄을 모조리 비추었다. 불타는 배는 어떤 참극을 향해서 미친 듯이 달리고 있었다. 용감하고 대담한 히드라 섬사람 캐나리스(터키 독립 전쟁의 용사)가 배에 역청(瀝靑)과 유황을 싣고 심야의 항구를 떠나 돛을 불태우며 터키 군함에 덤벼들어 그들의 배를 큰 불길 속에 휘말아 넣은 광경도 이렇지는 않았으리라고 생각되었다.

정유 장치 위쪽에서 들어낸 뚜껑은 그 앞쪽에서 커다란 마루 대용품이 되었다. 그 위에는 언제나 포경선의 화부(火夫)인 이교도 작살 잡이들의 지옥 귀 같은 모습이 서 있었다. 그들이 굵고 긴 막대기로 숫숫하고 소리를 내는 지방덩어리를 끓는 솥에 던지기도 하고 밑의 불을 휘젓기도 할 때 뱀 같은 불꽃이 똬리를 틀면서 아궁이에서 튀어나와 그들의 발을 잡으려고 하는 것처럼 보였다. 어두운 연기가 뭉게뭉게 쏟아져 나왔다. 배가 흔들릴 때마다 끓는 기름도 흔들려서 그들의 얼굴에 튀려고 덤비는 듯했다. 이 불 아궁이 반대쪽인 큼직한 마루 저쪽에는 양묘기가 있었다. 그것은 해상의 안락의자 대신으로 쓰였다. 불침번은 특히 할 일이 없으면 거기에 기대서 빨갛게 타는 불을 지켜보곤 하는데 그러다가 얼굴 속에서 눈이 타는 것같이 느껴져 놀라기도 한다. 그들의 볕에 그을은 얼굴은 기름 연기와 땀으로 번들번들해지고 수염은 헝클어지고 그들의 야만적인 이빨은 한층 더 밝게 빛나, 그 모든 것들은 기름솥의 변덕스러운 조명 속에서 괴상한 장면을 그려내고 있었다. 그들이 그 난폭한 모험에 대해서 웃음거리로 서로 이야기를 주고받을 때, 또한 그들의 야비한 너털웃음이 불 아궁이에서 튀어나오는 불꽃처럼 입에서 튀어나올 때, 또한 그들의 앞에서 작살잡이들이 굵고 긴 갈고리와 국자를 들고 거친 몸짓을 하며 이리저리 움직일 때, 바람은 무섭게 울부짖고 파도는 일고 배는 신음하며 그 시뻘건 머리를 바다와 밤의 암흑 속으로 자꾸 앞으로 쉬지 않고 밀고나가면서 그 입에 오만하게 백골을 물고, 사방으로 밉살스럽게 침을 마구 뱉을 때, 이 피쿼드 호는——무섭게 달리며 야만족들을 싣고 화염에 싸여 주검을 태우며 칠흑의 어둠 속으로 돌진하는 이 배는, 참으로 그 편집광적인 지휘자의 혼을 눈에 보이는 형태로 나타낸 것이라고 할 만하다.

나는 키잡이로서, 선 채로 몇 시간 동안 이 불타는 배의 항로를 묵묵히 인도하며 그렇게 느꼈다. 그동안 나 자신은 어둠 속에 싸여 있었으므로 다른 사람들의 새빨간 빛, 광기, 요기를 분명히 보았다. 눈앞에 이런 악귀 같은 모습이 절반은 연기, 절반은 불속에서 마구 돌아다니는 것을 보는 동안에 심야의 키를 잡고 있을 때면 으레 몰려오던 졸음이 닥쳐왔는데, 이번에는 나의 영혼 속에 같은 장면의 환영이 나타났다.

그러나 특히 그날 밤에는 이상한 (그리고 나중에라도 설명할 수 없는) 일이 내게 일어났다. 잠깐 동안 선 채 잠들었다가 깜짝 놀라 깨어났을 때 나는 오싹하면서 무언가 치명적인 재난의 느낌을 의식했다. 고래의 턱뼈로 만든 키자루가 거기에 기대고 있던 나의 옆구리를 때렸다. 조금 전부터 바람에 떨리기 시작한 돛의 낮게 윙윙거리는 소리가 나의 귀에 들려 왔다. 나는 눈이 뜨여져 있다고 생각하고 있었다. 거의 무의식적으로 손가락을 눈까풀에 가지고 가서 더 크게 뜨려고 하였다. 그럼에도 불구하고 키를 잡기 위해서 나침반을 보려 해도――불과 1분전에 나침반의 등불 빛으로 해도를 읽었는데도――눈에 보이지 않았다. 내 앞에 있는 것은 다만 새까만 어둠이고, 이따금 그것이 빨간 섬광으로 을씨년스럽게 찢길 뿐이었다. 가장 강하게 다가온 인상은, 내가 지금 단단히 밟고 있는 이 재빨리 달리는 것은 무엇이었던 간에 그것은 앞쪽 어느 곳인가의 항구로 향하고 있는 것이 아니라, 모든 항구를 뒤로 하고 달리고 있다는 환상이었다. 죽음 같은 암담한 절망감이 덮쳐왔다. 나의 양손은 경련적으로 키자루를 움켜쥐었으나, 그때 그것이 무엇인가의 저주에 걸려서 반대로 돌고 있구나, 하는 미친 사람 같은 망상에 사로잡혔다. 신이여, 도대체 이것은 어찌 된 일입니까. 나는 생각했다. 저런! 잠깐 조는 동안에 나는 몸을 한 바퀴 돌려서 고물 쪽을 향하고, 뱃머리와 나침반을 뒤로 하고 있었던 것이다. 순간적으로 나는 원위치로 돌아와 배가 역풍을 받아 하마터면 뒤집힐 뻔한 것을 가까스로 막을 수 있었다. 이날 밤의 괴상한 환각에서 그리고 역풍에 의한 재난에서 구출된 것을 진심으로 기뻐하고 감사할 따름이다.

인간이여! 불꽃을 너무 오래 들여다보지 마라! 손을 키에 놓은 채 잠이 들어서는 안 된다! 나침반에 등을 돌려서는 안 된다. 키자루의 움직임의 최초의 암시를 놓치지 마라. 인공적인 그 붉은 빛으로 모든 물건들을 귀신처럼 보이게 하는 불꽃을 믿어서는 안 된다. 내일은 대낮의 태양에 의해서 하늘이 빛나고, 뱀의 혓바닥 같은 불길 속에서 악마처럼 비추어진 것도 아침에는 훨씬 다른, 적어도 부드러운 모습으로 보이게 될 것이다. 찬연히 빛나는 황금의 환희에 찬 태양, 그것만이 진실의 등불이며 다른 모든 것은 거짓이다.

그러나 그 태양도 버지니아 습지, 로마의 저주 받은 황야, 또는 광막한 사하라, 그리고 이 세계에 몇 백만 마일이나 이어지는 황폐와 비애를 감추지는 못한다. 태양도, 지구의 암흑면이자 자구의 3분의 2를 차지하는 바다를 감추지는 못한다. 그러니까 만약 죽어야만 할 사람이 그 마음속에 슬픔보다 기쁨을 더 많이 가졌다고 한다면 그 사람은 진실한 사람이 아니다. 진실하지도 못하거니와 미개하다고 하겠다. 책도 마찬가지다. 모든 사람 중 가장 진실한 자가 '슬픔의 사람 그리스도'이듯 온갖 책 중에 가장 진실된 것은 솔로몬의 책이며, 그 '전도서'는 순수한 비애로 만들어진 강철이다. '모든 것이 헛되도다.' 모든 것이. 건방진 현대 세계는 그리스도를 모르는 솔로몬의 지혜조차도 아직 파악하지 못하고 있다. 어떤 사람은 병원이니 감옥이니 하는 것을 잘도 피해 다니고, 묘지를 지나갈 때에는 재빨리 지나가고, 지옥에 대해서보다 오페라에 대한 이야기를 즐기고, 쿠퍼(영국의 시인), 영(에드워드 영. 영국의 시인으로 그의 '만가'는 특히 유명함) 같은 사람과 파스칼이나 루소를 병신 바보라고 하고, 그 태평스러운 생애 동안 라블레를 들먹이면서 더없이 현명한 자만이 명랑한 자라고 단언한다. 이런 사람은 묘석 위에 앉아서 헤아릴 수 없이 위대한 솔로몬과 함께 푸른 물이 덮인 습기찬 흙을 파헤치는 데도 적당치 않다.

그러나 솔로몬은 말한다. '깨달음의 길을 떠난 사람은 (설사 살아 있을 때에도) 죽은 사람들이 모여 있는 속에 있는 것이다'(잠언 21장 16절). 그러니까 그대는 불한테 져서 그때의 나처럼 뒤로 돌아서서 죽는 일이 있어서는 안 된다. 고뇌가 곧 예지인 때가 있다. 그러나 고뇌가 광기인 경우도 있다. 또한 어떤 사람들의 영혼에는 캐츠킬 산(뉴욕주에 있음)에 사는 매가 가장 어두운 계곡으로 내려갈 수도 있고 다시 날아올라 햇빛 찬란한 공중에 모습을 감출 수도 있다. 그리고 그 매가 설사 영원히 계곡 밑바닥을 날고 있었다 하더라도 그 계곡은 산에 있으므로 그 산속의 매는 가장 낮은 곳을 날 때에도 평원의 다른 새들이 높이 날 때보다도 훨씬 높은 곳에 있다.

제97장
등불

 만약 누구인가 피쿼드 호의 기름솥을 떠나서 그 앞돛대 쪽으로 내려가서 비번인 선원들이 자는 것을 보았다면 그 순간 그는 성도(聖徒)가 된 왕이나 추기경들의 신전의 불빛 속에 서 있다고 느낄 것이다. 저마다 떡갈나무로 만든 세모꼴의 동굴 속에서 다듬어 놓은 조각 작품처럼 입을 다물고 있고, 수많은 등불이 그들의 감은 눈 위에 빛을 던지고 있다.
 상선에서는 선원용 기름은 왕비의 젖보다도 더 귀하다. 그런 배의 선원들은 어둠 속에서 옷을 입고, 어둠 속에서 먹고, 어둠 속에서 잠자리에 뒹군다. 그것이 일상생활이다. 그러나 고래잡이는 광명의 원료를 구하는 것이며, 따라서 광명 속에 살고 있다. 그들은 잠자리를 알라딘의 등잔처럼 빛나게 하여 거기에 눕는다. 그러니까 칠흑의 밤이라 하더라도 배의 선창에는 빛이 가득 차 있다.
 고래잡이가 조금도 머뭇거림 없이 몇 개의 등잔을——등잔이라 해도 오래된 유리병 따위가 대부분이지만——들고 기름솥의 구리로 만든 냉각기 있는 데로 가서 마치 큰 통에서 맥주를 퍼내듯이 기름으로 등잔을 채우는 것을 보라. 그뿐 아니라 그는 아직 가공되지 않은, 그러므로 섞인 것이 없는 가장 순수한 기름, 육지에서도, 태양에서도, 달에서도, 별에서도 발견되지 않은 액체를 태운다. 그것은 새로 돋는 4월의 풀을 뜯어먹은 소의 젖으로 만든 버터처럼 향기롭다. 그는 마치 광야의 나그네가 자신의 저녁식사를 위한 짐승을 잡을 때처럼 기름은 신선하고 순순한 것이어야 한다고 확신하며 기름을 채우러 나가는 것이다.

제98장
수납과 청소

　여태까지 이야기한 것으로 분명해진 것은, 어떻게 해서 레비아단은 멀리 돛대 꼭대기에서 발견되는가, 어떻게 해서 그는 넓고 넓은 바다의 황야에서 쫓기어 깊은 골짜기에서 살해되는가, 어떻게 해서 그는 뱃전에 끌려가서 머리가 잘리는가, 어떻게 해서 옛날의 목 베는 사람이 목 잘려 죽은 자의 옷을 가질 권리가 있었던 것과 같은 원칙으로 그의 거대한 살덩이가 들어 있던 외투가 그 사형집행자의 재산이 되는가, 또는 어떻게 해서 적당한 시간 뒤에 솥에 넣어져서 사드락, 메삭, 아벳느고(다니엘 서) 참조 와 같이 경뇌와 기름과 뼈에 상처 하나 입지 아니하고 불속을 지나가게 되겠는가 하는 내용이었다. 그러나 아직 남아 있는 것은 이런 설명의 마지막 장——아니 읊는다고 해도 좋으리라고 생각하는데——다시 말해서 그의 기름이 통에 채워지고 나서 남은 몸이 선창 깊숙이 던져지고 그리하여 다시금 그의 고향인 깊은 바다로 되돌아가서 옛날 그대로 바다 속을 돌아다니지만, 불쌍타! 두 번 다시는 떠올라서 물기둥을 뿜어 올릴 수 없구나, 라는 낭만적인 일을 낭독하는 것이다.
　기름은 아직 더울 때 따뜻한 펀치 주처럼 6배럴들이 큰 통에 부어지는데 심야의 바다에서 여기저기 흔들리는 데 따라서 거대한 통들이 굴러다니며 거꾸로 곤두박질치고, 또 때로는 매끈매끈한 갑판에서 산사태가 난 것처럼 미끄러져 다니다가 결국은 선원들의 손에 의해 제자리에 놓이고, 모두 망치를 들고 나와 달려들어 테두리를 땅땅 박아 넣으니, 모든 선원들은 그 직책상 통장이가 되는 셈이다.
　드디어 마지막 1파인트까지도 통에 채워져서 깡그리 냉각되면 큰 창구멍이 열리고 배의 복부가 드러나서, 통들은 마지막 휴식처로 떨어져 간다. 그것이 끝나면 창구는 먼저처럼 꽉 닫히어 밀실처럼 된다.
　향유고래잡이에 있어서는 아마도 이것이 가장 눈부신 일일 것이다. 어느 날인가는 갑판에 피와 기름의 강이 생기고, 신성한 뒷갑판에 엄청나게 큰 고래 머리가 불경스럽게 쌓이고, 거대한 헌 통들이 양조장 뒷마당에 있는 것처럼 굴러다니고, 기름솥에서 나는 연기가 뱃전을 모두 그을려 버릴 것이다. 선원들은 기름투성이가 되어 돌아다니고, 온 배가 마치 고래 그 자체처럼 보이고, 귀청을 찢는 듯한 굉음이 울릴 것이다.

그러나 하루나 이틀이 지나서 주위를 둘러보고, 이 배에서 귀를 기울여 보라. 만약에 낯익은 보트나 기름솥이 없었더라면 좀더 세심하고 청결을 좋아하는 선장이 이끄는 어느 조용한 상선의 갑판을 걷고 있다고 단언하고 싶어질 것이다. 아직 정제되지 않은 고래 기름은 이상하게 세척력을 가지고 있다. 그렇기 때문에 갑판은 이 기름 일이라 일컬어지는 일이 끝난 뒤만큼 하얗게 빛날 때가 없다. 게다가 고래의 '튀김 부스러기'를 태운 재에서 손쉽게 강력한 잿물이 생기고, 만약 고래 등에서 나온 점액질의 것이 뱃바닥에 눌어붙거나 하면 그 잿물을 써서 선원들은 부지런히 뱃전을 돌아다니며 양동이의 물과 걸레로 당장 청결하게 청소한다. 밧줄 두는 곳의 검댕도 털어낸다. 사용된 온갖 도구는 똑같이 정성들여 씻어서 잘 넣는다, 커다란 뚜껑은 북북 문질러 씻어서 기름솥 위에 놓아 솥을 완전히 가린다. 통은 모두 모습을 감추고 밧줄은 모조리 감아져 눈에 보이지 않는 곳에 넣어진다. 이리하여 모든 선원들의 협력으로 이 양심적인 임무가 드디어 끝나면, 선원들은 비로소 자기 몸을 씻고 머리끝에서 발끝까지 옷을 갈아입는다. 그러고 나서 네덜란드에서 온 더없이 깨끗한 신랑처럼 상쾌한 기분으로 약간 흥분하여 얼룩 하나도 없는 갑판에 모습을 나타낸다.

그리고 가벼운 발걸음으로 갑판을 삼삼오오 짝을 지어 산책하고 익살을 섞어가면서 객실, 안락의자, 융단, 마직물 등에 대해서 이야기하며 갑판에 깔개를 깔까 이야기를 나누기도 하고, 돛대 위의 망루에 벽장식을 할까 생각하기도 하고, 또한 앞갑판의 광장에서 달밤에 차를 마시는 것도 나쁘지는 않겠다고 생각하기도 한다. 이 사향 냄새를 풍기는 선원들에게 기름이니 뼈다귀의 지방이니 하는 말을 넌지시 비친다는 것은 무례한 짓이다. 슬쩍 암시해 보아도 그런 것은 모른다는 표정을 한다. 이봐, 저리 가서 냅킨을 좀 가져다주게나.

그러나 보라. 세 돛대 꼭대기의 높은 곳에는 세 사람이 서서 아직 고래는 없는가 하고 눈을 크게 뜨고 있다. 만약 잡힌다면 틀림없이 다시금 묵은 떡갈나무 재목을 더럽히고 적어도 어딘가에든지 기름 한 방울은 떨어뜨릴 것이다. 그렇다. 종종 있는 일이지만, 밤낮의 구별 없이 아흔 여섯 시간이나 내리 계속된 힘든 일이 끝났는가 하고 생각할 때, 또한 그들이 적도 바로 밑에서 종일토록 노를 저어 손목이 통통 부은 채로 보트에서 배로 올라온 후 쉬지도 못하고 큰 쇠사슬을 끌어당기고 무거운 양묘기를 움직이고 살덩이를 저미느라 땀투성이가 되어 있을 때, 적도의 햇볕과 적도 밑의 기름솥이 결합된 화력으로 다시 그을리고 탈 때, 또한 그런 모든 일이 끝나고 간신히 배를 씻는 차례가 되어 그곳을 한 점의 얼룩도 없이 젖 짜는 곳처럼 깨끗하게 하고 갈아입은 깨끗한 옷의 윗단추를 막 끼우려고 할 때, 갑자기 "물뿜기다!" 하는 외침에 화닥닥 튀어 올라 곧 그들은 새로운 고래와의 전투로 돌입하여 다시 넌더리가 날 것 같은 대작업을 되풀이 하게 되는 것이다. 오오, 친구들이여, 이것이야말로 사람 죽일 일이 아니겠는가. 그러나 그것이 인생인 것이다. 우리들 살아 있는 사람은 오랜 고생 끝에 이 세상의 거구로부터 얼마 되지 않는 귀중한 경뇌를 끌어내고, 그것으로 참을성 있게 자신의 몸의 더러움을 씻어내고 드디어 깨끗한 영혼의 집에서 살기를 배우고 이제 성공했다고 생각할까말까 할 때, '물뿜기다!'하는 외침에 정령이 솟구쳐 나와 우리는 다시 새로운 세계에서의 전투를 향하여 달리고, 긴 세월 전해 내려온 일은 젊은 인생에 의해 다시 되풀이 되는 것이다.

  오오, 윤회여! 오오, 피타고라스여! 2천년 전 빛나는 그리스에서 그토록 착하며 현명하고 평화롭게 죽은 그대여, 나는 지난번 항해에서 당신과 페루 해안을 함께 달리고, 어리석게도 아무것도 모르는 순진한 소년이었던 당신에게 밧줄 매는법을 가르쳤던 것이다.

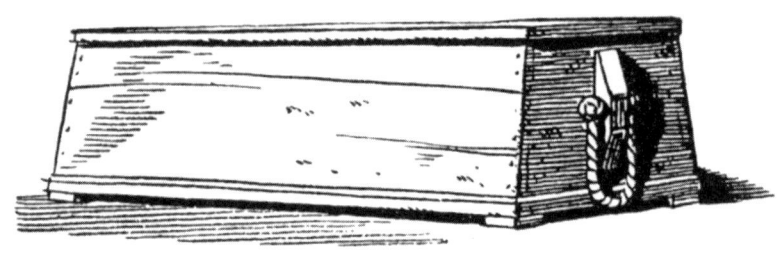

제99장
스페인의 금화

에이허브가 뒷갑판의 나침반과 큰 돛대 사이를 규칙적으로 왔다 갔다 하는 습관이 있다는 데 대해서는 이미 이야기했다. 그러나 다른 것도 설명해야 할 것이 많기 때문에 아직 자세히 부연하지는 못했다. 그는 이렇게 갑판을 걷는 경우에 이따금 깊이 자신의 생각에 잠기면 그 양끝 점에서 가만히 걸음을 멈추어 선 채 눈앞에 있는 어느 한 목표에 이상한 눈길을 고정시키는 것이었다. 그가 나침반 앞에 서서 그 시선을 나침반 바늘 끝에 집중할 때 그 눈빛은 그의 일념의 격렬함에 굳어서 던지는 창처럼 쏘아져 나갔다. 또다시 걷기 시작하여 이번에는 큰 돛대 있는 데서 걸음을 멈추고 집중된 시선으로 거기에 못 박아 놓은 금화를 쏘아볼 때도 마찬가지로 그는 못 박힌 듯한 완고함으로 불타고 있었다. 다만 그 어딘가에 희망의 빛이라곤 할 수 없어도 무언가 그만둘 수 없다는 간절한 소망의 빛이 엿보이곤 했다.

그러나 어느 날 아침, 그 금화 앞을 지나가려 했을 때 그는 거기에 새겨진 이상한 그림이며 글씨에 새삼스럽게 끌린 듯한 표정을 나타냈는데, 마치 처음으로 거기에 숨겨져 있는 어떤 중대한 의미를 자기 나름대로의 편집광적 방법으로 해석하기 시작한 것 같았다. 물론 모든 것에는 무슨 의미든 숨겨져 있다. 그렇지 않으면 모든 것에는 아무런 가치도 없고, 이 원형의 세계 역시 공허한 무(無)에 지나지 않으며 기껏해야 사람들이 보스턴 근교의 언덕에서 하듯이 짐수레에 실어다 은하수 어딘가의 늪지대라도 메우는 정도밖에는 소용이 없을 것이다.

그런데 이 금화는 순수한 황금이며 그것을 파낸 곳은 사금(砂金)의 들판을 뚫고 동으로 서로 흐르는 수를 헤아릴 수 없는 황금강(고대 소아시아 리디아의 강) 물줄기의 원류가 있는 어떤 화려한 언덕의 심장부였을 것이다. 지금은 녹슨 나사못이나 퍼렇게 된 큰 구리 못에 못 박혀 있지만 이제껏 조금도 건드려지지 않고 옛날 그대로의 키토(남아메리카 에콰도르의 수도)의 빛을 지니고 있었다. 또한 야만적인 선원들 사이에 놓여져서 야만적인 손들이 쉴 새 없이 만지고 지나갔더라도, 한밤중에 어떤 도둑이 접근해도 알 수 없을 정도로 어둠이 짙었더라도 아침에 일어나 보면 이 금화는 전날 저녁 일몰 때의 모습 그대로 있었다. 그 까닭인즉 금화를 특별히 간직하여 하나의 엄숙한 목적을 위해 떠받들고 있었으므로, 직업상 염치를 모르는 선원들이었다고는 하나 그들 모두가 이것을 '흰고래'의 부적으로서 경외하고 있었던 것이다. 이따금 그들은 지루한 불침번을 설 때에 이에 대해 서로 이야기를 주고받고 이것이 최후에 누구의 손에 들어갈 것인가, 그 사나이는 이것을 쓸 때까지 살아 있을 수 있을까 등을 고개를 갸웃거리면서 이야기하곤 했다.

이 고귀한 남아메리카의 금화는 또한 태양과 열대의 추억의 기념패이기도 했다. 야자, 알파카, 화산, 태양과 별, 일식과 월식, 풍요한 뿔, 펄럭이는 깃발, 이런 것들이 쏟아져 나올 것처럼 화려하게 조각되어 있어, 이 고귀한 황금은 스페인어로 쓰인 한 편의 시와 같이 저 환상적인 주조술에 의해 한층 더 고귀함을 더하고 영예를 더하고 있는 것처럼 보였다.

우연히 피쿼드 호의 금화는 금화 가운데서도 가장 우수한 것이었다. 그 가장자리에 에쿠아도르 공화국, 키토(REPUBLICA DEL ECUADOR : QUITO)라는 글씨가 새겨져 있었다. 그러니까 이 찬란한 화폐는 세계 한복판, 적도의 바로 아래에 세워진 나라의 것으로서, 그 나라 이름이 거기서 연유하여 붙여졌음을 알 수 있다. 그리고 그것은 안데스 산맥의 산허리, 가을을 알지 못하는 풍요한 대기 속에서 만들어진 것이다. 이 글씨에 싸여서 안데스의 봉우리 같은 것이 세 개 보이는데, 그 하나에서는 불을 뿜고 있고, 또 하나에는 탑이 솟아 있고, 또 하나에는 때를 알리는 수탉이 새겨져 있다. 그 모든 것 위를 둥글게 싸고 있는 것은 하늘의 십이궁도의 구분, 다시 말해서 신비스런 상징을 표시한 그림이며, 핵심을 이루는 태양은 천칭궁에서 춘추 2분점으로 들어가려 하고 있었다.

이 적도 금화를 앞에 놓고 에이허브가 걸음을 멈추고서 중얼대는 것을 관찰한 자가 있었다. "산봉우리니, 탑이니, 그 밖에 뭐든지 크고 높은 것에는 항상 자아의 강렬함이 있다. 보라, 세 개의 봉우리는 마왕처럼 잔뜩 뻐기고 있군그래. 꿋꿋한 탑, 그것이 바로 에이허브인 것이다. 불을 뿜는 산, 그것이 에이허브란 말야. 대담하고도 용감한 승리를 자랑하는 새, 그것도 또한 에이허브지, 모두 에이허브다. 그리고 이 둥그런 황금은 둥그런 지구의 초상이고 그것이 마법사의 거울처럼 이 사람 저 사람의 구별 없이 각각 그 자체의 신비로운 자아를 비추어내는 것이다. 세계에 대해서 신비를 가르쳐 달라고 부탁하는 놈은 큰 고생을 하고도 조금밖에 얻을 수 없다. 세계는 자기를 해명할 수는 없기 때문이다. 그러나 내게는 이 금화의 태양이 빛나는 얼굴인 것처럼 보인다. 그러나 보라! 그는 2분점, 폭풍의 표지가 있는 데로 뛰어든다. 더욱이 여섯 달 전에 백양궁(白羊宮)에서, 먼저의 2분점에서 기어 나왔을 뿐이 아닌가? 폭풍에서 폭풍으로! 그것도 좋겠지. 진통을 겪고 태어난 사람은 괴로움에 살고 아픔에 죽는 것이 어울린다. 그것도 좋겠지. 여기에 덮쳐오는 비참함을 멋지게 이겨내는 자가 있다. 그것도 좋겠지."

"요정의 손이 저 돈에 닿은 것은 아닐 테지. 그러나 어제부터 악마의 손톱이 상처를 냈을 게 틀림없어." 스타벅은 뱃전에 기대면서 혼잣말을 했다. "저 늙은이는 벨사살 왕(고대 바빌론, 왕)의 끔찍한 문구를 읽는 모양이군. 난 저 금화를 잘 살펴본 적이 없어. 늙은이가 아래로 내려가는군. 어디 좀 보자. 큰 하늘로 치솟은 세 봉우리 사이의 어두운 골짜기로군. 그것은 이 지상에서의 희미한 삼위일체의 표시일까. 다시 말해서 이 죽음의 골짜기에 있는 우리를 신께서 주위에서 지켜 주시어 우리의 어둠 위에 언제나 정의의 태양이 되고 희망이 되어 빛나고 있는 거다. 우리가 밑을 내려다보면, 어두운 골짜기 밑의 곰팡내 나는 진창이 보이지만, 눈을 들고 보면 반짝반짝 빛나는 태양이 우리의 눈에까지 들어와서 기운을 북돋아준다. 그러나 위대한 태양도 움직이지 않는 것은 아니다. 만약 우리가 밤중에 태양의 위로를 받고 싶어진다면 아무리 우러러보아도 허사가 아니겠는가. 이 금화가 말하는 것은 현명하고 다정하고 진실하지만 역시 내게는 슬프다. 나는 달아나리라. 진실이 나를 부당하게 뒤흔들어 버리지 않게."

"무굴의 늙은이구먼." 스텁은 기름솥 옆에서 혼잣말을 한다. "여태까지 금화를 노려보고 있었군 그래. 어렵쇼, 스타벅도 거기서 오는구먼. 두 사람 다 얼굴이 아홉 길이나 될 만큼 늘어났는걸. 그것도 금화 한 닢을 보고 있었기 때문이야. 저런 걸 만약 내가 지금 니그로 언덕이나 콜라 강에서 가지고 있었다면 보고 있을 겨를이 어디 있어, 곧 썩어버릴 텐데 말야. 홍! 내 변변치 않은 빈약한 지혜로 말하면 이건 좀 이상한 걸. 나는 말야, 여태까지 여러 번의 항해에서 금화쯤은 보아왔단 말야. 옛 스페인 금화라는 것도, 페루의 금화란 것도, 칠레 금화란 것도, 볼리비아 금화란 것도, 포파얀(남아메리카에 있었던 인디언 왕국) 금화란 것도, 피스톨 금화도, 조 금화도, 1/2 조 금화도, 4/1 조 금화도, 실컷 보아 왔단 말이야. 그런데 이 적도 금화의 어디에 기겁을 할 정도로 이상한 데가 있는 걸까. 제기랄! 내가 다시 한번 읽어 주마. 자아! 이것이 계시이고 기적이란 말인가. 흥, 이것이 보디치(미국의 수학자) 영감이 그의 저서 가운데서 십이궁도인지 뭔지라고 한 것이로군. 내가 아래에 가지고 있는 항해력에도 똑같은 것이 있지. 좋아, 항해력을 가지고 오자. 다볼(달력 항해술의 전문가)의 산술로 악마를 불러낼 수 있다는 말을 들은 일이 있지. 그렇다면 매사추세츠의 달력으로 이 이상야릇한 조각물의 뜻을 풀어내 주자. 이것이 바로 그 책이다. 그런데 가만 있자. 계시와 기적, 그리고 태양이 언제나 사이에 끼여 있고, 그래, 흠, 흠, 흠, 이것이군——모두 나란히 있구나, 백양궁(白洋宮)에 금우궁(金牛宮)에 쌍자궁(雙子宮)이구나. 그리고 태양이 그 속을 돌아다니는군. 딴은 그렇구나. 이 금화는 뼁 둘러 원이 된 열두 개의 거실의 두 문턱을 넘으려고 하고 있군. 이봐, 책! 넌 거짓말쟁이가 아닌가. 도대체 너희들은 자기의 역할을 알고 있지 못하잖아. 너희들은 다만 있는 그대로를 말하면 되는 거야. 생각은 이쪽에서 할 일이야. 왜냐하면 나는 매사추세츠 달력이나 보디치의 항해술이나 다볼의 산술 책을 읽고 안 일이란 말이다. 계시와 기적이라고? 계시도 아무런 위력이 없고 기적에도 도무지 의미가 없다면 비참할걸세! 잠깐, 뭔가 실마리가 보이는 것 같군. 잠깐 기다려. 이것 봐라! 다행이군! 있어. 이봐, 금화, 네 그 십이궁도에는 말이다. 사람의 일생이 처음부터 끝까지 씌어 있단 말이다. 나는 그것을 잘 읽어 볼 테다. 자아, 오너라, 달력! 우선 백양궁이군 그래——바람둥이 개새끼, 이놈이 우리를 낳는군. 그리고 금우궁——이놈이 우리를 마구 혼내는군. 그리고 쌍자궁——결국 선과 악이렷다. 우리는 선 쪽으로 가려고는 한단 말이다. 그러나 봐라! 거해궁(巨蟹宮)이 와서 우리를 다시 끌고 간단 말야. 그래서 선에서 떨어져 가면 사자궁(獅子宮)이 짖으면서 길에서 기다리다가——우리를 질겅질겅 씹다가 앞발로 밀어 버린단 말야. 우린 달아나지. 여어, 처녀궁(處女宮)! 우리들의 첫사랑이지, 결혼해서 언제까지나 행복해질 작정이었지. 거기에 천칭궁이

제99장 스페인의 금화 529

얼굴을 쏙 내밀어서——행복을 저울에 달아 보니 무게가 모자랐기 때문에 우리는 비관하고 있었는데, 이 무슨 일이란 말인가! 천갈궁(天蝎宮)이 와서 궁둥이를 찔러서 우린 펄쩍 뛰었단 말야. 그리고 상처를 치료하고 있는데 사방에서 윙윙 화살이 날아왔단 말이야. 사수궁(射手宮)이 놀고 있었더란 말이지. 그 화살을 빼노라니까, 웬걸, 마갈궁(磨羯宮)이 전속력으로 부딪쳐 와서 우리는 벌렁 나자빠졌지. 그러자 보병궁(寶甁宮)이 물을 가득히 끼얹어서 우리는 물에 빠져서 쌍어궁(雙魚宮)에 둘러싸여 잠들고 말게 되지. 이것이 하늘에 씌어 있는 설교인데 태양은 매년 그것을 지나가며 싱싱하고 유쾌하게 다시 나온단 말야. 그러나 저것이 높은 데서 어렵고 고생스러운 속을 쾌활하게 돌아다닌다면야, 이 하계(下界)의 스텁 님께서도 마찬가지지. 아아, 쾌활하게 지내야지. 잘 있어 금화, 그러나 잠깐만, 왕대공군이 이리로 오는군. 기름솥 뒤에라도 숨어서 저 나리께서 무슨 말을 하는지 들어보자구. 봐라, 앞에 와서 섰구나, 곧 무슨 말인가 토해낼 테지. 그래 말을 시작했군."

"여기서 내게 보이는 것은 금으로 만들어진 동그란 물건뿐이다. 저 고래를 잡은 사람이 이 동그란 것을 차지한다. 그런데 어째서 모두가 이 금화를 노려본단 말인가. 분명히 이것은 16달러의 가치는 있으니까 9센트짜리 담배라면 960개비군. 나는 스텁처럼 냄새가 고약한 파이프는 싫지만 잎담배를 썩 좋아하니까 이것은 960개가 있는 셈이야. 자아 플래스크 님께서 순시하러 나오시는군."

"저놈은 영리한 건가, 바보스러운 건가. 정말로 영리하다면 겉보기가 좀 바보 같고 정말로 바보라면 겉보기가 약간 영리해 보인단 말야. 그러나 기다리란 말야. 맨 섬의 영감이 오는군. 바다로 나올 때까지는 관(棺)메는 일을 했을 거야. 금화를 올려다보고 있군. 저런, 돛대 저쪽으로 가는데? 응 저쪽에는 말편자가 못 박혀 있을 뿐인걸. 되돌아왔구나. 도대체 이건 어찌된 영문인가. 들어라! 중얼중얼……마치 망그러진 커피 가는 기계 같은 목소리로 시작했군그래. 귀를 기울이고 들어라."

"흰고래를 잡는다면 그것은 이 태양이 이 궁도들 중의 어느 하나로 들어갈 무렵의 어느 달, 어느 날일 테지. 나는 궁도의 그림에 대해 연구를 했기 때문에 그 표시는 알고 있단 말이다. 40년쯤 전에 코펜하겐의 무당할미에게서 배웠단 말이다. 그런데 태양은 어느 표시가 있는 자리에 오면 좋단 말인가. 응, 그래, 금화 바로 뒤에 말편자의 표시가 있지 않은가. 그런데 말편자는 무슨 표시인가. 사자가……울부짖다가 삼켜버리는 사자가 편자의 표시다. 배여, 불쌍한 배여, 너를 생각하면 나의 늙어빠진 머리가 지끈지끈 아프구나."

"해석이 또 다르군. 그러나 책은 하나다. 세상은 하나이지만 사람은 가지각색이니까. 또 숨어야겠군! 저 봐, 퀴케그가 온다……온몸이 문신투성이고……네가 바로 그 십이궁도로구나. 식인종이 무슨 말을 할까. 과연 기호를 살펴보기 시작하는군. 넓적다리뼈를 보고 있구먼. 태양이 넓적다리에, 아니면 정강이에, 그것도 아니면 창자 속에 들어간다고 생각하는 모양이군. 산골짜기에 사는 놈들이 외과 의사의 천문학 이야기를 하는 것처럼 말이지. 저런, 놈이 넓적다리 부근에서 무언지 찾아냈는데 다시 말해서 사수궁이 아닐까. 아니야, 놈은 금화라는 게 어떤 것인지 알지 못한단 말이야. 어느 임금님의 바지에 달린 낡은 단추라고 생각할 거야. 그런데 또 숨어야겠다! 유령 악마 놈인 페들러가 오는군. 여전히 꼬리는 똘똘 말아서 감추고 신의 발가락 사이에는 삼베 조각을 틀어막았구나. 저런 무시무시한 얼굴로 무슨 말을 한단 말인가. 아! 그림에 신호를 하고 절을 하는구나. 금화에 태양이 있거든……틀림없는 배화교도일 거야. 후유, 또 오는군. 이쪽에서 핍이 나오시는군. 자식! 죽어 주었으면 좋았을걸. 아니 내가 죽는 게 더 좋았을까. 나는 절반쯤 저 아이가 무섭단 말야. 놈도 모두가……나까지 포함해서 모두가 그림을 읽는 것을 보았단 말야. 그리고 보란 말야. 보통 사람 같지 않게 바보 같은 얼굴로 읽기 시작했어. 숨자, 숨어, 놈이 뭐라고 하는지 들어라, 들어라!"

"나 본다, 당신 본다, 그 사람 본다. 우리 본다, 당신들 본다, 그 사람들 본다."

"뭐라고! 머레이(미국의 문법 학자)의 문법 공부를 하는 건가. 불쌍하게도 머리를 좋게 하려는 게로군. 그런데 지금 무슨 말을 시작했는가. 쉿!"

"나 본다, 당신 본다, 그 사람 본다. 우리 본다, 당신들 본다, 그들 본다."

"저런 외우는 건가? 쉿! 또 뭐라고 하는군."

"나 본다, 당신 본다, 그 사람 본다. 우리 본다, 당신들 본다, 그들 본다."

"흐음, 재미있군 그래."

"나, 당신, 그 사람, 우리들, 당신들, 그들은 모두 박쥐다. 난 까마귀, 곧잘 이 소나무 꼭대기에 앉아 있지. 까욱, 까욱, 까욱, 까욱, 까욱! 난 까마귀 아닌가? 허수아비는 어디 있나. 저기 있다. 너덜너덜한 바지에 뼈가 두 개 꽂히고, 누더기 셔츠에 또 두 개 꽂혔군."

"내 말을 하는 게 아닐까? 허어, 참! 자식. 내 목을 매달고 싶어지는군. 아무튼 핍에게서 달아나자. 다른 똑똑한 머리를 갖고 있는 놈이라면 끄떡도 않겠지만, 이놈처럼 미친놈의 대가리에는 나처럼 제 정신을 지닌 사람은 진단 말야. 그래, 그래. 이놈에게 중얼거리게 내버려두자."

"이 금화, 배의 배꼽이다. 모두들 빼내려고 한다. 그렇지만 배꼽을 빼면 그 뒤는 어떻게 되지? 그러나 여기에 놔두면 보기 흉해. 돛대에 못 박아 두면 끔찍한 일이 닥쳐올 표시가 된단 말야. 핫, 핫, 에이허브! 흰고래가 당신을 못질할 거요. 이건 소나무다. 우리 아버지, 톨랜드의 어느 곳에서 소나무를 베었더니 은반지가 속에서 나왔지. 검둥이의 결혼 반지였어. 어째서 거기에 있었을까? 그렇지만 만약 부활하는 날, 모두가 이 낡은 돛대를 건져 올려 그 꺼칠꺼칠한 나무껍질에 달라붙은 굴조개들 속에서 이 금화를 찾아낸다면 이렇게 말하겠지! 오오, 황금! 고맙다, 고맙다. 황금이여! 얼마 지나지 않아서 바보 같은 욕심쟁이가 너를 가둘 거야. 슛! 슛! 신께서 세계를 짓이기며 돌아다니신다. 요리다! 요리다! 우리를 요리한다! 제니여! 어이, 여봐, 어이, 제니여, 제니여! 옥수수 빵을 구워 주렴!"

제100장
다리와 팔, 낸터킷 피쿼드 호, 런던 새뮤얼 엔더비 호와 만나다

"여어이! 흰고래를 보았나?"

다시 한번 에이허브는 고물에 닿을까 말까하게 스쳐가는 영국기를 단 배에 대고 소리를 질렀다. 이 노인은 입에 확성기를 대고 매어달린 고물의 보트 속에 서 있었다. 그는 저쪽 배의 보트 뱃머리에 기대어 선 상대편 선장에게 그의 고래뼈 다리를 감추려고도 하지 않았다. 상대는 햇볕에 그을려 검고 단단하며 예순살 가량 되어 보이는 훌륭한 풍채의 호인다운 사나이로 헐렁헐렁한 짧은 자켓을 입고 있었는데, 그 옷은 독특한 푸른색 나사로 꽃줄 장식을 해놓은 듯이 그의 몸을 싸고 있었다. 그 자켓의 팔 없는 쪽의 소매는 경기병의 수를 놓은 겉옷의 소매처럼, 바람에 날려 뒤로 너풀거리고 있었다.

"흰고래를 보았는가?"

"이것이 보이는가?" 상대편은 여태까지 소매에 감추었던, 향유고래의 뼈로 만든 흰 팔을 내밀었다. 그것은 나무망치처럼 끝에 나무옹이가 달려 있었다.

"내 보트를 내려라!" 에이허브가 숨 가쁘게 외치고 가까이에 있던 노를 내저었다.

"보트를 내려라, 준비!"

1분도 채 되기 전에 보트에 올라탄 채 그와 선원들은 바다 위에 내려지고 곧 영국 배의 뱃전 옆에 이르렀다. 그러나 여기서 아주 묘한 일이 생겼다. 도대체 에이허브는 그의 한쪽 다리를 잃은 뒤로는 바다 위에서 자기의 배 이외의 다른 배에는 올라간 적이 전혀 없었고, 자기의 배에는 피쿼드 특제라고 할 만한 교묘하고 손쉬운 여러 가지 장치를 해놓았지만 그것은 급할 때에 맞추어서 다른 배에서 쓰도록 장치해서 보낼 수가 없다는 것을 너무 흥분해서 까맣게 잊고 있었던 것이다. 그런데 바다 위의 보트에서 배의 뱃전을 기어오른다는 것은——고래잡이처럼 숙련되어 있는 사람이 아니면——그야말로 어려운 일이었다. 어쨌든 커다란 파도는 지금 보트를 뱃전 부근까지 높이 밀어 올렸는가 하면, 곧 배 밑의 용골 가까이에까지 떨어뜨리는 것이었다. 그러니까 다리 하나밖에 없는 에이허브로서는 그 배에는 원래 친절한 장치 같은 것이 없었으므로 한심하게도 아무런 재주도 없는 물 사람의 신세가 되어 버리지 않을 수 없었다. 도저히 올라갈 수 없으리라고 단념하고 끊임없이 변동하는 배의 높이를 절망적으로 바라볼 뿐이었다.

앞에서도 조금 이야기한 것 같은데 에이허브에게는 대수롭지 않은 불편한 일이나 자신의 서툰 실수에서 일어난 일이라도 그를 난처하게 하거나 하면 거의 언제라도 초조하고 화가 나서 견디지 못했다. 이번에도 그 배의 두 사관(士官)이 못질을 해 수직으로 늘어뜨린 밧줄 사다리 옆의 난간에 기대서서 그를 향해서 기분 좋은 장식이 달린 한 쌍의 난간 밧줄을 흔들었기 때문에 그것이 한층 더 그를 초조하고 분통이 터지게 했다. 그들은 처음에 이 외다리의 사나이가 난간 밧줄을 쓸 수 없을 정도의 불구라고는 생각하지 않았던 듯했다. 그러나 이 거북한 기분은 1분가량 밖에 계속되지 않았다. 영국 선장은 대뜸 사황을 알아차리고 외쳤다. "알았어, 알았어. 난간 밧줄로 끌어 올리려고 하지 마라! 자아, 서둘러 고패를 내려라!"

다행하게도 하루 이틀 전에 고래를 뱃전으로 당길 일이 있었기 때문에 아직도 큰 고패는 돛대에 걸려 있었고 커다랗고 구부러진 지방 갈고리가 깨끗하게 말라서 그 한쪽 끝에 매여 있었다. 그것이 서둘러 에이허브 쪽으로 내려지자 그는 그 자리에서 모든 것을 알아차리고 한 다리를 갈고리의 구부러진 부분에 집어넣었다(그것은 닻의 갈고리나 아니면 사과나무의 갈라진 가지 위에 걸터앉는 것과 비슷했다). 그리고 나서 크게 소리를 지르고 단단히 달라붙는 동시에 자신의 체중을 끌어올리는 데 힘을 보태기 위해서 도르래로 움직이는 밧줄을 번갈아가며 잡아당겼다. 얼마 뒤에 그는 조심스럽게 높은 뱃전 너머로 흔들려서 조용히 고패 꼭대기에 내려졌다. 영국 선장은 부끄러워하지도 않고 고래뼈의 팔을 환영하는 뜻으로 내밀고 걸어왔다. 에이허브는 고래뼈의 다리를 내밀고(마치 두 마리의 황새치의 주둥이처럼) 고래뼈의 팔과 서로 엇걸으면서 해마(海馬)처럼 외쳐댔다. "아아, 유쾌하군! 뼈끼리 악수합세……팔과 다릴세……오므릴 수 없는 팔, 그리고 달릴 수 없는 다리로군. 흰고래를 어디서 보았소……벌써 오래 전이오?"

"흰고래." 영국 사람은 고래뼈로 된 팔로 동쪽을 가리키며 그것이 망원경인양 그쪽으로 매우 분한 눈길을 보냈다. "지난번 어기(漁期)에 저쪽 적도에서 보았소."

"놈이 팔을 뺏어 갔소?" 에이허브는 고패에서 미끄러져 내려서 영국 사람의 어깨에 올라타면서 물었다.

"그렇소. 놈이 적어도 그 원인이었소. 그런데 그 다리도?"

"이야기를 해주시오" 에이허브는 말했다. "어떻게 된 거요?"

"생전 처음으로 적도를 항해했지요" 영국 사람은 이야기를 시작했다. "아직 흰고래에 대해선 아무것도 몰랐었소. 그래서 어느 날 보트를 내리고 네댓 마리의 고래를 쫓다가 우리 보트는 그중의 한 마리에 작살을 던졌소. 그놈이 또한 기운 센 곡마단의 말 같은 놈이어서 빙글빙글 저쪽으로 끌고 이쪽으로 끌고 해서 우리 보트의 선원들은 모두 뱃전에 주저앉아서 균형을 잡는 것이 고작이었더란 말요. 그때 갑자기 바다 밑에서 굉장한 기세로 큰 고래가 뛰쳐나왔소. 머리하고 혹이 젖빛처럼 희고 온몸이 주름투성이였소."

"그놈이오, 바로 그놈이오!" 에이허브는 여태까지 숨을 죽이고 있던 것을 한꺼번에 토해 내며 외쳤다.

"오른쪽 지느러미 부근에 작살이 몇 갠지 꽂혀 있고."

"그렇소, 그렇소! 그건 바로 내가 꽂은 거요. 내 작살이라고." 에이허브는 어쩔 줄 모르며 기뻐서 외쳤다.

"계속 이야기하리다" 영국 사람은 기분 좋게 말했다. "그런데, 그 흰 대가리와 흰 혹이 달린 늙어빠진 영감 고래는 주위에 거품을 일으키며 고래떼 속으로 달려 들어와서 나의 밧줄에 무거운 기세로 달려들어 물었소."

"아아, 알겠소. 떼어 놓으려고 한 것이오. 작살을 맞은 고래를 구하려고 한 거요. 언제나 같은 솜씨요. 나는 알고 있소."

"어떻게 했는지 분명히는 모르겠지만" 외팔의 선장은 계속했다. "아무튼 밧줄을 물어뜯자 놈의 이빨에 걸려서 엉켜든 모양이었소. 그러나 이쪽에선 그런 것을 그 당장에는 알아차리지 못했소. 그래서 나중에 밧줄을 끌어당겼더니 그 순간 놈의 혹에 쾅하고 부딪혔고 정작 고래는 꼬리를 흔들면서 바람 불어오는 쪽으로 달아나 버렸소. 사정을 알고 보니 어쩌면 그렇게도 엄청난 고래더란 말이오. 한 번도 본 적이 없을 정도로 굉장한 고래였으니까. 나는 이놈이 물 끓듯 날뛰고 있는 것을 알면서도 어디 한번 잡아 보리라 하고 결심을 했소. 헝클어진 밧줄은 벗겨질 테고, 돛줄에 감긴 이빨은 빠지겠지(왜냐하면 나의 선원들은 고래 밧줄을 당기는 데 있어서는 악마 같은 놈들이니까요), 하고 생각했기 때문에 나는 1등 항해사의 보트에 이 마운토프 군(잠깐 소개하겠소. 선장, 마운토프요, 마운토프, 선장님이야)에게 다시 말해서 나는 마운토프의 보트가 그때에 나의 보트와 닿을 만큼 가까이 와 있었기 때문 거기에 옮겨 타고 닥치는 대로 작살을 움켜쥐고 그 늙은 영감에게 한 대 먹였소. 그런데 이게 무슨 일이겠소. 글쎄 들어 보구려. 정말로 끔찍한 일이었다오. 갑자기 눈 깜짝할 사이에 나는 박쥐처럼 장님이 되어 버렸소. 갑자기 두 눈이 모두 보이지 않았소. 시커먼 물거품만이 눈앞에 자욱하고 다만 그 속에서 고래의 꼬리가 대리석의 첨탑처럼 공중에 꼿꼿이 쑥 떠올라 있었소. 이렇게 되고 보니 뒤로 물러설 수도 없었소. 그래서 나는 태양이 왕관의 보석처럼 번쩍번쩍 찬란히 빛나는 대낮인데도 손으로 더듬거려서 제2의 작살을 잡아서 던지리라 생각하고 있는데 꼬리가 리마의 탑(남아메리카 페루의 수도. 1746년 대지진이 일어났다)처럼 덮쳐 와서 나의 보트를 절반 뚝 잘라서 산산이 부숴놓았소. 처음엔 꼬리가, 그 다음엔 흰 혹이 배의 파편들 사이를 헤집고 나갔소. 우리는 전멸했소. 나는 놈의 무시무시한 타격을 피해서 놈에게 꽂혔던 나의 작살자루를 움켜쥐고 얼마간 뱃바닥에 매달린 빨판상어처럼 달라붙어 있었소. 그러나 센 파도가 나를 떠밀었는가 했더니 고래가 앞으로 확 밀고 나오면서 번개처럼 물속으로 들어갔소. 더욱이 분한 것은 두 번째의 작살의 칼날이 끌리면서 여기가 걸려 버렸단 말요(그는 한 손으로 어깨 바로 아래를 두드린다). 그렇소, 바로 여기에 걸려서 말요. 나는 지옥의 불 속에 끌려들어간 것 같았소. 그러나 그 순간에 고마운 신의 은총으로 칼날이 살을 째고······팔은 위에서 아래까지 쫙 찢겨서······손목 있는 데서 떨어져 나가고 나는 떠올랐소. 그 다음 일은 저기 있는 사람이 이야기하는 게 좋겠소. (잠깐 소개하겠소. 선장, 선의(船醫)인 벙거 박사요) 이봐요 벙거, 선장님이오. 자아, 벙거, 그대가 나머지 이야기를 하게나."

이렇게 친밀하게 지명된 의사는 아까부터 줄곧 두 사람 가까이에 서 있었지만, 배 안에서 그의 신분이 높음을 나타내는 점은 아무것도 없었다. 얼굴이 유난히 둥글고 융통성이 없는 진실성만이 보였다. 푸른빛의 바랜 양모 셔츠를 입고 기운 바지를 입었는데, 이때까지는 한 손에 들고 있는 밧줄 푸는 바늘과 다른 손에 들고 있는 환약 상자를 번갈아보거나 두 불구 선장의 고래뼈로 된 팔이며 다리를 흘끔흘끔 바라보거나 하고 있었다. 그러나 상관으로부터 에이허브를 소개받자 공손하게 절을 하고 선장의 이야기를 하기 시작했다.

"끔찍한 중상이었습니다." 포경선의 선의는 입을 열었다. "그래서 나의 충고를 받아들여 이 부머 선장은 이 새미 호를……"

"우리 배의 이름은 새뮤얼 엔더비라오." 외팔 선장은 말참견을 했다. "이야기를 계속하게나."

"이 새미 호는 적도의 화형을 당하는 듯한 공기 속에서 빠져나와 북쪽으로 향했답니다. 그래도 좋아지진 않았죠. 할 수 있는 짓은 다했습니다. 매일 밤 곁에 붙어 있었습니다. 식사 문제에 대해선 엄격하게 했습니다."

"엄격했고말고" 환자 스스로가 맞장구를 쳤다. 그리고 나서 갑자기 목소리가 변했다. "나와 매일 밤 뜨거운 럼주를 만들어 마셔서 나중에는 붕대에도 신경써 주지 않을 정도가 되었소. 그리고 비틀비틀하도록 취한 나를 자리에 눕힌 것은 새벽3시나 되어서였소. 정말이었소! 밤새도록 간호해 주고, 식사는 무척 엄격했소. 이 벙거 선생은 말이오. (벙거! 요 악당 웃어! 어째서 웃지 않지? 자넨 무척 쾌활한 악당이 아닌가 말야.) 그렇지만 이야기를 계속하게. 난 말야, 다른 놈이 살려주는 것보다 자네에게 살해되는 편을 좋아해."

"우리 선장님은 말입니다. 선장님께서도 이미 아셨겠지만" 침착하고 경건한 표정을 짓고 있는 벙거는 조금도 동하는 기색 없이 약간 고개를 숙여 에이허브에게 인사를 했다. "이따금 농담을 곧잘 하십니다. 저렇게 재미있는 말씀으로 사람을 슬쩍 속이시길 잘하신답니다. 그렇지만 이야기가 나왔으니 말입니다만, 프랑스 사람 식으로 말씀드리자면 말입니다. 다시 말해서 나는, 즉 원래는 목사인 잭 벙거는 술이라곤 전혀 한 방울도 못 먹는 금주가이므로 술은 절대로……"

"물이야!" 선장은 외친다. "선생은 물을 마시지 않아, 물을 마시면 열병이 나는 모양이오. 식수를 마시면 공수병(恐水病)에 걸리지. 그렇지만 이야기를 계속하게. 팔 이야기를 말이야."

"네, 그렇게 하지요." 선의는 조용히 말했다. "부머 선장께서 농담을 해서 이야기를 중도에 끊어 버리지 않았다면 말씀드릴 참이었습니다만 내가 힘자라는 데까지 그렇게, 엄격하게 했어도 상처는 점점 악화될 뿐이고, 정말이지 그런 끔찍하게 입을 벌린 상처란 어느 선의도 아마 본 적이 없었을 겁니다. 2피트 몇 인치 이상이나 되었죠. 납줄로 재어 보았거든요. 간단히 말해서 상처는 새까맣게 되어 갔습니다. 나는 위험을 깨달았죠. 그래서 잘라 버렸습니다. 그러나 그 고래뼈 팔을 배에 싣는 데 대해서는 나는 전혀 관계하지 않았습니다. 그런 것은 도리에 어긋난 거죠." 밧줄 푸는 바늘로 그것을 가리키면서 "그것은 선장께서 배목수에게 만들게 하셨습니다. 그리고 끝에다 망치를 달게 한 것은 아마도 어느 놈의 머리를 때리려고 하신 것일 겁니다. 실은 나도 한번 그런 봉변을 당했습니다. 선장께선 이따금 왈칵 성을 내고 잔인해지신답니다. 이 상처를 보십시오." 그는 모자를 벗고 머리카락을 헤치고 정수리에 나무 그릇 모양으로 움푹 팬 것을 보였는데 거기에는 상처 자국 같은 것은 없고 아무리 보아도 상처가 있었던 흔적은 보이지 않았다. "이 선장님께서 어떻게 생겼는지 가르쳐 주실 겁니다. 잘 알고 계시니까요."

"알 게 뭔가." 선장은 말했다. "자네 어머니가 아실 테지. 날 때부터 있었던 거야. 야, 요 악당 놈! 벙거 놈! 넓은 바다에도 요 벙거 같은 놈은 없을 거야. 벙거 개새끼. 네가 죽으면 소금에 절여서 후세 사람들에게 본보기로 해야겠다, 악당 놈."

"흰고래는 어찌되었소?" 여태까지 초조하면서도 두 영국인의 농담을 듣고 있던 에이허브는 끝내 외쳤다.

"오오!" 외팔 선장이 외쳤다. "그렇지, 결국 놈은 물 속으로 들어가서는 한동안은 모습을 보이지 않았소. 아까도 말했지만 실제로 나를 이런 끔찍한 꼴로 만든 고래가 어떤 놈이었는지 몰랐었소. 가까스로 적도로 돌아왔을 때 모비 딕이었다고 누군가가 말하는 것을 듣고 그놈이었다는 것을 알았소."

"그 뒤엔 그놈을 만나지 못했나요?"

"두 번 만났소."

"작살을 던지지 않았나요?"

"그러고 싶지도 않았소. 한 팔로 충분하지 않소. 이제 또 하나마저 없어지면 어쩌겠소. 그리고 모비 딕은 물어뜯을 뿐만 아니라 삼키기를 더 잘하지 않던가요?"

"그렇다면" 벙거가 말참견을 했다. "왼팔을 미끼로 해서 오른팔을 되찾는 게 어떻습니까? 두 분께선 잘 아시겠지만……" 그는 매우 엄숙하게 똑같이 두 선장에게 각각 고개를 숙였다. "아시겠지만 고래의 소화기관이라는 것은 하느님의 섭리로 아주 희한하게 만들어져서 사람의 팔 하나도 완전히 소화시킬 수가 없답니다. 그리고 고래도 그런 것은 알고 있습니다. 그러니까 당신께서 흰고래의 포학(暴虐)이라고 생각하시는 것은 다만 그의 공포에 지나지 않습니다. 도무지 팔이나 다리 하나도 삼킬 생각은 갖고 있지 않습니다. 다만 겉으로 놀라게 해보이려고 했을 뿐입니다. 그러나 옛날 실론 섬에서 내가 진찰했던 요술쟁이는 단검을 삼키는 엉터리 짓을 하다가 한번은 실제로 단검 한 개를 뱃속에 집어넣고 열두 달가량 담고 있었는데 고래가 어쩌면 그런 흉내를 냈는지도 모르겠습니다. 그 사기꾼은 내가 토하는 약을 먹였더니, 자잘한 못처럼 된 것을 토해냈단 말입니다. 그렇지만 고래란 놈은 그 단검을 소화해서 놈의 몸 조직 속에 집어넣을 수는 없습니다. 그렇습니다. 부머 선장님, 만약 선장께서 그 팔 하나를 제대로 장사 지내주자는 뜻에 또 하나의 팔을 걸어 보신다면 그 팔은 선장께로 돌아올 겁니다. 다만 다시 한번만 고래의 도전에 응하시면 되는 겁니다. 그것뿐이에요."

"아니, 이젠 딱 질색이야, 벙거." 영국인 선장은 말했다. "이미 삼킨 팔은 놈에게 점잖게 바치겠어. 왜냐하면 그때는 어쩔 수가 없었고, 나는 놈이 어떤 놈인지 몰랐단 말야. 그러나 남은 한 팔은 못 바치겠어. 난 흰고래는 질색이야. 한번 쫓은 것으로 충분해. 놈을 잡는다는 것은 굉장한 명예겠지. 그것은 잘 알아. 고급 경뇌가 한 배 가득 차 있을 거야. 그러나 들어 봐. 놈은 그대로 내버려두는 게 좋아. 선장께서도 그렇게 생각하지 않으시오?" 선장은 고래뼈 다리로 눈길을 주었다.

"그렇소. 그렇지만 그렇더라도 역시 추적해야 하오. 그 저주스러운 놈은 확실히 내버려두는 게 좋겠지만, 그러면서도 강하게 마음을 끌어당긴단 말이오. 놈은 그야말로 자석 같소! 그놈을 본 뒤 얼마나 지났소? 어디로 간 것 같소?"

"오오, 이 무슨 일이란 말인가! 몸이 떨리는구려" 벙거는 외치고 몸을 굽혀 에이허브의 주위를 돌아다니면서 개처럼 이상하게 코를 벌름거리며 냄새를 맡았다. "이 사람의 피 말이다! 체온계를 가지고 오게! 피가 들끓고 있어! 이 사람의 맥박으로 갑판의 판자가 진동하고 있다! 자아, 보라구!" 그는 호주머니에서 작은 수술칼을 꺼내서 에이허브의 팔에 대려했다.

"비켜!" 에이허브는 고함을 치고 상대를 뱃전에 밀어붙이면서 외쳤다. "보트에 타라! 놈은 어디로 갔소?"

"아니 저런!" 질문을 받은 영국 선장은 외쳤다. "이게 어쩐 일인가! 그야 동쪽으로 갔다고 생각하지만 자네 선장은 미친 사람인가?" 그는 조그마한 목소리로 페들러에게 물었다.

그러나 페들러는 손가락을 입술에 갖다 대고 뱃전을 미끄러져 내려서 보트의 노를 잡자, 에이허브는 고패를 흔들면서 아래로 내릴 준비를 하라고 선원들에게 명령했다.

눈 깜짝할 사이에 그는 보트 고물에 내려서고 마닐라 인들은 노에 달려들었다. 영국 선장이 외쳐 불러도 소용이 없었다. 영국 배에는 등을 돌린 채 안색을 조금도 바꾸지 않고 에이허브는 피쿼드 호의 뱃전에 돌아갈 때까지 꼿꼿이 서서 움직이지 않았다.

제101장
술병

영국 배가 우리의 시야에서 사라지기 전에 적어두겠는데, 런던에 선적(船籍)을 두고 있는 그 배의 이름은 그 도시의 대상인 고(故) 새뮤엘 엔더비에 연유된 것으로, 그 사람은 저명한 포경업 회사인 '엔더비 앤드 선(Enderby & Sons)'의 창립자이다. 그 회사는 일개 고래잡이인 나의 견해로는, 참다운 역사적 흥미를 끄는 점에 있어서는 튜더와 부르봉의 두 왕조를 합친 것보다 그렇게 뒤떨어지는 것은 아니다. 이 대포경업의 가문이 1775년보다 어느 정도 전부터 존재했었는지는 내가 두루 찾아본 기록에서는 분명하지 않다. 그러나 그해(1775년)에는 맨 처음으로 영국 배가 정식으로 향유고래를 잡기 위해서 의장(艤裝)되었다. 그렇지만 그 몇 십 년 전부터(1726년 이후 줄곧) 우리나라의 낸터킷이며 비니어드의 용감한 코핀네 일가며 메이시네 일가가 대선단을 만들어, 북대서양과 남대서양에서 고래의 무리를 쫓고 있었다. 다른 곳으로는 가지 않았다. 아무튼 낸터킷 인만이 인류 가운데서 최초로 문명의 이기인 강철로 만든 작살을 향유고래에 던졌던 것이며, 반세기 동안은 온 지구에서 다만 그들만이 그 작살을 던지고 있었던 사실을 여기에 명확히 적어 두어야겠다.

1778년에는 우수한 배 아멜리어 호가 특히 포경 목적을 위해서 의장되고 유력한 엔더비 회사의 전면적인 후원으로 대담하게도 케이프 혼 곶을 돌아 다른 나라들보다 앞서서 고래 추적용 보트라고 할 만한 것을 남태평양에 내리게 되었다. 그 항해는 솜씨도 좋았고 운도 좋아서 아멜리어 호가 그 배에 하나 가득 귀중한 경뇌를 싣고 모항(母港)으로 돌아오자 곧 영국과 미국의 여러 배가 그 뒤를 쫓게 되고, 이리하여 태평양의 대향유고래 어장의 문은 열렸다. 더욱이 이 공적에 만족하지 않고 이 투지 만만한 회사는 다시 활약을 개시했다. 새뮤얼과 그의 아들들의——몇 명이었는지는 그 어머니만 아는 바이지만——직접적인 후원 아래, 또한 내가 생각하는 바로는 그들의 출자에 의해서 영국 정부는 그 슬루프형 군함(윗갑판에만 포를 장비한 소형 군함) 라틀러 호가 남태평양의 포경 어장을 발견하는 항해에 오를 것을 승낙했다. 해군 함장의 지휘 아래 라틀러 호는 기운차게 항해하여 약간의 공헌을 했지만 어느 정도인지는 알려지지 않았다. 그러나 그것으로 끝난 것은 아니다. 이 회사는 1819년에 자기 힘으로 포경 어장 발견선을 만들어서 먼 일본 해역에까지 시험 항해를 하게 했다. 이 배는——'사이렌' 호라는 좋은 이름이었는데——시험 항해를 훌륭하게 해내었고, 이리하여 일본의 대포경 어장이 비로소 세계에 알려지게 되었다. 사이렌 호의 이 유명한 항해는 낸터킷 사람인 코핀 선장이 지휘했다.

그렇기 때문에 엔더비 회사에 경의를 표하는 바인데 그 회사는 오늘날에도 존재하고 있으리라고 생각했다. 물론 창립자인 새뮤얼은 아득한 옛날에 저 세상의 남태평양에 밧줄을 내려 버렸지만.

그의 이름을 딴 배는 그 이름을 손상시키지 않을 만한 것이어서 쾌속이고 모든 점으로 보아 우수했다. 나는 언젠가 파타고니아(남아메리카의 최남단지역)의 해역 어딘가에서 한밤중에 그 배를 방문하여 앞돛대의 선원들과 진탕 마신 일이 있었다. 참으로 멋진 갬, 즉 교환(交歡)이었다. 그들은 모두 멋진 사나이들이었다. 굵고 짧게 살며 명랑하게 죽을 수 있는 사람들이었다. 그 멋진 교환은 에이허브 노인이 고래뼈 다리로 이 배의 널판자를 밟고 나서 훨씬 뒤에 일어난 일이었는데 그 색슨 인다운 점잖고 빈틈없는 환대는 지금도 눈앞에 선하게 떠오른다. 만약 내가 그것을 상기하지 않게 된다면, 나는 목사에게 외면당하고 악마에게 붙잡혀야 마땅할 것이다. 술? 술을 마셨던가? 그렇고 말고. 우리는 한 시간에 10갤런 꼴로 마셨지. 갑자기 비바람이 몰아쳐서(파타고니아 근처의 해역에는 비바람이 많다) 모두가——방문객들도 함께——윗돛대를 줄이라는 명령을 받았을 때는 완전히 비틀비틀해서 팽팽한 밧줄에 매달린 채 그네를 타지 않으면 안 되었다. 그리고 잘못해서 재킷 자락을 돛속에 감아 넣었기 때문에 단단히 감겨 들어가서 포효하는 질풍 속에 매달려 술주정뱅이 선원들에게 좋은 본보기가 되기도 했다. 그러나 돛대는 넘어지지 않았으므로 우리는 한 사람씩 기어 내려왔고 그때에는 완전히 취기가 가셨기 때문에 다시 마시지 않을 수 없었다. 그러나 광란하는 바다의 짠 물이 뱃머리의 천창(天窓)으로 스며들어왔기 때문에 내 입에는 술맛이 몹시 밍밍하고 찝찌름하게 느껴졌다.

고기는 질기긴 했지만 맛은 괜찮았다. 그들은 쇠고기라고 했지만 개중에는 낙타고기라고 하는 사람도 있었다. 나는 어느 쪽인지 알 수 없었다. 덤플링(사과 또는 고기를 넣어 찌거나 구운 단자)도 있었다. 작지만 단단하고 매우 동그래서 잘 부서질 것 같지 않았다. 그것을 삼킨 뒤에도 뱃속에서 장소를 잘 찾아내서 굴릴 수도 있을 것이라고 생각되었다. 만약 너무 앞으로 몸을 굽히기라도 한다면 당구공처럼 입에서 굴러 나올 것 같기도 했다. 빵——이건 참아야만 했다. 게다가 괴혈병 예방의 빵이었다. 요컨대 이 빵이 배안에서는 유일하게 신선한 것이었다. 그러나 앞돛대 부분은 밝지 않았기 때문에 먹을 때에 어두운 그늘로 뛰어들기란 쉬운 일이었다. 그러나 결국 이 배의 돛대 꼭대기에서부터 키에 이르기까지 모조리 살펴볼 때, 또 요리 당번의 냄비 크기와 그 자신의 뱃속의 냄비도 계산에 넣고 생각해 볼 때, 새뮤얼 엔더비 호는 뱃머리에서 고물까지 온통 유쾌한 배이며, 식사는 고급으로 듬뿍 있었고, 술은 맛 좋으며 독했고, 사람들은 모두 민활하고 구두 밑창에서부터 모자 끝까지 모두 훌륭했다고 단언할 수 있다.

어쨌든 이 새뮤얼 엔더비 호를 비롯해서——그렇다고 전부라곤 하지 않지만——영국의 포경선은 손님 좋아하기로 유명하고, 농담을 주고받고 고기며 빵이며 술 따위를 언제까지나 먹고 마시며 웃고 싫증을 내지 않는 것은 무슨 까닭일까. 영국 포경선의 쾌활성의 정도는 역사적 연구를 할 가치가 있다. 그래서 나는 여태까지도 필요한 경우에는 포경에 대한 역사적 고찰을 게을리 하지 않았던 것이다.

영국 사람은 포경에 있어서는 네덜란드 사람, 질랜드사람(네덜란드 남서부 지방), 덴마크 사람의 뒤를 이은 사람들이며, 그들에게서 빌려 온 어업 용어는 지금도 남아 있을 뿐 아니라, 그들로부터 많이 먹고 많이 마시는 옛날부터의 대범한 습관까지도 빌어 왔던 것이다. 왜냐하면 일반적으로 영국 상선은 선원들의 식량을 절약하지만 영국 포경선은 그렇지 않다. 그러니까 영국 사람에게는 이 포경선의 성대한 잔치는 보통 있는 자연스러운 것이 아니라 우발적이고 특이한 일이다. 따라서 여기에서 지적하고 또 부연할 그런 특수한 원인에 기인한다고 해야 한다.

나는 고래사를 연구하는 중 네덜란드의 고서(古書)를 본 적이 있었는데 향유고래 냄새가 풍기는 것으로 보아 포경에 관한 책임에 틀림없음을 알 수 있었다. 제목은 「댄쿠프먼(Dan Coopman)」이라는 것이었다. 그러므로 나는 어느 포경선이나 반드시 통장이(cooper)를 태우고 있어서 이것은 포경선에 탄 암스테르담 근처의 통장이의 귀중한 회상기임에 틀림없다는 결론을 내렸다. 이 저자가 피츠 스와크해머(Fitz Swackhammer), 즉 망치 휘두르는 명수였다는 것은 나의 견해를 한층 더 굳혀 주었다. 그러나 나의 친구로, '산타 클로스와 성 포츠 대학'의 저지(低地) 네덜란드어 및 고지(高地) 독일어 교수인 석학 스노드헤드 박사에게 내가 이 책을 주면서 번역을 의뢰하고 그 대가로 말향초 한 갑을 주었는데, 그는 그 책을 보자마자 Dan Coopman이란 통장이가 아니라 상인이라는 뜻이라고 가르쳐 주었다. 다시 말해서 이 낡고 심원한 저지 네덜란드어의 책은 네덜란드의 상업에 대해서 다루었는데 그 몇 가지 주제 가운데 포경에 관한 극히 흥미 깊은 사실이 기술되어 있었다. '지방(脂肪)'이라는 제목이 붙은 장(章)에서 내가 본 것은 180척의 네덜란드 포경선의 식량 창고에 비치된 물건에 대한 길고 자세한 품목 표였다. 그것을 스노드헤드 박사가 번역한 것을 옮겨 적기로 하겠다.

쇠고기 400,000파운드
프리슬란드 돼지고기 60,000파운드
마른 생선 150,000파운드
비스킷 550,0000파운드
말랑말랑한 빵 72,000파운드
버터 2,800통
텍셀 및 라이든 치즈 20,000파운드
치즈(아마도 하급품) 144,000파운드
네덜란드산 진 550앵커
맥주 10,800배럴

대부분의 통계표는 읽어도 무미건조하지만 이것은 그렇지 않다. 이것을 읽노라면, 파이프에서, 통에서, 병에서 마구 쏟아지는 고급 진과 훌륭한 음

식이 홍수처럼 눈앞에 어른거릴 것이다.

당시 나는 사흘 동안 서재에 틀어박혀서 맥주, 쇠고기, 빵 등을 주린 듯 먹었는데, 이 동안에 뜻밖에도 내게는 심원한 상념이 많이 떠올랐다. 그것은 경험을 초월한 관념적인 것들이라 할 수 있었다. 그리고 또한 나는, 이것을 보충해서 통계표를 만들고 이 저지 네덜란드의 작살 잡이 한 사람 한 사람이 옛 그린란드나 스피츠베르겐의 고래 어장에서 소비하는 마른 생선 따위의 양을 추산해 보았다. 우선 버터며 텍셀 및 라이든 치즈의 소비량은 놀라운 것으로 생각되었다. 나는 그 까닭을 이렇게 생각한다. 즉, 그들은 본래 기름기를 좋아했던 데다가 직업상 한층 더 기름기를 즐기게 되었으며, 특히 교우(交友)의 맹세를 할 때 고래 기름으로 건배를 한다는 에스키모의 나라 부근 해역, 곧 얼음이 박힌 극지의 북양에까지 고래를 쫓기 때문이다.

맥주 1800배럴이란 굉장한 양이다. 그런데 이들 북양 어업은 그 방면의 기후상, 극히 짧은 여름 동안에만 행하게 되는 것이니까 이 네덜란드 포경선들 중의 한 척이 한 번 항해를 하면 스피츠베르겐 바다의 출입까지도 포함해서 3개월 이상 나가는 일은 없다. 따라서 이 180척의 선단(船團)의 각 배에 30명씩 탄다고 계산하면, 전부 5,400명의 저지 네덜란드인이 타는 셈이며 정확하게 한 사람에게 두 통의 맥주가 12주일분으로 할당되고 또한 이 밖에 550앵커(1앵커는 10갤런)의 진도 충분히 할당되는 셈이다. 그런데 이런 진과 맥주를 마시는 작살잡이들은 아마도 곤드레만드레가 되어 버렸으리라고 상상할 수밖에 없는데, 그러면서도 뱃머리에 서서 질주하는 고래를 노려서 작살을 잘 던질 수 있었는지 다소 의심스럽다. 그러나 아무튼 겨누어서 맞히기도 했다. 그러나 잊어서는 안 될 것은 이곳은 북극이고, 맥주가 체질에 가장 좋다는 사실이다. 적도상에서 일하는 남양 포경선에서라면 맥주는 작살잡이를 돛대 꼭대기에서 끄덕끄덕 졸게 하거나 보트 안에 비틀거리게 하기 쉽고, 낸터킷과 뉴베드포드에 중대한 손해를 계속 입힐 것이다.

이것으로 이야기를 끝내겠다. 2, 3세기 전의 네덜란드 고래잡이들이 사치스러운 사람들이고, 영국의 고래잡이가 이런 사치를 싫어하지 않았다는 것은 이미 충분히 말했다. 아무튼 만약 빈 배로 항해하더라도 이 세상의 좋은 것을 얻을 수 없을 때에는 맛있는 것이나 실컷 먹어라 하는 것이 그들의 생각인가보다. 이래서 술병은 텅텅 비게 되는 것이리라.

제102장

아서사이데즈 섬 나무그늘

여태까지 향유고래에 대해 설명을 해오면서, 나는 주로 그의 외모의 놀라움에 대해서 이야기했고, 또한 많지는 않았지만 간간이 그 체내의 구조에 대해서도 상세하게 이야기했다. 그러나 그를 광범위하고 완전하게 파악하기 위해서는 당연히 그의 단추를 끄르고 양말 및 양말대님까지 끌러서, 그의 가장 깊숙한 부분인 뼈를 접합시키는 갈고리나 작은 구멍까지도 모조리 파헤쳐 여러분들 앞에 그의 궁극의 모습을, 즉 해골을 무조건 보여야 할 것이다.

그러나 이봐, 이스마엘, 도대체 고래잡이라곤 하지만 한낱 보트 노잡이에 불과한 자네가 고래의 깊은 곳을 알기라도 하는 듯이 자랑을 하는 것은 어쩐 일인가? 박식한 스텁도 고래 위에 걸터앉아서 고래류(類)의 해부에 대한 강의를 하고, 양묘기의 힘을 빌어서 늑골 표본을 전시라고 했단 말인가? 설명해 보라구. 이스마엘, 자네는 요리 당번이 구운 돼지고기를 접시에 올려놓듯이 성숙한 고래를 갑판 위에 올려놓고 검사할 수 있단 말인가. 절대로 못해. 이스마엘, 여태까지는 자네는 신용할 수 있는 증인이었다. 그러나 예언자인 요나에게만 허용된 특권을 얻으려고 한다니 조심하라구. 대체 어떻게 들보며 인방(引枋)이며 또 고래의 체구를 구성하는 서까래며, 마룻대며, 침목(枕木)이며, 버팀목에 대해서, 그리고 뱃속의 기름 항아리며, 젖 짜는 곳이며, 식량창고며, 치즈 창고에 대해서 이야기하겠다는 것인가!

물론 나도 정직하게 말하자면, 요나 이후에 성숙한 고래의 피부 깊숙이 파고 들어간 고래잡이는 거의 없었다. 그러나 나는 그 작은 모형을 해부할 기회를 얻었던 적이 있었다. 내가 타고 있던 배가 언젠가 향유고래의 새끼를 갑판에 올려놓았던 일이 있었는데 그것은 그 부레를 들어내어 작살집을 만들거나 창끝을 싸거나 하기 위해서였다. 그때 내가 수수방관하다 기회를 놓치고 도끼며 칼을 손에 들지도 않았고, 이 새끼고래의 봉인을 뜯고 그 내용을

조사하지 않았다고 여러분은 생각하는가?
 다음, 완전히 성장한 고래의 거대한 골격에 대한 정확한 지식이라는 진기한 지식에 관해서는 아서사이데즈 군도의 하나인 트란케 섬의 왕 트란코라는 귀한 옛 친구에게 힘입은 바 크다. 몇 년 전에 무역선 '데이 오브 알제리아'를 타고 트란케 섬에 갔을 때, 나는 아서사이데즈의 휴일을 즐기기 위해서 트란코 왕에게 초대되어 푸펠라에 있는, 야자 나무에 싸인 조용한 별장에 갔었다. 그곳은 뱃사람들이 '대나무 도시'라고 부르는 도시에서 그리 멀지 않은 바다를 향한 산골짜기였다.
 나의 둘도 없는 친구인 트란코는 뛰어난 기질을 다양하게 갖추고 있었는데 그 중에서도 특히 온갖 야만족적인 미술 골동품을 애호하였기 때문에 그 푸펠라에는 그의 주민들 중 재능이 있는 사람들이 갖은 노력을 다 기울여 만든 훌륭한 물건들이 잔뜩 수집되어 있었다. 그것은 주로 절묘한 의장(意匠)으로 조각된 목공품, 조각된 조개껍질, 금속 세공을 한 창, 훌륭한 노, 향나무로 만든 통나무배 등이었는데 그 밖에도 경이에 넘친 공물을 운반하는 파도가 그의 해안으로 밀어 올려다 준 천연의 작품들도 있었다.
 그 후자에 속하는 것 중에서 가장 특기할 만한 것이 대향유고래였다. 그것은 유별나게 오래 광란하던 폭풍이 있은 뒤 죽어서 떠밀려 올라와서 그 머리를 야자나무에 들이받고 있었는데, 깃털처럼 너울너울 늘어진 야자 잎사귀에 덮이어 그의 물뿜기는 초록색으로 변한 것 같았다. 그 거구의 몇 발이나 되는 껍질이며 살이 드디어 벗겨지고, 뼈가 햇살에 바싹 말랐을 때, 그 해골은 조심스럽게 푸펠라의 산골짜기로 운반되어 야자나무로 둘러싸인 장중한 신전에 안치되었다.

그 고래의 늑골에는 전리품이 걸렸고 척추에는 괴상한 상형문자로 아서사이데즈의 연대기가 새겨졌다. 해골 속에선 제관들이 꺼지지 않는 향불을 태웠기 때문에 그 신비로운 머리는 다시 향기로운 물뿜기를 하고 있었다. 반면, 무시무시한 아래턱은 나뭇가지에 걸려서 참배하는 사람들의 머리 위에서 머리칼에 매달려 다모클레스의 간담을 서늘하게 했던 칼처럼 흔들거리고 있었다.

이것은 경이로운 광경이었다. 숲은 어름골짜기(매사추세츠 주의 아이시글렌)의 이끼처럼 파랗고 수목은 생명의 수액을 빨아먹으면서 높고 곧게 치솟았다. 그 아래 대지는 근면한 직조공의 베틀처럼 호화로운 융단을 펼치고, 땅을 기는 덩굴의 수염은 씨줄날줄이 되어 산꽃들이 무늬를 이루고 있었다. 가지를 무겁게 늘어뜨린 교목, 관목, 양치류, 풀, 무언가를 속삭이는 바람, 이 모든 것들은 부단히 생명력에 넘쳐 있었다. 우거진 나뭇잎이 이루는 레이스 사이로 태양은 북처럼 날아 영원한 푸른 하늘을 짜고 있었다. 아아, 분주한 베틀공이여, 눈에 보이지 않는 직조공이여! 잠시 동안 손을 멈추어라! 단 한마디라도 이야기하고 싶은 거다! 아아 북은 날고 베틀에서는 무늬가 떠 다니고 융단은 도도히 쉬지 않고 흐른다. 짜고 있는 것은 직조의 신이다. 베짜기에 귀가 멀어서 사람의 목소리를 들을 수도 없다. 그리고 베틀을 바라보는 우리들도 그 윙윙거리는 소리 때문에 귀가 멀어서 다만 거기에서 도망쳐 나왔을 때에만 그 사이에 흐르는 수천의 목소리를 들을 수가 있을 것이다. 모든 공장이 마찬가지다. 왔다 갔다 하는 굴대소리 속에서 이야기하는 말은 들리지 않지만, 벽으로 둘러쳐지지 않은 곳에서는 열린 창문을 통해 튀어나오는 이야기 소리를 들을 수 있다. 마찬가지로 악업은 노골적으로 밝혀진다. 오오, 사람이여, 조심하여야 한다. 마찬가지로 이 세계라는 거대한 베틀이 내는 요란한 소리 속에서 가장 은밀한 그대의 생각도 멀리서 알아듣고 있는지도 모르는 것이다.

그런데 그 아서사이데즈 숲의 멈추지 않는 푸른 생명의 직조기 속에서 거대하고 성스러운 흰 해골이――거대한 게으름뱅이처럼――매달려 있다. 그러나 끊임없이 짜여지는 푸른 씨줄 날줄이 그 주위에 왔다 갔다 하면서 윙윙거림에 따라서 이 거대한 게으름뱅이는 교활한 직조공이나 된 듯하다. 그리고 그 자신이 온몸을 덩굴풀로 짜서 감싸고 달마다 더 선명하게 맑은 푸른빛을 더하고, 그러면서도 자신은 해골에 지나지 않는다. '삶'에 싸인 '죽음', '죽음'의 창살에 갇힌 '삶', 젊음의 '삶'을 아내로 삼고 굽슬굽슬한 머리의 영광을 낳은 암울한 신.

그런데 내가 트란코 왕과 함께 이 경탄할 고래를 찾아가서 제단이 된 두개골을 보고 실제로 물을 뿜던 곳에서 인공적인 연기가 올라오는 것을 보았을 때, 나는 이 왕이 신전을 골동품으로 보고 있는 것인가 하고 놀랐다. 그는 웃었다. 또한 나는 제관들이 이 연기의 물뿜기야말로 진짜라고 외치는 것을 보고 더욱 놀랐다. 나는 이 해골 앞을 왔다 갔다 했다. 덩굴풀을 헤쳐내고 늑골 사이를 뚫고 다니며, 아서사이데즈의 실꾸러미(아리아드네의 전설)를 들고 헤매며, 그 수없이 많은 골목길, 그늘진 회랑, 정자(亭子) 등의 사이를 오래도록 거닐었다. 그러나 얼마 가지 않아 나의 실은 다 없어졌기 때문에 그것을 도로 당기면서 나는 처음에 들어간 입구로 나왔다. 그 속에는 살아 있는 것이라곤 하나도 없었다. 뼈밖에는 아무것도 없었다.

나는 나뭇가지를 잘라서 푸른 자를 만들어 다시 해골 안으로 들어갔다. 제관들은 해골안 화살 모양의 틈바구니에서 내가 마지막 늑골의 높이를 재고 있는 것을 보았다. "무슨 일이오?" 그들은 나를 노려보았다. "우리들의 신의 치수를 잰단 말이오? 그건 우리가 할 일이오." "그렇습니까, 제관님들? ……그러면 당신네들은 이 치수를 알고 계십니까?" 그러자 그들 사이에 그 치수에 대한 굉장한 논쟁이 벌어졌다. 그들은 제각기 자기의 자로 서로의 머리를 때렸고 그 소리는 거대한 해골에 반향 되어 울려 퍼졌다. 나는 그 좋은 기회를 놓치지 않고 서둘러 나의 측량을 끝냈다.

그 측량의 결과를 여기서 여러분 앞에 제시하고 싶다. 그러나 우선 먼저 말해 둬야 할 것은 내가 이 일에 대해서 내 멋대로 생각나는 대로 치수를 말하는 것은 아니라는 점이다. 왜냐하면 여러분들이 만약 나의 정확도를 검사하고 싶다면 참고로 할 수 있는 권위 있는 곳이 있기 때문이다. 남들이 말하기를, 영국 포경 근거지의 하나인 헐 항(영국 북해 해안에 있는 항구)에는 고래 박물관이 있고, 거기에는 멸치고래와 그 밖의 고래의 훌륭한 표본이 있다고 한다. 마찬가지로 뉴햄프셔의 맨체스터 박물관에는 그 소유자가 '아메리카에 있어서 오직 하나의 완전한 그린란드고래 또는 참고래의 표본'이라고 부르는 것이 있다고 한다. 또 이밖에도 영국 요크셔의 버튼 콘스타블이라는 곳의 클리포드 콘스타블 경이라는 사람이 향유고래의 해골을 가지고 있다고 하는데, 이것은 그다지 크지 않고 나의 친구 트란코 왕의 완전하고 웅위한 고래뼈에는 도저히 상대가 되지 않는다.

그 두 경우 다 고래의 뼈대가 해안에 올라왔을 때, 현재의 소유자가 서로 비슷한 근거를 내세워 자기 것으로 만들었다고 한다. 트란코 왕은 자기가 가지고 싶었으니까 차지했다. 클리포드 경은 그 일대의 영주였으니까 차지했다. 클리포드 경의 고래는 모두 관절로 연결되어 있었으므로 커다란 상자의 서랍처럼 그 골격 속의 구멍으로 된 곳을 열었다 닫았다 할 수 있으며──그 늑골을 거대한 부채처럼 펴기도 하고──하루 종일 아래턱에 올라타 그네를 탈수도 있다. 그 쳐드는 들창과 덧문에는 자물쇠도 채울 수 있다니까 장차는 하인이 열쇠뭉치를 덜거덕거리면서 참관자들을 안내하게 될 것이다.

클리포드 경은 2펜스로 척수가 나란히 늘어서서 바람에 울리는 소리를 내는 회랑을 구경시키고, 3펜스면 소뇌부의 구멍에 울리는 메아리를 듣게 하고, 6펜스로는 형용할 수 없는 앞머리의 모습을 관람시킬 모양이다.

이제부터 적는 뼈의 크기는 나의 오른팔에 문신했던 것부터 차례차례로 옮겨 적는 것인데, 그 당시의 무계획적인 방랑 시절에는 그 방법 외에 그 귀중한 통계를 확실하게 보존할 다른 방법이 없었다. 그러나 내 몸의 공간은 복잡했고 그리고 몸의 다른 부분은──적어도 아직 문신되지 않고 남아 있었던 곳은──당시에 내가 짓고 있던 시를 위해 여백을 남겨 두고 싶었으므로 뼈 치수의 끄트머리 인치 따위는 생략해 버렸다. 그러나 고래를 고래답게 측량할 경우에 인치 따위가 개입될 여지가 있겠는가.

제103장
고래뼈의 측량

 간단하게나마 고래의 뼈를 측량하려 함에 있어 우선 살아 있는 고래의 크기에 대한 친절하고 명백한 기술을 하고 싶다. 그것이 이 경우에 유익한 것이다.
 내가 조심스럽게 계산한 바에 의하여 또한 얼마간은 스코스비 선장의 관찰에 의거하여 말한다면, 60피트의 몸길이를 지닌 최대형의 참고래라면, 무게가 70톤쯤 된다고 보아야 한다. 또한 꼼꼼하게 계산해 보면 최대형의 향유고래의 몸길이는 85피트 내지 90피트이고, 최대의 몸통 둘레는 40피트에 약간 못 미친다. 이런 고래라면 적어도 무게가 90톤쯤이다. 그러므로 만약 열 세 명의 몸무게를 합쳐 1톤이라고 한다면, 그 고래는 주민 1,100명이 사는 마을의 총인구를 훨씬 능가하는 무게가 된다.
 그런데 육지의 사람이 상상한다면 이처럼 거대한 고래가 움직이기 시작할 때에는 멍에를 멘 가축들이 매어져 있듯이 많은 뇌수가 필요하리라고 생각될 것이다.
 나는 이미 고래의 머리, 물뿜는 구멍, 턱, 이빨, 꼬리, 이마, 지느러미 및 그 갖가지 부분을 여러 가지 형태로 제시했으므로 여기서는 단순히 그 골격을 통틀어서 전체 모양 중에서 가장 흥미 있는 점만을 지적하는 데 그치겠다. 그러나 방대한 머리는 전체 해골 가운데서 매우 커다란 부분을 차지하고 또한 다른 것과 비할 수 없을 만큼 복잡한 곳이지만, 이 장에서는 그런 일에 대해서는 두 번 다시 되풀이하지 않을 작정이니 여러분은 그 점을 항상 염두에 두고 읽어나가기를 바란다. 그렇지 않으면 이제부터 관찰하려고 하는 전 구조를 완전하게 파악할 수 없을 것이다.
 트란케 섬에 있는 향유고래의 뼈의 길이는 72피트였다. 따라서 살아서 살이 듬뿍 붙은 채 누워 있었다고 한다면 90피트는 실히 되었을 것이다. 고래에 있어서 죽은 뒤의 뼈대는 산 몸에 비해서 5분의 1가량 작아지기 때문이다. 그 72피트 중 머리와 턱이 약 20피트를 차지하므로 실제 등뼈는 50피트 정도라는 계산이 나온다. 이 등뼈의 약 3분의 1은 튼튼한 늑골의 테인데, 그것은 일찍이 그의 생명 기관을 감싸던 것이다.

이 커다란 상아 늑골의 가슴과 거기서 똑바로 기다랗게 뻗어 가는 긴 척추는 나에게 조선대(造船臺)에 갓 놓인 거선의 선체를 연상케 했다. 곧, 그 선체는 아직 아무것도 칠하지 않은 늑재가 스무 개 가량 끼어져 있고 용골은 아직도 매어지지 않은 목재로서 길게 놓여 있는 상태에 있는 것이었다.

늑골이 한쪽에 열 개씩 있었다. 목에 가장 가까이 있는 맨 처음의 것은 길이가 거의 6피트였고, 둘째 셋째 넷째 것으로 갈수록 순차적으로 길어져, 다섯째 것 즉 한복판의 중앙 늑골에서 가장 길어져서 8피트 몇 인치인가 되었다. 그 다음 늑골부터는 짧아져서 마지막 열 번째의 것은 5피트 몇 인치밖에 되지 않았다. 그 굵기는 모두 그 길이에 적당하게 비례하고 있었다. 중앙의 늑골은 가장 많이 아치형으로 구부러져 있었다. 이 늑골을 아서사이데즈 지방에서는 작은, 시내에 걸치는 다리로 사용하고 있었다.

이 늑골들을 조사하면서 내가 새삼스럽게 놀란 것은 이미 이 책에 여러 가지로 되풀이해 온 것, 즉 고래의 뼈대는 그 살이 붙어 있는 형체와는 완전히 다르다는 것이다. 트랑케 고래의 가장 큰 늑골, 중앙의 그것은 산고래에서는 가장 두툼한 곳에 해당된다. 그런데 이것이 산 고래였을 때의 가장 두꺼운 곳은 적어도 16피트는 되었을 게 틀림없지만, 죽은 뒤에는 8피트가 될까 말까 하다. 그러니까 이 늑골은 살아 있던 때의 이 부분의 위용이 어느 정도였는가에 대해서 그저 상상할 수 있게 할 뿐이다. 그리고 다른 곳으로 옮아 보면, 지금 다만 벌거벗은 척추로 보이는 이곳은 예전에는 수 톤의 살, 힘줄, 피, 창자 등으로 에워싸여 있었다. 그리고 또 풍만한 지느러미가 있었던 곳에서는 약간의 흩어진 관절을 볼 뿐이고, 묵중하고 장대하며 뼈 없는 갈라진 꼬리가 있던 곳에서는 그저 공백을 볼 뿐이었다.

그때 내가 생각하지 않을 수 없었던 것은 만약 견문이 좁은 겁쟁이가, 이 평화로운 숲 속에 누워 있는 뼈만 앙상하게 남은 고래를 바라보면서 이 고래의 살았을 때의 위용을 바르게 추측하려 든다는 것은 얼마나 보람 없고 어리석은 짓이겠는가 하는 것이었다. 그렇다. 가장 격렬한 위험의 한복판에서만,

그의 격노한 꼬리가 마구 휘둘리는 그늘에서만, 넓고 넓은 심해에서만, 풍만하게 살이 붙은 고래의 참다운 산 모습을 볼 수 있는 것이다.

그런데 척추를 조사하는 가장 좋은 방법은 기중기로 뼈들을 높이 쌓아올리는 것이다. 그것은 손쉽게 할 수 있는 작업은 아니다. 그러나 다 마치고 나면 폼페이의 주석(이집트의 알렉산드리아에 4세기에 세워진 화강암의 높은 탑)과 매우 흡사한 것이 된다.

전부 합하여 마흔 몇 개인가의 척추뼈가 있는데 해골일 때에는 연결되어 있지 않다. 그것들은 고딕 첨탑의 마디가 많은 울퉁불퉁한 고리〔環〕처럼 위엄 있는 석공의 힘찬 솜씨를 보이고 있다. 제일 중앙의 가장 큰 것은 폭이 3피트에 약간 못 미치고 두께는 4피트 이상 된다. 척추가 꼬리가 되어 없어지는 곳에 있는 가장 작은 것은 폭이 겨우 2인치이며 흰 당구공처럼 보인다. 더 작은 것이 몇 개 있었던 것 같았는데 식인종의 아이들, 즉 제관의 아이들이 훔쳐다가 공깃돌놀이를 했다고 한다. 이리하여 지상 최대의 생물의 등뼈도 끝내는 철없는 아이들의 장난감이 되고 만다는 것을 알게 되었다.

제104장

화석 고래

우리는 고래의 그 거대한 몸체에서 가장 마음에 드는 한 가지 주제를 택해서 증보하고, 상술하고, 전반적으로 부연할 수 있다. 그러나 고래에 대해서는 아무래도 요약해서 말할 수는 없다. 그는 당연한 권리로 초대이절판(超大二切判)으로써 취급되어야 한다. 여기서는 물뿜는 구멍부터 고리까지의 길이라든가 그 허리둘레의 길이에 대해서 되풀이하지는 않겠다. 다만 그 방대한 창자는 구불구불 감겨있고 마치 전투함의 새까만 맨 아래 갑판 속에 휘말려드는 큰 밧줄뭉치와 같다는 것만 생각해 주기 바란다.

나는 이 큰 고래를 다루려고 뜻을 세운 이상 내가 이 일에 있어 유감없이 전부 다 알고 있음을 증명하기 위하여, 그 혈액의 극히 작은 미생물자까지도 놓치지 않고 또한 창자의 마지막 똬리까지도 모조리 풀어 나가려고 한다. 이미 현재의 서식(棲息) 상태와 해부학상의 특질에 대해서 많은 것을 이야기 했으니까 남은 일은 그 고고학적, 화석적, 시원적(始原的)인 관점에 확대경을 갖다 대는 일이다. 물론 레비아단 이외의 것 곧 개미라든가 벼룩 같은 생물에 적용한다면 이런 거창한 말은 부당하게도 거추장스럽게 생각될 것이다. 그러나 거경이 주제인 이상 사태는 다르다. 용감하게 나는 사전 속에 있는 가장 장중한 말로 무장하고 이 모험을 향하여 비틀거리는 다리를 채찍질하여 걸어 들어갈 것이다. 그리고 여기서 미리 말해 두어야 할 것은 이 논술을 해가는 도정에 있어서, 사전의 도움을 빌려야 할 필요가 있을 때에는 일부러 그럴 목적으로 사들인 존슨(새뮤얼 존슨, 1709~1784. 18세기 문단의 중심인물, 사전을 만든 것으로 유명함)의 거대한 사절판(四切版)을 사용했다. 그 까닭은 저 유명한 사전학자의 유달리 큰 몸집이야말로 나와 같은 고래학 저술가가 쓸 사전을 만드는데 가장 어울렸기 때문이었다.

단순하고 평범한 일일지라도 일단 주제로 삼으면 작가들은 곧 흥분을 나타낸다는 말을 들은 적이 있다. 그렇다면 레비아단에 대해서 쓰는 나는 어떤가, 나 자신도 모르게 내가 쓰는 글씨는 플래카드에 쓰는 대문자처럼 커진다. 콘돌의 깃털 펜을 달라!, 잉크병으로 쓰게 베수비어스의 분화구를 달라. 친구여, 나의 팔을 눌러 다오! 이 거경에 대한 나의 생각을 적어 나가는 것만으로도 생각은 나를 지치게 하고 숨은 끊어질 만큼 가쁘고 팔은 길게 뻗쳐서 모든 것을——모든 과학 분야 그리고 과거, 현재, 미래의 고래와 인간과 거상(巨像)의 전 세계를 포함하여 지상의 모든 제국의 흥망성쇠뿐만이 아니라 전 우주와 그 주변까지도 그려 내려고 한다. 광대하고 자유로운 주제의 덕이란 이토록 장대한 것이다. 우리도 그 크기와 함께 커진다. 웅대한 책을 낳는 데는 웅대한 주제를 선택해야만 한다. 벼룩에 대해서 시도해 본 사람은 적지 않았을 테지만 아직도 벼룩에 관한 웅대하고 불후의 명성을 얻은 책이 만들어졌다는 말은 듣지 못했다.

  화석고래의 주제로 들어가기 전에 나는 지질학자로서의 신임장을 제시하는 의미에서 오늘날까지 여러 가지 경우에 석공 노릇을 하기도 하고 온갖 종류의 큰 도랑이며, 운하며, 우물이며 또는 술 저장실, 지하실, 물탱크 등을 무척 많이 팠다는 것을 말하고 싶다. 마찬가지로 또한 미리 말해 두고 싶은 것은 오래된 지층에는 오늘날 완전히 절멸된 괴물의 화석이 발견되는데, 그 다음의 제삼기층(第三紀層)에서 발견되는 유물은 역사 이전의 생물과 노아의 방주에 들어간 이들의 아득한 선조들과 적어도 연관성이 있는 것이라고 생각되고, 오늘날까지 발견된 화석고래는 지표층이 생기기 직전의 것인 제삼기층에 속하고 있다는 사실이다. 그 어느 것이든 현재 우리가 보는 어떤 종류의 것과도 완전히 부합되지는 않지만 그러나 전반적으로 보아 꽤 비슷하므로, 그것들을 고래의 화석으로 다루는 것이 가능해진다.

  아담 이전에 부서져 조각이 된 고래의 화석, 즉 그 뼈의 조각은 최근 30년간에 이따금 알프스 산맥, 롬바르디아, 프랑스, 영국, 스코틀랜드, 루이지애나 주, 미시시피 주, 앨라배마 주 등에서 발견되었다. 그런 유골 중 재미있는 것은 파리의 튈르리 궁전에 거의 정면으로 향한 곳인 도피네 거리에서 1779년에 발굴된 두개골의 일부, 그리고 나폴레옹 시대에 앤트워프 항(港)의 선거를 준설할 때에 발굴된 뼈들이다. 퀴비에는, 이 뼈조각들은 전혀 알려져 있지 않은 고래의 종류에 속하는 것이라고 했다.

그러나 온갖 고래의 유물 중 가장 놀라운 것은, 1842년에 앨라배마 주 크리 판사의 농장에서 발견된, 절멸된 괴물의 거의 완전한 해골이다. 미신적인 노예들은 겁을 먹고 두려워하며 이것을 하늘에서 떨어진 천사의 뼈일 거라고 생각했다. 앨라배마의 의사들은 그것을 대파충류의 것이라고 하여 바실로사우루스라고 이름을 지었다. 그러나 그 뼈 중 일부가 표본으로 바다를 건너 영국의 해부학자 오웬에게로 운반되어 드디어 알게 된 일인데 이 파충류라고 일컬어지는 것은 절멸된 고래라는 것이었다. 이것이야말로 이 책에서 자주 되풀이한 사실, 즉 고래의 해골에서 완전히 살이 붙어 있을 때의 모습을 알기란 참으로 곤란하다는 것을 여실히 증명한다. 오웬은 이 괴물을 주글로돈이라고 이름을 바꾸고, 런던 지질학 협회에서 연구결과를 발표하면서 이것은 지구의 변천으로 존재가 없어진 것들 중 가장 놀랄 만한 것이라고 선언했다.

이 강대한 레비아단의 해골, 이빨, 턱, 늑골, 척추골 사이에 서서, 그 모든 것들이 부분적으로 현재의 해마(海馬)의 종류에 흡사한 특성을 나타내는 한편, 아득히 먼 선조인 절멸된 선사시대의 레비아단에도 유사점이 발견되는 것을 보면서, 나는 시간이 아직 시작되었다고 말할 수 없는——시간은 사람과 함께 시작되는 것이니까——경이의 시대로 거꾸로 흘러간다. 그때 토성의 잿빛 혼돈은 내 위에 소용돌이 치고, 나는 흐릿하고 전율을 일으키는 극지의 영겁을 본다. 왜냐하면 수없이 많은 얼음덩어리가 오늘날의 열대에까지 심하게 밀려와서 이 세계의 25,000마일 주변에는 살 수 있는 한 줌의 땅도 볼 수 없는 것이다. 이때 전 세계는 고래의 것이고, 그는 창조물의 왕자로서 그 지나간 자취를 오늘날의 안데스나 히말라야 산맥에도 남기고 있다. 누가 감히 고래와 같은 가계(家系)를 자랑할 수 있을 것인가. 에이허브의 작살은 고래 이집트 왕의 피보다도 더 오래된 피를 흘리게 했던 것이다. 므두셀라(노아 이전의 족장) 정도는 초등학교 아동에 불과하다. 나는 뒤돌아보고 셈(노아의 큰아들)과 악수한다. 나는 그 기원으로 거슬러 올라갈 수도 없는, 모세 이전의 고래의 공포에 떠는 것이지만, 이것은 모든 시간의 이전에 존재한 것이지만 모든 인간의 세기가 끝난 뒤에도 존재할 것임에 틀림없다.

그러나 이 레비아단은 아담 이전의 흔적을 자연의 연판(鉛版)과 고대의 흉상을 물려받은 석회암과 이회토에 남길뿐만 아니라 이집트의 석판에도——

—그것은 거의 화석이라고 해도 좋을 만큼 오래 된 것이다——그 지느러미의 혼적을 보이는 것이다. 50년 전쯤에 덴데라의 대사원(이집트에 남은 거대한 신전)의 화강암 천장에 채색된 별자리 그림의 조각이 발견되었는데, 거기에는 근대인들이 그린 천체도의 괴상한 그림과 비슷한 반수신(半獸神), 날개 달린 사자, 돌고래 등이 가득히 조각되어 있었다. 그리고 그것들의 사이를 태고적 고래가 헤엄치고 있었다. 솔로몬이 태어나기 몇 세기 전에도 그 별자리 그림에는 수영하는 모습이 그려져 있었다.

또한 잊어서는 안 될 것은 바버리(북아프리카의 옛 이름)의 존경스러운 여행자 존 레오(16세기의 무어인 여행자 레오 아프리카누스)가 기술한 대로 고래는 대홍수 이후에도 그 뼈의 실체에 의해서 그 고색창연한 역사를 기묘하게 증명하고 있는 것이다.

"해안에서 그다지 멀지 않은 곳에 신전(神殿)이 있고, 그 서까래와 들보는 고래뼈로 되어 있다. 그 해안에는 놀랄 만큼 거대한 고래의 시체가 떠밀려 올라오는 일이 종종 있기 때문이다. 그 지방 사람들이 믿는 바에 의하면 이 신전에는 신으로부터 주어진 불가사의한 힘이 있어서 어떤 고래도 이곳을 지나갈 때는 대번에 죽는다는 것이다. 그러나 사실은 신전 양쪽에 바다로 돌출한 2마일 길이의 암초가 있어서 그곳으로 들어오는 고래에 상처를 입혔던 것이다. 그들은 신기한 일이라고 하며 말로는 다할 수 없을 만큼 길고 큰 늑골을 신전에 바쳤다. 그것은 볼록한 흰 부분을 위로 하여 아치처럼 땅 위에 놓여졌는데 사람이 낙타를 타고도 그 꼭대기에 이를 수가 없다. 내가 그것을 보았을 때 (존 레오가 말한다) 늑골은 이미 그곳에 100년은 놓여져 있었다고 한다. 이 지방의 역사가들은, 마호멧을 예언한 예언자들은 이 신전에서 나왔다고 증언하고, 또 어떤 역사가들은, 예언자 요나는 고래에 의해서 이 신전의 초석에 토해진 것이라고 서슴지 않고 주장한다."

나는 독자 여러분을 이 아프리카의 고래 신전 속에 남겨 둘 것이다. 만약 여러분이 낸터킷 사람이라면, 그리고 고래잡이라면 조용히 공손하게 절을 할 것이다.

제105장
고래는 축소되어 가는가, 그들은 절멸할 것인가

    고래가 영겁의 수원(水源)으로부터 우리들의 시대에까지 몸부림치며 헤엄쳐 왔다고 한다면 그 대대로의 긴 흐름 중에 그 조상들의 원시적인 거체를 차츰 잃어 온 것은 아닐까 하는 의문이 드는 것도 당연할 것이다.

    그러나 연구해 보면 알 일이지만, 현대의 고래가 제삼기층(분명히 인류 이전의 지질시대를 포함한다)에 화석을 남긴 것보다 그 크기가 더 클 뿐만 아니라 그 제삼기층 속에서 발견되는 고래 가운데서도 후기의 지층에 속하는 것이 전기의 것보다도 크다는 것을 알 수 있다.

    여태까지 발굴된 아담 이전의 모든 고래 중에서 특출하게 큰 것은 앞장에서 말했던 앨라배마의 것인데 그것도 해골의 길이가 70피트도 못된다. 그런데 이미 말했듯이 현대의 대형 고래의 시체를 재면 72피트나 된다. 또한 포경계의 권위 있는 사람에게서 들은 바로는 잡았을 때 거의 100피트나 되는 향유고래도 있다고 한다.

    그러나 오늘날의 고래는 모든 전기 지층지대(前紀地層時代)의 것보다는 커졌다고 하더라도 아담시대의 것보다는 작아진 것은 아닐까.

    확실히 만약 우리가 플리니(로마의 저술가, 자연사학자)와 같은 현자나 또는 고대 자연사학자들의 기술(記述)을 믿는다면 그처럼 결론짓지 않을 수가 없다. 왜냐하면 플리니는 산 몸뚱이가 몇 에이커나 되는 고래에 대해서, 또한 알드로반두스는 길이 800피트나 되는 고래에 대해서 말하고 있는데, 이런 고래는 그야말로 밧줄 제조소와 같은 고래, 템즈강의 터널과 같은 고래다! 그리고 쿡(영국의 대항해자)과 자연사학자인 뱅크스(자연사학자이며 쿡의 항해에 동행했었다), 솔랜더(쿡의 항해에 동행)의 시대에도 과학원의 어느 스웨덴 회원은 어떤 아이슬란드 고래의 길이를 120야드라고 기술하고 있는데, 그것은 360피트가 되는 셈이다. 또한 프랑스 학자 라세페드는 그 고래의 역사에 관한 노작(勞作)에서 첫머리(제3페이지)에 참고래를 백 미터, 다시 말해서 328피트라고 했다. 더욱이 이 작품은 최근이라 할 수 있는 1825년에 발간된 것이다.

그러나 이런 이야기를 믿는 고래잡이가 있을까? 없다. 오늘날의 고래는 플리니 시대에 살았던 그들의 선조만큼이나 크다. 만약 내가 플리니가 있는 곳에 간다면 고래잡이(그보다는 훌륭한)인 나는 감히 그를 향해서 그렇게 말할 것이다. 왜냐하면 플리니가 태어나기 몇 천 년 전에 매장된 이집트의 미이라의 관을 들여다보면 지금의 켄터키 남자의 키만큼도 크지 않고, 또한 가장 오랜 이집트나 니네베의 석판에 새겨진 소나 그 밖의 짐승은, 거기에 그려진 상대적인 크기의 비율로 보면 오늘날 런던의 스미스필드 우시장에서 보이는 잘 먹고 잘 자란 혈통 좋고 상을 받은 소가 파라오의 소들 중에서 가장 살진 소와 같거나 훨씬 더 크다는 사실이 드러나기 때문이다. 이 모든 사실을 앞에 놓고 보면 모든 동물 중에서 고래만이 작아졌다는 것은 인정할 수 없다.

그러나 또 한 가지 검토해야 할 일이 있는데 그것은 사려 깊은 낸터킷 사람이 자주 문제 삼는 일이다. 포경선의 돛대 꼭대기의 망보는 사람들은 거의 모든 것을 통달한 정도에 이르렀고, 베링 해협까지 진출했으며, 세계의 가장 아득히 먼 비밀의 서랍이며 상자 속에까지 들어가 수천의 작살이며 창을 온갖 대륙 해안을 돌며 던져 넣었다. 그렇다면 쟁점은 고래를 이렇게 참혹하게 잡아대는 것을 이 이상 견딜 수 있을 것인가, 끝내는 바다에서 소멸하는 것은 아닐까, 그리고 최후의 고래는 최후의 인간처럼 그 마지막 파이프 연기를 들이킨 후 마지막 한숨과 함께 연기로 화하고 마는 것이 아니겠는가 하는 것이다.

혹이 달린 고래 떼를 혹이 달린 들소 떼에 비유하면, 그 들소들은 40년 전만 해도 일리노이나 미주리의 초원에 몇 만인지도 모르게 떼를 지어 그 억센 갈기 머리를 흔들며 벼락을 숨긴 이마로 강변의 번화한 마을들을 위협했었는데, 지금은 그 주변에서 싹싹한 중개인이 1인치에 1달러의 비율로 땅을 팔고 있다. 이런 것을 깊이 생각하여 보면 쫓기는 고래는 바야흐로 급속한 멸망의 운명을 면할 수 없다는 결론에 이를 수밖에 없다.

그러나 이 문제는 모든 각도에서 바라보지 않으면 안 된다. 확실히 얼마 전——사람의 한평생 정도도 안 되는 세월이지만——까지만 해도 일리노이

제105장 고래는 축소되어 가는가, 그들은 절멸할 것인가

주의 들소의 수는 오늘날 런던의 인구보다 많았는데 지금은 그 지방 어느 곳에도 뿔 한 개 발굽 하나 남지 않았다. 이 놀라운 멸종 원인은 바로 인간의 창이었던 것이다. 그러나 고래잡이는 그 성격을 아주 달리하는 것이어서 고래 떼가 그와 똑같이 명예롭지 못한 최후를 마친다는 것은 결단코 있을 수 없는 일이다. 한 척에 40명이 타고 48개월 동안 향유고래를 쫓다가 마지막에 집으로 돌아갈 때 40마리 분의 기름을 실었다면 참으로 운이 좋았다고 생각하고 신께 감사를 드린다. 그런데 옛날 캐나다나 인디언 사냥꾼들의 시대, 또는 덫을 써서 사냥감을 잡던 서부의 사냥꾼들의 시대, 즉 먼 서부(해가 진 뒤에도 사냥꾼의 화톳불은 꺼지지 않는다)가 황야이며 처녀지였던 무렵에는 짐승 가죽으로 만든 신을 신은 같은 수의 사나이가 같은 수의 달 수 동안 배로 항해하는 것이 아니라 말을 탔다면 40마리 정도가 아니라 4만이나 그 이상의 들소를 죽였을 것이다. 이것은 필요하다면 통계로 나타낼 수 있는 사실이다.

또한 이를테면 예전(지난 세기의 후반부)에는 적은 무리를 이룬 고래 떼를 지금보다도 더 빈번히 만날 수가 있었고 따라서 항해도 그다지 오래 끌지 않았고, 이익의 배당률도 좋았다. 이러한 사실이 향유고래가 차츰 소멸되어 가고 있다는 이론을 뒷받침한다고 생각하는 것은 옳은 일일까. 그러나 그 이유는 어디에선가도 적었듯이 이들 고래는 어떠한 안전감에 영향을 받아 오늘날에는 방대한 무리를 지어 헤엄친다. 그래서 지난날 바다 가득히 흩어져 있던 외로운 고래, 두 마리씩 짝지은 고래, 그밖에 작은 무리의 고래들은 그 대부분이 이제는 무수한 대군이 되어서 서로 멀리 떨어져서 좀처럼 모습을 보이지 않는 부대가 되었다. 이것이 전부다. 또한 이른바 수염고래 등이 옛날에 밀집했던 대부분의 어장에 나타나지 않는다고 해서 그 종류 또한 줄어들고 있다고 생각하는 것 역시 잘못된 것이다. 그 고래들은 다만 하나의 곳에서 다른 곳으로 흘러갔을 뿐이고, 만약 어떤 해안에 왕성한 물뿜기가 보이지 않는다 하더라도 틀림없이 어느 먼 해안에서는 최근 보지 못했던 낯선 광경에 놀라고 있을 게 틀림없다.

다시 말하면 이제 방금 말한 고래는 두 개의 견고한 성채로 되어 있어 그것은 어떤 인력으로도 영원히 난공불락이다. 그리고 완고한 스위스 인들이 그 골짜기를 침략당하면 산악으로 물러났듯이 수염고래는 대양의 풀밭이며

 숲에서 추적을 당하면 마침내는 극지(極地)의 성채로 물러나서 그곳의 마지막 의지처인 얼음의 성책(城柵)과 성벽 밑에 들어가기도 하고 얼음의 벌판과 유빙(流氷) 사이에 떠오르기도 하면서 영원한 12마법의 원 속에서 사람들의 어떠한 공격도 비웃는다.

 그러나 향유고래 한 마리에 대해서 50마리 정도의 비율로 수염고래는 작살에 맞게 되므로 앞돛대를 지키는 몇몇 철학자들은 이 강력한 섬멸전은 그들의 대대(大隊)에 이미 엄청난 감축을 가져왔다고 결론지었다. 그러나 지난 얼마 동안 북서 해안에서 아메리카 어부들에 의해서만 1년에 13,000을 넘는 수염고래가 잡혀 왔던 것은 사실이지만 그것을 다른 각도에서 고찰해 본다면 이와 같은 사태도 그 문제에 대한 논거로서 거의 무력한 것이 된다.

 지표상의 거체 동물의 수가 많음에 대해서 의심을 품고 싶어지는 것도 무리는 아니지만, 그렇다면 고아(인도 남서 해안의 옛 포르투갈 영토)의 역사가 호르토가, 샴 왕이 한 번 사냥에 코끼리 4천 마리를 잡았고, 그런 지방에서는 코끼리의 수가 온대 지방의 가축의 무리만큼 많다고 기록한 데 대해 뭐라고 대답할 수 있겠는가? 그리고 만약 그 코끼리들이 수천 년 동안 세미라미스(바빌로니아를 세웠다는 전설속의 여왕), 포루스, 한니발, 그리고 그에 이어진 동방의 모든 왕들에게 잡혀 왔다고 한다면——그리고 그들이 지금도 여전히 다수 살아남아 있다면, 큰고래의 떼는 그들이 돌아다니기 위한 목장으로서 아시아, 남북 아메리카, 유럽, 아프리카, 뉴네덜란드(오늘날의 오스트레일리아), 그밖에 바다 위의 섬들을 모조리 합한 것의 정확히 두 배의 것을 갖게 되는 것이니까, 그들이 온갖 추적을 견디고 계속 살아가는 것을 의심할 근거는 없어 보인다.

그리고 또 생각해야 할 일이 있다. 고래는 수명이 길다고 추측되고 있는데 아마도 백 살 또는 그 이상도 사는 모양이라서 어느 시기든 몇몇 나이든 세대의 고래가 살고 있을 것이다. 그것은 무엇을 의미하는가 하면 만약 세상의 모든 묘지, 분묘, 가족 묘지가 75년 전에 살았던 모든 남녀와 아이들에게 생명을 되돌려 주었다고 치고 이 무수한 사람들을 현재의 지구상에 사는 사람들에 더해 본다고 하면 대충 짐작이 갈 것이다.

그렇기 때문에 이 모든 점들을 종합해보면 고래는 설사 개체적으로는 멸하기 쉽다 하더라도 종족으로서는 불멸이라고 생각한다. 고래는 대륙이 물을 가르고 머리를 쳐들기 전부터 바다를 헤엄쳐 다녔다. 예전에는 튈르리 궁전이나 윈저 성이나 크렘린 궁전 위를 헤엄쳐 다녔다. 노아의 홍수 때 그는 노아의 방주 따위는 거들떠보지도 않았다. 그러니까 설혹 세계가 다시금 네덜란드처럼 그 쥐들을 죽여 없애려고 홍수에 잠긴다 해도 영원한 고래는 여전히 살아남아서 적도의 솟구치는 파도 꼭대기로 높이 머리를 쳐들고 하늘을 향해 오만한 거품을 뿜어 올릴 것이다.

제106장
에이허브의 다리

에이허브 선장은 서둘러서 런던의 새뮤얼 엔더비 호를 물러나오다가 몸에 약간의 타격을 받았다. 굉장한 기세로 보트의 노잡이의 자리로 뛰어내렸기 때문에 고래 뼈다리는 거의 찢어질 것 같은 충격을 받았다. 게다가 본선 갑판으로 돌아와 그 뼈다리 선회 구멍에 다리를 넣자마자 키잡이에게 급히 명령을 내리기 위해서(그것은 여느 때와 다름없이 키를 단단히 다루지 못했다는 등의 일이었는데) 과격하게 회전했기 때문에 이미 금이 가 있던 고래뼈는 더욱 비틀어졌고, 그 모양은 온전하고 얼핏 보기에는 튼튼해 보였지만 에이허브에게는 믿지 못한 것이 되어 버렸다.

사실인즉 에이허브는 일면으로는 마치 미친 사람같이 난폭했지만 때로는 그를 절반 받치고 있는 그 죽은 뼈의 상태에 대해서 세심한 주의를 기울이고 있었다는 것은 조금도 놀라운 일이 아니다. 왜냐하면 피쿼드 호가 낸터킷을 출범하기 조금 전의 일이었는데, 그는 어느 날 밤 땅 위에 정신을 잃고 쓰러진 상태로 발견되었다. 뭔가 알 수 없는, 설명할 수 없고 상상도 할 수 없는 뜻밖의 사고에 의해서 그 고래뼈 다리가 세차게 어긋나면서 말뚝처럼 그를 치는 바람에 하마터면 사타구니를 찔릴 뻔한 것이다. 그 끔찍한 부상을 고치는 것은 그렇게 쉬운 일이 아니었다.

또 그때, 필연적으로 그의 편집광적인 머릿속을 스친 것은 지금 겪고 있는 이 고통은 그 이전의 고통의 직접적인 결과라는 생각이었다. 그래서 그가 너무나도 명백하게 본 것은, 이를테면 늪 속에 있는 무서운 독을 가진 파충류가 즐거운 노래를 부르는 숲 속의 새와 마찬가지로 그의 종족을 영속화시키는 것처럼 모든 비참한 일들도 모든 행복과 마찬가지로 그 자손을 낳는다는 사실이었다. 아니, 같은 정도가 아니다, 하고 에이허브는 생각했다. 왜냐하면 슬픔의 조상과 그 자손은 기쁨의 조상이나 자손들보다도 훨씬 멀리 가는

것이다. 이런 걸 암시할 것까지는 없겠지만, 어떤 경전이 가르치는 바에 의하면 이 지상의 자연스러운 쾌락은 저세상에서는 자손을 가질 수가 없고 거기에는 다만 기쁨의 자취가 끊긴 지옥의 절망만이 뒤따를 뿐이며, 반면에 여러 가지 죄 많은 인간의 고통은 무덤 저 멀리까지도 슬픔의 자손을 영원히 번식시킨다는 것이다. 그런 것은 차치하고서라도 사태를 깊이 파고 들어가면 아무래도 불균형인 데가 있다. 왜냐하면——에이허브는 생각한다——이 지상의 최고 행복이라 해도 항상 그 속엔 뭔지 모르게 까닭을 알 수 없는 비소함 같은 것이 숨겨져 있는 데 반해서 마음의 온갖 슬픔은 그 밑바닥에 신비한 의미를 지니고 있고 어떤 사람들에게 있어서는 천사적인 장엄감을 지닌다. 아무리 그렇지 않음을 규명하려 해도 이 명확한 추론을 뒤엎을 수는 없다.

이들의 숭고한 인간 비극의 계보를 조사하여 밝혀 간다면 우리들은 그 연원도 알 수 없는 신들의 족보에 도달하게 된다. 그렇기 때문에 태양이 제아무리 기쁜 듯이 건초를 비추고, 달이 은은한 심벌즈처럼 둥그렇게 수확물을 비춘다 하더라도 우리는 다음과 같은 사실, 즉 신들이라도 항상 기쁨에 차 있는 것은 아니라는 것을 시인하지 않으면 안 된다. 태어날 때부터 인간의 이마에 새겨진 씻을 수 없는 반점은 그것을 새긴 신들의 비애를 증명하는 데 지나지 않는다.

 의도하지는 않았지만 여기에 하나의 비밀이 드러났는데 이것은 아마 적당하게 고정된 형태로 옛날부터 밝혀져 있었던 것일 게다. 에이허브가 많은 기이한 행동과 더불어 사람들에게 신비로운 인물로 남은 것은, 어째서 그는 피쿼드 호가 출범할 때를 전후한 얼마 동안 달라이 라마처럼 깊숙이 몸을 숨기고 있었는가, 또 그동안 소위 명부(冥府)의 대리석 원로원들 사이에 묵묵히 도피해 있었는가 하는 일이었다. 거기에 대해 필레그 선장이 퍼뜨린 이유도 결코 적절하다고는 생각되지 않았다. 그러나 원래 에이허브의 깊은 곳을 더듬어 보려는 설명은 밝게 열린 빛보다는 암시적인 어둠의 성질을 띠고 있었다. 그러나 결국 모든 것이 밝혀졌다. 적어도 이 한 가지만은 분명해졌다. 그가 일시 몸을 숨긴 것은 그 끔찍한 사건이 원인이었다. 그러나 그것뿐이 아니었다.

 육지에는, 그 수는 차츰 줄어들어 얼마 되지 않았지만 비교적 그에게 접근할 특권을 지니고 있는 사람들이 있었는데, 그 겁많은 사람들에게 위에서 말한 사건은——무뚝뚝해서 말이 없는 에이허브는 거기에 대해서 이야기하는 일이 없었으므로——무언가 망령과 비통의 나라에 떠도는 것 같은 무서움에 싸이게 했다. 그 때문에 그들은 그에 대한 애정에서 서로 의논하여 힘닿는 데까지 이런 말을 다른 사람들의 귀에 들어가지 않도록 애썼다. 따라서 상당한 시간이 지날 때까지도 피쿼드 호의 선원들에게는 그 사실이 알려지지 않았던 것이다.

 그러나 그건 그렇다 치고——허공 속의 눈에 보이지 않는 괴상한 신들의 모임이며 불길 속의 망집의 제왕제마들이 이 지상의 에이허브에게 볼 일이 있건 없건 간에 에이허브는 다리의 문제에는 명쾌하고 실질적인 행동을 취했다. 목수를 불렀던 것이다.

 목수가 그의 앞에 나타나자 에이허브는 지체없이 새로운 다리를 만들 것을 명령하고 항해사들에게 여태까지의 항해 중에 모아 두었던 여러 부분의 크고 작은 고래뼈를 가져오게 하여 면밀히 살펴보고 가장 견고하고 좋은 질의 재료를 고르도록 했다. 그것이 끝나자 목수는 그날 밤 안으로 다리를 만들 것, 그리고 지금의 다리에 붙은 부속품을 일체 쓰지 않고 새로운 부속품을 만들 것을 명령받았다. 더욱이 선창에서 잠시 잠자던 용철로를 들어내 오라는 명령이 내렸고, 작업을 빨리 진행시키기 위해서 대장장이는 곧 필요한 철구(鐵具)는 무엇이건 벼리라는 명령을 받았다.

제107장
목수

그대는 토성의 위성들 사이에 회교국 군주처럼 자리를 차지하고 앉아서 인류 중 최고로 고귀한 전형(典型)으로서의 한 사람을 생각해 보게나. 그 사람은 경이이고, 장엄이고, 비애일 것이다. 그러나 같은 관점에서 군중으로서의 인류를 생각해 보게나. 그것은 동시대 적이면서도 대대로 내려온 불필요한 복제들의 무리라고밖에 할 수 없을 것이다. 그런데 피쿼드 호의 목수는 가장 천하여 고귀한 인간성의 전형이라는 것과는 너무나도 동떨어진 존재였지만, 그러나 그는 결코 복제품은 아니었다. 그러므로 그는 한 인간으로서 이 무대에 서는 것이다.

모든 배의 목수와 마찬가지로, 특히 포경선에 타는 목수와 마찬가지로, 그는 즉각적이고 실질적으로 일을 처리하는 점에서 다른 잡다한 일에서도 자신의 본업과 같은 정도로 경험이 많았다. 원래 목수라는 것은 유래가 오래된 것으로 큰 줄기에서 뻗어 나간 작은 나뭇가지처럼 많든 적든 간에 목재를 보조 재료로 하는 여러 종류의 수공업으로 나누어져 있다. 그러나 이 피쿼드 호의 목수에게는 그러한 일반적인 설명이 어울릴 뿐만 아니라 3, 4년 동안이나 큰 배가 문명을 떠나 아득히 먼 대양을 항해할 때 끊임없이 일어나는 헤아릴 수도 없고 일일이 이름 지을 수도 없는 기계의 고장에 대해서도 신기할 정도로 유능했다. 그가 그 보통 임무——구멍이 뚫린 보트며, 부러진 돛의 활대의 수선, 물갈퀴가 망그러진 노의 모양을 고치는 일, 갑판에 둥근 창문을 만드는 일, 뱃전 판자에 나무못을 박는 일, 그 밖에 직접 그의 직능에 속해 있는 일들을 시원히 해치우는 것은 말할 나위도 없다. 게다가 유용한 일이건 장난스러운 일이건 간에 온갖 종류의 상반되는 일들을 머뭇거림 없이 처리하는 전문가였다.

그가 그토록 다양한 솜씨를 발휘하여 만든 것은 바이스 벤치——길고 거칠게 깎은 묵직한 대(臺)인데 거기에는 철제, 목제의 크고 작은 갖가지 바이스가 갖추어져 있었다――였다. 고래가 뱃전에 묶여 있을 때 이외에는 언제나 이 벤치는 기름솥 뒤쪽에 가로놓여 있었다.

가령 밧줄을 잡아매는 핀이 너무 커서 구멍에 들어가기가 어렵다고 하면, 목수는 그 상비해 둔 바이스에 물리게 하여 즉석에서 가늘게 깎을 것이다. 가령 신기한 날개를 가진 길 잃은 육지의 새가 배 안에 날아 들어와서 잡혔다면 목수는 참고래의 깨끗하게 다듬어진 뼈와 향유고래의 큰 들보뼈를 사용해서 탑 모양의 새장을 만들 것이다. 노잡이가 손목을 삐면 목수는 진통제를 만든다. 스텁이 자기 보트의 노의 모든 물갈퀴에 빨간색 별표를 그리고 싶어 한다면 목수는 일일이 노를 목제 바이스에 걸어 대칭이 되게 성좌를 그려 줄 것이다.

어떤 선원이 상어 뼈의 귀고리를 달고 싶어 한다면 목수는 그 귀에 구멍을 뚫어줄 것이다. 또 어떤 사람이 치통을 일으킨다면 목수는 펜치를 꺼내들고 한 손으로 대를 두드리면서 벤치에 앉으라고 한다. 그러나 그 가엾은 친구는 수술이 채 시작되기도 전에 어떻게도 할 수 없을 만큼 겁에 질리기 때문에 목수는 그의 목제 바이스의 자루를 빙글빙글 돌리면서, 만약 이를 뽑고 싶거든 턱을 거기다 집어넣으라고 그에게 손짓할 것이다.

이리하여 이 배 목수는 무엇이건 척척 해치웠고, 또 어느것이나 무관심해서 아무것에도 존경심을 보이지 않았다. 이는 상아 조각 정도라고 생각하고, 머리는 돛대의 활차 정도로밖에 생각하지 않고, 인간 그 자체를 고패 정도로 경시하고 있었다. 그러나 그토록 광범위하게 갖가지 기술에 숙달하고 더욱이 그토록 생생하게 묘기를 발휘한다는 것은 모두 무언가 비범한 천재적 힘을 증명하고 있는 것으로 보일 것이다. 그러나 반드시 그렇지도 않다. 이 사나이에게는 소위 비인간적인 둔감함 이외에 아무런 뚜렷한 특징도 없었다. 그 비인간적인 둔감함은 그림자처럼 주변의 무한한 사물에 녹아들어 이 가시적인 세계의 보편적인 둔감함과 하나가 되어 있었다. 그 둔감함은 알 수 없는 형태로 끊임없이 활동하고 있으면서도 영원히 침묵을 지키며, 설사 그대가 대성당의 기초를 파헤치고 있다고 하더라도 그대를 무시할 뿐일 것이다. 그런데 이 사나이의 거의 무서울 정도의 둔감함은 그 속에 백방으로 가지를 뻗는 냉정함을 내포하고 있는 것처럼 보이고, 더욱이 때로는 이상하게 약동해서 낡고 누추하고 더럽고 원시적인 곰팡내를 풍기는 익살과 이따금 늙은이 같은 기지도 더러 섞이곤 했는데, 그것들은 낡고 녹슨 노아의 방주의 앞돛대에서 불침번을 설 때 지루한 시간을 메우기 위해서는 도움이 되었을지도 모르는 그런 익살이었다. 이 늙은 목수는 평생을 방랑으로 보냈으며, 여기저기 굴러다니느라 이끼가 끼지 않았을 뿐 아니라, 원래 그에게 붙어 있었던 외적 속성이라는 것까지 털어 없애버린 것 같았다. 그는 적나라한 추상이며, 분할할 수 없는 전체이며, 그 비타협성은 갓 태어난 갓난아이 같았고, 현세에 대해서도 내세에 대해서도 아무런 선입관 없이 살아가고 있었다. 이 사나이의 괴상한 비타협성은 일종의 우둔함을 내포하고 있다고 해도 좋을 것이다. 왜냐하면 그가 온갖 기능에 솜씨를 발휘하는 것을 볼 때, 그것은 이성에 의한 것도, 본능에 의한 것도 아니고, 또한 다만 배웠기 때문만도 아니고, 또는 이 모든 것들의 균등한 또는 불균등한 혼합에 의한 것만도 아니고, 자기 혼자서의 기계적인 동작에 의한 것이기 때문이다. 그는 순수한 기계 조작공이었고 만약 그에게 두뇌라고 일컬어지는 것이 있다고 하면, 그것은 벌써 아득한 옛날에 그의 손가락의 근육 속에 흘러들어가 있었음에 틀림없다. 그는 셰필드(영국 요크셔의 도시)에서 고안된 물건인 이치에 맞지는 않지만 극히 편리한 만능 기구——모양은 보통 칼을 약간 크게 했을 정도의 것인데, 갖가지 크기의 칼날뿐이 아니라, 드라이버, 코르크 마개뽑기, 족집게, 송곳, 펜, 자, 손톱 다듬는 줄, 구멍 뚫기 등을 갖고 있는 것——와 흡사했던 것이다. 그러니까 만약 상관이 이 목수를 드라이버로 쓰고 싶다면 다만 그의 그 부분을 펴기만 하면 되었고, 그렇게 하면 나사못은 단단히 죄어졌다. 족집게가 필요하면 그의 다리라도 붙잡으면 거뜬히 족집게가 된다는 것이다.

그러나 아까도 암시했던 터이지만, 이 만능 기구처럼 꺼냈다가 다시 넣기가 손쉬운 목수도 결국 기계적인 자동인형만은 아니었다. 그는 보통 사람의 마음을 자기 속에 갖지 않았다 하더라도 무언지 알 수 없는 미묘한 것을 갖추고 있어서 그것이 이상하게도 기능을 발휘했던 것이다. 그것이 무엇이었는가——수은 액체의 정유였는지 녹각정(鹿角精) 몇 방울이었는지는 짐작할 수 없다. 그러나 있기는 분명 있었고, 벌써 60여 년이나 그곳에 살고 있었던 것이다. 그리고 다름 아닌 이 설명하기 어려운 교활한 생명 원리, 이것이 거의 언제나 그에게 혼잣말을 중얼거리게 했던 것이다. 그러나 그것은 이성을 갖지 않은 바퀴와도 같았고 또한 중얼거리는 독백과도 같은 것이었다. 혹은 그의 육체는 보초소이고 이 혼잣말을 중얼거리는 자가 당번을 서면서 언제나 그의 눈을 떠 있게 하기 위해서 중얼거리고 있었다고 해도 좋을 것이다.

제108장
에이허브와 배 목수

갑판—첫 불침번 때.

 (목수는 바이스 벤치 앞에서 서서 두 개의 등잔불 밑에서 바쁘게 고래뼈를 줄질하면서 의족을 만들고 있고, 그 고래뼈는 단단히 바이스에 물리어 있다. 고래뼈를 깎은 부스러기, 가죽끈, 나사못, 그 밖에 여러 가지 도구가 바이스 주위에 흩어져 있다. 뱃머리 쪽에는 용철로의 빨간 불꽃이 보이고 대장장이가 일하고 있다.)

 "망할 놈의 줄! 망할 놈의 뼈! 부드러운가 하고 생각하면 단단하고, 단단한가 하면 부드럽군그래. 턱뼈며 정강이뼈를 깎는 것은 그런 일이야. 어디 다른 걸 하나 해볼까? 응, 이건 약간 잘 되는군. (재채기를 한다) 헤이, 뼈의 먼지군(재채기)──에이 참(재채기)──이것 참(재채기)──제기랄, 말도 못하겠군그래. 늙은이에게 죽은 놈의 뼈로 일을 하니 이런 꼴을 당하는군. 살아있는 나무를 잘라도 이런 먼지는 안 난다니까. 산 뼈를 잘라도 이런 먼지는 나지 않아. (재채기) 이봐 이봐, 스마트 영감, 손 좀 뻗쳐서 쇠테와 죄는 나사못을 가져다주게. 지금 필요해. 고맙군. (재채기) 무릎 뼈는 만들지 않아도 되겠구나. 그놈은 좀 까다롭단 말야. 그렇지만 정강이뼈쯤이야 버팀목 만드는 것처럼 쉽거든. 그렇지만 마무리를 하는 데는 정성을 들여야겠군. 천천히, 천천히 하도록만 해준다면야 미끈한 다리를 만들어 주겠는데 말야. (재채기) 객실에서 부인에게 비벼대는 다리 같은 것을 말이지, 상점의 진열장에 있는 사슴 가죽으로 만든 다리며 종아리도 봤지만 그런 게 비교나 될 건가 말야. 그것들은 물만 묻어도 푹 젖어 버리고, 신경통이 걸리고, 그래서 의사에게 보이면 (재채기) 마치 산 다리처럼 씻어서 약을 발라야 하거든. 그렇지만 이것을 톱으로 자르기 전에 저 무굴 사람같은 영감을 오라고 해서 길이가 맞는지 어떤지를 재어 봐야겠구나. 어쩌면 조금 짧을지도 몰라. 봐라! 발소리다. 운이 좋구나. 온 모양이다. 혹시 다른 놈은 아닐까?"

에이허브(걸어 나오면서)
(이 장면에서도 배 목수는 이따금 재채기를 한다.)

"이봐, 인간 목수!"
"마침 잘 오셨습니다, 선장님. 죄송하지만 길이를 알고 싶습니다. 재어 보게 해주십시오."
"다리 치수 말인가, 좋아! 이것이 처음도 아니야. 자아! 거기를 손가락으로 누르게. 목수, 자넨 굉장한 바이스를 갖고 있군 그래. 죄는 힘을 시험해 보여 주게. 응, 응 약간 꼬집는구나."
"오오, 선장. 뼈가 부러지겠습니다! 위험해요, 위험해!"
"걱정하지 말게. 단단히 붙잡아 주어서 기분이 좋구만. 이 불안하기 짝 없는 세상에서 단단히 붙잡아 주는 것이 있다는 건 기쁜 일일세. 저기 있는 프로메테우스는 뭘 하고 있나? 아니 대장장이 말일세. 뭘 하는 거냐 말야, 저자는?"
"지금 쫌 나사못을 벼리고 있습지요, 선장님."
"좋아. 협동 작업으로 저자는 근육 부분을 맡았군그래. 빨간 불이 맹렬하게 타고 있는걸."
"헤에 선장님, 이런 정교한 일을 하려면 높은 열이 필요합죠."
"음, 음. 그렇겠지. 이제 알 것 같군그래. 그리스의 옛날이야기에 사람을 만들었다는 프로메테우스가 대장장이였었다는 걸 말이야. 불로 사람에게 생기를 불어넣어 줬다는군. 그래서 불속에서 만들어진 사람은 불로 돌아가게 마련이니까 지옥도 있어야 된다는 이치지. 굉장한 그을음이군. 이건 프로메테우스가 아프리카의 검둥이를 만든 찌꺼기군 그래. 목수, 만약 저 대장장이가 나사못을 다 만들거든 쇠로 어깨받침을 한 쌍 만들라고 하게. 이 배에는 말이네, 어깨에 멘 짐에 눌려 찌부러질 것 같은 나그네가 있다네."
"아니, 선장님?"
"기다리게, 프로메테우스가 일하는 동안에 나의 소망대로 완전한 사람을 만들라고 주문하겠네. 우선 신장이 50피트, 그 다음에 가슴은 템즈강의 터널 모양이야. 그리고 다리는 한 군데에 서 있도록 뿌리까지 있게 하고, 팔은 손목 두께 3피트일세. 심장은 필요 없어. 이마는 놋쇠로 만들게. 뇌수는 아주 고급으로 4분의 1에이커 정도야. 그리고 뭐가 남았나. 밖을 쳐다볼 눈을 주문할까? 아니 정수리에 천창(天窓)을 뚫고 불빛으로 안을 비추는 걸세. 자아, 주문받아 가게."

"이거 무슨 말씀을 하시는 건지, 누구에게 이야기하시는 건지, 도무지 모르겠군그래. 여기에 계속 서 있어도 괜찮을까. (방백)"

"이런, 장님 머리를 만들다니 참 신통치 못한 설계군그래. 그래 그래, 나는 등잔불을 들어야 해."

"헤헤헤, 그렇군요. 두 개 있습니다. 선장님. 나는 하나면 됩니다."

"이봐, 어째서 내 코앞에다 그 도둑놈 잡는 도구를 바싹대는 건가? 불을 내민다는 것은 피스톨을 들이대는 것보다도 더욱 나쁜 거야."

"선장님, 목수에게 말씀하신 게 아니었습니까?"

"목수? 그럴 리가! 아니, 그렇지는 않네. 자네는 깨끗하고 매우 신사다운 일을 하고 있단 말일세. 아니면 진흙으로 하는 일이라도 하고 싶단 말인가?"

"선장님, 진흙이라고요? 진흙? 선장님, 그건 흙탕입니다. 그런 건 시궁창 파는 사람들이 하는 일이에요."

"이런 하늘 무서운 줄을 모르는 놈! 어째서 재채기만 자꾸 하는 거야?"

"뼈가 먼지 같아서요, 선장님."

"그렇다면 잘 알아 두게, 자네가 죽거든 뼈를 산 사람의 코 밑에 묻지 말란 말일세."

"뭐라고요? 오오, 그렇군요. 그래요. 오오, 헤헤헤헤."

"이봐, 목수, 자넨, 자기는 진정한 일꾼다운 일꾼이라고 했을 텐데. 그렇다면 말이지, 만약 내가 자네가 만드는 그 새로운 다리에 올라탔다고 하고 말야. 그때에도 역시 그 같은 자리에서 또 하나의 다리, 즉 피와 살이 붙은 다리가 생각나서 견딜 수가 없다고 한다면 자네의 솜씨가 훌륭하다고 할 수 있을까? 자네는 그 아담의 기억을 쫓아낼 수는 없겠나?"

"그렇군요, 선장님. 조금쯤 알 것 같습니다. 그 일에 대해선 괴상한 말들은 일이 있습지요. 팔이나 다리가 부러진 사람은 옛날의 팔이며 다리의 느낌이 완전히 사라지지 않아서 이따금 쿡쿡 쑤신다고 하는데, 선장님, 그게 정말입니까?"

"그렇지. 자아, 자네의 산 다리를 여기의 내 다리가 옛날에 있었던 자리에 놓아 보게나. 그러면 눈에 보이는 것은 분명히 한 개의 다리가 있을 뿐이지만 정신으론 두 개의 다리가 보인단 말야. 자네가 약동하는 생명을 느끼는 바로 그 자리에서 조금도 틀리지 않고 나도 느끼고 있는 걸세. 수수께끼 같은가?"

"죄송스럽지만 어려운 문제라고 말씀드리고 싶습니다."

"그럼 듣게나. 지금 자네가 서 있는 바로 그 자리에 무언가 완전하고, 생각할 수 있고, 살아 있는 것이 눈에도 보이지 않고, 자네와 이야기하는 일도 없이 서 있지 않다고 장담할 수 있겠나? 응, 자네가 정말 혼자 있을 때에 누가 엿듣고 있는 것처럼 느껴질 때가 없나? 가만히 있게, 말하지 말아! 그런데 내가 내 망그러진 다리를, 그것이 벌써 까마득한 옛날에 날아가 버렸는데도 아직도 아픔을 느끼고 있다면 자네로서도 설사 육체는 없어지더라도 지옥의 불에 타는 고통을 영원토록 느끼지 않는다는 법은 없는 걸세. 어떤가!"

"오오, 하느님! 선장님, 정말로 그렇게 된다면 생각을 고쳐야겠습니다. 저도 그렇게 형편없는 놈이라곤 생각지 않습니다."

"이봐, 이봐, 돌대가리로는 그런 말을 알아듣지 못할 걸세. 다리는 언제 되겠나?"

"선장님, 한 시간 정도면 됩니다."

"그럼 얼른 후다닥 해치워. 그리고 내게로 가져오게. (돌아가려 한다) 오오, 생명이여! 그리스의 신처럼 자랑스러운 내가 뼈다리를 짚고 서야 하기 때문에 이 멍텅구리의 은혜를 입어야만 한다니! 인간 세계의 대차(貸借)에 언제까지나 부채가 없어지지 않는다는 것은 저주스럽기 짝이 없는 일이다. 나는 공기와 같이 자유롭고 싶은데 전 세계의 대차 장부에 기입되어 있는 것이다. 나는 부자다. 로마 제국의 (즉 전 세계의) 경매에서 어떠한 돈 많은 집정관과도 경쟁할 수 있는데 이런 허풍을 떠는 혓바닥한테만은 빚이 있단 말이야. 신께 맹세코! 용광로를 주소서. 거기에 뛰어들어 녹아 버려서 하나의 조그맣고 간결한 등뼈만 남고 싶다. 정말로."

목수 (다시 일을 시작한다.)

"흠, 흠, 흠. 저 노인에 관해선 스텁이 누구보다도 잘 알고 있는데, 스텁은 언제나 이상하다고 한단 말이야. 언제나 '이상해' 하는 그 한마디로 충분한 양 그 말밖에는 않는단 말야. '이상해' 하고 스텁은 말하거든, '이상해, 이상해, 이상해' 스텁은 1년 내내 스타벅의 귀에 대고 말한단 말야. 이게 저분의 다리란 말인가! 응, 이제 알았다. 이것은 저 노인의 잠자리 벗이군그래. 고래의 턱뼈로 만든 막대기가 마누라군그래. 아무튼 이것이 다리고 이 위에 올라선단 말이렷다. 그런데 한 다리가 세 군데에 서 있고 세 군데가 모두 한 지옥 안에 있다니, 그건 무엇이었을까? 저 노인이 나를 업신여기듯 바라본 것도 무리는 아니야. 나도 이따금 기묘한 것을 생각한다고 모두들 말하지만 그거야 그런 때 우연히 그렇게 되는 거지. 어쨌든 나 같은 조그마한 늙은이는 후리후리하게 큰 해오라기의 다리를 가진 선장과 함께 깊은 물에 들어갈 생각일랑 아예 해선 안 되지. 곧 물이 턱 밑을 간질여서 구조선에 대고 고함을 쳐야 할걸. 자아, 이게 해오라기 다리란 말이야. 정말로 길고 늘씬하구나. 그런데 대부분의 사람은 한평생 다리 두 개를 갖는 법이야. 그건 마음이 상냥한 노파가 마차 끄는 몸집이 커다란 늙다리 말을 다루듯이 인정 있게 쓰기 때문이지. 그런데 에이허브는 지독한 마부거든. 보란 말야, 한 다리는 죽여 버리고 또 한 개는 한평생 속으로 곪아서 밑바닥까지 닳아 없어졌단 말이야. 이봐! 여어! 그 나사못으로 좀 도와주게. 빨리 해치우지 않으면 부활한 나리가 말일세, 마치 맥주 장수가 다시 한 번 채우려고 낡은 술통을 걷으러 다니듯이 나팔을 불며 진짜건 가짜건 다리란 다리는 모조리 모으러 올 테니까 말야. 이건 정말 훌륭한 다리군그래. 살아 있는 진짜 다리를, 뼛속까지 깎은 것 같지 않은가. 저 노인은 내일 이걸 달고 걷게 될 테지. 훨씬 커질 거다. 아! 저 노인이 위도를 조사할 때 쓰는 번쩍거리도록 닦은, 뼈로 만든 계란 모양의 작은 판자를 잊을 뻔했구나. 자아, 자아, 끌로 다듬고 줄로 갈고 샌드페이퍼로 밀어서, 자아 다 됐다!"

제109장
선장실의 에이허브와 스타벅

관습에 따라 다음날 아침은 펌프로 배 밑의 물을 퍼냈다. 그러자 놀랍게도 물과 함께 상당한 양의 기름이 떠올랐다. 배 밑창의 통이 몹시 새고 있음에 틀림없었다. 매우 걱정이 되었다. 그래서 스타벅은 이 불상사를 보고하기 위해 선장실에 들어갔다. *

피쿼드 호는 남서쪽으로부터 대만과 바시군도(대만과 필리핀 사이에 있는 섬)에 접근하려 하고 있었는데 그 사이에 중국해에서 태평양으로 나가는 열대 해류의 출구가 하나 있었다. 그래서 스타벅이 선장실로 들어가 보니까 에이허브는 그의 앞에 동양의 군도를 그린 일반해도(海圖)와 또 일본 군도의 기다란 동해안, 곧 니폰·마츠마이·시코케를 나타내는 별도의 해도 한 장을 펴놓고 있었다. 이 이상한 노인은 그 새하얀 고래뼈의 다리를 나사못으로 죈 테이블 다리에 기대고, 기다란 잭나이프를 손에 들고 뱃전의 출입구에 등을 돌린 채 이마에 주름을 짓고는 옛날에 항해했던 항로를 다시 더듬고 있는 참이었다.

"누구야!" 문께에 발소리를 들었으나 돌아보지는 않았다. "갑판으로 나가라!"

"에이허브 선장님, 아닙니다. 접니다. 선창의 기름이 샙니다. 도르래를 감아서 선창에서 들어내야 합니다."

"도르래를 들어내? 지금 일본이 가까웠단 말이다! 그런데 배를 일주일이나 세우고 헌 통을 수선한단 말인가?"

"선장님, 그것을 하지 않으면 1년 걸려 채취하는 것보다도 더 많은 기름

---

* 향유고래잡이 배가 상당한 양의 기름을 실었을 경우에는 정해진 규칙에 따라 반 주일마다 선창에 호스를 넣어 바닷물로 통을 적시고, 적당한 시간이 지난 후에 배의 펌프로 그 바닷물을 퍼낸다. 이렇게 함으로써 통이 젖어서 잘 죄기도 하고, 한편 만약 퍼낸 물의 성질이 변해 있다고 하면 선원들은 그들의 귀중한 짐, 즉 기름이 샌다는 사실을 즉시 알게 되는 것이다.

을 하루에 흘리고 마는 셈입니다. 2만 마일이나 나와서 겨우 얻은 기름이니 소중히 해야 합니다."

"그렇지, 그렇지, 그놈을 잡으면 말이지."

"선장님, 내가 말하는 것은 선창의 기름입니다."

"나는 그런 것은 처음부터 말하지도 않았고 생각도 하지 않아. 가라! 새게 내버려둬. 나 자신도 전부 새고만 있어. 그렇고말고! 새는 데가 또 샌다고. 새는 게 통뿐인 줄 아나. 그 새는 통을 실은 배(나)도 샌단 말이다. 그것은 이 피쿼드보다 더 큰 재난이란 말이다. 그러나 나는 내 몸이 새는 것을 막거나 하진 않을 테다. 깊숙한 선창에 숨은 새는 구멍을 누가 찾아낼 수 있단 말인가. 아니 찾아냈다 한들 이 인생의 울부짖는 폭풍 속에서 어떻게 막을 희망이 있단 말인가. 스타벅, 나는 도르래를 감게 하지는 않을 테다!"

"선장님, 선주들이 뭐라고 하겠습니까?"

"선주들은 낸터킷 해안에서 태풍이 무색할 정도로 울부짖고 있으면 돼. 에이허브가 알 바가 아니야. 선주, 선주! 스타벅, 자네는 언제나 나를 보고 그 욕심꾸러기 선주들에 관해서 마치 그들이 내 양심인 것처럼 지껄인단 말야. 그러나 알겠나? 모든 것의 소유주란 그 지휘자인 것이다. 그리고 들어라, 내 양심은 이 배의 용골에 있단 말이다, 나가라!"

"에이허브 선장님." 항해사는 얼굴을 붉히면서 더 깊이 방안으로 들어갔다. 그 대담함은 이상하리 만큼 외경과 사려심이 엿보였는데, 있는 힘을 다하여 그 대담함이 바깥에 조금이라도 나타나는 것을 피하려고 하고 있을 뿐만 아니라 내부에 있어서는 절반은 스스로를 의심하고 있는 것 같았다. "나보다 좀더 훌륭한 사람이라면 더 젊고, 그러니까 더 행복한 사람한테서 보이면 당장 분개할 일들을 당신의 경우라면 눈감아 줄 겁니다."

"악마! 그럼 자네는 감히 나를 비난할 생각을 갖고 있단 말이지, 나가라!"

"아닙니다, 선장님, 잠깐만 기다리십시오. 부탁입니다. 나는 죽을힘을 다해서, 선장님, 참고 있습니다. 에이허브 선장님, 우리는 여태까지보다도 좀더 서로를 잘 이해했으면 좋겠습니다."

에이허브는 총가(銃架)(대부분의 남양 항해선 선실의 가구의 일부를 이루는 것)에서 총알을 잰 머스킷 총을 꺼내어 스타벅을 향해 겨누면서 외쳤다. "단 한 분의 신만이 지상을 주재하신다. 단 한 사람의 선장이 피쿼드를 주재한다——갑판으로 나가!"

순간 항해사의 눈은 번쩍 섬광을 발하고, 뺨은 불처럼 타올랐다. 그것을 본 사람은 정말로 그가 겨누어진 총구로부터 불꽃 세례를 받은 것이라고 생각했을지도 모른다. 그러나 그는 격정을 누르고 조용히 일어서서 방을 나서려고 하다 순간적으로 멈추고는 말했다. "선장님, 당신은 나에게 화를 냈지만 나를 모욕한 것은 아니오. 그러니 이런 일로 스타벅을 경계할 필요는 없소. 그저 웃고 계시면 됩니다. 그러나 에이허브는 에이허브를 경계해야 합니다. 영감, 자신을 두려워하시오."

"용감하군그래, 그래도 복종했어. 흥, 몹시 신중한 용기야!" 스타벅이 사라지자 에이허브는 중얼거렸다. "뭐라고 했더라, 에이허브는 에이허브를 경계하라고. 음, 뼈있는 말인걸!" 그러고 나서 무의식적으로 그 머스킷 총을 지팡이삼아 무쇠처럼 굳어진 얼굴로 좁은 방안을 왔다 갔다 했다. 그러나 곧 이마에 겹겹이 잡혀 있던 주름살을 펴고 총을 총가에 도로 놓은 후 갑판으로 나갔다.

"자넨 너무나도 훌륭해, 스타벅." 선장은 낮은 목소리로 항해사에게 말하고 나서 소리를 높여 선원들에게 외쳤다. "왼 돛을 감아라, 앞뒤 중간 돛도 줄여라, 큰 돛 아래 활대는 뒤로 돌려라, 도르래를 감아라, 선창에서 짐을 끌어내."

에이허브가 스타벅에 대해서 이와 같이 행동한 이유가 어디에 있었는가? 그것을 정확히 추측한다는 것은 불가능하다. 그의 내부에 있는 정직함이 섬광처럼 번쩍였는지도 모른다. 아니면 이와 같은 조건하에서는 설사 일시적이라 할지라도 배의 핵심 선원이 뚜렷하게 반대 의사를 나타내는 일은 아무리 사소해도 절대 피하지 않으면 안 된다는 사려 깊은 계책에서였는지도 모른다. 어쨌든 간에 그의 명령은 실행되어 도르래는 감기기 시작했다.

제110장
관 속의 퀴퀘그

조사해 보니까 마지막에 선창에 던졌던 통들은 모두 온전했으므로 새는 것은 훨씬 밑바닥 쪽에 있음에 틀림없었다. 그래서 그들은 마침 물결도 잔잔했기 때문에 깊이 들어 가 최하층에 잠들어 있는 큰 통들을 깨워서 그 암흑의 깊은 밤 속으로부터 대낮의 햇빛 속으로 내보냈다. 그들은 참으로 깊이 내려갔는데 그 가장 깊은 곳의 큰 통의 모습은 고색이 창연하고 썩고 이끼가 낀 느낌이기 때문에 바로 코앞에는 노아 선장(구약의 노아를 가리킴)의 화폐를 넣은 곰팡내 풍기는 주춧돌 같은 통이 있고, 거기에는 사리에 어두운 그 옛날의 사람들에게 헛되이 대홍수를 경고한 게시문이라도 붙어 있지나 않나 하고 생각될 정도였다. 한층 또 한층, 물, 빵, 쇠고기, 통판자, 쇠테의 다발 등이 운반되어 나와서 산더미처럼 쌓인 갑판은 드디어 다니기도 어렵게 되었다. 그리고 속이 텅 빈 선체는 텅 빈 지하 무덤 위를 밟는 것같은 울림을 내면서 화물칸에 굴러다니는 유리병처럼 파도 속에 흔들흔들 흔들리고 있었다. 배는 마치 아리스토텔레스로 머리를 채우고 뱃속은 허기진 학생처럼 위쪽만이 무거워져 있었다. 그때 태풍이 덮쳐 오지 않은 것은 정말 다행이었다.

그런데 이때에 나의 불쌍한 이교도인 동반자, 속을 터 놓은 친구 퀴퀘그가 열병에 걸려서 무한한 죽음에 접근하고 있었다.

말할 필요도 없이 이 포경이라는 직업에 있어서는 한가한 일자리란 없다. 위엄과 위험은 서로 결부되어 있다. 선장이 되기까지 높이 올라가면 올라갈수록 고생은 늘어나게 마련이다. 그래서 사랑하는 퀴퀘그도 작살잡이로서 살아 있는 고래의 갖은 광포와 맞붙어 싸워야 했을 뿐만 아니라——이미 보았듯이——물결이 광란하는 바다에서 죽은 고래의 등에도 올라탔다. 나중에는 선창의 어둠 속으로 내려가서 그 땅 밑의 지하실에서 하루 종일 땀을 뻘뻘 흘리면서 일하고, 쉴새없이 더러운 통에 매달려 저장 일을 돌봐야 한다.

그래서 포경자들 사이에서는 작살잡이를 선창의 사나이라고 부른다.

　배의 창자가 절반쯤 텅 비었을 무렵 갑판 출입구에서 목을 들이밀고 밑에 있는 불쌍한 퀴퀘그를 내려다보라. 거기에 문신투성이인 그 야만인이 모직의 속옷 바람으로 축축한 습기 속을 기어 다니는 모습은 마치 우물 밑바닥의 푸른 도마뱀 같았다. 분명히 불쌍한 이교도에게 그곳은 우물이나 얼음 창고와 다름없었던 것이다. 그는 더위에 견디다 못해서 땀투성이가 되었는데도 이상하게 심한 한기가 들었고, 그것이 곧 열병이 되어 며칠 동안 병마에 시달렸으며 해먹에 들어눕게 되었을 때는 거의 다 죽게 되어 있었다. 그 질질 끄는 며칠 동안에 그는 형편없이 여위어 가고 끝내는 뼈대와 문신밖에 남지 않은 것 같았다. 다른 모든 것은 다 여위어 가고 광대뼈만 날카롭게 튀어나왔지만 그의 눈은 한층 더 깊어지고 이상하게도 매우 부드러운 빛이 감돌았다. 그 눈은 그 병의 밑바닥에서부터 부드럽고 깊게 이쪽을 바라보고 있고, 그것은 그의 속에서 멸망하지도 쇠퇴하지도 않는 불멸의 힘을 훌륭히 증명하고 있었다. 그리고 수면의 파문이 약해지면서 넓어지듯이 그의 눈도 영겁의 테처럼 그 원을 점점 넓혀 갔다. 이 기울어가는 야만인의 곁에 앉아서 저 조로아스터의 임종을 지킨 사람들이 보았을 불가사의한 음영을 그의 얼굴에서 보았을 때 표현할 수 없는 두려움이 덮쳐왔다. 인간에 있어서 참으로 놀랍고 두려운 것은 결코 말이나 글로써 나타내지는 것이 아니다. 그리고 모든 사람에게 고루 주어지는 죽음은, 모든 사람에게 평등하게 마지막 계시를 가져다주는 것이지만, 사후의 세계에서 건너 온 작가만이 그것을 적절하게 표현할 수 있다. 그렇기 때문에——거듭 말하거니와——불쌍한 퀴퀘그가 흔들리는 해먹에 조용히 몸을 묻고 넘실거리는 파도가 그를 마지막 안식으로 부드럽게 달랠 때, 보이지 않는 대양의 조류는 그를 운명의 하늘로 높이높이 밀어 올렸다. 그때의 그의 얼굴에 은밀히 신비의 그림자를 떨어뜨린 사상, 그 사상보다 더 높고 더 성스러운 것을, 죽음에 임한 그 어떤 칼데아 사람(고대 바빌로니아를 지배한 일이 있다. 점성술에 매우 능했다고 전해진다)이나 그리스 사람이 가질 수 있었겠는가.

  선원 중의 어느 한 사람도 그가 완쾌되리라고 믿는 자는 없었다. 퀴퀘그 본인도 마찬가지였다. 그가 자신의 병세를 어떻게 생각하고 있었는가는 그의 이상한 소원이라는 것에 강하게 나타나 있었다. 하루가 또 시작되려고 하는 동틀 무렵, 어둠침침한 새벽 불침번 때 동료 한 사람을 불러 손을 잡고 말하기를, 그가 낸터킷에 있었을 때 검은 재목으로 된 조그마한 카누를 보았는데 그것은 그의 고향 섬의 반얀 나무 재목과 흡사했다, 그래서 물어 보니 낸터킷에서 죽는 고래잡이는 모두 이런 검은 카누에 넣어지게 마련이라는 것이었는데 그렇게 장사지내는 방법이 몹시 그의 마음에 들었다는 것이었다. 그것은 그의 종족들의 관습과 비슷한 점이 없지 않았다. 왜냐하면 그들은 죽은 전사를 향료 처리를 한 다음 통나무배에 입관해서 바다로 띄워 그를 별처럼 총총한 섬들이 있는 데로 떠다니게 한다. 그들의 신앙에 의하면 별은 섬이고, 눈에 보이는 수평선 저 너머 그들의 평온하고 육지가 없는 바다는 푸른 하늘과 교류하여 은하의 흰 파도를 형성하기 때문이다. 그는 또 덧붙여 말하기를 항해의 관습에 따라 해먹에 싸여서 오물처럼 바다에 던져져 시체를 좋아하는 상어의 먹이가 되는 것은 생각만 해도 몸서리가 쳐진다고 했다. 아니, 그가 그렇게 생긴 카누를 원했던 것은 그것이 고래잡이로서 살아온 자기에게 더 어울리기 때문이라 했다. 그 관으로 쓰일 카누는 낸터컷의 포경용 보트와 마찬가지로 용골이 없었지만, 조종하기가 불안정해서 자주 바람에 떠밀려 다니다가 캄캄한 영겁으로 가라앉을 수도 있었다.

  이 기묘한 이야기가 고물에 전해지자 곧 배 목수에게 명해서 그것이 어떤 것이든 간에 퀴퀘그의 주문대로 만들기로 했다. 배에는 어딘지 모르게 이교적인 느낌이 나는 관(棺) 색깔의 헌 목재가 있었다. 그것은 지난번 긴 항해 중에 래커데이 섬(인도 남서양 위의 래커다이브 섬)의 원시림에서 벌목된 것인데 이 거무스름한 목재로 관을 만드는 것이 좋을 것이라고들 했다. 명령을 통고받자마자 목수는 자를 들고 지체하지 않고 그의 독특한 기계 같은 민활성으로 앞돛대로 가서 퀴퀘그의 치수를, 자를 움직일 적마다 백묵으로 표시를 하면서 매우 정확하게 쟀다.

"아아! 불쌍한 놈이야! 드디어 잡혀가서 심판을 받아야 하겠구나." 롱아일랜드의 선원이 외쳤다.

목수는 잊어버리지 않기 위해서 바이스 벤치에다 관의 길이와 정확한 치수를 그리고 그 그림이 잘못되지 않도록 양쪽에 각각 표시를 했다. 그러고 나서 판자와 도구를 갖추어 들고는 이내 일을 하기 시작했다.

마지막 못질을 하고 뚜껑에 대패질을 충분히 하자 그는 가볍게 관을 어깨에 메고 앞갑판으로 가서 거기에 있는 사람들에게 준비는 다 되었느냐고 물었다.

갑판에 있는 선원들이 화가 난 듯 그러나 반은 농담처럼 그 관을 치우라고 외치는 것을 듣자 퀴퀘그는 곧 그것을 이리로 가져오라고 해서 모든 사람을 놀라게 했다. 그러나 거부할 수는 없었다. 결국엔 죽을 운명의 인간들이지만 그 중에서도 지금 죽어가는 사람이 가장 폭군적이다. 게다가 잠시 뒤에는 영원히 거의 폐를 끼치는 일이 없게 될 터인즉, 이 불쌍한 사람에게는 져주는 것이 옳다.

퀴퀘그는 해먹에 기대서 오랫동안 주의 깊게 관을 지켜보았다. 그러고 나서 작살을 가져오게 하여 그 나무 손잡이는 빼게 한 뒤 쇠칼날 부분만을 그의 보트의 노 한 개와 함께 나란히 관 속에 놓게 했다. 그런 다음 비스킷이 관 내부의 긴 모서리 주위에 나란히 놓이고, 신선한 물병이 머리께에, 선창에서 끌어 모은 나뭇조각들이 섞인 흙이 담긴 조그마한 주머니가 발치에 놓였는데, 이 모든 것이 그의 요구에 따른 것이었다. 그리고 퀴퀘그는 범포 조각을 둘둘 말아 베개 대신으로 어느 정도로 편안한지 시험해 보기 위하여 이 마지막 잠자리로 옮겨 달라고 부탁했다. 몇 분 동안 가만히 누워 있더니 누군가를 그의 자루가 있는 데로 보내어 작은 신 요조를 가져오라고 했다. 그리고 가슴위에서 양팔을 포개어 얹고, 요조를 그 속에 넣고 관의 뚜껑——그는 그것을 창구(窓口)라고 불렀다——을 덮으라고 말했다. 가죽으로 만든 경첩이 달린 머리쪽 뚜껑은 열려 있었기 때문에 관 속에 누워 있는 퀴퀘그의 조용하고 태연한 얼굴이 보였다. 이윽고 "라르마이(좋아, 편해)" 하고 중얼거리고 해먹으로 돌려보내 달라고 손짓을 했다.

그러나 미처 그렇게 하기 전에 아까부터 줄곧 이 근처를 몰래 맴돌던 핍이 그가 누워 있는 곳으로 다가와서 한 손에 탬버린을 들고 다른 한 손으로 그의 손을 잡고 훌쩍훌쩍 울었다.

"불쌍한 방랑자여! 아직도 싫증을 내지 않고 떠나가는군요. 이번에는 어디를 방랑하나요? 만약 조류가 그대를 해변에는 연꽃만이 밀려 온다는 저 아름다운 서인도 앤틸리스 열도로 데려간다면 내 심부름 좀 해주실래요? 핍을 찾아 줘요. 핍이 오랫동안 보이지 않는군요. 나는 그가 아득히 먼 앤틸리스쪽에 있다고 생각해요. 찾아내거든 위로해 주어요. 그는 매우 슬퍼할 거예요. 이봐요! 탬버린을 잊고 갔어요. 내가 찾았어요. 리그아 디그, 디그 디그! 자아, 퀴퀘그, 죽어요, 내가 마지막 임종의 행진곡을 쳐주겠어요."

"언젠가 듣기로는," 스타벅은 뱃전의 창문으로 내려다보면서 중얼거렸다. "열병에 걸리면 무지한 인간은 고대의 언어로 이야기하는 수가 있다고 하더군. 그 신비를 파고들어 보면 까맣게 잊어버린 어린시절에, 어떤 훌륭한 학자가 고대의 언어로 이야기하는 걸 들은 적이 있었다는 게 밝혀진다는 거야. 그래서 내가 믿기로는 이 핍이란 놈은 미친 사람의 기묘한 숭고함으로써 우리들의 고향 하늘로부터의 신성한 증언을 하고 있는 것이야. 천상이 아니면 어디서 저런 것을 배웠겠는가. 들어봐, 또 이야기를 시작했네. 그런데 이번엔 좀더 이상한 말일세."

"두 줄과 두 줄을 만들라! 저 사나이를 대장으로 삼아라! 그의 작살은 어디 있나. 여기에 가로놓아라. 리그 아 디그, 디그, 디그! 만세! 그의 머리에 싸움닭을 올려놓아라. 그리고 노래하게 하라! 퀴퀘그는 투사로서 죽는 거다. 잘 알아둬라. 퀴퀘그는 투사였단 말이다. 잊어서는 안 된다. 퀴퀘그는 투사로서 죽는 거다! 아아, 투사, 투사, 투사! 그러나 비겁한 핍 녀석, 그놈은 비겁한 자로서 죽었단 말이다! 부들부들 떨면서 죽었다. 부끄러움을 알라, 핍! 들어 줘, 만약 그대가 핍을 찾아내면 앤틸리스 섬 가득히 그놈은 도망자였다고 외쳐 주어라! 비겁자, 비겁한 놈, 비겁자, 그놈은 포경 보트에서 뛰어내렸다고 외쳐줘! 설사 그놈이 지금 여기서 다시 한번 죽는다 해도 나는 비겁한 핍에게는 탬버린을 울리며 대장만세를 안 불러줄 테다. 오오, 비겁자에겐 어느 누구든 치욕있으라──치욕 있으라! 보트에서 뛰어내린 핍처럼 모두 물에 빠져 죽어라! 치욕이다, 치욕이다!"

이 동안 내내 퀴퀘그는 꿈속을 헤매는 듯 죽 눈을 감고 있었다. 핍은 끌려가고 병자는 해먹으로 옮겨졌다.

그런데 이렇게 그가 죽음에 대한 모든 준비를 끝내고 만들어진 관도 매우 흡족하다는 것이 증명되자 갑자기 퀴퀘그는 정기를 회복했다. 곧 목수가 만든 관은 필요 없게 되었다. 그래서 몇몇 사람이 놀라움과 기쁨의 소리를 질렀을 때 그는 자신의 급한 회복의 원인은 대략 다음과 같다고 했다. 마침내 숨을 거두게 되었을 때 그는 문득 육지에서 해야 할 사소한 의무를 아직 하지 못했음을 상기했고, 그래서 마음을 돌려 죽지 않기로 하고 아직 죽을 수가 없다고 스스로 자신에게 말해 주었다는 것이었다. 그래서 모두들 죽는다든가 산다든가 하는 일을 자네 멋대로 의지나 기분으로 할 수 있는 일이냐고 물었다. 그렇다, 하고 그는 대답했다. 한 마디로 요약해서 말하면 퀴퀘그의 의견이란 만약 사람이 살기로 결심했다면, 고래니, 태풍이니, 그 밖에 그러한 종류의 인간의 힘을 초월한 알 수 없는 파괴자의 손에 의한 것이 아니고는 병 정도로 죽지는 않는다는 것이다.

여기에 야만인과 문명인 사이의 명백한 차이가 있는 것이다. 병든 문명인은 회복되는 데 6개월이 걸린다면, 병든 야만인은 대체로 하루 사이에 반쯤은 이전의 건강으로 되돌아간다. 그러니까 우리 퀴퀘그는 이내 기운을 회복했다. 그리고 며칠 동안 아무것도 하지 않고 양묘기에 우두커니 걸터앉아 있더니(그래도 이 사이의 식욕만은 맹렬했다) 갑자기 뛰어올라 팔과 다리를 불쑥 내밀고 마음껏 쭉 펴고 하품을 하더니 뱃전에 매달려 있는 그의 보트 뱃머리에 뛰어들어 작살을 겨누는 자세를 취하고 언제라도 싸울 수 있다고 선언했다.

야만적인 변덕으로 그는 그 관을 옷장으로 쓰기로 하고 범포로 만든 부대 속에 있던 옷가지들을 거기에 옮겨 넣고 정돈을 했다. 한가할 때면, 그 뚜껑에 온갖 모양의 무늬며 선을 조각했는데, 그는 거기에다 그 나름대로의 투박한 방법으로 자기 몸의 복잡한 문신의 몇 부분을 모사하려고 했던 모양이었다. 그런데 이 문신을 그려 준 사람은 그의 섬에 살던 지금은 세상을 떠난 예언자였는데, 그 사람은 이 상형문자로써 그의 육체 위에 하늘과 땅의 모든 원리와 진리에 달하기 위한 신비적인 방법론을 모조리 기록했던 것이었다. 따라서 퀴퀘그의 몸 자체가 풀어야 할 수수께끼, 한 권의 놀라운 책이었다.

 그의 산 심장이 그 신비를 향하여 계속 고동치고 있었지만 본인 자신도 그 신비를 읽을 수 없었다. 또한 그 신비는 결국 그것이 쓰여진 살아 있는 양피지와 함께 멸망해서 마지막까지 해독되지 못한 채 끝나는 운명에 처해 있었다. 그리고 이런 생각에서 에이허브는 어느 날 아침 불쌍한 퀴퀘그를 바라본 뒤에 한쪽 옆으로 몸을 돌려 "오오, 신들의 악마적인 괴롭힘이여!" 하는 괴상한 외침을 부르짖었을 것이리라.

제111장
태평양

바시 제도 옆을 미끄러져서 우리들이 드디어 남태평양으로 진출했을 때 다른 일이 없었다면 나는 이 동경하는 태평양에 대해서, 여기서부터 동쪽으로 몇 천 리그를 푸르디푸르게 물결치고 있는 고요한 대양에 대해서, 이제야말로 나의 청춘의 오랜 소망은 이루어졌다고 무한한 감사를 담은 인사를 보냈을 것이다.

이 바다에는 무언지 모르지만 아름다운 신비가 숨어 있어 그 온화하고도 무서운 파도는 무언가 바다 깊숙이 숨어 있는 혼에 대해 이야기하는 것 같았고, 무덤에 묻힌 복음 전도자 성 요한을 덮은 에베소의 흙을 움직이더라는 전설적인 말을 떠올리게도 했다. 그리고 이 바다의 대목장, 드넓게 물결치는 물의 대초원, 사대륙을 망라한 공동묘지 위로 끊임없이 파도가 높았다 가라앉았다 하고 조수가 밀려왔다가 밀려가고 하는 것은 참으로 근사했다. 여기서는 몇 억인지도 모르는 그림자와 어둠이 뒤섞이고, 꿈, 현혹, 환상이 내려 쌓이고, 우리가 삶이라 부르고 영혼이라고 부르는 모든 것이 가라앉아서 꿈꾸기를 그치지 않고, 잠자리에서 선잠을 자는 사람처럼 엎치락뒤치락 하고 있으며, 영원한 파도는 그러한 들뜬 불안에 의해서 일어나고 있었다.

방랑과 명상을 사랑하는 신비가가 한 번만 이 고요한 태평양을 바라보았다면 평생토록 이것을 그의 마음의 바다로 삼을 것이다. 그것은 세계의 수역(水域) 한복판에 굽이치고 인도양과 대서양은 그 양팔에 불과하다. 새로운 민족에 의해서 이제 막 세워진 캘리포니아 도시들의 방파제를 씻던 그 파도가 아브라함보다 더 오래된 아시아의 쇠퇴했어도 여전히 호화로운 해안으로 물결쳐 온다. 그리고 그 중간에는 산호초군의 은하며, 낮게 끝없이 계속되는 미지의 여러 군도 또는 오묘한 일본 열도가 떠있다. 그리하여 신비롭고 신성한 태평양은 세계의 모든 몸체를 띠처럼 감고 모든 해안을 하나의 만(灣)으로 삼는다. 그 조수의 물결치는 소리는 지구의 심장의 울림을 생각하게 한다. 이 영원한 파도에 들어올려지는 사람은 유혹적인 신의 존재를 인정하지 않을 수가 없고 목신(牧神)앞에 머리를 수그릴 수밖에 없다.

그러나 에이허브의 머릿속에는 목신의 생각 따위는 떠오르지도 않았다. 그는 언제나 뒷돛대의 밧줄 옆에 쇠부처처럼 서서 그 한쪽 콧구멍으로 자기도 모르게 바시 제도(그 아름다운 숲에는 다정한 연인들이 산책을 하고 있을 것이다)의 사탕같이 감미로운 향기를 맡고, 다른 한쪽 콧구멍으로는 새롭게 발견한 바다, 증오하는 흰고래가 지금도 헤엄쳐 다니고 있을 그 바다의 소금냄새 풍기는 공기를 의식적으로 빨아들이고 있었다. 이 노인은 드디어 이 마지막 바다에 들어와 일본 해역을 향해서 달리게 되자 그 목적의식을 더욱 강하게 했다. 단단히 다문 그의 입술은 바이스의 입술처럼 다물어지고, 그 이마의 혈관은 넘치는 개울처럼 부풀고 있었다. 깊은 잠 속에서도 그의 머릿속의 외침소리는 울리며 달리고 있었다. "뒤로! 흰고래가 뭉클뭉클 피를 뿜고 있어!"

제112장
대장장이

    이 위도 근처의 날씨는 항상 그렇듯이 평온하고 상쾌한 여름이었다. 머지 않아 특별히 분주한 작업이 시작되리라는 것을 알고 있는 그을음투성이고 얼굴 군데군데 물집이 잡힌 늙은 대장장이 퍼스는 에이허브의 다리를 만드는 것을 돕고 난 뒤에도 이동식 용광로를 선창으로 들여가지 않고 갑판 앞돛대 옆의 고리 달린 볼트에 단단히 붙들어 맸다. 요즘은 보트장이니 작살 잡이니 앞쪽 노잡이들이 빈번히 찾아와서 그들의 갖가지 무기며 보트 용구의 모양을 바꾸어 달라느니, 수선을 해달라느니, 새로 만들어 달라느니, 자질구레한 일을 부탁하는 것이었다. 종종 자기의 차례를 기다리는 선원들이 제각기 손에 고래삽이며, 끌이며, 작살이며, 창 등을 들고 그를 둥그렇게 에워싸고는 그을음투성이로 일하는 그의 거동 하나하나를 부러운 듯이 지켜보곤 했다. 그렇지만 이 노인은 침착하게 팔로 해머를 휘두르고만 있었다. 그에게서는 중얼거림, 초조함, 울화통 같은 것이 새어 나오는 일이 없었다. 묵묵히, 천천히, 무뚝뚝하게, 고질적으로 굽어버린 등을 더욱 구부리고 일을 멈추지 않았다. 그것은 마치, 일하는 것은 삶 그 자체이고 해머의 무거운 휘두름은 그의 심장의 무거운 고동임을 보여주는 듯했다. 분명히 그렇다——이 무슨 비참함인가.

    이 늙은이의 야릇한 걸음걸이, 그다지 눈에 잘 띄지는 않지만, 고통스러운 듯이 한쪽으로 비틀거리며 걷는 그의 걸음걸이는 항해 초기에 선원들의 호기심을 자극했다. 그들이 끈질기게 물어보자 그는 끝내 항복하였고, 그래서 창피하기 짝 없는 그의 비운의 이야기를 모두가 알게 되었다.

    날도 저물어 몹시 추운 어느 깊은 밤 두 시골 마을 사이의 노상에서 이 대장장이는 정신이 멍해질 정도로 감각이 마비되는 것을 느끼고 허물어져가는 헛간으로 들어갔다. 그때 양발의 발가락이 떨어져 나갔다. 이 고백으로 그의

인생극이 하나하나 차례로 밝혀져서 기쁨으로 살아온 4개의 막과 아직 대단원을 내리지 못한 슬프고 긴 제5막이 드러났다.

그는 60세 가까이 되어 느지막하게 슬픔의 전문용어인 파멸이라 불리는 것에 부딪치게 된 노인이었다. 그때까지는 솜씨가 좋은 대장장이였고, 일은 얼마든지 있었다. 정원이 있는 집을 갖고 있었고, 젊고 딸 같은 사랑하는 아내와 쾌활하고 건강한 세 아이들도 있었다. 일요일마다 숲 속의 즐거운 교회로 갔다. 그러나 어느 날 밤 어둠을 틈타 아주 교활하게 변장한 극악무도한 강도가 그의 행복한 가정에 들이닥쳐 그들에게서 모든 것을 빼앗아 갔다. 아니 무엇보다도 어리석었던 것은, 이 대장장이 자신이 어리석게도 이 강도를 집 안으로 끌어들였던 것이다. 그것은 '마법의 술병'이었다. 그 운명의 마개가 펑하고 열리자 악마는 뛰쳐나오고 그의 집안을 황폐하게 했다. 대장장이의 일터는 깊이 생각한 끝에 현명하고 경제적인 이유에서 집의 지하실에 마련해 두고 있었고, 집과는 별도로 출입문이 나 있었다. 그러므로 젊고 건강한 아내는 신경을 쓰는 일 없이 오히려 발랄한 즐거움과 함께 늙은 남편의 젊은이 같은 팔이 휘두르는 해머의 힘찬 소리에 귀를 기울였다. 이 메아리는 마루나 벽을 지날 때 소리가 작아지다가 아이 방에 다다를 때면 꽤 은은해져서 대장장이네 어린 자식들은 이 쇠망치 소리를 자장가로 들으며 잠들었다.

아아, 이것은 어찌된 불행이란 말인가! 오오, 죽음이여! 그대는 적절한 때에 찾아올 수 없단 말인가? 만약 그대가 이 늙은 대장장이를 완전한 파탄이 오기 전에 가까이 불러들였다면 젊은 미망인은 감미로운 슬픔에 취하고 고아들은 나중에 참으로 존경할 만한 전설적인 아버지를 꿈꾸었을 것이고, 모두들 고생하지 않고 지낼 만큼의 재산도 물려받았을 것이다. 그러나 죽음은 어느 유덕한 노인을——그 사람의 바쁜 매일의 노동에는 가족에 대한 책임이 걸려 있었는데——꺾어 버렸으나, 무익할 뿐 아니라 유해한 노인을 완전히 썩어 버리고 난 뒤에 뽑는 것이 쉽다는 이유에선지 뽑아버리지는 않았던 것이다.

이제 더 남길 이야기도 없을 것이다. 지하실의 해머 소리는 날로 멀어져 가고 한 번 한 번 때리는 것도 약해져 갔다. 아내는 울 힘마저 없이 창가에 얼어붙은 듯 앉아 울고 있는 아이들의 얼굴을 글썽이는 눈길로 지켜보고 있었다. 풀무도 소용이 없게 되고, 용광로는 석탄재로 가득히 막혀 버리고, 집은 팔리고, 아이들의 어머니는 무덤의 길게 자란 풀 사이로 들어가고, 두 번에 걸쳐 아이들도 그곳에 따라 들어갔다. 집도 잃고 가족도 잃은 노인은 상복을 입은 채 방랑자로서 비틀거리며 거리로 나섰으나 그의 불행에 경의를 표할 사람은 없었고 그의 잿빛 머리는 아마빛 고수머리의 젊은이들에게 모멸의 대상이 되었다.

이와 같은 입장에 있는 자에게는 죽음만이 바람직한 결말이라고 생각된다. 그러나 죽음이란 이제까지 가보지 못한 이상한 곳으로 떠나는 것에 지나지 않으며, 아득히 먼 곳, 황량한 곳, 물 속 세계, 해안이 보이지 않는 곳으로 옮겨 갈 가능성에 대한 첫 번째 만남에 불과한 것이다. 그러므로 그러한 인간이 만약 마음속에 아직도 자살에 대한 양심의 가책을 가지고 있다면, 그들의 죽음을 동경하는 눈앞에는 모든 것이 흘러들어가고 모든 것을 받아들이는 바다가 상상하기조차 어려운 공포와 기막히게 새로운 생명이 약동하는 모험의 지평을 펼쳐 놓고 유혹할 것이다. 그리고 끝없는 태평양의 심장부로부터 수천의 인어가 그들을 향해 노래한다——"마음이 찢어진 사람을 우리는 부른다. 죽음의 죄를 지나지 말고 여기 새로운 생명으로 들어오라. 죽음을 지불하지 않고 초자연의 놀라움을 보라. 이리로 오너라. 이 생명 속에 몸을 파묻히면, 당신이 싫어하고 당신을 싫어하는 육지의 세상을 죽음보다도 더 잘 잊어버리고 만다. 이리로 오너라. 묘지에는 당신의 비석을 세우고 이리로 오너라. 우리를 신부로 맞으라!"

이런 속삭임을 동쪽에서 서쪽에서, 해가 뜰 때도 해가 질 때도 들으면서, 대장장이의 마음은 움직였다. "아아, 가고말고!" 이렇게 해서 퍼스는 포경선에 올랐던 것이다.

제113장
풀무

대낮에 수염투성이인 퍼스가 꺼칠꺼칠한 상어가죽 앞치마를 걸치고 노와 견고한 재목위에 놓인 쇠모루 사이에 서서 한 손으로는 창끝을 들어 석탄불 속에 집어넣고 다른 한 손으로는 용광로의 풀무를 움직이고 있을 때 에이허브가 손에 조그맣고 낡은 가죽 주머니를 들고 찾아왔다. 용광로에서 조금 떨어진 곳에서 에이허브는 걸음을 멈추었다. 그동안 퍼스는 창끝을 불에서 꺼내어 모루에 놓고 두드리기 시작했다. 벌겋게 단 쇳덩어리에서 나오는 불꽃은 마구 튀어서 그중 몇 개는 에이허브의 바로 가까이까지 날아갔다.

"퍼스, 이게 자네의 바다제비인가. 언제나 자네 뒤에서 날고 있군그래. 길조의 새일 테지만 그러나 누구에게나 그런 것은 아닐세. 보게, 타고 있지 않나? 그러나 자네는, 자네란 사나이는 그 한복판에서 그을리지도 않는군."

"전 온몸이 다 그을려 있으니까요, 에이허브 선장님." 퍼스는 해머를 짚고 잠깐 쉬며 말했다. "이미 그을리는 건 졸업했습지요. 한번 덴 자리는 좀처럼 화상을 입지 않는답니다."

"좋아 좋아, 이젠 그만두게. 자네의 움츠러든 목소리는 너무 조용해서 듣고 있으면 서글퍼지네. 나도 낙원에 살고 있지는 않아. 멀쩡한 자들의 비참함을 보면 참을 수가 없다네. 대장장이, 자네는 미치는 게 좋을 걸세. 이봐, 어째 미치지 않나? 어째서 미치광이가 되지 않고 견뎌낼 수 있는 거냐 말일세. 자네가 미치광이가 못 된다는 것은 하늘이 아직도 자네를 미워하고 있기 때문인가? 자넨 지금 무얼 만들고 있는 건가?"

"낡은 창끝을 용접하고 있습니다. 깨진 틈이며 움푹 팬 곳이 있으니까요."

"그럼 대장장이, 자네는 그처럼 호되게 쓴 물건을 다시 완전히 매끈매끈하게 만들 수가 있단 말인가?"

"네, 그렇습니다, 선장님."

"대장장이, 자네는 어떤 흠이나 움푹 들어간 것이라도 반들반들하게 만들 수가 있다는 말이렷다. 아무리 쇠가 단단하더라도 말일세."

"네, 선장님, 그런 줄 압니다. 단 한 가지만 제외하면 어떤 흠이나 움푹 들어간 것도 그렇게 할 수 있습죠."

"이것 보게." 에이허브는 미친 듯 다가서서 외치며 퍼스의 양어깨에 손을 얹었다. "이봐, 보게나, 이것을. 대장장이, 자네는 이런 흠을 편편하게 한단 말인가." 한 손으로 자기의 주름살투성이인 이마를 쓱 문질렀다. "대장장이, 만약 자네에게 그것이 가능하다면 나는 기꺼이 이 머리를 자네의 그 쇠모루에 올려놓고 자네의 가장 무거운 해머를 내 이마에 받겠네. 자아! 이 주름살을 고칠 수 있겠나?"

"오오, 선장, 그것이 단 한 가지……제가 말씀드리지 않았습니까, 단 한 가지만을 제외하면 어떤 흠이나 움푹 들어간 곳도라고요."

"응, 대장장이. 이것이 그 한 가지로군. 그래 이것은 매끈하게 할 수 없을 걸세. 왜냐하면 자네 눈에는 내 살의 주름살밖에 보이지 않을 테지만 이것은 내 두개골에까지 새겨져서……그곳은 그야말로 주름살투성이란 말일세. 그러나 어린아이의 장난은 그만두게. 오늘은 생선갈퀴나 창끝을 만드는 건 그만둬. 이걸 보게!" 에이허브는 가죽주머니를 마치 거기에 금화가 가득 들어 있는 것처럼 철렁거렸다. "내게 작살을 만들어 주게나, 퍼스. 수천의 악귀들이라도 빼낼 수 없는 그런 걸 말일세. 고래의 몸속에 그놈이 지느러미뼈처럼 찔리는 그런 것을 말일세. 이것이 재료일세." 그는 가죽주머니를 모루 위에 던졌다. "대장장이, 보게. 이것은 경주마의 쇠편자 조각을 모은 것일세."

"편자 조각이라고요, 선장님? 그것 참, 선장님, 선장님께서 모으신 것은 우리 대장장이의 재료로선 가장 좋고 강하기가 더할 나위 없는 물건입죠."

"영감, 알고 있어. 이 조각들은 말일세. 살인자들의 뼈를 녹여 만든 아교풀처럼 착 달라붙는 걸세. 자아, 내 작살을 벼리게. 우선 몸통을 위해서 열두 가닥의 쇠줄을 만든다. 그런 다음 그 열두 줄을 밧줄의 짜는 실처럼 꼬아서 두드린다. 자아, 내가 불을 붙여 주지!"

이윽고 열 두 개의 쇠줄이 만들어지자, 에이허브는 그 하나하나를 손에 집어서 길고 무거운 철봉에 감아 시험했다. "균열이 생겼어!" 그는 제일 마지막 것을 던졌다. "다시 한번 만들어, 퍼스."

그것도 끝나고, 퍼스가 열두 개를 하나로 용접하려고 하자, 에이허브는 그 손을 멈추게 하고 자기 스스로 용접하겠다고 했다. 그리고 그가 박자를 맞추듯 헐떡이면서 해머로 쇠모루를 두드리고 퍼스가 한 개 또 한 개 벌겋게 단 쇠막대기를 그에게 건네주고 강한 압력을 받은 용광로가 새빨간 불꽃을 곧추 뿜어 올리고 있었을 때, 배화교도가 지나가다가 불쪽으로 고개를 숙였는데 마치 이 노동에 대해서 어떤 저주나 축복을 내리고 있는 것 같았다. 그러나 에이허브가 눈을 쳐들자, 슬며시 옆으로 가버렸다.

"저 악마새끼는 어째서 이 근처를 어정거리는 건가?" 스텁이 앞돛대께에서 내려다보면서 중얼댔다. "저 배화교도 놈은 성냥처럼 불 냄새를 맡아냈단 말야. 그리고 불탄 총의 화약 접시처럼 자기도 불 냄새를 풍기고 있어."

드디어 몸통은 하나의 완전한 막대기가 되어 마지막 불에 넣어졌다가 퍼스가 담금질을 하기 위해서 한쪽 옆의 물통에 휙 집어넣자, 뜨거운 증기가 수그리고 있던 에이허브의 얼굴에 끼얹어졌다.

"내게 낙인을 찍을 생각인가, 퍼스?" 순간적으로 고통에 움츠렸던 에이허브가 말했다. "그렇다면 내게 찍힌 낙인을 내가 벼린 셈이군."

"절대로 그런 일은 없습니다. 그러나 약간 무서워졌습니다, 에이허브 선장님. 이 작살은 흰고래에 쓰이는 건 아닌가요?"

"흰 악귀에 쓸 걸세! 자아, 이제부터 칼날일세. 그건 자네가 만들거야. 이거보게, 내 면도날을 모아두었네……더 없이 좋은 쇠지. 칼날은 빙해(氷海)의 진눈깨비의 바늘처럼 날카로워야해."

늙은 대장장이는 쓰고 싶지 않은 것처럼 면도날의 무더기를 한동안 바라보고 있었다.

"이걸 써. 이봐, 이건 이미 쓸모가 없네. 나는 그때까지는 면도도 하지 않을 테고 먹지도 또한 기도 드리지도 않을 테니까. 자아, 일을 시작하게."

이윽고 그것은 화살 모양으로 만들어졌고 퍼스가 몸체에 용접하자 쇠로 된 몸체 끝에 강철의 칼날이 생겼다. 대장장이는 담금질을 하기 전에 그 칼날을 마지막 불에 넣으려고 하다가 에이허브를 향해서 물통을 가져다 달라고 했다.

"아니, 아니, 물은 쓰지 않겠네. 그야말로 진짜 죽음의 담근질을 하는 걸세. 여어이, 여어이! 태슈테고, 퀴퀘그, 대구! 이교도들, 어떤가 자네들,

나에게 이 칼날을 흠씬 적실만큼 피를 주지 않겠는가?" 그는 칼날을 높이 쳐들었다. 흑인들은 좋다고 끄덕였다. 그리하여 이교도들의 살을 세 번 찌르고, 백경용 칼날의 담금질은 끝났다.

"주의 이름으로가 아니라 악마의 이름으로 그대에게 세례를 주노라!" 벌겋게 단 사악한 칼날이 세례의 피를 삼켜 버렸을 때 에이허브는 황홀해서 그와 같이 절규했다.

그리고 나서 에이허브는 선창에서 아직 쓰지 않은 막대기들을 가져오게 해서 그 가운데서 아직 껍질이 붙어 있는 히코리 나무를 골라 그 끝을 작살을 꽂는 구멍에 맞춰 넣었다. 새 밧줄 한 더미를 풀어 몇 줄의 밧줄을 양묘기에 붙들어 매서 팽팽하게 당겼다. 에이허브는 한쪽 발로 밟고 나중에는 하프의 현(絃)처럼 소리가 날 정도로 잡아당겼다. 그러고 나서 진지한 표정으로 몸을 구부리고 꼬인 데가 없음을 알자 소리쳤다. "됐어, 자아, 붙들어 매는 밧줄을!"

밧줄의 한 끝의 꼬임을 풀어, 가닥가닥으로 풀린 줄을 작살을 꽂는 구멍 주위에서 다시 엮고 짜고 해서 막대기는 단단히 구멍에 꽂혀지고 막대기 아래 끝에서부터 밧줄을 절반까지 감아올리고 그것을 빙글빙글 돌려 얽어매어 고정시켰다. 이것이 끝나자 막대기와 강철과 밧줄은 운명의 세 여신처럼 서로 떨어질 수 없는 것이 되고, 에이허브가 그 무기를 갖고 무뚝뚝하게 걸어 나왔을 때 그 고래뼈 다리의 울림과 히코리 막대기의 울림은 갑판의 판자를 한 장 한 장 크게 울렸다. 그러나 그가 선장실에 들어가기 전에 희미하고 괴상하며, 절반쯤 장난치는 듯한, 참으로 서글픈 소리가 들려왔다. 아아, 핍! 그대의 비참한 웃음, 멍청하고 침착성도 없는 눈빛, 그리고 그대의 모든 기이한 무언극은 우울한 배의 어두운 비극과 의미심장하게 섞여져서 그것을 비웃고 있었던 것이다.

제114장

도금사

　일본 해역의 심장부를 향해 깊이깊이 들어가면서 피쿼드 호는 고래잡이에 큰 활기를 띠었다. 따듯하고 쾌적한 날씨가 계속됨에 따라 종종 단숨에 열둘, 열다섯, 열여덟, 또는 스무 시간이나 보트를 조종하여 고래를 쫓아 천천히 저어가기도 하고 달리기도 하고 허둥지둥 쫓아가기도 하고, 또는 육칠십 분 동안이나 고래가 떠오르는 것을 숨죽여 기다리기도 했다. 그러나 그 노고에 대한 보상은 크지 못했다.

　이러한 때에 그들은 평온한 햇살 밑에 하루 종일 부드럽게 들어올리는 파도에 떠돌며 자작나무 껍질의 카누처럼 가벼운 보트에 앉아서 부드러운 물결과 친구가 되어 서로 친하고, 파도는 화롯가의 고양이처럼 갸르릉 거리면서 뱃전에 매달려 장난질한다. 이 꿈결 같은 고요한 때에 사람은 대양의 피부의 정밀한 아름다움과 광휘를 바라보면서, 그 밑바닥에 호랑이의 헐떡이는 심장이 있음을 잊어버리고, 이 벨벳의 손바닥이 잔인한 손톱을 감추고 있다는 것을 떠올리려 하지 않는다.

　이런 때에 포경선을 타고 방랑하는 무리도 무언지 모르게 자식이 부모에게 느끼는 것과 같은 신뢰감을, 즉 육지에 대해서 느끼는 것과 같은 감정을 바다에 대해서 품는다. 바다는 꽃으로 덮인 대지와 같고, 돛대 꼭대기만 보이는 먼 곳의 배는 높게 물결치는 파도 사이가 아니라, 물결치는 대초원의 길게 자란 풀 사이를 헤치고 나아가는 것처럼 보인다. 그것은 마치 서부의 이주자들의 말 떼가 몸은 보이지 않고 꼿꼿이 세운 귀만을 보이며 눈부시게 짙푸른 풀밭 사이를 지나가는 것과도 흡사하다.

　기다랗게 뻗은 처녀지의 계곡, 완만하고 푸른 산허리, 그런 것들 위에 고요한 자장가가 흐를 때, 사람들은 놀다 지친 아이들이 화창한 5월의 어느 날 숲 속의 꽃들이 꺾인 뒤의 고요 속에 잠깐 잠들어 있는 것은 아닌가 하고 생각할 것이다. 그리고 이 모든 것이 사람의 심오한 신비감과 섞여서 사실과 환상이 서로 가까이 만나 융합되고, 꿰맨 솔기조차 없는 하나의 완전체가 된다.

이와 같이 마음을 온화하게 하는 광경은 비록 잠시 동안이긴 했지만 에이허브에게도 얼마쯤 영향을 주지 않을 수가 없었다. 그러나 이 은밀한 황금의 열쇠가 그의 내부의 은밀한 황금의 재보(財寶)의 문을 연 것처럼 보였다 하더라도 역시 그가 거기에 던지는 숨결은 그 빛을 흐리게 하는 것이었다.

"오오, 숲 속의 빈터여! 영혼 속의 영원한 봄의 끝없는 풍경이여, 그대의 가슴 속에서——오랜 세월 지상 생활의 죽음의 가뭄에 의하여 메말랐을망정——사람들은 지금도 상쾌한 아침 이슬에 젖은 클로버 밭에 뛰노는 망아지처럼 뛰어다니고, 황급히 지나가버리는 일순간에도 영원한 삶의 이슬이 맺혀 있다고 느낀다. 이 더없이 복된 고요가 오래 지속되기를 신에게 기도드리자. 그러나 인생이라는, 뒤엉키기도 뒤섞이기도 하는 실은, 씨줄과 날줄로 짜여서 잔잔한 바다는 그 잔잔함 하나하나마다 폭풍으로 엇갈린다. 우리들의 생애에 뒤로 물러서는 일이 없는 확고한 진보라는 것은 없다. 우리는 고정된 단계를 따라 나아가다가 마지막에 멈추게 되는 것은 아니다. 즉 젖먹이의 무의식적인 잠, 소년의 사려 없는 믿음, 청년의 의심(일반적인 운명이다)과 회의와 불신을 지나 이윽고 '혹시나' 하는 인간의 깊은 휴식에 들어서는 것이 아니다. 한 번 그것을 지나고 나면 우리는 또다시 움직이기 시작해서 젖먹이가 되고, 소년이 되고, 성인이 되어, 영원히 '혹시나'를 되풀이한다. 이제는 떠나지 않아도 될 마지막 항구는 어디에 있단 말인가? 가장 지친 자라 해도 더 이상은 지치지 않을 그런 세계는 어떤 황홀한 에테르 속을 달리고 있는 것일까? 버려진 아이의 아버지는 어디에 숨어 있단 말인가. 우리의 영혼은 결혼도 하지 않은 어머니가 낳다가 죽어버려서 남겨진 고아와 같은 것이다. 누가 아버지냐, 하는 비밀은 어머니의 무덤 속에 있고 그것을 알려면 우리는 그곳으로 가야만 한다.

바로 그날 스타벅은 그의 보트 뱃전에서 금빛 바다를 바라보면서 낮은 소리로 중얼거렸다.

"그대의 바닥을 알 수 없는 사랑스러움……사랑하는 사람이 그 신부의 눈 속에서 발견하는 그런 사랑스러움. 이빨이 빼곡히 난 상어와도 같은 그대,

그대의 사람을 빼앗아가는 식인종 같은 행동 등은 생각하고 싶지 않다. 신앙으로 사실을 쫓아내리라. 공상으로 기억을 쫓아내리라. 나는 깊이 들여다보고, 믿는다."

그리고 나서 스텁도 비늘을 번쩍이는 물고기처럼 그 같은 금빛 광선속에 뛰어올랐다.

"나는 스텁이다. 스텁 님은 산전수전을 다 겪은 노련한 사람이란 말이다. 그러나 오늘은, 스텁 님께서 옛날부터 언제나 쾌활했다는 것을 맹세한다!"

제115장

피쿼드 호, 배철러 호를 만나다

에이허브의 작살이 만들어진 몇 주일 뒤에 순풍에 돛을 달고 나타난 배의 광경과 소란은 확실히 유쾌한 것이었다.
그것은 '배철러 호'라는 낸터킷의 배였는데, 마침 마지막 기름통에 쐐기를 박고 터질 듯한 창구(艙口)에 빗장을 걸고, 지금은 새 옷으로 단장을 하고 희희낙락하여 약간은 뽐내면서 어장에 이리저리 흩어져 있는 배들 사이를 돌아다닌 후에 뱃머리를 고향으로 돌릴 참이었다.
돛대 꼭대기에 있는 세 사람은 그 모자에 단 빨갛고 긴 장식 리본을 바람에 날리고 있었다. 고물에는 보트가 거꾸로 매달려 있고 뱃머리의 비스듬한 돛대에는 마지막에 죽인 고래의 기다란 아래턱이 어획물 표시로 매달려 있었다. 배의 돛대며 밧줄에서는 온갖 빛깔의 신호기며 국기며 함선기(艦船旗)가 사방으로 펄럭이고 있었다. 바구니 모양의 세 돛대 꼭대기에는 각각 고래 기름통이 두 개씩 옆에 붙들어 매어져 있고 그 위의 돛대 꼭대기의 가름대에도 똑같이 귀중한 작은 기름통이 보이고 큰 돛대의 돛대 꼭대기에는 놋쇠로 만든 램프가 못 박혀 걸려 있었다.
나중에야 안 일이었지만 배철러 호는 참으로 놀라운 성공을 거두고 있었다. 더욱 놀라웠던 것은 다른 많은 배는 같은 해역을 항해하면서도 몇 달 동안 한 마리도 잡지 못했다는 사실이다. 쇠고기며 빵 통이 훨씬 귀한 고래 기름을 위해서 비워졌을 뿐만 아니라 다른 배를 만나면 여분의 통을 교섭해서 물려받기도 하여, 그 통들은 갑판에 즐비하게 늘어서 있었고, 선장실이나 사관실에도 놓여졌다. 선장과 항해사들의 식탁마저 불을 때는 데 써야 했으므로 그들은 방 가운데 마룻바닥에 놓인 기름통 위에서 식사를 했다. 앞갑판의 선원들은 그들의 옷상자에 뱃밥을 틀어막고 역청을 칠하여 기름을 넣기까지 했다. 그리고 우스갯소리로 들려준 말로는, 요리사는 그 가장 큰 솥에 술통

뚜껑을 덮어 기름을 넣었고, 급사는 빈 커피 주전자에 마개를 하여 기름을 넣었으며, 작살잡이는 작살 꽂는 구멍에 마개를 하여 기름을 넣었다는 것이다. 이렇게 해서 선장이 자기 만족감에 빠져 손을 찔러 넣는 바지 주머니만 빼고는 어디서나 기름이 가득했다.

이 행운으로 기뻐 어쩔 줄 모르는 배가 움울한 피쿼드 호에 접근해 왔을 때, 그 뱃머리의 다락에서는 야만적인 북소리가 크게 울려왔고 더욱 접근하자 많은 사람들이 거대한 기름솥 주위에 서 있는 것이 보였는데, 그 솥은 양피지 같은 '부레'나 검은 고래의 위(胃) 가죽으로 덮여 있어서 그들이 주먹으로 두드릴 적마다 큰 소리를 내고 있었다. 뒷갑판에서는 항해사며 작살잡이들이 폴리네시아 섬에서 눈이 맞아 도망쳐 온 올리브빛 살결의 처녀들과 춤을 추고 있었다. 그리고 한 척의 보트가 앞돛대와 큰 돛대 사이에 단단히 묶인 채로 매달려서 장식되어 있고, 롱아일랜드에서 온 세 흑인이 고래뼈로 만든 바이올린의 활을 번쩍이면서 미친 듯 추는 춤에 맞춰 연주를 하고 있었다. 한편 다른 선원들은 착유기 위의 큰 솥을 들어내자 그 착유기를 부산하게 해체하고 있었다. 저주받은 바스티유 감옥을 허물고 있는 것은 아닌가 하고 생각될 만큼 굉장한 소리로 외쳐대면서 쓸모없이 된 벽돌이나 모르타르를 바다에 던지고 있었다.

이 모든 광경을 주관하는 선장은 뒷갑판 드높은 곳에 가슴을 쑥 내밀고 서 있었다. 이 환희의 연극은 전부 마치 그 사람 개인의 위안을 위해서 행해지고 있는 듯이 그의 앞에 전개되고 있었다.

에이허브도 뒷갑판에 서 있었지만 수염은 더부룩하고 얼굴빛은 시커멓고, 완강한 우수에 잠겨 있었다. 그리고 이 두 배가——하나는 지나간 일의 기쁨에 넘치고 또 하나는 닥쳐올 예감에 떨며——서로의 뱃길을 가로지르려 했을 때, 그 두 선장은 각각 다른 처지를 상징하며 현격한 대조를 이루었다.

"이 배로 오시오! 환영하오!" 쾌활한 배철러 호의 선장은 술잔과 병을 높이 들어올리면서 크게 소리쳤다.

"흰고래를 보았소?" 에이허브는 이를 가는 듯한 목소리로 말했다.

"아니, 이야기는 들었소만 그런 건 절대로 믿지 않소."

상대편은 기분 좋게 말했다. "이리 오시오!"

"당신은 너무 쾌활하구려. 가보시오. 선원은 잃지 않았소?"

"말할 정도는 못 되오, 섬의 토인을 두 사람 잃었을 뿐이오. 그러나 친구, 아무튼 배로 오시오. 환영하오. 당신의 이마에 그려진 검은 구름, 내가 당장 벗겨 드리겠소. 아무튼 오시오(아주 재미있는 곳이라오). 만선(滿船)이라 돌아가는 길이오."

"바보란 놈은 매우 호기롭게 구는 법이거든" 에이허브는 중얼거렸다. 그러고 나서 큰 소리로 말했다. "만선이라 돌아간다고 했겠다. 내 배는 빈 배로 가는 참이야. 그러니까 당신은 그쪽으로 가봐. 나는 이쪽으로 가겠소. 어이, 앞돛대, 돛을 달아라, 바람 부는 쪽으로!"

이리하여 한 배가 쾌활하게 순풍을 맞아 달릴 때 다른 한 배는 완고하게 그것을 거슬러 가서 두 배는 곧 헤어지게 되었다. 피쿼드 호의 선원들은 음울한 눈길을 사라져 가는 배철러 호에 언제까지나 보내고 있었으나 배철러 호의 선원들은 화려하고 떠들썩한 잔치에 취해 이쪽은 쳐다보지도 않았다. 고물난간에 기대어 선 에이허브는 고국으로 서둘러 가는 배를 바라보고 있다가 호주머니에서 모래를 넣은 작은 병을 꺼내어 배와 병을 번갈아보며 동떨어진 두 물체로부터의 연상을 하나로 연결시키려고 하는 듯했다. 그 병에는 낸터킷에서 수심을 측량했을 때의 모래가 들어 있었던 것이다.

제116장
죽어가는 고래

　인생 항로에서 운명이 편애하는 배가 바로 우리의 우현 가까이를 지나칠 때, 그전까지는 완전히 의기소침해 있었지만 스치고 지나가는 여세를 잡아 어쩐지 우리의 돛도 부풀어 올라 마음이 약동할 때가 가끔은 있다. 피쿼드호의 경우도 그런 것이었다. 요란스러운 배철러 호를 만난 다음날에는 고래 떼가 발견되어 그 가운데 네 마리를 잡았다. 그중의 한 마리는 에이허브가 잡았다.
　오후도 훨씬 늦은 때였다. 선혈투성이가 되는 창과 작살의 투쟁이 끝나자 태양과 고래는 아름다운 일몰의 바다와 하늘 속에 떠다니면서 함께 조용히 죽어갔다. 그때 장밋빛 하늘에 말할 수 없이 묘하고 슬픈 무엇인가가, 되풀이되는 기도와 같은 그 무엇인가가 일었는데, 그것은 아득히 먼 마닐라 섬의 수도원이 있는 푸른 골짜기에서 스페인(필리핀은 20세기까지 스페인영이었음)적인 육지 바람이 그만 마음이 들떠 선원이 되어 저녁 기도를 싣고 바다에 흘러나온 것이 아닌가 싶은 그런 것이었다.
　고래로부터 물러선 에이허브는 마음이 가라앉기는 했으나 더욱 깊이 어두운 우수 속에 잠겨 지금은 조용해진 보트에 앉아서 고래의 최후를 가만히 지켜보고 있었다. 왜냐하면 모든 향유고래가 죽어 갈 때 볼 수 있는 이상한 광경——머리를 태양 쪽으로 돌리고 숨을 거두는 것——을 이처럼 조용한 황혼 속에서 바라보는 에이허브의 마음속엔 전에 알지 못한 어떤 미지의 경이감이 일어난 것 같았다.
　"자꾸만 몸을 태양 쪽으로 돌리는구나——어쩌면 저렇게 천천히, 그러면서도 완강하게 임종의 몸부림을 치면서 경의를 표하며 기도하는 이마를 돌리는구나. 그도 또한 불을 숭배하는 거야. 태양의 가장 충실하고 광대하고 존귀한 신하! 오오, 내 눈이 은총을 입었기에 이 복된 장관(壯觀)을 볼 수

있는 게다. 보라! 이 광대무변의 바다 한복판, 인간의 기쁨이나 슬픔의 중얼거림도 들리지 않는 이 가장 공평하고도 사심 없는 바다, 역사에 비석으로 쓸 바위 하나 없는 곳. 태곳적 중국, 파도는 대대로 말없이, 말을 거는 이도 없이 아프리카 니제르 강의 알려지지 않은 수원(水源)에 별이 비치는 것처럼 굽이친다. 여기에서 삶은 신앙에 불타면서 태양을 향해 멸망해 가는 것이다. 그러나 보라! 죽자마자 죽음이 시체를 빙그르르 돌려서 머리는 다른 쪽을 향한다.

오오, 그대 자연의 반쪽인 어두운 힌두 사람이여, 그대는 이 황량한 바다의 깊은 곳 어딘가에 그대 혼자만의 옥좌를 물에 빠져 죽은 사람들의 뼈로 만들어 놓는다. 그대는 신을 모른다. 그대는 여왕이다. 그대는 포악한 태풍의 굉장한 소리로, 또는 그 뒤의 잔잔한 바다의 장례와도 흡사한 침묵에 의해서 내게 생생한 진실을 말하려 하고 한다. 그렇다, 그대의 고래가 그 죽어 가는 머리를 태양 쪽으로 돌리고 이윽고 다시 한 바퀴 돌리는 것에도 내게 주어지는 계시가 없지 않구나.

　오오, 몇 겹이나 갑옷을 입고 단련된 강력한 허리여, 하늘을 동경하는 무지개로 일어서는 물뿜기여! 어떤 것은 높이 서고, 어떤 것은 헛되이 물을 뿜을 뿐이다. 오오, 고래여, 그대가 저 멀리 생의 근원인 태양에 아첨하여 마음에 들려고 해도 소용없는 일이다. 태양은 생명을 주기는 하지만 두 번 주지는 않는다. 그래도 암흑인 반쪽이여, 그대는 보다 거무죽죽하지만 보다 자랑스러운 신앙으로 나를 흔든다. 뭐라 이름 붙일 수 없는 그대의 혼돈이 발 아래에서 떠돌고 있다. 나는 한때 공기로 숨쉬는 생명체의 호흡으로 살았으나 지금은 물에 떠서 살아 있는 것이다.

　그러므로 바다여 만세, 영원히 만세. 그대의 영원한 파도를 사나운 바닷새들은 유일한 보금자리로 삼을 것이다. 나도 땅에서 태어나긴 했지만 바다에서 자랐다. 산이며 골짜기가 나의 어머니였으나 이 큰 파도는 나와 같은 젖을 먹고 자란 형제들이다."

제117장
고래 불침번

그날 저녁에 잡은 고래 네 마리는 제각기 멀리 떨어진 곳에서 죽었다. 하나는 바람 불어오는 먼 곳, 또 하나는 좀더 가까운 바람 불어가는 곳, 또 하나는 뱃머리 쪽, 그리고 나머지 하나는 고물 쪽에서 죽었다. 이중 세 마리는 해가 완전히 지기 전에 뱃전으로 끌어당겨졌으나, 멀리 바람 불어오는 곳에 있는 고래는 아침까지 끌어올 수가 없었기 때문에 그것을 잡은 보트는 밤새껏 그 옆에 머물렀다. 그 보트는 에이허브의 것이었다.

표지(標識) 장대가 똑바로 죽은 고래의 물뿜는 구멍에 꽂히고 그 꼭대기에 매단 등불은 심하게 흔들리는 불빛을 검고 번지르르한 고래의 등에, 그리고 저 멀리 심야의 파도 사이에 던졌다. 그 파도는 해변에 밀리는 잔물결처럼 고래의 큼직한 옆구리에 부드럽게 부딪치고 있었다.

에이허브를 위시해서 선원들은 잠들어 있는 것처럼 보였으나 다만 배화교도만은 뱃머리에 웅크리고 앉아서 상어 떼가 유령처럼 고래의 주위에서 장난질을 하며 그 꼬리로 가벼운 노송나무 판자를 탁탁 치는 것을 지켜보고 있었다. 용서받을 수 없는 고모라의 망령들이 아스팔타이트 호(사해의 옛 이름) 위에 떼를 지어 한탄하는 것과도 흡사한 소리가 밤공기 속에서 울려나와 소름끼치게 했다.

선잠에서 문득 눈을 뜬 에이허브의 얼굴은 배화교도의 얼굴과 마주쳤다. 밤의 암흑에 싸인 두 사람은 대홍수 때에 마지막 남은 두 사람처럼 보였다.

"또 그 꿈을 꾸었어" 그는 말했다.

"관(棺) 말인가요? 나리, 전에도 말했소만 나리껜 관도 영구차도 있을 게 뭡니까?"

"바다에서 누가 관 속에 들어간단 말인가?"

"그렇지만 나리, 전에도 말했지만 나리가 이 항해에서 죽기 전에 관을 두

개 보개 될 겁니다. 하나는 사람의 손으로 만들어진 것이 아닙니다. 나머지 관의 재목은 아메리카에서 자란 나무일 겁니다."

"좋아, 좋아, 배화교도여, 그건 참으로 기묘한 구경거리겠군. 관과 깃털 장식이 바다에 떠서 파도가 그걸 짊어지고 가다니. 하하하, 그런 구경거리는 좀처럼 보기 힘들 거야."

"나리, 정말로 생각하실지 어떨지는 모르겠지만 그것을 보지 않고는 죽을 수 없을 거요."

"그러면 자네는 어떻게 된다고 했더라?"

"마지막 순간이 오더라도 나는 뱃길 안내자니까 나리의 앞에 서지요."

"그러면 그대가 앞서 나간다고 치고, 만약 그런 일이 일어난다고 하면, 내가 그곳으로 갈 때까지는 자네가 쭉 내 옆에서 뱃길을 안내할 거란 말인가. 그렇지 않았던가. 좋아, 그렇다면 나는 자네가 말하는 것을 모두 믿기로 하겠네. 오오, 나의 안내자여! 나는 여기서 두 가지 맹세를 하겠는데, 나는 모비 딕을 죽이고 그러고도 살아남는단 말일세."

"나리, 한 가지 더 맹세할 게 있어요." 배화교도가 말했을 때 눈이 반딧불처럼 어둠 속에서 빛났다. "삼밧줄만이 나리를 죽일 수 있소."

"자넨 교수대를 말하는 건가? 그러나 나는 육지에서건 바다에서건 불사신일세." 에이허브는 조소하며 부르짖었다. "바다에서건 육지에서건 불사신이야!"

다시 두 사람은 입을 다물었다. 새벽녘이 되자 보트 바닥에서 졸고 있던 선원들도 일어나서 정오쯤에는 이윽고 죽은 고래를 배로 끌어왔다.

제118장
천문 관측기 사분의

　적도 해역에서의 어획기가 다가왔다. 매일 에이허브가 선실에 나와서 높이 올려다볼 때마다 부지런한 키잡이는 자랑스럽게 손잡이를 돌리고, 정력에 넘친 선원들은 급히 돛줄있는 데로 달려가서 거기 못 박아 놓은 금화에 눈길을 쏟으며 뱃머리를 적도로 돌리라는 명령을 고대하였다. 그 명령은 곧 내려졌다. 정오 무렵이었다. 에이허브는 높이 매달린 보트 뱃머리에 서서 여느 때와 같이 태양을 관측하여 위도를 정하려 하고 있었다.
　일본 해역에서의 여름날들은 찬란한 빛이 홍수처럼 일렁거린다. 이곳의 깜박거리지도 않는 선명한 태양은 푸른 바다라는 가없는 볼록렌즈의 강렬한 초점으로 생각되었다. 하늘은 옻칠을 한 것처럼 보이고 구름은 없고 수평선은 떠올라 있었다. 이 발가벗은, 조금도 누그러지지 않은 찬연한 빛은 똑바로 쳐다볼 수 없는 신의 옥좌의 번쩍임을 연상케 했다. 에이허브의 사분의 (四分儀 : 천체 높이 측정기)가 태양을 관측하기 위해서 색칠을 한 유리로 만들어져 있던 것도 당연했다. 그리고 앉은 채 배의 흔들림에 몸을 맡기면서 천체 관측 기구다운 외양을 갖춘 도구를 눈에 대고 그 자세를 계속 취하며 태양이 정확하게 자오선에 달하는 정확한 순간을 포착하려고 기다리고 있었다. 이리하여 그의 모든 신경이 집중되어 있는 동안 배화교도는 내내 그의 발밑 갑판에 무릎을 꿇고 에이허브와 마찬가지로 머리를 들어 태양을 보고 있었다. 다만 그 눈꺼풀이 절반쯤 눈동자를 덮고 있을 뿐 그 야만적인 표정은 전혀 감정을 나타내고 있지 않았다. 이윽고 관측이 끝나자 에이허브는 그 자리에서 바로 자기의 고래뼈 다리에다 연필로 그 시각에 어느 위도에 있는가를 계산해냈다. 그러고 나서 잠시 깊은 생각에 잠겼다가 다시 태양을 올려다보고 혼잣말을 중얼거렸다. "그대 바다의 표적이여, 하늘 높이 떠 있는 강대한 뱃길 안내자여, 그대는 진실로 내가 어디에 있는가를 가르쳐 준다. 그러나 내가 어디로 가는 것일까. 희미한 암시라도 줄 수가 있겠는가. 그리고 내가 아닌 어떤 자가 지금 어디에 살고 있는지 가르쳐 줄 수가 있겠는가. 모비 딕은 어디에 있는가. 이 순간에도 그대는 그놈을 보고 있음에 틀림없다. 나의 눈은 지금도 그놈을 지켜보고 있는 그대의 눈을 들여다보고 있다. 아니 지금도 저쪽의 알려지지 않은 심연의 사물들을 응시하고 있는 그대의 눈을 응시하고 있다. 그대 태양이여!"

그런 다음 그의 사분의를 바라보고 그 신비한 장치의 하나하나를 만지작거리면서 다시 명상에 잠겨 중얼거렸다.

"어리석은 장난감! 오만한 제독, 사령관, 선장들이 어루만지는 어린애들의 장난감. 세계는 그대를, 그대의 지혜며 능력을 자랑하지만 결국 무엇을 할 수 있단 말인가. 다만 그대 자신과 그대를 잡고 있는 이 손이 넓은 행성의 어느 불쌍하고 비참한 한 점에 와 있는가를 말할 뿐이다. 그 이상의 것은 하지 않는다! 그대는 한 방울의 물, 한 알의 모래가 내일 낮에는 어디에 있게 될지 가르쳐 줄 수가 없다. 그런데도 그 무능한 몸으로 태양을 경멸하다니! 과학! 저주받을지어다. 무익한 장난감이여. 도대체 인간의 눈을 높은 하늘로 향하게 하는 것 전부가 저주받을지어다. 하늘의 생동하는 활기는, 지금 나의 이 눈을 태양 광선이 태우듯이 인간을 태울 뿐이다. 인간의 시선은 본래 이 지구의 수평선을 기어 다니게 되어 있는 거야. 그렇지 않고 신이 그 푸른 하늘을 우러러 보라고 한다면 사람의 눈길은 머리 꼭대기에서 열려 있을 거야. 저주받을지어다. 사분의!" 에이허브는 그것을 갑판으로 내던졌다. "이제 나는 나의 땅 위를 가는 데 그대의 신세는 지지 않는다. 수평을 달리는 배의 나침반, 측정기와 측정선에 의한 필사적인 배 위치 측정, 이런 것들에 인도받아 바다 위에서의 위치를 알도록 하겠다. 그렇고말고." 그는 보트에서 갑판으로 뛰어내렸다. "겁먹은 듯이 하늘을 올려다보는 이 변변찮은 놈아, 이렇게 짓밟아서 깨뜨려주마!"

광기의 노인이 이렇게 말하면서 살아 있는 다리와 죽은 다리로 갑판을 짓밟았을 때, 배화교도의 무표정한 얼굴에는 에이허브에게 향했다고 생각되는 조소하는 듯한 승리의 빛과 자기 자신을 향했다고 생각되는 치명적인 절망의 빛이 흘렀다. 그러고 나서 아무도 보지 않는 사이에 일어나서 미끄러지듯 걸어갔다. 그동안 선원들은 그들의 지휘자의 모습에 놀라서 앞갑판에 모여

들었다. 그러자 에이허브는 갑판을 걸으면서 큰 소리로 외쳤다. "돛줄로! 키 위쪽으로 돛줄을 고쳐라!"

일순 돛의 활대가 회전하고 배가 절반쯤 그 방향을 돌렸을 때 단단히 뿌리 박은 세 가닥의 아름다운 돛대는 늑재로 단단히 매어진 긴 선체 위에 높고 곧게 서 있었다. 그것은 마치 호라티우스의 세 형제(로마 전설의 삼형제 용사)가 한 마리의 커다란 군마를 타고 말을 급히 돌리고 있는 것처럼 보였다.

스타벅은 뱃머리의 부늑재(副肋材) 사이에 서서 피쿼드 호의 움직이는 모습을, 또한 갑판을 비틀거리면서 돌아다니는 에이허브의 모습을 지켜보고 있었다.

"막 피운 석탄불 앞에 서서 그것이 생명의 몸부림의 불꽃으로 가득 차 발갛게 타오르는 것을 본 적이 있다. 그러나 끝내는 힘이 약해져서 가라앉고 소리 없는 먼지로 돌아가 버리는 것도 보았다. 바다의 노인이여! 당신의 이 열화 같은 생애도 끝내는 한 줌의 재 외에 무엇을 남기겠는가!"

"아야!" 스텁도 외쳤다. "그러나 스타벅 항해사님, 석탄재——목탄재가 아니라 석탄재란 말이오. 그렇소, 에이허브가 말하는 것을 들은 일이 있어요. '나의 늙은 손에 이따위 카드를 내밀고 이것으로 승부를 가리라고 하는 놈이 있다.' 정말이오, 에이허브. 당신이 하는 일엔 틀림이 없소. 당신은 승부에 살고 승부에 죽는 거요."

제119장
초

 더없이 따뜻한 기후는 가장 잔인한 송곳니를 기르고 있다. 벵갈의 호랑이는 상록의 숲 속에 숨어 있다. 빛이 넘치는 하늘은 위험하기 짝이 없는 번개를 품고 있고, 화려한 쿠바 섬은 평범한 북쪽 나라들에선 부는 일이 없는 회오리바람을 알고 있다. 이리하여 이 빛나는 일본 해역에서 항해사들은 온갖 폭풍 중에서도 가장 처참한 태풍을 만나게 된다. 이따금 그것은 멍하니 잠든 도시에 폭탄이 터지듯이 구름도 없는 하늘에서 별안간 폭발한다.
 그날 해질 무렵에 피쿼드 호는 돛이 찢겨져 벌거벗은 돛대가 된 채 머리 위에서 똑바로 내리치는 태풍과 싸워야만 했다. 캄캄한 밤이 되자 하늘과 바다에 천둥이 요란하게 울리고, 번개가 어지럽게 번쩍이고, 상처 입은 돛대가 여기저기에서 광란하는 폭풍에 찢기고 찢긴 나머지 넝마조각처럼 펄럭이는 모습이 보였다.
 돛줄을 움켜쥐면서 스타벅은 뒷갑판에 서서 번개가 번쩍일 때마다 배 위를 올려다보고 위쪽의 복잡한 장비들에 어떠한 새로운 재액이 닥쳐왔는가 하고 조사했다. 한편 스타벅과 플래스크는 선원들을 지휘해서 보트를 더 높이 매달고 더 단단히 묶게 하고 있었다. 그러나 온갖 분투도 헛되게 보였다. 바람불어 오는 곳에 있던 뒤쪽 보트(에이허브의 것)는 기중기의 가장 높은 곳까지 올려져 있었지만 달아날 수가 없었다. 거대한 파도가 비틀거리는 배의 위쪽을 향해 높이 부딪치는 바람에 보트의 고물 쪽 바닥에 구멍이 뚫렸다. 파도가 물러간 후에 보니 보트는 체로 거르는 것처럼 물이 새고 있었다.
 "엉망이오, 엉망진창이오! 스타벅 항해사님." 스텁은 파손된 보트의 무참한 꼴을 보면서 말했다. "그러나 바다가 하는 것은 어쩔 수가 없어요. 아무리 스텁이라도 손을 쓸 수가 없는걸요. 안 그래요, 스타벅 항해사님? 파도란 놈은 뛸 때까지 쭉 오래 달려서……세계를 한바퀴 돌 만큼 미리 달리다가 훌쩍 뛴단 말예요. 그런데 내가 그것과 경주를 하려고 달리는 것은 고작이 갑판 폭밖에 안 돼요. 하지만 걱정할 것 없어요. 얼마나 재미있는 일입니까. 옛날 노래도 이렇게 말하고 있어요.

> 쾌활한 폭풍이다
> 장난치는 고래다
> 꼬리는 세차구나
> 익살맞고 활발하고 기운차게 장난치는
> 춤추는 장난꾸러기여.
> 오오, 바다여!
>
> 구름은 난다
> 거품 이는 술인가
> 구름이 휘젓는다.
> 익살맞고 활발하고 기운차게 장난치는
> 춤추는 장난꾸러기여,
> 오오, 바다여!
>
> 벼락이 배를 갈랐다
> 입맛을 다셨다
> 맛있는 술이구나
> 익살맞고 활발하고 기운차게 장난치는
> 춤추는 장난꾸러기여,
> 오오 바다여!"

"스텁, 잠깐만." 스타벅은 고함을 쳤다. "노래하며 밧줄을 하프처럼 울리는 것은 태풍만으로도 충분해. 용감하다면 잠자코 있어."

"그렇지만 난 용감하지 않아요. 용감하다고 말한 적이 없어요. 난 겁쟁이요. 그렇기 때문에 기운을 내려고 노래하는 거요. 그러니까 스타벅 항해사님, 말해 두지만 이 세상에서 내 노래를 그만두게 하려면 내 목을 자르는 수밖에 없어요. 목이 잘리게 되면 십중팔구 그 순간에도 최후의 영광송을 부를 게요."

"미친놈! 내 눈을 똑똑히 보게나. 네게도 눈이 있는지 어떤지."

"뭐라고요! 내가 아무리 바보라지만, 당신 눈은 캄캄한 밤에 다른 누구보다 잘 보인단 말이오?"

"이봐!" 스타벅은 스텁의 어깨를 움켜쥐고 바람에 얻어맞고 있는 뱃머리를 손으로 가리키면서 외쳤다. "자넨 모르겠나. 폭풍은 동쪽에서, 에이허브가 모비 딕을 쫓아가는 동쪽에서, 오늘 낮에 방향을 바꾼 바로 그쪽에서 불어오고 있단 말야. 그런데 저 에이허브의 보트를 보게나. 구멍이 어디에 뚫려 있는가. 고물에 있는 좌석이야. 알겠나. 그가 언제나 서 있는 곳이란 말이야……그가 서는 자리는 구멍이 뚫렸단 말이다. 자아, 노래를 불러야겠다면 바다에 뛰어들어 거기서 멋대로 불러라!"

"당신이 하는 말은 절반도 모르겠어요. 바람이 어쨌다는 거요?"

"그래, 그래, 희망봉으로 도는 게 낸터킷으로 가는 지름길이야." 갑자기 스타벅은 스텁의 질문도 잊고 혼잣말을 했다. "지금 우리를 때리고 구멍을 뚫으려는 폭풍을 순풍삼아 그것을 타고 고향으로 돌아갈 수도 있는 거야. 저쪽 바람 불어오는 곳에는 다만 암흑의 파멸이 있을 뿐이다. 그러나 바람 불어가는 곳의 고향 쪽에는 빛이 빛나고 있어……번갯불이 아닌 빛이 말야."

그때 번갯불이 번쩍번쩍 하는 사이 깊은 어둠 속 그의 옆에서 인기척이 났다. 그러자 거의 그와 동시에 천둥이 요란하게 터지는 소리가 무섭게 머리 위에서 울렸다.

"누구야?"

"늙은 천둥이야." 에이허브는 그렇게 말하면서 뱃전을 따라 자기 다리를 받치는 구멍으로 가는 길을 더듬고 있었다. 그때 번갯불이 휘어진 창과 같은 불빛으로 길을 훤히 비췄다.

그런데 육상의 첨탑 피뢰침이 위험한 전류를 땅속으로 보내는 목적을 지니듯이 해상에서도 배에 따라선 이런 피뢰침을 다는데, 이것은 전류를 물로 이끌려고 하는 것이다. 그러나 그 유도체는 극히 깊은 곳까지 내려가서 그 끝이 선체와는 절대 닿지 않도록 해야 한다. 게다가 만약 항상 물에 넣어 두어야 한다면 많은 불상사를 일으키는데, 삭구에 걸려서 적지 않게 방해가 되는 것 외에도 배의 진행을 얼마간 방해한다. 그러므로 배의 피뢰 장치의 말단부는 언제나 바다에 내려져 있는 것이 아니라 보통은 길고 가는 쇠사슬로 만들어져 있어 필요에 따라 바깥쪽 쇠사슬에 걸치거나 바다에 던지거나 할 수 있게 되어 있다.

"피뢰 장치, 피뢰 장치!" 스타벅이 선원들을 향해서 이렇게 외친 것은 에이허브의 자리를 비춘 강렬한 번갯불로 인해서 문득 경계심을 일으켰기 때문이었다. "바다에 던졌는가? 던져라, 앞에도 뒤에도, 서둘러라!"

"그만둬라!" 에이허브가 외쳤다. "당당히 싸우자. 설사 우리 쪽이 약하더라도 말이다. 난 말야, 전 세계를 구하기 위해서라면 히말라야나 안데스에도 피뢰침을 세우는 걸 돕겠지만 계략 따위는 싫다. 그냥 그대로 두자."

"위를 보시오!" 스타벅이 외쳤다. "성 엘모의 불(폭풍우가 이는 밤에 돛대꼭대기에 나타나는 전광)이다. 불덩어리다. 불덩어리야!"

모든 돛의 활대 끝에는 새파란 불이 타고 있었다. 높은 세 돛대는 각각 세 갈래로 갈라진 피뢰침 끝에 세 개의 끝이 가는 흰 불꽃을 빛내며 유황같은 공중에서 조용히 불탔는데, 마치 제단 앞에 꽂은 세 개의 큰 촛불처럼 보였다.

"망할 놈의 보트! 내던져 버려!" 이때에 스텁이 고함을 친 것은 격한 파도가 그의 보트를 밑에서부터 추켜올려서 그 뱃전에 밧줄을 걸려고 하던 그의 손을 세게 때렸기 때문이었다. "제기랄!" 그러나 갑판으로 뒷걸음질을 치면서도 치켜뜬 그의 눈은 불덩어리를 보고 있었다. 그래서 곧 목소리를 바꾸어 외쳤다. "성 엘모의 불이여, 제발 살려 주십시오!"

뱃사람들의 욕지거리는 입에 밴 것이다. 잠든 듯한 잔물결 속에서도, 광란하는 폭풍 속에서도, 윗돛대의 활대 끝에서도, 거품 이는 파도에 흔들리면서도 욕설을 퍼붓는다. 그러나 나의 항해 경험을 통틀어 보더라도 신의 불타는 손이 배 위에 놓이고 신의 "메네, 메네, 데겔 바르신"(「다니엘서」 5장 참조, '세어서, 세어서, 저울로써 나누어지다'라는 뜻)이란 말이 밧줄이라는 밧줄에는 모조리 짜여 들어가 있는 것 같은 때에 욕설을 퍼붓는 것을 들은 적은 거의 없다.

그 새파란 불꽃이 돛대머리에서 타고 있었을 때, 꼼짝 못하고 주문에 묶인 것 같은 선원들에게서는 말소리가 거의 들리지 않았다. 앞갑판에 한데 모여 선 사람들의 눈은 전부 창백하고 희미한 빛속에 요원한 하늘의 성좌처럼 빛나고 있었다. 그 괴상한 빛 속에 떠오른 시커먼 흑인 대구는 실제 키보다 세 배나 커 보여 천둥이 오는 것은 이 검은 구름에서가 아닌가 하고 생각될 정도였다. 태슈테고의 벌린 입에서는 새하얀 상어 이빨이 보이고, 그것들도 불덩어리에 싸여 있는 것처럼 괴상하게 빛났다. 또한 퀴케그의 문신은 초자연의 광선에 비추어져서 그 몸의 표면에서 악마의 시퍼런 불꽃처럼 불타고 있었다.

그러나 이윽고 그 극적인 장면은 돛대머리의 창백한 불과 함께 약해져 가고 피쿼드 호와 그 갑판 위에 있던 전원은 다시 음산함 속에 휩싸였다. 잠시 후 스타벅은 뱃머리 쪽으로 걸어 나가다가 누군가와 부딪쳤다. 스텁이었다. "이봐, 이번엔 뭐라고 할 텐가. 자넨 울고 있었군. 노래와는 아주 딴판이던걸."

"아니, 아니, 그럴 리가 없소. 나는 성 엘모의 불이 제발 우리에게 자비를 내려주십사, 했을 뿐이오. 지금도 그렇게 바라고 있소. 그렇지만 그 불은 침울한 사람에게만 자비를 내리시나요? 그 불은 웃는 건 싫어하나요? 보시오, 스타벅, 또 어두워져서 볼 수 없군요. 그럼 들어 보시오. 나는 저 돛대 꼭대기의 불은 행운을 알리는 거라고 생각해요. 왜냐하면 저 세 돛대는 고래 기름으로 가득 차야 할 선창에 뿌리박고 있으니까 말요. 그래서 그 기름은 나무의 수액(樹液)처럼 돛대에 스며드는 거요. 그러면 세 개의 돛대는 이제부터 세 개의 고래 기름 촛불처럼 되는 거지요. 그러니 저건 우리가 아는 좋은 징조란 말이오."

그 순간 스타벅은 스텁의 얼굴이 어느 틈엔가 다시 엷은 빛을 받아 환해지는 것을 보았다. 그는 위를 보고 "보라, 보라!" 하고 외쳤다. 다시 끝이 뾰족한 불꽃이 높이 타고 있었는데 그 빛은 한층 더 초자연적인 창백함을 띠고 있었다.

"성 엘모의 불이 우리 모두에게 자비를 내리시길." 스텁이 다시 외쳤다.

큰 돛대에 달린 옛 금화와 불꽃 바로 아래 에이허브의 앞쪽으로 배화교도는 머리를 그에게서 돌려 숙인 채 무릎을 꿇고 앉아 있었다. 한편 그 가까이 아치형을 이루며 늘어진 삭구가 있는 곳에서는 조금 전까지 둥근 목재를 단단히 붙들어 매려던 선원들이 번쩍하는 빛에 붙들려서 모두 일시에 공중에 매달렸는데, 그 모양은 마치 과일나무의 늘어진 가지에 매달린 마비된 벌 떼 같았다. 그 밖의 다른 사람들은 섰기도 걷기도 달리기도 하는 헤르쿨라네움(베스비우스 화산의 분화로 매몰된 로마 시대의 도시)의 해골처럼 주문에 걸린 듯 갖가지 자세로 갑판에서 움직이지 않고 눈만을 하늘로 향하고 있었다.

"음, 음, 너희들!" 에이허브가 크게 소리쳤다. "저것을 보아 둬라. 잘 알아둬. 흰 불꽃은 고래에게로 가는 길을 비추고 있는 거다! 내게 저 큰 돛대의 피뢰침의 전도(傳導) 사슬을 다오. 나는 그 맥박소리를 듣고 싶다. 내 맥박을 거기에 대고 싶어. 자아, 피를 불에 대는 거다!"

그는 마지막 전도 사슬을 왼손에 단단히 움켜쥐면서 돌아보더니 그 한 다리를 배화교도 위에 올려놓고 눈을 부릅뜨고는 위를 보며, 오른팔을 높이 흔들고 가슴을 펴더니 하늘 높이 치솟는 끝이 셋으로 갈라진 불꽃을 마주하고 우뚝 섰다.

"오오, 맑은 불의 맑은 정령이여, 나는 전에도 바다에서 페르시아 사람(배화교도란 뜻)처럼 그대를 숭배했는데 그 숭배로 심히 그대에게 불태워져서 지금도 그 상처는 남아 있다. 이제야 나는 그대를 알았다. 맑은 정령이여, 그대를 올바르게 숭배하려면 그대에게 항거하는 수밖에 없다. 그대는 사랑에도 존경에도 움직이지 않는다. 증오에서조차도 모든 걸 죽이는 것밖에 모른다. 그러므로 모든 것은 그대에 의해 살해된다. 그대 앞에 서 있는 자는 아무 두려움도 모르는 바보가 아니다. 나는 불가사의하게 두루 퍼져 있는 그대의 위력은 인정한다. 그러나 그 힘이 나를 무조건 완전하게 누르려 한다면, 지진과도 같은 내 생명의 마지막 숨이 꺼질 때까지도 싸우겠다. 인격화된 비인격의 한복판에, 여기 인격이 서 있다. 고작 하나의 점에 불과하고 어디서 와서 어디로 가는지 알지 못하지만, 내가 이 지상에 있는 한 왕비 같은 높은 인격이 그 안에 살고 있어 존귀한 권리를 품고 있는 것이다. 그러나 싸움은 괴롭고 미움은 슬프다. 그대가 그대의 가장 저급한 사랑의 형태로 덤벼든다면 나는 무릎을 꿇고 그대에게 키스라도 하리라. 그러나 가장 고상한 힘으로 휘두른다면, 설사 그대가 넘치는 지고(至高)의 세계의 대군을 일으켜 밀고 온다 하더라도 여기서는 꿈쩍도 하지 않고 존재할 것이다. 오오, 맑은 정령이여, 그대는 그 불로 나를 만들었다. 그러므로 진실한 불의 자식답게 나는 그것을 그대에게 도로 불어 보낸다."

(갑자기 번갯불이 번쩍인다. 아홉 가닥의 불꽃은 길게 춤추며 지금까지 높이의 세 배나 솟아오른다. 에이허브는 다른 사람들처럼 눈을 감는다. 그의 오른손은 눈을 꽉 누르고 있다.)

"나는 그대의 불가사의하게 편재하는 힘의 위력은 인정한다고 하지 않았나? 그러나 나의 힘도 내게서 떨어져 나가지 않았고, 나는 그 고리를 떨어뜨리지도 않았다. 그대는 사람을 장님으로 만들 수는 있을 것이다. 그러나 나는 손으로 더듬을 수 있다. 그대는 태워버릴 수 있다. 그러나 나는 재가 될 수 있다. 이 불쌍한 눈과 덧문 대신이 되는 손의 항복을 받아들이는 게 좋을 거다. 나는 그러고 싶지 않다. 그대 번개 불빛의 광선이 나의 머리통을 뚫으니 나의 눈알은 몹시 아프고 나의 얻어맞은 두개골은 목이 잘려서 멍하니 땅 위를 굴러다니는 것 같다. 오오, 오오, 장님이 되면서도 여전히 그대와 이야기가 하고 싶다. 그대는 빛이겠지만 암흑에서 튀어나왔다. 그리고 나는 광명 속에서, 그대에게서 튀어나온 암흑이다. 불화살이 멈추었군. 눈을 뜨자. 보이는가 보이지 않는가? 아아, 불꽃이 타고 있다. 오오, 그대는 관대하군. 그래서 나는 나의 조상을 찬양한다. 그대는 나의 불 같은 아버지일 뿐이다. 나의 상냥한 어머니는 알지 못한다. 잔인하게도! 그대는 그녀를 어떻게 했나. 그것이 나의 의문이다. 그러나 그대에 대한 의문은 더 큰 것이다. 그대는 도대체 어디에서 왔는지도 알 수 없고, 그래서 태어난 것이 아니라고 일컬어 지고 있다. 아니, 시초도 알려져 있지 않고, 그래서 시초가 없는 사람이라고 일컬어 지고 있다. 오오, 전능한 자여. 더구나 그대는 그대에 대해서 알지 못하지만, 나는 나 자신에 대해 알고 있다. 맑은 정령이여, 그대의 저쪽에는 무언가 충만하지 않은 것이 있고, 그것에 비하면 그대의 영원은 때의 흐름에 지나지 않고 그대의 모든 창조는 이미 기계적인 것에 불과하다. 나의 타버린 눈이 그대를 통해, 그대의 불꽃인 몸을 통해서 희미하게나마 그것을 본다. 버려진 자식인 불이여, 나이를 알지 못하는 은자여, 그대도 그대 나름의 수수께끼를, 남에게 알려지지 않은 슬픔을 지니고 있다. 여기에 다시 나는 거만하게 고뇌하면서 나의 아버지를 이해한다. 뛰어라, 뛰어올라라. 그리고 하늘을 핥아라! 나도 그대와 함께 날고 함께 불타 기꺼이 그대와 융합하리라. 거역하면서도 나는 그대를 숭배하리라!"

"보트, 보트!" 스타벅이 외쳤다. "노인, 당신의 보트를 보시오."

퍼스의 불로 만들어진 에이허브의 작살은 보트의 눈에 잘 띄는 갈래에 단단히 붙들어 매어져 뱃머리에서 쑥 내밀어지도록 되어 있었다. 한편 보트의 바닥은 파도로 뚫려 있었기 때문에 느슨한 가죽 칼집은 벗겨져 떨어졌다. 그 예리한 칼날에서는 지금 옆으로 새파랗게 갈라진 불꽃이 흘러나오고 있었다. 그 작살이 소리도 없이 뱀의 혓바닥처럼 불타고 있는 것을 보면서 스타벅은 에이허브의 팔을 잡았다. "신께서, 신께서 당신을 나무라고 계시는 겁니다, 노인. 그만두십시오. 이것은 불길한 항해요. 시작도 나빴고 좋지 않은 일만 내내 계속되었소. 이제라도 활대를 돌려 이 바람을 고향으로 돌아가는 순풍으로 삼고 좋은 항해를 합시다."

스타벅의 이 말을 얼핏 듣자 두려움에 떨고 있던 선원들은 한 조각의 돛도 남아 있지 않은데도 불구하고 이내 돛줄로 달려갔다. 그 순간 항해사도 겁에 질려 그들과 같은 마음이 된 듯했다. 그들은 폭동을 일으킬 듯 소리를 질러 댔다. 그러나 에이허브는 피뢰침의 전도쇄를 갑판에 때려서 울리며 불꽃이 나고 있는 작살을 움켜쥐고 모든 사람들에게 횃불처럼 휘둘러 대며 밧줄의 매듭을 끄르는 놈은 당장 찔러 죽이겠다고 소리쳤다. 선원들은 그 모습에 몸을 움츠리고, 그보다도 그가 들고 있는 불꽃이 이는 칼날에 겁이 나서 허둥지둥 흩어져 달아났다. 에이허브는 다시 입을 열었다.

"흰고래를 잡겠다는 너희들의 맹세는 나의 맹세와 같이 묶여 있다. 그래서 이 늙은 에이허브의 심장도 영혼도 육체도 폐도 그리고 생명도 그 맹세에 매어져 있다. 자아, 이 심장이 얼마나 고동치고 있는지 알려주겠다. 이제 마지막 공포를 꺼버리겠다. 그는 단숨에 불을 껐다.

평야를 휩쓰는 태풍이 일 때 사람들이 외따로 서 있는 큰 느티나무로부터 달아나는 것은, 그 높이와 강함이 벼락의 목표가 되어 한층 더 위험하기 때문이다. 마찬가지로 이 에이허브의 마지막 말을 듣자 선원들은 놀라고 당황하여 그에게서 달아나 버렸다.

제120장
첫 불침번이 끝날 무렵의 갑판

(키 옆에 있는 에이허브, 다가가는 스타벅)

"선장님, 큰 돛대의 중간돛 활대를 내려야겠습니다. 당기는 밧줄이 느슨해져서 바람 불어가는 쪽의 밧줄이 많이 꼬이기 시작했습니다. 내릴까요, 선장님?"

"내리지 말아. 매어 두어. 만약 여기에 가로 돛의 기둥이 있다면 당장에 올리겠는걸."

"선장님……세상에!……선장님."

"뭔가?"

"닻이 걸렸습니다. 배에 올릴까요?"

"아무것도 내리지 마. 아무것도 움직이지 말고. 모두 매어 두어. 바람이 인다. 그러나 아직 나의 고원(高原)까지는 와 있지 않아. 빨리 거기로 가고 싶군……이 사나이는 하필이면 나를 연안 항로를 다니는 작은 배의 꼽추 선장쯤으로 생각하는 모양이군. 나의 큰 돛대의 중간돛 활대를 내린단 말인가! 허허, 이 아교 냄비 같은 놈! 우뚝 선 돛대 위의 돛대관은 맹렬한 바람을 위해서 있는 거란 말이다. 그리고 내 이 심장의 돛대관은 어지럽게 나는 구름 속에 돛을 달고 달리고 있는 거다. 저걸 내릴까요, 라니! 오오, 얼빠진 놈만이 폭풍 속에서 마음의 돛대관을 내리는 걸세. 오오, 천상의 어찌된 소란인가. 복통이 요란한 병이라 할 수 없다면 저건 그래도 점잖다고 해야겠군. 오오, 약을 잡수시오, 약을 드시오!"

제121장
깊은 밤—앞갑판의 방파벽

(스텁과 플래스크가 뱃전에 올라타고 매달린 닻에 밧줄을 덧붙이고 있다.)

"아니, 스텁, 그 밧줄 매듭이라면 좋을 대로 얼마든지 두들겨도 좋지만 자네가 지금 말한 걸 나에게 두드려 넣을 수는 없네. 그 정반대되는 말을 하고 며칠이나 지났나? 자네, 그렇게 말하지 않았던가? 에이허브 선장이 타는 배는 뒤에 화약통을 싣고 앞에서 성냥통을 산더미처럼 쌓아 올린 것과 같으니까 보험료 얼마를 더 지불해야 한다고 말일세. 안 그런가, 그렇게 말하지 않았나?"

"흠, 그렇게 말했는지도 모르지. 그게 어쨌다는 건가? 그런 일이 있은 뒤로 내 살은 얼마큼 바뀌어졌으니까 마음도 변하게 마련인걸. 게다가 분명히 앞에 화약통, 뒤에 성냥통을 쌓아 놓았다 해도 이렇게 흠뻑 젖은 가운데선 성냥에 어떻게 불을 붙인단 말인가. 안 그런가? 이봐, 자넨 약간 머리가 붉네만 그래도 불은 붙지 않을 걸세. 머리를 흔들어 보게나. 자네는 물병자리란 말일세. 플래스크, 자네의 옷에 칼라가 달린 데까지 물병이 가득 찼을 걸세. 그러니까 모르겠나? 위험이 많으면 그만큼 보험 회사는 틀림없이 별도의 보증을 하고 있는 걸세. 보게, 물마개는 얼마든지 있어, 플래스크. 하지만 좀더 듣게, 다른 것도 가르쳐 주겠네. 그 전에 내가 밧줄을 걸어야 할 테니까 자네 다리를 닻 꼭대기에서 치우게. 좋아, 듣게나. 도대체 폭풍이 심할 때 돛대의 피뢰침을 손으로 움켜쥐는 것과 피뢰침 따위는 아무것도 없는 돛대의 바로 옆에 서 있는 것과 어디 그렇게 큰 차이가 있다는 건가. 이 돌대가리야, 모르겠나. 피뢰침을 갖고 있다 하더라도 돛대에 벼락이 떨어지지 않으면 아무 해가 없지 않은가. 그러니까 우물쭈물하지 말란 말일세. 피뢰침을 갖고 있는 배는 백에 하나도 없단 말이야. 그러니까 에이허브는——아니,

자네나 우리 모두——내 하찮은 의견을 말한다면, 어느 정도 위험했느냐 하면, 지금 바다 위를 항해하고 있는 만 명 가량의 항해사들이 위험을 겪는 것과 같은 정도였단 말이다. 그런데 왕대공, 자네는 온 세계 누구나가 다 모자 귀퉁이에 조그마한 피뢰침을 마치 시민군 장교들의 깃털 장식처럼 삐쭉하게 달고 띠처럼 궁둥이에 질질 끌고 다녀야 한다는 거겠지. 플래스크, 좀 영리해지게나. 영리해진다는 건 아무것도 아닐세. 모르겠나, 눈을 반만 뜨고 있어도 얼마든지 영리해질 수 있는 걸세."

"모르겠는걸, 스텁. 그래도 가끔 난처할 때가 있지 않은가."

"그렇지, 온몸이 물에 함빡 젖으면 영리해질 수 없지. 정말이야. 그리고 난 이 물방울로 젖게 될 판이야. 그러나 좋네. 거기 있는 테를 붙잡아 돌리게. 우린 이 닻을 두 번 다시 쓰지 못할 만큼 붙잡아 매고 있는 것 같지 않은가. 이 두개의 닻을 묶게, 플래스크. 마치 등 뒤로 양손을 묶는 것 같군. 어쩌면 이렇게 크고 호기로운 손인가. 정말이야. 무쇠 같은 주먹이로군. 어쩌면 이렇게 주먹이 크단 말인가. 그런데 플래스크, 도대체 이 세계란 어디에다 닻을 내리고 있는 것일까? 만일 그렇다면 뭐라고 할 수 없을 만큼 긴 케이블을 매달고 있을 거야. 자아, 그 매듭을 때려 넣게. 그걸로 끝났네. 갑판으로 내리는 건 육지에 내리는 것 다음으로 즐거운 일이지. 이봐, 내 재킷 자락을 좀 짜주게나. 고맙네. 축 늘어진 옷을 입으면 자네가 웃을 테니까 말야, 플래스크. 말해 두지만 배에서는 폭풍으로 날씨가 나쁠 때에는 기다란 프록코트 같은 게 그만이지. 끝이 뾰족한 꼬리가 물을 흐르게 하는 데 아주 좋거든. 또 차양이 젖혀진 모자도 좋아. 그 끝이 처마에 달린 물받이 역할을 한단 말일세, 플래스크. 난 짧은 윗도리에 방수모 같은 건 질색이야. 프록코트를 갖춰 입어야지. 자아! 방수모 따윈 바다에 던져버렸네. 신이여, 하늘에서 불어오는 바람이 좀 심술궂습니다그려. 정말 날씨가 궂은 밤이군그래, 안 그런가?"

제122장
한밤중의 돛대 머리―천둥과 번개

(큰 돛대의 활대――태슈테고가 새로 밧줄을 감고 있다.)

"흠, 흠, 흠, 천둥이여, 그만두어라! 여기 올라오니 천둥소리가 너무 시끄럽군그래. 천둥 같은 게 무슨 소용이란 말인가? 흠, 흠, 흠 천둥 따윈 필요 없어. 럼주나 있었으면 좋겠다. 한잔 주게나. 흠, 흠, 흠."

제123장
머스킷 소총

 태풍이 가장 심하게 후려치고 있었을 때, 피쿼드 호의 고래 턱뼈로 만든 키자루를 잡고 있던 사람은 경련을 일으켜서 비틀거리며 갑판에 몇 번이나 나뒹굴었다. 키에는 보조 도르래가 달려 있었으나——키자루는 어느 정도 자유롭게 해둘 필요가 있었으므로——그 밧줄은 느슨해져 있었다.
 이 같은 폭풍우로 배가 질풍에 날아다니는 깃털공과 다를 바 없어지면 나침반의 바늘이 가끔 생각난 듯 빙글빙글 도는 것을 보게 되는데, 그건 결코 신기한 일이 아니다. 피쿼드 호의 나침반도 그랬다. 심한 충격을 받으면 대부분 바늘이 표시 눈금 위를 어지럽게 선회하는 게 키잡이 눈에 들어오는데 그것을 보는 사람치고 무언가 야릇한 감정에 사로잡히지 않는 사람은 거의 없다.
 자정이 조금 지났을 무렵 태풍은 현저하게 약해지고, 스텁과 스타벅의 맹렬한 수고——한 사람은 앞에서 또 한 사람은 뒤에서——에 의해서 너덜너덜해진 삼각돛이며 앞돛대와 중간 돛대의 가로 돛에서 잘라진 조각들은 돛대에서 떨어져 나와 바람이 불어가는 쪽의 바다 위로 떠내려갔다. 그것은 앨버트로스가 폭풍에 시달리며 날아갈 때에 흩어지는 날개의 깃털처럼 보였다.
 이에 대신하는 새로운 세 개의 돛이 새로 접어지고 날씨가 사나울 때 쓰이는 강한 돛이 그 뒤쪽에 달렸으므로 배는 다시 힘차게 물결을 헤치며 앞으로 나갔다. 진로는 현재 동남동——그것이 가능하다면 그쪽으로 방향을 잡으라고 키잡이에게 명령이 내려진 것이다. 왜냐하면 폭풍이 심했을 때 그는 다만 바람의 움직임에 따라서 배를 조종하고 있었기 때문이다. 그러나 지금 그는 가능한 한 배를 그 진로에 가까이하고 나침반을 지켜보았는데, 오오, 고맙게도 바람은 뒤쪽으로 돌아올 것 같았다. 역풍이 바뀌어 순풍이 된 것이다.
 지금까지 암담하게 보이던 앞길이 아주 빨리 희망적으로 바뀌었으므로 선

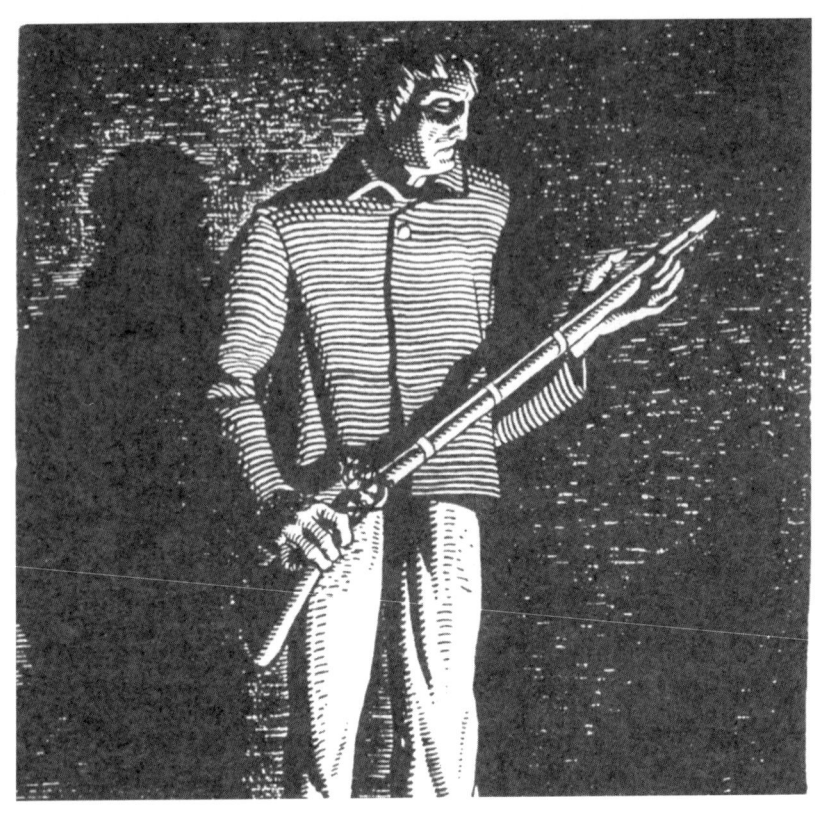

원들은 너무 기쁜 나머지 "호! 순풍이다! 오, 에, 호, 기운을 내자!" 하고 노래하고, 그 기운찬 노래와 더불어 활대는 즉시 직각이 되었다.

스타벅은 활대를 순풍에 맞추자, 가장 윗사람의 변함없는 명령, 다시 말해서 24시간 중 언제라도 갑판 위에 어떤 결정적인 변화가 일어나면 즉시 보고하라고 하는 데——내키지 않은 데다가 우울한 마음이 들기는 했지만——따르지 않을 수가 없어, 기계적으로 에이허브 선장에게로 내려가서 그 사태를 알렸다.

선장실의 문을 노크하려 할 때, 그는 자기도 모르게 그 앞에서 잠깐 걸음을 멈추었다. 방안의 등불은 좌우로 크게 흔들리며 자꾸만 밝아졌다 어두워졌다 하면서, 노인이 빗장을 질러 잠근 문——위쪽 나무판자 대신에 고정된 덧문을 끼워 넣은 얇은 문——위에 그림자를 드리우고 있었다. 땅 밑에 격리되어 있는 듯한 이 선장실은 바다와 하늘의 온갖 울부짖음에 둘러싸여 있으면서도 무언지 모르게 침묵의 신음소리 같은 것에 지배받고 있는 것 같았다. 총가(銃架)에는 총알을 잰 머스킷 총이 몇 자루 앞쪽 간막이 벽에 똑바로 기대어 세워진 채 번쩍번쩍 빛나고 있는 것이 보였다. 스타벅은 정직하고 성실한 사람이었다. 그러나 그 머스킷총을 본 순간 스타벅의 마음에서는 이상하게도 불순한 생각이 일어났다. 그러나 그와 동시에 중간적인 생각과 도덕적인 생각도 함께 섞였으므로, 잠시 동안 그는 그 생각을 깨닫지도 못했다.

"언젠가 그가 나를 쏘려 했겠다." 그가 중얼거렸다. "저 총은 그가 나를 겨누었던 머스킷총이다. 장식이 붙은 저 총자루, 바로 저것이다. 만져 보자, 들어올려 보자. 이상하군, 무시무시한 창을 언제나 휘둘러온 내가 지금 이렇게 떨리다니 이상한데. 총알이 들어 있나? 어디 보자. 그래, 그래, 화약 접시엔 화약이 들어 있구나, 좋지 않은 일인걸. 쏟아버리는 게 좋을까? 기다려. 바른 정신으로 돌아가야 해. 이 총을 단단히 움켜쥐면서 생각하는 거야. 나는 순풍을 보고하러 왔다. 그러나 어떤 순풍인가? 죽음과 지옥으로 가는 순풍, 그것이야말로 모비 딕에게는 순풍이다. 저 저주받은 큰 고래에게 있어서만은 그래야 마땅한 순풍이다. 이 총신(銃身)을 내게 돌렸던 것이다. 이 총신을, 이것을 내가 지금 움켜쥐고 있는 것이다. 내가 지금 손에 들고 있는 이것으로 그는 나를 죽이려 했다. 그뿐 아니라 그는 선원 모두를 죽이고 싶은 거다. 어떤 폭풍일지라도 돛을 내리지 않겠다고 말하지 않았던가. 고귀한 사분의를 집어던지지 않았던가? 그리고 다름 아닌 바로 이 위험천만한 바다를 틀리기 쉬운 측정기에 의한 맹목적인 계산으로 방황하지 않았나. 그리고 이 태풍 한복판에서 피뢰침 따위는 필요 없다고 지껄이지 않았나. 그래서 이같이 미친 늙은이가 모든 선원들을 지옥의 길동무로 삼으려는데 얌전하게 따라야 한단 말인가? 그렇다, 만일 이 배가 파멸의 구렁에 떨어진다면 그는 30여명을 고의로 죽인 사람이 된다. 그리고 단언하겠는데, 만약 저 에이허브에게 맡겨 놓는다면 이 배는 파멸의 구렁으로 빠지고 만다. 그렇다면 이 순간에 그가 제거된다면 그는 그 죄를 범하지 않고 끝나게 되는 것이다. 하! 잠꼬대를 하고 있는 건가. 바로 저기서 자고 있다. 자고 있다고? 그렇다, 그는 살아 있고 곧 눈을 뜰 것이다. 그러면 노인이여, 나는 당신에게는 대항할 수가 없소. 이유를 말해도 충고를 해도 탄원해도 당신은 듣지 않소. 모든

것을 경멸해 버리고 마오. 일단 명령을 내리면 어김없이 복종하라. 이것만이 당신이 원하는 일이오. 그렇다, 선원들은 모두 자기와 똑같이 맹세했다는 것이다. 우리가 모두 에이허브라는 것이다. 오, 신이여, 끔찍한 일입니다! 그렇다면 다른 방법은 없는가. 규칙에 어긋나지 않는 방법은? 그를 붙잡아서 고향으로 돌려보낸다고? 뭐라고? 그 늙은이의 힘센 팔에서 그 생명력을 비틀어 짜내기를 바라는가? 그런 걸 생각하는 건 어리석은 자들뿐이다. 붙들어 매었다고 해봐라. 온 몸을 밧줄이며 동아줄로 꽁꽁 묶어서 이 선장실 마룻바닥의 고리 달린 볼트에 쇠사슬로 매놓는다 해도 그는 우리에 갇힌 호랑이보다도 더 사납고 무서울 것이다. 내게는 볼 용기도 나지 않을 것이다. 울부짖는 목소리에서 도망칠 수도 없을 것이다. 견디기 어려운 그 오랜 항해 중에 나의 평화, 잠, 고귀한 이성 같은 것은 모두 없어져버리고 말 것이다. 그럼 어떻게 하면 좋은가. 육지는 몇 백 리그나 멀고, 가장 가까운 일본은 외국과의 통상을 금하고 있다. 나는 여기 혼자서 대해 속에 서 있고 나와 법률 사이에는 두 대양과 대륙 하나가 가로놓여 있다. 흠, 흠, 그렇고말고. 살인을 하려는 자에게 벼락이 그 잠자리에 떨어져서 시트도 피부도 모조리 태워버렸다 해서 하늘을 살인자라고 할 수 있을까. 내가 살인자가 될까, 만약——" 천천히, 살그머니, 곁눈질을 하면서 그는 탄환이 들어 있는 머스킷 총구를 벽으로 향했다.

"이만한 높이에서 에이허브의 해먹이 안에서 흔들리고 있고, 머리는 이쪽이다. 손가락을 움직이기만 하면 스타벅은 살아서 다시 아내며 아이들을 안을 수 있다. 아아, 메리, 내 아내여, 오오, 내 아들아! 그러나 노인이 죽지 않고 눈을 뜬다면 스타벅의 몸은 다른 모든 사람들과 함께 다음 주 지금이면 어느 바다도 알 수 없는 깊은 바다 속에 가라앉아 있을지도 모른다. 위대한 신이시여, 어디에 계십니까. 할까? 해 버릴까? 선장, 바람이 잔잔해지고 방향이 바뀌었소. 앞돛대와 중간 돛대의 횡범은 좁혀서 달았소. 배는 예정된 진로를 취하고 있소."

"뒤쪽으로! 오오, 모비 딕, 드디어 네놈의 심장을 잡았다!"

그 소리는, 스타벅의 목소리가 길고 묵묵한 꿈을 자극하여 말하게 한 듯이, 노인의 괴로운 잠 속에서 울려 퍼지고 있었다.

여전히 총은 겨누어진 채로 술 취한 사람의 팔처럼 문틀에 닿아 떨고 있었

다. 스타벅은 천사와 싸움을 벌이고 있는 듯했다. 그러나 문에서 돌아서자 죽음의 파이프를 도로 총가에 놓고 그 자리를 떠났다.

"너무 잘 자고 있어, 스텁. 자네가 내려가 깨워주게나. 난 이 갑판에서 할 일이 있네. 보고할 일은 알고 있겠지?"

제124장
나침반의 바늘

이튿날 아침, 아직 완전히 잔잔해지지 않은 바다는 큰 기복을 이루며 길고 천천히 물결치고, 소란하게 울리는 피쿼드 호가 지나간 자리에 바싹 다가와 활짝 편 거인의 손바닥처럼 배를 뒤에서 밀어대고 있었다. 강한 바람이 곧바로 불어 닥쳤기 때문에 하늘과 대기는 배가 잔뜩 나온 돛처럼 되고, 온 세계는 바람에 날려서 웅웅 소리를 내고 있었다. 태양은 넘치는 아침 햇살 속에 숨어서 다만 태양이 있는 곳 주위에 퍼져 있는 햇빛의 강렬함으로 그 위치를 알 수 있을 뿐이고, 그 총검과 같은 광선은 다발을 이루며 쏟아지고 있었다. 만물의 왕관을 쓴 바빌론의 왕과 왕비처럼 찬란한 빛이 온 세상을 지배하고 있었다. 바다는 도가니 속에서 녹은 황금처럼 빛과 열로 거품을 일으키며 춤추고 있었다.

에이허브는 사람들에게서 홀로 떨어져서 홀린 것처럼 오래도록 침묵을 지키고 있었다. 흔들거리며 나아가는 배가 그 뱃머리를 조심스럽게 굽히고 기울일 때마다 그는 앞쪽에서 태양 광선이 생겨나는 것을 확인했고, 또한 배가 고물을 낮출 때에는 뒤를 돌아보며 태양의 빛이 가는 곳을 보면서 그 똑같은 노란 광선이 똑바로 뻗은 뱃자리와 서로 녹아드는 것을 지켜보았다.

"핫핫, 나의 배여! 마치 태양의 바다 전차처럼 보이는구나. 여어이, 나의 뱃머리 앞쪽에 있는 만국민이여! 나는 태양을 그대들이 있는 곳으로 실어 가리라. 저쪽으로 가는 큰 파도와 함께 되렴. 자아 마차여, 바다 위를 달리자!"

그러나 갑자기 무언가 마음에 걸리는 일이 생긴 듯 그는 서둘러 키 있는 곳으로 가서 쉰 목소리로 배의 진로에 대해서 물었다.

"동남동이오, 선장님." 키잡이는 놀라서 말했다.

"거짓말 말아!" 주먹을 굳게 쥐고 키잡이를 때렸다. "아침 이 시각에 동

쪽을 향하고 있으면서 어떻게 태양이 고물에 있단 말인가?"

이 말을 들었을 때 모든 사람들은 당황했다. 왜냐하면 지금 에이허브가 확인한 현상이 어떻게 된 영문인지 아무도 깨닫지 못했기 때문이다. 아마도 너무나 바보스러울 만큼 명료했던 것이 그 원인인 것 같았다.

에이허브는 머리를 나침반 상자에 절반이나 들이밀고 바늘을 들여다보았다. 쳐들고 있던 팔은 힘없이 툭 꺾이고 순간 그는 거의 비틀거리는 것처럼 보였다. 그 뒤에는 스타벅이 서서 바라보고 있었는데, 오오! 두 개의 바늘은 동쪽을 가리키나 피쿼드 호는 틀림없이 서쪽으로 달리고 있었다.

그러나 그 최초의 놀람의 파도가 배의 모든 선원들에게 퍼져가기 전에 노인은 불굴의 미소를 지으며 외쳤다. "알았어! 전에도 이런 일은 있었어. 스타벅, 어젯밤 우레가 바늘을 거꾸로 돌게 했어. 그것뿐이야. 자네도 이런 일을 들어 본 일이 있겠지?"

"네. 그렇지만 내 배에서 그런 일이 일어난 적은 없었소, 선장님." 항해사는 파랗게 질린 얼굴로 걱정스레 말했다.

여기서 말해 두어야겠는데 폭풍이 심할 때에는 이와 흡사한 사고가 종종 일어난다. 나침반의 바늘에 축적되어 있는 자력은 사람들이 알고 있듯이 본질적으로는 하늘에서 볼 수 있는 전력과 같은 것이다. 그러니까 이런 일이 있다 해도 괴상하게 생각할 것은 없다. 벼락이 실제로 배를 때리고 돛대며 삭구를 파괴할 경우에 나침반에 미치는 영향은 때때로 더욱 치명적이 된다. 천연 자석의 힘은 무(無)로 돌아가고 일찍이 자력을 지닌 강철이었던 것은 노파의 뜨개바늘과 같이 무력한 것이 되어 버리고 만다. 그러나 어쨌든 바늘은 자기의 힘으로는 한번 손상되어 잃어버린 가능을 돌이킬 수는 없다. 그리고 만일 나침반이 고장을 일으켰다면, 배 안에 있는 다른 모든 것들에게도 같은 운명이 찾아들고 안쪽 용골에 박힌 맨 밑바닥이라 할지라도 예외가 될 수는 없다.

　노인은 침착하게 나침반 상자 앞에 서서 반대 방향을 가리키는 바늘을 바라본 후 내민 손의 가장자리의 선으로 태양의 정확한 위치를 알아내고 그에 의해 바늘이 정확하게 반대를 가리키고 있는 것을 확인하고 나서 큰 소리로 배의 진로를 변경하라는 명령을 내렸다. 활대는 높이 올려졌다. 피쿼드 호는 그 대담무쌍한 뱃머리를 역풍으로 돌렸다. 순풍이라고 생각되었던 것은 그들을 속이고 있었을 뿐이다.

　그 사이 스타벅은 내심으로는 무엇을 생각했던지 아무 말도 하지 않고 다만 필요한 명령을 내리고 있을 뿐이었다. 한편 스텁과 플래스크도 그때는 스타벅과 얼마만큼 감정을 함께 하고 있었던 것 같았는데, 역시 아무 말하지 않고 명령에 따르고 있었다. 선원들의 에이허브에 대한 두려움은 운명에 대한 두려움보다도 컸다. 그러나 여느 때와 같이 이교도 작살잡이들은 전혀 마음의 동요가 없었다. 설사 동요가 있었다 해도 그것은 굽힐 줄 모르는 에이허브로부터의 어떠한 자력이 그들의 마음을 향해서 작용했기 때문이리라.

　잠시 동안 노인은 흔들거리면서 생각에 잠겨 갑판을 걷고 있었다. 그때 문득 고래뼈 다리가 미끄러졌을 때 전날 갑판에 내던졌던 부서진 사분의의 놋쇠 관측관이 눈에 띄었다.

　"이 보잘것없고 오만한 하늘 관측자여, 태양의 뱃길 안내자여! 어제는 내가 네놈을 때려 부수고, 오늘은 또 나침반이란 놈이 나를 때려 부수려고 했단 말이다. 흠, 흠, 그러나 에이허브는 말이다, 조준(照準)의 자철(磁鐵) 따윈 마음대로 할 수 있단 말이다. 스타벅, 자루를 뺀 창과 망치 그리고 돛을 꿰매는 가장 작은 바늘을 빨리 가져다주게!"

　그렇게 하겠다는 충동에는 아마도 어떤 신중한 동기가 결부되어 있었을 터이지만, 그 목적은 나침반 바늘이 거꾸로 돼 버린 이상한 사태에 그의 묘기라 할 만한 것을 발휘해 보임으로써 선원의 사기를 회복시키는 데 있었을 것이다. 게다가 바늘이 뒤집힌 나침반으로 키를 조종한다는 것은 좀 서투르

긴 해도 못할 것은 없었으나 그런 짓을 하면 미신을 믿는 선원들에게 공포나 흥조를 느끼게 하리라는 것을 노인은 잘 알고 있었다.

"모두들." 그는 항해사에게서 주문한 물건들을 받아들자, 선원들 쪽을 똑바로 돌아보며 말했다. "모두들, 벼락이 에이허브의 바늘을 비틀거리게 하고 말았지만 에이허브는 이 쇳조각으로 올바르게 가리키는 내 바늘을 만들어 낼 수 있단 말이야."

이 말을 들었을 때 선원들은 항복했습니다, 놀랐는데요, 하는 것처럼 눈을 치뜨고 서로 쳐다보았다. 그리고 나서 매혹된 눈길로 어떤 마술이 시작될 것인가 하고 고대했다. 그러나 스타벅은 외면을 하고 있었다.

에이허브는 망치로 일격을 가해 창의 강철 머리 부분을 두드려 끊어낸 후, 남은 긴 철봉을 항해사에게 건네어 주고 그것을 갑판에 닿지 않도록 똑바로 세워서 받쳐 들게 했다. 그런 다음 망치로 몇 번 그 철봉의 윗 끝부분을 두드린 다음 그 끝에 굵고 짧은 바늘을 거꾸로 올려, 항해사에게는 여전히 그 철봉을 들고 있게 한 채 힘을 좀 약하게 해서 몇 번이고 두드렸다. 그리고 그 바늘에 대해 무언가 이상한 주술을 외고 나서——강철에 자성을 주는 데 필요했는지 다만 선원들의 외경감을 한층 더하게 하려는 생각에서였는지 분명치 않았으나——아마사 실을 가져오라고 했다. 그리고 나서 나침반 상자 쪽으로 가서 두 바늘을 뽑아내고, 돛을 꿰매는 바늘의 한가운데를 내부의 나침반 위에 수평이 되도록 매달았다. 처음에 그 강철 바늘은 양끝을 진동시키면서 빙글빙글 회전하더니 나중에는 그 위치에 고정되었다. 에이허브는 지금까지의 결과가 어떠한가 열심히 주목하고 있더니 주저없이 나침반 상자 있는 데서 떠나 손을 뻗쳐 그쪽을 가리키며 외쳤다. "모두들 보라, 자기 눈으로 똑똑히 보란 말야. 에이허브가 조준의 자철 같은 것을 뜻대로 할 수 있었는가 없었는가를. 태양은 동쪽이다. 저 바늘이 그것을 가리키고 있다!"

모든 사람들은 한 사람씩 들여다보았다. 그들의 눈만이 그들의 무지(無知)를 깨닫게 할 수 있었다. 그리고 한 사람씩 살금살금 물러났.

에이허브는 그 눈에 멸시와 승리의 불을 태우며 치명적인 오만에 가득 차서 서 있었다.

제125장
측정기와 측정선

숙명의 피쿼드 호가 바다에 뜬 이후 이미 오랜 시간이 지났으나 측정기와 측정선은 전혀 사용되지 않았다. 배의 위치를 결정하는 데는 따로 믿을 만한 방법도 있기 때문에 일부의 상선과 대부분의 포경선은 특히 순항 중에는 측정기를 바다에 넣는 일이 전혀 없다. 그러나 이따금 형식을 갖추기 위해서 석판 위에 규칙적으로 배의 진로와 한 시간마다의 배의 평균 속도를 추정한 것을 기입하곤 했다. 피쿼드 호도 이런 식이었다. 나무로 만든 자새와 거기 붙여진 네모난 측정기는 오랫동안 손으로 만져지지 않은 채로 고물의 뱃전 난간 바로 밑에 매달려 있었다. 비와 물보라가 그것을 적시고 태양과 바람이 그것을 말라비틀어지게 했다. 자연의 온갖 요소들이 한데 뭉쳐 그토록 쓸모없이 매달려 있는 것을 썩히려 한 것 같았다. 그러나 여태까지 그런 것엔 전혀 주의도 기울이지 않던 에이허브가 자석에 대한 일이 있고 나서 몇 시간 뒤, 우연히 자새가 눈에 띄었을 때 마음이 움직여 그의 사분의가 이미 없다는 것과 측정기와 측정선에 대해 그가 선언한 것들을 생각해 냈다. 배는 지금 덜컹덜컹 돌진하고 고물에는 큰 파도가 요란스럽게 날뛰고 있었다.

"앞갑판에 있는 선원, 이봐! 측정기를 던져라!"

두 선원이 달려왔다. 황금빛 피부의 타히티 섬 사람과 머리가 반백인 맨 섬 사람이었다. "둘 중 누구든 자새를 들어라. 내가 던지겠다."

그들은 바람이 닿지 않는 쪽에 있는 고물 끝으로 갔는데 그쪽의 갑판은 비스듬히 불어오는 바람의 힘을 받아 흰 거품을 일으키며 비스듬히 달리는 파도 속에 거의 가라앉을 것처럼 보였다.

맨 섬의 선원이 자새를 들고 끈이 둘둘 감긴 굴대의 쑥 나온 손잡이를 높이 쳐들어 모가 난 측정기를 아래로 늘어뜨리고 서 있는 곳으로 에이허브가 다가왔다.

에이허브는 그의 앞에 서서 가벼운 손짓으로 감긴 것을 30, 40번 가량 풀고 바다에 던질 생각으로 손에 감아 쥐었는데 그때 늙은 맨 섬사람이 유심히 그와 끈을 지켜보다가 단호하게 말했다.

"선장님, 걱정인데요. 이 끈은 매우 나빠졌습죠. 오랫동안 뜨거웠다 젖었다 해서 상해 있습니다."

"늙은이, 견딜 수 있을 거야. 오랫동안 뜨거웠다 젖었다 해서 자넨 못 쓰게 되었는가? 자네는 견디고 있잖아. 아니 자네가 견디는 게 아니라 목숨이 자네를 잡고 있다는 것이 맞겠군."

"내가 잡고 있는 것은 자새 굴대입죠, 선장님. 그러나 바로 말씀하시는 그대롭니다. 나같이 머리가 허옇게 되면 말다툼을 해도 소용없습죠. 특히 상대가 패배를 모르는 윗사람이고 보면 말입죠."

"뭐라고? 이건 참, 자넨 화강암으로 지은 자연대학의 누더기 박사군그래. 하지만 자넨 좀 지나치게 아첨하는 것 같군. 자네 어디 태생인가?"

"맨(아일랜드 해에 있는 작은 섬) 섬이라는 바위투성이의 작은 섬입죠."

"멋있군! 자넨 세상에 한 방 먹였군그래."

"무슨 뜻인지…… 거기서 태어났을 뿐입죠."

"맨 섬이라고 했나? 다른 얘기야. 여기 맨 섬에서 온 사람이 있지. 그자는 옛날에 독립했었던 맨(인간) 섬, 지금은 인간도 살지 않는 맨(인간) 섬에서 태어났어. 지금은 빨려 들어가고 말았어. 누구에게냐고? 자새를 쳐들어! 결국은 눈 멀고 죽은 벽(壁)이 사물을 생각하는 머리를 부딪는 거야. 높이 들어! 좋아."

측정기는 바다에 던져졌다. 끈은 순식간에 풀려 나가 배 뒤쪽에 길게 끌리며 당겨졌다. 그러나 갑자기 자새가 선회하기 시작했다. 끌리면서도 저항하는 것처럼 측정기는 넘실대는 큰 파도에 의해서 차례로 올라갔다 내려갔다 했기 때문에 자새를 들고 있는 노인은 묘한 모습으로 비틀거렸다.

"단단히 잡아!"

툭! 너무 강하게 당겨졌던 끈이 느슨해져서 긴 꽃줄처럼 되는 바람에 뒤에서 당기던 측정기가 떨어져 나갔다.

"내가 사분의를 부수고, 우뢰가 나침반 바늘을 거꾸로 돌리고 이번에는 미친 바다가 측정선을 끊었다. 그러나 이 에이허브는 뭐든지 수선한다. 타히티 사람이여, 그 끈을 당겨라, 맨 섬 사람이여, 감아라. 그리고 말이다, 목수에게 측정기를 하나 더 만들라고 해. 끈은 자네가 고치게, 알겠나? 그렇게 하게."

"저놈이 걸어오는구나. 저놈에게는 아무 일도 일어나지 않은 모양이지. 그러나 내겐 세계의 축(軸)의 꼬챙이가 빠진 것과 마찬가지야. 이봐 타히티 사람, 당겨 당겨! 이 끈이 나갈 때는 잘도 풀리면서 세게 달리더니 돌아올 때에는 끊어지고 느릿느릿 끌리는군. 하, 핍인가? 도우러 왔나, 핍?"

"핍? 누굴 보고 핍이라는 겁니까? 핍은 포경 보트에서 바다로 뛰어들었어요. 핍은 없어요. 낚시꾼이여, 저기서 핍을 낚아 올리지 않았나요? 단단히 당기는군. 저놈이 붙잡은 모양이오. 타히티 사람, 홱 잡아당겨, 그리고 두드려라. 비겁한 놈은 여기에 들여놓을 수 없지. 저 봐! 저놈의 팔이 물을 헤쳐오고 있어. 도끼, 도끼! 끈을 잘라야 해. 비겁한 자는 여기에는 들여놓을 수 없어. 에이허브 선장, 선장! 보시오. 핍이 다시 또 배에 올라오려고 합니다."

"입 다물어, 미친 바보야." 맨 섬의 사나이는 그의 팔을 잡고 외쳤다. "뒷갑판에는 오지 마라!"

"큰 바보가 작은 바보를 나무라고 있군그래." 에이허브는 중얼거린 뒤 앞으로 나아갔다. "그 거룩한 사람에게서 손을 떼라! 이봐, 핍이 어디에 있다고 했나?"

"고물, 고물에요! 보세요, 저 보세요!"

"그런데 아, 자네는 누군가. 그대의 흐리멍덩한 눈동자엔 내 모습이 비치지 않는구나. 오, 신이여! 사람은 불사의 영혼을 체에 밭인 것이어야 합니까? 소년아, 그대는 누군가?"

"시종입니다, 선장님. 배의 신호수(信號手)예요. 딩, 동, 딩! 핍, 핍, 핍! 핍을 찾으면 그 보수는 흙 백 파운드입니다. 키는 5피트, 비겁한 얼굴. 그것으로 대뜸 알 수 있어요. 딩! 동! 딩! 누가 비겁한 핍 놈을 보지 않았나요?"

"설선(雪線 : 눈이 사철 녹지 않는 부분과 녹는 부분과의 경계선)에는 인정을 아는 심장이란 있을 수 없는 거야. 오오, 얼어붙은 하늘이여, 이곳을 내려다보라. 그대 도락자인 조물주여, 그대는 이 불행한 아이를 낳고, 그리고 버렸다. 소년아, 이제부터 에이허브가

 살아있는 한 에이허브의 선실은 핍이 사는 곳이 되는 거다. 소년아, 그대는 내 심금을 울리는구나. 그대는 내 마음의 실로 짠 끈으로 나와 매어진 것이다. 자아, 선실로 내려가자."

 "이게 뭐죠? 벨벳 상어 가죽." 소년은 에이허브의 손을 찬찬히 들여다보며 어루만졌다. "아아, 저 핍이 이런 부드러운 것을 만졌다면 없어지진 않았을 거예요. 선장님, 이건 맨로프(사다리 옆의 붙잡고 오르내리는 밧줄) 같군요. 약한 사람이 이걸 잡으면 좋겠어요. 아아, 선장님. 퍼스 영감을 불러다 이 검은 손과 흰 손을 징으로 박아 주세요, 난 이걸 놓고 싶지 않아요."

 "오오, 소년아, 나도 여기보다도 더 무서운 곳으로 끌고 들어가는 것이 아니라면 너를 놓고 싶진 않아. 자아, 선실로 오너라. 여어이, 그대들 신께 모든 선이 있고 인간에게 악이 있다고 믿는 자들이여, 보라, 전지전능하신 신은 번뇌하는 인간을 까맣게 잊고, 자기가 하는 일도 모르는 백치 같은 인간의 사랑과 감사에 넘쳐 있는 것을. 이리 오너라! 그대의 검은 손을 끌고 가는 것은 황제의 손을 끌고 가는 것보다도 자랑스럽다."

"미치광이 둘이 가는구나." 맨 섬의 늙은이는 낮은 목소리로 말했다. "한 미치광이는 강하고 또 한 미치광이는 약하군. 그런데 자아, 썩은 밧줄도 이젠 끝이군그래. 흠뻑 젖었는걸. 수선을 하라고? 전부 새로운 놈으로 바꾸면 되지 않는가. 스텁에게 의논해야 겠다."

제126장
구명부표

지금 피쿼드 호는 에이허브의 바늘로 만든 조준으로 남동쪽으로 방향을 정하고, 그 진행속도는 에이허브의 측정기와 측정선으로 결정하고 적도를 향해 달리고 있었다. 배라곤 전혀 보지 못하는 인적이 끊어진 해역이었다. 얼마 되지 않아 옆에서 불어온 변함없는 무역풍을 받으면서 잔잔하고 단조로운 물결 위로 오랫동안 항해를 계속했는데, 이것은 어떤 광란의 참사를 예견하는 이상한 정적처럼 느껴졌다.

드디어 배가 적도 어장의 외곽부라 할 만한 곳에 접근하여 새벽 전의 캄캄한 어둠 속을 일군의 암초를 스치며 나아가고 있을 때 불침번은——이때 지휘는 플래스크가 하고 있었다——한 외침소리에 놀랐다. 그 소리는 매우 슬프고 황량하고 다른 세상의 것 같아서 마치 헤롯 왕에게 살해된 어린아이들의 망령이 부르짖는, 의미를 알 수 없는 통곡소리와 같았다. 그래서 그들은 모두들 몽상에서 깨어난 자세 그대로 로마 노예의 조각상처럼 서거나 앉거나 기대어 흘러나오는 소리를 귀담아 들었다. 기독교도, 즉 문명인인 선원들은 그것이 인어라며 부르르 떨었다. 그러나 이교도인 작살잡이들은 공포의 빛 하나 보이지 않았다. 그러나 선원 중 가장 늙은 맨 섬의 사나이는 그 괴상하게 소름 끼치는 외침소리를 듣자 새로 바다에 빠진 사람들의 소리라고 단언했다.

밑의 해먹에서 잠들어 있던 에이허브는 새벽녘에 갑판으로 나올 때까지도 이런 것을 알지 못했다. 플래스크가 무서운 미신을 섞어가며 그에게 이에 대해 보고하자 그는 껄껄 웃고 그 괴이함에 대해서 설명했다.

배가 스치고 지나간 암초의 무리는 바다표범이 큰 무리를 이루어 모여 사는 곳으로 어미를 잃은 어린 바다표범이나 새끼를 잃은 어미 짐승들이 배 가까이에 떠올라 따라오면서 사람을 닮은 그 특유의 목소리로 울부짖거나 흐

느꼈음에 틀림없다고. 이런 설명은 일부 선원들에게는 한층 더 충격을 주었다. 그것은 뱃사람들의 대부분이 바다표범에 대해 매우 미신적인 생각을 갖고 있기 때문이다. 그것은 그 바다표범이 슬퍼할 때 내는 소리가 특이할 뿐만 아니라, 뱃전의 파도 사이에 떠서 이쪽을 올려다볼 때의 그 둥근 머리와, 어쩐지 지혜가 있는 것처럼 보이기도 하는 얼굴 표정이 사람의 모습과 비슷하기 때문이었다. 바다에서는 그런 상황 때문에 바다표범이 사람과 혼동되는 일이 그렇게 드물지 않았다.

선원들이 느낀 흥조는 그날 아침 그들의 한 동료에게 떨어진 운명에 의해서 무엇보다도 확실하게 입증되었다. 그 사나이는 해돋이와 함께 해먹에서 나와 앞돛대 꼭대기로 올라갔다. 그는 아직 잠에서 덜 깨어 있었는지(가끔 선원들은 반은 잠든 상태로 올라간다), 이 사나이가 언제나 그런 상태였는지 전혀 알 수 없으나 아무튼 그가 돛대 꼭대기에 올라가서 불과 얼마 되기도 전에 부르짖음, 아니 부르짖음과 바람처럼 지나가는 울림이 들려 선원들이 올려다보니 공중에서 떨어지는 그림자가 보였고, 잠시 후 내려다본 짙푸른 해면에 흰 거품이 조금 떠올라 물결치고 있었다.

고물에 교묘하게 장치된 스프링에 언제나 명령을 기다리며 매달려 있던 구명부표——길고 가는 통——가 던져졌으나, 솟아올라 그것을 잡는 손은 없었다. 오랫동안 내려쬔 태양빛으로 통은 바싹 말라 있는 데다 곧 천천히 물이 들어차기 시작했고 또 햇볕에 말라있던 목재도 그 구멍마다 물을 빨아들이기 시작했다. 그래서 쇠테를 징으로 박은 통은 좀 딱딱하긴 하겠지만 그의 베개 대신으로 쓰이려는 듯 선원의 뒤를 따라 물속으로 가라앉아 갔다.

이리하여 흰고래가 있는 곳과 바로 가까운 해면에서 그 흰고래를 찾으려고 맨 처음으로 피쿼드 호의 돛대 꼭대기에 올라간 사람은 깊은 바다 속에 널름 삼켜져 버렸다. 그러나 그때 이런 일을 깊이 생각한 사람은 아마도 거의 없었다. 그뿐 아니라 그들은 어쩐지 이 사건을 흥조로 슬퍼하지 않았다. 그들은 그것을 미래의 흉사의 징조라고 보지 않고 이전에 예고되어 있던 언짢은 일이 끝났다고 보았기 때문이다. 그들은 어젯밤에 들렸던 끔찍한 부르짖음의 의미를 알았다고 주장하였다. 그러나 맨 섬의 사나이만은 이번에도 그렇지 않다고 말했다.

잃어버린 구명부표를 보충하지 않으면 안 되었다. 스타벅이 그 일을 명령받았다. 그러나 소용될 만큼 가벼운 통은 눈에 뜨이지 않았고 또 선원들은 모두 이 항해에서 가장 중요한 장면에 근접하고 있다는 느낌 때문에 열광 상태가 되어, 그것이 무엇이건 간에 그 마지막 장면에 직접 관계가 있는 일 외에는 아무것도 할 마음이 없어져 있었다. 결국 그들은 고물에 부표를 달지 않은 채 가려고 했으나 마지막에 퀴케그가 괴상한 손짓이며 얼굴로 희미하게 자신의 관(棺)을 암시했다.

"관으로 만든 구명 부표라니!" 스타벅은 깜짝 놀라 외쳤다.

"좀은 근사하군 그래. 그렇지 않은가?" 스텁은 말했다.

"훌륭한 게 되긴 될 걸세" 플래스크도 말했다. "목수가 쉽게 만들어 줄 거야."

"가져와, 다른 건 없으니." 스타벅이 잠시 어두운 표정을 보인 뒤에 말했다. "만들어 주게, 목수. 이봐, 내 얼굴을 그렇게 보지 말게, 관으로 만들란 말야. 알아들었나? 자아, 어서 만들게."

"항해사 양반, 뚜껑에 못질을 할까요?" 목수는 망치를 든 것처럼 손을 흔들었다.

"그래."

"그리고 뱃밥으로 새는 걸 막을까요?" 뱃밥을 틀어막는 끌을 들고 있는 것처럼 그는 손을 움직였다.

"그래."

"그리고 이걸 역청으로 온통 칠할까요?" 그는 다시 역청 단지를 들고 있는 것처럼 손짓했다.

"에이 귀찮군! 무엇에 들려서 지껄이는 건가? 그저 관으로 구명부표를 만들어 주기만 하면 되는 거야. 스텁, 플래스크, 함께 이리로 가세."

"화가 나서 가버렸군. 큰 일엔 참으면서도 사소한 부분에선 주저한단 말이야. 그러나 난 이런 일은 싫어. 내가 에이허브 선장에게 다리를 만들어 주었더니 신사처럼 걸었어. 퀴케그에게 얇은 상자를 만들어 주었더니 도무지 거기에 머리를 넣으려고 하지 않더군. 내가 그 관을 만든 것은 정말 헛수고였나? 그리고 이번에는 그것으로 구명부표를 만들어 달라고 명령받았어. 이건 헌 코트를 뒤집으란 것과 같잖은가. 난 이런 수선목수 같은 건 싫어, 질색이야. 너무 조잡해. 내가 할 일이 아니야. 고치는 일은 수선장이에게 시키란 말야. 난 훨씬 훌륭해. 내가 손대고 싶은 건 그저 흠 없는 처녀같이 정직하고 빈틈없는 어엿한 일이란 말이야. 처음은 처음 시작답고 중간쯤엔 중간답고 마지막에는 깨끗하게 끝나게 되는 그런 거란 말야. 그런데 수선장이가 하는 일이란 중간쯤에서 끝나나 하면 끝이 시작되거나 한단 말이야. 수선하는 일 따위는 늙은 할멈들이 하는 일이지. 오오, 신이여! 할멈들은 수선장이를 아주 좋아하지. 나는 예순 다섯 살 난 할멈이 대머리가 벗겨진 젊은 수선장이와 눈이 맞아 달아난 걸 알고 있어. 그러니까 난 육지인 비니어드에서 가게를 열고 있었을 때에도 의지할 곳 없는 과부 할멈의 일은 받지 않았단 말야. 쓸쓸한 김에 나와 함께 달아나자는 망측한 생각을 하지 않는다고도 할 수 없으니까 말야. 그렇지만 보란 말야. 바다엔 머리에 쓰는 수건 같은 건 있을 리 없어. 있는 건 흰 파도의 수건뿐이지. 그런데 뚜껑은 못질을 하고 틈 사이에는 뱃밥을 틀어막고 온통 역청을 칠하고, 단단히 나무를 대고 죄어서 스프링 갈고리로 고물에 매달란 말인가. 관에 대고 그런 짓을 한 놈이 여태까지 있었단 말인가. 만일 미신가인 늙은 목수였다면 그런 짓을 하기 전에 밧줄로 매달아 달라고 할 거야. 그러나 나는 애루스툭(북아메리카의 메인 주에 있는 군)의 솔송나무처럼 옹이투성이의 억센 사나이란 말야. 끄떡도 하지 않지. 말엉덩이의 밀치끈처럼 통을 맨단 말인가! 무덤 도구를 매달고 항해한단 말인가, 그러나 신경 쓰지 않겠어. 목수란 관이며 관 받침대도 만들고, 혼례에 쓰는 침대도, 카드놀이 하는 받침대도 만든단 말야. 우리는 다달이 일하는 거야. 아니 일 나름으로, 돈벌이 나름으로 일하는 거야. 어떤 이유로 무엇을 위해 일 하는가 하는 건 우리에게 묻지 마. 일이, 물론 너무 심하게 고쳐야 할 일이라면 그때는 될 수 있으면 그만두는 거지. 그래 이 일은 얌전하게 하자. 그런데 잠깐 기다려. 배의 선원들은 모두 몇 사람이었나? 허, 참 잊었구나. 아무튼 터번 모자 같은 매듭이 있는 밧줄 서른 개를 각각 3피트 길이로 사방에서 관에 늘어뜨리자. 만일 배가 가라앉으면 30명의 산 사나이가 단 하나밖에 없는 관을 향해 다투게 되지. 이 세상에선 볼 수 없는 장관일 거다! 자, 망치다. 뱃밥을 틀어막을 끌이다. 역청 단지다. 밧줄 꿰는 바늘이다! 자, 어서 하자."

제127장
갑판

(관은 바이스 벤치와 열려 있는 승강구 사이의 두 밧줄통 위에 놓였다. 목수는 그 틈 사이에 뱃밥을 차곡차곡 틀어막고 있었다. 그의 작업복 가슴 근처에 달린 커다란 다발에서 천천히 뱃밥으로 끈이 풀려 나가고 있었다. 에이허브는 선장실 입구에서 천천히 걸어 나오면서 뒤따라오는 핍의 소리를 듣는다.)

"돌아가라, 애야. 나도 곧 돌아갈게. 가는군! 손도 저 아이처럼 고분고분 내 마음대로 움직이지 않는군. 교회의 가운데 통로라니, 이건 뭐야?"
"선장님, 구명부표입니다. 스타벅 씨의 명령입죠. 아, 조심하십쇼. 그곳은 승강구입니다."
"미안하군. 그런데 자네의 관은 무덤 구멍에 꼭 들어맞겠어."
"네? 승강구에 말입니까? 아하, 그렇군요. 딱 들어맞습니다."
"자넨 다리를 만든 사나이가 아닌가. 이봐. 이 의족은 자네네 가게에서 만든 게 아닌가?"
"선장님, 그런 것 같습니다. 쇠고리는 잘 견딥니까?"
"훌륭해, 그런데 자네는 장의사라도 하는 게 아닌가?"
"네네, 선장님. 이 물건은 퀴퀘그의 관인 줄 알고 만들었습죠. 그런데 이번에는 또 딴 것으로 바꾸라는군요."
"그렇다면 말일세, 그렇게 어떤 날은 다리를 만들고 그 이튿날에는 그것을 두드려 관을 만들고 그리고 또 그 관에서 구명부표를 만들어 낸다니, 자넨 그야말로 지나치게 탐욕스럽고 주제넘고 건방지고 신도 두려워하지 않는 악당이로군. 자넨 신들처럼 제멋대로이고 그리고 뭐든지 참견하는 놈이군."
"그러나 내게는 아무런 생각도 없습니다. 그저 이렇게 하고 있을 뿐이랍

니다."

"그게 신이야. 잘 듣게나, 자넨 관을 만들 때 언제나 노래를 부르지 않나? 내가 듣기엔 거인족도 화산의 분화구를 파면서 노래했다고 하고, 연극에서 무덤을 파는 인부도 삽질을 하면서 노래하더군. 자넨 노래 부르지 않는단 말인가?"

"노래 말입니까, 선장님? 내가 노래한다구요? 난 그런 건 조금도 재미없어요. 무덤 파는 사람들이 노래를 하는 건 놈들의 삽에 노래가 없기 때문이죠. 그러나 뱃밥을 틀어막는 건 노래로 가득 차 있어요. 들어 보십쇼."

"흠, 그것은 뚜껑이 울림판이 되어 있기 때문일 테지. 그런데 모든 울림판이 생기는 건 그 밑에 아무것도 없기 때문일세. 더구나 관만은 속에 시체를 넣어도 역시 꽤 잘 울린단 말야. 목수, 자넨 관 받침대를 짊어지는 걸 도와서 그 관이 무덤에 들어갈 때에 어귀의 문에 부딪치는 걸 들은 적이 있겠지?"

"오오, 신이여. 선장님, 저는……"

"신이여? 무슨 신 말인가?"

"아니, 선장님. 그건 그저 감탄할 때에 말하는 겁니다."

"흠, 그래, 다음을 말하게."

"선장님, 내가 말하려고 하던 건 그……"

"아니 자넨 누엔가? 자네 몸에서 실을 뽑아내서 자신의 수의를 짜는 건가? 자네 가슴을 보게. 빨리 해치워 버려. 그 물건은 눈에 거슬린단 말일세."

"고물로 갔군. 너무 갑작스러웠어. 하지만 열대에서 폭풍은 느닷없이 닥치지. 갈라파고스 군도(남아메리카 에콰도르에 있는 여러 섬) 가운데의 앨버말리 섬은 바로 그 한복판을 적도가 지나고 있다더군. 내겐 저 늙은이 속으로도 적도 같은 게 뚫고 가는 걸로 보인단 말야. 언제나 적도 바로 밑에 있단 말이야, 불처럼 뜨겁지 않은가. 이쪽을 보고 있군. 자아, 뱃밥이다, 서둘러야지. 일을 시작하자. 이 나무망치는 코르크이고 나는 글라스 하모니카 연주 명인이란 말야, 탭, 탭!"

(에이허브, 혼잣말을 한다.)

"굉장한 볼거리군!. 저 소리는 또 어떻고!! 잿빛 머리의 딱따구리가 속이 텅 빈 나무를 두드리고 있다! 이렇게 되면 장님이나 벙어리가 부러울 정도군그래. 보라! 저 물건은 밧줄이 가득 차 있는 두 밧줄통에 놓여 있다. 저것이야말로 세상에서 다시없는 성질 나쁜 광대 놈이란 말야. 쾅쾅! 이렇게 해서 인간의 시간은 지나간다. 오오, 어쩌면 만물은 이렇게 공허한가! 측량할 수 없는 사고 외에 무엇이 실재하는가? 지금 여긴 엄한 죽음의 무서운 상징이 우연히 위험에 떨어진 생명의 구원과 희망의 표시가 되어 있다. 관으로 만든 구명부표! 아니 좀더 깊은 의미가 있다. 정신적인 의미에서 관은 결국 불멸성의 보존자인가! 나는 그것에 대해 생각하리라. 그러나 아니야. 나는 지구의 어두운 면에 너무나도 깊이 들어갔기 때문에 다른 면, 곧 이론적인 밝은 면이란 불확실한 어스름으로밖에 생각되지 않는군. 목수여, 자네는 이 저주받은 소리를 멈출 수 없는가? 나는 아래로 내려가겠다. 다시 돌아왔을 땐 저걸 보이지 않게 해 달라. 자아, 핍, 여기에 대해 이야기 좀 하자꾸나. 나는 네게서 가장 기막힌 철학을 습득한다. 저 미지의 세계가 그대에게로 흘러들어가고 있음에 틀림없다!"

제128장
피쿼드 호, 레이첼 호를 만나다

얼마 뒤 레이첼 호라는 커다란 배가 똑바로 피쿼드 호를 향해서 다가오는 것이 보였는데 모든 돛의 활대에는 사람들이 가득 매달려 있었다. 그때 피쿼드 호는 쾌속으로 달리고 있었다. 그런데 그 배가 돛을 펴고 바람 불어오는 쪽에서 접근하더니 팽팽하게 당긴 돛을 모두 걷어 버렸기 때문에 그것은 바람 빠진 풍선처럼 축 늘어지고 선체에서는 온갖 생기가 사라져 버린 듯했다.

"나쁜 소식이다. 언짢은 소식을 갖고 온 거야." 맨 섬의 늙은이는 혼잣말을 했다. 그러나 저쪽 선장이 확성나팔을 입에 대고 보트에 서서 말을 걸기 전에 벌써 에이허브의 목소리는 빠르게 울려나갔다.

"흰고래를 보았소?"

"그렇소, 어제 보았소. 표류하는 포경 보트를 보았소?"

치밀어 오르는 기쁨을 누르면서 에이허브는 그 뜻하지 않은 질문에 보지 못했다고 답했다. 그러고서 상대의 배에 오르고 싶다는 빛을 표시했는데 그때 상대방의 선장이 배를 멈추고 뱃전을 내려오는 것이 보였다. 잠시 노를 힘껏 저은 뒤 그의 보트의 갈고리 장대를 피쿼드의 큰돛대의 용총줄로 붙들어 매고 그는 갑판으로 뛰어올랐다. 그 즉시 에이허브는 그가 안면 있는 낸터킷 사람임을 알아챘다. 틀에 박힌 인사 같은 건 교환하지 않았다.

"어디 있었소? 살아 있었구려! 아직 살아 있었단 말이오!" 에이허브는 앞으로 나가면서 외쳤다. "어떻게 지냈소?"

이야기하는 걸 들으니 그 전날 오후 늦게 그 배의 보트 세 척이 고래 떼를 상대해서 모선으로부터 사오 마일이나 떨어져 바람이 불어오는 쪽을 향해 급히 쫓고 있었을 때 갑자기 모비 딕의 흰 혹과 머리가 푸른 수면에 떠올라 왔다. 그것은 바람이 불어가는 쪽과 꽤 가까운 지점이었다. 그래서 의장된 제4번 보트, 곧 보조보트가 모비딕을 쫓기 위해 즉각 내려졌다. 뒤에서 부는 바람을 받고 무섭게 달린 끝에 이 넷째 보트——가장 쾌속이었다——는 작살을 던지는 데 성공한 것 같았다. 적어도 본선의 돛대 꼭대기에서 봤을 때는 그랬다. 그는 아득한 해면에 조그마한 하나의 점처럼 보트를 보았는데, 흰 거품이 이는 물이 한 번 번쩍하자마자 그 뒤에는 아무것도 보이지 않게 되었다. 그래서 추측되기로는 작살을 맞은 고래가 흔히 추격하는 자를 끌고 가듯 멀리 달리기 시작한다는 정도였다. 그때 조금은 걱정이 되었으나 아직 공포에 휩쓸릴 것까지는 못 되었다. 돌아오라는 신호가 돛대 위에서 보내졌다. 어둠이 밀려왔다. 저 멀리 바람이 불어오는 쪽에 있는 세 척의 보트를 이와 정반대의 방향에 있는 네 번째 보트를 찾으러 가기 전에 건져 올려야 했으므로, 모선은 그 네 번째 보트를 자정 때까지 운명에 맡기는 수밖에 없었을 뿐 아니라 거기서부터 더욱 멀리 떨어지지 않으면 안 되었다. 그러나 다른 보트의 선원들이 무사히 모선에 오르자 보조돛에 보조돛을 겹쳐서 달고, 길 잃은 보트를 쫓아 기름솥에 불을 때서 봉화 대신으로 삼고 두 사람 중 한 사람은 돛대 꼭대기의 망을 보게 했다. 그러나 행방불명이 된 보트를 마지막 보았다고 생각되는 지점까지 충분한 거리를 달려 배를 멈추고, 예비 보트를 여러 척 내려 주위를 돌아다니게 했으나 그래도 보이지 않았으므로 다시 급히 달리다가 멈춰 또 보트를 내리고 하기를 동이 틀 때까지 계속했다. 그러나 잃어버린 보트는 그림자조차 보이지 않았다.

상대편 선장은 이런 이야기를 한 뒤에 곧 그가 피쿼드 호에 온 목적을 고백하기 시작했다. 그것은 그의 보트를 찾는 일에 협력해 주기 바란다는 것으로 사오 마일 간격을 두고 평행으로 달려, 말하자면 시계를 넓혀 수색 범위를 두 배로 하자는 것이었다.

"난 무엇을 걸어도 좋아." 스텁은 플래스크에게 속삭였다. "그 길 잃은 보트에 탄 누군가가 선장의 단벌옷인 윗옷을 입고 갔든가, 아니면 시계를 갖고 갔는지도 모르지. 그래서 그걸 몹시 되찾고 싶은 모양이야. 당당한 포경선이 두 척이나 있으면 다른 방법도 있을 텐데 말야. 포경기가 한창인 지금 길 잃은 보트 한 척을 쫓아다닌다는 말은 들어 본 적도 없어. 보라고 플래스크, 얼굴이 무척 창백하잖아. 눈알까지 창백한걸? 이건 아무래도 윗옷 정도가 아닌데, 어쩌면……"

"아들이오, 아들이 보트에 있소. 신께 맹세코 부탁이오. 이렇게 손을 합장

하오." 이때 그 선장은 지금까지 다만 냉연하게 탄원을 듣고 있던 에이허브를 향해서 부르짖었다. "48시간만 당신의 배를 빌려 주시오, 대가는 기꺼이 충분히 지불하겠소. 다른 어떤 방도도 없다고 하더라도 말요. 48시간만. 단지 그것만, 부디, 부디, 아니, 무슨 일이 있더라도 해주셔야겠소."

"아들인가!" 스텁도 외쳤다. "오오, 아들이 행방불명이란 말이지. 나는 윗도리와 시계라고 한 말을 취소하겠네. 에이허브는 뭐라고 하나? 우리들은 아들을 찾아야 해."

"그 앤 어젯밤 다른 사람들과 함께 물에 빠졌는걸." 그들 뒤에 선 맨 섬의 늙은이가 말했다. "나는 들었지, 자네들도 그들의 유령소리를 들었을 텐데."

그러나 곧 알게 된 일이지만 이 레이첼 호의 참사를 한층 더 우울하게 한 일이 있었다. 그것은 선장의 한 아들이 행방불명이 된 보트에 타고 있었을 뿐 아니라, 그와 동시에 다른 방향에서 펼쳐진 무서운 추적의 파란 속에 모선에서 멀리 떨어진 다른 보트에 또 한 아들이 있었던 것이다. 그러므로 잠시 동안 그 불행한 아버지는 무엇보다도 잔인한 번민의 밑바닥에 빠졌다. 다만 그 상황에서 빠져나간 것은 그의 1등 항해사가 본능적으로 이와 같은 위기에 처했을 때에 포경선이 취하는 평소의 관습——즉 보트들이 제각기 떨어져 위기에 빠졌을 때는 항상 많은 사람 쪽부터 구출해낸다——을 취한 일이었다. 그러나 선장은 무언가 심각한 이유가 있었는지는 몰랐으나 이런 모든 사정에 대해 이야기하려 하지 않았다. 그러나 에이허브가 너무 냉담하기 때문에 거기에 밀려서 드디어 또 한 아들도 행방불명이 되어 있다는 것을 털어놓았다. 겨우 열 두 살 난 소년이었다. 선장은 진지하지만 가차 없는 엄격함을 지닌 낸터킷 사람다운 부성애에 의거해서, 태고적부터 한 종족의 운명이라고도 할 만한 천직에 대한 위험과 경이를 알려 주려고 생각했던 것이다. 아니 낸터킷의 선장들에게 그런 어린 자식을 자기의 품안에서 내보내 삼 사 년이란 긴 기간 동안 다른 사람의 배에 태우는 일은 그리 신기한 일은 아니었다. 그것은 아버지로서는 당연한 잘못된 편애나 지나친 염려나 관심에 의해서 그 아이의 포경자로서의 생애의 첫걸음이 나약해질 것을 두려워하기 때문이었다.

그런데 지금 그 선장은 불쌍하게도 에이허브의 은혜를 구하고 있었다. 한편 에이허브는 대장간의 모루처럼 서서 온갖 충격을 받으면서도 꿈쩍도 하지 않았다.

"당신이 승낙해 주실 때까지는" 선장이 말했다. "난 가지 않겠소. 똑같은 입장에 놓였을 때 당신이 내게 부탁하고 싶은 그대로 내게 해주시오. 에이허브 선장, 당신도 아들이 있소. 아직 매우 어린아이여서 지금은 집에서 무사히 자라고 있겠지만, 늘그막에 낳은 아들 말이오. 아아, 그렇소, 당신의 마음이 움직였소. 내게는 그것이 보이오. 자아 여러분, 달리시오, 달려요. 활대를 직각으로 준비!"

"가 주시오." 에이허브는 외쳤다. "밧줄 하나라도 손대지 마라." 그의 목소리는 한 마디 한 마디를 씹는 것처럼 흘러 나왔다. "가디너 선장, 거절하겠소. 지금의 이 시간도 잃고 있는 것이오. 잘 가시오, 안녕히. 신의 가호가 그대에게 내리시길. 내멋대로의 행동을 용서하기로 하고 나는 가야 하오. 스텁, 나침반 상자의 시계를 보게나. 지금 이 시각부터 3분 이내에 다른 배의 사람은 모두 쫓아내도록 하게. 그리고 활대를 전진 방향으로 돌리고 지금까지의 진로를 계속하는 거다."

얼굴을 돌리면서 급히 몸을 돌려 선장실로 내려갔다. 뒤에 남겨진 선장은 그의 진심에서 우러나온 탄원이 이토록 여지없이 거부된 데 대해 망연자실하여 서 있었다. 그러나 곧 주문에서 깨어나자 가디너 선장은 잠자코 뱃전을 걸어서 그의 보트에 올라탔다기보다는 굴러 떨어져서 그의 배로 돌아갔다.

곧 두 배는 항해 방향을 교차시켰다. 저쪽 배는 오랫동안 보였는데 바다가 검게 보이는 곳에서는 뱃머리를 이리저리 돌리고 있었다. 그 돛의 활대는 한 쪽 또는 다른 쪽으로 흔들렸고 배는 우현과 좌현으로 목을 돌리며 밀려오는 파도를 헤치고 나아가는가 하면 곧 그 파도에 밀리면서 달렸다. 그동안 줄곧 그 돛대며 활대에는 사람이 가득히 매달려서 마치 세 그루의 높은 앵두나무 사이에 아이들이 매달려서 앵두를 따고 있는 것처럼 보였다.

더욱이 지금도 그 배는 그 자리에서 떠나지 않고 슬픈 듯 방황하고 있는 것을 보면 저토록 눈물을 흘리면서도 아직도 위안을 받지 못했다는 것을 알 수 있었다. 그 배는 잃어버린 아이들 때문에 우는 바로 그 레이첼 호였다.

제129장
선장실

(에이허브, 갑판으로 나가려고 몸을 움직인다. 핍은 그 손을 잡고 뒤따른다.)

"애야, 애야. 이젠 이 에이허브를 따라와서는 안 된다. 드디어 때는 가까웠는데 이 에이허브는 너를 그놈에게서 달아나게 하고 싶지도 않고 그렇다고 해서 너를 그놈에게 맡기고 싶지도 않다. 불쌍한 아이야, 네 속엔 무언지 모르게 나의 병을 고쳐주는 것이 있다. 비슷한 것끼리는 서로 고치게 마련이다. 이 고래잡이 사냥에서는 내 질병이 내가 가장 바라는 건강이 되었구나. 네가 아래의 이곳에 있으면 모든 사람이 네가 선장인 듯이 너를 대할 것이다. 그래, 애야. 너는 나사못으로 못 박은 나의 이 의자에 앉아 있거라. 너는 또 하나의 나사못이 되는 거다."

"아니, 아니, 아니에요! 선장님, 당신의 몸은 완전하지 못해요! 나의 보잘것없는 몸을 부러진 다리 대신 써주세요. 나를 밟으면 돼요. 선장님, 부탁은 이것뿐이에요. 나를 당신의 일부분으로 삼아 주세요."

"오오, 이 말을 들으니 세상에 백만 명의 악한이 있다 해도 나는 인간의 불멸의 성실성에 대한 열렬한 신자가 되어야겠다. 게다가 검둥이 미치광이! 그러나 비슷한 사람끼리 비슷한 사람을 고친다는 건 들어맞는다. 이 놈은 마치 다시 제정신으로 돌아온 것 같구나."

"선장님, 난 들었는데요. 스텁이 언젠가 불쌍한 핍 소년을 버렸는데요, 빠져 죽은 그의 뼈는 눈처럼 하얗게 되어 있더래요, 그놈이 살았을 때의 피부는 새까맸는데 말예요. 그렇지만 선장님, 스텁은 그놈을 버렸으나 난 당신을 버리지 않아요. 함께 가겠어요."

"만일 네가 그렇게 이야기를 계속하면 이 에이허브의 몸속의 일념도 망쳐지고 말 것 같구나. 아니, 네게 말해 두겠지만 그럴 수는 없다!"

"아아, 친절하신 나리님, 선장님!"

"울어라, 울어. 죽여 줄테다! 조심해라, 에이허브도 역시 미치광이란 말이다. 귀를 기울여라, 그러면 나의 고래뼈 다리가 갑판에서 따깍따깍 울리는 소리가 들리고 내가 아직 거기에 있는 줄 알 것이다. 자아, 잘 있거라. 악수하자, 좋아, 애야, 너는 중심에 대한 원둘레처럼 진실하구나. 좋아, 신의 가호가 항상 네게 내리시길. 그리고 그때가 오면……신께서 어떤 일이 일어나도 항상 너를 구원해 주시기를."

(에이허브 나간다. 핍 한걸음 앞으로 나간다.)

"지금 그는 여기에 서 있었어. 난 그 몸이 서 있던 자리에 있다, 그렇지만 나는 홀로 있다. 그 하찮은 핍이라도 이곳에 있다면 퍽 도움이 되겠는데, 그놈은 없어져 버렸어. 핍, 핍! 딩! 동, 딩! 누가 핍을 보았나? 이 근처에 있을지도 모른다. 문을 열어 보라. 아니? 자물쇠도 열쇠도 빗장도 없단 말인가? 그런데도 열리지 않는단 말야. 주문이 걸려 있는 게 틀림없어. 저 사람은 여기 꼼짝 말고 있으라고 했어. 그래, 그리고 나사못으로 못 박아 놓은 이 의자가 내 것이라 했다. 그럼, 자아, 나는 앉겠다. 고물의 가름대에 등을 돌리고 배 한복판에 용골과 세 개의 돛대를 주욱 둘러보며, 늙은 뱃사람들이 이르기를 74문 포(砲)의 시커먼 군함의 테이블에 대제독들이 버티고 앉아서 함장이며 사관들을 주욱 늘어세우고 굽실거리게 한다. 하! 이건 뭔가. 견장(肩章)이다, 견장이다! 견장이 밀치고 젖히면서 이리로 오는군. 술병을 돌리시오. 만나 뵈어서 기쁩니다. 자아, 철철 넘게 따르시오. 제관들! 저런 검둥이 소년이 금레이스를 잔뜩 단 윗도리를 입은 백인을 대접하는 건 좀 이상히 여겨지는군. 제관들, 핍이란 놈을 보셨나요? 조그만 검둥이 소년이오. 키가 5피트, 천한 생김새, 그리고 겁쟁이예요! 언젠가 포경선으로 뛰어들었는데, 보셨나요? 못 보았다고요? 그럼 좋소. 함장님들, 잔을 채워서 온갖 비겁자에게 치욕 있으라고 건배합시다. 일일이 이름을 들 수는 없군요. 그들에게 치욕 있으라! 테이블에 한쪽 발을 놓으시오. 온갖 비겁한 자들에게 치욕 있으라, 쉿! 위에서 고래뼈가 울리는구나. 오오, 나리님! 선장님! 당신이 머리 위를 걸어 다니시면 내 마음은 우울해집니다. 그러나 나는 이 고물이 바위에 부딪쳐 깨어져서 굴조개가 내게 달라붙더라도 여기에 머무르겠습니다."

제130장
모자

　에이허브는 이리하여 여태까지의 오랜, 그리고 넓은 대항해에 의해서 다른 모든 고래어장을 돌아다닌 끝에 바야흐로 절호의 때와 장소에서 그의 원수를 바다의 한 곳으로 몰아넣고 기어코 죽여야 할 순간에 이르렀다. 또 와보니 그곳은 그가 처참한 상처를 입은 적이 있는 그 위도와 경도에 가까운 지점이라는 것을 알게 되었다. 또 불과 하루 전에 실제로 모비 딕을 만났다는 배와 말을 주고받았으며, 더구나 그때까지 부딪쳤던 여러 배에서 들은 이야기를 종합하여 판단하건대, 그 흰고래는 그를 쫓는 자들――죄가 그들에게 있었는지 고래 자신에게 있었는지는 별도로 하고――을 악마처럼 무자비하게 대했다는 점에서는 모두 일치하고 있었다. 이때 이 노인의 눈길 속에는 무언가 마음 약한 사람은 똑바로 볼 수 없을 듯한 빛이 번쩍이고 있었다. 지는 일이 없는 북극성이 길고 긴 극지의 6개월의 밤 동안 그 어둠을 꿰뚫을 듯한 집중된 눈길을 변함없이 보내듯이 에이허브의 일념도 지금 우울한 선원들의 심야와 같은 마음속을 쏘아보고 있었다. 그것은 그들을 제압하고 있었으므로 그들의 예감, 의혹, 우려, 공포 등은 그 마음속 깊은 곳으로 달아나 숨어버려, 그 싹이나 잎조차도 내밀려 하지 않았다.
　이 암시적인 시간의 흐름 속에 모든 유머는 일부러 만들어낸 것이건 자연히 흘러나온 것이건 간에 사라져버리고 말았다. 스텁은 웃음을 지으려 애쓸 필요가 없었다. 스타벅은 더이상 웃는 얼굴을 억제하려고 애쓸 필요가 없었다. 마찬가지로 기쁨, 슬픔, 희망, 두려움도, 이제 에이허브의 강철 같은 영혼의 절구에 갈아져서 극히 고운 가루가 된 듯했다. 모든 사람은 기계처럼 묵묵히 갑판을 돌아다니면서 끊임없이 노인의 폭군적인 눈빛을 몸 위로 의식하고 있었다.
　그러나 만약 그 혼자만의 비밀의 시간에, 그가 단 한 사람의 눈빛 외에는

누구의 눈빛도 받고 있지 않다는 것을 생각하고 있을 때 충분히 검토했다면, 그 에이허브의 눈이 선원들을 두렵게 했던 것과 마찬가지로 괴상망측한 배화교도의 눈빛이 에이허브를 두렵게 하고 때로는 무언가 이상한 형태로 그에게 영향을 미치고 있었음을 알 것이다. 그런 이상야릇한 기색이 페들러의 여윈 몸을 감싸기 시작하고 또 그치지 않는 심한 전율이 그를 사로잡았기 때문에 사람들은 그를 수상히 여기며 바라보았다. 도대체 그는 육체를 갖고 있는 생명체인지, 아니면 무언가 눈에 보이지 않는 존재가 갑판에 던지는 그림자의 떨림인지 알 수 없었다. 그러나 그 그림자는 끊임없이 거기서 꿈틀거리고 있었다. 한밤이 되어도 페들러가 잠을 자러 아래로 내려가는 것을 똑똑히 본 사람이 없었다. 몇 시간이고 가만히 선 채 앉지도 않고 기대서지도 않고, 창백하고 불가사의한 눈은 분명히 말하고 있었다. 우리 두 사람의 불침번은 휴식하는 일이 없다고.

그리고 밤이건 낮이건 선원들이 갑판으로 올라가 있을 때면 에이허브는 그 앞에 늘 나가 있었다. 예의 회전 구멍에 똑바로 서 있든가, 변함없는 두 지점, 곧 큰돛대와 뒷돛대 사이의 갑판을 규칙적으로 왔다 갔다 하든가, 그렇지 않으면 선장실 승강구에 온전한 다리를 갑판에 지금 금방 내디딘 듯한 모습으로 내놓고 서 있든가 했다. 그의 모자는 눈 위에 묵직하게 내려와 있었다. 그러니까 아무리 움직이지 않고 똑바로 서 있었다 해도, 또 아무리 낮이나 밤이나 해먹에 몸을 던지고 눕는 일이 없었다 해도 누구 한 사람 그의 눈이 그 늘어진 모자의 그늘에 숨어서 가끔 감겨져 있었는지 아니면 무섭게 늘 눈을 부릅뜨고 있었는지를 자신 있게 말할 수는 없었다. 또 꼬박 한 시간이나 승강구에 꼼짝도 하지 않고 서 있어서 어느 틈엔가 밤의 습기가 석상처럼 윗도리나 모자에 이슬방울이 되어 모이더라도 마음을 쓰는 것 같지 않았다. 밤에 적신 옷은 다음날의 햇빛에 쬐어서 말리며, 낮에 또 낮이 이어지고 밤에 또 밤이 이어져서, 그는 이미 갑판으로 내려가지 않고 선장실의 무언가가 필요할 때에만 누군가를 가지러 보내는 것이었다.

식사도 거기에서 했다. 식사라 해도 두 끼, 아침과 점심뿐이었고 저녁 식사는 전혀 손도 대지 않았다. 수염도 깎지 않았으므로 모두 거무스름하게 자라 서로 엉켜 마치 바람에 불리어 뽑힌 나무뿌리가 우듬지의 푸른 잎이 다 말라 버린 뒤에도 땅에 떨어진 채 자라나 있는 것 같았다. 이제 그의 모든 생활은 갑판에서 망보는 일 단 한 가지였다. 한편 배화교도의 신비스런 망보기도 똑같이 계속되고 있었다. 이 두 사람은 드문드문 별로 중요하지 않은 이야기를 나눌 때가 아니면 거의 말이 없었다. 굉장히 힘 있는 주술이 남모르게 은밀히 두 사람을 붙들어 매고 있음에 틀림없었으나 겉 보기에는, 또 무서워하고 있는 선원들에게는 정반대에 있는 양극처럼 보였다. 만일 문득 아주 별거 아닌 말이라도 낮에 무언가 한 마디라도 주고받았으면 밤에 두 사람은 벙어리가 되었다. 때로는 오랫동안 한 마디도 서로 말을 걸지 않고 별빛 아래서, 에이허브는 승강구에, 배화교도는 큰 돛대 주위에 멀찍감치 떨어져 선 채 서로 뚫어지게 응시하면서 짐작컨대 에이허브는 배화교도에게서 자신이 던진 그림자를, 배화교도는 에이허브에게 자신이 벗어 버린 본체를 서로 지켜보고 있는 듯했다.

어쨌든 에이허브는 날마다, 시간마다, 순간마다, 지휘자로서의 본질을 그 부하들 앞에 계시함에 따라 에이허브는 독자적인 왕처럼 보이는 반면에 배화교도는 그의 종속자로 밖에는 보이지 않았다. 그래도 역시 두 사람은 하나의 멍에에 매여져 눈에 보이지 않는 폭군이 그들을 몰아세워 여윈 그림자와 건장한 몸이 나란히 서서 달리고 있는 것처럼 보였다. 배화교도가 그 무엇이라 해도 건장한 에이허브야말로 줄기를 이루는 실체였다.

새벽녘의 희미한 빛이 어른거리기 시작했을 무렵 에이허브의 강철 같은 목소리가 고물에서 울려 나왔다. "돛대 꼭대기에 올라가라!" 그런 뒤에는 해가 지고 황혼의 빛도 사라져버릴 때까지 온종일 같은 목소리가 매시간 키잡이가 치는 종이 울릴 때마다 퍼져 나렸다. "아무것도 보이지 않나? 조심하라, 정신 차려!"

그러나 아이들을 찾는 레이첼 호를 만난 뒤 삼사 일이 지났으나 한 줄기의 물뿜기도 보이지 않았으므로 이 고집불통의 노인은 그의 선원, 적어도 이교도인 작살잡이를 제외한 거의 모든 선원들의 충성을 신용하지 않는 것 같았다. 그가 그토록 간절히 찾는 광경을 스텁이나 플래스크가 일부러 못 본 체하여 놓치고 있지나 않나 의심하기조차 하는 것 같았다. 그러나 설사 그런 의혹을 품고 있었다 해도 그 몸짓에 넌지시 암시됐을지는 몰라도 현명하게도 입 밖에 내어 그런 말을 하지는 않았다.

"내가 제일 먼저 고래를 발견하겠다." 에이허브는 말했다. "그렇고 말고, 에이허브가 금화를 차지하는 거다!" 그리고 한 선원에게 바퀴가 하나 달린 도르래를 가지고 큰돛대 꼭대기에 올라가게 하고, 자기는 도르래를 통해 늘어뜨려진 두 가닥의 밧줄 끝을 잡았다. 그런 다음 한쪽 밧줄은 손수 밧줄로 만든 새둥지 같은 바구니에 달고 다른 쪽은 말뚝을 달아 가름대에 붙들어 매었다. 그것이 끝나자 그 한끝을 손에 쥔 채 말뚝 옆에 서서 선원들을 주욱 둘러보았다. 그리고 대구, 퀴퀘그, 태슈테고를 잠시 동안 유심히 지켜보고는, 페들러에게서 눈을 돌려 마지막으로 신뢰에 가득한 눈길을 1등 항해사에게 돌렸다. 그리고 말했다. "자네, 이 밧줄을 잡아 주게. 스타벅, 나는 이것을 자네에게 맡기겠네." 그러고 나서 자기의 몸을 바구니 속에 넣고, 모든 선원들에게 그를 망루까지 끌어올리라고 명령했다. 스타벅이 마침내 밧줄을 붙잡아 매었고, 그 후에도 줄곧 그 옆에 서 있었다. 이리하여 에이허브는 한 손으로 맨 위의 돛대에 매달려서 주위의 해면을 몇 마일에 걸쳐서 전후좌우로, 이 놀라운 높이에서 바라볼 수 있는 한 먼 곳까지 바라보았다.

바다의 항해 장비들에서 가장 높이 떨어진 데다가 발판도 없는 곳에서 두 손으로 일을 할 때 선원은 그곳으로 매달려 올라가 밧줄로 당겨서 그 위치를 유지하게 된다. 이런 상황에서는 밧줄 갑판에 붙잡아 매어진 한쪽 끝은 특별히 감시를 명령받은 사람의 엄격한 책임 아래 놓인다. 왜냐하면, 가로세로로 달리는 복잡한 삭구 속에서는 위쪽의 밧줄들 사이의 여러 잡다한 상호 관계를 갑판에서 보기만 해서는 잘 보기가 불가능하며, 또 그것들의 밧줄 아래 끝, 곧 갑판 쪽의 끝은 때때로 잡아맨 쇠붙이에서 떼어지기도 하므로 특별히 지켜보는 사람이 없다면 위에 매달려 있는 선원이 자칫 조심하지 않으면 공중에 내던져서 돌멩이처럼 바다에 떨어지게 된다는 건 당연한 운명이기 때문이다. 따라서 이런 사태에서 에이허브가 취한 조치는 이상한 일이 아니었다. 다만 이때 한 가지 기이한 것은 다름 아닌 스타벅, 노골적이지는 않았지만 결의와도 같은 무언가를 가지고 과감히 그에게 항거할 용기를 가진 오직 한 사람, 그리고 또 고래를 찾는 망보기로서의 성실성에 대해 그가 평소에 의심하고 있던 한 사람, 바로 그 사람으로 하여금 자기를 지켜보는 역할을 맡겼다는 사실, 즉 다른 점에서 보면 믿을 수 없는 사람에게 자기의 온 생명을 깨끗이 맡긴다는 바로 그 사실이었다.

그런데 에이허브가 돛대 꼭대기에서 처음으로 망을 본지 채 10분도 되지 않아, 한 마리의 사나운 붉은 주둥이 바다매가──이 근처 바다에서 포경선원이 올라가 있는 돛대 꼭대기를 귀찮게 붙어서 날아다니는 새──그 한 마리가 눈에도 뜨이지 않을 만큼 빠르게 선회하면서 그의 머리 주위를 울며 날았다. 그리고 1천 피트 상공을 똑바로 날아 오르더니 이번에는 빙글빙글 나선형을 그리며 급강하하고, 다시 그의 머리 둘레를 회오리바람처럼 날았다.

그러나 에이허브는 아득히 망막한 수평선을 응시한 채 이 야생조에는 마음도 쓰지 않는 것 같았다. 이것은 별로 이상한 현상도 아니었으므로 누구라도 그다지 신경을 쓰지 않았을 것이다. 그러나 이때만은 가장 조심성 없어 보이는 이 사나이의 눈이 보면 볼수록 어떤 무서움을 품은 것처럼 느껴졌다.

"선장님! 모자, 모자!" 갑자기 소리친 사람은 시칠리아 섬 출신의 선원이었는데 그때 그는 뒷돛대 꼭대기, 즉 에이허브의 바로 뒤 그보다 약간 낮은 위치에 서 있었는데, 두 사람 사이에 허공의 심연이 놓여 있었다.

그러나 이미 시커먼 날개는 노인의 눈앞에서 날갯짓을 하였고 긴 갈고리 모양의 주둥이는 그의 머리에 바싹 접근하여 크게 한 번 외치는 것처럼 보이더니 그 검은 매는 포획물을 홱 낚아채서 쏜살같이 날아가 버렸다.

일찍이 매가 세 번 타퀸(로마 초기의 루타우스/타르퀴니우스 왕)의 머리 주위를 날아 그 모자를 뺏고 나서 그것을 되돌려 주었을 때 그의 아내인 타나퀼은 타퀸이야말로 로마의 왕이 될 것이라고 단언했다. 그러나 그것이 길조라고 풀이된 것은 모자를 되돌려 주었기 때문이었다. 에이허브의 모자는 결코 되돌아오지 않았다. 야만적인 매는 그것을 빼앗아 멀리 날아가고 뱃머리 앞쪽으로 드디어 그 모습을 아득히 감추었다. 그것이 사라진 지점에서 극히 작은 검은 한 점이 희미하게 보였는데 그 점은 높은 하늘에서 바다로 떨어져 버렸다.

제131장
피쿼드 호, 환희 호와 만나다

피쿼드 호는 맹렬하게 계속 달렸다. 굽이치는 파도와 나날들은 흘러갔고, 구명 부표인 관은 여전히 가볍게 흔들리고 있었다. 그때 비참하게도 이름만이 훌륭한 '환희 호'라는 배가 나타났다. 그 배가 접근함에 따라 모든 선원들의 시선은 '가위'라고 불리는 커다란 들보에 쏠렸다. 그것은 어떤 종류의 포경선에서나 볼 수 있는 것으로서 8, 9 피트 높이에서 뒷갑판에 가로질러 있었는데, 보조 보트와 그 밖에 아직 의장되지 않았거나 망그러진 보트 등을 올려놓는 데 쓰였다.

그 배의 가위 위로는 전에는 포경 보트였던 산산이 부서진 흰 늑재와 몇 개의 파열된 판재 등이 보였는데, 그 파괴된 배는 껍질이 벗겨지고 거의 산산조각이 되어서 허옇게 된 말의 해골처럼 틈투성이였다.

"흰고래를 보았소?"

"저걸 보시오!" 뺨이 움푹 들어간 선장은 고물 난간에서 대답하면서 그 확성나팔로 파괴된 배를 가리켰다.

"잡았소?"

"그렇게 할 만한 작살은 아직 만들어져 있지 않아." 상대는 대답하고 슬픈 듯 갑판위에 동그랗게 된 해먹을 바라보았다. 선원이 소리도 없이 분주하게 그 해먹의 가장자리를 맞추어 꿰매고 있었다.

"만들어지지 않았다고!" 에이허브는 퍼드가 두드려 벼린 강철 작살을 갈라진 지주에게 벗겨내어 내밀면서 외쳤다. "낸터킷 인들이여, 이걸 보라! 나는 지금 이 손 안에 그놈의 죽음을 쥐고 있다. 이 칼날은 피와 번갯불로 단련되었다. 그리고 맹세코 이번에는 흰고래란 놈이 저주받은 그 생명을 느끼는 지느러미 뒤의 뜨거운 곳에다 단련시키겠다."

"노인이여, 신께서 당신을 보호하시길. 이것이 보이오?" 그리고는 해먹을 가리키며 말했다. "다섯 명의 힘센 사나이가 바로 어제까지 살아서 펄쩍펄쩍 뛰었는데 밤이 되기도 전에 죽어 버렸소. 이건 그 중 한 사람의 장례를 치르는 거요. 장례는 저 사나이만이오. 다른 사람은 죽기도 전에 파묻혀 버리고 말았소. 당신은 그들의 무덤 위를 달리는 거요." 그러고서 자기 배의 선원들을 향해 말했다. "이봐, 준비는 되었나? 난간 위에 판자를 놓게, 시체를 들어올려라. 응, 됐다. 오오, 신이여!" 손을 쳐들면서 해먹 쪽으로 나갔다. "부활과 생명을……"

"활대를 앞으로! 키를 바람 불어오는 쪽으로!" 에이허브는 그의 선원들을 향해 번개처럼 외쳤다.

그러나 이렇게 갑자기 움직이기 시작한 피쿼드 호가 속도를 충분히 내기도 전에 시체가 해면을 철썩하고 때리는 소리가 귀에 들렸다. 아니 그 속도가 나오기도 전에 사방으로 튄 물방울이 죽음의 물세례를 이 배에 뿌렸는지도 몰랐다.

절망한 환희 호를 에이허브가 그대로 두고 떠났을 때 피쿼드 호의 고물에 매달린 기괴한 구멍 부표가 뚜렷이 보였다.

"봐라! 저걸! 저걸 봐라, 모두들!" 환희 호의 뒤쪽에서 불길한 소리가 터져 나왔다. "이봐, 그 배에 탄 친구들, 그대들은 이쪽의 슬픈 장례에서 도망치려 해도 틀렸어. 그대들의 꽁무늬엔 그대들의 관이 버젓이 매달려 있지 않은가!"

제132장
교향곡

 강철같이 파아란 맑게 갠 날이었다. 대기와 물의 창공은 온통 푸른빛에 녹아들어 분간할 수 없었다. 다만 상념에 젖은 하늘은 온화하고 투명한 순수로 가득 차 여자의 얼굴 모습을 연상케 했고, 그와 다르게 씩씩한 바다에는 잠든 삼손의 가슴처럼 길고 세차게 일렁이는 물결이 넘실거리며 대조를 이루었다.
 여기저기 하늘 높이 하얀 날개를 지닌, 반점 없는 작은 새가 날고 있었다. 그것은 여자다운 하늘의 아름다운 상념이었다. 그러나 바다 여기저기의 깊이를 알 수 없는 짙푸른 곳에는 거경이며 황새치며 상어가 오가고 있었다. 그것은 남성적인 바다의 강하고 착잡한 살육적인 사상이었다.
 그러나 이같이 내면적으로는 상반되면서도 그 겉으로의 나타남은 다만 음영적인 기분의 대비에 지나지 않았다. 그 두 개의 것은 하나로 보이고 그것을 구별하는 것은 다만 성(性)과 같은 것이라고 생각되었다.
 하늘의 태양은 제왕과 같이 이 부드러운 하늘을 마치 신부를 신랑에게 주듯 용감하게 물결치는 바다에 건네주려는 것처럼 보였다. 그리고 띠를 두른 듯한 수평선에서는 부드럽게 떨리는 듯한 움직임——적도 부근에서 흔히 보이는 것——이 나타났다. 그것은 가련한 신부가 기쁘면서도 두근거리는 가슴을 안고 사랑의 놀라움으로 앞가슴을 내맡기는 움직임과 같았다.
 에이허브는 아침의 해맑음 속에 흔들림 없이 똑바로 서 있었다. 비틀린 자세로 못 박힌듯 미동도 없이 서있는 얼굴은 주름투성이에 울퉁불퉁하고, 길들이지 않은 매처럼 단호한 표정에, 그 눈은 불탄 자리의 잿더미 속에서도 여전히 타고 있는 석탄처럼 번쩍이고 있었다. 이윽고 상처 나고 찢어진 헬멧 같은 이마를 소녀 같은 하늘의 이마 쪽으로 치켜들었다.
 창공의 불멸의 젊음, 순결함이여!, 보이지는 않지만 우리 주위에서 날개

짓 하는 날개 생명체여! 대기와 하늘의 아름다운 동심이여! 그대들은 늙은 에이허브 속에 도사리고 있는 고뇌를 잊어버렸구나. 그러나 나는 눈웃음 짓는 요정 미리엄과 마사가 늙은 아버지 주위에서 무심하게 장난치며, 불타버린 분화구 같은 머리 가장자리에 난 곱슬곱슬한 머릿단을 만지작거리고 노는 것을 본 적이 있었다.

에이허브는 승강구를 떠나서 천천히 갑판을 가로질러 뱃전에서 아래를 내려다보았다. 그가 바다의 깊이를 확인하려고 유심히 들여다 보면 볼수록 그의 그림자는 물속에 더욱 깊이 가라앉아 갔다. 그러나 매혹된 공기 속의 아름다운 훈향이 잠깐 동안은 그의 영혼에서 사악함을 몰아내는 것처럼 생각되었다. 그 기쁨에 찬 밝은 대기, 사랑스러운 하늘이 드디어 그를 애무하고, 세계——오랫동안 무정하게 그를 가까이하지 않던 계모——는 이제 자애로운 팔을 뻗쳐 보기 흉한 그의 목에 감고 아무리 고집 세고 잘못이 많은 사람이라도 그녀에게는 그를 구원하고 축복할 마음이 있다는 듯 기쁜 눈물을 흘리고 있었다. 늘어뜨린 모자 그늘에서 에이허브는 바다를 향해 눈물을 흘렸다. 그 넓은 태평양도 그 작은 한 방울의 눈물보다 풍요롭지는 않았을 것이다.

스타벅은 노인을 보았다. 노인은 난간에서 깊이 머리를 수그리고 있었다. 그는 그 진심 속에서 주변의 정밀의 중심에서 슬며시 다가오는 무한한 흐느낌소리를 듣고 있는 듯했다. 그를 방해하지 않도록, 또 그에게 들키지 않도록 살그머니 접근하여 다가 섰다.

에이허브는 돌아보았다.

"스타벅!"

"네."

"오오, 스타벅! 어쩌면 이렇게 바람이 부드러운가. 어쩌면 저다지 하늘이 부드러운가. 꼭 이런 날에, 정말 이렇게 아름다운 날에, 나는 처음으로 고래를 잡았다네. 열여덟 살의 소년 작살잡이였다네. 40……40……40년 전의 일이야. 옛날이었지! 40년 동안 나는 고래를 쫓기만 했네. 40년 동안 고생과 결핍, 위험, 그리고 폭풍 같은 생애였네. 40년 동안 냉혹한 바다에 있었네. 40년 동안 에이허브는 바다의 공포에 도전하고, 40년 동안 평화로운 육지를 버렸었네. 스타벅, 사실 나는 그 40년 중 육지엔 3년도 채 있지 않았네. 나의 생애를 생각하면 황량한 고독이라 할 수밖에 없네. 선장의 고독이란 돌로 쌓인 성벽에 둘러싸인 도시와도 같은 것일세. 외부의 푸른 들판으로부터의 동정 같은 건 거의 들어올 틈도 없었네. 이런 모든 걸 생각하면 기니아 해안으로부터 실려 나가는 노예와도 흡사한 고독한 지휘의 나날이었네. 그런 걸 나는 지금 이 순간까지 절실하게 느끼지 않고 그저 반쯤만 멍하게 느꼈을 뿐이네. 어쩐지 그 40년 동안, 나는 소금에 말린 음식만 먹어 왔던 것일세. 나의 영혼에 어울리는 메마른 양식이었던 모양일세! 육지에선 몹시 가난한 사나이도 매일 신선한 과일을 차지하고, 세상의 신선한 빵을 잘라 먹는데, 나는 곰팡이 투성이인 빵 조각을 먹으며 50이 넘어서야 장가들어 소녀 같은 아내 곁을 떠나 대양을 몇 개나 사이에 두고 있단 말일세. 장가든 다음 날에는 결혼 첫날밤 잠자리 베개에 움푹 팬 흔적 하나만을 남겼을 뿐, 케이프 혼을 향해서 출항했었네. 아내, 아내 말인가? 살아 있는 남편을 가진 과부라 하는 게 옳지 않을까? 그렇다네, 스타벅. 나는 그 소녀와 결혼함과 동시에 그녀를 과부로 만든 것일세. 그 뒤에도 오로지 격정, 흥분, 뒤끓는 피, 그을린 이마가 있을 뿐인 이 늙은 에이허브는 몇 천 번이나 보트를 내려, 미친 듯 거품 이는 바다에서 원수를 쫓았던 걸세. 사람이라기보다는 악마였네! 흠, 흠, 참으로 어리석은 40년이었네! 정말 어리석은 일일세, 에이허브는 늙어빠진 바보였지. 무엇을 위한 조급한 추적인가. 무엇을 위해 팔에 마비가 일어나도록 노를 잡고, 작살을 움켜쥐고, 창을 들었겠나. 지금 에이허브는 그것으로 얼마만큼 더 돈을 벌고 보다 나은 삶을 산다는 건가. 보게, 오오 스타벅. 이 번거롭고 귀찮고 무거운 짐을 짊어진 나에게서 가련한 다리 하나를 떼어가다니, 너무 가혹하지 않은가? 자아, 이 늙은이 머리카락을 헤쳐 주게나. 눈이 가려 보이지 않으니까 울고 싶어지는군. 이런 잿빛 머리는 재 속에서가 아니면 나지 않지. 그런데 스타벅, 내가 몹시 늙어 보이나? 몹시? 나는 낙원에서 쫓겨난 뒤 대대의 무거운 짐에 짓눌려 비틀거리는 아담이 된 것처럼 심하게 숨이 차고, 등이 굽어서 곱사등이가 된 것처럼 느껴지네. 신이여, 신이여, 오오, 신이여! 나의 심장을 박살내고, 나의 머리통을 깨뜨려 주십시오! 조롱, 조롱이여! 잿빛 머리카락의 괴로운 몸을 깨무는 조롱이여! 나는 그토록 행복했기 때문에 그대를 머리 위에 올려놓게 되고, 참을 수 없도록 늙어 보이기도 하고 몸에 느끼기도 한단 말인가. 스타벅, 가까이, 가까이 와주게. 인간의 눈을 내게 보여 주게. 바다나 하늘을 들여다보는 것보다는, 아니 신을 우러러보는 것보다도 그편이 좋지. 오오, 이것은 마법의 거울인가! 푸른 대지여, 밝은 난롯가여, 나는 그대의 눈동자 속에서 나의 아내와 자식을 본다. 아니, 아니, 배에 머물러 있어라, 배에! 내가 보트를 내려도 내려서는 안 된다. 낙인이 찍힌 에이허브가 모비 딕을 쫓을 때 그대는 배 위에 머물러 있어야 한다. 그 같은 위태로움이 자네에게 덮쳐서는 안 된다. 안 되지, 아무렴! 내가 자네의 눈동자 속에서 보는 머나먼 고향집에 그런 위험이 덮쳐선 안 되는 거지!"

"오오, 선장님, 선장님! 고귀하신 분! 훌륭하신 노인이시여! 결국 무엇 때문에 저 저주받은 고래 따위를 쫓아야 한단 말입니까! 나와 함께 갑시다! 이 지옥의 바다에서 뛰쳐나갑시다! 집으로 돌아갑시다. 아내와 아들, 스타벅의 아내와 아들은 그 형제나 자매들의 친구들과 같은 청년기의 동반자입니다. 선장이여, 마치 당신의 부인이며 아이들이 당신의 사랑에 차고 동경에 찬 부성적인 노년의 동반자이듯 말입니다. 갑시다. 다시 갑시다! 지금 이 순간 나에게 바늘의 방향을 바꾸게 해주십시오. 오오, 선장님. 다시 그리운 낸터킷을 보려고 얼마나 유쾌하고 명랑하게 우리의 배는 바다를 굴러가겠습니까? 네? 선장님, 낸터킷에도 꼭 이처럼 평온하고 맑게 갠 날씨는 있지 않습니까?"

"있고 말고, 아암. 나는 보았네, 여름날 아침엔 말야, 그렇지, 지금쯤은 그래, 지금은 아이들의 낮잠 시간이지. 조금 뒤면 그놈은 기운차게 일어나 침대에 앉고 그 녀석의 어머니는 그 녀석을 보고 나에 대한, 이 식인종 같은 늙은이에 대한 얘기를 하지. 아버지는 지금 바다에서 배를 타고 계시지만 언젠가는 돌아오셔서 아가와 함께 뛰어놀 거라고 말일세."

"나의 메리! 나의 메리가 보이오. 그녀는 약속했소, 매일 아침 아가를 데리고 언덕에 올라가서 아버지의 배를 제일 먼저 찾겠다고. 아아, 이제 그만하십시오, 이젠 됐소! 우린 낸터킷으로 향합시다. 자아, 선장, 진로를 정하고 돌아가는 겁니다. 보인다, 보인다! 창가에 아가의 얼굴, 언덕 위의 아가의 손!"

그러나 그를 외면한 에이허브는 병든 과일나무처럼 떨며 시커멓게 썩은 마지막 과일을 땅에 떨어뜨렸다.

"이건 무언가. 이 무슨 이름없고 불가사의 하고 기이한 것인가. 우리를 잘도 속이며 모습을 드러내지 않는 군주와 잔인무도한 황제가 내게 명령해서 나를 모든 본연의 사랑과 정을 배반하게 하고, 이 몸을 부단히 틀어막고 밀고 나가고 부딪치게 하고, 올바른 본래의 마음으로는 꿈에도 생각하지 못하는 일에 무모하게 덤벼들게 하는 것인가. 에이허브는 과연 에이허브 자신인가? 지금 이 팔을 추켜든 건 나인가? 신인가, 아니면 무엇일까? 그러나 만일 웅장한 태양도 스스로 움직이는 것이 아니라 하늘의 심부름하는 사도에 지나지 않는다면, 또 단 하나의 별이라도 무언가 보이지 않는 힘에 의하지 않고는 회전할 수 없다고 한다면, 이 조그마한 하나의 심장이 고동치고 이 조그마한 하나의 두뇌가 사색하는 것은 누구에 의해선가. 그 고동을 치게 하고 그 사색을 하게 하고 그 생을 영위하게 하는 것은 내가 아니라 신일 테지. 신께 맹세하고 말하지만 이 세상에서 우리는 저기 있는 양묘기처럼 빙글빙글 돌려지고, 운명은 지렛대와 같지. 그리고 보게, 언제나 미소 짓는 저 하늘과 깊이를 알 수 없는 이 바다를 보게! 저 물고기, 엘비코를! 누가 저 놈에게 저 나는 물고기를 쫓아가서 물어뜯는다는 생각을 일으키게 한단 말인가? 살인자가 가는 길은 어딘가! 재판을 해야 할 사람이 법정에 끌려 나갈 때 벌을 받게 되는 것은 누군가. 그러나 평온하고 평온한 바람이여, 평온하게 빛날 하늘이여, 공기는 머언 목장으로부터 불어오는 듯 향기롭구나. 스타벅, 목동들은 어느 안데스의 산비탈에서 건초를 만들며 풀을 베다가 막 베어낸 풀 속에서 잠이라도 자는 것 같군. 잠 말인가? 그렇군, 우리는 어떻게 활동하건 모두 드디어는 들판에서 잠들게 마련인 거야. 잠 말인가? 그렇지, 작년에 내던졌던 낫이 베어지다 만 풀그늘에 누워 있듯이 푸른 풀 속에 녹슬고 마네, 스타벅!"

그러나 1등 항해사는 절망한 나머지 시체처럼 창백해져서 슬그머니 그 자리를 떠났다.

에이허브는 갑판을 가로질러 반대쪽 뱃전에서 바다를 들여다보았는데 그곳의 수면에 비친 이글거리는 두 개의 눈을 보고 깜짝 놀랐다. 페들러가 꼼짝도 하지 않고 같은 난간에 기대고 서 있었던 것이다.

제133장
추적―그 첫날

그날 밤 자정께, 늙은이는 습관처럼 기대어 있던 승강구로부터 걸음을 앞으로 옮겼는데 예의 뱃머리 구멍까지 왔나 싶자 갑자기 굉장한 기세로 얼굴을 쑥 내밀고 마치 배에서 기르는 영리한 개가 바다의 대기 속에 접근해 온 야만인들의 섬을 냄새 맡는 듯한 얼굴을 했다. 고래의 낌새가 느껴진다고 확신했다. 얼마 지나지 않아 살아 있는 향유고래가 매우 먼 곳까지 발산시키는 특이한 냄새가 망을 보는 모든 사람들의 코에 풍겨 왔다. 에이허브가 나침반과 풍신기를 조사하고 될 수 있는 대로 정확하게 냄새가 풍기는 방향을 확인하고 나서 즉시 배의 진로를 약간 돌리고 돛을 끌어당길 것을 명령했을 때, 이것을 의아하게 생각하는 선원들은 한 사람도 없었다.

이러한 행동을 취한 긴급 방침이 옳았음이 새벽녘에는 이미 명백해졌다. 눈앞의 파도 위에 기다랗게 세로줄 무늬가 그려진 미끄러운 수면을 볼 수 있었는데, 그것은 기름처럼 매끈했고, 그것을 에워싼 주름진 잔물결은 마치 깊은 급류가 흐르는 강의 하구에서 빠르게 부딪치는 물결 속에서 광택 나는 쇳조각처럼 빛났다.

"돛대 꼭대기로 올라가라! 전원 집합!"

세 가닥으로 갈라진 지렛대의 끝으로 앞갑판을 요란하게 두드리면서 대구가 대심판의 벽력처럼 잠자는 사람들을 두드려 깨우자, 그들은 즉시 옷을 손에 움켜쥔 채 나타났다.

"무엇이 보이나?" 에이허브는 하늘을 올려다보았다.

"아무것도 보이지 않습니다." 위에서 큰 소리로 대답했다.

"윗돛! 보조돛! 위도 아래도 모두, 양현(兩舷) 모두란 말이야!"

모든 돛이 팽팽하게 달렸을 때 그는 큰돛대 꼭대기에 몸을 매달기 위해서 미리부터 준비되어 있던 구멍 밧줄을 풀었다. 곧 그 몸은 매달려 올라갔는데,

 3분의 2 가량 올라갔을 즈음 첫째 돛대와 둘째 돛대 사이 수평한 공간을 통해 앞을 내다보더니 공중에서 갈매기 울음소리와 흡사한 소리로 부르짖었다. "물뿜기다! 뿜고 있어! 눈산(雪山) 같은 혹이다! 모비 딕이다!"
 세 개의 망루에서 거의 동시에 일어난 외침에 선동되어서 갑판에 있는 사람들은 이긴 세월 동안 이름만 들어 온 유명한 고래를 보려고 삭구를 향해 몰려들었다. 에이허브는 이제 다른 망루에서 몇 피트 높이에 자리를 잡았고, 태슈테고는 그 바로 아래의 둘째 돛대 꼭대기에 서 있었으므로 이 인디언의 머리는 에이허브의 발뒤꿈치와 거의 맞닿을 정도로 가까웠다. 이 높은 곳에 선 고래가 뚜렷이 몇 마일 앞에 보였고 큰 파도가 물결칠 때마다 높고 빛나는 혹을 나타내면서 묵묵히 규칙적으로 물을 높이 뿜어 올리고 있었다. 미신을 믿는 선원들에게는 아득한 옛날 달 밝은 대서양이나 인도양에서 본 저 조용하고 쓸쓸한 물뿜기처럼 보였다.
 "아무도 지금까지 보지 못했단 말인가!" 에이허브는 주위에 망보는 사람들에게 고함을 쳤다.
 "바로 그 순간 선장님과 함께 발견했습죠. 그랬으니까 외친 거죠." 태슈테고가 대답했다.
 "뭐가 동시란 말인가, 동시가 아니야. 그렇다, 스페인 금화는 내 것이다. 그건 내 것이 될 운명이었어. 나 이외에 아무도 흰고래를 발견하지 못한 거야. 보라구, 뿜는다! 뿜어. 뿜는단 말이야! 또 뿜는다. 보라, 또 뿜지 않나!" 길게 꼬리를 끌며 물결치는 듯한 목소리로 규칙적인 고래의 물뿜기에 박자를 맞추어 외쳤다. "가라앉는다! 보조돛을 내려라! 둘째 돛도 내려라!

보트 세 척을 준비해라, 알겠나. 스타벅, 갑판에 남아서 배를 지켜야 한다. 자아, 키다! 바람 불어오는 쪽으로 한 포인트! 이봐, 똑똑히 해라. 오오, 꼬리가 나왔다. 아니, 아니 뭔가. 검은 파도다! 보트 준비는 되었나! 준비, 준비! 스타벅, 내려 주게. 낮게, 낮게, 좀더, 좀더 빨리!" 그는 허공을 날아 갑판으로 미끄러져 내려왔다. "그놈은 바람 아래쪽으로 똑바로 나가고 있습니다, 선장님!" 스텁이 외쳤다. "우리들에게서 자꾸 달아나고 있어. 배를 보았을 리가 없는데 말야."

"이봐, 지껄이지 말아! 돛줄을 준비! 키는 강하게 아래쪽으로! 활대를 돌려라! 세게 바람을 받아라! 됐어, 됐어! 보트, 보트다!"

곧 스타벅의 보트를 제외하고는 모든 보트가 내려져서 모두 돛을 달고 노를 전부 움직이자 보트는 물을 가르면서 쏜살같이 바람 아래쪽으로 나아갔다. 에이허브는 돌격의 선두에 섰다. 페들러의 움푹 들어간 눈은 죽은 사람 같은 창백한 빛으로 불탔고 그 입가에는 음침한 경련마저 일고 있었다.

앵무조개의 껍질같이 소리도 내지 않고 뱃머리들은 파도를 가르고 달렸지만 적에게 접근하는 데는 상당한 시간이 걸렸다. 이윽고 접근해 보니 바다는 한층 더 평온했는데 파도 위에 융단을 깐 것 같기도 하고 고요하게 펼쳐진 대낮의 목장같기도 했다. 드디어 숨을 죽인 사냥꾼과 아직 눈치 채지 못한 것 같은 사냥감과의 거리는 줄어들고, 역력히 보이는 혹의 전모는 눈부시게 빛났는데, 그것은 마치 별세계에서 온 것처럼 유유히 파도 속을 헤엄치면서 정교하고 아름다운 양털 같은 창백한 물보라 속에 끊임없이 에워싸여 있었다. 또한 저 멀리 약간 쳐든 머리에서는 커다란 테무늬의 주름이 보이기까지 했다. 그의 앞에는 터키 융단을 깐 듯한 부드러운 파도 위에 방대한 유백색 이마의 허옇게 빛나는 그림자가 넓게 움직여 나가고, 잔물결은 가락을 맞추면서 그 그림자와 장난을 치고 있었다. 또한 그의 뒤쪽에서는 그 당당하게 지나간 자리가 이동하는 물의 계곡을 만들고 푸른 파도는 차례차례 그 속으로 뛰어들었다. 그 양 옆구리에는 빛나는 물보라가 일어나 춤추고 있었다. 그러나 그 경치는 부드럽게 해면을 덮는 수백 마리의 요란한 해조의 가벼운 발걸음이나 그 변덕스러운 비행으로 자꾸만 깨뜨려졌다. 중세 이탈리아 상선단의 색칠한 선체 위로 솟은 깃대처럼 흰고래의 등에는 최근에 꽂힌 부러진 창 자루가 우뚝 박혀 있었다. 간간이 구름처럼 무리를 이루어 고래 위를 차양처럼 덮으며 여기저기 이동하는 가벼운 해조의 무리 가운데 한 마리가 소리도 없이 그 창끝에 내려앉아 흔들리면서 기다란 꼬리를 깃발처럼 바람에 날리고 있었다.

  온화하고 환희에 찬 모습, 무섭게 달리면서도 강하고 부드러운 어떤 안정감이 이 활주하는 고래의 모습 속에 있었다. 폭력으로 유괴한 에우로페(그리스 신화에 나오는 페니키아의 여인)를 자신의 아름다운 뿔에 매달리게 한 채 헤엄쳐 가는 흰 황소 주피터 신, 처녀에게 뜨거운 추파를 던지며 크레타 섬의 혼인 잔치 자리를 향해 곧장 잔물결을 헤쳐 가는 그 매혹될 만큼 부드러운 질주, 아니 저 위대하고 장엄한 지고의 신 주피터도 장엄하게 물결을 헤쳐 가는 이 빛나는 흰고래를 능가할 수는 없었다.

  부드러운 양쪽 옆구리, 그곳에서 갈라져 나가면서 끝없이 퍼져가는 물결과 맞추어 고래는 그 눈부신 양 옆구리에서 미혹(迷惑)을 흘리는 것이다. 고래잡이 동료들이 이 조용함에 까닭도 알 수 없이 황홀하게 속아서 공격했지만 그 고요는 솟구쳐 흐름의 가면에 지나지 않음을 어쩔 수 없어졌을 때에야 발견하는 것도 이상한 일이 아니다. 그러나 조용히, 유혹하는 듯 조용히, 오오, 고래여! 처음 그대와 마주친 만인의 앞을 미끄러져 가는구나. 일찍이 그런 방법으로 얼마나 많은 사람을 속이고 파멸케 했는가.

  이리하여 열대의 한없이 고요한 파도가 엄청난 환희에 휩싸여 어쩔 줄 모르고 공중에 멈춰버린 듯한 그 파도 밑에 숨은 모비 딕은 몸체의 흉포함을 끝내 보이려고 하지 않고 비꼬인 턱의 처참함도 완전히 감추고서 움직여 나아가고 있었다. 그러나 곧 그 거신(巨神)은 그 앞쪽을 물에서 천천히 쳐들더니 곧 대리석 빛의 몸체로 버지니아 주의 천연교(天然橋 : 석회암의 침식에 의해서 생긴 다리) 같은 반원을 높이 그리고 깃발 같은 꼬리를 위협적으로 공중에 흔들며 전신을 드러내고는, 이윽고 물로 들어가서 보이지 않게 되었다. 허둥지둥 날갯짓을 하거나 날개를 물에 적시며 흰 바닷새들은 고래가 숨은 소용돌이 위를 그리운 듯 배회하며 날고 있었다.

  노를 세우고, 키는 물에 담그고, 돛은 그대로 놀려 둔 채 세 척의 보트는 그저 조용히 떠서 모비 딕이 다시 나타나기를 기다리고 있었다.

  에이허브는 보트의 고물에 버티고 서서 "한 시간이면" 하고 말하고는 고래가 있는 쪽 저 멀리 바람 불어가는 방향의 어슴푸레한 공간과 광대하게 펼쳐진 유혹적인 공허에 시선을 던졌다. 그러나 그것도 순간적이었고, 소용돌이치는 물을 타고 넘었을 때에 그의 눈은 이마 위에서 빙글빙글 돌고 있는 듯 보였다. 바람이 강해지고 바다에는 물결이 일기 시작했다.

"새들이다! 새들!" 태슈테고가 외쳤다.

백로가 날아갈 때와 같이 길게 한 줄을 지은 새의 무리는 모두 에이허브의 보트를 향해 날아왔는데 몇 야드 이내로 접근하자 물 위에 날갯짓을 하며 무언가를 기다리듯 기쁜 듯한 소리를 지르며 빙글빙글 돌기 시작했다. 그들의 시력은 인간보다도 날카로웠다. 에이허브는 해면에서 아무런 징후도 발견할 수 없었다. 그러나 그가 바다 밑을 깊이 들여다보는 순간 흰 족제비보다도 더 작은 생동하는 하얀 한 점이 놀랄 정도로 신속하게 솟아오르는 것이 보였는데, 그것은 점점 더 커보였으며 번쩍이던 두 개의 길로 휜 흰색의 치열을 드러내보이며 측량할 수 없는 심연에서 떠올라왔다. 그것은 모비 딕의 쩍 벌어진 턱과 입이었다. 모비 딕의 웅위하고 그늘진 몸집은 아직도 짙푸른 물과 절반쯤 뒤섞여 있었다. 번쩍이는 입은 보트 밑바닥에서 문을 활짝 열어 놓은 대리석 무덤처럼 잔뜩 벌어져 있었다. 그러자 에이허브는 키를 한 바퀴 돌리고 보트를 이 끔찍한 괴물에게서 피해서 선회하게 하였다. 그리고서 페들러와 자리를 바꾸어 이물로 나가 퍼스의 작살을 쥐고, 선원들에게는 노를 단단히 붙잡고 뒤로 물러갈 준비를 하라고 명령했다.

그런데 이 위험한 순간에 보트가 뱃머리를 축으로 한 바퀴 돌았기 때문에 예상할 수 있듯이 아직 물 밑에 있던 고래의 머리와 딱 마주치게 되었다. 그러나 모비 딕은 이 전술을 다 알아챈 듯 저 유명하고 사악한 지혜, 순간적으로 몸을 쾩 뒤채어 주름살투성이 머리를 배 밑바닥에 바싹 들이댔다.

선체의 관자와 늑골 하나하나마다 순간적으로 전율이 훑고 지나갔다. 고래는 덤벼드는 상어의 자세를 취하고 비스듬히 위를 보고 몸을 눕혀 천천히 맛보는 것처럼 뱃머리를 통째로 입에 물었다. 길고 좁게 쩍 벌어진 주름살투성이의 아래턱은 꼬부라져 공중에 높이 치솟았고, 이빨 한 개는 노받이에 걸려 있었다. 푸른 빛 도는 진주색 턱의 내부는 에이허브의 머리에서 채 6인치도 떨어지지 않은 곳에서 아래를 내려다보고 있었다. 이런 자세로 흰고래는, 부드러우면서도 잔인하게, 고양이가 생쥐를 희롱하듯 연한 노송나무 재목을 흔들었다. 페들러는 조금도 당황하지 않은 눈빛으로 이를 응시하며 팔짱을 끼고 있었으나 선원들은 서로의 머리를 짓밟으면서 고물 끝으로 달렸다.
 고래가 이토록 사악한 방법으로 이 비운의 배를 희롱하는 데 따라 탄력을 받은 양쪽 뱃전은 부풀었다 오므라들었다 하였다. 더욱이 그 몸통은 배 밑의 물속에 감추어져 있어 뱃머리가 그 고래의 내부에 들어간 것과 같았으므로 뱃머리에서 그놈을 향해 작살을 찌른다는 것은 도저히 불가능한 일이었다. 한편 다른 보트는 저항하기 어려운 위기 앞에 본의 아니게 망설이고만 있는 형편이었고, 눈 앞에 있으면서도 적을 어찌지 못하여 감질이 난 저 편집광 에이허브는 불같이 화가 났지만 가장 증오하는 적의 턱 속에 산 채로 무력하게 갇힌 신세가 되었다. 이 모든 사실에 광분한 에이허브는 맨손으로 배의 늑재를 움켜잡고 고래의 입에서 비틀어 떼어 내려고 사납게 몸부림치고 있었다. 헛된 몸부림이라 생각되었으나 이윽고 턱 쪽에서 떨어져 나왔다. 뱃전은 약해서 쉽게 휘어져 부러져 버렸다. 그때 고래는 고물 쪽으로 미끄러져 가면서 양 턱으로 보트를 완전히 절단해 버리고, 이윽고 표류하는 두 파편 사이에서 굳게 입을 다물었다. 파편은 부서진 끝쪽을 기울인 채 나란히 떠돌고 선원들은 고물의 파괴된 뱃전 판자에 매달려 물을 헤치는 데 필요한 노를 두 뱃전에 붙들어 매려고 몸부림치고 있었다.
 보트가 둘로 꺾이기 전의 일순간, 에이허브는 고래가 교활하게 머리를 쳐들고 있었기 때문에 잠시 몸이 자유로워졌는데 고래의 움직임에 대해 누구보다도 먼저 그 의도를 알아채고 지체하지 않고 보트를 적의 이빨 사이에서 밀어내려고 마지막 힘을 팔에 넣었다. 그러나 보트는 점점 더 고래의 입속으로 미끄러져 들어가고 미끄러지면서 옆으로 기울어졌다. 기우는 대로 흔들려서 그는 고래의 입에서 손을 놓쳤는데 고래를 떠밀려고 몸을 숙이는 찰나 고래에게 내동댕이쳐져서 파도 속에 거꾸로 빠지고 말았다.
 물결을 일으키며 적에게서 물러선 모비 딕은 지금 약간 떨어진 곳에 몸을 뉘어 그 장방형의 허연 머리를 큰 파도 속에서 똑바로 내밀기도 하고 감추기도 하며 방추형의 온몸을 빙글빙글 회전시키고 있었다. 그래서 거대한 주름 살투성이인 이마를 20피트 이상이나 물에서 쳐들고 올라올 때 높아진 물결은 그것과 뒤섞이는 물결과 더불어 번쩍번쩍 빛나면서 고래의 몸에 부딪쳐 부서졌고 복수심에 불타 몸을 떠는 듯한 물줄기는 더 높이 공중으로 치솟아 올랐다.* 그것은 폭풍이 일 때 영국 해협에 풀이 죽었던 파도가 에디스톤의 제방에서 물러섰지만 곧 다시 의기양양하게 물보라를 일으키며 꼭대기를 넘어서는 것 같았다.

　그러나 모비 딕은 곧 수평 자세로 되돌아가서 난파한 선원들의 주위를 빙글빙글 돌았다. 그 지나간 자리 양쪽에 이는 심술궂은 물결은 고래가 더욱 새롭게, 더욱 흉포한 공격을 가하려고 기세를 돋우고 있는 것이 아닌가 생각하게 했다. 마카베오서에 의하면 안티오쿠스의 코끼리들은 포도며 뽕나무 열매의 빨간 즙을 보면 피인 줄 알고 미쳐 날뛰었다고 하는데 부서진 보트를 본 고래도 마찬가지였을 것이다. 그런데 에이허브는 오만한 고래의 꼬리가 만드는 물거품에 거의 숨이 막히고 헤엄을 치려 해도 절름발이였기 때문에, 다만 이 끔찍한 소용돌이 한복판에 가까스로 떠 있는 데 지나지 않았고, 그의 머리는 조금만 찔러도 터져서 없어지는 물거품처럼 맥없이 떴다 가라앉았다 하고 있었다. 페들러는 파편이 되어버린 고물에서 냉랭하게 태연히 바라보고 있을 뿐이었고, 뱃머리 파편에 매달린 선원들은 그를 구하기는커녕 자신의 몸을 지탱하는 게 고작인 상태였다. 어지럽게 원을 그리며 도는 고래의 모습은 소름이 돋을 정도였고 별들처럼 빠르게 돌며 자꾸만 좁혀지는 원의 크기는 그들 위를 수평으로 덮치는 것 같았다. 그러니까 아직 무사했던 다른 두 척도 주위를 먼 곳에서 에워쌀 뿐 소용돌이 속으로 뛰어들어 공격할 용기도 없었다. 그런 일을 하면 위태로운 재난에 빠진 에이허브 이외의 모든 표류자들을 파멸로 이끌 뿐 아니라 자기들이 빠져 나갈 수 있을지도 의문이었다. 따라서 그들은 에이허브 노인의 머리를 중심으로 소용돌이치는 불쾌한 수면의 바깥 한끝에서 망연히 눈을 부릅뜨고 쳐다보고 있을 뿐이었다.

　한편 본선 돛대 꼭대기에서도 이 광경은 전부 보였으므로 활대를 똑바로 돌리고 현장으로 달려와서 가까이 접근했다. 에이허브가 물속에서 "배를……!" 하고 외치는 순간 모비 딕 주변에서 파도가 일며 부딪쳐와 한동안 그는 파도 깊숙이 가라앉아 버렸다. 그러나 허우적거리면서 떠 올라와서 운 좋게 높은 파도 위에 올라타고는 "고래를 향해서 배를 달려라! 쫓아 버려라!" 하고 고함을 쳤다.

＊이러한 동작은 향유고래 특유의 것이다. 이것을 '피치 폴링'이라고 일컫는데, 그것은 앞에서도 썼던 바와 같이 포경창을 던질 때의 예비 행위로 그 창을 올리고 내리게 하는 '피치 폴링' 동작과 흡사하기 때문이다. 이 운동에 의해서 고래는 자신을 에워싸는 어떤 사물도 완전하게 볼 수가 있다.

피쿼드 호의 뱃머리는 뾰족했기 때문에 마(魔)의 소용돌이를 타고 넘어 훌륭하게 흰고래와 그 희생자들 사이를 가로막았다. 고래가 불쾌한 듯 물러나자 서둘러 보트를 구조하러 나왔다.

스텁의 보트에 끌어올려진 에이허브의 눈은 핏발이 서서 아무것도 보이지 않았고 소금물은 허옇게 주름에 엉겨 붙었다. 그리고 오래 계속된 긴박감으로 기진맥진하여 의식이 몽롱해져 버렸고, 한동안 스텁의 뱃바닥에 마치 코끼리 무리에 밟혀 녹초가 된 몸처럼 쓰러져 있었다. 계곡에서 울리는 공허한 소리 같은, 뭐라 형용할 수 없는 통곡이 그의 몸 깊은 곳에서 흘러나왔다.

신체적 피로의 강렬함은 오히려 그 고달픈 기간을 짧게 만든다. 그러나 초인적인 사람들은 한순간의 범위에서 그 전 생애에 걸쳐 고루 나누어진 가벼운 고통의 전량을 한순간의 심각한 고통으로 응축시키는 법이다. 그러므로 이런 사람들은 그 개개인의 고통은 즉시 해결하지만, 신의 뜻이라면 일생 동안 강렬한 순간순간을 거듭하여 몇 대대로 비통을 쌓아올릴 것이다. 비록 임의의 중심이라 하더라도 이 고매한 사람들은 그 둘레에 보다 유약한 영혼들을 감싸안기 때문이다.

"작살은?" 에이허브는 급히 팔꿈치에 비틀거리면서 몸을 기대고 반쯤 몸을 일으키면서 말했다. "작살은 무사한가?"

"네, 던지지 않으셨으니까요. 이겁니다." 스텁은 그것을 내밀었다.

"내 앞에 놓아두게, 행방불명자는?"

"하나, 둘, 셋, 넷, 다섯……노가 다섯 개 있고, 사람도 다섯 명 여기 있습니다."

"좋아, 이봐 손을 빌려 다오. 일어서야겠다. 됐어, 됐어. 놈이 보이는군! 보라! 아직 바람 불어 가는 쪽으로 가고 있다. 굉장한 물뿜기구나! 이봐! 손을 떼라! 에이허브 님의 뼛속에는 불멸의 생명수가 흘러나오기 시작했단 말이다! 돛을 달아라, 노를 저어라. 자아, 키를 잡아라!"

부서진 보트의 선원이 다른 보트에 의해 건져졌을 때 그 보트의 일을 돕는다는 것은 신기한 일이 아니다. 그래서 추적은 이른바 두 겹 노의 형식으로 나란히 저으면서 계속된다. 지금도 그랬다. 보트에 가중된 힘은 고래에게 가중된 그것에 미치지 않았다. 고래는 그 지느러미 하나하나를 세 겹으로 한 것처럼 보였고, 그 진행의 신속함으로 보아 만일 이 조건에서 쫓으려면 전혀 불가능하지는 않더라도 한없이 오래 끌게 되리라는 것은 명백했다. 그러나 어떤 선원들이라 해도 그렇게 오래 끊임없이 긴장하여 계속 저어나간다는 것은 불가능했고, 짧은 시간 교대한다 해도 견디기 힘든 일이었다. 따라서 이 경우는 추적을 하는 데 가장 적당한 수단으로 본선이 선택된다는 많지 않은 예 가운데 하나가 되었다. 그래서 보트는 본선에 접근하여 곧 기중기로 들어 올려졌다. 부서진 보트의 두 조각은 이미 그 이전에 건져졌다. 그리하여 모두 건져 올린 후 피쿼드 호는 돛을 높이 달고 보조돛을 옆으로 내밀어 마치 앨버트로스가 이중 관절로 되어 있는 날개를 편 것처럼 바람 불어가는 방향으로 모비 딕의 뒤를 쫓았다. 고래의 빛나는 물뿜기는 누구나 잘 아는 저 규칙적인 간격을 두고 돛대 꼭대기의 사람들로부터 시시각각 보고 되었다. 가라앉았다고 보고된 순간부터 에이허브는 나침 상자의 시계를 손에 들고 갑판을 걸으면서 시간을 재고 그 예정된 시간이 되자마자 소리를 질렀다. "이번 스페인 금화는 누구의 것인가? 보이나?" 만일 보이지 않는다는 대답이 나오면 즉시 자기를 망루 위로 끌어올리라고 명령했다. 이렇게 해서 시간은 지나갔다. 즉 에이허브는 지금 돛대 꼭대기에 꼼짝도 하지 않고 서 있었다. 그런가 하면 다음 순간 다시 초조하게 갑판을 왔다 갔다 했다.

 이렇게 걸으면서 이따금 침묵을 깨뜨리고 돛대 위에 있는 사람에게 소리를 지르거나, 돛을 좀더 높이 올리라든가 좀더 넓게 달라든가 명령하기도 했다. 모자를 깊숙이 눌러쓰고 조급하게 왔다 갔다 하면서 뒷갑판에 뒤집힌 채로 내던져져 있는, 이물과 고물이 모두 부서진 그의 보트 옆을 지나다니다가 마침내 그 앞에 멈춰 섰다. 노인의 얼굴은 이미 구름이 끼어 있는 하늘에 새로운 구름이 가로질러가듯 더욱 짙은 우울의 그림자가 드리워졌다.

 스텁이 멈춰 선 에이허브를 보았다. 그는 딱히 허세라고 할 수는 없었으나 자신의 용기가 조금도 줄지 않았음을 보이고 선장의 눈에 대담한 사람으로 비치려는 생각에서였는지 가까이 다가가 파편을 바라보며 소리쳤다. "당나귀도 안 먹는 엉겅퀴 격이군. 놈의 입이 심하게 찔린 모양이군요. 핫핫!"

 "난파된 것을 보고 웃다니 몰인정하군. 자넨 무서움을 모르는 불같은(그리고 기계적인) 놈이라는 걸 미리부터 알고 있었으니 망정이지. 그렇지 않다면 겁쟁이라고 야단을 치고 싶단 말이다. 난파선 앞에선 울음소리도 웃음소리도 듣고 싶지 않다."

"정말입니다, 선장님." 가까이 다가온 스타벅이 말했다. "이건 엄숙한 광경입니다. 전조입니다. 흉조예요."

"흉조? 흉조라고? 사전 같은 말하지 마라! 만일 신이 사람에게 말하고 싶은 것이 있다면 분명히 정면으로 마주보고 말할 수 있을 걸세. 목을 갸우뚱하거나 노파들같이 징조가 어떻고 할 리가 없어. 없어져! 자네들은 막대기의 양 끝과 같아서 스타벅은 스텁을, 스텁은 스타벅을 뒤집어 놓은 거야. 너희들 둘이 전 인류를 대표하고 있다. 에이허브는 몇 백만의 인간들이 모여 살고 있는 세계 속에 혼자 서 있다. 신에게도 인간에게도 이웃과도 아무 관련이 없어! 어이, 추워라……떨리는군. 어쩐 일일까? 이봐, 망지기! 보이나? 물을 뿜거든 불러라! 1초 동안에 열 번을 뿜더라도!"

날은 거의 저물었고 다만 그 황금빛 옷자락의 가장자리만이 어른거리고 있었다. 곧 캄캄해지려고 했으나 망보는 선원들은 언제까지나 움직이려 하지 않는다.

"물뿜는 게 보이지 않습니다, 선장님. 어두워서 도무지 보이지 않아요." 공중에서 들려오는 목소리였다.

"마지막 보였을 때 어느 쪽을 향하고 있었나?"

"그전대로입니다. 선장님, 똑바로 바람 불어가는 쪽이었습니다."

"됐어! 놈도 밤엔 천천히 달리겠지. 스타벅, 주돛대와 윗돛대의 돛을 내려라. 밤사이에 지나쳐가면 안 돼. 지금 놈은 달리고 있지만 잠깐 멈출지도 모른다. 자아, 키다! 가득히 바람을 받게 해라. 위에 있는 선원들! 내려와라! 스텁, 모든 돛대 꼭대기에 사람을 교대해서 아침까지 감시하도록 해라." 그러고 나서 그는 큰 돛대의 스페인 금화가 있는 곳으로 갔다. "다들 들어라. 이 금화는 내가 세운 공으로 내 것이 되었다. 그러나 흰고래란 놈이 죽을 때까지는 여기에 맡겨 두기로 한다. 그러니까 놈이 잡혀 죽는 날 맨 먼저 놈을 발견한 자에게 이 금화가 주어지는 것이다. 그러나 그날 또다시 내가 제일 먼저 발견한다면 그 열 배의 금액을 너희들에게 모두 나누어 주겠다! 자아, 해산!"

그렇게 말하면서 그는 몸의 반을 승강구 안에 두고 모자를 푹 눌러쓴 채 새벽까지 그 자리에 서 있었다. 다만 이따금 몸을 일으켜 밤이 지나가는 광경을 지켜볼 뿐이었다.

제134장
추적—그 둘째 날

새벽녘, 세 돛대 꼭대기에는 정확한 시간에 새로 인원이 배치되었다.
"보이나?" 에이허브는 빛이 약간 밝아지기를 기다린 후에 외쳤다.
"아니, 아무것도요."
"전원 자기 위치에 돌아가, 돛을 올려라! 놈은 의외로 빨리 달리고 있어. 둘째 돛대의 돛. 그렇군, 밤새껏 달아 놓을 걸 그랬군. 그러나 상관없어. 돌격전에 잠깐 휴식한 것에 지나지 않아."

여기서 말해 두겠는데, 이런 식으로 어떤 특정한 하나의 고래를 낮부터 밤까지 또 밤부터 낮까지 계속 추적한다는 것은 남양 포경에서 결코 전례가 없는 일이 아니다. 왜냐하면 낸터킷의 선장들 중 천부의 재질을 지닌 뛰어난 사람들은 놀라운 기술과, 체험에 의해 얻은 예지와, 불굴의 자신감을 갖고 있어 그 고래가 자취를 감추어도 마지막 보았을 때의 그 움직임을 관찰하는 것만으로도 그 달리는 방향과 대체적인 진행 속도를 꽤 정확히 예측할 수 있기 때문이다. 이러한 점에서는 그 선장은 키잡이와 비슷한 일을 하는 셈이다. 그 특질을 손바닥 들여다보듯 잘 알고 있는 해안이 시계에서 사라지려고 할 때, 어느 키잡이가 머지않아 이 해안의 현재에 있는 곳과는 다른 어떠한 점으로 돌아가려 하고 있다고 하자. 그가 나침반 옆에 서서 지금 보이고 있는 곳의 위치를 정확하게 확인하는 것은 이제 곧 찾아갈 저쪽의 보이지 않는 곳을 정확히 맞히기 위한 것이다. 그와 마찬가지로 고래잡이들도 고래를 두고서 나침반으로 그와 똑같은 일을 한다. 낮에 수 시간을 계속 쫓기며 쉴 틈 없이 겨누어지다가, 밤의 어둠에 고래가 섞여 들어갔을 때에 명민한 고래잡이가 그 뒤 어둠 속에서 고래가 지나간 자리를 거의 정확하게 짐작한다는 것은 키잡이가 해안을 가리키는 것과 마찬가지다. 그러므로 이 놀라운 고래잡이의 노련함을 볼 때 흔히들 물에 쓰여져 덧없다고 말하는 항적이라 해도 그

목적에 있어서 견고한 대지 위에 새겨진 것과 거의 같은 정도로 신뢰할 수 있다. 또 근대의 철도라는 위대한 거경에 대해서 생각해 볼 때도, 그 진행은 모든 것이 명료하게 사람들에게 알려져 있어서 사람들은 시계를 손에 들고, 마치 의사가 갓난아이의 맥을 짚듯 시간을 재어 상행열차 또는 하행열차는 이러저러한 시간에 이러저러한 지점에 도착한다고 가볍게 말한다. 마찬가지로 낸터킷 사람들도 깊은 바닷속 레비아단에 대해서 그 속도의 가감을 관측한 결과 이제부터 몇 시간이 지나면 이 고래는 200마일 가량을 가고 이윽고 이러이러한 경도 이러이러한 위도에서 방황할 것이라고 중얼거린다. 그러나 이 정확한 지식을 궁극의 성공으로 이끌려고 한다면 바람과 파도를 고래잡이와 한패로 삼아야만 한다. 이를테면 그 숙련에 의하여 지금 정확하게 항만으로부터 93리그 4분의 1의 거리에 있음을 알았다 해도 그 선원이 파도가 잔잔한 가운데 있거나 바람에 방해를 받았다면 현실에는 아무 도움도 되지 않는 게 아닌가? 이처럼 고래를 쫓는 데 있어서도 갖가지 부수적이고 복잡 미묘한 문제들이 따른다.

배는 물결을 헤치고 돌진하였다. 뒤에는 깊은 고랑만 남고 그것은 마치 빗나간 포탄이 가래나 삽의 대용이 되어 평지를 뒤엎어 놓는 것 같았다.

"어허, 참!" 스텁이 소리쳤다. "이 갑판은 굉장히 요동하는군. 다리를 낚아채고 가슴이 두근거리게 하는군 그래. 배하고 나만이 용감하지 뭔가, 핫핫! 누구든 나를 붙잡아 넘어뜨려서 바다에 집어 던져 보면 어떻겠나? 실제적으로 나의 등뼈는 용골이란 말이야, 핫핫. 우린 뒤에 먼지도 남지 않는 길로 돌진하는 거야!"

"물뿜기다! 뿜었어! 뿜었다! 바로 앞쪽이다!" 돛대 꼭대기에서 외치는 소리가 들렸다.

"알았어!" 스텁이 외쳤다. "뻔한 거야. 도망칠 순 없어. 뿜어라, 뿜어, 찢어질 정도로 뿜어라. 이봐, 고래, 미친 악마가 너를 노리고 있다. 소리를 내어 뿜어라! 가슴이 터지도록 말이야. 에이허브가 네 피를 막아 줄 거다. 물방앗간지기가 냇물의 수문을 막듯이 말이다!"

스텁의 이 감상은 거의 모두의 마음을 대변하고 있었다고 해도 좋으리라. 이때 이미 시작된 광란의 추적으로 전원은 다시 걸러진 묵은 포도주의 거품처럼 땀을 흠뻑 흘리며 움직이고 있었다. 그중 몇 사람인가가 사전에 투명한 공포와 어떤 전조 같은 것을 느끼고 있었다 해도 그런 것은 지금 에이허브의 가중되는 위압감 앞에 휙 날아가 버렸다. 아니, 대초원의 겁 많은 토끼 떼가 들소에 쫓겨 뿔뿔이 흩어지듯이 완전히 분쇄되어 버렸다. 운명의 손이 모든 영혼을 움켜쥐고 있었다. 전날의 살 떨리는 위난, 심신을 쥐어뜯는 전날 밤의 초조, 날아가는 표적을 향해 돌진하는 무법선의 집착과 대담, 맹목과 무모──이 모든 것이 전원의 심장을 휘어잡고 말았다. 바람은 모든 돛을 북통처럼 부풀게 하고 배는 눈에 보이지 않지만 저항할 수 없는 손에 의해서 돌진하였다. 그것은 그들을 이 추적의 노예로 만들고 있는 알 수 없는 마력의 상징이라고 생각되었다.

그들은 서른 명이 아니라 한 사람이었다. 그것은 그들 모두를 태운 하나의 배와 같았다. 한 척의 배가 여러 가지 잡다한 것——참나무·단풍나무·소나무·무쇠·역청·대마 따위들——을 끌어 모은 것이라곤 해도 그 모든 것이 모여 하나의 단단한 선체를 형성하고 긴 중심 용골에 의해서 균형이 주어져서 앞을 향해 돌진한다. 그와 마찬가지로 선원들의 저마다의 개성, 담력, 겁과 공포, 죄와 과오, 이 모든 것들이 하나로 융합되어 하나의 주재자이며 용골인 에이허브가 가리키는 대로 궁극의 숙명으로 달려가는 것이었다.

삭구 있는 데는 많은 선원들이 모여 있었다. 돛대 꼭대기는 높은 야자나무의 우듬지처럼 손발을 벌리고 흔들리고 있었다. 어떤 사람은 한 손으로 활대에 매달리면서 흥분해서 마구 손을 내흔들어 동료 선원들에게 신호를 보내고 있었고, 또 어떤 사람은 강렬한 일광으로부터 눈을 돌리면서 흔들리는 활대 위에 나와 앉아 있었다. 모든 활대는 각자의 운을 기다리다 지친 사람들로 가득 차 있었다. 아아, 그들은 자기들을 파멸시킬지도 모르는 저 한 놈을 쫓으면서 무한히 푸른 바다를 뚫고 어디까지 돌진하려 하는가.

"찾았는데 왜 잠자코 있는가?" 최초의 신호가 있고 나서 몇 분인가 지났어도 아무것도 들리지 않으므로 에이허브가 고함을 쳤다. "나를 매달아 올려라. 너희들은 속고 있는 거야. 모비 딕이 그렇게 한 번만 물을 뿜고 달아날 리가 있는가 말이야."

사실 그대로였다. 조금 뒤에 안 일이지만 너무 열중한 나머지 무언가 다른 것을 물뿜기와 혼동했던 것이다. 에이허브가 높은 망루에 닿고 그 밧줄이 갑판의 막대기에 붙들어 매어지자마자 그는 소리를 질렀고 그것이 어떤 합창의 선창이 되어 대기는 일제 사격 때처럼 진동했다. 조금 전에 물뿜기가 보였다고 생각됐던 지점보다 훨씬 배 가까이에서——1마일도 떨어지지 않은 곳——모비 딕이 갑자기 모습을 나타냈을 때 30명 선원들의 가슴에서는 일제히 환호가 터져 나왔다. 평온하게 조는 듯한 물보라 머리의 신비로운 샘에서 평화롭게 뿜어져 오르는 물보라 같은 것으로 흰고래가 그 존재를 가까이 드러냈던 것은 아니었다. 굉장한 대도약의 위용으로 나타났던 것이다. 이 거대한 향유고래는 헤아릴 수 없는 깊은 심연에서 온 힘을 다하여 튀어 올랐다. 거창한 몸뚱이를 맑게 갠 허공으로 요란한 굉음을 내면서 솟구치며 하얗게 빛나는 산더미 같은 물거품을 일으켜서 자신의 위치를 7마일이나 훨씬 먼 저쪽에서도 뚜렷이 보이게 했다. 이때 그가 흩날린 광란하는 파도는 그의 갈기머리인 것처럼 보였다. 어떤 경우에서 보나 이 뜀뛰기는 하나의 시위 행동이었다.

"뛰어올랐다! 고래가 뛰어올랐다!" 말로 다할 수 없는 호기로움으로, 흰 고래가 연어처럼 하늘 높이 그 몸을 솟구쳤을 때 터져 나온 외침이었다. 너무도 갑작스럽게 새파란 바다가 나타났고, 더구나 더욱 새파란 하늘가에 떠올랐기 때문에 그가 튕겨낸 물방울은 가끔 빙하처럼 눈이 아플 정도로 번쩍번쩍 빛났고, 이윽고 그 세찬 강력함을 잃으며 차츰 희미하게 사라지면서 산골짜기에 밀어닥치는 소나기와도 같은 자욱한 구름 안개가 되었다.

"모비 딕 놈, 태양과 작별을 고하는 도약을 해라!" 에이허브가 외쳤다. "너의 마지막 순간과 작살이 내 손에 있다! 여어이, 모두 내려오라! 한 사람만 앞돛대에 남고 모두 내려오라. 보트! 우물쭈물하지 말아!"

시간이 걸리는 용총줄의 밧줄 사다리는 쳐다보지도 않고 선원들은 유성처럼 돛대 꼭대기에서 뒤쪽에 맨 밧줄이나 마룻줄을 타고 갑판으로 미끄러져 내렸고, 에이허브도 그처럼 재빠르진 않았으나 매우 신속하게 내려왔다.

"내려라." 전날 오후 말끔히 의장되어 있던 보조보트까지 도달하자마자 그는 외쳤다. "스타벅, 본선은 자네에게 맡기겠네! 보트에서 떨어지게나, 그렇지만 너무 멀리 떨어지지 않도록 하게. 자아, 모두 내려라!"

이때 이미 공격 태세를 갖춘 모비 딕은 몸을 돌려 상대를 순식간에 공포로 몰아 넣으려는 듯 세 척의 보트를 향해 접근해 오고 있었다. 에이허브의 보트가 한가운데 있었다. 선원들을 격려하면서 이번에는 그야말로 박치기, 즉 고래의 이마로 곧장 밀고 가겠다고 말했다. 그다지 신기한 일은 아니었다. 어느 거리 안으로 육박했을 때 그러한 방법은 고래의 옆쪽 시야를 이용한 일격을 물리치는 수단이 되기 때문이다. 그러나 그 근접 점에 도달하기 전, 보트 세 척은 고래의 눈에 배의 세 돛대만큼이나 역력히 보였다. 그래서 고래는 맹렬한 속도로 눈 깜짝할 사이에 턱을 쩍 벌리며 보트무리 속으로 돌진해서 꼬리를 휘두르며 사면을 향해서 무시무시한 싸움을 걸어왔다. 여러 보트로부터 화살처럼 날아오는 작살의 칼날에 끄떡도 하지 않고 다만 그 보트들의 판자 한 장 한 장까지 남김없이 잘게 깨뜨려 버리려는 기세였다. 그러나 보트는 백전연마의 군마처럼 끊임없이 선회하면서 노련하게 조종하여 한동안은 적의 마수를 교묘히 피했는데, 때로는 판자 한 장 차로 피하곤 했다.

다만 에이허브의 악마 같은 절규만이 다른 모든 사람의 목소리를 산산이 날리고 있었다.

그러나 드디어 예측할 수 없는 소용돌이 무늬를 그리면서 흰고래는 종횡무진 날뛰며 자기 몸에 박힌 세 가닥의 밧줄을 단단히 끌어당겼으므로 밧줄은 점점 짧아져서 세 척의 보트를 자기를 찌른 작살이 있는 데로 당겨버리고 말았다. 그러나 한동안 고래는 더욱 무시무시한 돌격 태세를 갖추려는 것처럼 한옆으로 몸을 당겼다. 그때를 놓치지 않고 에이허브는 우선 밧줄을 길게 풀어낸 다음 바짝 세게 당겼다가 다시 던지면서 뒤엉킨 것을 풀려고 했다. 그때, 보라! 싸우는 상어의 이빨보다도 더 흉포한 광경이 나타났다.

손에서 떨어져 나간 작살과 창은 그 칼날과 창끝을 곤두세우면서 엉킨 밧줄에 감겨 휘둘려져 섬광과 함께 물방울을 흩날리며 에이허브가 탄 보트의 밧줄걸이에 부딪쳐 올 것 같았다. 다만 한 가지 방법만이 가능했다. 그는 선원용 나이프를 가지고 아슬아슬하게 방사선 모양의 강철군(綱鐵群) 속에 들어갔다가 밖으로 빠져 나와서 그 끝의 밧줄을 당겨 보트의 뱃머리 노잡이에게 건네어 주었다. 그러고 나서 밧줄걸이 가까이에서 두 번 밧줄을 절단하여 걸려 있는 작살이며 창들을 바다 속으로 떨어뜨렸다. 모든 것은 해결되었다. 그 순간 흰고래는 아직도 뒤엉켜 있는 다른 밧줄 사이로 갑자기 돌진하였다. 그리고 가장 심하게 밧줄에 휘감겨 있던 스텁과 플래스크의 보트를 저항하기 어려운 힘으로 자기의 꼬리 쪽으로 끌어당겨서 그것을 마치 물결이 밀려오는 바닷가에서 구르는 두 개의 조가비처럼 맞부딪치게 하고는 자신은 바다 속으로 들어가 들끓는 소용돌이 속에 모습을 감추었다. 그 소용돌이 속에서 난파한 보트의 향기 나는 노송나무 파편이 빨리 휘젓는 펀치주 속에 섞인 육두구 열매처럼 빙글빙글 춤을 추었다.

이리하여 두 보트에 탔던 선원들은 바다 속에서 뱅뱅 돌며 빙글빙글 춤추는 밧줄 통이나 노 같은 부유물에 매달리려고 발버둥치고, 몸집이 작은 플래스크는 비스듬히 누워 빈병처럼 떴다 가라앉았다 하면서 끔찍한 상어의 입에서 달아나기 위해 두 다리를 발작적으로 버둥거리고 있었다. 스텁은 누구든 좀 살려 달라고 고함을 지르고 있었다. 이때 노인의 밧줄은――이미 절단되어 있었으므로――누구든 그 주변에 있는 사람들을 구출하기 위해 거품이는 소용돌이 속으로 던져질 수도 있었다. 그런데 동시에 일어난 갖가지 소란스러운 위난 한복판에서, 아직 망그러지지 않은 에이허브의 보트는 눈에 보이지 않는 쇠철사에 의해서 공중 높이 끌어올려진 것 같았다. 그때 흰고래가 바다 밑에서 쏘아진 화살 같이 수직으로 솟아 올라와서 거대한 이마를 보트 바닥에 부딪쳐 휘두르면서 공중으로 집어던졌기 때문이다. 보트는 뱃전을 밑으로 하고 떨어져 에이허브와 부하들은 바닷가의 동굴에서 나오는 바다표범처럼 발버둥치며 그 밑에서 기어 나왔다.

고래의 최초의 부양은――그가 수면을 쳤을 때 방향을 바꾸었으므로――자기도 모르게 조금 전 그의 파괴 작업이 있었던 중심점에서 약간 떨어진 곳에 있었다. 지금은 그 중심에 등을 돌리고 잠깐 동안 그 갈라진 꼬리를 이리저리 움직이며 떠 있었고, 떠돌아다니는 노라든가 판자 조각이라든가 보트의 조그마한 파편이나 조각이 살갗에라도 닿으면 대번에 그 꼬리를 당겨서 옆으로 해면을 두드려댔다. 그러나 곧 이제 그 일도 끝났다고 만족한 듯 주름투성이의 이마로 바다를 헤치며 엉킨 밧줄을 잡아끌더니 여행자의 일정한 속도로 바람 불어가는 쪽으로 내닫기 시작했다.

전과 마찬가지로 모선은 모든 투쟁을 낱낱이 지켜본 후, 구조를 위해 달려와 보트 한 척을 내려서 떠도는 선원, 통, 노, 그 밖에 무엇이든 건져 올릴 것은 건져 올려서 무사히 갑판에 부렸다. 거기에는 어깨나 손목, 발목을 삔 선원, 납빛의 타박상을 입은 선원, 구부러진 작살이며, 창, 풀 수 없이 엉켜버린 밧줄, 깨진 노며 판자 등 모든 것이 있었다. 그러나 누구 하나 치명상이나 중태인 사람은 없는 것 같았다. 에이허브는 전날의 페들러와 같이 그의 부서진 보트 조각을 꽤 안전한 구명부표로 삼아 완고한 표정으로 매달려 있었다. 그래도 그는 전날의 참사만큼은 기진맥진하지 않은 모양이었다.

그러나 갑판에 끌어올려지자 모든 선원들의 눈이 그에게로 집중되었다. 왜냐하면 그는 혼자 서지 못하고 지금가지 가장 충실한 조수였던 스타벅의 어깨에 거의 기대고 있었기 때문이었다. 그의 고래뼈 다리마저 잘려 버리고 하나의 짧고 뾰죽한 파편만이 남았을 뿐이었다.

"아아 스타벅, 사람에게 기댄다는 건 때론 즐겁군. 매달리는 상대가 누구라도 말일세. 이 에이허브 노인도 좀더 자주 기대고 있었으면 좋았을걸."

"쇠끝이 견디지 못했나요?" 목수가 다가오면서 말했다. "그 다리엔 무척 정성을 들였는데요."

"선장님, 어느 뼈도 부러지거나 하진 않았겠습죠?" 스텁도 성심껏 위로했다.

"뭐라고, 스텁? 완전히 산산조각이 나 버렸지 않은가. 그게 보이지 않는단 말인가? 한 개의 뼈는 부러졌지만 이 늙은 에이허브는 아무 상처도 없네. 그렇지만 이 잃어버린 죽은 뼈는 살아 있는 어느 뼈보다도 나의 본체와 가까웠었네. 흰고래건 사람이건 악마건, 이 늙은 에이허브의 접근하기 어려운 진짜 본체에는 가벼운 상처도 하나 입힐 수 없네. 어느 납덩어리가 저 심해의 밑바닥에 닿을 수 있겠나. 어느 돛대 꼭대기가 저 하늘의 큰 지붕에 닿을 수 있겠는가? 돛대 꼭대기에 있는 자여! 고래는 지금 어느 쪽에 있나?"

"똑바로 바람 불어 가는 쪽입니다."

"키, 위쪽으로. 배에 남아 있던 자들은 곧 돛을 달아라. 보조보트를 모두 내려서 의장하라! 스타벅은 저쪽으로 가서 보트 선원들을 집합시켜라."

"선장님, 그보다 먼저 당신께서 뱃전으로 가시는 걸 돕겠습니다."

"오오, 오오! 이 뼛조각이 나를 무척 괴롭히는군! 무적의 영혼인 선장이 이런 겁쟁이 조수를 두다니, 저주받은 운명일세!"

"뭐라구요?"

"아닐세, 내 육체에 대한 말을 했을 뿐, 자네 이야기가 아닐세. 지팡이가 될 만한 것을 주게나. 그 부러진 창이라도 좋겠지. 선원들을 집합시켜라. 확실히 그놈이 보이지 않는구나. 그러나 신께 맹세하지만 그런 일이 있겠는가! 보이지 않나? 빨리! 전원 소집하라."

노인의 마음을 스치고 지나간 것은 들어맞았다. 선원들을 모아 보니 배화교도가 없었다.

"배화교 놈!" 스텁은 외쳤다. "놈은 틀림없이 끝내 끌려가서……"

"네놈은 황열병에라도 걸려서 뒈져라! 자아, 모두들 위로 아래로 선실로 앞 돛대로 달려가라! 놈을 찾아라! 없을 리가 없다! 없을 리가 없다!"

그러나 곧 모든 선원들이 돌아와서 보고했는데, 배화교도는 아무 데도 보이지 않는다는 것이었다.

"저어, 선장님." 스텁이 말했다. "당신의 엉킨 밧줄에 휘감겨서 질질 끌려가는 것을 본 것 같습니다."

"내 밧줄! 내 밧줄? 끌려갔다구? 갔어? 그 한 마디는 무얼 의미하는가? 어떤 조종이 거기에 울렸기에 이 늙은 에이허브는 종탑처럼 흔들린단 말인

가. 오오, 작살도 보이지 않는군. 저기 있는 잡동사니를 뒤엎어 봐! 보이지 않는가? 저 흰고래를 목표로 벼린 작살이다! 아니, 아니, 아니 이 바보야! 내 손으로 던지지 않았다. 고래 놈에게 찔렀단 말이야! 돛대 꼭대기에 있는 자들! 고래에서 눈을 떼지 마라! 자아, 모두들 보트 의장을 시작해라! 노를 모아라! 작살잡이들! 칼날에 유의하라, 칼날에! 제일 윗돛대의 돛을 올려라! 밧줄을 모두 당겨라. 키잡이들, 힘차게 단단히 목숨을 걸고 해라! 아직도 난 누구의 발길도 미치지 않은 지구를 열 번이라도 돌 수 있다. 아니 그 한복판을 뚫고 들어가서라도 그놈을 죽이지 않곤 그냥 두지 않겠다!"

"전능하신 신이여, 단 한순간이라도 나타나 주시옵소서." 스타벅은 외쳤다. "노인, 결코 그놈을 잡을 수는 없소. 그리스도의 이름을 걸고 이제 이것은 그만두기로 합시다. 이건 악마의 광란보다도 나쁩니다. 이틀내내 쫓다가 두 번 다 산산이 부서지고 말았소. 당신의 다리는 또다시 몸에서 떨어져 나가고 말았소. 당신의 불쾌한 그림자는 사라졌소. 모든 착한 천사들이 당신에게 경고하며 당신에게 모여들고 있소. 이 이상 당신은 무엇을 하고 싶단 말이오? 이 살인어를, 그가 마지막 한 사람까지도 물속에 장사지낼 때까지 추적해야 한단 말이오? 놈 때문에 바다 밑바닥까지 끌려들어가야 한다는 게요? 지옥에까지라도 끌려가야만 한다는 말이오? 오오, 이 이상 놈을 추적하여 몰아세운다는 건 신을 두려워하지 않는, 신을 모독하는 짓이오."

"스타벅, 요즘 나는 자네에게 진정으로 끌리게 되었네. 왜냐하면 결국…… 자네도 잘 기억하고 있을 테지만 서로의 눈 속을 들여다보았을 때부터의 일일세. 그러나 일이 이 고래에 관한 한 자네의 얼굴은 이 손바닥처럼…… 입술도 눈도 코도 없는 공백 상태였으면 하네. 알겠나? 에이허브는 어디까지나 에이허브일세. 이 극의 전부는 변경 없이 진행되지 않으면 안 되는 걸세. 이것은 자네에 의해서, 내게 의해서, 이 바다가 물결치는 것보다도 억만년이나 전부터 예비 연습을 해온 일일세. 바보군! 나는 운명의 부하일세. 그 명령으로 움직이는 걸세. 그대들 말단 단역들이여, 정신 바짝 차리고 나를 따르라! 모두 나의 주위에 서라. 모두들 보라. 못쓰게 된 창에 의지해서 한 늙은이가 잘린 나무 그루터기가 되어 한 다리로 서 있다. 그것이 에이허브——그의 육체의 일부란 말일세. 그러나 그의 영혼은 백 개의 발로 움직이는 지네란 말이야. 나는 폭풍 속에서 돛대가 부러진 배를 끄는 밧줄처럼 상하여 거의 못쓰게 되었다고 느낀다. 또 사람들에게도 그렇게 보일 것이다. 그러나 나는 파멸하기 전에 천둥 같은 소리를 지를 것이다. 아니, 너희들에게 그 말을 들려주기 전에 이 에이허브의 굵은 밧줄은 목표로 삼는 것을 어디까지나 끌어당긴다는 걸 보여 줄 테다. 너희들은 계시라는 걸 믿는가? 그렇다면 큰 소리를 내어 웃고 한 번 더, 라고 외쳐라! 가라앉는 자는 가라앉기 전에는 두 번 수면에 떠오르고 그런 후 다시 한번 떠오르고 그리고 영원히 가라앉는 법이다. 모비 딕도 마찬가지다……이틀간 떠오른다……내일은 사흘째가 된다. 그래, 놈은 또 한번 나올 것이다! 단말마의 물을 뿜으러! 그대들은 용기백배하지 않나?"

"무서운 걸 모르는 불덩어리올시다." 스텁이 외쳤다.

"그리고 기계 장치처럼 말일세" 에이허브는 중얼거렸다. 그리고 나서 모두가 앞으로 나아갈 때 계속 중얼거렸다. "계시라는 것! 어제도 나는 저 스타벅에게 내 부서진 보트의 일로 같은 얘기를 했다. 오오, 나는 내 마음속에 단단히 새겨져 있는 걸 다른 사람의 마음에서 얼마나 기운차게 끌어내려 했는지 모른다! 배화교도! 배화교도! 없어졌어, 없어졌다고? 놈은 나보다 앞서 가기로 되어 있었지. 그리고 내가 죽기 전에 다시 한 번 나오게 되어 있었지. 그건 어떤 일이었나? 이건 대단한 수수께끼로군. 그 옛날의 판관(判官)의 영혼들로부터 후원받고 있는 변호사들이라도 풀지 못할 거다. 그것이 매의 주둥이처럼 나의 뇌를 찌른다. 아니 어떤 일이 있더라도 어떻게 하든지 풀고야 말 테다!"

저녁때가 되어도 여전히 바람 불어가는 쪽에서 고래의 모습이 보였다.

다시 돛이 줄여지고 모든 것은 전날 밤과 거의 마찬가지였다. 다만 선원들이 새벽녘까지 등잔불 밑에서 예비 보트를 빈틈없이 의장하기도 하고, 내일을 위한 새로운 무기를 숫돌에 갈기도 하며 일하고 있었으므로 그 망치 소리며 숫돌 가는 소리가 계속되고 있었다. 그동안 목수는 난파된 에이허브 보트의 부러진 용골로 새 다리를 만들고 있었다. 그리고 에이허브는 전날 밤처럼 모자를 깊숙이 눌러쓰고 승강구에 우두커니 서 있었다. 그의 해시계의 그림자 바늘 같은 시선은 예감에 가득 차서 그 시계판위에서 거꾸로 돌고, 최초의 서광을 찾아 동쪽으로 향하고 있었다.

제135장
추적—그 셋째 날

셋째 날 아침은 맑게 개었고 상쾌하였으며, 앞돛대 꼭대기에서 홀로 망을 보던 선원은 일을 끝내고 교대되어 대신 낮의 망보기들이 모든 돛대와 활대에 모였다.

"보이는가?" 에이허브는 외쳤으나 고래는 아직도 보이지 않았다.

"그러나 틀림없이 그놈이 지나간 자리가 있을 거야. 그 지나간 자리만 쫓아라. 그것뿐이다. 이봐 키잡이, 지금까지 하던 그대로 하게. 오늘도 굉장히 좋은 날씨다. 지금 막 태어난 신세계에서 천사들을 위한 피서지가 생기고 오늘 아침이 그들을 받아들이는 첫날이라도 이처럼 좋은 날씨는 될 수 없을 거야. 만일 에이허브에게 사색할 시간이 있다면 이것이야말로 사색의 제목이야. 그러나 에이허브는 사색은 하지 않고 느끼기 만할 뿐이지. 그것만으로도 죽어야 할 인간에겐 얼얼할 뿐이지. 사색한다는 건 건방진 짓이다. 신만이 그 특권을 갖네. 사색이란 냉정하고 평온한 것이고 또 그래야만 하는 거지. 그런데 우리들의 불쌍한 심장은 고동치고 우리들의 불쌍한 두뇌는 울려 도저히 사색에 견딜 수 없지. 더구나 가끔 나의 두뇌는 얼어붙은 듯 너무 평온해서 이 낡은 두개골 속에 든 게 얼어붙은 유리병처럼 소리를 내며 떨고 있는 것 같아. 그렇지만 지금도 머리카락이 자라고 있어. 이 순간에도 자라고 있다는 건 열 때문이지. 아니, 쓸데없는 잡초가 그린란드의 얼음 사이의 흙이건 베수비어스의 용암 속이건 아무데서나 자라나는 것과 같은 거야. 거친 바람이 그것을 흔들지. 마치 찢어진 돛 조각이 흔들리는 배에 매달려서 때리듯 내 주위를 때려. 더러운 바람일세. 이곳에 오기까지 감옥의 복도와 독방, 병원의 병실을 거쳐 빠져 나와서 여기서는 양털처럼 순진한 얼굴로 불고 있어. 사라져라! 더럽혀져 있어. 내가 바람이었다면 이 사악하고 비참한 세계에 불려 다니지는 않을 거야. 어느 동굴 속으로 들어가 숨어 버릴 거야. 그래도 바람은 용감하고 고상한 거지. 누가 바람을 정복한단 말인가? 어떤 싸움에서도 마지막 뼈아픈 일격을 가하는 것은 바람일세. 창으로 찌르려 해보게. 그저 지나가 버릴 뿐이지. 하하, 바람은 비겁하기도 하지. 발가벗은 사람은 때려눕히면서 자신은 단 한 대도 맞을 생각은 없다. 에이허브가 그것보다는 더 용감하고 더 고상하지. 바람에게 실체가 있다면, 그러나 인간을 해치고 난폭하게 만드는 모든 것들은 실체를 가지고 있지 않네. 그것은 '물체'로선 실체를 갖지 않지만, '힘'으로는 실체를 갖고 있어. 거기에 가장 특수하고 교활한, 그리고 사악한 차이가 있어. 그러나 거듭 말하고 맹세하는데 바람엔 어딘가 극히 빛나는 아름다운 면이 있어. 적어도 이 따뜻한 무역풍, 그것은 억세고 확고해서 발랄한 온화함을 지니고 하늘에서 곧장 똑바로 불어 바다의 비열한 조류가 아무리 굴절하고 선회한다 해도, 땅위의 미시시피 강과 같은 큰 강이 범람해서 제 길을 벗어나 아무데나 흐를지라도 제 갈 길을 벗어나는 일이 없네. 그리고 영원한 두 극지에까지 나의 배를 한결같이 밀어주는 무역풍, 그것이나 그와 흡사한 무엇인가가, 조금도 변화하는 일 없이 힘에 찬 무엇인가가 배와 같은 나의 영혼을 앞으로 불어 보내는 거야, 저 쪽으로 말이지! 돛대 꼭대기에 있는 자들이여, 무엇이 보이나?"

"아무것도 보이지 않습니다, 선장님."

"아무것도! 정오가 가까워오는데! 스페인 금화가 가져갈 사람이 없으면 울 거야. 태양을 보라. 그렇다, 그렇다, 그게 틀림없어. 너무 지나간 거야. 추월한 거지. 그래 지금은 놈이 나를 추적하고 있다. 내가 놈을 추적하는 게 아니라. 괘씸하구나. 빨리 깨달았어야 했는데. 바보! 그놈은 밧줄이니 작살을 질질 끌고 있지 않은가. 그래 어젯밤 동안에 나는 그를 지나온 거야. 뱃머리를 돌려라, 뱃머리에 정해진 망보기만 남겨 놓고 모두 내려오라! 아딧줄에 붙어라!"

지금까지의 진로에서 바람은 피쿼드 호의 고물에 불고 있었으나, 반대로 방향을 돌리자, 활대를 돌린 배는 미풍을 안고 나가게 되어, 흰 배가 지나간 자리에 다시금 크림 같은 거품을 일게 했다.

"바람마저 거스르면서 그놈의 벌린 턱을 향해 나아가는 구나." 스타벅은 새로 내려진 큰돛대의 아딧줄을 난간에 감으면서 혼잣말을 했다. "신이여, 지켜 주시옵소서. 그러나 이미 내 몸속의 뼈는 축축해져서 안쪽에서 내 살갗을 적시고 있는 것 같구나. 뭐가 뭔지 모르겠다. 나는 신에게 복종함으로써 신을 거역하고 있는 것이 아닐까!"

"나를 매달아 올릴 준비를 하라!" 에이허브가 대마로 만든 바구니 쪽으로 걸어가면서 외쳤다. "이제 곧 그놈을 만나게 될 거다."

"네, 네, 선장님." 스타벅은 즉시 에이허브의 명령에 따르고 다시 에이허브는 높이 올려졌다.

꼭 한 시간이 지났다. 두들겨 편 금박처럼 몇 세기를 지난듯이 느껴지기도 했다. 시간 그 자체가 견딜 수 없는 긴박감으로 숨을 죽이고 있었다. 드디어 바람 불어오는 뱃머리의 약 3점 방향에서 에이허브는 또다시 물뿜기를 확인하였고 곧 세 돛대 꼭대기에서 불꽃 혀가 소리를 지르듯 세 마디의 절규가 터져 나왔다.

"모비 딕! 이마와 이마를 맞댄 세 번째의 대면이다! 거기 갑판에 있는 자들! 활대를 좀더 돌려라. 돛을 모조리 달고 바람이 불어오는 쪽으로 향하라. 스타벅. 아직 보트를 내리기엔 너무 멀어. 돛이 몹시 떨리고 있어. 망치를 갖고 키잡이를 지켜보게! 그렇다, 그래. 놈은 빠르단 말야, 나는 내려가야 해. 그렇지만 한 번만 더 이 높은 데서 충분히 바다를 바라봐야지. 그럴 시간은 있으니까. 너무나 낯익은 광경, 그럼에도 어쩐지 낯설군. 그렇다. 내가 어릴 적 낸터킷의 모래언덕에서 처음 보았을 때와 조금도 변하지 않았다! 똑같다! 똑같아! 노아에게도 나에게도 똑같다. 바람이 불어 가는 쪽은 옅은 소나기가 쏟아지고 있군. 참으로 우아한 경치다. 그것은 어딘가 세상의 보통 육지와는 다른 열대수의 숲보다도 더욱 향기로운 땅으로 이끌려 감에 틀림없다. 바람이 불어 가는 쪽! 흰고래는 그쪽으로 간다. 그럼 바람 불어오는 쪽을 보자. 험하긴 해도 좋은 방향이다. 그러나 잘 가거라, 안녕, 정든 돛대 꼭대기여! 이것은 무엇인가? 푸른빛이구나. 아아, 나무 틈 사이에 조그마한 이끼가 끼어 있구나. 에이허브의 머리에는 그런 푸른빛은 없다. 거기에 인간의 노령과 물체의 노령과의 차이가 있지. 낡은 돛대여, 우리들은 함께 늙었다. 그러나 나의 배여, 우리의 몸은 아직 건전하지 않은가? 단 하나, 다리가 없다. 그것뿐이다. 신께 맹세코 이 죽은 나무가 어느 모로 보나 나의 육체보다도 훌륭하다. 나는 비교도 되지 않는다. 죽은 나무로 만들어진 배 안에는 용감하고 활기 있는 아버지의 정기로 만들어진 인간의 생명보다도 더 오래 가는 것이 있다. 그래서 배화교도들은 뭐라고 했던가? 언제나 나의 뱃길 안내자가 되어 앞서가며 또 한번 나타날 거라고 했다. 어디서인가 내가 끝없는 계단을 내려간다고 가정하면 바다 밑바닥에서도 볼 수 있을까? 게다가 그놈이 빠진 데가 어디인지, 나는 밤새도록 멀리 와 버리지 않았나. 그래, 그래, 배화교도여, 자네도 수많은 다른 사람들처럼 자신의 일에 대해선 슬픈 진실을 말했지만, 그러나 에이허브에 대해선 자네의 화살은 과녁을 벗어났다. 안녕 돛대 꼭대기여! 내가 없는 동안에도 고래를 잘 살펴보아 다오. 내일은, 아니 오늘밤에라도 흰고래란 놈이 대가리도 꼬리도 묶여서 발밑에 누웠을 때 이야기하자."

그는 명령을 내렸다. 그리고 여전히 주위를 바라보면서 창창한 공기를 가르며 서서히 갑판으로 내려졌다.

이윽고 보트가 내려졌다. 그러나 에이허브는 보트 고물에 선 채 아래로 내려가려다가 잠시 망설이고 항해사——그때 갑판에서 한 줄의 교차된 밧줄을 잡고 있었다——를 향해서 손을 흔들어 멈출 것을 명령했다.

"스타벅."

"네."

"세 번째 내 영혼의 배가 항해에 나가네, 스타벅."

"네, 선장께선 그걸 바라시겠지요."

"어떤 배는 항구를 떠나 그 후는 영원히 행방을 알 수 없게 되지, 스타벅."

"정말입니다. 선장님, 가장 슬픈 진실입니다."

"어떤 자는 썰물 때에도 죽는다. 어떤 자는 물이 완전히 빠졌을 때, 또 어떤 자는 밀물 때에…… 나는 지금 방금 부서지려는 파도의 꼭대기에 있는 것 같군. 스타벅, 나는 나이를 먹었어. 자아, 악수하세."

그들은 손을 마주 잡고 서로 눈을 떼지 못했다. 스타벅은 눈물을 글썽거렸다.

"오오, 선장님, 선장님! 소중한 분이여! 가지 마십시오, 가지 마십시오! 보십시오, 용감한 사나이가 울고 있습니다. 아픈 마음으로 당신을 설득하고 있습니다."

"보트를 내려라!" 항해사의 팔을 뿌리치면서 에이허브는 외쳤다. "전원,

준비!"
 눈 깜짝할 사이에 보트는 고물에 닿을 듯 말 듯 물 위에 떴다.
 "상어! 상어다!" 이때 돌연 선장실 창문에서 고함치는 목소리가 있었다. "오오, 선장님, 선장님, 돌아오십시오!"
 그러나 에이허브는 아무것도 듣지 못했다. 왜냐하면 그 자신이 목소리를 크게 지르고 보트는 무섭게 달리고 있었기 때문이었다.
 그러나 그 목소리는 진실을 알리고 있었다. 그가 모선에서 떠날까말까 할 때 수많은 상어가 선체 밑의 어두운 물속에서 나온 듯 노끝이 물속에 들어갈 때마다 악의를 품은 듯 거기에 달라 붙기를 계속하면서 보트를 쫓아갔다. 이런 일은 상어가 많은 해역에서 포경 보트에 흔히 일어나는 일이다. 그들은 가끔 행진하는 군대의 깃발 위를 나는 독수리와 같이 어떤 선견지명을 갖고 따라오는 것 같았다. 그러나 흰고래를 발견한 이후 피쿼드 호가 상어를 본 것은 처음이었다. 그것은 에이허브의 보트 선원들이 모두 황색의 야만인들이고, 그들의 살이 상어에게는 더욱 향기롭기 때문인지는——그들도 그것을 잘 알고 있다——알 수 없지만, 아무튼 상어들은 다른 보트에는 덤벼들지 않고 이 한 척만을 따라다니는 것 같았다.
 "수없이 단련된 철의 심장이군." 스타벅은 뱃전에서 멀리 멀어져 가는 보트를 눈으로 쫓으며 중얼거렸다. "저 광경을 보고도 여전히 기운차게 고함을 친단 말인가? 굶주려서 탐욕스러운 상어들 한복판에 보트를 내리고 입을 쩍 벌린 놈들에게 쫓기면서도 고래를 쫓는단 말인가? 더욱이 성공이냐 실패냐 하는 셋째 날에. 격렬한 연속적인 추적이 계속해서 사흘간 지속될 때에 잊어서는 안 되는 건 첫날이 아침이고, 둘째 날이 낮이고, 사흘째가 밤이자 마지막이 된다는 사실. 그게 어떤 결말이든 간에, 오오, 신이여! 나의 몸속을 뚫고 달리는 것은 무엇입니까? 더욱이 나를 죽은 듯이 조용하게 하고, 그러면서도 가슴은 두근거리게 하고 전율의 절정에서 머무르게 하는 것은 무엇입니까. 미래가 텅 빈 윤곽과 뼈대만으로 눈앞에서 빙글빙글 춤추고 있어 과거는 어쩐지 희미하게 사라질 것만 같다. 그리운 메리! 당신은 내 뒤쪽으로 창백한 빛에 싸여서 사라져간다. 아기야! 네 눈이 이상할 만큼 파랗게 보이는 것 같구나. 인생의 가장 신비로운게 확실해지려는 것 같다. 그러나 구름이 밀려와서 방해를 놓는구나. 나의 여행길의 종말이 오는 것인가.

다리는 하루 종일 걸은 것처럼 힘이 빠져온다. 심장은 어떤가? 아직 고동은 치고 있는가? 스타벅, 기운을 내라! 뿌리쳐라! 움직여라! 움직여! 큰 소리로 외쳐라! 여어이, 돛대 꼭대기에 있는 사람! 언덕 위에 서 있는 우리 아기의 손이 보이는가? 정신이 돌았나! 어이, 꼭대기에 있는 사람! 보트를 열심히 감시하라! 고래도 단단히 보고 있게! 저런, 또! 저 매를 쫓아버려라. 보라 쪼아대지 않는가? 바람개비를 찢는다." 그는 큰 돛대 꼭대기에 휘날리는 붉은 깃발을 가리키며 말을 계속한다. "깃발을 뺏어 갖고 날아갔구나. 지금 노인은 어디쯤 있나? 저걸 보았습니까, 에이허브 선장님? 오오, 떨린다, 떨려!"

보트가 그다지 멀리 가지 않았을 때, 돛대 꼭대기에서의 신호──아래를 향하여 내민 팔──에 의해서 에이허브는 고래가 물 속으로 들어간 것을 알았다. 그러나 다음에 떠오를 때 고래 가까이에 있으려고 그는 모선에서 약간 빗겨 나아갔다. 주문에 걸린 듯한 선원들은 파도가 그것을 거스르는 뱃머리에 꽝하고 부딪칠 때, 깊은 침묵에 잠겨 있었다.

"이놈의 파도야! 너희들의 못을 박아라. 박아. 못대가리의 끝까지 두들겨 넣어라. 그러나 네놈들은 뚜껑이 없는 것을 두드리고 있을 뿐이다. 관도 내겐 소용없단 말이다! 밧줄만이 나를 죽인단 말이다, 핫핫!"

갑자기 그들 주위의 해면이 커다란 동그라미를 몇 겹이나 그리면서 천천히 부풀어올라온 순간 마치 빙산이 물속에서 급속히 수면에 떠오를 때 비스듬하게 미끄러지듯 한꺼번에 솟아올랐다. 낮게 울리는 소리가 땅속에서의 울림처럼 들렸다. 사람들은 모두 숨을 죽였다. 거대한 형체가 너저분하게 꼬리를 끄는 밧줄이며 작살이며 창 등에 얽혀서 기다랗게 물속으로부터 비스듬히 밀고 올라왔다. 엷게 늘어뜨린 안개의 베일을 수의처럼 걸치고 한순간 무지갯빛 하늘에 걸려 있다가 곧 바다 속으로 털썩 떨어졌다. 30피트 가량 튀어 오른 물은 잠시 동안 수많은 샘처럼 빛났으나 곧 단속적으로 눈의 폭포로 떨어져 내리며 수면에 동그라미 무늬를 그려서 고래의 대리석빛 몸 주위를 막 짜놓은 우유와 같은 크림빛으로 가득 차게 했다.

"저어라!" 에이허브가 노잡이들에게 소리치자 보트는 쏜살같이 돌격했다. 그러나 모비 딕은, 어제 새로 찔려 썩어 들어가는 작살 때문에 광란하여, 하늘에서 내려온 온갖 천사의 무리에 싸여 있는 것 같았다. 넓고 허연 앞이마에 겹겹이 모여 있는 힘줄은 투명한 피부 밑에서 한데 주름층을 이루고 있는 것처럼 보였다. 흰고래는 꼬리로 보트 사이를 휘저으면서 앞으로 나아가서 또다시 보트를 교란하였다. 두 항해사의 보트에서는 작살이며 창이 마구 쏟아졌다. 그래도 모비 딕은 그 두 보트의 뱃머리 위쪽을 닥치는 대로 때려 부쉈는데, 에이허브의 보트만은 거의 아무런 상처도 입지 않았다.

대구와 태슈테고가 튀틀린 배 판자를 막고 있었는데, 그들에게서 멀어져 가려던 고래가 뒤를 돌아보고 옆으로 돌진하면서 몸체의 한쪽을 전부 보이며 다시 작살을 맞게 될 찰나 갑자기 울부짖는 소리가 들렸다. 고래의 등에 전날 밤 그 고래가 밧줄 속에 몸부림쳐서 무수하게 엉켜버린 밧줄에 여러 겹으로 묶여있는 거의 찢겨 나간 배화교도의 시체가 보였다. 그 새카만 옷은 너덜너덜 찢어지고, 부풀어 오른 눈은 똑바로 에이허브 쪽을 쳐다보고 있었다.

작살이 에이허브의 손에서 떨어졌다.

"나를 놀리는구나, 놀려!" 에이허브는 길고 희미하게 숨을 들이켰다. "흠, 배화교도 놈! 또 만났구나! 과연 너는 먼저 갔다. 그리고 이것이 네가 약속한 관 받침대란 말이지. 그러나 네 마지막 한 마디까지 잘 생각해야겠다. 두 번째 관대란 뭔가? 자아, 항해사들, 배로 돌아가라! 자네들의 보트는 이제 못쓰겠네. 시간이 맞으면 수선해서 다시 한번 나오게. 만약 오지 않는다면 죽는 것은 에이허브만으로 충분해. 이봐, 내 보트에 탄 자들, 모두 앉아라. 내가 서 있는 이 보트에서 뛰어 나가려는 놈이 있으면 발견하는 대로 그놈을 이 작살로 찔러 버릴 테다. 너희들은 나와 다른 인간이 아니다. 나의 팔이며 다리이다. 그러니까 복종하라! 고래는 어디 있나, 다시 들어갔나?"

그러나 그는 보트 근처만을 보고 있었다. 모비 딕은 짊어진 시체와 더불어 달아날 생각이었는지, 조금 전에 만났던 지점은 바람 불어 가는 쪽으로 가는 여행 도중 하나의 쉬는 곳에 불과했는지, 다시 착실하게 전진하기 시작했다. 그리하여 지금까지 그와 반대 방향으로 달리다가 바로 조금 전부터 잠깐 머물러 있던 모선 근처를 지나가고 있었다. 그는 전속력으로 헤엄치고 있는 듯했고, 오직 바다에서 자기가 갈 길만을 따라 곧장 전진하려 하고 있는 것 같았다.

"오오, 에이허브!" 스타벅이 외쳤다. "지금이라도, 사흘째 되는 날이라 해도 그만두기에 늦진 않습니다. 보시오, 모비 딕은 당신을 찾고 있지 않습니다. 미친 사람처럼 쫓아가는 것은 당신이오, 당신이에요!"

일어나는 바람에 돛을 달고 외로운 보트는 노와 돛의 힘으로 바람불어 가는 쪽으로 빠르게 밀려가고 있었다. 드디어 에이허브가 모선 곁을, 난간에 기대어 바라보고 있는 스타벅의 얼굴을 확실히 분간할 수 있을 정도로 바싹 지나쳤을 때, 그는 스타벅에게 모선을 돌려 적당한 간격을 두고 너무 빠르지 않게 뒤를 쫓아오도록 명령했다. 위를 올려다보니 거기에는 태슈테고, 퀴퀘그, 그리고 대구가 열심히 세 개의 돛대 꼭대기로 기어오르려는 참이었다. 한편 노잡이들은 지금 막 뱃전에 매달아 올린 두 척의 부서진 보트 안에서 흔들리면서 분주하게 수선하고 있었다. 또한 그가 차례로 뱃전의 창문 앞을 급히 지나갈 때, 그 창문에서 스텁과 플래스크가 갑판의 새 작살이며 창더미 속에서 바쁘게 움직이고 있는 게 힐끗힐끗 보였다. 그가 이 모든 것을 보고, 부서진 보트 안에 울리는 망치 소리를 들었을 때, 그것과는 전혀 다른 망치가 그의 심장에 못을 때려 박고 있는 듯했다. 그러나 그는 기운을 다시 찾았다. 그리고 큰 돛대 꼭대기의 바람개비 노릇을 하는 깃발이 없어진 것을 확인하자 그때 마침 그곳 발판에 올라가 있던 태슈테고를 향하여, 다시 내려와 깃발과 망치와 못을 가져다가 깃발을 돛대에 박도록 명령했다.

사흘간의 추적과 얽혀든 밧줄을 무릅쓰고 헤엄치는 것이 피로했는지, 아니면 그의 속에 잠재해 있는 기만과 악의에 기인한 것이었는지, 그 어느 쪽이 진실이었든 간에 흰고래의 속도는 느려지기 시작했다. 따라서 그를 뒤쫓는 보트와의 거리는 추적 직전과는 비교도 되지 않을 정도로 좁혀졌다. 한편, 에이허브가 파도 사이를 헤쳐 나갈 때 무지막지한 상어들이 줄곧 따라다니며 집요하게 보트를 물고 늘어지고 심지어 노에까지 덤벼들어 물어뜯는 통에 그 노끝은 톱날처럼 잘게 갈라졌고 물을 저을 때마다 작은 파편들이 바다에 남겨졌다.

"개의치 마라! 이놈들의 이빨이 너희들의 새로운 노받이가 되어 주는 거야. 저어라, 저어! 고분고분한 물보다는 상어턱이 오히려 노를 쉬게 하기에 편해."

"그렇지만 선장, 물어뜯을 때마다 얇다란 노가 점점 작아져 버립니다."

"그래도 충분해. 저어라! 그렇지만 모르겠는걸……" 그는 중얼거렸다. "이 상어놈들이 헤엄치고 있는 것은 고래를 먹기 위해서인지 아니면 이 에이허브를 먹기 위해서인지, 아무튼 저어라! 모두들 기운을 내라! 놈은 가까이 왔다. 키자루, 키자루를 잡아라! 나를 그리로 가게 해다오." 그러자 두 노잡이가 그를 도와 질주하고 있는 보트의 뱃머리로 가게 했다.

드디어 보트가 한쪽으로 기울면서 흰고래의 옆구리와 평행해서 달리기 시작했다. 그러자 고래는——때때로 일어나는 일이지만——이상하게도 앞으로 가는 것을 잊어버린 것 같았다. 그래서 에이허브는 고래가 뿜는 물에서 흩날린, 거대한 모나드노크 산과 같은, 고래등 주위의 자욱한 안개 속에 거의 파묻히고 말았다. 그리하여 고래에게 훨씬 더 가까워졌다. 그래서 그는 등을 굽히고 양 팔을 길게 뻗쳐 높이 들어올려 균형을 잡고 예리한 작살과 더욱 날카로운 저주를 증오스러운 고래에게 던졌다. 그 쇠칼날과 저주가 모비 딕의 눈구멍을 마치 습지에 쑤셔넣듯 찔렀을 때, 그는 옆으로 몸을 뒤틀고 보트와 가까운 곳에서 옆구리를 경련적으로 회전시켜서 뱃머리에 부딪쳤다. 구멍은 내지 않았지만 갑작스럽게 보트를 뒤집어엎을 듯이 기울였다. 그때 에이허브는 뱃전의 높은 곳에 달라붙어 있었는데, 만일 그렇지 않았다면 다시 바다에 내동댕이쳐졌을 것이다. 그 대신 노잡이 세 명이——작살을 던지는 순간을 미리 짐작하지 못하고, 그 결과 일어나는 일에 대비하지도 못했기 때문에——내팽개쳐졌다. 다음 순간 그 중 두 사람이 곧 뱃전을 움켜잡고 밀려오는 파도를 타고 뱃전 높이까지 와서 온몸으로 보트 속으로 굴러들었다. 세 번째 사나이는 운 나쁘게도 고물 쪽으로 떨어졌으나 그래도 물 위에 떠올라 헤엄치고 있었다.

그와 거의 동시에 흰고래는 속력을 내기로 강한 결의를 품은 듯 느닷없이 거품 이는 물결을 헤치고 질주하기 시작했다. 그러나 에이허브가 키잡이에게 밧줄을 따라 방향을 바꾸어 단단히 쫓아야 한다고 외치고, 또 노잡이에게는 뒤로 돌아 앉아서 보트가 목표를 향하여 가도록 하라고 명령한 순간 불안하던 밧줄이 맹렬히 당긴 긴장에 견디지 못해서 공중에서 툭 끊어져 버렸다.

"내 속에서 부러진 것은 무엇인가? 근육이 소릴 냈어! 아니 아직 끄떡없다. 저어라, 저어! 놈을 향해 돌격하라!"

파도를 깨뜨리는 보트의 무서운 기세를 듣자, 고래는 몸을 한 번 회전하여

자세를 고치고 그 흰 앞이마를 쑥 내밀었다. 그러나 덤벼들려고 몸을 돌리는 순간 접근해 오는 모선의 검은 선체를 확인하자, 아마도 그곳에 자신을 박해하는 모든 것의 근원이 있다고 느꼈는지, 아니면 그것이 보다 거대하고 고귀한 적이라고 느꼈는지, 갑자기 불꽃같은 거품의 소나기 속에 턱을 부딪치면서 접근해 오는 모선의 뱃머리를 향해 맞부딪치려 했다.

에이허브는 비틀거리며 한 손으로 이마를 두드렸다. "눈이 보이지 않아. 이봐, 그래도 나는 더듬어서라도 앞으로 나아갈 테다. 벌써 밤인가?"

"고래! 배!" 노잡이들은 몸을 웅크리며 외쳤다.

"노를 잡아라! 노를! 오, 바다여, 밑바닥까지 기울여 다오. 이 에이허브가 너무 늦어지기 전에 적을 향해서 다시 한번 마지막으로 부딪치고 싶다. 아, 보인다, 배다! 배다! 모두들 마구 달려라! 배를 구하고 싶지 않은가?"

그러나 노잡이들이 보트를 때리는 파도 속을 필사적으로 돌진해 나갈 때 조금 전에 고래에게 얻어맞았던 보트 끝의 판자 두 장이 떨어져나가는 바람에 보트는 눈 깜짝할 사이에 불구가 되어 물결과 수평으로 가라앉아, 선원들은 물에 빠져 첨벙거리면서 열심히 구멍을 틀어막기도 하고 밀려들어오는 바닷물을 퍼내기도 해야 했다.

시선을 얼어붙게 만드는 바로 그 순간에, 돛대 꼭대기의 태슈테고의 망치는 여전히 그의 손에 들려 있었고, 격자무늬의 모포처럼 그를 반쯤 싸고 있던 붉은 깃발은 마치 그 심장이 앞으로 튀어나온 듯 그의 몸 앞쪽으로 나부끼고 있었다. 한편 스타벅과 스텁은 밑의 제1사장에 서서 그와 동시에 덮쳐오는 괴마를 보았다.

"고래다, 고래다! 키를 위쪽으로, 키를 위쪽으로! 오오, 하늘의 자애로우신 여러 영들이여. 저를 꼭 안아 주십시오! 스타벅이 죽지 않으면 안 된다면 적어도 여자가 놀라 기절할 때처럼 죽지는 않게 해주십시오. 바보! 키를 위쪽으로 돌리란 말이다! 턱, 턱이다! 이것이 고작 나의 가슴이 터질 듯한 기도, 나의 평생의 진실의 결과란 말인가! 오오, 에이허브, 에이허브, 당신이 한 일을 보시오! 단단히, 키잡이여, 단단히! 아니, 아니, 다시 한번 키를 위쪽으로! 놈이 이쪽을 향해온다. 무지막지한 이마를 부딪쳐 오고, 그는 이제 거기서 벗어날 수 없다. 아아, 신이여, 제 곁에 있어 주시옵소서!"

"누구라도 좋아. 스텁을 구해 줄 생각이 있는 사람은 곁이 아니라 밑에 서 달라. 스텁도 여기서 움직이지 않을 테다. 고래놈, 비웃고 있구나. 나도 네 놈을 비웃는다. 이 스텁을 구한 자, 스텁의 눈을 떠 있게 했던 자는, 이 스텁의 부릅뜬 눈알뿐이었다. 그런데 한심한 건 스텁은 이제부터 잠을 자지 않으면 안 되겠는데, 이불이 너무 포근하단 말이다. 하다못해 덤불이라도 깔려 있으면 좋겠구나. 비웃는 고래야, 나는 비웃는다. 이봐, 태양이여, 달이여, 별이여! 그대들은 지금까지 유령이 된 어떤 사람보다도 착한 사나이의 암살자들이다. 그러나 그대들이 술잔을 들 수 있다면 이별주를 건배하고 싶구나. 오오, 오오, 오오, 빙글빙글 웃고 있구나, 고래놈. 이제 그 입 가득히 처먹겠구나. 이봐요, 에이허브, 어째서 달아나지 않소? 난 말요, 신발과 재킷을 벗고 속옷 차림으로 죽고 싶단 말이오. 지독한 곰팡내와 소금냄새를 풍기는 죽음이지만 말이오. 버찌, 버찌다, 버찌! 이봐, 플래스크, 죽기 전에 한 개라도 좋으니 버찌를 먹고 싶네그려!"

"버찌요? 난 그저 그게 자라고 있는 곳에 가고 싶을 뿐입니다. 스텁 항해사님, 내 불쌍한 어머니가 내 몫을 조금이라도 찾아 두었다면 좋겠군요. 왜냐하면 이것으로 항해도 끝날 테니, 이젠 단돈 한 푼도 주어지지 않을 테니까요."

거의 모든 선원들이 이물에서 멍하니 바라다볼 뿐, 망치, 판자조각, 창, 작살 등도 그들이 각자의 일들을 내동댕이치고 뛰쳐나왔을 때 그대로 기계적으로 손에 쥐어져 있을 뿐이었다. 저주에 찬 그들의 눈은 모두 고래에게로 쏠리고 있었다. 고래는, 운명을 예견하는 듯 머리를 야릇하게 좌우로 흔들면서 내달리고 있었고, 앞쪽으로 반원을 그리며 사방으로 퍼지는 거품으로 넓은 띠를 만들고 있었다. 그 모습에 박해에 대한 보복, 험악한 복수, 영원한 악의 등이 가득히 넘치고 있어 산 사람의 힘으로는 아무런 저항도 할 수 없었다. 고래가 그 튼튼한 흰 성벽 같은 이마로 배의 우현 이물쪽을 때려 사람도 목재도 모두 비틀거렸다. 어떤 사람들은 앞으로 고꾸라지기도 했다. 작살잡이의 머리는 짐을 내린 수레처럼 그 황소 같은 목 위에서 떨렸다. 구멍으로부터는 바닷물이 계곡의 격류처럼 밀려드는 소리가 들렸다.

"배가 관대구나, 두 번째의 관대다!" 에이허브는 보트 위에서 외쳤다. "저거야말로 미국 재목이구나!"

고래는 가라앉는 선체 밑으로 들어가 용골을 따라 진동하면서 달리다가 물속에서 회전하더니 뱃머리의 좌현에서 멀리 떨어진 곳에 화살처럼 몸을 내밀었다. 그곳은 마침 에이허브의 보트에서 불과 몇 야드 떨어진 지점이었는데 고래는 거기에서 잠시 움직임을 멈추었다.

"나는 태양에 등을 돌린다. 왜 그런가, 태슈테고! 그대 망치소리를 들려 주게나. 오오, 나의 불굴의 세 첨탑이여, 깨질 줄 모르는 용골이여, 신만이 상처를 입힐 수 있는 선체여. 견고한 갑판, 오연한 키, 북극성을 가리킨 뱃머리……죽는다 해도 찬연한 배여! 너도 멸망해야 하는가! 더욱이 나와는 떨어져서! 내겐 가장 비참하게 파선된 배의 선장이 지니는 그런 마지막 자존심도 주어지지 않는단 말인가! 오오, 고독한 인생 끝에 고독한 죽음! 오오, 나의 최고의 위대함은 나의 최고의 슬픔 속에 있다. 오, 나의 흘러간 생애의 거친 파도여, 끝없는 먼 곳에서 다시 밀려와 이 높고 높은 나의 죽음의 파도를 더욱 높이 일게 하라! 파괴력을 휘두르지만 정복할 힘도 없는 그대, 고래여, 나는 네놈을 향해 덤비고 네놈과 맞붙어 싸워, 지옥 한복판에서 너를 찌르고 오직 증오의 이름으로 마지막 숨을 너에게 뿜아낸다. 모든 관과 관대를 물웅덩이 속에 가라앉게 하렴. 그런 것들은 결코 내 것일리 없다. 저 주받을 고래 놈, 나는 네놈에게 붙들린 채 네 놈을 추적하고, 그리고 갈가리 찢어 놓겠다. 자아, 이 창을 받아라!"

작살이 던져졌고, 작살을 맞은 고래는 달아났다. 밧줄은 불이 붙은 듯 빠른 속도로 홈통을 달리다 엉키고 말았다. 에이허브는 몸을 굽혀 그것을 풀려고 했다. 곧 엉킨 것이 풀렸다. 그러나 밧줄이 날아가 그의 목에 감겨 터키의 벙어리가 희생자를 목조를 때처럼 소리도 없이, 선원들이 그가 없어진 것을 알아 채기도 전에 보트에서 내던져졌다. 다음 순간 밧줄 끝의 무거운 고리가 완전히 텅 비어 버린 밧줄 통에서 튕겨나가 한 노잡이를 쓰러뜨리고, 바다를 치며 물속 깊이 사라지고 말았다.

순간 돛을 잃은 선원들은 막대기처럼 섰다가 잠시 후 뒤를 돌아보았다. "배는? 오오, 신이여, 배는 어디에?" 곧 어두컴컴하게 눈을 가리는 자욱한 수증기를 통해서 희미하게 사라져가는 그림자가 보였다. 그것은 뿌옇게 일어나는 신기루 속의 무엇처럼 보였다. 돛대의 꼭대기만이 물 밖으로 나와 있을 뿐이었다. 한편 이교도 작살잡이들은 정신이 홀려서인지, 충성된 마음에 서였는지, 아니면 운명에 의해서였는지 꼼짝도 하지 않고 가라앉으면서 높

제135장 추적—그 셋째 날

이 솟은 발판 위에서 바다위의 망보기를 계속하고 있었다. 그러고 나서 동심원을 그리는 소용돌이가, 외따로 떠도는 보트도, 그 선원들도, 떠 있는 노도, 창대도, 생명이 있는 것이나 없는 것이나 모조리 휩쓸어 빙글빙글 돌리면서 피쿼드 호에 속한 것이라곤 나뭇조각 하나도 남기지 않고 시계에서 삼켜버리고 말았다.

마지막으로 휩쓸어 가는 물결이 서로 뒤섞이면서 큰 돛대 꼭대기에서 가라앉아 가는 인디언의 머리 위를 덮었고, 눈에 보이는 것이라곤 다만 곧게 서 있는 몇 인치 가량의 둥근 목재와 모든 것을 삼키려는 물결 위로 닿을 듯 말 듯 아이러니한 대조를 아루며 조용히 나부끼는 몇 야드 길이의 깃발뿐이었다. 그 순간 빨간색의 팔과 뒤로 치켜 올려진 망치가 공중으로 밀려 올라와서 그 깃발을 천천히 사라져 가는 돛대에 단단히, 더욱 단단히 못질하려 하고 있었다. 매 한 마리가 별 사이의 자기 보금자리에서 내려와 놀리듯이 돛대 머리를 따라오면서 깃발을 주둥이로 쿡쿡 쪼거나 하여 태슈테고가 하는 일을 방해하고 있었는데 그 새의 커다란 날개가 우연히 망치와 목재 사이에 끼어 버렸다. 그러자 물속으로 가라앉아 가는 야만인은 죽음의 손아귀 속에서 천상의 전율을 느끼면서 망치질을 멈춘 뒤 움직이지 않았다. 하늘의 새는 대천사와 같은 외침소리를 내며 제왕의 주둥이를 하늘로 쳐들고, 에이허브의 깃발에 온몸을 둘둘 감겨, 그의 배와 더불어 가라앉고 말았다. 배는 사탄과도 같이 하늘의 살아있는 한 조각까지 함께 끌어당겨, 그것을 머리에 쓰지 않고는 결코 지옥으로 가라앉으려 하지 않았던 것이다.

이때 조그마한 해조의 무리가 아직도 입을 벌리고 있는 심연 위를 외치면서 날아다녔다. 가파른 심연에서는 음산한 흰 파도가 찰랑거리고 있었다. 모든 것은 무너졌고 바다의 커다란 수의는 5천 년 전에 굽이치던 것과 마찬가지로 굽이치고 있었다.

에필로그

"나만 홀로 피한고로 주님께 고하러 왔나이다."

〈욥기〉 제1장

  연극은 끝났다. 그렇다면 무엇 때문에 여기에 한 사람이 등장한 것인가. 한 사람이 난파된 배에서 살아남았기 때문이다.
  배화교도가 실종된 뒤, 에이허브의 제1노잡이가 그 빈 자리를 채우고, 뜻밖에도 내가 운명에 의해서 그 대신에 다시 제1노잡이가 되었다. 마지막 날 흔들리는 보트에서 세 사람이 내동댕이쳐졌을 때, 보트 고물 쪽으로 떨어졌던 사나이가 바로 나였던 것이다. 그래서 그 후에 일어난 장면들을 그 주변에 떠돌면서 하나도 빼놓지 않고 볼 수 있었다. 그리고 배의 침몰로 인한 흡인력이 점차 약해질 무렵 나는 그것에 붙잡혀서 서서히 소용돌이 속으로 끌려들어가게 됐다. 그 소용돌이 속에 들어갔을 때, 이미 그 힘은 약해져서 흰 거품이 이는 연못처럼 되어 있었다. 그 뒤 나는 마치 저 익시온(헤라를 사모한 죄로 제우스로부터 영원히 돌아가는 타르타로스의 불의 수레바퀴에 묶이는 벌을 받은, 라피타이 족의 왕)처럼 빙글빙글 돌려져 차츰차츰 중심으로 들어가 천천히 도는 소용돌이 바퀴의 축에 달린 단추와 같은 검은 거품에 가까워져갔다. 드디어 그 활발한 중심점에 도달했을 때, 검은 거품은 높이 튀어 오르고, 그때 저 관으로 만든 구명부표가 그 교묘한 탄력에 의해서 배에서 떨어져 커다란 부양력으로 힘차게 솟아올라 해면에서 높이 튀어 올랐다가 떨어져서 내 옆으로 밀려왔다. 그 관을 부표로 삼아 나는 거의 하루 밤과 낮을 조용히 만가를 연주하는 듯한 바다 위를 떠돌았다. 상어 떼도 해치려 하지 않고 입에 자물쇠라도 채운 듯 옆을 헤엄쳐 다니고, 흉악한 바다 독수리도 그 부리를 칼집에 넣은 듯이 날고 있었다. 이튿째 되는 날 배 한 척이 다가와서 드디어 나를 건져 올렸다. 그 배는 우회하던 레이첼 호로 잃어버린 자식들을 찾아 헤매다가 결국은 다른 배의 고아를 발견했던 것이다.

멜빌의 생애와 작품들

뉴욕에서 삶을 마감한 멜빌은 그 며칠이 지난 뒤에야 〈타임스〉지에 문명(文名) 있었던 한 시민의 죽음으로 보도된다. 1891년 가을이었다. 그리고 30년 동안 해양모험담을 쓴 군소작가의 한 사람으로서 미국문학사 한구석에 잊혀지기 쉬운 존재로밖에 알려지지 못했다. 1921년 그에게 관심을 쏟은 레이먼드 위버라는 학자가 정열을 기울여 쓴 「멜빌연구」 평론이 발표되고서야 놀랄 만한 전환기를 맞게 된다. 갑자기 「모비 딕(Moby Dick)」은 이른바 하늘 높이 들어올려진 것이다. 영국과 미국뿐만이 아니라 전 세계적으로 그 이름이 널리 알려졌다. 멜빌이 세계적인 작가의 반열에 들게 되자 그와 그의 작품에 대한 연구는 날이 갈수록 활기를 띠게 되었다. 살아서 인정받지 못하고 죽은 뒤에야 찬란한 명성을 얻은 작가가 적다 할 수는 없으나, 그렇다 하더라도 멜빌만큼 지독한 경우는 세계문학사에서 비슷한 예가 없다 하겠다.

허먼 멜빌(Herman Melville)은 1819년 8월 1일 뉴욕에서 태어났다. 아버지 앨런은 스코틀랜드계이고 어머니 머라이어는 네덜란드계이다. 그는 미국문학뿐만 아니라 세계문학에 독특한 위상을 차지한 휘트먼과 같은 해, 같은 거리에서 태어났으며, 또한 두 사람 모두 네덜란드인의 피를 이어받았다. 그러나 휘트먼이 서민 출신인데 비해 멜빌은 명문 집안 출신이었다. 아버지 쪽은 스코틀랜드 귀족가문과 이어지며 조부는 미국독립전쟁 때 용명을 떨친 소령이었다. 아버지는 주로 프랑스의 고급품 등을 수입하는 품위있는 무역상이었고 교양도 높았다. 어머니 갠스부어트 집안은 더욱 자랑할 만한 네덜란드 명문으로 외조부는 미국독립전쟁 때의 장군이었다. 이와 같은 가문 있는 집 아들로서의 긍지는 멜빌의 「모비 딕」 외에도 그의 작품 여기저기에서 엿보인다.

멜빌의 가계와 어린시절의 체험들은 그의 예술적인 시각의 저변에 깔린 갈등을 형성하는 데 결정적인 역할을 했던 것으로 보인다. 여덟 남매 중의 둘째아들로 태어나 어린시절을 유복하고 따뜻한 가정에서 즐겁게 보내고 있던 중에 갑자기 그 행복은 허물어져 버렸다. 1832년 파산으로 정신착란을 일으킨 아버지가 세상을 떠난다. 가세가 기울어 그들은 뉴욕을 떠나 시골로 옮겨가게 되었다. 멜빌은 돌아가신 아버지에 대한 사랑과 반발 등 착잡한 감정들을 소년시절부터 맛보아야만 했다. 장남 갠즈보트가 가족을 책임지게 되었고, 아버지가 하던 펠트와 모피사업을 넘겨받았다. 멜빌은 2년 동안 은행원 생활을 했으며, 몇 달 동안은 매사추세츠주 피츠필드에 있는 아저씨 토머스 멜빌의 농장에서 일하다가 형과 함께 사업을 하게 되었다. 경제적으로는 힘들었지만 멜빌은 1835년 올버니 고전학교에 다녔고, 지역토론모임에도 열심히 참여했다. 피츠필드에서 교편을 잡기도 했으나 교사생활이 맞지 않아 3개월 뒤 올버니로 돌아왔다.

멜빌은 글을 쓰기 시작했으나, 젊은 시절 대부분을 안정된 생활을 하기 위한 노력에 바쳤다. 정신적인 면에서도 안정에 대한 추구가 작품의 전반적인 특징을 이룬다. 그의 방황은 형이 파산해 가족이 랜싱버그(지금의 트로이) 근교로 이사한 1837년에 시작되었다. 안정된 직업을 얻기 위한 마지막 노력으로 그는 이리 호 운하사업에 일자리를 얻으려고 했으나 실패했다. 1839년 스무 살이 되자 그는 가난과 우울, 그리고 낯선 지방에 대한 동경으로 집을 뛰쳐나왔다. 이후 한동안 바다를 누비게 되는데, 그의 말을 빌리면 이런 해상생활이 그에게 있어서는 바로 '대학'이었다고 한다. 형 갠즈보트는 그에게 1839년 6월 뉴욕을 출발해 리버풀로 가는 무역선 세인트로렌스 호의 캐빈보이 자리를 얻어주었다. 이 여름 항해를 통해서도 선원이 될 생각은 전혀 없었다. 당시 가족들은 여전히 친척들의 도움으로 살고 있었다. 힘들게 일자리를 찾다가 교사로 일했으나 학교가 문을 닫아 보수도 받지 못했다. 피츠필드를 떠나 일리노이로 온 아저씨 토머스도 그에게 아무런 도움을 줄 수 없었다. 1841년 1월 멜빌은 매사추세츠주 뉴베드퍼드에서 출발해 남태평양으로 항해해 포경선 애큐시넷 호를 탔다.

1842년 6월 애큐시넷 호는 지금의 프랑스령 폴리네시아에 있는 마르케자스제도에 정박했다. 멜빌이 이곳에서 겪은 모험은 다소 낭만적으로 윤색되어 첫 소설 「타이피족(Typee)」(1846)의 소재가 되었다. 소설의 내용대로라면, 7월에 멜빌과 동료 한 사람은 배에서 도망쳐 약 4개월 동안, 식인종으로 알려진 타이피족의 손님이자 포로로 지냈다고 한다. 실제로 8월에 멜빌은 오스트레일리아 포경선 루시앤의 선원으로 등록되어 있었다. 「타이피족」의 이야기가 사실과 얼마나 일치하는지는 알 수 없지만, 이 작품은 그러한 경험이 멜빌에게 미친 상상적 여파를 충실히 반영하고 있다. 여기에서 그는 위험이 도사리는 타이피의 이국적인 계곡을 혼잡하고 공격적인, 문명에서 떨어진 목가적인 성역으로 표현했다.

멜빌은 포경선의 수입 중 1/120을 받도록 되어 있었으나 항해에 수입이 없었고, 반란에 가담해 타히티 감옥에 갇혔다가 곧 도망쳐나왔다. 이 일련의 사건을 토대로 2번째 소설「오무(Omoo)」(1847)를 내놓았다. 이 작품은 가벼운 어조로 반란을 익살스럽게 묘사했으며, 과거에 선의였다가 표류자가 된 롱 고스트와 함께 한 섬 여행기를 그린 것이다. 멜빌은 어디에 얽매이지 않고 방랑하면서, 타히티 원주민들에 대한 식민지사업과 특히 전도사업의 타락에 반감을 느꼈다. 11월에 그는 매사추세츠주 낸터킷에서 출항하는 포경선 찰스앤드헨리 호(이것이 그가 탄 마지막 포경선이었음)의 작살잡이로 취직했다. 6개월 뒤에 하와이제도의 라하이나에 상륙해 3개월 이상을 혼자 지내다가 1843년 8월 군함 유나이티드스테이츠 호의 보통선원이 되었고, 1844년 10월 보스턴에 내렸다.

고국으로 돌아온 뒤 잠시 육지에서 지내는 동안 문학적인 교양이 깊어진 그는 단테「신곡」, 셰익스피어, 이어서 17세기 영국의 개성적인 수필가 로버트 버튼, 토머스 브라운 등을 읽어나갔다. 이들은 물론「모비 딕」에 많은 영향을 주었다. 가족이 남태평양 모험이야기를 매우 흥미있게 듣자 용기를 얻어 글로 옮기기 시작했으며, 이때부터 멜빌의 전성기가 시작되었다. 「타이피」에 쓰여 있는 내용 때문에 평생을 통해 그는 '식인종 사이에서 산 사람'이라고 불리게 되었다. 또한 그곳 여인 파야웨이와의 사이에 자식이 생긴 것은 아닌가 하는 '전설'도 생겼다. 물론「모비 딕」속의 매력적인 야만인 퀴퀘그는 멜빌의 이러한 방랑생활의 체험 없이는 결코 창조되지 않았을 것이다. 「타이피」「오무」는 이른바 그의 청춘의 글이라 할 만한 것으로 곧 호평을 얻었다. 여기에 반도덕이고 반기독교적인 내용이 있음을 보고 비난하는 사람도 있었으나, 곧 뉴욕 문단에 받아들여지며 작가로서의 위치를 굳혔다. 마침내 선원생활에 이별을 고하고 작가생활로 들어간 그는 1847년 매사추세츠주의 재판장 레뮤얼 쇼의 딸 엘리자베스와 결혼했다. 쇼는 멜빌네 집안사람의 친구로, 멜빌과 그녀는 어렸을 적부터 서로 잘 알고 있었다. 그 뒤 경제적으로 불안정하여 때때로 위기에 사로잡힌 멜빌은 장인의 정신적·물질적 지원을 많이 받았다. 부인은 문학에 관심이 없는 얌전하고 가정적인 여성이었다. 그가 아내에게 위화감을 가진 것은 부정할 수 없다. 남성들끼리의 우정에 무관심할 수 없는 강한 성격의 그가 결혼 후 곧 가정의 굴레를 답답하게 느꼈다는 것은 충분히 짐작할 수 있다. 그러나 40년 결혼생활 동안, 차츰 서로의 사랑과 신뢰가 높아져 간 것도 분명한 사실이다. 그들 사이에는 아들 둘, 딸 둘이 태어났다.

1847년에 세 번째 소설 「마디(Mardi)」(1849)를 시작했고, 문학잡지에 평론이나 기타 글들을 고정적으로 기고하게 되었다. 뉴욕에서 새로 사귄 문학가들은 그를 자기 소설 속의 인물처럼 외향적이고 박력이 넘치는 사람으로 보았으며, 어떤 작가는 그를 "시가를 문 스페인 사람 같은 눈빛을 가졌다"고 묘사하기도 했다. 그러나 멜빌은 다른 작가들이 이런 고정관념을 가진 것을 싫어했다. 그의 아내는 겨울에 춥고 불이 없는 방에서 글을 쓰는 등 멜빌의 전혀 다른 면모를 회고한 바 있다. 그는 세 번째 책 「마디」가 이전 소설들과 다를 것이므로 자기를 「타이피족」과 「오무」의 작가라고 부르지 말아달라고 출판업자에게 부탁하기도 했다.

「마디」가 처음 발표되었을 때, 일반 대중이나 비평가들 모두가 그 격하고 풍유적인 환상과 다양한 문체들의 혼합을 이해하지 못했다. 이 소설은 또 다른 폴리네시아의 모험처럼 시작하지만, 소설의 주인공은 곧 '아름다움과 순수 그 자체'인 일라(Yillah)를 찾는다는 상징적인 탐색에 뛰어들며 그것은 결국 고통과 실패로 끝난다. 그는 곧이어 「레드번(Redburn)」(1849)과 「하얀 재킷(White Jacket)」(1850)을 썼다. 1849년 10월 멜빌은 「하얀 재킷」에 대한 런던 출판업자의 의문을 해결하기 위해 영국에 갔다. 비평가들은 「하얀 재킷」을 높이 평가했으며, 특히 미국 해군의 폐단을 거세게 비판한 점에서 강한 정치적 지지를 받았다. 그러나 「레드번」과 「하얀 재킷」은 많은 점에서 「타이피족」과 비슷한 것처럼 보이기는 해도 깊은 문제의식과 우수를 담고 있다. 멜빌은 이전의 그가 아니었다. 그는 '어린 참새와 같은 가냘픈 눈빛'으로 셰익스피어의 작품을 읽었으며, 특히 「법에는 법으로(Measure for Measure)」 「리어 왕(King Lear)」의 음산한 대목을 주목해서 읽었다. 이러한 독서는 깊은 공감을 일으켰으며, 따라서 그는 전에 강연을 들은 적이 있었던 랠프 월도 에머슨의 초월주의나 인간의 선한 본성에 대한 일반적인 낙관주의와는 반대되는 견해를 갖게 되었다. 1849년 가을부터 이듬해 초까지 영국과 프랑스, 독일로 여행을 하였는데 그때 보고 들은 것이 「모비 딕」의 여기저기에 흩뿌려져 있다. 이 무렵 칸트, 헤겔, 스베덴보리 등에 마음을 기울였는데, 그것 또한 그의 작품에 영향을 미치고 있다.

고국에 돌아온 멜빌은 1850년 9월 매사추세츠주의 피츠필드 근교에 농장을 사고 그곳을 애로헤드라고 이름 지었다. 이 근처에는 뉴잉글랜드문학의 롱펠로, 로웰, 브라이언트, 호즈 등이 와서 살기도 하고 찾아오기도 했는데, 멜빌이 온 그해 여름에는 「주홍글씨」(1850)로 명성을 떨친 너대니엘 호손도 이웃으로 와 있었다. 여름날 산책길에서 뇌우를 바위틈에서 함께 피한 것을 계기로 서로 알게 되어 교류가 이루어졌다. 호손은 그보다 열다섯 살 위였다. 이미 「모비 딕」을 쓰기 시작했던 멜빌에겐 이 시기가 가장 정신력이 강하고 또한 힘차게 활동하던 시기였다고 볼 수 있다.

그는 호손을 알게 된 것에 진심으로 감동했다. "호손은 위대한 진리를 갖고 있습니다. 그는 우뢰소리처럼 '아니다' 하고 외칩니다. 악마도 그를 '그렇다'고 외치게 할 수 없습니다. '아니다'라고 하는 사람은 한계를 넘어서 영원히 자아를 지니고 나아가는 것입니다." 이렇듯 호손에게서 자기와 가까운 영혼을 발견하고 찬사로 가득찬 호손론 「호손과 그 이끼」를 잡지에 발표한 일도 있었다. 이 교류가 멜빌의 정신을 한층 더 깊게 하는 자극이 되었음은 의심할 것도 없다. 그러나 서로의 개성이 강렬하면 강렬할수록 그 자극은 또한 서로의 마음을 상하게 하는 작용도 한다. 호손에겐 멜빌의 감동을 오히려 귀찮게 여기는 마음이 있었고, 멜빌 역시 그것을 예민하게 느끼게 되었다.

이듬해 호손은 이곳을 떠났다. 호손에게 '바치는 글'을 실은 「모비 딕」에 대해서 그가——호손의 인사말도 독후감도 무슨 까닭인지 남아 있지 않은데——아마도 공손하긴 해도 따뜻한 것이라곤 할 수 없는 말을 주었다는 사실은, 멜빌이 그에게 쓴 편지에 있는 '당신께선 그 책에 조금도 관심이 없으시겠지요'라는 말로 상상할 수가 있다. 그렇다고 해서 호손이 멜빌의 사람됨과 재능을 보지 못한 것이라고 할 수는 없으리라 생각된다. 다만 그로서는 자기를 지키고 싶었을 것이다. 또한 「모비 딕」은 그즈음에는 호손과 같은 사람조차도 어리둥절하게 할 정도의 난해성을 지니고 있었기 때문이라 할 수도 있다. 따라서 극히 소수의 사람 외에는 이에 관심을 나타내지 않은 게 당연했다. '미친 문학'이라고 어느 영국의 잡지는 평했을 정도였다.

「모비 딕」은 1851년 10월 런던에서, 그리고 1개월 뒤에 미국에서 출판되었으나, 처음에는 호평도 수입도 얻지 못했다. 그러나 멜빌의 작품에 대한 의욕은 꺼지지 않아 다음해 1852년에는 장편 「피에르」를 내놓았다. 어느 젊은이의 성장과정과 환경을 중심으로 해서 이른바 '소설다운 소설'을 목표로 삼은 것이다. 이것은 매우 개인적인 작품으로, 사회에서 소외된 예술가의 이야기를 통해 자신의 우울한 사생활을 드러냈다.

「피에르(Pierre)」의 주인공 피에르 글렌디닝은 시골의 한 유서 깊은 집안에서 태어난 20대 초반의 청년이다. 넓은 토지와 거대한 저택을 가진 그는 명랑하고 아름다운 약혼녀 루시와의 결혼을 꿈꾸며, 미망인인 어머니와 행복하게 살아가고 있었다. 그러나 돌아가신 아버지의 숨겨진 자식인 이복 누나 이사벨이 출현하면서, 이 목가적인 생활도 순식간에 무너져버린다. 완전 무결한 인격자로서 존경받던 아버지의 아름다운 모습이 흔적도 없이 사라졌기 때문이다. 이리하여 햄릿 풍의 회의에 빠진 피에르는 어머니와 약혼녀를 버리고, 이사벨과 함께 도시로 도망쳐 나온다. 그는 아버지의 명예를 지키고 누나를 구하기 위해 위장결혼을 한 것이다. 어머니는 괴로워하다가 세상을 떠나고, 저택과 토지는 루시를 좋아하는 사촌 글렌의 손아귀에 들어간다. 한편 피에르를 포기할 수 없었던 루시는 그를 뒤쫓아 도시로 나온다. 이후 세 사람은 한 지붕 아래에서 기묘한 동거생활을 시작한다. 피에르는 생계를 꾸려나가기 위해 창작에 몰두하지만, 절망과 반역과 독신(瀆神)으로 가득 찬 작품은 출판사에 거절당하고 만다. 결국 피에르는 자신에게 도전장을 내민 사촌 글렌을 죽인 끝에 감옥에 끌려가게 된다. 마지막에 루시와 이사벨은 피에르를 만나러 감옥에 온다. 그 자리에서 루시는 피에르와 이사벨이 남매라는 사실을 알고는 쇼크사하고, 피에르와 이사벨은 음독자살한다.

이처럼 「피에르」는 시체가 겹겹이 쌓이는, 음침하고 참혹한 이야기다. 그런데 이 괴이한 작품에는 아가페와 에로스, 의식과 잠재의식의 대립, 그리스도의 사랑의 사상조차 부정하려 하는 무신론적 충동, 절대적 자유를 꿈꾸면서 지옥으로 떨어져 내리는 인간 존재의 모순, 이사벨이 정말로 이복 누나인지에 대한 확증은 끝까지 얻을 수 없다는 인식론적 과제 등, 다양한 문제들이 복잡하게 뒤섞여 있다. 그 결과는 눈 뜨고 보기 힘든 무참한 파국으로 끝난다. 이 작품에서 그는 어린시절에 충분히 경험한 가난에 대한 굴욕스러운 반응, 순수함, 성실성에 대한 아버지의 주장 밑에 깔린 위선 등에 대해 쓰고 있다. 어머니는 한때 그의 숭배대상이 되기도 했으나, 그녀의 사랑이 지닌 고결함마저도 성애(性愛)로 인해 더럽혀지는 것이었다. 「피에르」는 이러한 인간관계에 바탕을 둔 멜빌의 어두운 상상세계에 대한 어렴풋한 은유로 쓰인 것이다. 처음 부분에는 그의 소년시절의 심정이 그려져 있는 곳도 있으나, 전반적으로 우울하고, 자살이나 살인, 근친상간의 이야기로 전개되어 세평은 좋지 않았다. 그 자신의 정신이 광기의 일보 직전까지 와 있었던 것 같다고 생각되는 대목도 있다. 독자들도 그로부터 멀어져 갔다. 이 책은 출판되자 악평과 재정적 어려움에 부딪쳤다. 그는 거의 파탄지경에 이르렀고, 1853년에는 뉴욕출판사의 화재로 그의 책 대부분이 불에 타는 위기를 겪기도 했으나, 꾸준히 창작에 힘썼다.

아직 나이는 젊었지만(1852년 33세) 이때부터 황혼이 계속되었다. 「이스라엘 포터」「사기꾼」 등 장편을 썼지만 작품은 흐트러지고, 독자를 끌 힘이 없었다. 호손을 만나기 이전에 구상한 「이스라엘 포터(Israel Potter)」는 1855년에 출판되었다. 이 작품은 웬만큼 성공을 거두었고 명료한 문체와 겉보기에 단순한 주제를 갖고 있으나 그렇다고 해서 그가 대중의 기호에 맞추어 글을 썼다고 단정할 수는 없다. 「퍼트넘스 먼슬리 매거진(Putnam's Monthly Magazine)」에 실린 「서기(書記) 바틀비(Bartleby the Scrivener)」(1853)「마법의 섬(The Encantadas)」(1854)「베니토 세레노(Benito Cereno)」(1855) 등은 점차 그를 사로잡은 물질주의와 인간 위선에 대해 경멸과 절망을 반영하고 있다. 당시 그가 쓴 일기의 가장 강렬한 대목들은, 비열한 상업성으로 부패한 미국을 절망 가득한 눈초리로 풍자한 「사기꾼(The Confidence Man-His Masquerade)」(1857)의 내용과도 일치한다.

「사기꾼」의 시간배경은 19세기 중반 어느 해 4월 1일, 즉 만우절 이른 아침부터 심야에 이르기까지다. 이것은 세인트루이스에서 뉴올리언스로 향하고 있는 미시시피강의 증기선 피델(신앙) 호에서 펼쳐지는, 한 사기꾼이 희망과 신앙과 자선을 이야기함으로써 돈을 긁어모아 승객들을 계속 등쳐먹는 이야기다. 그는 다양한 인물로 변장하여 그 정체를 끝까지 숨긴다. 그렇기에 그는 악마, 속임수를 쓰는 악신(惡神), 그리스 신화의 헤르메스 등의 화신으로 해석되곤 한다. 이 작품은 19세기 미국의 온갖 사회적 측면에 악마적인 비판과 풍자를 가하는 글이다. 하지만 그런 반면, 부제인 '그의 가면극(His Masquerade)'이 말해 주듯이 이 작품은 다음과 같은 의의도 지닌다. 즉 이것은 인생이란 요컨대 가면극과 같으며, 인간 존재의 정체성이니 뭐니 하는 것도 확고한 근거로 뒷받침되는 게 아니고, 인간은 무대 배우처럼 특정한 장면에서 일시적인 역할을 연기할 뿐이라는 인식을 드라마로 만든 작품이다. 따라서 믿음이 곧 불신이며 겉이 곧 안일 정도로 대단히 변화무쌍한 이 세계에서는, 존재하는 것은 표층뿐이며 심층적인 의미를 구하려는 노력은 헛수고일도 모른다. 하지만 이 작품에 등장하는 사기게임 및 언어게임은, 현대문학의 전위적이고도 선구적인 실험의 한 단면을 보여준다.

「사기꾼」은 생전에 출판된 마지막 소설이 되었다. 멜빌은 3차례 미국 순회강연을 한 뒤, 1860년 쾌속범선 '미티어'(Meteor)의 선장인 동생 토머스와 함께 케이프혼을 항해하려고 했으나 샌프란시스코에서 그만두고 말았다. 그리고 영사직이나 다른 직업을 원했으나 얻지 못했다. 1856년 유럽, 이집트, 팔레스타인 등을 여행하고 장시(長詩)「클라렐」을 썼다. 1861년 장인의 별세는 의지해온 커다란 기둥을 잃은 것이었다.

시를 쓰려고 소설을 포기했으나 출판전망이 좋지 못하자, 자녀들을 부양하기 위해 공직을 구하려고 노력했다. 그러나 1861년 그가 구하던 영사관 자리는 다른 사람에게 돌아갔고, 남북전쟁이 터지자 해군에 지원했으나 역시 불합격되었다. 그래서 그는 젊은시절의 불안정한 상태로 되돌아간 것처럼 보였지만, 장인이 물려준 유산이 다소 도움이 되었고 점차 부담스러워졌던 '애로헤드'도 팔았다. 1863년 애로헤드를 떠나 뉴욕에서 살게 되었지만 생활은 매우 무미건조했다. 다행히 남북전쟁이 그의 가슴 깊숙이 잠들어 있던 정열과 휴머니즘 정신을 불러일으켰다. 남북전쟁은 그에게 깊은 인상을 남겼고, 이것을 주제로 첫 시집 「전쟁물과 전쟁 양상(Battle-Pieces and Aspects of the War)」(1866)을 자비로 출판했다. 이 시집이 출판된 지 4개월 뒤 마침내 뉴욕 부두 세관검사원이 되어 안정된 수입을 얻게 되었다.

남북전쟁이 끝나고 미국이 근대적 산업국가로서의 거보(巨步)를 내딛기 시작하자 뉴욕도 몹시 바뀌어 고가철도, 전차, 전등, 전화가 등장하고 브로드웨이는 번화한 거리가 되어갔다. 그러나 멜빌은 그 급격한 시대의 변천으로부터 남겨진 구세대 사람이라는 것을 스스로 느꼈을 것이다. 건강이 나쁜데도 그는 밤이나 주말, 휴가를 가리지 않고 글쓰는 습관이 배어 있었다. 1867년 아들 말콤의 총기자살사건이 일어났는데, 재판부는 이것을 우발적인 사고로 판결했지만 말콤이 죽기 전날 밤 아버지와 다툰 것은 분명했다. 이 장남의 불행한 죽음은 그를 한층 절망으로 빠뜨렸다. 둘째아들 스탠윅스는 1869년 선원이 되었으나 오랫동안 병을 앓다가 1886년 샌프란시스코의 병원에서 죽었다. 이처럼 연이은 재난들과 19년간의 세관원 생활로 그의 창작력이 떨어진 것도 무리는 아니었다. 1882년 그는 뉴욕작가협회 가입을 권고받았으나 거절하고, 1885년에는 세관 일을 그만두었다. 간혹 그에게 관심을 갖고 찾아오는 사람도 있었지만 그의 마음은 이미 닫혀 있었던 듯했다.

1888년 두 번째 시집 「존 마르와 선원들(John Marr, and Other Sailors ; With Some Sea-Piecese)」도 자비로 출판되었다. 당시 멜빌은 친구들과 친척들의 유산으로 3년째 은둔생활을 하고 있었다. 1889년의 글에 의하면 그는 이 여가를 '아직 완성되지 않은 어떤 일'들에 바치고 있다고 했는데, 마지막 시집「티몰리온(Timoleon)」(1891)도 이때 쓰였다. 보다 중요한 일은 산문으로 다시 돌아가 마지막 작품「빌리 버드(Billy Budd)」를 완성한 것인데, 이 소설은 그가 죽은 후인 1924년에 출판되었다. 그 내용은 다음과 같다. 혁명의 폭풍이 불어닥친 유럽의 불안정한 정치상황을 배경으로, 1797년 여름 영국 해군함 베리칸 호에서 일어난 사건을 토대로 하고 있다. 빌리 버드라는 21살의 청순 무구한 청년 해병이 악마적 사악함을 감추고 있는 선임 위병 하사관 클래가트가 쳐놓은 덫에 걸려, 함내에서 음모를 꾸미고 있다고 고발당한다. 함장 비어는 두 사람을 불러 대결시키는데, 흥분한 나머지 말을 더듬는 버릇이 심해진 빌리는 변명할 수 없는 초조함에 클래가트를 때려죽이고 만다. 함장 비어는 빌리가 쓴 누명을 알고 있었고, 클래가트를 죽인 것도 살의가 있었던 것이 아님을 알고 있었다. 그러나 그렇게 빌리를 자상하게 지켜보던 그는 곧 직업군인으로서의 엄한 표정으로 임시 군법회의를 열어, 정상참작을 호소하는 사관들의 의견을 묵살하고 유죄 판결을 내린다. 빌리가 법에 비추어 유죄이고 군율에 비추어 사형에 해당한다고 선언한 함장에 대해

빌리는 불복하지 않고, 오히려 그에게 신의 은총을 기원한다.

이렇게 해서 한꺼번에 두 병사가 죽은 것으로 함내 사건은 표면적으로 마무리된다. 이윽고 베리칸 호는 별동대로서 소속 함대에 합류하기 위해서 지중해를 향하는 도중에, 적국 프랑스 함대와 교전하게 된다. 교전에서는 승리를 거두나 함장 비어는 치명상을 입는다. 임종을 앞두고 빌리 버드의 이름을 부르는 함장의 얼굴에는 회한이 가득했다고 작가는 쓰고 있다. 또 처형 수주일 후 해군 주간지가 '지중해 통신'이라는 제목으로 이 사건을 보도하는데, 사실은 너무나 왜곡되어, 빌리가 반란의 주모자일 뿐만 아니라 상관을 죽인 극악무도한 자로 실린 것이다. 그러나 진실을 아는 해병들은 영원히 그를 추모한다. 악이 완전히 승리한 것이 아니므로 빌리는 선의 상징으로 기억된다. 이 중편은 선과 악의 갈등과 마지막 죄에 대해 용서를 바란다는 주제를 지닌 '미스터리'적인 작품이다. 그즈음 멜빌 자신의 마음속의 온갖 갈등과 분열의 비극 속에도 조화의 징조가 보이기 시작했던 것이다. 이 작품은 삶과 전적으로 화해한 것은 아니지만 체념한 뒤의 평화를 보여준다. 이 소설의 원고는 1891년 4월 19일자로 끝나 있는데, 멜빌은 5개월 뒤에 죽었다.

1891년 9월 28일 그의 장례식에는 아내와 두 딸과 가까운 친지들만이 참석했다. 그의 일생은 행복하지도 않았고 물질적인 면에서 성공하지도 못했다. 1840년대 말에는 미국의 대표적 작가들 중 한 사람이었으나 그의 죽음은 단 1줄의 사망기사로 끝났다.

멜빌의 작품은 자신이 사는 시대와의 갈등으로 인해 자신의 정체성을 문제시하는 20세기를 예고하는 듯하다. 그러면서도 그의 글은 결코 현실감각을 잃지 않고 있다. 그의 상징들은 「모비 딕」에 나오는 죽어가는 고래, 고래 등의 지방덩이, 배의 원목 등과 같은 가시적이고 극히 현실적인 사실들에 기초해 있다. 셰익스피어처럼 멜빌에게 있어서도 인간은 원숭이인 동시에 만물의 영장인 복합적인 존재이다. 또 세상은 피쿼드 호처럼 '하나는 하늘을 똑바로 향하고 있고, 다른 하나는 지상의 목표를 향해 지루하게 달려가는 두 가지의 상반된 영향' 하에 있었다. 멜빌의 위대함은 이러한 자신의 통찰과 인식을 끝까지 작품화하며 인내하는 데 있었다. 그의 작품은 몇 십년 동안 무시되어 왔으나, 현대비평은 그를 미국의 위대한 작가로서 높이 평가하고 있다.

바다 고래 인간 집념
위대한 걸작 모비 딕

「모비 딕」의 탄생

「모비 딕」이 1851년 11월 중순에 뉴욕의 하퍼 앤 브라더스사에서 출판되었을 때의 제목은 오늘날의 정식 이름인 「모비 딕 또는 고래(Moby Dick or The Whale)」였다. 그러나 그보다 먼저 같은 해 10월 18일에 런던의 벤틀리사에서 출판되었을 때에는, 단순히 「고래(The Whale)」였다. 이 같은 두 종류의 판이 대서양의 양쪽 연안에서 거의 동시에 출판된 이유는, 그 무렵에는 영국에서 먼저 판권을 얻어 두지 않으면 미국에서의 판권을 확보할 수 없었기 때문이다.

그가 「모비 딕」을 쓰기 시작한 것은 1850년의 봄, '거의 완성했던' 것이 같은 해 8월이었다. 이를 보면 「모비 딕」 집필의 출발은 순조로웠다고 할 수 있다. 그러나 이듬해 1851년 6월 14일 이전에 호손 앞으로 보낸 편지에서 멜빌은 다음과 같이 썼다.

> 1, 2주간 뉴욕의 3층 방에 틀어박힌 채 나의 '고래' 작업에 노예처럼 매달려, 완성하자마자 인쇄기에 넣고 있습니다. 지금으로서는 그것 이외에 「고래」를 완성시킬 방법이 없습니다.

그즈음 작가가 작품을 완성시키는 통상적인 방식은, 완성된 자필 원고를 출판사 경유로 인쇄소에 보내 인쇄한 교정쇄를 다시 작자가 훑어보는 방식이었다. 그러나 이 서간을 보면, 멜빌은 자필 원고를 직접 인쇄소에 보내 교정쇄를 만들어 훑어본 뒤 '원고'로 출판사에 건네는 방법을 취했던 것 같다. 기록에 의하면(Jay Leyda, The Melville Log : A Documentary Life of Herman Melvill, 2 vols., Gordian Press, 1951 : Supplement, 196g—이 책에서는 날짜별로 쉽게 '사항'을 확인할 수 있다), 완성된 「고래」의 교정쇄가 런던의 벤틀리사로 뉴욕 항구에서 선편으로 발송된 것이 1851년 9월 10일이며, 출판은 10월 18일이다. 그리고 「모비 딕 또는 고래」가 뉴욕의 하퍼 앤 브라더스사에서 출판된 것이 같은 해 11월 14일 무렵이다. 두 판의 출판 간격은 겨우 1개월 정도이다. 그 시대에 이러한 일이 가능했던 이유는 런던과 뉴욕에서 편집·인쇄·제본 작업을 거의 동시에 진행할 수 있었기 때문이다. 그런데 미국판과 달리 영국판은 상당 부분 편집되어, 영국 왕실이나 기독교에 관계된 멜빌의 '야유'나 '모독'이 삭제·정정되었다. 이외에도 영국판에는 '에필로그'가 없다는 큰 차이가 있었다.

따라서 영국판 「고래」가 출판된 바로 뒤인 10월 25일에 런던의 〈스펙테이터〉지의 서평자는 「고래」에 대해, "작자가 물리적으로 알 수 없는 내용을 소설 속에 도입해서는 안 된다. 이는 하나의 비평적 규범이다. 소설가는 '전멸한' 탄광 속에서 이루어진 광부의 회화 같은 것을 써서는 안 된다"고 평했던 것이다. 왜 영국판 「고래」에 '에필로그'가 없는가에 대해서는 벤틀리사의 단순한 실수라는 설과 그것이 처음부터 멜빌이 보낸 '교정쇄'에 포함되어 있지 않았다는 설 등 여러 가지가 있다. 미국판 「모비 딕」에만 '에필로그'가 있는 이유에 대해서도 멜빌이 위의 서평을 보고 서둘러 써 넣었다는 설 등 다양하지만, 모두 억측에 지나지 않는다. 그것은 영원히 풀리지 않는 수수께끼이다. 영원한 수수께끼는 그대로 두는 것이 가장 좋으며, 우리는 '에필로그'가 있는 「모비 딕」을 그대로 받아들이면 된다. 다만 만약 이 작품에 '에필로그'가 없고, 따라서 이스마엘이 자신의 생활을 직접 이야기하는 형식이 아니라면, 현재 우리가 즐기고 있는 「모비 딕」 첫머리에 이스마엘이 그토록 씩씩하게 '재등장'할 수 있을지는 의문이다. 그러나 이같은 가설을 근거로 현재의 「모비 딕」 구조를 이해하려 할 필요는 없다.

지금 '재등장'이라 썼는데, 이는 잘못 기입한 게 아니다. 「모비 딕」의 화자 이스마엘은 '에필로그'에서 불가사의한 문학공간을 경유하여 서두에 '재등장'한다. 그 '에필로그'가 있는 이상 이스마엘은 이 작품의 서두에 '재등장'할 수밖에 없는 것이다, 역설을 놀릴 생각은 없다. 단지 역사적으로 그러한 '누락'이 있던 「모비 딕」에 대해, 위와 같은 사고의 가설적 실험으로 발견되는 것이 우리에게 보탬이 된다고 말하고 싶을 뿐이다. 그것은 바로, 구조적으로는 결점투성이로 보이는 이 작품에 숨어 있는 근원적인 순환성과 균형, 조금

과장하면 우주적 균제이다.

작품의 관점과 구조
 이스마엘이 '관으로 만든 구명부표'를 타고 '에필로그'에서 제1장으로 돌아온 흔적은 텍스트 상에 확실하게 남아 있다. 그 유명한 제1장 서두의 첫 줄 '내 이름은 이스마엘이라 부른다'와, 다음의 '몇 해 전—정확하게 언제였는지는 묻지 말아 주기 바란다……'라는 두 번째 문장 사이에는, 앞뒤를 연결과 동시에 분리하는 독특한 부호인 사선(/)이 있다. 이 같은 두 번째 문장에서 시작하는 것이야말로 실은 전형적인 이야기 시작방식이다. '옛날, 옛날, 한 옛날에……'나 'Once upon a time……' 등의 옛날이야기의 시작도 기본적으로는 이와 같다. '나를 이스마엘이라고 불러라(Call me ishmael)'이란 서두의 한 줄이 그토록 강렬하게 울리는 첫 번째 이유는 그 뒤에 '몇 해 전에(Some years ago)……'라는 이야기 서두의 전형적인 구절이 방죽처럼 자리하고 있기 때문이다. 이렇게 자기소개를 하고 나서, 이스마엘은 다시 바다로 나가고 싶은 충동에 대해 이야기하기 시작하는데, 그 조짐의 구체적인 사례로 '관 가게 앞에 멈춰 서거나 나 자신도 모르게 장례행렬을 번번이 뒤따르는 그런 때'를 들고 있다.
 이 관이라는 주제는 작중에 다시 등장하여 '에필로그'까지 이른다. 제3장 '물보라 여인숙'에 등장하는 여관주인의 이름은 피터 코핀. '코핀'이란 즉 '관(棺)'을 뜻하며, 그 이름의 남자가 이스마엘과 퀴퀘그에게 '동침'을 권하고 그 결과 두 사람의 '우애'가 성립된다. 또한 제110장에서 죽을 때를 깨달은 퀴퀘그는 목수에게 관 제작을 의뢰하고 죽음을 결심했다. 그런데 관이 훌륭하게 완성되고 수장 준비까지 완벽히 갖춰진 시점에서 그는 갑자기 '육지에서 해야 할 사소한 의무를 아직 하지 못했음을 상기했고, 그래서 마음을 돌려 죽지 않기로' 한 것이다. 이 변심으로 나중에 관이 '구명부표'로 재등장하는 계기가 마련된다. 뿐만 아니라 이 '관으로 만든 구명부표'는 이스마엘이 생환하여 이 이야기를 할 수 있게 해 주는, 데우스 엑스 마키나 못지않은 위기를 넘기는 장치인 것이다. 이외에도 보통명사로서 'coffin(관)'은 서두에서 '에필로그'까지 두루 등장하며, 고유명사로서도 적지 않게 등장한다(밀리엄 코핀, 찰리 코핀, 코핀 가문, 코핀 선장 등). 「모비 딕」에서는 관이라는 테마도 순환하고 있는 것이다.

이 번역의 기본적인 원본인 NN판 「모비 딕」의 편집자 중 한 명인 해리슨 헤이포드는 이와 같은 구주 이야기, 인물 등의 중복성에 착안하여 「불필요한 중복」("Unnecessary Duplicates : A Key to the Writing of Moby Dick", ed. Faith Pullin, New Perspectives on Melville, Edinburgh University Press, 1978)이라는 논문을 썼다. 여기서 그는 멜벨의 작품 제작 기법을 잘 나타내는 예로, 관을 구명부표로 개조하도록 의뢰받은 목수의 '독백'을 자신의 작품에 대한 멜빌의 위장된 '고백'으로 받아들여 인용했는데, 이 또한 관과 관련된 것이다.

"내가 그 관을 만든 것은 정말 헛수고였나? 그리고 이번에는 그것으로 구명부표를 만들어 달라고 명령받았어. 이건 헌 코트를 뒤집으란 것과 같잖은가. 고기를 뒤집어서 위아래를 바꾸란 것과 같다고. 난 이런 땜질 같은 건 싫어, 질색이야. 너무 조잡해. 내가 할 일이 아니야. 고치는 일은 수선장이에게 시키란 말야. 난 훨씬 훌륭해. 내가 손대고 싶은 건 그저 흠 없는 처녀같이 정직하고 빈틈없는 어엿한 일이란 말이야. 처음은 처음답고 중간쯤엔 중간답고 마지막에는 깨끗하게 끝나게 되는 그런 거란 말야. 그런데 수선장이가 하는 일이란 중간쯤에서 끝나나 하면 끝에서부터 시작되거나 한단 말이야. 수선하는 일 따위는 늙은 할멈들이 하는 일이지."(제126장)

과연 「모비 딕」을 그 같은 관점에서 보면, 이야기가 중단되거나 정체되고 플롯이 도중에 변경되거나 이질적인 것이 삽입되는 등 그야말로 누더기 세공이다. 내용도 '지적 잡탕'이라 할 수 있다. 비교적 직진하는 '육지 모험'도 제1장에서 플롯이 바로 시작되지는 않는다. 화자 이스마엘이 '한두 벌의 셔츠를 집어넣은 낡아빠진 여행가방을 옆구리에 낀 채' 뉴베드포드로 향하는 것은 제2장에서이다(두 개의 서장). 뉴베드포드에서는 그 여관을 찾는데 2장이 소비된다. 낸터킷에서 투숙한 곳은 뉴베드포드에서 머문 '물보라 여인숙' 주인의 사촌이 경영하는 '트라이포트'다(두 개의 여관), 이외에 퀴퀘그와 벌킹턴, 필대드 선장과 필레그 선장 등도 '쓸데없는 중복'이며, 에이허브는 필레그의 '개조인간'이라고 헤이포드는 상정했다. 이러한 '중복'은 복수의 텍스트로 인한 결과 또는 흔적이라고 보는 것이 그의 이론인데, 헤이포드 이야기는 이 정도로 해 두자. 멜빌의 창작과정에 관심 깊은 이 학자의 전문적인 의견에 매달리며, 서두 부근만을 배회하고 있다는 것도 모르는 바는 아니다. 그러나 바로 이것이「모비 딕」에서의 멜빌의 특징적인 서술방식, 나아가서는 읽는 방식에 대한 유익한 정보라고 믿는다.

또다시 서두로 돌아가자. 이 서장은「모비 딕」이 단순히 이스마엘이란 젊은이의 개인적인 성장과 경험에 관한 교양소설이나 해양모험소설이 아니라, 전 인류와 전 세계, 아니 전 우주까지 관여되며, 미국이라는 나라 자체와도 관계된 이야기로서의 기조를 결정짓는 장이기도 하다. 이스마엘은 '운명'의 세 여신이 자신에게 내린 숙명을 '웅장한 연주 사이에 짧은 간주곡이나 독주'라 겸양하는데, 그 앞의 연주는 '미합중국 대통령 대선거전', 뒤의 작품은 '아프가니스탄에서의 피비린내 나는 전쟁'이다. 간단히 설명하면, 전자는 1840년에 윌리엄 헨리 해리슨이 떠들썩한 선거전 끝에 마틴 반 뷰런을 격파하고 제9대 미국 대통령이 되었으나, 선거의 피로로 인해 취임 1개월 만에 급사한 일대 비희극이다. 후자는 제1차 아프간전쟁(1838~1842년)에서 최종적으로 영국군이 '피비린내 나는' 전투 끝에 패퇴한 일대 참극을 말한다. 그런데 이는 다시 최근(2004년 2월 1일) 조지 부시 현직 미국 대통령과 반대당의 존 켈리 후보가 대통령 자리를 놓고 벌인 대대적인 비난 시합―중상 편쟁을 연상시킨다.

이렇게 서두를 바라보자면, 돌연「모비 딕」이 우리와 동시대적이며 친근한 것으로 느껴진다. 미국은 아프간에 침입하며, 이라크에도 다수의 병사와 무기를 보내 여전히 싸우고 있다. 부시를 에이허브, 오사마 빈라덴을 모비 딕, 피쿼드 호를 '미합중국' 그 자체로 보는 약간 속된 우화로서「모비 딕」을 볼 수도 있는 것이다. 그러나 D.H. 로랜스는 〈미국 고전문학 연구〉(D.H. Lawrence, Studies in Classic American Literature, 1923)에서, 모비 딕을 '백인종의 가장 깊은 곳에 깃든 피의 실체, 우리의 가장 깊은 곳에 있는 피의 본질'이라고 간파했다. 만약 그렇다면 모비 딕은 백인 본성의 상징 또는 화신이다. 그 모비 딕이, 백인 선장의 지휘 아래 다양한 인종으로 이루어진 미합중국 자체인 피쿼드 호를 결국 침몰시켜 버린다는 우화는 상당히 비틀려 있으며 복잡하다. 로렌스는 이렇게도 말했다—"멜빌은 알고 있었다. 그의 인종이 멸망할 운명에 있음을 그는 알고 있었다. 그의 백인의 혼이 멸망하는 것, 그의 백인의 위대한 시대가 멸망하는 것, 이상주의가 멸망하는 것, '정신'이 멸망한다는 것을." 모비 딕은 백인이 지배하는 나라인 백인의 배를 침몰시키면서도, 약간의 상처만 입고 마치 불사신처럼 헤엄쳐 떠난다. 이에 대해 각자 다양한 해석이 있을 것이다. 그러나「모비 딕」은 어떠한 해석에도 조금도 움츠러들지 않고, 앞으로도 유연하게 풍요로운 이야기의 바다를 헤엄칠 것이다.「모비 딕」은 본질적으로 풍유적이며, 그것도 다중으로 풍유적인 작품이다.

화자의 완벽한 자기해방

「모비 딕」의 제1장은, 제22장 '메리 크리스마스'서 피쿼드 호가 마침내 악천후의 대서양으로 출항하기까지의, 이른바 이스마엘과 퀴퀘그의 '육상모험'의 의의를 결정하는 중요한 장이다. 이스마엘이 이 '육상모험'에 발을 내딛는 것은 제2장과 제3장에서이다. 여기서 이미 그는 앞으로의 자신을 규정한다고 '여겨지는' 중요한 인물 벌킹턴과 실제로 중요한 역할을 하는 퀴퀘그를 만난다.

벌킹턴은 바로 퇴장해 버린다. 반면 이스마엘은 퀴퀘그와 침대를 함께 쓰며 '사랑을 약속하고' '마음을 나누는 친구'가 되어 자기변혁의 중요한 계기를 얻는다. 이 '육상모험' 부분은 이스마엘이 필요한 변모를 이루는 데 중요한 역할을 한다. 또한 '해상모험'에서 화자로서의 자유성과 전지전능자로서의 시점을 획득하기 위한 세심한 준비의 장이기도 하다. '의도적인 무질서를 신조로 삼는 기업이 있다'(제82장)란 멜빌 자신의 말이다. 주의해서 나쁠 건 없다.

그 점에 주의하면서 이 부분을 조금 더 자세히 보도록 한다. 이스마엘은 퀴퀘그라는 '마음을 나누는 친구'를 얻어 '온몸이 녹아들어가는 듯한 기분'을 느끼고, '찢겨진 심장과 노한 두 팔로 탐욕스러운 세상과 싸울 마음도 없어졌다.'(제10장)고 했다. 즉 이스마엘은 퀴퀘그를 '알게 됨'으로 인해 세상을 적대시하는 떠돌이로서의 '이스마엘 성(性)'을 잃게 된다. 이를 주체성 상실이라 볼 수도 있지만, 그의 자기해방으로 받아들일 수도 있다. 뿐만 아니라

이스마엘은 기독교도인 자신을 그 교리에 따라 완전히 해체하기도 한다. 이스마엘은 먼저 이렇게 자문한다—'신앙이란 무엇인가? 신의 뜻에 따르는 것? 그것이 신앙이다. 그러면 신의 뜻이란 무엇인가? 이웃 사람이 나에게 해주었으면 하는 것을 그에게 해주는 것, 그것이 바로 신의 뜻이다. 그런데 퀴퀘그는 나의 이웃 사람이다. 그러면 나는 퀴퀘그가 나에게 어떻게 해주기를 원하는가? 물론 나와 같이 장로교인의 형식으로 예배하기를 바란다. 그렇다면 나도 이 이웃 사람의 예배에 따라야 한다. 이런 연유로 나는 우상숭배자가 되어야 한다.'(위와 같음).

훌륭한 기독교인이 되기 위해서는 먼저 우상숭배자가 되지 않으면 안 된다. 이는 기독교의 황금률을 참으로 맹렬하고 통쾌하게 뒤집는 논리이다. 게다가 이는 실행으로 옮겨진다. 이스마엘은 곧바로 퀴퀘그의 우상 요조를 예배하는 의식에 동참한다. 여기서 이스마엘은 프로테스탄스계 정통파 기독교인임을 포기한 셈이다. 달리 말하면, 기독교인으로서의 자기해체를 완성시킴으로 인해「모비 딕」전체에 현저하게 나타나는 종교나 문화에 대한 화자의 상대주의에 완전히 눈을 뜬 것이다. 또는 그럴 준비가 된 것이다.

뿐만 아니라 모스 호에서 낸터킷으로 건너는 도중에, 바다에 빠진 백인 풋내기를 자신의 위험도 아랑곳하지 않고 구명하는 퀴퀘그의 무상행위, 박애정신의 실천을 보고 이스마엘은 유색인종에 대한 백인의 우월의식을 완전히 버리게 된다. 이로써「모비 딕」은 19세기 중엽의 미국에서는 생각할 수 없을 만큼 인종적 편견으로부터 자유로워진다. 또 다른 이스마엘의 자기해방에는 성적 금기에서의 해방도 있다. 이스마엘과 퀴퀘그의 행동이 동성애적인 것임은 누가 봐도 명백하다. 제4장 '이불' 및 제11장 '잠옷'에 첨부된 록웰 켄트의 삽화에 놀라지 않을 사람이 있을까. 그 밖에도 이 백인 청년과 남태평양의 근골 다부진 '야만인'과의 호모 에로틱한 관계는 뚜렷하게 드러난다. 요즘에야 이를 '흐뭇하다'고 말할 수도 있지만, 당시 미국의 호모 섹슈얼리티에 대한 터부의식을 생각한다면, 이 '금단'의 주제에 대한 선구적이며 대담하고 솔직한 멜빌의 도전에 감탄을 금할 수 없다. 최근 이른바 게이이론에 의한 멜빌 연구가 '유행'하는 것도 이해가 된다.

이쯤에서 중간정리를 하자면,「모비 딕」의 '육상모험'은 화자 이스마엘의 자기해체와 '인습'에서의 해방과정이며, 동시에 '해상모험'에서 화자로서의 자유성, 문화상대주의, 극작가적인 시점을 획득하기 위한 '준비'과정이다. 이 점에서 멜빌이라는 작가의 대담하고 예측 불가한 자질을 엿볼 수 있다.

작품의 구성

제23장부터 제25장은 앞으로 전개될 이야기와 거의 무관한 '육상모험'에서 '해상모험'을 잇는 기묘한 연결의 장(Joint=J)이다(「모비 딕」 모자이크 그림 참조). 다음의 제26장 '기사와 종자(1)', 제27장 '기사와 종자(2)', 제28장 '에이허브'에서는 이제부터 등장할 인물이 소개된다. 여기서는 선장을 비롯한 상급 선원인 항해사와 작살잡이들의 인간관계 및 각자의 성격 소개가 이루어지는데, 이스마엘은 어디에 있는지조차 알 수 없을 만큼 완전히 모습을 감춘다. 즉 보이지 않는 화자로 변모한 것이다. 그리고 제29장은 '에이허브, 이어서 스텁 등장'이란 소제목이 암시하는 것처럼, 연극 형식의 장면이 된다. 등장인물은 에이허브와 스텁뿐이며 때는 한밤중, 장소는 갑판이다. 이스마엘이 마스트 그림자에 숨어 엿듣는 것이 아닌데도, 두 사람의 대화는 빠짐없이 알 수 있다. 이스마엘이 전지전능한 극작가와 유사한 시점적 존재가 된 것이다. 그와 극작가를 완전히 동일시할 수 없는 이유는 그 장(章)이 대사와 지시문뿐 아니라 회화와 내레이션으로 되어 있기 때문이다. 이 작품은 엄연한 소설이지 연극이 아니다. 그러나 제30장의 등장인물은 에이허브 혼자이며, "이런 파이프가 무슨 소용이 있는가? 이런 건 조용함을 맛보며 순하고 흰 연기를 부드러운 흰 머리카락에나 날리는 도구이지, 나처럼 마구 헝클어진 검은 잿빛 머리카락에 날려 보내는 게 아니야. 이젠 담배는 그만두자……"라는 독백 뒤에 '그는 아직 불이 남은 파이프를 바다에 던졌다'라는 내레이션이 이어진다. 대사와 지시문으로 구성된, 한없이 극과 유사한 양식이다. 제31장 '꿈의 여신'은 '이튿날 아침 스텁은 플래스크에게 말을 걸었다'라는 한 줄의 지문을 제외하고는 두 사람의 대화로만 이루어진다. 이 또한 연극대본에 가깝다. 제37장 '해질녘'에 이르면 '(선장실, 고물로 향한 창문, 에이허브 혼자 앉아 밖을 내다본다.)'라는 지문이 있고, 나머지는 전부 에이허브의 독백이다. 이는 완전한 극의 구성형식이다. 그런데 제32장은 '고래학'이라는 의외의 장이다. 여기서는 플롯 진행이 모두 정지된다. 갑자기 이야기가 중단되고, 다음과 같은 서문이 시작된다.

'지금 나는 고래 종류에 대해 체계적으로 설명을 하고자 한다. 이 일은 그렇게 쉬운 일이 아니다. 여기서 시도하는 것은 이른바 혼돈의 구성요소를 분석하려는 것과 비슷한 일이다. 우선 최근의 고래 권위자들이 말하는 바를 들어 보라.'

이는 마치 학술서의 머리말 같다. 뒤이어 동서고금의 문헌을 언급하고 소개하며, 묘사라기보다는 극히 현학적인 의론을 펼친다. 그 어조에는 해학이 포함되어 있기는 하나, 대체로 고답적이며 과장스럽다. 또한 다른 책에 대한 언급과 차용으로 가득하다. '혼돈'으로서 고래를 분류할 때는 '수평의 꼬리를 지니고, 물을 뿜어 대는 물고기'라는 기상천외한 정의를 내린다. 게다가 고래의 비본질적·해부학적 차이는 무시하고 단지 크기에 따라, 그것도 서지학 방식에 편승하여 고래를 2절판 고래, 8절판 고래, 12절판 고래라는 세 가지로 분류했다. 그리고 마지막에 '나의 고래학 체계를 미완성인 채로 남겨 둔다. ……신이여, 내가 아무것도 완성해 버리지 않도록 보살펴 주소서. 이 책도 초안, 아니, 초안의 초안에 지나지 않는다. 아아, 시간과 힘과 돈과 인내를!'라고 부언한다. 이는 누가 봐도 왠지 뼈에 사무치는 문구가 아닌가.

제33장에서는 다시 포경 항해 이야기로 돌아와, '지금 내 앞을 걷고 있는' 에이허브의 모습이 묘사된다. 그리고 제34장은……. 이쯤에서 장을 뒤쫓아 검토하는 것은 그만두겠다. 이런 식으로 '해설'을 계속하다가는 또 한 권의 속편이 필요할 것이다. 단테의 「신곡」에 대한 평론을 쓰면서 「신곡」 전편을 옮겨 적은 평론가에 대한 단편소설이 문득 떠오른다. 게다가 멜빌은 '고래를 기르고 있지 않다면 그 진리에 대해서는 누구나 감상적인 시골뜨기에 지나지 않는다'(제76장)고 기술하지 않았던가.

그러므로 여기서 다시 한 번 정리하고, 「모비 딕」 전체를 있는 그대로, 거시적으로 파악해 보려 한다. 여기서(「모비 딕」 해체)와 "Moby Dick as a Mosaic", ed. Kenzaburo Ohashi, Melville and Melville Studies in Japan, Greenwood Press, Westport, Connecticut, 1993이라는 논문에 첨부된 '모비 딕' 모자이크' 그림을 재이용하겠다.

이는 「모비 딕」의 이야기학 관점에서의 구조를 전체로서 시각적으로 파악하기 위한 내 나름의 노력이다. 이것은 전부 135+3의 패널로 이루어져 있

「모비 딕」 모자이크 그림

Ep	D 121	N 106	G 91	Cf 76	N 61	N 46	d 31	N 16	N 1	Et
	D 122	N 107	Cf 92	Cf 77	N 62	N 47	Cl 32	N 17	N 2	Ex
	d 123	D 108	N 93	N 78	N 63	N 48	N 33	N 18	N 3	
	d 124	d 109	N 94	Cl 79	N 64	N 49	d 34	N 19	N 4	
	d 125	N 110	N 95	Cl 80	Cf 65	N 50	N 35	N 20	N 5	
	d 126	N 111	N 96	G 81	N 66	N 51	d 36	N 21	N 6	
	D 127	N 112	N 97	N 82	N 67	G 52	D 37	N 22	N 7	
	G 128	d 113	N 98	N 83	Cf 68	N 53	D 38	J 23	N 8	
	D 129	N 114	d 99	N 84	N 69	G 54	D 39	J 24	N 9	
	N 130	G 115	G 100	Cl 85	d 70	Cl 55	D 40	J 25	N 10	
	G 131	d 116	N 101	Cl 86	G 71	N 56	N 41	N 26	N 11	
	N 132	d 117	Cl 102	N 87	N 72	N 57	N 42	N 27	N 12	
	N 133	N 118	Cl 103	Cf 88	N 73	N 58	N 43	N 28	N 13	
	N 134	d 119	Cl 104	N 89	Cf 74	N 59	N 44	d 29	N 14	
	N 135	D 120	Cl 105	N 90	Cf 75	N 60	N 45	d 30	N 15	

N 이야기
J 연결
D 극
d 준극
Cf 잡은 고래학
Cl 놓친 고래학
G 만남
Et 어원
Ex 발췌
Ep 에필로그

다. 135개의 패널은 「모비 딕」의 135장에 대응하고, 남은 3개의 패널은 '어원(Etymology=Et)', '발췌(Extracts=Ex)', '에필로그(Epilogue=Ep)'에 해당한다. 그 다음에, 멜빌이 '고래'라는 혼돈에 비할 수 있는 '속(屬)'을 '크기에 따라 세 개의 기본적인 권(卷, book)으로 나누고 그것은 또 장(章, chapter)으로 세분'한 것처럼, 나는 「모비 딕」을 '이야기(Narrative=N)', '극(Drama=D)', '고래학(Cetology)'이라는 세 개의 기본적인 장으로 분류했다. '극'은 순수한 '극'과 '준극(Semi-Drama=d)'으로 나누었다. '고래학'은 제89장 '잡은 고래(Fast-Fish), 놓친 고래(Loose-Fish)'의 방식을 따라 '잡은 고래학(fast Cetology=Cf)'과 '놓친 고래학(Loose Cetology=Cl)'으로 나누었으며, 9개의 '만남(Gam=G)'장을 추가했다. 그러나 이 도식을 제시하는 것만으로는 이해하기 어려우므로, 각 항목에 대한 약간의 부연설명을 하겠다. 각 패널에 있는 숫자는 「모비 딕」의 장 번호를 나타낸다. 부호마다 각각 색깔별로 구분하면 더욱 보기 쉽다.

―이야기의 장(章)

'이야기를 정의할 필요는 아마 없을 것이다. '공기는 산소와 질소로 되어 있다'는 것은 이야기가 아니다. 하지만 이스마엘이 1인칭화자로 등장하는 '이야기'라면 언제나 화자가 어디서 무엇을 하고 있는지 알 수 있어야 한다. 그러나 이미 언급했듯이, 그러한 것은 제22장까지로, 그 뒤의 이스마엘은 자유자재로 출몰하며 볼 수 없는 것을 보거나 들을 수 없는 것을 듣는, 이른바 전지전능한 시점적 인물로 해소되어 버린다. 하지만 때로는 제47장 '거적 만들기'나 제72장 '원숭이 밧줄'에서처럼 살아 있는 이스마엘로 부활하여 등장하기도 한다. 이는 한 번 정해진 시점적 인물은 함부로 시점을 변경해서는 안 된다는 소설 규범에 위반되는 것이다.

그러나 여기서는 세세한 문제는 제쳐 두고, 무언가가 일어나고 그 사건이 어떠한 인과에 의해 발전해 가는 등 하나의 통합과 흐름이 있는 이야기가 있는 장을 '이야기'의 장(N)이라 하겠다. 너무 엄밀하게 따지면 「모비 딕」에서 '이야기' 자체가 거의 사라져 버리기 때문이다. 「모비 딕」이란 고래처럼 크게 보지 않으면 제대로 파악할 수 없는 작품이다. '고래를 고래답게 측량할 경우 인치 따위가 개입될 여지가 있겠는가'(제102장)라는 멜빌의 말처럼 말이다. 예를 들어 제44장 '해도'는 선장실에서 에이허브가 혼자 해도를 검토하며, 지금까지 케이프 혼을 경유하던 항로를 희망봉 근처로 변경하는 장면이 있다. 이스마엘은 이 방에 있지도, 들어갈 수도 없는 입장의 화자이다. 따라서 그곳의 정경이나 에이허브의 결단 등을 알 리가 없는데도, 그것을 여실히 알고 있다는 듯이 기술하고 있다. '그를 따라 선실로 들어갔다면'이란 문장이 첫머리에 있으므로, 이것도 이야기의 장으로 간주할 수 있다. 사실 이 장에서 항로의 변경이란 큰 구성의 변경이 이루어지므로, 이것을 이야기라 하지 않으면 무엇을 이야기로 볼 수 있단 말인가. 이런 의미에서 구성이 움직이는 장을 '이야기'의 장이라 보고, 그것을 흰색의 패널로 표시했다. 이를 보면 '이야기'의 장(N)이 ; '극'의 장(D/d)이나 '고래학'의 장(Cf/Cl)에 수시로 막히면서도 '에필로그'를 향해 흘러가는 것을 알 수 있다. 다만 한 가지 밝혀 둘 점이 있는데, '준극(準劇)'의 장(d)의 대부분과 '잡은 고래학(Cf)'의 장 전부는 '이야기'의 장으로 볼 수도 있다. 이유는 뒤에 자세히 설명하겠다.

― 극의 장

고래학의 장(Cf/Cl)이나 '만남'의 장(G)이 「모비 딕」 전체에 걸쳐 고루 흩어져 있는데 반해, 순수한 극 형식의 장(D), 그리고 극과 이야기의 중간 내지는 혼합된 형식의 장(d)은 전반과 후반으로 분명하게 나뉘어 분포하고 있다. 전반의 극 형식으로 된 여러 장('전극장(前劇章)'이라 부른다)은 피쿼드 호가 아직 대서양을 항해하는 중으로, '포경모험'을 떠나기 전이다. 그렇다면 전극장은 본격적인 포경극이 시작되기 전에, 선장 에이허브를 비롯한 주역들의 성격, 에이허브의 모비 딕에 대한 원한과 집념, 그에 대한 부하들의 반응 등을 연극만의 방식으로 표현하고, 연극만의 기법으로 이 '모험'의 고조를 준비하기 위한 서장일 것이다. 형식면에서는 '준극'의 장(d)에 해당하는 '에이허브, 이어서 전원 등장'이라는 지문의 제36장 '뒷갑판'은 전극장의 클라이맥스이며, 「모비 딕」 전체에서도 가장 극적인 클라이맥스다. 에이허브의 복수심에 대해 항해사 스타벅은 "짐승에게 원한을 갖다니…… 선장, 벌 받을 일입니다"라고 항의하지만, 결국은 그를 포함한 피쿼드 호의 선원 전원이 에이허브의 연설과 연출로 인한 흥분의 소용돌이에 휘말려 버린다. 그러나 뒤이은 순수극 제37장 '해질녘'(D)은 에이허브의 '독백'으로, 그는 자신의 '광기'에 대해 다음과 같이 혼잣말한다.

'나는 높은 지혜를 받았으나 얕은 향락을 즐길 힘이 없다. 이 가장 교묘하고 불길하게 저주받은 자여! ……모두가 화약 무덤처럼 내 앞에 서고 나는 그 성냥이었다. 그러나 불쌍한 일은 상대를 불태우면 나의 성냥이 줄어든다는 것이다. 내가 강행한 것은 내가 하고 싶었던 일이고, 나는 그 일을 할 것이다. 모두가, 특히 스타벅이 나를 미쳤다고 생각한다. 하지만 나는 악마에게 붙들려 있는 것뿐이다. 나는 이중으로 미친 미치광이다. 이

광란하는 광기는 나의 광기를 이해할 때에만 가라앉는다.'

자신의 광기를 이렇게 자성적으로 말할 수 있는 광인이 과연 있을까? 이이상의 '해설' 사족에 불과하나, 이러한 인간의 내면묘사는 '연극만의 방식'에 의한 수법이다. 이 다음에 오는 것이 스타벅 혼자 등장하여 독백하는 순수극, 제38장 '황혼'(D)이다. 이 또한 마찬가지다.

'신을 두려워하지 않는 사람의 말로(末路)는 손에 잡힐 듯이 보이는데도 그를 도와야 한다는 기분에 사로잡혀 있다. 지워 버릴 수 없는 무엇인가가 나를 그에게로 붙잡아 매고 어떤 칼로도 자를 수 없는 밧줄로 잡아당긴다. 무서운 노인이다. ……그는 하늘이라는 것에 대해서조차 민주주의자다. 그런데 아랫사람에게는 어쩌면 그렇게 강압적인가? 오오, 나의 역할의 한심함이여! 마음으로 거역하면서도 복종하고, 연민의 정을 품으면서도 미워하고 있다.'

카리스마적인 인물 바로 밑에서 부하를 지휘해야 하는 경건하고 양심적인 인물의 괴로움을 이렇게 웅변적이고 정직하게 표현하기 위해선 이 같은 극 형식이 필요했을 것이다. 또한 이는 그 뒤의 포경 항해 도중에 스타벅에게 찾아오는 무수한 역경과 딜레마도 부족함 없이 설명한다. 이러한 극과 준극의 장이 「모비 딕」 전반, 즉 포경에 관한 여러 장 앞에 위치하는 것은, 이치에 맞는 이야기 구성기법임을 알 수 었다. '소설'이란 결국 '무엇이든 가능한 것'이다.

후극장(後劇章)의 필두는 제99장 '스페인의 금화'(d)이다. 모비 딕을 가장 먼저 발견한 자에게 상으로 내려질 그 금화는 마스트에 못 박혀 있다. 어느 날 에이허브가 혼자 나타나 그 금화의 문양을 완전히 자기중심적으로 해석한다. 목소리를 내어 말한다는 설정이므로, 우연히 기름솥 옆에 있던 스텁이 그 말을 전부 듣게 된다. 이어서 스텁이 점성술 지식을 활용하여 금화의 문양을 자신의 운세나 배의 운명과 연관지어 길게 소리 내어 해석한다. 더불어 그의 지식과 심정, 성격, 소원을 보다 절묘하게 이야기한다. 플래스크는 그 금화에 대해 "금으로 만들어진 동그란 물건일 뿐"이라고 말한다. 퀴케그도 등장하지만 이 '야만인'에게 금화란 무언가를 의미하는 것, 즉 시니피앙이 아니다. 핍도 나타난다. 이 흑인 소년은 원문을 그대로 인용하면, "I look, you look, he looks ; we look, e look, they look."이라며 동사의 활용을 반복할 뿐이다. 스텁은 같은 사물에 대한 개개인의 다양한 해석과 반응에 놀라지만, 이 또한 「모비 딕」에 대한 우리의 다양한 해석이기도 하다.

제108장 '에이허브와 배 목수'는 제목처럼 두 괴짜의 대화로 이루어진 순수극(D)이며, 제109장 '선장실의 에이허브와 스타벅'은 스타벅이 에이허브에게 기름유출의 대책을 이야기하는, 밀폐된 공간에서 두 사람이 나누는 대화로 된 준극(d)이다. 에이허브는 이 일등항해사의 의견을 거부하다 못해, 끈질기게 맞서는 스타벅에게 머스킷 총의 총구를 들이대며 그를 쫓아낸다. 그러자 스타벅은, "당신은 나에게 화를 냈지만 나를 모욕한 것은 아니오. 그러니 이런 일로 스타벅을 경계할 필요는 없소. 그저 웃고 계시면 됩니다. 그러나 에이허브는 에이허브를 경계해야 합니다. 영감, 자신을 두려워하시오"라며 셰익스피어 풍의 대사를 뱉는다. 에이허브도 이것에는 졌는지, 결국 스타벅의 의견에 따른다. 또한 마지막 고래 추적을 다음날로 앞둔 제132장 '교향곡'도 그렇지만, "에이허브에게도 인정은 있다네"(제16장)라는 필레그의 말이 깊이 이해되는 대목이다.

이들 두 개의 극(제108, 109장) 뒤에 3장 정도 '이야기'의 장이 끼워져 있다. 제113장에서 제129장까지는 이야기의 장(N) 하나와 '만남'의 장(G) 두 개를 빼면 극적 형식의 장이 이어지는데, 내용면에서도 「모비 딕」의 극적인 클라이맥스로 이어진다. 제113장 '풀무'는 에이허브가 대장장이에게 모비 딕 용의 작살을 '야만인'의 피로 담금질을 하여 만들게 하는 인상 깊은 장이나, 동시에 모비 딕을 찔러죽이기 위한 구체적인 준비를 하는 부분이기도 하다. 그 뒤의 '극'의 장에 대해서는 더 이상 언급하지 않아도 충분할 것이다.

―고래학의 장

이 장들의 첫머리에 오는 것이 바로 '고래학'이라는 제32장이다. 이는 앞으로 이어질 고래학의 기초를 결정하는 중요한 장이다. 그러나 전반의 장과 아무런 관계가 없으며, 이야기의 진행에도 관여하지 않는다. 제89장의 '잡은 고래'와 '놓친 고래'의 정의에 따르면, 제32장은 이른바 '이야기'의 작살에 맞지 않은 '놓친 고래학'의 장(CI)이다.

대부분의 고래학의 장도 마찬가지이다. 회화나 조각에서 나타나는 고래를 설명하는 제55장부터 제57장이, 제54장 '타운호 호의 이야기'의 다음에 와야 할 이유도 없다. 고래의 골상학적 고찰인 제79장과 제80장이 피쿼드 호와 독일선의 '만남'의 장(G) 직전에 자리할 필요도 없다. '꼬리'라는 고래학의 장(제86장)은 왜 그곳에 있어야 하는가. 뿐만 아니라, 고래의 골상을 이야기하는 4개의 장(제102장~제105장)이 '에이허브의 다리'라는 제106장 앞에 오지 않으면 안 될 각별한 이유가 있을 리 만무하다. 이처럼 장의 배치에 대한 필연성이 없으며 이야기 흐름에서 크게 벗어난 고래학의 장은 모두 12개이며, 당연히 '놓친 고래학(CI)'으로 분류된다.

반면 '인간이라는 생물이 자신의 등잔 기름을 공급하는 동물을 정신없이 먹고, 특히 스텁처럼 그 동물의 기름을 태우는 불 밑에 앉아서 그것을 먹는다는 것은 참으로 야릇한 일이라고 생각되기 때문에, 조금쯤 그 역사와 철학에 대해서 생각할 필요가 있을 것이다'라는 구절로 시작하는 제65장 '고래 요리'라는 식도락적인 고래학의 장은 위와 다르다. 이 장은 제61장 '스텁, 고래를 죽여라'에서 시작되어, 이 호방한 이등항해사가 고래의 꼬리고기 스테이크를 굽는 방법을 흑인 요리사에게 강론하며 요리사로 하여금 상어에게 설교하게 하는 제64장 '스텁의 저녁식사'로 진행되는 이야기를 필연적으로 이어받고 있다. 그러므로 제65장은 '잡은 고래학'의 장(Cf)이다. 고래의 지방층 및 표피에 대해 논하는 제68장 '모포조각'도 '잡은 고래학'의 장이다. 전장이 '고래 자르기'라는 고래의 지방층을 벗기는 작업을 묘사한 것이기 때문이다. 또한 제74장부터 제77장까지의 일련의 고래학의 장도 바로 앞에 있는 제73장 '스텁과 플래스크가 참고래를 잡고 거기에 대해서 이야기하다'와 필연적으로 연결된다. 게다가 테슈테고가 절단된 향유고래의 머리에 뚫은 구멍에서 경뇌유(鯨腦油)를 퍼내는 작업 중에 그 구멍으로 떨어져 고래 머리와 함께 바다 속으로 가라앉을 때, 창을 손에 든 퀴퀘그가 바다로 뛰어들어 물속에서 '산파술'의 묘기를 발휘하여 테스테고를 구출한다는 제78장 '저장통과 양동이'라는 스릴 가득한 장도, 제77장 '하이델베르크의 큰 술통'이란 향유고래 머리의 해부학적 기술과 자연스럽게 연결되어 있다. 그렇기에 제77장은 '잡은 고래'의 장이다. 뿐만 아니라 제88장 '학교와 교사'는 전장인

제87장 '대연합 돛대'와 탯줄로 연결된 어미 고래와 새끼 고래처럼 긴밀하게 맺어져 있다. 그리고 마지막 '잡은 고래'의 장은 제92장 '용연향'인데, 스텁이 '로즈 버드 호'라는 꽃향기 그윽한 이름의 프랑스 포경선을 양키다운 수법으로 교묘하게 속여 고래를 포기하게 하고, 용연향을 손에 넣는다는 유쾌한 '만남'겸 '이야기'의 장(제91장)과 단단히 결부되어 있다.

　―만남(갬)의 장

　'만남'이란 본디 바다 위에서 마주친 포경선이 서로 정보를 교환하거나 상대를 방문하는 사교격 교환(交歡)이다. 그러나 피쿼드 호 선장의 경우, '만남'의 의의는 흰고래에 대한 정보를 얻는 것을 말한다. 따라서 교환으로서의 '만남'은 거의 이루어지지 않지만, 어쨌든 「모비 딕」에는 이런 상황이 전부 9번 등장한다. 작품상의 의의에 대해서는 다양한 의견과 해석이 있다. 말하자면, 피쿼드 호에 있어 다른 배와의 만남이란 대양 한가운데서 이루어지는 '다른 세계'와의 유일한 접촉이자 연결점이며, 운명의 보조선인 것이다. 참고로 W.H. 오든이 「모비 딕」에 있어서의 '만남'의 유형학적 의의를 설명한 「성난 바다」(W.H. Auden, The Enchafèd Flood, Random House, 1950)라는 책이 있다. 이 책도 조금씩 참고하면서 9개의 '만남'에 대해 간단히 서술하려 한다.

　앨버트로스 호(제52장)
　이 배의 이름을 따온 흰 새는 원래 길조를 나타내는 새인데, S.T. 콜리지의 환상시 「노수부(老水夫)의 노래」에 오염되어서인지, 아니면 멜빌의 흰색에 대한 집착에서인지, 노령과 피폐, 죽음을 연상시키는 불길한 배가 되었다. 그러나 에이허브는 이 배에도 "어이! 흰고래를 보지 못했나?" 하고 말을 건넨다. 이에 대답하려고 상대편 선장이 신호나팔을 입에 대고 뱃전에 기대섰다가, 그만 나팔을 바다에 떨어뜨리고 만다. 이리하여 두 배는 아무런 정보도 교환하지 못하고 헤어진다. 헤어지기 직전에, 이제껏 피쿼드 호 곁을 무리지어 헤엄치고 있던 작은 물고기가 상대편 배로 달아나 버린다. 오든은 앨버트로스 호에 대해 '신비를 체험한들, 타인에게 말하지 못하는 늙은이들'이라 기술하고 있다.

타운호 호(-號, 제54장)

이 배가 나오는 장은 9개의 '만남' 중 가장 특이하다. 이야기 자체는 특별히 복잡하지는 않지만, 텍스트로서는 까다롭다. 피쿼드 호는 바다 위에서 이 배와 만나 서로 짧은 방문을 한다. 그때 테슈테고가 상대편 배에서 비밀을 지키기로 약속하고 어떤 이야기를 듣는데, 그날 밤 무심코 잠꼬대로 누설해 버려 피쿼드 호의 일부 선원에게 퍼지게 된다. 이를 이스마엘이 페루의 수도 리마의 여관에서 몇몇 스페인 친구에게 이야기했던 '말투와 똑같은 투로' 기록한 것이 이 이야기라는 설정이다. 그 내용은 생략하지만, 이 이야기는 결국 이스마엘이 전해들은 내용을 말했던 것을 다시 이야기한 것이다. 게다가 그것을 말하는 장소는 육지이며, 시간은 이 모험에서 일어나는 모든 사건이 끝나고 난 뒤의 시점이다. 바꾸어 말하자면 이 이야기는 미래에, 소설의 주요 요소인 바다 밖에서 이야기된다(그러나 이 장 지문의 시제는 과거). 즉 소설의 원칙상 피쿼드 호의 장래나 화자의 운명도 아직 전혀 알 수 없는 단계에서, 그것이 사실임을 '성서에 대고' 맹세하며 이야기한 것이다. 이는 이야기 속의 이야기라기보다는 이야기 밖의 이야기다.

제로보암 호(제71장)

이 배는 이중의 의미에서 병에 걸려있다. 진짜 전염병과, 스스로를 대천사 가브리엘이라 칭하는 셰이커교도의 광신병이다. 제로보암 호의 선장 메이휴는 전염병을 옮기지 않기 위해 피쿼드 호와의 직접적인 접촉을 거부한다. 가브리엘은 에이허브가 '셰이커교도들의 신의 화신'인 모비 딕에게 복수를 맹세한 불신자라는 이유로 두 배의 교류는 물론 편지 교환까지도 방해한다. 앨버트로스 호와는 엇갈렸을 뿐이고, 타운호 호의 래드니가 모비 딕에게 희생된 이야기는 에이허브에게는 전해지지 않았다. 따라서 에이허브는 다른 배와의 만남에 대해 아무런 경고나 예고의 의미를 갖지 못했다. 제로보암 호의 선장은 보트에 타고 피쿼드 호의 뱃전으로 다가와, 가브리엘의 방해를 받으면서도 에이허브가 찾는 흰고래에 대한 정보와 그 배의 일등항해사 메이시가 모비 딕에게 죽임당한 것까지 전한다. 그러나 메이시에게 보내는 그의 아내의 편지를 에이허브가 메이휴에게 건네려 하자 가브리엘이 그것을 가로채어 피쿼드 호로 다시 던진다. 이 장에서 '편지의 대부분은 끝내 목적을 달성하지 못하고'란 지문을 볼 수 있다.

버진 호(제81장)

이는 고래잡이들 사이에서 말하는 '깨끗한 배'이다. 포경선인데도 고래를 잡지 못해 창고가 텅 비고 램프를 밝힐 기름조차 없어, 데리크 데 데어 선장이 직접 기름통을 들고 피쿼드 호로 기름을 빌리러 온다. 역시 에이허브는 이 독일인 선장에게도 모비 딕의 정보를 묻지만, 이 남자는 흰고래에 대해서는 전혀 아는 바가 없었다. 그때 거의 동시에 양쪽 배에서 고래 무리를 보았다는 고함소리가 들린다. 이를 신호로 양쪽 모두 보트를 발진시킨다. 조금 전까지 기름을 빌리고 빌려주는 사이었다는 사실 따위는 까맣게 잊고, 그들은 용맹한 고래 쟁탈전을 벌인다. 그러나 얄궂게도 늙은 고래를 차지한 것은 피쿼드 호였다. 어쩔 수 없이 버진 호는 또 다른 고래를 쫓아 피쿼드 호의 시야에서 사라진다—상상할 수도 없이 빨리 헤엄치므로 도저히 잡기 힘들다는 긴수염고래를 뒤쫓아. 이 장은 '오오, 세상에는 긴수염고래도 많고 데리크와 같은 친구도 많구나'라며 끝난다. 오든은 이 배를 '태만과 큰 욕심으로 인해, 결국 신비를 깨닫지 못하고 끝나는 자들'이라 서술했다.

로즈 버드 호(제91장)

로즈 버드 호가 나오는 제91장은 경쾌하고 밝은 해학적인 장이다. 제81장에서는 독일인이 바보 취급당했던 것처럼, 여기서는 고래잡이가 돼도 속물근성을 버리지 못하는 프랑스인이 웃음거리가 된다. 그러나 조금도 음험하지는 않으며, 오히려 끝도 없이 밝다. 만일 '만남'의 장을 명암으로 구분한다면 제91장이 '만남의 장' 중에서 가장 해학적이며 밝다. 어찌되었든 그러한 명암의 모자이크, 비극과 희극, 또는 소극(笑劇)의 혼합이 '만남'의 전체적인 구도인데, 이는 「모비 딕」이라는 작품 전체에도 해당한다. 피쿼드 호의 마지막 운명에만 눈을 뺏겨 「모비 딕」이 어둠으로 일관된 작품이라 생각해서는 안 된다. 에이허브조차 이렇게 반성하고 있잖은가, "나는 지구의 어두운 면에 너무나도 깊이 들어갔기 때문에 다른 면, 곧 당연히 있어야 할 밝은 면이란 불확실한 어스름으로밖에 생각되지 않는군."(제127장)

새뮤엘 엔더비 호(제100장)
이 영국 포경선의 선장 부머도 흰고래로 인해 한쪽 팔을 잃고 고래뼈로 된 의수를 하고 있다. 에이허브가 "흰고래를 보았는가?" 하고 말을 걸자, 부머는 "이것이 보이는가?"라며 고래의 피로 만든 팔을 내밀어 보인다. 에이허브는 흰고래의 정보를 얻기 위해 즉시 상대편 배로 건너간다. 두 사람은 고래피로 만든 다리와 팔로 악수를 나누고, 그 배의 의사 벙거와 함께 대화를 나눈다. 그러나 모비 딕의 정보를 성급하게 원하는 에이허브와 달리, 부머와 벙거는 "왼팔을 미끼로 해서 오른팔을 되찾는 게 어떻습니까?" 같은 만담으로 에이허브를 안달나게 한다. 부머에게는 '복수' 따위의 관념이 없다. 여기서는 에이허브의 '광기'가 영국의 상식이라는 빛에 비춰지는 것이다. 풍자의 대상은 바로 이 에이허브다. 오든은 이 배에 대해, '신비를 깨닫고는 있으나, 합리적인 상식과 금욕 정신을 가지고 그것에 대처하는 자들'이라고 말한다.

배철러 호(제115장)
이 배는 '독신 호'을 의미한다. 비록 판자 밑은 지옥이라 할지라도 경유를 가득 싣고 귀항하는 행운의 배다. 선내는 마시고 노래하는 사람들로 떠들썩하다. 그들은 피쿼드 호의 선원에게도 함께 기쁨을 나누자고 권하나, 에이허브는 모비 딕에게 무관심한 자들에게 관심이 없다. 초대를 거절하며 "만선이라 돌아간다고 했겠다. 내 배는 빈 배로 나가는 참이야. 그러니까 당신은 그쪽으로 가 봐. 나는 이쪽으로 갈 테니"라고 말한다. 여기서 에이허브는 자신의 운명을 스스로 선택한 것처럼 보인다.

레이첼 호(제128호)
이 배는 낸터킷의 선적(船籍)으로, 선장 가디너와 에이허브는 서로 아는 사이다.
"흰고래를 보았소?"
"그렇소, 어제 보았소. 표류하는 포경선을 보았소?"
이것이 두 선장이 나눈 첫 대화인데, 마치 잣새의 부리처럼 어긋나 있다. 곧바로 피쿼드 호로 올라온 레이철 호의 선장은, 어제 흰고래와 우연히 만나

격투 끝에 행방불명이 된 선원 중에 자신의 아들도 포함되어 있음을 말하고, 수색에 협력해 줄 것을 청했다. 그러나 에이허브는, "가디너 선장, 거절하겠소. 나는 지금 이 순간도 아깝단 말이오. 잘 가시오, 신의 가호가 그대에게 내리시길. 내 멋대로의 행동은 스스로 용서하기로 하고, 나는 가야 하오"라며 매정하게 거절하고 헤어진다. 에이허브는, 레이첼 호가 처한 사태에서는 어떠한 '경고'나 '교훈'도 받을 생각이 없다. 그저 '예측할 수 없는' 신이 준비한 예정된 항로를 갈 뿐. 그것이 에이허브의 결의였다. 레이첼 호는 '잃어버린 아이들 때문에 우는' 라헬처럼 슬피 울며 행방불명자를 찾아 지그재그로 항해를 계속하며, 피쿼드 호는 일직선으로 흰고래의 뒤를 쫓는다, 오든은 이 배에 대해, '그리스도의 탄생 때 헤롯 대왕에게 살육당한 순박한 사람들처럼, 이해하지도 못하고 달리 손쓸 방도도 없이 신비에 말려든 자들'이라 평하고 있다. 이 '신비' 부분에 다른 단어를 넣으면 더욱 다양한 해석이 가능하다.

환희 호(제131장)

'환희'라는 이름의 이 배는 피쿼드 호가 마지막으로 만나는 배다. 이름과 달리 흰고래와의 싸움에서 다섯 명의 힘센 사나이를 잃고, 이제 그중 한 사람의 장례를 치르려는 중이었다. 그것을 보고 피쿼드 호는 속도를 올려 그곳을 벗어나려고 한다. 그러나 시체가 해면을 철썩하고 때리는 소리를 듣고 만다. 에이허브는 이 불길한 징조로부터 도망치려 했다. 적어도 환희 호의 선원들은 그렇게 생각했다. 관으로 만든 구명부표를 고물에 매달고 뒤를 보이는 피쿼드 호를 향해 이 같은 비웃음이 쏟아진다—"이봐, 그 배에 탄 친구들, 이쪽의 슬픈 장례에서 도망치려 해도 틀렸어. 그대들의 꽁무니엔 그대들의 관이 버젓이 매달려 있지 않은가!" 이 관으로 된 구명부표를 타고 이스마엘은 생환한다. 그리고 이 이야기의 서두에 다시 등장하여, 다시 처음부터 이야기하는 것이 그의 운명이다. 독자들도 모름지기 「모비 딕」 이야기의 시작으로 돌아가야 한다.

멜빌 연보

1819년	8월 1일 무역상이던 아버지 앨런, 어머니 머라이어의 둘째아들로 뉴욕 파르 거리 6번지에서 태어나다. 아버지 집안은 스코틀랜드계이고 어머니 쪽의 갠스부어트 집안은 네덜란드계로서 모두 명문 집안이다. 위로 형과 누이가 있고 아래로 두 동생과 세 누이동생이 있다.
1825년(6세)	9월, 뉴욕 남자 중학교에 입학.
1830년(11세)	아버지의 사업이 기울기 시작하다. 뉴욕의 가게를 접고 올바니로 이사. 뉴욕 주 올바니 아카데미에 입학하다.
1832년(13세)	1월, 거액의 부채로 실의에 빠져 있던 아버지가 별세하다. 학교를 중퇴하고 큰아버지가 중역으로 있던 뉴욕 주립은행에 근무하다.
1835년(16세)	형이 경영하는 모피 상점에 근무하는 한편 올바니 고전어학교에 다니다.
1837년(18세)	형의 상점이 파산하다. 멜빌은 피츠필드의 초등학교에 근무하다.
1838년(19세)	집안은 점점 더 궁핍해지다. 뉴욕주 랜싱버그로 어머니와 누이동생들과 함께 이사하다. 그 지방 학교에서 토목공학을 공부하다.
1839년(20세)	엘리 운하에 근무코자 했으나 실패하다. 처음으로 소품 「탁상 단편」을 그 지방 신문에 싣다. 생활이 막다른 곳에 다다르고 실의에 빠졌으나, 한편 항해에 대한 동경심으로 6월에 뉴욕으로 가다. 대서양을 항해하는 세인트 로렌스 호에 급사로 승선하여 리버풀로 향하다. 가을에 귀국하다. 다시 초등학교 교사가 되다.

1840년(21세)　학교를 그만두고 중부 및 오대호(五大湖) 지방으로 여행하다.
1841년(22세)　1월, 매사추세츠주 뉴베드포드에서 가까운 페어헤븐에서 포경선 아크슈네트 호의 선원으로 바다에 나가다.
1842년(23세)　18개월 동안 대서양 태평양을 항해한 뒤 6월, 남태평양 마케사군도의 누크히바 섬에서 친구와 함께 아크슈네트 호를 탈출하여 1개월 정도 머물다. 그곳에서 보낸 원시적 토인 사이에서의 생활 경험이 나중에 작품「타이피」를 만들게 하다. 몇 주일 뒤 오스트레일리아 포경선 루시안 호에 타게 되다. 9월, 타히티 섬에서 반란을 일으킨 동료들과 함께 배에서 탈출, 상륙해서 수용소에 수용되었으나 곧 다시 탈출해서 방랑하다. 그 경험이 뒤의 작품「오무」로 태어나다. 모레아 섬에서 매사추세츠주 낸터킷의 포경선 찰스 앤드 헨리 호에 타고 하와이로 가다.
1843년(24세)　찰스 앤드 헨리 호를 하와이 군도 가운데의 마우이 섬에서 버리고 호놀룰루로 가서 여러 가지 일을 하며 생활해 나가던 중, 8월 미국 프리기트 함(艦) 유나이티드 테이츠 호의 이등 수병이 되다.
1844년(25세)　남태평양에서 타히티 등지를 돌아 페루의 카라오, 브라질의 리오를 지나 10월 보스턴에 도착하다. 이 항해는 뒤에 작품「화이트 재킷」을 낳다. 그리고 좋은 친구 존 체이스(「빌리 버드」의 모델이라고 한다)와 알게 된 것도 이 항해중이다. 제대하여 랜싱버그에 있는 어머니와 누이동생들에게로 돌아오다.「타이피」를 쓰기 시작하다.
1845년(26세)　귀국 후 쓰기 시작한「타이피(Typee)」완성하다. 주영 미국 공사관 서기로 있던 형이 애쓴 끝에 런던에 있는 존 마레 사(社)와 출판계약 성립되다.
1846년(27세)　「타이피」의 미국어판이 나오다. 호평을 얻어 그는 문명을 획득하다. 뉴욕의 문인들과도 알게 되다. 서명되어 있지는 않은 서평이었으나 확실히 휘트먼의 글이라고 생각되는 글로부터 칭찬받다.

1847년(28세) 「오무(Omoo)」를 3월에 런던에서, 5월에 뉴욕에서 출판하여 호평을 얻다. 8월, 아버지의 친구인 매사추세츠주의 재판장 레뮤얼 쇼의 딸 엘리자베스와 결혼, 신혼여행 뒤 뉴욕 4번가 1030에 자리를 잡고, 동생 알란부처, 어머니, 누이동생들과 동거하다.

1849년(30세) 2월, 장남 마캄 태어나다. 4월, 태평양을 무대로 한 환상적인 우화소설 「마디(Mardi)」가 런던과 뉴욕에서 각각 출판됐으나 독자를 많이 얻지는 못했다. 「화이트 재킷」의 원고를 들고 10월, 런던으로 향하다. 연말에 영국을 떠나 고국으로 향하다. 이해 「레드번(Redburn)」이 8월에 런던, 11월에 뉴욕에서 출판되다.

1850년(31세) 이해 초 아메리카 해군의 프리기트 함에서의 체험을 바탕으로 한 「화이트 재킷(White Jacket)」이 런던과 뉴욕에서 출판되다. 9월, 매사추세츠주의 피츠필드에 농장을 사서 애로헤드라 이름 짓고 조용한 전원생활로 들어가다. 8월, 가까운 레녹스에 살고 있던 15년 위인 호손과 처음으로 만나 친교를 맺게 되다. 같은 달, 호손을 오하이오 강변의 셰익스피어라 칭찬한 「호손과 그 이끼(Hawthorne and His Mosses)」를 〈문학세계〉지에 익명으로 발표. 이미 2월경부터 「모비 딕」을 쓰기 시작하다.

1851년(32세) 7월에 「모비 딕」 완성하다. 10월, 둘째아들 스탠윅스 태어나다. 「모비 딕」이 런던에서 「고래」로, 11월, 뉴욕에서 「모비 딕」으로 출판되다. 극히 소수의 사람으로부터만 인정을 받았다.

1852년(33세) 근친상간을 주제로 한 장편 「피에르(Pierre)」가 8월에 뉴욕에서 나왔으나 극히 평이 좋지 않다. 장인 쇼와 그 밖의 사람들의 원조로 호놀룰루 영사 등의 직업을 구하려 했으나 실패하다.

1853년(34세) 출판사 〈하퍼〉의 화재로 멜빌의 저서가 소실되다. 5월, 장녀 엘리자베스 태어나다. 단편 걸작 「서기 바틀비(Bartleby, the Scrivener)」를 〈퍼트남〉지에, 「꼬끼오(Cock-A-Doodle-Doo!)」를 〈하퍼〉지에 발표.

1854년(35세)   갈라파고스제도를 무대로 한 「마법의 섬(The Encantadas)」을 〈퍼트남〉지에 연재, 〈하퍼〉지에 「바이올린 연주자(The Fiddler)」, 「피뢰침 사나이(The Lightning-Rod Man)」을 발표.

1855년(36세)   장편 「이스라엘 포터(Israel Potter)」가 뉴욕, 런던에서 출판되다. 3월, 둘째 딸 프란세스 태어나다. 〈퍼트남〉지에 「종루(The Bell-Tower)」를, 〈하퍼〉지에 「베니토 세레노(Benito Cereno)」를 발표.

1856년(37세)   이제까지 발표한 단편에 권두소설 「피아차(The Piazza)」를 더한 중단편집 「피아차 이야기(Piazza Tales)」가 5월 뉴욕, 6월 런던에서 출판되다. 「서기 바틀비」 「베니토 세레노」 「마법의 섬」 등이 수록. 10월에 유럽 여행을 떠나다. 리버풀에서 당시 그곳의 영사였던 호손과 만난 뒤 쓸쓸하게 결별하다. 팔레스티나 여행의 수확으로 장시 「클라렐」을 쓰다.

1857년(38세)   4월, 풍자소설 「사기꾼(The Confidence Man)」을 런던과 뉴욕에서 출판하나 실패하다. 이 무렵부터 3년 가량 미국 각지에서 강연을 했으나 그다지 성공하지 못하다.

1860년(41세)   케이프 혼을 돌아서 샌프란시스코로 여행하다.

1861년(42세)   다시 영사직을 구하러 워싱턴으로 가서 링컨 대통령을 만났으나 일이 잘 되지 않다. 이때 물심양면의 지주였던 장인 레뮤얼 쇼가 별세하다. 남북 전쟁 시작되다. 이에 강한 관심을 나타내다.

1862년(43세)   애로해드에서 피츠필드 시내로 옮겨살다. 이사 도중에 마차가 전복하여 큰 상처를 입다. 류머티즘에 걸리다.

1863년(44세)   10월, 뉴욕으로 옮겨 26번가 104번지에서 살다. 이곳이 생애를 마칠 때까지의 주거지가 되다.

1864년(45세)   4월, 버지니아 주의 남북전쟁 전선을 방문하다.

1866년(47세)   8월, 남북전쟁을 내용으로 한 「전쟁시집(Battke Pieces)」을 출판하다. 12월, 뉴욕 세관의 감독관이 되어, 이후 1885년까지 근무하다.

1867년(48세)   9월, 장남 마캄이 자기 방에서 권총에 맞은 시체로 발견되다.

1872년(53세)	2월, 동생 알란과 4월엔 어머니 머라이어와 별세하다. 11월, 보스턴 대화재로 처의 자산이 전소되다.
1876년(57세)	6월, 장시집(長詩集)「클라렐(Clarel)」을 출판하다.
1882년(63세)	뉴욕 작가 협회가 창립되어 가입을 권유받았으나 사양하다.
1885년(66세)	12월 그동안 근무하던 직장 세관을 사직하고 은거생활로 들어가다.
1886년(67세)	2월, 둘째아들 스탠윅스가 샌프란시스코에서 객사하다.
1888년(69세)	9월, 시집「존 마와 그 밖의 선원들(John Marr and Other Sailors)」을 25부의 한정판으로 출판하다. 2월, 버뮤다제도를 여행하다.
1891년(72세)	4월,「빌리버드」탈고, 시집「티몰레온(Timoleon)」을 출판하다. 9월 28일, 뉴욕 자택에서 영면(永眠)하다. 다음날, 뉴욕의 〈프레스〉지는 '한때 유명했던 작가의 죽음'이란 표제의 사망기사를 게재했다. '어제, 조용한 주택에서 한 사람이 작고했다. 과거 16년 동안 거의 문학활동을 하진 않았지만, 일찍이 아메리카 합중국에서 가장 많은 인기를 누렸던 작가 중 한 사람이었다'는 내용이다. 〈데일리 트리뷴〉지는, '멜빌은 1847년(정확히는 1846년) 경에「타이피」라는 작품을 발표하여 상당한 명성을 누렸다……그는 이 외에도 제법 많은 작품을 썼으나, 이것이 가장 뛰어난 작품이었다'고 썼다.
1924년	「빌리버드」간행.

이가형(李佳炯)

전남 목포 출생. 도쿄대학 문학부 수학. 전남대 조교수, 중앙대 교수, 국민대 대학원장 역임. 말로 《희망》을 번역하여 한국펜클럽 번역문학상 수상. 지은책 《미국문학사》, 옮긴책 말로 《왕도》, 오스카 와일드 《살로메》, 루소 《사회계약론》, 런던 《야성이 부르는 소리》, 르블랑 《기암성》 《뤼뺑이냐 홈즈냐》 등이 있다.

World Book 76
Herman Melville
MOBY DICK
모비 딕
H. 멜빌 지음/이가형 옮김
1판 1쇄 발행/1979. 4. 10
2판 1쇄 발행/2008. 8. 8
2판 5쇄 발행/2017. 8. 15
발행인 고정일
발행처 동서문화사
창업 1956. 12. 12. 등록 16-3799
서울 중구 다산로 12길 6(신당동 4층)
☎ 546-0331~6 Fax. 545-0331
www.dongsuhbook.com

*

이 책은 저작권법(5015호) 부칙 제4조 회복저작물 이용권에 의해 중판발행합니다.
이 책의 한국어 문장권 의장권 편집권은 저작권 법에 의해 보호받으므로
무단전재 무단복제 무단표절 할 수 없습니다.
이 책의 법적문제는 《하재홍법률사무소 jhha@naralaw.net》에서 전담합니다

사업자등록번호 211-87-75330
ISBN 978-89-497-0433-3 04080
ISBN 978-89-497-0382-4 (세트)